祝贺〈物理学大题典〉
在中国科学技术大学
六十周年校庆之际
再次出版

李政道

二〇一八年五月

物理学大题典⑧/张永德主编

固体物理及物理量测量

（第二版）

林鸿生　章世玲　王冠中　翁明其　编著

科学出版社

中国科学技术大学出版社

内 容 简 介

“物理学大题典”是一套大型工具性、综合性物理题解丛书．丛书内容涵盖综合性大学本科物理课程内容：从普通物理的力学、热学、光学、电学、近代物理到“四大力学”，以及原子核物理、粒子物理、凝聚态物理、等离子体物理、天体物理、激光物理、量子光学、量子信息等．内容新颖、注重物理、注重学科交叉、注重与科研结合．

《固体物理及物理量测量(第二版)》卷包括固体物理、半导体物理、物质的电磁性质、光学性质及超导电性、非晶固体和物理学综合试题等内容．

本丛书可作为物理类本科生的学习辅导用书、研究生的入学考试参考书和各类高校物理教师的教学参考书．

图书在版编目(CIP)数据

固体物理及物理量测量/林鸿生等编著．—2版．—北京：科学出版社，2018.9
(物理学大题典/张永德主编；8)
ISBN 978-7-03-058372-7

Ⅰ．①固…　Ⅱ．①林…　Ⅲ．①固体物理学-高等学校-教学参考资料　②物理量-测量-高等学校-教学参考资料　Ⅳ．①O48　②O4-34

中国版本图书馆 CIP 数据核字(2018)第 168327 号

责任编辑：昌　盛　陈曰德／责任校对：张凤琴
责任印制：赵　博／封面设计：华路天然工作室

科学出版社 出版
北京东黄城根北街 16 号
邮政编码：100717
http://www.sciencep.com
中国科学技术大学出版社
安徽省合肥市金寨路 96 号
邮政编码：230026
三河市春园印刷有限公司印刷
科学出版社发行　各地新华书店经销
*
2005 年 10 月第　一　版　　开本：787×1092　1/16
2018 年 9 月第　二　版　　印张：21
2025 年 1 月第十一次印刷　　字数：500 000

定价：59.00 元

(如有印装质量问题，我社负责调换)

“物理学大题典”编委会

丛书序

这套“物理学大题典”源自20世纪80年代末期的“美国物理试题与解答”，而那套丛书则源自80年代的CUSPEA项目(China-United States Physical Examination and Application Program). 这套丛书收录的题目主要源自美国各著名大学物理类研究生入学试题，经筛选后由中国科学技术大学近百位高年级学生和研究生解答，再经中科大数十位老师审定. 所以这套丛书是中国改革开放初期中美文化交流的成果，是中美物理教学合作的结晶，是CUSPEA项目丰硕成果的一朵花絮.

贯穿整个80年代的CUSPEA项目是由李政道先生提出的. 1979年李先生为了配合中国刚刚开始实施的改革开放方针，向中国领导建言，逐步实施美国著名大学在中国高校联合招收赴美攻读物理博士研究生计划. 经李先生与我国各级领导和美国各著名大学反复多次磋商研究，1979年教育部和中国科学院联合发文《关于推荐学生参加赴美研究生考试的通知》，紧接着同年7月14日又联合发出补充通知《关于推荐学生参加赴美物理研究生考试的通知》，直到1980年5月13日，教育部和中国科学院再次联合发文《关于推荐学生参加赴美物理研究生考试的通知》，神州大地正式全面启动这一计划.

1979年最初实施的是Pre-CUSPEA，从李先生任教的哥伦比亚大学开始，通过考试选录了5名同学进入哥大. 此后计划迅速扩大，包括了美国所有著名大学在内的53所大学，后期还包括了加拿大的大学，总数达到97所. 10年CUSPEA共计录取915名中国各高校应届学生，进入所有美国著名大学. 迄今项目过去30年，当年赴美的青年学子早已各有所成，展布全球，许多人回国报效，成绩斐然，可喜可慰.

李先生在他总结文章中回忆说①：“在CUSPEA实施的10年中，粗略估计每年都用去了我约三分之一的精力. 虽然这对我是很重的负担，但我觉得以此回报给我创造成长和发展机会的祖国母校和老师是完全应该的.”文中李先生两次提及他已故夫人秦惠箬女士和助理Irene女士，为赴美中国年轻学子勤勤恳恳、默默无闻地做了大量细致的服务工作. 编者读到此处，深为感动！这次丛书再版适逢中国科学技术大学60周年校庆，又承李先生题词祝贺，中科大、科学出版社以及丛书编者同仁都十分感谢！

苏轼《花影》诗：“重重叠叠上瑶台，几度呼童扫不开. 刚被太阳收拾去，却教明月送将来.”聚中科大百多位师生之力，历二十余载，唯愿这套丛书对中美教育和文化交流起一点奠基作用，有助于后来学者踏着这些习题有形无迹的斑驳花影，攀登瑶台，观看无边深邃的美景.

张永德　谨识

2018年6月29日

---

① 李政道，《我和CUSPEA》，载于“知识分子”公众号，2016年11月30日.

前　言

物理学，由于它在自然科学中所具有的主导作用，在人类文明史，特别是在人类物质文明史中，占据着极其重要的地位. 经典物理学的诞生和发展曾经直接推动了欧洲物质文明的长期飞跃. 20 世纪初诞生并蓬勃发展起来的近代物理学，又造就了上个世纪物质文明的辉煌. 自 20 世纪末到 21 世纪初的当前时代，物理学正以空前的活力，广阔深入地开创着向化学、生物学、生命科学、材料科学、信息科学和能源科学渗透和应用的新局面. 在本世纪里，物理学再一次直接推动新一轮物质文明飞跃的伟大进程已经开始.

然而，经历长足发展至今的物理学，宽广深厚浩瀚无垠. 教授和学习物理学都是相当艰苦而漫长的过程. 在教授和学习过程许多环节中，做习题是其中必要而又重要的环节. 做习题是巩固所学知识的必要手段，是深化拓展所学知识的重要练习，是锻炼科学思维的体操.

但是，和习题有关的事有时并不被看重，似乎求解和编纂练习题是全部教学活动中很次要的环节. 但丛书编委会同仁们觉得，这件事是教学双方的共同需要，只要是需要的，就是合理的，有益的，应当有人去做. 于是大家本着甘为孺子牛的精神，平时在科研教学中一道题一道题地积累，现在又一道题一道题地编审，花费了大量时间做着这种不起眼的事. 正如一个城市的基础建设，不能只去建地面上摩天大楼和纪念碑等“抢眼球”的事，也同样需要去做修马路、建下水道等基础设施的事.

这套“物理学大题典”的前身是中国科技大学出版社出版的“美国物理试题与解答”丛书(7 卷). 那套丛书于 20 世纪 80 年代后期由张永德发起并组织完成，内容包括普通物理的力、热、光、电、近代物理到四大力学的全部基础物理学. 出版时他选择了“中国科学技术大学物理辅导班主编”的署名方式. 自那套丛书出版之后，历经 10 余年，仍然有不断的需求，于是就有了现在的这套丛书——“物理学大题典”.

“题典”编审的大部分教师仍为原来的，只增加了少许新成员. 经过大家着力重订和大量扩充，耗时近两年而成. 现在这次再版，编审工作又增加了几位新成员，复历一年而再成. 此次再版除在原来基础上适当修订审校之外，还有少量扩充，增加了第 6 卷《相对论物理学》，第 7 卷《量子力学》扩充为上、下两分册. 丛书最终为 8 卷 10 分册. 总计起来，丛书编审历时近 20 年，耗费近 40 位富有科研和教学经验的教授、约 150 位 20 世纪 80 年代和现在的研究生及高年级本科生的巨大辛劳. 丛书确实是众人长期合作辛劳的结晶！

现在的再版，题目主要来源当然依旧是美国所有著名大学物理类研究生的入学试题，但也收录了部分编审老师的积累. 内容除涵盖力、热、光、电、近代物理到四大力学全部基础物理学之外，还包括了原子核物理、粒子物理、凝聚态物理、等离子体物理、天体物理、激光物理、量子光学和量子信息物理. 于是，追踪不断发展的科学轨迹，现在这套丛书仍然大体涵盖了综合性大学全部本科物理课程内容.

这里应当强调指出两点：其一，一般地说，人们过去熟悉的苏联习题模式常常偏重基础知识、偏于计算推导、偏向基本功训练；与此相比，美国物理试题涉及的数学并不繁难，但却或多或少具有以下特色：内容新颖，富于“当代感”，思路灵活，涉及面宽广，方法和结论简单实用，试题往往涉及新兴和边沿交叉学科，不少试题本身似乎显得粗糙但却抓住了物理本质，显得“物理味”很足！纵观比较，编审者深切感到，这些考题的集合在一定程度上体现着美国科学文化个性及思维方式特色！唯鉴于此，大家不惮繁重，集众多人力而不怯，耗漫长岁月而不辍，是值得的！另外，扩充修订中增添的题目，也是本着这种精神，摘自编审老师各自科研工作成果，或是来自各人教学心得，实是点滴聚成.

其二，对于学生，的确有一个正确使用习题集的问题.有的同学，有习题集也不参考，咬牙硬顶，一个晚上自习时间只做了两道题.这种精神诚应嘉勉，但效率不高，也容易挫伤积极性，不利于培养学习兴趣；另有些同学，逮到合适解答提笔就抄，这样做是浮躁不踏实的.两种学习方法都不可取.编审者认为，正确使用习题集是一个“三步曲”过程：遇到一道题，先自己想一想，想出来了自己做最好；如果认真想了些时间还想不出来，就不要老想了，不妨翻开习题集找寻答案，看懂之后，合上书自己把题目做出来；最后，要是参考习题集做出来的，花费一两分钟时间分析解剖一下自己，找找存在的不足，今后注意.如此“三步曲”下来，就既踏实又有效率.本来，效率和踏实是一对矛盾，在这一类“治学小道”之下，它俩就统一起来了.总之，正确使用之下的习题集肯定能够成为学生们有用的“爬山”拐杖.

丛书第一版是在科学出版社胡升华博士倡议和支持下进行的，同时也获得刘万东教授、杜江峰教授的支持.没有他们推动和支持，丛书面世是不可能的.这次再版工作又承科学出版社昌盛先生全力支持，并再次获得中国科技大学物理学院和教务处的支持.对于这些宝贵支持，编审同仁们表示深切谢意.

※　※　※　※　※　※　※　※

《固体物理及物理量测量》卷是在林鸿生、章世玲等编著版本基础上重新审校修订而成.而原书则是在张家铝、周又元、章世玲编审的《相对论、固体物理及其他》一书基础上扩充而来.原书自2005年成书以来，在固体物理教学中得到比较广泛使用，同时也有不少意见反馈.此次重新修订，由王冠中和翁明其审校，对书中题目略作调整，删除其中和书名关系不大的数学类题目，对解题错漏和印刷错误进行更正.但是由于审校工作比较匆忙，也由于我们学识有限，书中仍然会有不少错漏和不妥之处，希望读者继续给予批评和指教.

编审者谨识

2005年5月

2018年8月修改

目　　录

第一章　固体物理

第一节　晶体结构

1.1　如图 1.1 所示，这是由原子排列在正方格子上而构成的一假想的二维晶体.

(1) 标出一个原胞；

(2) 定义倒格子点阵并解释它同布拉格反射的关系；

(3) 画出倒格子点阵和第一布里渊区，该区与布拉格反射的关系如何；

(4) 叙述并解释布洛赫定理，即在点阵的势场中运动的电子具有行波波函数，该定理必须采用什么边界条件？

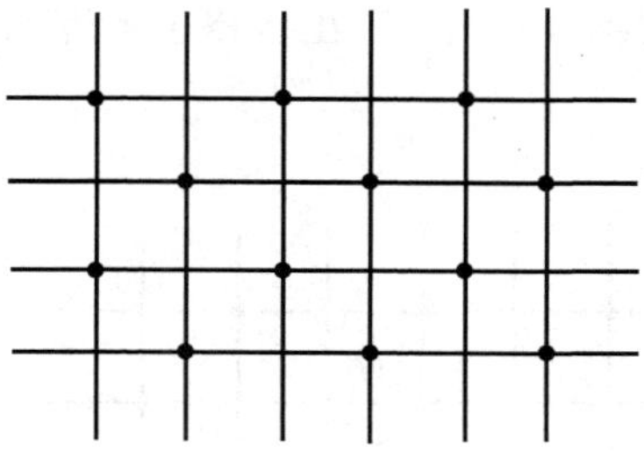

图 1.1

解　(1) 原胞如图 1.2 所示，四个角顶上都有原子占据，但属于原胞的仅有一个原子. 若设方格边长为 a，则原胞基矢为

$$\boldsymbol{a}_1 = a(\boldsymbol{i} - \boldsymbol{j})$$

$$\boldsymbol{a}_2 = a(\boldsymbol{i} + \boldsymbol{j})$$

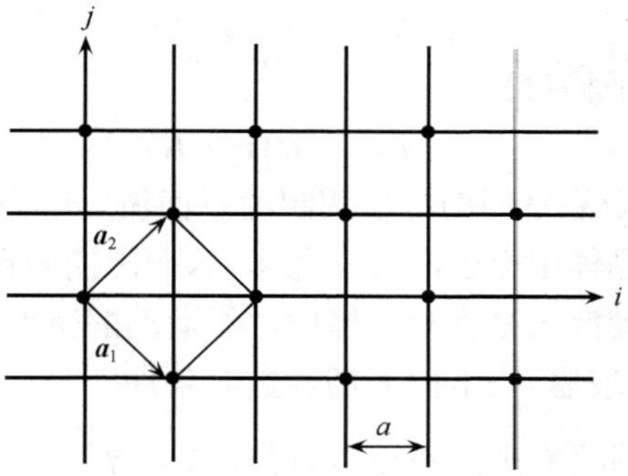

图 1.2

(2) 设 $\boldsymbol{a}_i(i=1,2)$为正格子基矢,则由关系式

$$\boldsymbol{a}_i \cdot \boldsymbol{b}_j = \begin{cases} 2\pi, & i=j \\ 0, & i \neq j \end{cases}$$

所确定的 $\boldsymbol{b}_i(i=1,2)$为基矢的点阵,称为正格子的倒格子.

在倒格子空间,布拉格反射条件为:反射波矢 $\boldsymbol{k}$ 与入射波矢 $\boldsymbol{k}_0$ 相差一个或几个倒格矢 $n\boldsymbol{G}_h$,即

$$\boldsymbol{k}-\boldsymbol{k}_0 = n\boldsymbol{G}_h$$

(3) $\boldsymbol{i}$ 与 $\boldsymbol{j}$ 是相互垂直的单位矢量,取单位矢量 $\boldsymbol{k}$ 垂直于 $\boldsymbol{i}$ 和 $\boldsymbol{j}$,则 $\boldsymbol{a}_1$,$\boldsymbol{a}_2$ 和 $\boldsymbol{k}$ 构成的体积

$$\Omega = \boldsymbol{a}_1 \cdot (\boldsymbol{a}_2 \times \boldsymbol{k}) = (a\boldsymbol{i}-a\boldsymbol{j}) \cdot (a\boldsymbol{i}-a\boldsymbol{j}) = 2a^2$$

根据倒格子基矢定义

$$\boldsymbol{b}_1 = \frac{2\pi(\boldsymbol{a}_2 \times \boldsymbol{k})}{\Omega} = \frac{2\pi}{2a^2} \times (a\boldsymbol{i}-a\boldsymbol{j}) = \frac{\pi}{a}(\boldsymbol{i}-\boldsymbol{j})$$

$$\boldsymbol{b}_2 = \frac{2\pi(\boldsymbol{k} \times \boldsymbol{a}_1)}{\Omega} = \frac{2\pi}{2a^2} \times (a\boldsymbol{i}+a\boldsymbol{j}) = \frac{\pi}{a}(\boldsymbol{i}+\boldsymbol{j})$$

显然这将构成二维正方倒格子点阵,图 1.3 示出倒格子点阵和第一布里渊区,在布里渊区边界上将发生布拉格反射.

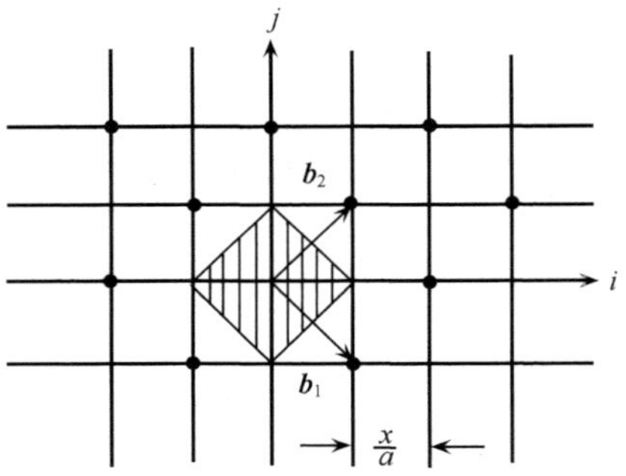

图 1.3

(4) 在点阵周期势场中运动的电子波函数是布洛赫波即

$$\psi_k(\boldsymbol{r}) = \mathrm{e}^{\mathrm{i}\boldsymbol{k}\cdot\boldsymbol{r}} u_{\boldsymbol{k}}(\boldsymbol{r})$$

式中函数 $u_k(\boldsymbol{r})$具有晶格平移对称性

$$u_k(\boldsymbol{r}) = u_k(\boldsymbol{r}+\boldsymbol{R})$$

其中 $\boldsymbol{R}$ 是晶格格矢.这是受晶格周期势场调制的平面波,此即布洛赫定理.布洛赫波的指数部分是平面波,描述了晶体中电子的共有化运动,而周期函数则描述了晶体中电子围绕原子核的运动,因而布洛赫波正是反映晶体中电子运动的特点.

布洛赫定理必须采用玻恩-冯卡门周期性边界条件.

1.2 锗硅半导体材料具有金刚石结构,设其晶格常数为 a.

(1) 画出(1,1,0)面二维格子的原胞,并给出它的基矢;

(2) 试画出二维格子的第一、二布里渊区.

解 (1) 参照图 1.4 锗硅晶体金刚石结构,画出其(1,1,0)面二维格子的固体物理学原胞如图 1.5.

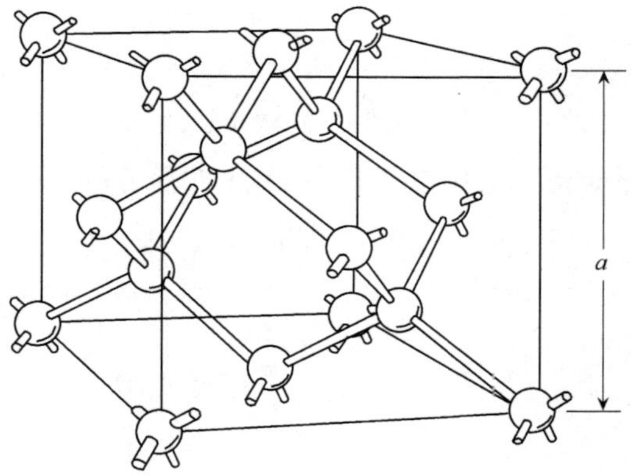

图 1.4 锗硅金刚石结构

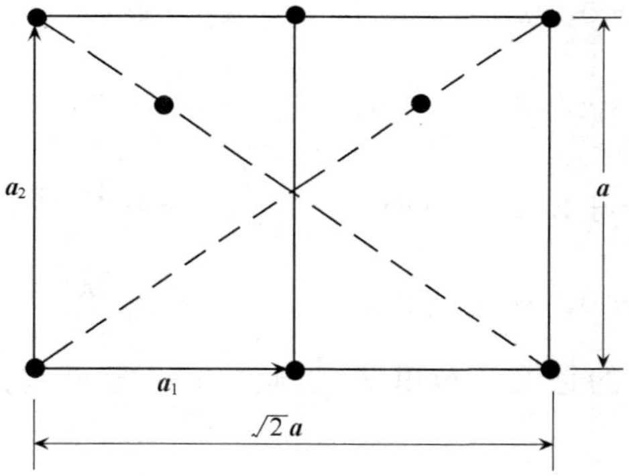

图 1.5

原胞基矢为

$$\boldsymbol{a}_1 = \frac{\sqrt{2}}{2}a\boldsymbol{i}$$

$$\boldsymbol{a}_2 = a\boldsymbol{j}$$

原胞体积

$$\Omega = \boldsymbol{a}_1 \cdot \boldsymbol{a}_2 = \frac{\sqrt{2}}{2}a^2$$

引入垂直于 $\boldsymbol{i}$ 和 $\boldsymbol{j}$ 单位矢量 $\boldsymbol{k}$,则金刚石结构(1,1,0)面二维格子的倒格子基矢

$$\boldsymbol{b}_1 = \frac{2\pi(\boldsymbol{a}_2 \times \boldsymbol{k})}{\Omega} = \frac{2\sqrt{2}\pi}{a^2}a\boldsymbol{j} \times \boldsymbol{k} = \frac{2\sqrt{2}\pi}{a}\boldsymbol{i}$$

$$\boldsymbol{b}_2 = \frac{2\pi(\boldsymbol{k} \times \boldsymbol{a}_1)}{\Omega} = \frac{2\sqrt{2}\pi}{a^2}\boldsymbol{k} \times \frac{\sqrt{2}}{2}a\boldsymbol{i} = \frac{2\pi}{a}\boldsymbol{j}$$

(2) 倒格子矢量 $\boldsymbol{G}_h$

$$\boldsymbol{G}_h = n_1\boldsymbol{b}_1 + n_2\boldsymbol{b}_2 = \frac{2\pi}{a}(\sqrt{2}n_1\boldsymbol{i} + n_2\boldsymbol{j})$$

布里渊区边界方程

$$\boldsymbol{G}_h \cdot \left(\boldsymbol{k} + \frac{1}{2}\boldsymbol{G}_h\right) = 0$$

此处 $\boldsymbol{k}$ (k_x, k_y)表示二维矩形晶格中电子状态，上述方程可写成

$$\frac{4\pi^2}{a^2}(2n_1^2 + n_2^2) = \frac{4\pi}{a}(\sqrt{2}n_1k_x + n_2k_y)$$

即

$$\sqrt{2}n_1k_x + n_2k_y = \frac{\pi}{a}(2n_1^2 + n_2^2)$$

于是

$$n_1 = \pm 1, n_2 = 0 \text{ 时}, \qquad k_x = \pm\frac{\sqrt{2}\pi}{a} \tag{1}$$

$$n_1 = 0,\ n_2 = \pm 1 \text{ 时}, \qquad k_y = \pm\frac{\pi}{a} \tag{2}$$

$$n_1 = \pm 1, n_2 = \pm 1 \text{ 时}, \qquad \pm\sqrt{2}k_x + k_y = \frac{3\pi}{a} \tag{3}$$

$$n_1 = \pm 2, n_2 = 0 \text{ 时}, \qquad k_x = \pm\frac{2\sqrt{2}\pi}{a} \tag{4}$$

$$n_1 = 0,\ n_2 = \pm 2 \text{ 时}, \qquad k_y = \pm\frac{2\pi}{a} \tag{5}$$

这样由(1),(2)两式围成的是第一布里渊区，而(1)～(5)式围成的是第二布里渊区，如图 1.6 所示.

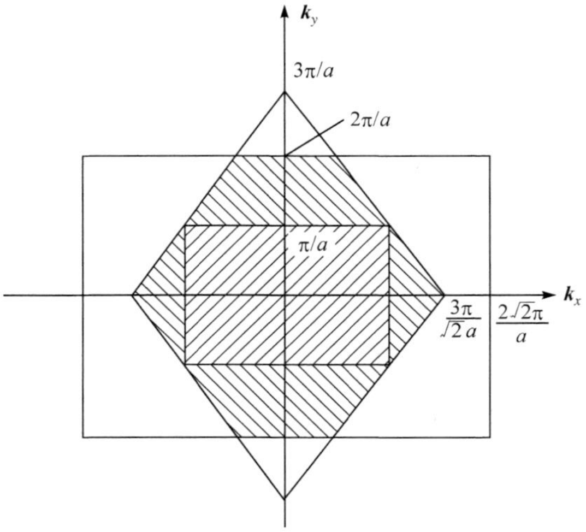

图 1.6

1.3　布拉维格子的基矢选择不是唯一的，例如由原子排列在正方格子上而构成的一个二维晶体，如图 1.7 所示，有三种可能的基矢选取方法.

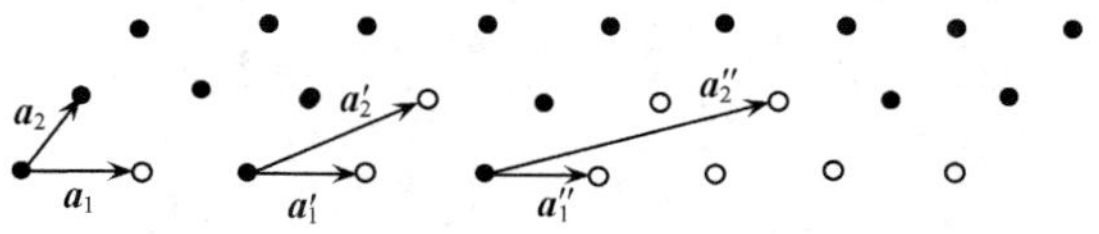

图 1.7

(1) 说明这三种选取的都是二维布拉维格子的固体物理学原胞；

(2) 求这三种基矢所对应的倒格子基矢；

(3) 这三种倒格子基矢所对应的倒格子是否唯一的，何故？

解　(1) 从图 1.7 看出，这三种选取的基矢所对应的原胞的 4 个格点分别只有 1/4 原子是属于该原胞的，一个原胞都只有一个原子，还可以证明这三种原胞的体积大小也都一样，所以它们都是二维布拉维格子的固体物理学原胞，它们的基矢分别表示如下：

第一种基矢选择

$$\boldsymbol{a}_1$$
$$\boldsymbol{a}_2$$

第二种基矢选择

$$\boldsymbol{a}_1' = \boldsymbol{a}_1$$
$$\boldsymbol{a}_2' = \boldsymbol{a}_1' + \boldsymbol{a}_2 = \boldsymbol{a}_1 + \boldsymbol{a}_2$$

第三种基矢选择

$$\boldsymbol{a}_1'' = \boldsymbol{a}_1$$
$$\boldsymbol{a}_2'' = 2\boldsymbol{a}_1'' + \boldsymbol{a}_2 = 2\boldsymbol{a}_1 + \boldsymbol{a}_2$$

显然表示二维布拉维格子固体物理学原胞的三组基矢 $\boldsymbol{a}_1, \boldsymbol{a}_2$；$\boldsymbol{a}_1', \boldsymbol{a}_2'$；$\boldsymbol{a}_1'', \boldsymbol{a}_2''$ 可互相线性表示(系数全是整数)，不是独立的. 选取 $\boldsymbol{a}_3 = \boldsymbol{a}_3' = \boldsymbol{a}_3'' = \boldsymbol{k}$，$\boldsymbol{k}$ 是垂直于二维格子平面的单位矢量，则它们的体积分别是

$$\Omega_1 = \boldsymbol{a}_1 \cdot (\boldsymbol{a}_2 \times \boldsymbol{k})$$
$$\Omega_2 = \boldsymbol{a}_1' \cdot (\boldsymbol{a}_2' \times \boldsymbol{k}) = \boldsymbol{a}_1 \cdot [(\boldsymbol{a}_1 + \boldsymbol{a}_2) \times \boldsymbol{k}]$$
$$= \boldsymbol{a}_1 \cdot [(\boldsymbol{a}_1 \times \boldsymbol{k}) + (\boldsymbol{a}_2 \times \boldsymbol{k})] = \boldsymbol{a}_1 \cdot (\boldsymbol{a}_2 \times \boldsymbol{k})$$

同样

$$\Omega_3 = \boldsymbol{a}_1'' \cdot (\boldsymbol{a}_2'' \times \boldsymbol{k}) = \boldsymbol{a}_1 \cdot (\boldsymbol{a}_2 \times \boldsymbol{k})$$

所以

$$\Omega_1 = \Omega_2 = \Omega_3 = \Omega$$

三种原胞的体积相等，得证.

(2) 依照倒格子基矢定义.

第一种正格子相应的倒格子基矢

$$\boldsymbol{b}_1 = 2\pi \frac{\boldsymbol{a}_2 \times \boldsymbol{k}}{\Omega}, \quad \boldsymbol{b}_2 = 2\pi \frac{\boldsymbol{k} \times \boldsymbol{a}_1}{\Omega}$$

第二种正格子相应的倒格子基矢

$$b_1' = 2\pi \frac{a_2' \times k}{\Omega} = 2\pi \frac{(a_1 + a_2) \times k}{\Omega}$$

$$= 2\pi \frac{a_1 \times k}{\Omega} + 2\pi \frac{a_2 \times k}{\Omega} = b_1 - b_2$$

$$b_2' = 2\pi \frac{k \times a_1'}{\Omega} = 2\pi \frac{k \times a_1}{\Omega} = b_2$$

第三种正格子相应的倒格子基矢

$$b_1'' = 2\pi \frac{a_2'' \times k}{\Omega} = 2\pi \frac{(2a_1 + a_2) \times k}{\Omega} = b_1 - 2b_2$$

$$b_2'' = 2\pi \frac{k \times a_1''}{\Omega} = 2\pi \frac{k \times a_1}{\Omega} = b_2$$

同样,这三组倒格子基矢 $b_1, b_2; b_1', b_2'; b_1'', b_2''$ 也可互相线性转换,转换系数全是整数.

(3) 这三组倒格子基矢不是互相独立而是可以相互线性转换的,反映了它们都只是表示同一倒格子点阵. 因此,倒格子空间平移对称性使得,在以 $b_1^{(l)}, b_2^{(l)}, b_3^{(l)}$ 为基的倒格子空间中的一个倒格矢量 $G_h^{(l)}$,也是基矢 $b_1^{(l)}, b_2^{(l)}, b_3^{(l)}$ 线性转换而来的基矢 $b_1^{(m)}, b_2^{(m)}, b_3^{(m)}$ 为基的倒格子空间中的一个倒格矢量. 这表明虽然一个布拉维格子的基矢选择有任意性,相应的倒格子基矢也有任意性,但倒格子却是由布拉维正格子所唯一确定的.

1.4 (1) 在六角晶系中,晶面常用四个指数(h,k,l,m)表示,它们代表一个晶面在六角形平面基矢 a_1, a_2, a_3(三基矢长度相等,等于 a,且两两交角为 120°)轴上的截距为$\frac{a_1}{h}$, $\frac{a_2}{k}$, $\frac{a_3}{l}$的整倍数,在六次轴上的截距为$\frac{c}{m}$的整倍数,试证

$$h + k + l = 0$$

(2) 求米勒指数$(1,1,\bar{2},0)$与$(1,\bar{1},0,1)$晶面的法线方向间的夹角

解 (1) 如图 1.8 所示,某一晶面 MN 与六角形平面基矢 a_1, a_2, a_3 轴上的截距

$$\overline{OA} = \frac{a}{h}n, \quad \overline{OB} = -\frac{a}{k}n, \quad \overline{OC} = \frac{a}{l}n$$

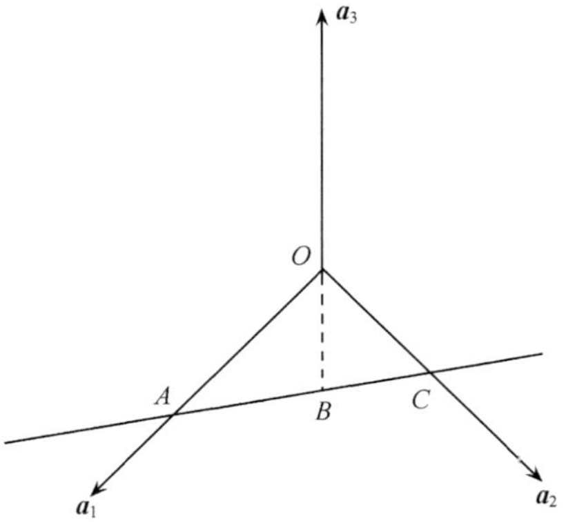

图 1.8

且

$$\angle AOB=\angle COB=60^\circ,\quad \angle AOC=120^\circ$$

有

$$\triangle AOB(\text{面积})+\triangle COB(\text{面积})=\triangle AOC(\text{面积})$$

即

$$\frac{1}{2}\overline{OA}\cdot\overline{OB}\sin\angle AOB+\frac{1}{2}\overline{OC}\cdot\overline{OB}\sin\angle COB=\frac{1}{2}\overline{OA}\cdot\overline{OC}\sin\angle AOC$$

代入$\overline{OA}$,$\overline{OC}$,$\overline{OB}$和$\angle AOB$,$\angle COB$,$\angle AOC$值,有

$$\frac{1}{2}\frac{a}{h}\cdot n\cdot\left(-\frac{a}{k}\right)\cdot n\cdot\sin60^\circ+\frac{1}{2}\left(\frac{a}{l}\right)\cdot n\cdot\left(-\frac{a}{k}\right)\cdot n\cdot\sin60^\circ$$

$$=\frac{1}{2}\left(\frac{a}{h}\right)\cdot n\left(\frac{a}{l}\right)\cdot n\cdot\sin120^\circ$$

$$-\frac{1}{hk}-\frac{1}{lk}=\frac{1}{hl}$$

方程两边乘以(hkl),移项得

$$h+k+l=0$$

得证.

(2) $h+k+l=0$表明,h,k,l不是独立的,$l=-h-k$,可以用(h,k,m)来表示六角晶系的面指数,所以晶面$(1,1,\bar{2},0)$即晶面$(1,1,0)$,晶面$(1,\bar{1},0,1)$即晶面$(1,\bar{1},1)$. 图1.9是六角晶系一个原胞,即晶胞,$|\boldsymbol{a}|=|\boldsymbol{b}|=a$,

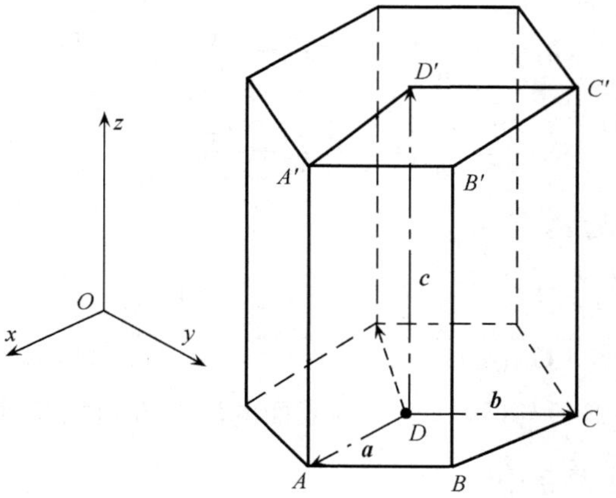

图1.9

引进直角坐标系$Oxyz$,使x与z轴分别与基矢$\boldsymbol{a}$,$\boldsymbol{c}$重合,基矢$\boldsymbol{a}$,$\boldsymbol{b}$,$\boldsymbol{c}$表示为

$$\boldsymbol{a}=a\boldsymbol{i}$$

$$\boldsymbol{b}=-\frac{1}{2}a\boldsymbol{i}+\frac{\sqrt{3}}{2}a\boldsymbol{j}$$

$$\boldsymbol{c}=c\boldsymbol{k}$$

式中,$\boldsymbol{i}$,$\boldsymbol{j}$,$\boldsymbol{k}$分别是x,y,z轴方向的单位矢量,该原胞的倒格子基矢是

$$a^* = \frac{2\pi}{\Omega}(b \times c) = \frac{2\pi}{\Omega}\left(\frac{\sqrt{3}}{2}ac\boldsymbol{i} + \frac{1}{2}ac\boldsymbol{j}\right)$$

$$b^* = \frac{2\pi}{\Omega}(c \times a) = \frac{2\pi}{\Omega}ac\boldsymbol{j}$$

$$c^* = \frac{2\pi}{\Omega}(a \times b) = \frac{2\pi}{\Omega}\left(\frac{\sqrt{3}}{2}a^2\boldsymbol{k}\right)$$

式中,Ω 是晶胞体积

$$\Omega = |\boldsymbol{a} \cdot (\boldsymbol{b} \times \boldsymbol{c})| = |\boldsymbol{b} \cdot (\boldsymbol{c} \times \boldsymbol{a})| = \left|\left(-\frac{1}{2}a\boldsymbol{i} + \frac{\sqrt{3}}{2}a\boldsymbol{j}\right) \cdot (ac\boldsymbol{j})\right| = \frac{\sqrt{3}}{2}a^2c$$

故六角晶系的晶胞倒格子基矢

$$\boldsymbol{a}^* = \frac{2\pi}{a}\left(\boldsymbol{i} + \frac{1}{\sqrt{3}}\boldsymbol{j}\right)$$

$$\boldsymbol{b}^* = \frac{2\pi}{a}\frac{2}{\sqrt{3}}\boldsymbol{j}$$

$$\boldsymbol{c}^* = \frac{2\pi}{c}\boldsymbol{k}$$

根据上面的讨论,六角晶系中$(1,1,\bar{2},0)$晶面也即$(1,1,0)$晶面,则其法线矢量 $\boldsymbol{G}_{(110)}$ 为

$$\boldsymbol{G}_{(110)} = \frac{2\pi}{a}\left(\boldsymbol{i} + \frac{1}{\sqrt{3}}\boldsymbol{j}\right) + \frac{2\pi}{a}\frac{2}{\sqrt{3}}\boldsymbol{j} = \frac{2\pi}{a}(\boldsymbol{i} + \sqrt{3}\boldsymbol{j})$$

同样,六角晶系中$(1,\bar{1},0,1)$晶面也即$(1,\bar{1},1)$晶面,其法线矢量 $\boldsymbol{G}_{(1\bar{1}1)}$ 为

$$\boldsymbol{G}_{(1\bar{1}1)} = \frac{2\pi}{a}\left(\boldsymbol{i} + \frac{1}{\sqrt{3}}\boldsymbol{j}\right) - \frac{2\pi}{a}\frac{2}{\sqrt{3}}\boldsymbol{j} + \frac{2\pi}{c}\boldsymbol{k}$$

$$= \frac{2\pi}{a}\left(\boldsymbol{i} - \frac{1}{\sqrt{3}}\boldsymbol{j}\right) + \frac{2\pi}{c}\boldsymbol{k}$$

设 $\boldsymbol{G}_{(110)}$ 与 $\boldsymbol{G}_{(1\bar{1}1)}$ 的夹角为 α,有

$$\cos\alpha = \frac{\left(\frac{2\pi}{a}\right)^2\left(1 \times 1 + \sqrt{3} \times \left(-\frac{1}{\sqrt{3}}\right) + 0 \times 0\right)}{|\boldsymbol{G}_{(110)}| \cdot |\boldsymbol{G}_{(1\bar{1}1)}|} = \frac{\left(\frac{2\pi}{a}\right)^2(1-1)}{|\boldsymbol{G}_{(110)}| \cdot |\boldsymbol{G}_{(1\bar{1}1)}|} = 0$$

所以,六角晶系中$(1,1,\bar{2},0)$与$(1,\bar{1},0,1)$两晶面的法线方向相互垂直.

1.5　试证明在立方晶系中:

(1) 晶面族(h,k,l)的法线的晶列指数为$[h,k,l]$;

(2) 晶向$[u_1,v_1,w_1]$与晶向$[u_2,v_2,w_2]$的交角满足

$$\cos\alpha = \frac{u_1u_2 + v_1v_2 + w_1w_2}{\sqrt{u_1^2 + v_1^2 + w_1^2} \cdot \sqrt{u_2^2 + v_2^2 + w_2^2}}$$

(3) 晶列$[u,v,w]$与晶面族(hkl)的法线的交角为

$$\cos\beta = \frac{uh + vk + wl}{\sqrt{u^2 + v^2 + w^2} \cdot \sqrt{h^2 + k^2 + l^2}}$$

(4) 晶面(h_1,k_1,l_1)与晶面(h_2,k_2,l_2)的法线之间夹角为

$$\cos\gamma = \frac{h_1h_2 + k_1k_2 + l_1l_2}{\sqrt{h_1^2 + k_1^2 + l_1^2}\sqrt{h_2^2 + k_2^2 + l_2^2}}$$

解　图 1.10 画出立方晶系的一个晶胞，三个晶轴 $\boldsymbol{a}$,$\boldsymbol{b}$ 和 $\boldsymbol{c}$ 互相垂直,长度均等于晶格常数 a. 设 $\boldsymbol{i}$,$\boldsymbol{j}$,$\boldsymbol{k}$ 为三个晶轴方向上的单位矢量,则晶胞基矢写成

$$\boldsymbol{a} = a\boldsymbol{i}, \quad \boldsymbol{b} = a\boldsymbol{j}, \quad \boldsymbol{c} = a\boldsymbol{k}$$

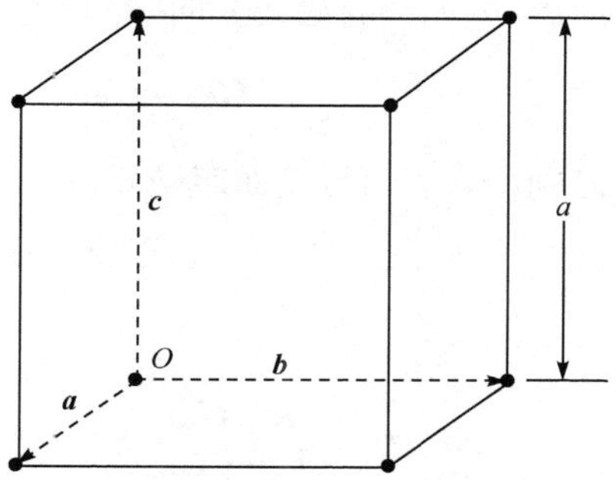

图 1.10　立方晶系的晶胞

根据倒格子基矢定义,立方晶系的倒格子基矢为

$$\boldsymbol{a}^* = \frac{2\pi}{a}\boldsymbol{i}, \quad \boldsymbol{b}^* = \frac{2\pi}{a}\boldsymbol{j}, \quad \boldsymbol{c}^* = \frac{2\pi}{a}\boldsymbol{k}$$

(1) 由倒格矢性质可知,倒格矢量

$$\boldsymbol{G}_{hkl} = h\boldsymbol{a}^* + k\boldsymbol{b}^* + l\boldsymbol{c}^* = \frac{2\pi}{a}(h\boldsymbol{i} + k\boldsymbol{j} + l\boldsymbol{k})$$

代表晶面族(h,k,l)的法线方向.

晶列指数为$[h,k,l]$的晶列方向上的格矢

$$\begin{aligned}\boldsymbol{R}_{hkl} &= h\boldsymbol{a} + k\boldsymbol{b} + l\boldsymbol{c} = a(h\boldsymbol{i} + k\boldsymbol{j} + l\boldsymbol{k}) \\ &= a \cdot \frac{a}{2\pi} \cdot \frac{2\pi}{a}(h\boldsymbol{i} + k\boldsymbol{j} + l\boldsymbol{k}) \\ &= \frac{a^2}{2\pi}\left(h \cdot \frac{2\pi}{a}\boldsymbol{i} + k \cdot \frac{2\pi}{a}\boldsymbol{j} + l \cdot \frac{2\pi}{a}\boldsymbol{k}\right) \\ &= \frac{a^2}{2\pi}(h\boldsymbol{a}^* + k\boldsymbol{b}^* + l\boldsymbol{c}^*) = \frac{a^2}{2\pi}\boldsymbol{G}_{hkl} \propto \boldsymbol{G}_{hkl}\end{aligned}$$

故格矢 $\boldsymbol{R}_{hkl}$ 与倒格矢 $\boldsymbol{G}_{hkl}$ 互相平行,所以晶面族(h,k,l)的法线上的晶列指数为$[h,k,l]$.

(2) 晶向$[u_1,v_1,w_1]$ 与$[u_2,v_2,w_2]$上的正格矢量分别写成

$$\boldsymbol{R}_1 = u_1\boldsymbol{a} + v_1\boldsymbol{b} + w_1\boldsymbol{c} = u_1a\boldsymbol{i} + v_1a\boldsymbol{j} + w_1a\boldsymbol{k}$$

和

$$\boldsymbol{R}_2 = u_2\boldsymbol{a} + v_2\boldsymbol{b} + w_2\boldsymbol{c} = u_2a\boldsymbol{i} + v_2a\boldsymbol{j} + w_2a\boldsymbol{k}$$

设两晶向间夹角为 α,则

$$\boldsymbol{R}_1 \cdot \boldsymbol{R}_2 = |\boldsymbol{R}_1 \cdot \boldsymbol{R}_2| \cdot \cos\alpha$$

故

$$\begin{aligned}\cos\alpha &= \frac{\boldsymbol{R}_1 \cdot \boldsymbol{R}_2}{|\boldsymbol{R}_1| \cdot |\boldsymbol{R}_2|} = \frac{(u_1a\boldsymbol{i} + v_1a\boldsymbol{j} + w_1a\boldsymbol{k}) \cdot (u_2a\boldsymbol{i} + v_2a\boldsymbol{j} + w_2a\boldsymbol{k})}{|\boldsymbol{R}_1| \cdot |\boldsymbol{R}_2|} \\ &= \frac{(u_1u_2 + v_1v_2 + w_1w_2) \cdot a^2}{\sqrt{u_1^2 + v_1^2 + w_1^2} \cdot a \cdot \sqrt{u_2^2 + v_2^2 + w_2^2} \cdot a} \\ &= \frac{u_1u_2 + v_1v_2 + w_1w_2}{\sqrt{u_1^2 + v_1^2 + w_1^2} \cdot \sqrt{u_2^2 + v_2^2 + w_2^2}}\end{aligned}$$

(3) 晶向$[u,v,w]$ 方向上的正格矢量可表示为

$$\boldsymbol{R} = u\boldsymbol{a} + v\boldsymbol{b} + w\boldsymbol{c} = ua\boldsymbol{i} + va\boldsymbol{j} + wa\boldsymbol{k}$$

晶面族(h,k,l)的法线方向，即与此晶面族对应的倒格矢 $\boldsymbol{G}_{hkl}$ 方向

$$\boldsymbol{G}_{hkl}=h\boldsymbol{a}^*+k\boldsymbol{b}^*+l\boldsymbol{c}^*=\frac{2\pi}{a}(h\boldsymbol{i}+k\boldsymbol{j}+l\boldsymbol{k})$$

设晶列$[u,v,w]$与晶面族(h,k,l)的法线之间夹角为β则

$$\boldsymbol{R}\cdot\boldsymbol{G}_{hkl}=|\boldsymbol{R}|\cdot|\boldsymbol{G}_{hkl}|\cdot\cos\beta$$

故

$$\cos\beta=\frac{\boldsymbol{R}\cdot\boldsymbol{G}_{hkl}}{|\boldsymbol{R}|\cdot|\boldsymbol{G}_{hkl}|}=\frac{(ua\boldsymbol{i}+va\boldsymbol{j}+wa\boldsymbol{k})\cdot\left(h\dfrac{2\pi}{a}\boldsymbol{i}+k\dfrac{2\pi}{a}\boldsymbol{j}+l\dfrac{2\pi}{a}\boldsymbol{k}\right)}{|\boldsymbol{R}|\cdot|\boldsymbol{G}_{hkl}|}$$

$$=\frac{(uh+vk+wl)\cdot 2\pi}{\sqrt{(ua)^2+(va)^2+(wa)^2}\cdot\sqrt{\left(h\dfrac{2\pi}{a}\right)^2+\left(k\dfrac{2\pi}{a}\right)^2+\left(l\dfrac{2\pi}{a}\right)^2}}$$

$$=\frac{uh+vk+wl}{\sqrt{u^2+v^2+w^2}\cdot\sqrt{h^2+k^2+l^2}}$$

（4）倒格矢量

$$\boldsymbol{G}_{h_1k_1l_1}=h_1\boldsymbol{a}^*+k_1\boldsymbol{b}^*+l_1\boldsymbol{c}^*=\frac{2\pi}{a}(h_1\boldsymbol{i}+k_1\boldsymbol{j}+l_1\boldsymbol{k})$$

$$\boldsymbol{G}_{h_2k_2l_2}=h_2\boldsymbol{a}^*+k_2\boldsymbol{b}^*+l_2\boldsymbol{c}^*=\frac{2\pi}{a}(h_2\boldsymbol{i}+k_2\boldsymbol{j}+l_2\boldsymbol{k})$$

分别表示晶面族(h_1,k_1,l_1)和(h_2,k_2,l_2)的法线方向，设两法线之间的夹角为γ，则

$$\boldsymbol{G}_{h_1k_1l_1}\cdot\boldsymbol{G}_{h_2k_2l_2}=|\boldsymbol{G}_{h_1k_1l_1}|\cdot|\boldsymbol{G}_{h_2k_2l_2}|\cdot\cos\gamma$$

故

$$\cos\gamma=\frac{\boldsymbol{G}_{h_1k_1l_1}\cdot\boldsymbol{G}_{h_2k_2l_2}}{|\boldsymbol{G}_{h_1k_1l_1}|\cdot|\boldsymbol{G}_{h_2k_2l_2}|}=\frac{\left(\dfrac{2\pi}{a}\right)^2\cdot(h_1h_2+k_1k_2+l_1l_2)}{\dfrac{2\pi}{a}\cdot\sqrt{h_1^2+k_1^2+l_1^2}\cdot\dfrac{2\pi}{a}\sqrt{h_2^2+k_2^2+l_2^2}}$$

$$=\frac{h_1h_2+k_1k_2+l_1l_2}{\sqrt{h_1^2+k_1^2+l_1^2}\cdot\sqrt{h_2^2+k_2^2+l_2^2}}$$

1.6 布拉维格子的体密度(单位格点数)ρ是个常数：

（1）试推导布拉维格子面密度(单位晶面上的格点数)D公式；

（2）以体心结构为例，求出它的体密度ρ，最大面密度D，并示出格点最密的晶列.

解 （1）在某一族晶面中，取面间距为d的两相邻晶面为底面(底面积取为1个单位面积)做一个圆柱体，该圆柱体内的格点数等于

$$\rho\cdot(d\cdot 1)=\rho d$$

这些格点分布在上下底面上，但属于该圆柱体的只有一个底面，故晶面的面密度

$$D=\rho d$$

上式又可写成

$$\rho=\frac{D}{d}=\text{const.}$$

（2）设体心立方晶体的晶格常数为a，则其晶胞体积为a^3，晶胞中含有2个格点，因

此体心立方结构体密度

$$\rho = \frac{2}{a^3}$$

选取体心立方晶体结构的固体物理学原胞，如图 1.11 所示，其基矢为

$$\boldsymbol{a}_1 = \frac{a}{2}(-\boldsymbol{i}+\boldsymbol{j}+\boldsymbol{k})$$

$$\boldsymbol{a}_2 = \frac{a}{2}(\boldsymbol{i}-\boldsymbol{j}+\boldsymbol{k})$$

$$\boldsymbol{a}_3 = \frac{a}{2}(\boldsymbol{i}+\boldsymbol{j}-\boldsymbol{k})$$

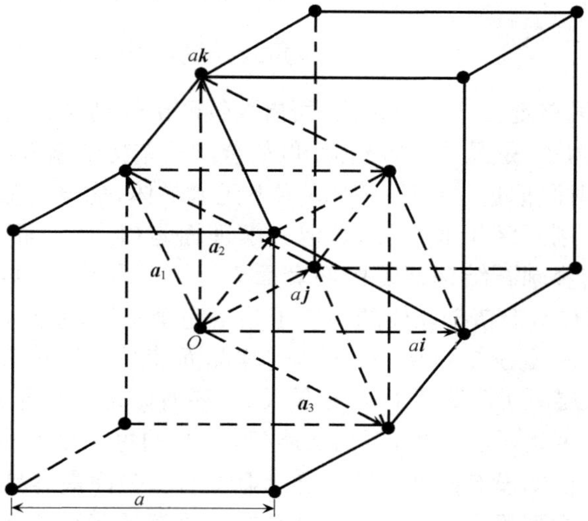

图 1.11

其倒格子基矢为

$$\boldsymbol{b}_1 = \frac{2\pi}{a}(\boldsymbol{j}+\boldsymbol{k}),\quad \boldsymbol{b}_2 = \frac{2\pi}{a}(\boldsymbol{k}+\boldsymbol{i}),\quad \boldsymbol{b}_3 = \frac{2\pi}{a}(\boldsymbol{i}+\boldsymbol{j})$$

与晶面族(h_1,h_2,h_3)正交的倒格子矢量

$$\boldsymbol{G}_{h_1h_2h_3} = h_1\boldsymbol{b}_1 + h_2\boldsymbol{b}_2 + h_3\boldsymbol{b}_3$$

则晶面族(h_1,h_2,h_3)的面间距为

$$d_{h_1h_2h_3} = \frac{2\pi}{|\boldsymbol{G}_{h_1h_2h_3}|} = \frac{a}{\sqrt{(h_2+h_3)^2+(h_3+h_1)^2+(h_1+h_2)^2}}$$

显然上式中分母越小，$d_{h_1h_2h_3}$越大，故面指数最简单的晶面族(0,0,1)，(0,1,0)，(1,0,0)，$(0,1,\bar{1})$，$(1,0,\bar{1})$，$(1,\bar{1},0)$，其面间距最大，相应的最大面间距

$$d = \frac{a}{\sqrt{(0+1)^2+(1+0)^2+0}} = \frac{a}{\sqrt{2}}$$

所以体心立方晶体中最大面密度

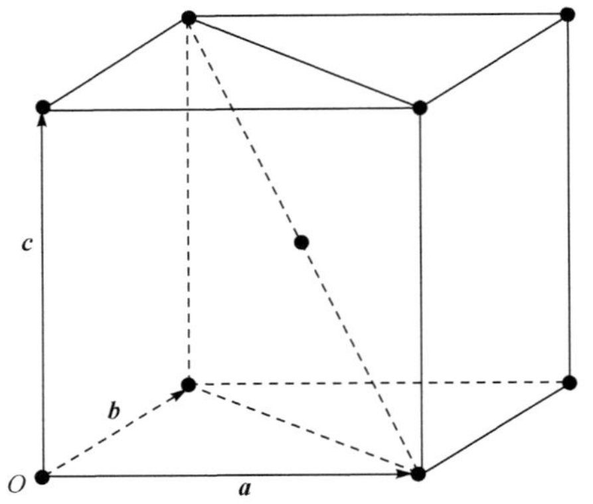

图 1.12

$$D_{\max}=\rho\cdot d=\frac{2}{a^3}\cdot\frac{a}{\sqrt{2}}=\frac{\sqrt{2}}{a^2}$$

面间距最大的晶面上的格点最密，因而体心立方晶体中格点最密的线也一定分布在(0,0,1),(0,1,0),(1,0,0),(0,1,$\bar{1}$),(1,0,$\bar{1}$),(1,$\bar{1}$,0)晶面上，可以证明(0,0,1)晶面即米勒指数为(1,1,0)的晶面(参见本书第四章第 1.74 题)，图 1.12 是体心立方一个晶胞，(1,1,0)晶面上最密的线如图虚线所示，线上格点间的距离，等于体心立方晶体一半对角线长度，即$\frac{\sqrt{3}}{2}a$.

从以上分析可以简单地得出一个结论，面指数较简单的晶面族由于其面间距较大，晶面间的原子相互作用力小，是晶体的解理面. 例如金刚石结构的锗硅晶体，晶面族(1,1,1)面间距最大，是其解理面. 但这个讨论一般适用于元素晶体，化合物晶体如 GaAs，它的结构是闪锌矿结构，与金刚石结构非常类似，但其解理面是(1,1,0)而不是(1,1,1). 原因是，虽然闪锌矿结构与金刚石结构都是由两套面心立方子晶格沿[1,1,1]方向相对移动 1/4 对角线长度套构而成，但锗硅晶体的两套子晶格完全一样，而 GaAs 晶体中一套格点上全是正离子 Ga^+，另一套全是负离子 As^-，这样晶面族是一层正离子 Ga^+ 一层负离子 As^- 相间排列的，这两层原子间除了共价键联系外，还有附加的离子键相互吸引力(即静电力)，因此(1,1,1)面变得不易解理，而晶面族(1,1,0)的每一个面都是由等量的Ⅲ族原子和Ⅴ族原子组成的，面间没有附加的静电力，因此(1,1,0)面最容易解理，这一点可以从本章 1.2 题解了解到，在那里金刚石(1,1,0)面二维格子的固体物理学原胞包含二个原子，这在闪锌矿结构中是二个不同的原子，正离子 Ga^+ 和负离子 As^-，这样原胞是电中性，故晶面族的每一晶面都是电中性的，因而(1,1,0)晶面是 GaAs 晶体的解理面.

确定晶体的解理面有着重要的实际意义，如对材料的切割，划片都是沿解理面进行的，这样可以减少对片子的损伤，从而提高产品成品率.

1.7 (1) 六角密积结构的晶格常数有两个，a 及 c，试证明对理想六角密积结构，有

$$\frac{c}{a}=\sqrt{\frac{8}{3}}=1.633$$

(2) 导出六角密积结构致密度表示式；

(3) 镁金属具有六角密积结构，晶体中两原子之间最近距离为 3.20Å，试求其体密度.

解 (1) 六角密积结构晶体的堆积方式是 AB 型堆积，即第一层(A 层)与第三层(A 层)完全相同，第二层(B 层)的每一个原子位于第一层三个紧挨的原子中间上方，图 1.13 示出第一层(A 层)与第二层(B)层原子排列，$ABCDEFG$ 代表第一层原子，HJK 表示第二层原子.

第二层原子 H 重心与第一层原子 ABD 的重心构成一正四面体，其边长为 a(两原子

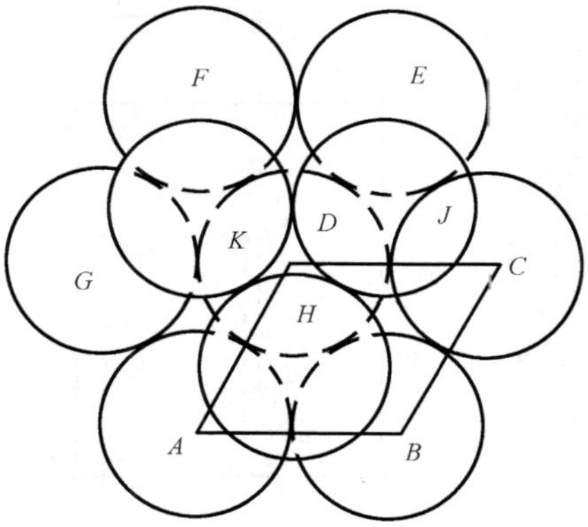

图 1.13

最短距离),高为 $c/2$,如图 1.14 所示,有

$$\overline{AB}=\overline{BD}=\overline{DA}=\overline{AH}=\overline{BH}=\overline{DH}=a$$

$$\overline{HO}=\frac{c}{2}$$

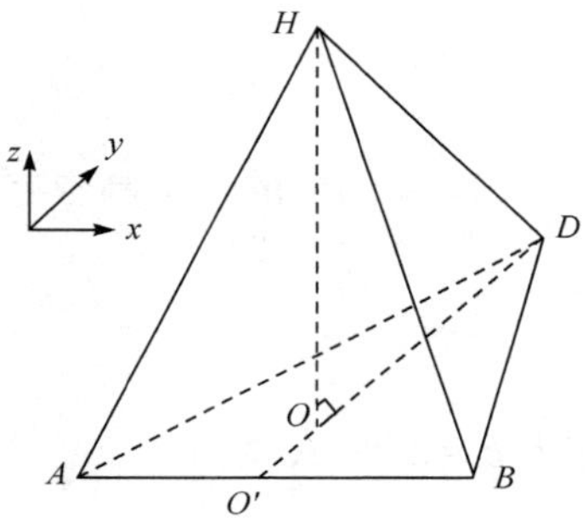

图 1.14

由几何关系

$$\overline{DO'}=a\cdot\sin 60^\circ=\frac{\sqrt{3}}{2}a$$

$$\overline{DO}=\frac{2}{3}\,\overline{DO'}=\frac{2}{3}\cdot\frac{\sqrt{3}}{2}a=\frac{a}{\sqrt{3}}$$

$$\overline{HO}=\sqrt{\overline{HD}^2-\overline{DO}^2}=\sqrt{a^2-\left(\frac{a}{\sqrt{3}}\right)^2}$$

$$=\sqrt{a^2-\frac{1}{3}a^2}=\sqrt{\frac{2}{3}}a$$

所以

$$c=2\,\overline{HO}=2\cdot\sqrt{\frac{2}{3}}a=\sqrt{\frac{8}{3}}a=1.633a$$

(2) 晶体致密度是假设晶体由刚性原子球堆积而成,一个晶胞中刚性原子球可能占据的最大体积与晶胞体积之比值称为晶体结构的致密度. 图 1.15 画出六角密积结构晶体的一个晶胞,它是由 $ABCDA'B'C'D'$ 组成($ABCD$ 和 $A'B'C'D'$ 分别是第一层和第三层原子). DA、DC 和 DD' 为晶胞的三个基矢,分别标以 $\boldsymbol{a}$、$\boldsymbol{b}$ 和 $\boldsymbol{c}$,有

$$\boldsymbol{a}=a\boldsymbol{i},\quad \boldsymbol{b}=-\frac{1}{2}a\boldsymbol{i}+\frac{\sqrt{3}}{2}a\boldsymbol{j},\quad \boldsymbol{c}=c\boldsymbol{k}$$

其中,$\boldsymbol{i}$,$\boldsymbol{j}$,$\boldsymbol{k}$ 分别是 $\boldsymbol{x}$,$\boldsymbol{y}$,$\boldsymbol{z}$ 方向的单位矢量,晶胞的体积

$$\Omega=|\boldsymbol{a}\cdot(\boldsymbol{b}\times\boldsymbol{c})|=|\boldsymbol{b}\cdot(\boldsymbol{a}\times\boldsymbol{c})|=\left|\left(-\frac{1}{2}a\boldsymbol{i}+\frac{\sqrt{3}}{2}a\boldsymbol{j}\right)\cdot ac\boldsymbol{j}\right|=\frac{\sqrt{3}}{2}a^2c$$

六角密积结构一个晶胞中有两个原子,取原子球半径为 $\boldsymbol{a}/2$,则六角密积结构晶体的致密度

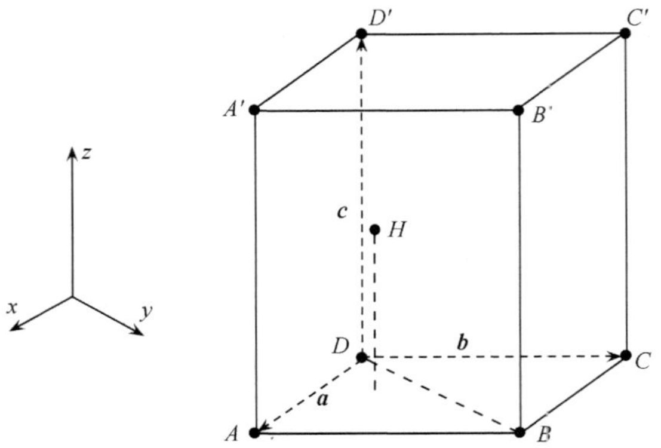

图 1.15

$$D=\frac{2\times\frac{4}{3}\pi\left(\frac{a}{2}\right)^3}{\frac{\sqrt{3}}{2}a^2c}=\frac{\sqrt{2}\pi}{6}$$

(3) 镁晶体的一个晶胞有二个镁原子，故镁晶体的体密度

$$\rho=\frac{2}{\frac{\sqrt{3}}{2}a^2c}=\frac{2}{\frac{\sqrt{3}}{2}a^2\cdot\sqrt{\frac{8}{3}}a}=\frac{\sqrt{2}}{a^3}$$

代入 $\boldsymbol{a}=3.20$ Å，则

$$\rho=\frac{\sqrt{2}}{(3.20\times10^{-10})^3}=\frac{\sqrt{2}}{(3.20)^3}\times10^{30}=\frac{1.4142}{32.768}\times10^{30}=4.3\times10^{28}(\mathrm{m}^{-3})$$

1.8　晶体宏观对称性影响晶体宏观性质，例如，晶体的介电常数虽然一般具有二阶张量形式，但：

(1) 六角晶系介电常数将简化为

$$\begin{pmatrix}\varepsilon_{11} & 0 & 0\\ 0 & \varepsilon_{11} & 0\\ 0 & 0 & \varepsilon_{33}\end{pmatrix}$$

(2) 而具有立方对称的晶体，其介电性则退化为一标量介电常数 ε_0.

试证之.

解　晶体宏观对称性是用对称操作来描写的，即通过旋转，反演等，晶体自身重合，这种几何变换都是正交变换(保持两点距离不变的变换)，所对应的变换矩阵为

$$\boldsymbol{\alpha}=\begin{pmatrix}\alpha_{11} & \alpha_{12} & \alpha_{13}\\ \alpha_{21} & \alpha_{22} & \alpha_{23}\\ \alpha_{31} & \alpha_{32} & \alpha_{33}\end{pmatrix}$$

且有

$$\tilde{\boldsymbol{\alpha}}=\boldsymbol{\alpha}^{-1}$$

式中，$\tilde{\boldsymbol{\alpha}}$ 是转置矩阵，$\boldsymbol{\alpha}^{-1}$ 是逆矩阵.

晶体介电常数是二阶张量，表示为

$$\boldsymbol{\varepsilon}=\begin{pmatrix}\varepsilon_{11}&\varepsilon_{12}&\varepsilon_{13}\\\varepsilon_{21}&\varepsilon_{22}&\varepsilon_{23}\\\varepsilon_{31}&\varepsilon_{32}&\varepsilon_{33}\end{pmatrix}$$

在坐标变换下，二阶张量的变换规律为

$$\boldsymbol{\varepsilon}'=\tilde{\boldsymbol{\alpha}}\boldsymbol{\varepsilon}\boldsymbol{\alpha}\tag{1}$$

对称操作后，晶体还原，有

$$\boldsymbol{\varepsilon}'=\boldsymbol{\varepsilon}$$

下面分别证明.

(1) 六角晶系，如图 1.16，$|\boldsymbol{a}|=|\boldsymbol{b}|\neq|\boldsymbol{c}|$，$\alpha=\beta=90°$，$\gamma=120°$.

选取六角晶系的两个对称操作——绕 x_1 轴($\boldsymbol{a}$ 轴)旋转 π 和绕 x_3 轴($\boldsymbol{c}$ 轴)旋转$\frac{2\pi}{3}$两种对称操作，它们的变换矩阵分别是

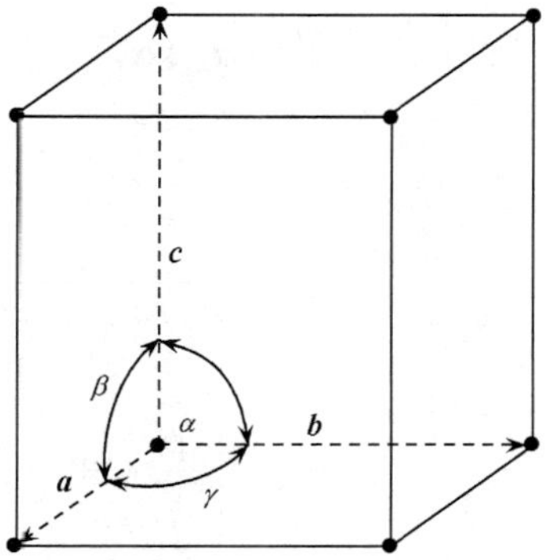

图 1.16

$$\boldsymbol{\alpha}_{x_1}=\begin{pmatrix}1&0&0\\0&\cos\pi&-\sin\pi\\0&\sin\pi&\cos\pi\end{pmatrix}=\begin{pmatrix}1&0&0\\0&-1&0\\0&0&-1\end{pmatrix}$$

和

$$\boldsymbol{\alpha}_{x_3}=\begin{pmatrix}\cos\frac{2\pi}{3}&-\sin\frac{2\pi}{3}&0\\\sin\frac{2\pi}{3}&\cos\frac{2\pi}{3}&0\\0&0&1\end{pmatrix}=\begin{pmatrix}-\frac{1}{2}&-\frac{\sqrt{3}}{2}&0\\\frac{\sqrt{3}}{2}&-\frac{1}{2}&0\\0&0&1\end{pmatrix}$$

依照(1)式，在绕 x_1 轴旋转 π 对称操作下

$$\boldsymbol{\varepsilon}'=\tilde{\boldsymbol{\alpha}}_{x_1}\boldsymbol{\varepsilon}\boldsymbol{\alpha}_{x_1}=\begin{pmatrix}1&0&0\\0&-1&0\\0&0&-1\end{pmatrix}\begin{pmatrix}\varepsilon_{11}&\varepsilon_{12}&\varepsilon_{13}\\\varepsilon_{21}&\varepsilon_{22}&\varepsilon_{23}\\\varepsilon_{31}&\varepsilon_{32}&\varepsilon_{33}\end{pmatrix}\begin{pmatrix}1&0&0\\0&-1&0\\0&0&-1\end{pmatrix}$$

$$=\begin{pmatrix}\varepsilon_{11}&-\varepsilon_{12}&-\varepsilon_{13}\\-\varepsilon_{21}&\varepsilon_{22}&\varepsilon_{23}\\-\varepsilon_{31}&\varepsilon_{32}&\varepsilon_{33}\end{pmatrix}$$

由 $\boldsymbol{\varepsilon}'=\boldsymbol{\varepsilon}$

$$\begin{pmatrix}\varepsilon_{11}&\varepsilon_{12}&\varepsilon_{13}\\\varepsilon_{21}&\varepsilon_{22}&\varepsilon_{23}\\\varepsilon_{31}&\varepsilon_{32}&\varepsilon_{33}\end{pmatrix}=\begin{pmatrix}\varepsilon_{11}&-\varepsilon_{12}&-\varepsilon_{13}\\-\varepsilon_{21}&\varepsilon_{22}&\varepsilon_{23}\\-\varepsilon_{31}&\varepsilon_{32}&\varepsilon_{33}\end{pmatrix}$$

得到

$$\varepsilon_{12}=0,\quad\varepsilon_{13}=0,\quad\varepsilon_{21}=0,\quad\varepsilon_{31}=0$$

晶体介电常数张量各分量改写为

$$\begin{pmatrix} \varepsilon_{11} & 0 & 0 \\ 0 & \varepsilon_{22} & \varepsilon_{23} \\ 0 & \varepsilon_{32} & \varepsilon_{33} \end{pmatrix}$$

在绕 x_3 轴旋转$\frac{2\pi}{3}$操作下

$$\begin{aligned}
\boldsymbol{\varepsilon}' &= \tilde{\boldsymbol{\alpha}}_{x_3}\boldsymbol{\varepsilon}\boldsymbol{\alpha}_{x_3} \\
&= \begin{pmatrix} -\frac{1}{2} & \frac{\sqrt{3}}{2} & 0 \\ -\frac{\sqrt{3}}{2} & -\frac{1}{2} & 0 \\ 0 & 0 & 1 \end{pmatrix} \begin{pmatrix} \varepsilon_{11} & 0 & 0 \\ 0 & \varepsilon_{22} & \varepsilon_{23} \\ 0 & \varepsilon_{32} & \varepsilon_{33} \end{pmatrix} \begin{pmatrix} -\frac{1}{2} & -\frac{\sqrt{3}}{2} & 0 \\ \frac{\sqrt{3}}{2} & -\frac{1}{2} & 0 \\ 0 & 0 & 1 \end{pmatrix} \\
&= \begin{pmatrix} \frac{1}{4}\varepsilon_{11}+\frac{3}{4}\varepsilon_{22} & \frac{\sqrt{3}}{4}\varepsilon_{11}-\frac{\sqrt{3}}{4}\varepsilon_{22} & \frac{\sqrt{3}}{2}\varepsilon_{23} \\ \frac{\sqrt{3}}{4}\varepsilon_{11}-\frac{\sqrt{3}}{4}\varepsilon_{22} & \frac{3}{4}\varepsilon_{11}+\frac{1}{4}\varepsilon_{22} & -\frac{1}{2}\varepsilon_{23} \\ \frac{\sqrt{3}}{2}\varepsilon_{32} & -\frac{1}{2}\varepsilon_{32} & \varepsilon_{33} \end{pmatrix}
\end{aligned}$$

由 $\boldsymbol{\varepsilon}'=\boldsymbol{\varepsilon}$，

$$\begin{pmatrix} \frac{1}{4}\varepsilon_{11}+\frac{3}{4}\varepsilon_{22} & \frac{\sqrt{3}}{4}\varepsilon_{11}-\frac{\sqrt{3}}{4}\varepsilon_{22} & \frac{\sqrt{3}}{2}\varepsilon_{23} \\ \frac{\sqrt{3}}{4}\varepsilon_{11}-\frac{\sqrt{3}}{4}\varepsilon_{22} & \frac{3}{4}\varepsilon_{11}+\frac{1}{4}\varepsilon_{22} & -\frac{1}{2}\varepsilon_{23} \\ \frac{\sqrt{3}}{2}\varepsilon_{32} & -\frac{1}{2}\varepsilon_{32} & \varepsilon_{33} \end{pmatrix} = \begin{pmatrix} \varepsilon_{11} & 0 & 0 \\ 0 & \varepsilon_{22} & \varepsilon_{23} \\ 0 & \varepsilon_{32} & \varepsilon_{33} \end{pmatrix}$$

得出

$$\varepsilon_{23}=0,\quad \varepsilon_{32}=0,\quad \varepsilon_{11}=\varepsilon_{22}$$

则六角晶系的介电常数

$$\begin{pmatrix} \varepsilon_{11} & 0 & 0 \\ 0 & \varepsilon_{11} & 0 \\ 0 & 0 & \varepsilon_{33} \end{pmatrix}$$

(2) 如本章第五题 1.10 图示出的立方晶胞，晶轴 $\boldsymbol{a}$,$\boldsymbol{b}$,$\boldsymbol{c}$ 互相垂直，长度相等. 现选取它的两个对称操作，绕 x 轴旋转 π 和绕 z 轴旋转$\frac{\pi}{2}$，它们相应的变换矩阵

$$\boldsymbol{\alpha}_x = \begin{pmatrix} 1 & 0 & 0 \\ 0 & -1 & 0 \\ 0 & 0 & -1 \end{pmatrix}$$

和

$$\boldsymbol{\alpha}_z=\begin{pmatrix}\cos\frac{\pi}{2} & -\sin\frac{\pi}{2} & 0\\ \sin\frac{\pi}{2} & \cos\frac{\pi}{2} & 0\\ 0 & 0 & 1\end{pmatrix}=\begin{pmatrix}0 & -1 & 0\\ 1 & 0 & 0\\ 0 & 0 & 1\end{pmatrix}$$

先考虑绕 x 轴旋转 π 对称操作，介电常数变换与上面六角晶系相同，得立方晶系介电常数为

$$\boldsymbol{\varepsilon}=\begin{pmatrix}\varepsilon_{11} & 0 & 0\\ 0 & \varepsilon_{22} & \varepsilon_{23}\\ 0 & \varepsilon_{32} & \varepsilon_{33}\end{pmatrix}$$

现在对立方晶体进行绕 z 轴转动 $\frac{\pi}{2}$ 的对称操作，

$$\begin{aligned}\boldsymbol{\varepsilon}'&=\begin{pmatrix}0 & 1 & 0\\ -1 & 0 & 0\\ 0 & 0 & 1\end{pmatrix}\begin{pmatrix}\varepsilon_{11} & 0 & 0\\ 0 & \varepsilon_{22} & \varepsilon_{23}\\ 0 & \varepsilon_{32} & \varepsilon_{33}\end{pmatrix}\begin{pmatrix}0 & -1 & 0\\ 1 & 0 & 0\\ 0 & 0 & 1\end{pmatrix}\\ &=\begin{pmatrix}0 & \varepsilon_{22} & \varepsilon_{23}\\ -\varepsilon_{11} & 0 & 0\\ 0 & \varepsilon_{32} & \varepsilon_{33}\end{pmatrix}\begin{pmatrix}0 & -1 & 0\\ 1 & 0 & 0\\ 0 & 0 & 1\end{pmatrix}\\ &=\begin{pmatrix}\varepsilon_{22} & 0 & \varepsilon_{23}\\ 0 & \varepsilon_{11} & 0\\ \varepsilon_{32} & 0 & \varepsilon_{33}\end{pmatrix}\end{aligned}$$

对称操作前后晶体重合，$\boldsymbol{\varepsilon}'=\boldsymbol{\varepsilon}$，故

$$\begin{pmatrix}\varepsilon_{22} & 0 & \varepsilon_{23}\\ 0 & \varepsilon_{11} & 0\\ \varepsilon_{32} & 0 & \varepsilon_{33}\end{pmatrix}=\begin{pmatrix}\varepsilon_{11} & 0 & 0\\ 0 & \varepsilon_{22} & \varepsilon_{23}\\ 0 & \varepsilon_{32} & \varepsilon_{33}\end{pmatrix}$$

得出

$$\varepsilon_{23}=\varepsilon_{32}=0$$

$$\varepsilon_{11}=\varepsilon_{22}$$

于是，晶体介电常数张量各分量表示为

$$\boldsymbol{\varepsilon}=\begin{pmatrix}\varepsilon_{11} & 0 & 0\\ 0 & \varepsilon_{11} & 0\\ 0 & 0 & \varepsilon_{33}\end{pmatrix}$$

同理，若继续进行绕 y 轴旋转 $\frac{\pi}{2}$ 对称操作，将得到 $\varepsilon_{33}=\varepsilon_{11}$，令

$$\varepsilon_{11}=\varepsilon_{22}=\varepsilon_{33}=\varepsilon_0$$

则立方晶体介电常数张量退化为标量 ε_0.

提示，从上面应用对称操作推得六角晶系介电常数张量退化为一对角矩阵，立方晶体介电常数张量退化为一标量使我们看到，晶体宏观对称性给晶体宏观性质，如介电常数带

来了影响，而这种论证和结论显然也适用于晶体的一切具有二阶张量形式的宏观性质(如电导率，热导率等). 下面在固体能带论中，我们还会看到晶体宏观对称性也将给晶体电子微观过程带来深刻的影响，限定了波函数对称性质和电子能量简并度数目，从而提出了能带图的符号表示.

1.9　一束动能为 1keV 的电子通过一多晶金属箔产生衍射. 这种金属具有立方晶体结构，原子间距为 1Å，求

(1) 计算电子的波长；

(2) 计算第一级衍射极大的布拉格角.

解　(1) 因为电子波长

$$\lambda = \frac{h}{p}$$

及$\frac{p^2}{2m}=eV$(V 为电子加速电压)，所以

$$\lambda = \frac{h}{(2meV)^{1/2}} \approx \frac{12.25}{V^{1/2}} = \frac{12.25}{\sqrt{1000}} = 0.39(\text{Å})$$

(2) 由布拉格反射条件

$$2d\sin\theta = n\lambda$$

对第一级衍射极大，$n=1$，又知 $d=1$Å，所以

$$\sin\theta = \frac{\lambda}{2d} = \frac{0.39}{2\times 1} = 0.195$$

得

$$\theta = 11.18°$$

1.10　当你坐在一台彩色电视机前(其显像管电压为 25kV)，正好是处在 X 射线辐照之下.

(1) 什么过程产生大部分 X 射线流；

(2) 作为连续谱的结果，计算 X 射线的最短波长(最大能量)；

(3) 若将氯化钠(NaCl)晶体放置在显像管前，计算第一级衍射极大的布拉格角.

$$(\lambda = 0.5\text{Å},\quad \rho_{\text{NaCl}} = 2.165\text{g/cm}^3)$$

解　(1) 当显像管加上高压后，管内阴极发射的电子将被电场加速，打在靶(荧光屏)上，当电子能量达到一定程度时，就会使靶物质原子内层电子激发，从而产生内层空能级，外层电子填充这些空能级时，就能发射出 X 射线.

(2) 发射 X 射线时，最大的光子能量 $h\nu_{\max}$应等于电子能量 eV，所以 X 射线的最短波长是

$$\lambda_{\min} = \frac{ch}{eV} = \frac{12000}{V} = \frac{12000}{25\times 10^3} = 0.48(\text{Å})$$

(3) 根据布拉格反射条件

$$2d\sin\theta = n\lambda$$

则第一级衍射极大的布拉格角可令 $n=1$ 而得到

$$\sin\theta = \frac{\lambda}{2d}$$

式中，d 为 NaCl 晶体两相邻离子间的距离.

由于 NaCl 晶体是由 Na^+ 和 Cl^- 交替排列而成的简单立方晶体，在 1mol NaCl 中含 N_0 个 Na^+ 和 N_0 个 Cl^-(N_0 为阿伏伽德罗常量). 若 NaCl 的摩尔质量 $M=58.45\text{g/mol}$，质量密度 $\rho_{NaCl}=2.165\text{g/cm}^3$，则

$$d=\left(\frac{\frac{M}{\rho}}{2N_0}\right)^{1/3}=\left(\frac{\frac{58.45}{2.165\times10^6}}{2\times6.02\times10^{23}}\right)^{1/3}=2.82(\text{Å})$$

故

$$\sin\theta=\frac{0.5}{2\times2.82}=0.088$$

有

$$\theta=5°$$

1.11 估计铜($Z=29$)的 X 射线特征谱中最大能量的波长(误差不超过 10%).

解 铜($Z=29$)的基态电子组态是 $1s^22s^22p^63s^23p^63d^{10}4s^1$，X 射线特征谱中最大能量的波长相应于 N 壳层($n=4$)的电子跃迁到 K 壳层($n=1$)的空位所发射的 X 射线的波长，在误差≤10%的范围内，此波长可由下式决定

$$\frac{1}{\lambda}=R(Z-1)^2\left(\frac{1}{1^2}-\frac{1}{4^2}\right)$$

其中，R 为里德伯常量$=1.09677\times10^7\text{m}^{-1}$. 代入后可得

$$\lambda=1.24\times10^{-10}\text{m}=1.24\text{Å}$$

1.12 若一晶格可作为一很好的衍射光栅，试对其入射能量做一估计.

(1) 光子；

(2) 中子($m_nc^2=939\text{MeV}$).

解 晶格的周期性特征决定了晶格可以作为波的衍射光栅，因为晶体中原子间距的数量级为 10^{-10}m(1Å)，因此，若入射波的波长小于 10^{-10}m，就可产生衍射.

(1) 若入射光子打到晶体上产生衍射，则入射波波长约为 10^{-10}m，因此，入射光子的能量为

$$E=h\nu=\frac{hc}{\lambda}=\frac{6.626\times10^{-34}\times3\times10^8}{1\times10^{-10}}=1.9878\times10^{-15}(\text{J})=12407(\text{eV})$$

(2) 若入射中子打到晶体上产生衍射，则入射波长也约为 10^{-10}m，因此入射中子的能量为

$$E=\frac{p^2}{2m_n}=\frac{\left(\frac{h}{\lambda}\right)^2}{2m_n}=\frac{h^2}{2m_n\lambda^2}=\left(\frac{hc}{\lambda}\right)^2\cdot\frac{1}{m_nc^2}$$
$$=\left(\frac{4.1358\times10^{-15}\times3\times10^8}{1\times10^{-10}}\right)^2\cdot\frac{1}{2\times9.3849\times10^8}$$
$$=8.2\times10^{-2}(\text{eV})$$

1.13 X 射线，电子或中子的衍射研究可以给出有关固体晶格的性质. 就粒子的能量和可获得的信息的种类比较这三种方法，哪一种方法最适合于研究表面晶格性质？哪一

种方法被用来决定磁结构？

解　X 射线的典型能量是几千电子伏特，其波长正好是 10^{-10} m 的数量级，大致和固体中原子的间距同数量级，所以，X 射线适合于测晶体点阵结构；低能电子衍射的能量通常是 20～50eV，由于晶体原子对低能电子有很大的散射截面，所以入射电子进入晶体不深，就使低能电子衍射成为获取表面结构信息的理想手段；由于中子能感受到晶体的两个方面：核的分布和电子磁化强度的分布，因此，中子衍射可以用来决定磁矩的分布、方向和磁矩的序方式.

显然，低能电子衍射最适合于研究表面晶格性质，而中子衍射用来决定磁结构.

1.14　X 射线在晶体上产生布拉格反射，如果在晶体结构已知，其密度和质量测量的相对误差为 3×10^{-4}，若入射线和反射线与晶体表面的夹角为 6°，误差为 3.4′(弧度单位)，试确定 X 射线波长的相对误差.

解　为简化计，假设晶体结构的原胞是边长为 d 的简单立方(对于其他结构的原胞，只相差一个接近于 1 的系数).

由布拉格反射公式

$$2d\sin\theta = n\lambda$$

若取 $n=1$，则

$$2d\sin\theta = \lambda \tag{1}$$

对(1)式求微分可得

$$\frac{\Delta\lambda}{\lambda} = \frac{\Delta d}{d} + \cot\theta\cdot\Delta\theta$$

而晶体原胞体积

$$\Omega = d^3 = \frac{\frac{M}{\rho}}{N_0} = \frac{M}{\rho N_0} \tag{2}$$

式中 M 为摩尔质量，ρ 为晶体质量密度.

对(2)式求微分，得

$$\frac{\Delta d}{d} = \frac{1}{3}\left(\frac{\Delta\rho}{\rho} - \frac{\Delta M}{M}\right)$$

按题意

$$\frac{\Delta M}{M} = \frac{\Delta\rho}{\rho} = 3\times10^{-4}$$

故

$$\frac{\Delta d}{d} = 0$$

因此得

$$\frac{\Delta\lambda}{\lambda} = \cot\theta\cdot\Delta\theta$$

将 $\theta=6°$，$\Delta\theta=3.4'$，代入上式后可得

$$\frac{\Delta\lambda}{\lambda} \approx 10^{-2}$$

1.15 试证明，在布拉格反射中，如果晶体发生膨胀，则反射波偏转一角度 $\delta\theta$

$$\delta\theta = -\frac{\gamma}{3}\tan\theta$$

式中，γ 是体膨胀系数，θ 是掠射角.

解 在晶体 X 射线衍射理论布拉格反射定律推导中，反射波出射角在数值上与 X 射线和(h_1,h_2,h_3)晶面间夹角（掠射角）相同，布拉格反射公式为

$$2d\sin\theta = n\lambda$$

故反射波出射角正弦表达式为

$$\sin\theta = \frac{n\lambda}{2d}$$

方程两边取微分

$$\cos\theta \cdot \delta\theta = -\frac{n\lambda}{2d^2}\delta d$$

代入 $n\lambda = 2d\sin\theta$，得出

$$\delta\theta = -\tan\theta\frac{\delta d}{d}$$

因$\dfrac{\delta d}{d}$=线膨胀系数=$\dfrac{1}{3}$体膨胀系数，故

$$\delta\theta = -\frac{\gamma}{3}\tan\theta$$

1.16 若 X 射线沿简立方晶胞的 Oz 轴负方向入射，求证：当

$$\frac{\lambda}{a} = \frac{2l}{k^2 + l^2} \text{ 和 } \cos\beta_2 = \frac{l^2 - k^2}{k^2 + l^2}$$

时，一级衍射光线在 yz 平面上，式中 β_2 是衍射光线和 Oz 方向的夹角.

解 $Oxyz$ 直角坐标系的轴 Ox，Oy，Oz 分别代表简立方晶胞的三个晶轴 $\boldsymbol{a}$，$\boldsymbol{b}$，$\boldsymbol{c}$，$\boldsymbol{i}$，$\boldsymbol{j}$，$\boldsymbol{k}$ 分别是这三个方向的单位矢量，则简立方的正格子

$$\boldsymbol{a} = a\boldsymbol{i},\quad \boldsymbol{b} = a\boldsymbol{j},\quad \boldsymbol{c} = a\boldsymbol{k}$$

式中，a 是简立方晶体的晶格常数，相应的倒格子基矢为

$$\boldsymbol{a}^* = \frac{2\pi}{a}\boldsymbol{i},\quad \boldsymbol{b}^* = \frac{2\pi}{a}\boldsymbol{j},\quad \boldsymbol{c}^* = \frac{2\pi}{a}\boldsymbol{k}$$

与晶面族(h,k,l)正交的倒格矢

$$\begin{aligned}\boldsymbol{G}_{hkl} &= h\boldsymbol{a}^* + k\boldsymbol{b}^* + l\boldsymbol{c}^* \\ &= \frac{2\pi}{a}h\boldsymbol{i} + \frac{2\pi}{a}k\boldsymbol{j} + \frac{2\pi}{a}l\boldsymbol{k}\end{aligned}$$

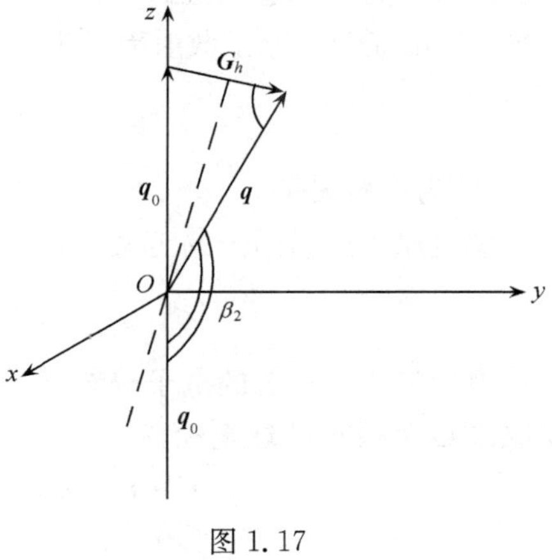

图 1.17

图 1.17 示出 X 射线在倒格子空间的布拉格反射. $\boldsymbol{q}_0$ 是入射波波矢，$\boldsymbol{q}$ 是反射波波矢，它们构成菱形的两边，倒格矢 $\boldsymbol{G}_h$ 为菱形的一个对角线，反射晶面则平行于另一对角线.

从图 1.17 上各矢量之间的关系

$$|\boldsymbol{G}_{hkl}| = 2|\boldsymbol{q}|\cos\frac{\beta_2}{2} = 2\frac{2\pi}{\lambda}\cos\frac{\beta_2}{2}$$

把倒格矢量 $\boldsymbol{G}_{hkl}$ 表达式代入上式

$$2\,\frac{2\pi}{\lambda}\cos\frac{\beta_2}{2}=\frac{2\pi}{a}(h^2+k^2+l^2)^{\frac{1}{2}}$$

即

$$2\cos^2\frac{\beta_2}{2}=\frac{\lambda^2}{2a^2}(h^2+k^2+l^2)$$

$$1+\cos\beta_2=\frac{1}{2}\left(\frac{\lambda}{a}\right)^2(h^2+k^2+l^2)$$

利用题设条件,得

$$1+\frac{l^2-k^2}{k^2+l^2}=\frac{1}{2}\left(\frac{2l}{k^2+l^2}\right)^2(h^2+k^2+l^2)$$

化简上式,得

$$k^2+l^2=h^2+k^2+l^2$$

等式成立要求

$$h=0$$

由 X 射线衍射理论——倒格子空间衍射方程

$$\boldsymbol{q}-\boldsymbol{q}_0=\boldsymbol{G}_{hkl}$$

代入 $h=0$,式中倒格矢量

$$\boldsymbol{G}_{hkl}=h\boldsymbol{a}^*+k\boldsymbol{b}^*+l\boldsymbol{c}^*=k\boldsymbol{b}^*+l\boldsymbol{c}^*=\frac{2\pi}{a}k\boldsymbol{j}+\frac{2\pi}{a}l\boldsymbol{k}$$

则衍射波矢 $\boldsymbol{q}$ 为

$$\begin{aligned}\boldsymbol{q}&=\boldsymbol{q}_0+\boldsymbol{G}_{hkl}\\&=\frac{2\pi}{\lambda}\boldsymbol{k}+\frac{2\pi}{a}k\boldsymbol{j}+\frac{2\pi}{a}l\boldsymbol{k}\\&=\frac{2\pi}{a}k\boldsymbol{j}+2\pi\left(\frac{1}{\lambda}+\frac{l}{a}\right)\boldsymbol{k}\end{aligned}$$

波矢 $\boldsymbol{q}$ 在 yz 面上,即衍射线在 yz 平面上.

1.17　处于基态的氢原子,电子的概率分布函数为 $n(\boldsymbol{r})=(\pi a_0^3)^{-1}\mathrm{e}^{-\frac{2r}{a_0}}$,式中 a_0 为玻尔半径. 试证明氢原子散射因子为

$$f_G=\frac{16}{(4+G^2a_0^2)^2}$$

式中,G 为倒格矢量.

解　原子散射因子的定义

$$f_G=\int n(\boldsymbol{r})\mathrm{e}^{-\mathrm{i}\boldsymbol{G}\cdot\boldsymbol{r}}\mathrm{d}\boldsymbol{r}$$

因为氢原子基态的电子分布函数 $n(\boldsymbol{r})=n(r)$是球对称的,因此上面积分可以化简,现取以 $\boldsymbol{G}$ 为极轴的球坐标,有

$$\boldsymbol{G}\cdot\boldsymbol{r}=Gr\cos\alpha,\qquad \mathrm{d}\boldsymbol{r}=2\pi r^2\sin\alpha\,\mathrm{d}\alpha\,\mathrm{d}r$$

故

$$
\begin{aligned}
f_G &= \int_0^{\pi}\int_0^{\infty} n(r)\mathrm{e}^{-\mathrm{i}Gr\cos\alpha}2\pi r^2\sin\alpha\mathrm{d}\alpha\mathrm{d}r \\
&= 4\pi\int_0^{\infty} n(r)r^2\frac{\sin Gr}{Gr}\mathrm{d}r \\
&= \frac{4}{a_0^3G}\int_0^{\infty} r\sin Gr\mathrm{e}^{-\frac{2r}{a_0}}\mathrm{d}r
\end{aligned} \tag{1}
$$

上面推算时代入 $n(r)=(\pi a_0^3)^{-1}\mathrm{e}^{-\frac{2r}{a_0}}$,令

$$
I_0=\int_0^{\infty} r\sin Gr\mathrm{e}^{-\frac{2r}{a_0}}\mathrm{d}r
$$

应用分部积分

$$
\begin{aligned}
I_0 &= \frac{a_0}{2}\left[\left(r\sin Gr\mathrm{e}^{-\frac{2r}{a_0}}\right)\Big|_0^{\infty}-\int_0^{\infty}\mathrm{e}^{-\frac{2r}{a_0}}(\sin Gr+Gr\cos Gr)\mathrm{d}r\right] \\
&= \frac{a_0}{2}\int_0^{\infty}\sin Gr\mathrm{e}^{-\frac{2r}{a_0}}\mathrm{d}r+\frac{a_0G}{2}\int_0^{\infty} r\cos Gr\mathrm{e}^{-\frac{2r}{a_0}}\mathrm{d}r
\end{aligned}
$$

继续分部积分

$$
\begin{aligned}
I_0 &= \frac{a_0}{2}\int_0^{\infty}\sin Gr\mathrm{e}^{-\frac{2r}{a_0}}\mathrm{d}r+\frac{a_0G}{2}\left(-\frac{a_0}{2}\right)\left[\left(r\cos Gr\mathrm{e}^{-\frac{2r}{a_0}}\right)\Big|_0^{\infty}-\int_0^{\infty}\mathrm{e}^{-\frac{2r}{a_0}}(\cos Gr-Gr\sin Gr)\mathrm{d}r\right] \\
&= \frac{a_0}{2}\int_0^{\infty}\sin Gr\mathrm{e}^{-\frac{2r}{a_0}}\mathrm{d}r+\frac{a_0^2G}{4}\int_0^{\infty}\cos Gr\mathrm{e}^{-\frac{2r}{a_0}}\mathrm{d}r-\frac{a_0^2G^2}{4}\int_0^{\infty} r\sin Gr\mathrm{e}^{-\frac{2r}{a_0}}\mathrm{d}r \\
&= \frac{a_0}{2}\int_0^{\infty}\sin Gr\mathrm{e}^{-\frac{2r}{a_0}}\mathrm{d}r+\frac{a_0^2G}{4}\int_0^{\infty}\cos Gr\mathrm{e}^{-\frac{2r}{a_0}}\mathrm{d}r-\frac{a_0^2G^2}{4}I_0
\end{aligned}
$$

移项求得

$$
I_0=\frac{2a_0}{4+a_0^2G^2}\int_0^{\infty}\sin Gr\mathrm{e}^{-\frac{2r}{a_0}}\mathrm{d}r+\frac{a_0^2G}{4+a_0^2G^2}\int_0^{\infty}\cos Gr\mathrm{e}^{-\frac{2r}{a_0}}\mathrm{d}r
$$

令 $I_1=\int_0^{\infty}\sin Gr\mathrm{e}^{-\frac{2r}{a_0}}\mathrm{d}r, I_2=\int_0^{\infty}\cos Gr\mathrm{e}^{-\frac{2r}{a_0}}\mathrm{d}r$, 则

$$
I_0=\frac{2a_0}{4+a_0^2G^2}\cdot I_1+\frac{a^2G}{4+a_0^2G^2}\cdot I_2 \tag{2}
$$

先应用分部积分求 I_1

$$
\begin{aligned}
I_1 &= -\frac{a_0}{2}\left[\left(\sin Gr\mathrm{e}^{-\frac{2r}{a_0}}\right)\Big|_0^{\infty}-\int_0^{\infty} G\cos Gr\mathrm{e}^{-\frac{2r}{a_0}}\mathrm{d}r\right] \\
&= \frac{Ga_0}{2}\int_0^{\infty}\cos Gr\mathrm{e}^{-\frac{2r}{a_0}}\mathrm{d}r=-\frac{Ga_0^2}{4}\left\{\left(\cos Gr\mathrm{e}^{-\frac{2r}{a_0}}\right)\Big|_0^{\infty}+\int_0^{\infty} G\sin Gr\mathrm{e}^{-\frac{2r}{a_0}}\mathrm{d}r\right\} \\
&= \frac{Ga_0^2}{4}-\frac{G^2a_0^2}{4}I_1
\end{aligned}
$$

移项求得

$$
I_1=\frac{Ga_0^2}{4+a_0^2G^2}
$$

类似计算,求出

$$
I_2=\frac{2a_0}{4+a_0^2G^2}
$$

把 I_1 和 I_2 代入上面 I_0 的(2)式表达式，则

$$I_0 = \frac{2a_0}{4+a_0^2G^2}\cdot I_1 + \frac{a^2G}{4+a_0^2G^2}\cdot I_2 = \frac{2a_0}{4+a_0^2G^2}\cdot\frac{Ga_0^2}{4+a_0^2G^2} + \frac{Ga_0^2}{4+a_0^2G^2}\cdot\frac{2a_0}{4+a_0^2G^2}$$

$$= \frac{4a_0^3G}{(4+a_0^2G^2)^2}$$

把 I_0 代入(1)式，则

$$f_G = \frac{4}{a_0^3G}I_0 = \frac{4}{a_0^3G}\frac{4a_0^3G}{(4+a_0^2G^2)^2} = \frac{16}{(4+a_0^2G^2)^2}$$

1.18 设波长为 λ 的单色 X 射线垂直于一维晶格入射，若晶格中电子的密度分布为

$$\rho(x) = \rho_1\cos\frac{2\pi x}{a} + \rho_2\cos\frac{4\pi x}{a}$$

其中，a 为晶格常数，ρ_1 和 ρ_2 为常数.

(1) 导出 X 射线与晶格发生衍射加强的条件；

(2) 问能观察到的衍射角 θ_n；

(3) 求出每条衍射线的强度.

解 (1) X 射线入射到晶体，晶体内每个原子对 X 射线产生了散射，当原子的线度和被散射的 X 射线的波长具有相同数量级时，将出现衍射现象. 图 1.18 中当相邻原子间的散射波相位差满足

$$a\cos\theta_n = n\lambda \tag{1}$$

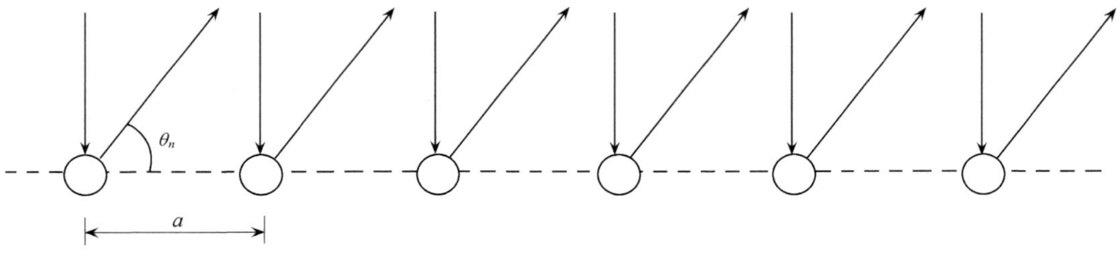

图 1.18

时，在这些散射方向上有衍射极大，a 是一维晶格常数. (1)式即 X 射线与一维晶格发生衍射加强的条件.

(2) 原子对 X 射线散射实质上是原子内部各部分电子云对 X 射线的散射，已知一维晶格中电子云分布

$$\rho(x) = \rho_1\cos\frac{2\pi x}{a} + \rho_2\cos\frac{4\pi x}{a} \tag{2}$$

这是以晶格常数 a 为周期的周期函数，因此也表达了电子在个原子内部的分布，于是原子的散射因子

$$f(G) = \int\rho(x)\mathrm{e}^{-\mathrm{i}G_nx}\mathrm{d}x$$

G_n 是一维晶格倒格矢，

$$G_n = n \cdot \frac{2\pi}{a}$$

故

$$f(G) = \int \rho(x) \mathrm{e}^{-\mathrm{i}n\frac{2\pi}{a}x} \mathrm{d}x = a \cdot \frac{1}{a}\int_0^a \rho(x) \mathrm{e}^{-\mathrm{i}n\frac{2\pi}{a}x} \mathrm{d}x = a\rho_n$$

其中，ρ_n 是周期函数 $\rho(x)$ 的傅里叶展开系数.

改写晶体中的电子分布式子如下：

$$\rho(x) = \rho_1 \cos\frac{2\pi x}{a} + \rho_2 \cos\frac{4\pi x}{a} = \frac{\rho_1}{2}(\mathrm{e}^{\mathrm{i}\frac{2\pi}{a}x} + \mathrm{e}^{-\mathrm{i}\frac{2\pi}{a}x}) + \frac{\rho_2}{2}(\mathrm{e}^{\mathrm{i}\frac{4\pi}{a}x} + \mathrm{e}^{-\mathrm{i}\frac{4\pi}{a}x})$$

$$= \sum_{n=-2}^{2} \rho_n \mathrm{e}^{\mathrm{i}n\frac{2\pi}{a}x}$$

即傅里叶系数

$$\rho_{\pm 1} = \frac{\rho_1}{2}, \quad \rho_{\pm 2} = \frac{\rho_2}{2}$$

其余全为0. 由上面衍射加强条件 $a\cos\theta_n = n\lambda$，则可观测到的衍射角

$$n = +1, \quad a\cos\theta_{+1} = \lambda, \quad \theta_{+1} = \arccos\frac{\lambda}{a}$$

$$n = -1, \quad a\cos\theta_{-1} = -\lambda, \quad \theta_{-1} = \arccos\left(-\frac{\lambda}{a}\right) = 2\pi - \theta_{+1}$$

$$n = +2, \quad a\cos\theta_{+2} = 2\lambda, \quad \theta_{+2} = \arccos\frac{2\lambda}{a}$$

$$n = -2, \quad a\cos\theta_{-2} = -2\lambda, \quad \theta_{-2} = \arccos\left(\frac{-2\lambda}{a}\right) = 2\pi - \theta_{+2}$$

(3) 因为衍射强度 $I \propto f^2(G)$，故每条衍射线强度

$$I_{\pm 1} \propto \frac{\rho_1^2}{4}, \quad I_{\pm 2} \propto \frac{\rho_2^2}{4}$$

1.19　考虑一个 $ABAB\cdots AB$ 原子线，A-B 键长为 $\frac{a}{2}$，如图 1.19，A，B 原子的散射因子分别为 f_A 和 f_B，入射 X 射线垂直于原子线.

(1) 给出 θ 方向（θ 是衍射光束与原子线之间的夹角）衍射加强条件；

(2) 计算衍射强度；

(3) 讨论 $f_A = f_B$ 情况.

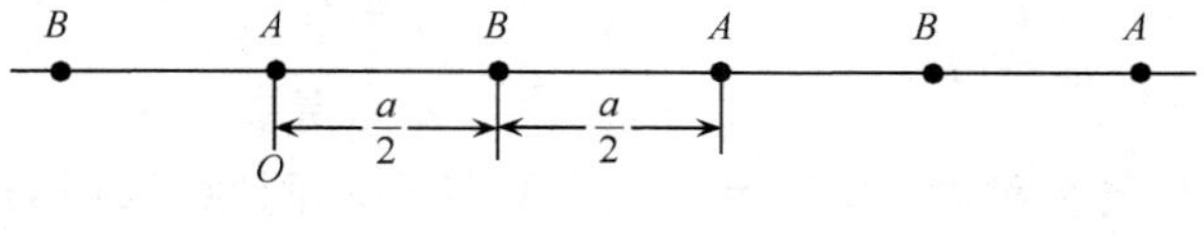

图 1.19

解　(1) 复式格子对 X 射线的衍射，可以归结为晶体内各原胞散射波之间的相互干涉，因为晶体是由各原胞在空间周期性排列而成，而它的排列情况完全可由布拉维格子来表示，因此各原胞之间的相互加强条件即是布拉维格子中被各格点散射加强条件. 因此本题可看做是一个相距为 a 一维布拉维晶体光栅，如图 1.20，其中每一个格点代表了原子

A 和 B，各格点(原胞)散射波之间相互加强条件由其中任两束散射波的光程差来决定，当光程差等于入射 X 射线波长整倍数时散射相互加强，即

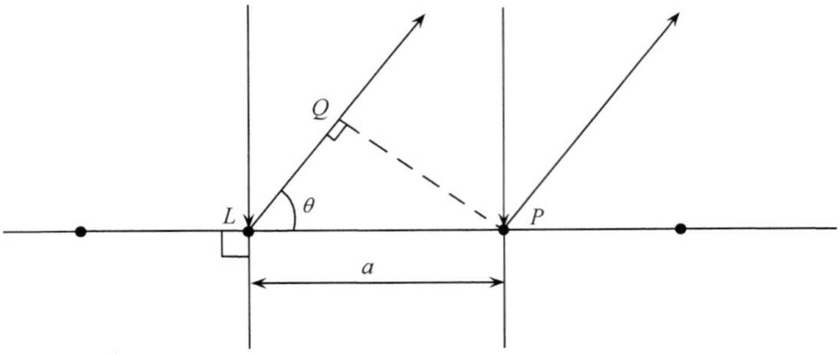

图 1.20

$$\overline{LQ} = a\cos\theta = n\lambda \quad (n = 1,2,\cdots)$$

n 是整数.

注意上式与布拉格公式 $2d\sin\theta = n\lambda$ 不同，原因是这里不存在晶面族中各晶面之间干涉.

(2) 几何结构因子

$$F(\boldsymbol{k}) = \sum_{j=0}^{1} f_j \mathrm{e}^{\mathrm{i}(\boldsymbol{k}_0-\boldsymbol{k})\cdot\boldsymbol{r}_j}$$

反映了原胞中原子的分布及原子种类对散射强度的影响，式中 $\boldsymbol{k}_0$ 是入射 X 射线波矢，$\boldsymbol{k}$ 是某一方向上散射波波长，而 $\boldsymbol{r}_j$ 则表示 A，B 原子坐标. 考虑到劳厄方程

$$\boldsymbol{k}_0 - \boldsymbol{k} = \boldsymbol{G}$$

$\boldsymbol{G}$ 是一个或几个倒格矢，以晶格常数为 a 的一位布拉维格子的倒格基矢为 $\boldsymbol{b} = \frac{2\pi}{a}\boldsymbol{i}$，则 $\boldsymbol{G} = n\boldsymbol{b} = n\frac{2\pi}{a}\boldsymbol{i}$，取原子 A 坐标为原点，A 原子 $\boldsymbol{r}_1 = 0$，B 原子位置 $\boldsymbol{r}_2 = \frac{1}{2}a\boldsymbol{i}$，所以

$$F = \sum_j f_j \mathrm{e}^{\mathrm{i}\boldsymbol{G}\cdot\boldsymbol{r}_j} = f_A + f_B \mathrm{e}^{\mathrm{i}\cdot n\frac{2\pi}{a}\cdot\frac{a}{2}} = f_A + f_B \mathrm{e}^{\mathrm{i}\cdot n\pi}$$

若晶体有 N 个原胞，则晶体沿 $\boldsymbol{k}$ 方向的衍射光应该是 N 个原胞在该方向散射光的叠加，则衍射光强度为

$$I \propto N^2 \mid F \mid^2 \propto \mid f_A + f_B \mathrm{e}^{\mathrm{i}\cdot n\pi} \mid^2$$

式中，n 是衍射级数，因此衍射强度

$$I \propto \begin{cases} \mid f_A + f_B \mid^2, & n \text{ 为偶数} \\ \mid f_A - f_B \mid^2, & n \text{ 为奇数} \end{cases}$$

(3) 如果 A，B 是同一种原子，$f_A = f_B$，若 A，B 是不同原子(或离子)，它们也可以有相同的散射因子，例如由 K^+，Cl^- 两离子组成的双离子链，这时由于 K^+ 和 Cl^- 的最外壳层都是满壳层，原子核外的电子与壳层数都相同，所以 K^+ 和 Cl^- 离子的散射因子相同. 在 $f_A = f_B$ 情况下，衍射强度

$$I \propto \begin{cases} 4f^2, & n \text{ 为偶数} \\ 0, & n \text{ 为奇数} \end{cases}$$

这表明，当 n 为偶数时，原胞中 A 和 B 原子(离子)的散射波情况相位差为零，散射波相互加强，衍射光强度最强，但 n 为奇数时，原胞中 A 和 B 原子(离子)散射波相位差为 π，互相抵消，发生消光现象.

1.20 面心立方结构晶体氯化钠(NaCl)有钠离子 Na^+ 和氯离子 Cl^- 组成. 钠和氯的原子序数分别是 11 和 17.

决定哪组 X 射线衍射能被观察到(对于通常的立方原胞)；在这些衍射中，哪一组强，哪一组弱?

解 在 NaCl 原胞中含有下列位置的 8 个原子，其中 Na^+ 位于：$(0,0,0)$，$\left(\frac{1}{2},\frac{1}{2},0\right)$，$\left(\frac{1}{2},0,\frac{1}{2}\right)$，$\left(0,\frac{1}{2},\frac{1}{2}\right)$，如图 1.21 中 ● 所示；$Cl^-$ 位于：$\left(\frac{1}{2},0,0\right)$，$\left(0,\frac{1}{2},0\right)$，$\left(0,0,\frac{1}{2}\right)$，$\left(\frac{1}{2},\frac{1}{2},\frac{1}{2}\right)$ 如图 1.21 中 ○ 所示.

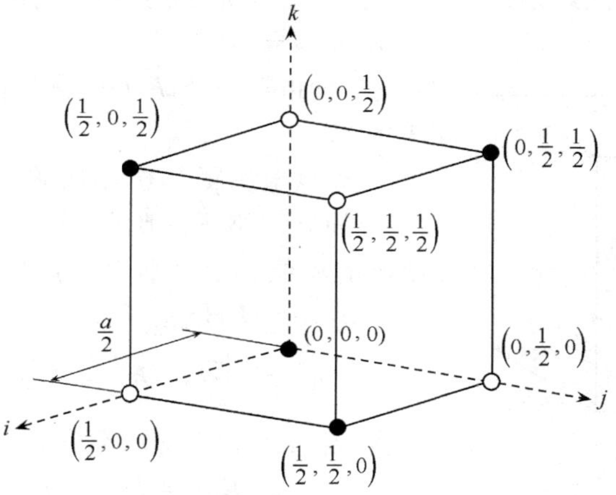

图 1.21

因为衍射强度

$$I_{hkl} \propto |F_{hkl}|^2 = F_{hkl} \cdot F_{hkl}^*$$
$$= \left[\sum_j f_j \cos 2\pi n(hu_j + kv_j + lw_j)\right]^2 + \left[\sum_j f_j \sin 2\pi n(hu_j + kv_j + lw_j)\right]^2$$

其中，h,k,l 均是整数. 将原胞中离子坐标及原子序数代入可得

$$\begin{aligned} I_{hkl} = & f_{Na^+}^2 \cdot \{[1 + \cos n\pi(h+k) + \cos n\pi(h+l) + \cos n\pi(l+k)] \\ & + \alpha[\cos n\pi h + \cos n\pi k + \cos n\pi l + \cos n\pi(h+k+l)]\}^2 \\ & + f_{Na^+}^2 \cdot \{[\sin n\pi(h+k) + \sin n\pi(h+l) + \sin n\pi(k+l)] \\ & + \alpha[\sin n\pi h + \sin n\pi k + \sin n\pi l + \sin n\pi(h+k+l)]\}^2 \end{aligned}$$

其中，$\alpha = \dfrac{f_{Cl^-}^2}{f^2{Na^+}} = \dfrac{17}{11}$. 容易得到，衍射强度 $I_{hkl} \neq 0$ 的条件为面指数 h,k,l 都是奇数或都是偶数，此时可观察到两组衍射：当 h,k,l 全部为奇数时，

$$I \propto 16(1-\alpha)^2$$

衍射较弱；但 h,k,l 全部为偶数时，

$$I \propto 16(1+\alpha)^2$$

衍射较强.

1.21　实验测得，铁在 20℃时，最小的三个衍射角分别为 8°12′，11°38′，14°18′，而加热到 1000℃，最小的三个衍射角变成 7°55′，9°9′，12°59′.

(1) 已知在 20～1000℃温度范围内，铁金属属立方结构. 试分析 20℃和 1000℃下，铁各属于哪种立方结构；

(2) 在 20℃时，铁的比重为 7860kg/m^3，原子量为 55.847，试求其晶格常数.

解　(1) 在这里必须注意的是，在用 X 射线方法决定晶体结构时，常采用晶胞而不是用固体物理学原胞. 因此在决定散射波强度在空间分布时，先是根据晶体所属的晶系，按该晶系的简单布拉维格子，由布拉格反射条件决定衍射加强方向；其次在这些衍射加强方向上的散射波强度则由几何结构因子及原子散射因子决定. 所以在晶体 X 射线衍射实验中，要在衍射角 θ 方向上观察到衍射斑点，首先须满足布拉格反射定律

$$2d_{hkl}\sin\theta = n\lambda$$

d_{hkl} 是米勒指数为(h,k,l)的某一晶面族的面间距，n 是衍射级数.

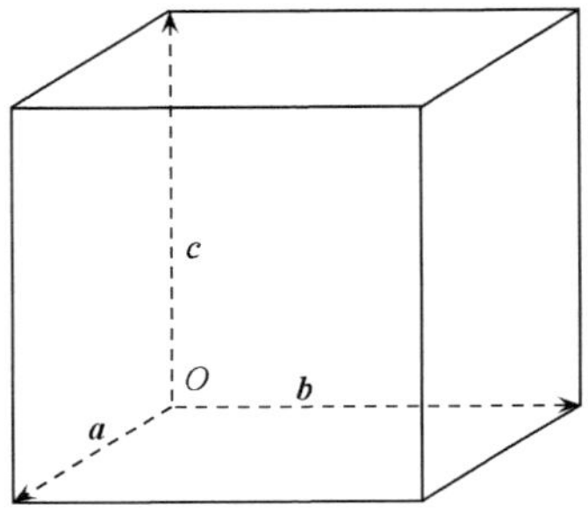

图 1.22

题设铁金属属立方结构. 图 1.22 是立方结构晶系的一个简立方格子晶胞(亦是固体物理学原胞)，晶轴 $\boldsymbol{a},\boldsymbol{b},\boldsymbol{c}$ 的单位矢量分别为 $\boldsymbol{i},\boldsymbol{j},\boldsymbol{k}$，则正格子基矢为 $\boldsymbol{a}=a\boldsymbol{i}$，$\boldsymbol{b}=a\boldsymbol{j}$，$\boldsymbol{c}=a\boldsymbol{k}$，倒格子基矢为

$$\boldsymbol{a}^* = \frac{2\pi}{a}\boldsymbol{i},\quad \boldsymbol{b}^* = \frac{2\pi}{a}\boldsymbol{j},\quad \boldsymbol{c}^* = \frac{2\pi}{a}\boldsymbol{k}$$

与晶面族(h,k,l)正交的倒格矢

$$\boldsymbol{K}_{hkl} = h\boldsymbol{a}^* + k\boldsymbol{b}^* + l\boldsymbol{c}^*$$

故米勒指数为(h,k,l)晶面族的面间距

$$d_{hkl} = \frac{a}{\sqrt{h^2+k^2+l^2}}$$

置换布拉格公式中的 d_{hkl}，得到

$$\sin\theta = \frac{\lambda}{2a}\cdot\sqrt{(nh)^2+(nk)^2+(nl)^2} \propto \sqrt{(nh)^2+(nk)^2+(nl)^2}$$

这表明衍射角正弦与衍射面指数的方均值成正比. 上面推导结果看出，对应三个最小衍射角要求三个最小的最简单的晶面指数(h,k,l)；但晶格面指数(h,k,l)的选择还要考虑到，尽管这个选择满足 X 射线衍射理论的布拉格反射公式，在衍射角 θ 方向上衍射光是加强的，但由于晶胞内不同坐标上原子的散射波之间干涉也会相互抵消，在这些方向上衍射强度仍可能为零，而看不到衍射斑点，这就是说必须计及晶体的几何结构因子. 立方晶系有体心立方和面心立方结构，首先计算体心立方结构的结构因子，这时每个晶胞中有两个原子，其坐标(u,v,w)为

$$(0,0,0)\ 和\left(\frac{1}{2},\frac{1}{2},\frac{1}{2}\right)$$

则

$$F(nh,nk,nl)=f\sum_j e^{2\pi n i(hu_j+kv_j+lw_j)}=f[1+e^{i\pi(nh+nk+nl)}]$$

式中，f 是铁原子散射因子，n 是衍射级数，晶面族(h,k,l)的衍射强度 I

$$I(nh,nk,nl)\propto|F(nh,nk,nl)|^2$$

显然，当 $n(h+k+l)$为奇数时，$I(nh,nk,nl)=0$，衍射光消失，只有当 $n(h+k+l)$为偶数时，才会见到衍射斑点. 取 $n=1$，则对应于最小三个衍射角的最简单的面指数依次为(1,1,0)，(2,0,0)，(2,1,1)，这三个衍射角的衍射面指数的方均根值之比为

$$\sqrt{1^2+1^2+0^2}:\sqrt{2^2+0+0}:\sqrt{2^2+1^2+1^2}=1:1.41421:1.73205$$

现在把这一数据与铁在 20℃，1000℃实验测得的最小三个衍射角的正弦值之比相比较，来确定铁在 20℃和 1000℃下是否属于体心立方结构.

实验测得铁在 20℃时，最小的三个衍射角的正弦值之比

$$\begin{aligned}\sin 8°12':\sin 11°38':\sin 14°18'&=0.142628:0.201591:0.246999\\&=1:1.41340:1.73177\end{aligned}$$

而在 1000℃时，最小三个衍射角的正弦值之比

$$\begin{aligned}\sin 7°55':\sin 9°9':\sin 12°59'&=0.137733:0.159020:0.224668\\&=1:1.15455:1.63118\end{aligned}$$

比较看出，体心立方结构情况下三个衍射面指数的方均根之比与铁在 20℃时最小的三个衍射角的正弦值之比非常接近，所以铁在 20℃时应为体心立方结构.

而在面心立方结构中，一个晶胞包含 4 个原子，其坐标(u,v,w)为

$$(0,0,0),\left(\frac{1}{2},\frac{1}{2},0\right),\left(\frac{1}{2},0,\frac{1}{2}\right)和\left(0,\frac{1}{2},\frac{1}{2}\right)$$

则

$$F(nh,nk,nl)=f[1+e^{i\pi n(h+k)}+e^{i\pi n(k+l)}+e^{i\pi n(l+h)}]$$

晶面族(h,k,l)的衍射强度

$$I(nh,nk,nl)\propto|F(nh,nk,nl)|^2$$

显然，当 nh,nk,nl 奇偶相异时，$F(nh,nk,nl)=0$，衍射消失，但当 nh,nk,nl 全为奇数或全为偶数时，衍射极大，令 $n=1$，故对应最小的三个衍射角的最简单衍射面指数依次为(1,1,1)，(2,0,0)，(2,2,0)，这三个衍射面指数方均根值之比为

$$\sqrt{1^2+1^2+1^2}:\sqrt{2^2+0+0}:\sqrt{2^2+2^2+0^2}=1:1.15470:1.63299$$

与上面 1000℃下 X 射线衍射实验结果非常接近，故铁在 1000℃下应为面心结构.

(2) 设铁原子质量为 m，晶格常数为 a，铁在 20℃时为体心立方结构，一个晶胞有 2 个铁原子，则铁的质量密度

$$\rho=\frac{2m}{a^3}$$

于是晶格常数 a 等于

$$a=\sqrt[3]{\frac{2m}{\rho}}$$

1mol 铁质量为 55.847×10^{-3}kg，一个铁原子质量

$$m=\frac{55.847\times10^{-3}}{6.02\times10^{23}}(\text{kg})$$

代入上式，求得铁在 20℃时的晶格常数

$$a=\sqrt[3]{\frac{2\times55.847\times10^{-3}}{7860\times6.02\times10^{23}}}=2.868(\text{Å})$$

第二节　固体的结合能

1.22　相距为 r 的两惰性气体原子，其相互作用势能

$$u(r)=4\varepsilon\left[\left(\frac{\sigma}{r}\right)^{12}-\left(\frac{\sigma}{r}\right)^{6}\right]$$

称雷纳德-琼斯(Lennard-Jones)势，ε，σ 是雷纳德-琼斯参数，

(1) 以 $\frac{r}{\sigma}$ 为横坐标，$\frac{u(r)}{4\varepsilon}$ 为纵坐标，画出这种相互作用势曲线；

(2) 证明 $r=2^{1/6}\sigma=1.12\sigma$ 时势能最小，这时 $u(r)=-\varepsilon$；当 $r=\sigma$ 时，$u(r)=0$；说明 ε 与 σ 两参数的物理意义.

解　(1) $\frac{u(r)}{4\varepsilon}\sim\left(\frac{r}{\sigma}\right)$ 函数为

$$\frac{u(r)}{4\varepsilon}=\left(\frac{\sigma}{r}\right)^{12}-\left(\frac{\sigma}{r}\right)^{6}=\frac{1}{\left(\frac{r}{\sigma}\right)^{12}}-\frac{1}{\left(\frac{r}{\sigma}\right)^{6}}$$

取若干不同的 $\left(\frac{r}{\sigma}\right)$ 值，计算对应的 $\left(\frac{u(r)}{4\varepsilon}\right)$ 值，并列于表 1.1，画出这种相互作用势曲线于图 1.23 中.

表 1.1

$\frac{r}{\sigma}$	0.7	0.8	0.9	1	1.05	1.12	1.2	1.3	1.5	1.6
$\frac{u(r)}{4\varepsilon}$	64	10.6	1.7	0	−0.19	−0.25	−0.22	−0.16	−0.08	−0.06

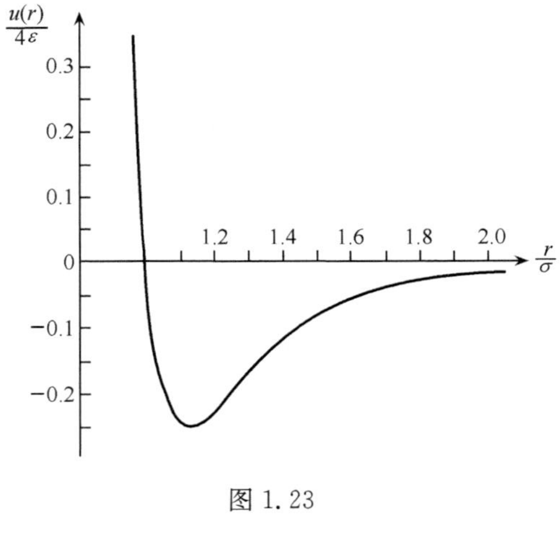

图 1.23

(2) 由极值条件

$$\left.\frac{\mathrm{d}u}{\mathrm{d}r}\right|_{r_0} = 0$$

得

$$4\varepsilon\left(-12\frac{\sigma^{12}}{r_0^{13}} + 6\frac{\sigma^6}{r_0^7}\right) = 0$$

故

$$r_0 = 2^{1/6}\sigma = 1.12\sigma$$

此时 $u(r_0)$时取极小值,且

$$u(r_0) = 4\varepsilon\left[\left(\frac{\sigma}{r_0}\right)^{12} - \left(\frac{\sigma}{r_0}\right)^6\right] = 4\varepsilon\left(\frac{1}{4} - \frac{1}{2}\right) = -\varepsilon$$

由于$|u(r_0)|$是两原子间的结合能,所以 ε 即是两原子处于平衡时的结合能.

又把 $r=\sigma$ 代入两惰性气体原子相互作用势能表达式

$$u(r=\sigma) = 4\varepsilon\left[\left(\frac{\sigma}{\sigma}\right)^{12} - \left(\frac{\sigma}{\sigma}\right)^6\right] = 0$$

这时原子间相互吸引能等于相互排斥能. 显然,从图 1.23 还可以看到

$$\begin{cases} r > \sigma, & u(r) < 0 \\ r < \sigma, & u(r) > 0 \end{cases}$$

所以,σ 具有长度的量纲,它的物理意义是,σ 是相互作用能为零时两原子间的距离. $r<\sigma$ 时,吸引势能小于排斥势能;$r>\sigma$ 时,吸引势能大于排斥势能;$r=\sigma$ 时,吸引势能与排斥势能相等,但并不处于能量最低的稳定状态.

所以,对惰性气体来讲,ε,σ 是两个重要参数,只要知道 ε,σ,雷纳德-琼斯势就清楚了,由此可以理解惰性气体一系列物理化学性质.

1.23 有 N 个惰性气体原子组成的线性布拉维固体链. 若平均每两原子间相互作用势

$$\varphi(x) = \varphi_0\left[\left(\frac{\sigma}{x}\right)^{12} - 2\left(\frac{\sigma}{x}\right)^6\right]$$

试求:

(1) 原子间的平均距离 x_0;

(2) 每个原子的平均晶格能 u_0;

(3) 线弹性模量K.

解 (1) 由平衡条件

$$\left.\frac{\mathrm{d}\varphi}{\mathrm{d}x}\right|_{x_0} = 0$$

$$\left.\frac{\mathrm{d}}{\mathrm{d}x}\left\{\varphi_0\left[\left(\frac{\sigma}{x}\right)^{12} - 2\left(\frac{\sigma}{x}\right)^6\right]\right\}\right|_{x_0} = \varphi_0\left[-12\frac{\sigma^{12}}{x_0^{13}} + 2\times 6\frac{\sigma^6}{x_0^7}\right] = 0$$

即

$$-\frac{\sigma^6}{x_0^6} + 1 = 0$$

得到

$$x_0 = \sigma$$

(2) 每个原子的平均晶格能等于平衡时平均每两个原子间作用势能

$$u_0 = \varphi(x_0) = \varphi_0\left[\left(\frac{\sigma}{\sigma}\right)^{12} - 2\left(\frac{\sigma}{\sigma}\right)^6\right] = \varphi_0(1-2) = -\varphi_0$$

(3) 线弹性模量

$$K = x_0 \frac{\mathrm{d}^2\varphi}{\mathrm{d}x^2}\bigg|_{x_0} = x_0\varphi_0\left(\frac{12\times 13\sigma^{12}}{x_0^{14}} - \frac{12\times 7\sigma^6}{x_0^8}\right)$$

又 $x_0=\sigma$,

$$K = x_0 \frac{\mathrm{d}^2\varphi}{\mathrm{d}x^2}\bigg|_{x_0} = \sigma\varphi_0(12\times 13 - 12\times 7)\cdot\frac{1}{\sigma^2} = \frac{72\varphi_0}{\sigma}$$

1.24 通常用雷纳德-琼斯势描述惰性气体分子晶体原子间相互作用势,如下式:

$$u(r) = 4\varepsilon\left[\left(\frac{\sigma}{r}\right)^{12} - \left(\frac{\sigma}{r}\right)^6\right]$$

式中,ε,σ 称雷纳德-琼斯参数,如果分子晶体是面心立方结构,而且只计及次次近邻原子的相互作用.

(1) 推导热平衡时惰性气体分子晶体总的相互作用势能表达式;

(2) 已知惰性气体 Kr(氪)晶体具有面心立方结构,雷纳德-琼斯参数 $\varepsilon=0.014\text{eV}$,$\sigma=3.65\text{Å}$,试求:

(a) 1mol Kr 分子晶体的结合能;

(b) 晶体的晶格常数;

(c) 晶体的体弹性模量;

(d) 抗张强度.

解 (1) 设晶体有 N 个原子组成,它们总的相互作用势能

$$U(r) = \frac{1}{2}\sum_i\sum_j{}' u(r_{ij}) = \frac{N}{2}\sum_j{}' u(r_{ij})$$

上式是基于晶体表面层原子数目远少于晶体内部原子的考虑而忽略了表面原子与体内原子对势能贡献的差别.

又设两原子间最短距离为 r,有

$$r_{ij} = \alpha_j r$$

于是

$$U(r) = 2N\varepsilon\left[A_{12}\left(\frac{\sigma}{r}\right)^{12} - A_6\left(\frac{\sigma}{r}\right)^6\right] \tag{1}$$

式中

$$A_{12} \equiv \sum_j{}' \frac{1}{\alpha_j^{12}}, \quad A_6 \equiv \sum_j{}' \frac{1}{\alpha_j^6}$$

显然,A_{12} 和 A_6 都是只与晶体几何结构有关的常数.

由热平衡条件

$$\frac{\partial u}{\partial r}\bigg|_{r_0} = 0$$

可求得平衡时晶体中原子间距 r_0，

$$\left.\frac{\mathrm{d}U}{\mathrm{d}r}\right|_{r_0}=\frac{N\varepsilon}{2}\left(-A_{12}\frac{12\sigma^{12}}{r^{13}}+A_6\frac{6\sigma^6}{r^7}\right)\bigg|_{r_0}=0$$

得到

$$r_0=\left(\frac{2A_{12}}{A_6}\right)^{\frac{1}{6}}\sigma \tag{2}$$

将(2)式代入(1)式，求得在热平衡时晶体总的相互作用势能

$$U_0=2N\varepsilon\left[A_{12}\left(\frac{2A_{12}}{A_6}\right)^{-2}-A_6\left(\frac{2A_{12}}{A_6}\right)^{-1}\right]=-N\frac{\varepsilon A_6^2}{2A_{12}} \tag{3}$$

现在来求只计及次次近邻原子之间的相互作用时面心立方晶体 A_{12} 和 A_6 值. 图 1.24 是面心立方晶格一个原胞，参考点取在 O，标号为 1 的原子是其最近邻原子，距离为 r_0，一个坐标面上与标号为 O 的原子的最近邻有 4 个，所以面心立方格子任一原子有 12 个最近邻原子，标号为 2 是 O 原子的次近邻，上下左右前后共有 6 个，之间距离为 $\sqrt{2}r_0$，标号为 3 的原子是原子 O 的次次近邻，其距离等于 $\sqrt{3}r_0$，角顶 O 原子周围一共有 8 个如图晶胞，一个晶胞有 3 个原子是 O 原子次次近邻原子，故面心立方布拉维格子的任一原子有 24 个次次近邻原子，于是

$$\begin{aligned}A_6(3)&=12\times\left(\frac{r_0}{r_0}\right)^6+6\times\left(\frac{r_0}{\sqrt{2}r_0}\right)^6+24\times\left(\frac{r_0}{\sqrt{3}r_0}\right)^6\\&=12+0.750+0.8898=13.639\end{aligned}$$

$$A_{12}(3)=12+0.094+0.033=12.127$$

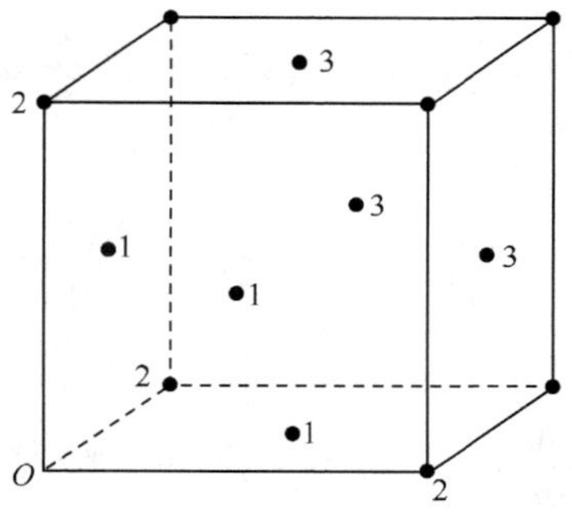

图 1.24

将 $A_6(3)=13.639$，$A_{12}=12.127$ 分别代入(2)和(3)式，得到

$$r_0=\left(\frac{2A_{12}}{A_6}\right)^{\frac{1}{6}}\sigma=\left(\frac{2\times12.127}{13.639}\right)^{\frac{1}{6}}\sigma=(1.77828)^{\frac{1}{6}}\sigma=1.10\sigma \tag{4}$$

$$U_0=-\frac{13.639^2}{2\times12.127}N\varepsilon=-\frac{186.022}{2\times12.127}N\varepsilon=-7.67N\varepsilon \tag{5}$$

(2) (a) 每克 Kr 分子晶体结合能.

把 $\varepsilon=0.014\text{eV}$ 代入(5)式，得到

$$E_b=U_0=-7.67N_0\varepsilon=-7.67\times6.022\times10^{23}\times0.014=6.466\times10^{22}(\text{eV/mol})$$

而晶体中每一原子势能等于

$$\frac{U_0}{N_0}=-7.67\varepsilon=-7.67\times0.014=-0.107(\mathrm{eV})$$

实验测得 Kr 惰性元素晶体每一原子势能为−0.11eV. 这表明理论计算相当接近实验值.

(b) 晶体晶格常数.

把 $\sigma=3.65\text{Å}$ 代入(4)式，

$$\begin{aligned}r_0&=1.10\sigma=1.1\times3.65\\&=4.02(\text{Å})=4.02\times10^{-10}(\mathrm{m})\end{aligned}$$

在面心立方结构情况下，晶格常数

$$\begin{aligned}a&=\sqrt{2}r_0=\sqrt{2}\times1.10\sigma=\sqrt{2}\times1.10\times3.65\\&=5.68(\text{Å})=5.68\times10^{-10}(\mathrm{m})\end{aligned}$$

(c) 晶体的体弹性模量.

$$\begin{aligned}K&=\left(\frac{\partial^2U}{\partial V^2}\right)_{V_0}\cdot V_0=\left[\frac{\partial}{\partial V}\left(\frac{\partial U}{\partial V}\right)\right]_{V_0}\cdot V_0=\left[\frac{\partial}{\partial V}\left(\frac{\partial U}{\partial r}\cdot\frac{\mathrm{d}r}{\mathrm{d}V}\right)\right]_{V_0}\cdot V_0\\&=\left(\frac{\mathrm{d}r}{\mathrm{d}V}\right)_{r_0}\cdot\left[\frac{\partial}{\partial V}\left(\frac{\partial U}{\partial r}\right)\right]_{V_0}\cdot V_0=\left(\frac{\mathrm{d}r}{\mathrm{d}V}\right)^2_{r_0}\cdot\left(\frac{\partial^2U}{\partial r^2}\right)_{r_0}\cdot V_0\end{aligned}\tag{6}$$

V_0 是平衡时晶体体积. 在面心立方结构情况下，每个晶胞有 4 个原子，如果晶体中共有 N 个原子，则它的晶胞数即为$\frac{N}{4}$，而每个晶胞的体积为 a^3，所以热平衡时晶体体积

$$V_0=\frac{N}{4}a^3=\frac{N}{4}(\sqrt{2}r_0)^3=\frac{\sqrt{2}}{2}Nr_0^3\tag{7}$$

一般情况下晶体体积

$$V=\frac{N}{4}a^3=\frac{N}{4}(\sqrt{2}r)^3=\frac{\sqrt{2}}{2}Nr^3\tag{8}$$

所以

$$\left(\frac{\mathrm{d}V}{\mathrm{d}r}\right)_{r_0}=\frac{\sqrt{2}}{2}N\cdot3r_0^2=\frac{3\sqrt{2}}{2}Nr_0^2\tag{9}$$

对(1)式求二次偏导数

$$\begin{aligned}\left(\frac{\partial^2U}{\partial r^2}\right)_{r_0}&=\frac{2N\varepsilon}{r_0^2}\left[12\times13A_{12}\left(\frac{\sigma}{r_0}\right)^{12}-6\times7A_6\left(\frac{\sigma}{r_0}\right)^6\right]\\&=\frac{12N\varepsilon}{r_0^2}\left(26A_{12}\frac{\sigma^{12}}{r_0^{12}}-7A_6\frac{\sigma^6}{r_0^6}\right)\end{aligned}\tag{10}$$

相继将(7)、(9)、(10)式代入(6)式，则可得体弹性模量

$$\begin{aligned}K&=\left(\frac{\sqrt{2}}{3}\right)^2\frac{1}{N^2r_0^4}\cdot\frac{12N\varepsilon}{r_0^2}\left(26A_{12}\frac{\sigma^{12}}{r_0^{12}}-7A_6\frac{\sigma^6}{r_0^6}\right)\cdot\frac{\sqrt{2}}{2}Nr_0^3\\&=\frac{\sqrt{2}}{3}\cdot\frac{4\varepsilon}{r_0^3}\left(26A_{12}\frac{\sigma^{12}}{r_0^{12}}-7A_6\frac{\sigma^6}{r_0^6}\right)\end{aligned}$$

代入 $r_0=\left(\frac{2A_{12}}{A_6}\right)^{\frac{1}{6}}\sigma$，得

$$K=\frac{\sqrt{2}}{3}\cdot\frac{4\varepsilon}{\sqrt{2}}\cdot\frac{1}{\sigma^3}\left(\sqrt{\frac{A_6}{A_{12}}}\right)^{12}\left(26A_{12}\frac{A_6^{12}}{4A_{12}^2}-7A_6\frac{A_6}{2A_{12}}\right)$$

$$=4\frac{\varepsilon}{\sigma^3}\left(\frac{A_6^{5/2}}{A_{12}^{3/2}}\right)$$

$$=4\times\left(\frac{13.639^{\frac{5}{2}}}{12.127^{\frac{3}{2}}}\right)\frac{\varepsilon}{\sigma^3}=4\times16.26771778\cdot\frac{\varepsilon}{\sigma^3}$$

$$=4\times16.26771778\times\frac{0.014\times1.602\times10^{-19}}{(3.65\times10^{10})^3}$$

$$=3.0\times10^{-9}(\mathrm{N/m^2})$$

(d) 抗张强度.

晶体所能负荷的最大张力叫做抗张强度，负荷超过抗张强度时，晶体就会断裂. 显然，两原子间的最大抗张力就是原子间的最大吸引力，若此时原子间距离是 r_m，有

$$\left.\frac{\partial f(r)}{\partial r}\right|_{r_m}=-\left.\frac{\partial^2 U}{\partial r^2}\right|_{r_m}=0$$

对(1)式取二次偏微商，

$$\left(\frac{\partial^2 U}{\partial r^2}\right)_{r_m}=\frac{2N\varepsilon}{r_m^2}\left[12\times13A_{12}\left(\frac{\sigma}{r_m}\right)^{12}-6\times7A_6\left(\frac{\sigma}{r_m}\right)^6\right]=0$$

得

$$r_m=\sqrt[6]{\frac{26A_{12}}{7A_6}}\sigma=1.22032\sigma \tag{11}$$

这时相应的晶体体积 V_m，在面心立方情况下，应为

$$V_m=\frac{\sqrt{2}}{2}Nr_m^3$$

根据热力学关系，施加在晶体上的张力(压力)p 应为

$$p=-\frac{\partial U}{\partial V}$$

而抗张强度 p_m 则应为当晶体体积等于 V_m 时的张力

$$p_m=-\left(\frac{\partial U}{\partial r}\right)_{V_m}=-\left(\frac{\mathrm{d}r}{\mathrm{d}V}\right)_{r_m}\cdot\left(\frac{\partial U}{\partial r}\right)_{r_m} \tag{12}$$

对(8)式取导数，令 $r=r_m$，

$$\left(\frac{\mathrm{d}V}{\mathrm{d}r}\right)_{r_m}=\frac{3\sqrt{2}}{2}Nr_m^3 \tag{13}$$

又对(1)式取导数，令 $r=r_m$，

$$\begin{aligned}-\left(\frac{\partial U}{\partial r}\right)_{r_m}&=\frac{2N\varepsilon}{r_m}\left[12A_{12}\left(\frac{\sigma}{r_m}\right)^{12}-6A_6\left(\frac{\sigma}{r_m}\right)^6\right]\\&=\frac{12N\varepsilon}{r_m}\left[2A_{12}\left(\frac{\sigma}{r_m}\right)^{12}-A_6\left(\frac{\sigma}{r_m}\right)^6\right]\end{aligned} \tag{14}$$

把式代入(13)式,(14)式代入(12)式得

$$p_m = \frac{\sqrt{2}}{3}\frac{1}{Nr_m^3}\cdot\frac{12N\varepsilon}{r_m}\left[2A_{12}\left(\frac{\sigma}{r_m}\right)^{12} - A_6\left(\frac{\sigma}{r_m}\right)^6\right]$$

$$= \frac{4\sqrt{2}\varepsilon}{r_m^3}\left[2A_{12}\left(\frac{\sigma}{r_m}\right)^{12} - A_6\left(\frac{\sigma}{r_m}\right)^6\right]$$

把(11)式代入上式,则得

$$p_m = 4\sqrt{2}\sqrt{\frac{7A_6}{26A_{12}}}\frac{\varepsilon}{\sigma^3}\left[2\left(\frac{7A_6}{26A_{12}}\right)^2 A_{12} - \frac{7A_6}{26A_{12}}A_6\right]$$

$$\approx 2.935\sqrt{\frac{A_6}{A_{12}}}\frac{\varepsilon}{\sigma^3}\left[0.145\frac{A_6^2}{A_{12}} - 0.269\frac{A_6^2}{A_{12}}\right]$$

$$= -2.395\times 0.124\times A_{12}\left(\frac{A_6}{A_{12}}\right)^{\frac{5}{2}}\cdot\frac{\varepsilon}{\sigma^3}$$

$$= -2.395\times 0.124\times 12.127\times\left(\frac{13.639}{12.127}\right)^{\frac{5}{2}}\cdot\frac{\varepsilon}{\sigma^3}$$

$$= -5.920468\frac{\varepsilon}{\sigma^3}$$

代入,$\varepsilon=0.014\text{eV}=0.014\times 1.602\times 10^{-19}\text{J}$,$\sigma=3.65\text{Å}=3.65\times 10^{-10}\text{m}$,有

$$p_m = -5.920468\times\frac{0.014\times 1.602\times 10^{-19}}{3.65^3\times 10^{-30}}$$

$$= -2.731\times 10^8(\text{N/m}^2)$$

把上述理论计算数据与实验测量值一并列在表 1.2.

表 1.2

	$r_0/(10^{-10}\text{m})$	结合能 E_b/eV	$K/(10^9\text{N/m}^2)$
计算	4.02	0.107	3.0
理论	3.98	0.11	3.5

从表 1.2 可见,上述理论计算接近实验测量值,尤其结合能的计算.

1.25　设某一晶体中相邻原子间相互作用势能为

$$u(r) = -\frac{\alpha}{r^m} + \frac{\beta}{r^n}$$

(1) 若只计及最近邻原子的相互作用势能,证明其体积弹性模量为

$$K = |U_0|\frac{mn}{9V_0}$$

(2) 设平衡时两原子间距 $r_0=3\text{Å}$,每个原子的离解能为 4eV,$m=2$,$n=10$,计算 α 及 β 值.

解　(1) 只计及最近邻原子的相互作用势能,则晶体总的相互作用势

$$U(r) = \frac{N}{2}\left(-\frac{\alpha}{r^m} + \frac{\beta}{r^n}\right) \tag{1}$$

热平衡时晶体总相互作用势能

$$U_0(r=r_0)=\frac{N}{2}\left(-\frac{\alpha}{r_0^m}+\frac{\beta}{r_0^n}\right) \tag{2}$$

而平衡时条件是

$$\left.\frac{\mathrm{d}U}{\mathrm{d}r}\right|_{r_0}=0$$

即

$$\left.\frac{\mathrm{d}U}{\mathrm{d}r}\right|_{r_0}=\frac{N}{2}\left(\frac{m\alpha}{r_0^{m+1}}-\frac{n\beta}{r_0^{n+1}}\right)=0$$

求得平衡时两个原子间距

$$r_0=\left(\frac{n\beta}{m\alpha}\right)^{\frac{1}{n-m}} \tag{3}$$

根据题解 1.24 推导，晶体弹性模量公式为

$$K=\left(\frac{\partial^2U}{\partial V^2}\right)_{V_0}\cdot V_0=\left(\frac{\mathrm{d}r}{\mathrm{d}V}\right)_{r_0}^2\left(\frac{\partial^2U}{\partial r^2}\right)_{r_0}\cdot V_0 \tag{4}$$

V_0 是热平衡时晶体的体积，因为相邻原子间距为 r，所以晶体体积

$$V=N\cdot Ar^3 \tag{5}$$

这里 A 是与晶体的原子几何结构有关的参数. 例如简立方结构 $A=1$，因此平衡时

$$V_0=N\cdot Ar_0^3 \tag{6}$$

把(3)式代入(2)式得

$$U_0=-\frac{N}{2}\frac{\alpha}{r_0^m}\left(\frac{n-m}{n}\right) \tag{7}$$

对(5)式取导数，

$$\left(\frac{\mathrm{d}V}{\mathrm{d}r}\right)_{r_0}=3NAr_0^2$$

即

$$\left(\frac{\mathrm{d}r}{\mathrm{d}V}\right)_{r_0}=\frac{1}{3NAr_0^2} \tag{8}$$

对(1)式取二阶偏微商

$$\left(\frac{\partial^2U}{\partial r^2}\right)_{r_0}=\frac{N}{2}\left[-\frac{m(m+1)\alpha}{r_0^{m+2}}+\frac{n(n+1)\beta}{r_0^{n+2}}\right]=-\frac{N}{2}\frac{m\alpha}{r_0^{m+2}}\left[m+1-\frac{n(n+1)\beta}{m\alpha r_0^{n-m}}\right]$$

$$=-\frac{N}{2}\frac{m\alpha}{r_0^{m+2}}[m+1-(n+1)]=-\frac{N}{2}\frac{m\alpha}{r_0^{m+2}}(m-n)$$

把(8)，(9)式代入(4)式，晶体弹性模量

$$K=\left(\frac{1}{3NAr_0^2}\right)^2\cdot\left[-\frac{N}{2}\frac{m\alpha}{r_0^{m+2}}(m-n)\right]\cdot V_0=\left(\frac{r_0}{3V_0}\right)^2\left(\frac{N}{2}\frac{\alpha}{r_0^m}\frac{n-m}{n}\frac{m}{r_0^2}n\right)V_0$$

$$=\frac{1}{9V_0}\mid U_0\mid\cdot mn=\mid U_0\mid\cdot\frac{mn}{9V_0}$$

上式推导中利用了(7)式.

(2) 原子的离解能就是把晶体全部解离成各个原子状态所需要的能量，由题设

$$\frac{U_0}{N}=-4\text{eV},\qquad U_0=-4N\text{eV}$$

由(7)式

$$U_0=-\frac{N}{2}\frac{\alpha}{r_0^m}\left(\frac{n-m}{n}\right)$$

于是

$$-\frac{N}{2}\frac{\alpha}{r_0^m}\left(\frac{n-m}{n}\right)=-4N$$

故

$$\alpha=\frac{8r_0^m n}{n-m}=\frac{8\times 3^2\times 10}{10-2}=90(\text{eV}\cdot\text{Å}^2)$$

由(3)式

$$r_0=\left(\frac{n\beta}{m\alpha}\right)^{\frac{1}{n-m}}=\left(\frac{n\beta}{m\alpha}\right)^{\frac{1}{10-2}}=\left(\frac{n\beta}{m\alpha}\right)^{\frac{1}{8}}$$

$$r_0^8=\frac{n\beta}{m\alpha}$$

故

$$\beta=\frac{r_0^8 m\alpha}{n}=\frac{3^8\times 2\times 90}{10}=1.18\times 10^5(\text{eV}\cdot\text{Å}^{10})$$

1.26　证明正负一价离子交错等距排列的一维晶格的马德隆(Madelung)常数 $M=2\ln 2$.

解　一维离子晶格如图 1.25 所示，选某一正离子作为参考离子，原点为 O.

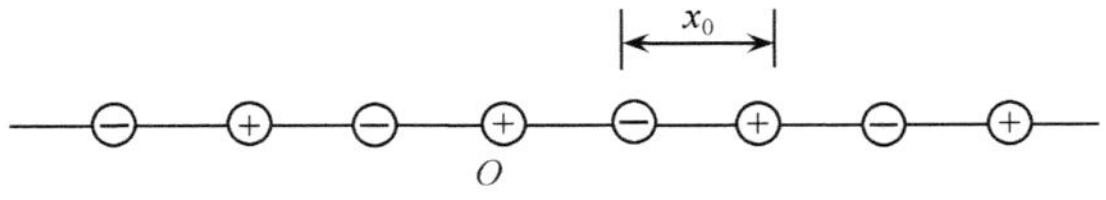

图 1.25

设其最近邻离子间距为 x_0，则第 n 个离子坐标为 nx_0，参考离子与一维晶格所有离子的库仑吸引势为

$$\left(\sum_{n=1}^{N}(-1)^n\frac{e^2}{4\pi\varepsilon_0 nx_0}\right)\times 2$$

式中求和时对正离子取正号，对负离子取负号，并考虑到对一维离子晶体，参考离子两边的离子是正负对称分布的，因此乘 2. 离子总数为 $2N$，只取一次两离子相互作用势. 一维离子晶体总的库仑吸引势

$$U_{吸引势}=\left(\sum_{n=1}^{N}(-1)^n\frac{e^2}{4\pi\varepsilon_0 nx_0}\right)\times 2\times(2N)\times\frac{1}{2}$$

$$=-N\frac{e^2}{4\pi\varepsilon_0 x_0}\cdot\left(2\cdot\sum_{n=1}^{N}(-1)^{n+1}\cdot\frac{1}{n}\right)$$

一维离子晶体马德隆常数

$$M = 2 \cdot \sum_{n=1}^{N} (-1)^{n+1} \cdot \frac{1}{n}$$

离子数目 N 很大,故

$$\sum_{n=1}^{N} (-1)^{n+1} \cdot \frac{1}{n} = \sum_{n=1}^{\infty} (-1)^{n+1} \cdot \frac{1}{n} = 1 - \frac{1}{2} + \frac{1}{3} - \frac{1}{4} + \cdots$$

与下面函数 $\ln(1+y)$ 的展开式相比较

$$\ln(1+y) = y - \frac{y^2}{2} + \frac{y^3}{3} - \frac{y^4}{4} + \cdots$$

令 $y=1$,有

$$\ln(1+1) = \ln 2 = 1 - \frac{1}{2} + \frac{1}{3} - \frac{1}{4} + \cdots$$

则

$$\sum_{n=1}^{N} (-1)^{n+1} \cdot \frac{1}{n} = \ln 2$$

故一维离子晶格的马德隆常数

$$M = 2 \cdot \sum_{n=1}^{N} (-1)^{n+1} \cdot \frac{1}{n} = 2\ln 2$$

而其总的库仑吸引势

$$U_{吸引势} = -\frac{Ne^2 \cdot 2\ln 2}{4\pi\varepsilon_0 x_0} = -\frac{Ne^2 \ln 2}{2\pi\varepsilon_0 x_0}$$

上述马德隆常数计算是埃瓦尔德(Ewald)提出的点阵累加的一般计算方法. 应用到三维点阵,收敛很慢,难于求出马德隆常数.

1.27　(1) 说明使用中性组合法求马德隆常数的物理基础;

(2) 用中性组合法计算三维 NaCl 型离子晶体的马德隆常数,取到一级近似.

解　(1) 元素周期表中第Ⅰ族碱金属元素与第Ⅶ族的卤族元素化合物(如 NaCl, CsCl 等)所组成的晶体是典型的离子晶体. 由于正负离子具有满壳层结构,电子分布是球对称的,当两个离子的间距较大时可以看成是点电荷,因而离子间的吸引能是库仑能

$$-\frac{Z_1 Z_2 e^2}{4\pi\varepsilon_0 r}$$

式中,Z_1,Z_2 分别是两个离子的价电子数,e 是电荷量,r 是它们之间的距离.

设 N 为正负离子总数,离子晶体的总库仑吸引力为

$$U_{吸引势} = -\frac{1}{2} N \cdot \sum_{i(i \neq j)}^{N} \left(\pm \frac{Z_1 Z_2 e^2}{4\pi\varepsilon_0 r_{ij}} \right)$$

上式中以第 j 个离子为参考粒子. 设最近邻两粒子间距为 r,则第 i 个离子对参考离子 j 的距离可写成

$$r_{ij} = \alpha_i r$$

α_i 是由晶格结构决定的系数,这样

$$U_{吸引势} = -\frac{1}{2} N \sum_{i(i \neq j)}^{N} \frac{Z_1 Z_2 e^2}{4\pi\varepsilon_0 r} \left(\pm \frac{1}{\alpha_i} \right)$$

式中同性离子取负,异性离子取正,令

$$M=\sum_{i(i\neq j)}^{N}\left(\pm\frac{1}{\alpha_i}\right) \tag{1}$$

其中，M 称为马德隆常数，它可以由晶格结构求得.

上式定义的马德隆常数，可逐项求和去求，但并不能收到收敛的结果. 为此，马德隆发展了一种求 M 的有效方法——中性组合法.

设想把晶体分成许多大的晶胞，使每个晶胞中所含的正负离子数目相同，因而每个大晶胞是电中性的. 在物理上一个划定范围的电中性集团之外的一点产生的电势随其范围的扩大而迅速减小，因而这一范围以外的粒子对马德隆常数的贡献也迅速减小，因此，根据电中性集团范围以内的离子计算马德隆常数的近似值，则此近似值随所取晶胞大小的扩大而迅速收敛，从而计算出相当精度马德隆常数值.

(2) 图 1.26 是 NaCl 晶体的一个小立方晶胞，Na^+ 和 Cl^- 各自构成面心立方布拉菲晶格，它们沿轴矢方向相互错位半个晶格常数互相套构在一起构成 NaCl 晶格.

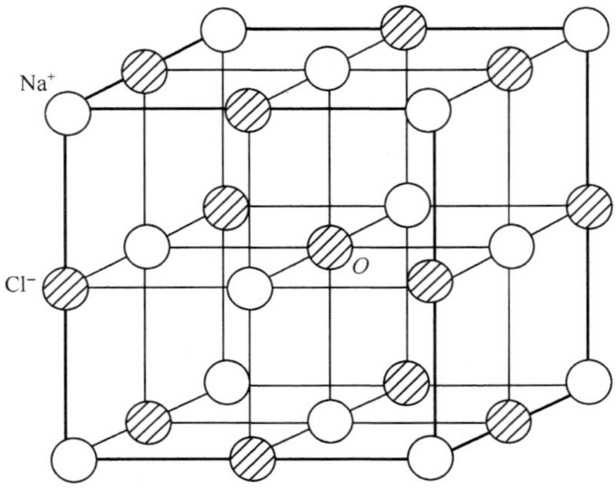

图 1.26

晶胞中心是 Cl^- 离子，立方体 12 根棱的中点各有一个 Cl^- 离子，但每个 Cl^- 离子只有 $\frac{1}{4}$ 是属于该晶胞的，所以这个晶胞内一共有 $1+\frac{12}{4}=1+3=4$ 个 Cl^- 离子；立方体 6 个底面中心有一个 Na^+ 离子，它们各只有 $\frac{1}{2}$ 属于该晶胞，立方体 8 个顶角也有一个 Na^+ 离子，每个离子也只有 $\frac{1}{8}$ 属于该晶胞，晶胞中一共有 $\frac{6}{2}+\frac{8}{8}=3+1=4$ 个 Na^+ 离子，所以这个晶胞一共有 4 个 Cl^- 离子和 4 个 Na^+ 离子，处于电中性.

取晶胞中心的 Cl^- 离子为参考离子 r_j，则它到其他离子的距离为

$$r_{ij}=r(n_1^2+n_2^2+n_3^2)^{\frac{1}{2}}=r\alpha_i$$

n_1,n_2,n_3 为整数，r 是最近邻粒子间距，α_i 为

$$\alpha_i=(n_1^2+n_2^2+n_3^2)^{\frac{1}{2}}$$

由图 1.26 可以看出，离参考离子最近的有 6 个正离子，其位置可表示为 $(\pm1,0,0)$，$(0,\pm1,0)$，$(0,0,\pm1)$，由(1)式

$$\alpha_i=\sqrt{1^2+0+0}=\sqrt{0+1^2+0}=\sqrt{0+0+1^2}=1$$

但每个离子只有$\frac{1}{2}$是属于本晶胞.

同样,此近邻有 12 负离子,其位置可用(1,1,0)代表,由(1)式,每个离子的 $\alpha_i=-\sqrt{2}$,每个粒子只有$\frac{1}{4}$是属于本晶胞的.

再次近邻有 8 个正离子,其位置可用(1,1,1)代表,每个离子的 $\alpha_i=\sqrt{3}$,每个粒子只有$\frac{1}{8}$是属于本晶胞,于是代入(1)式,得到马德隆常数为

$$\begin{aligned}M&=\frac{1}{2}\times 6-\frac{1}{4}\times\frac{1}{\sqrt{2}}\times 12+\frac{1}{8}\times\frac{1}{\sqrt{3}}\times 8\\&=3-2.1213+0.5774\\&=1.457\end{aligned}$$

大晶胞取得越大,结果就会更准确,精确计算值 $M=1.747565$.

中性组合法实际上是埃佛琴(Evjen)提出的用图解法来处理计算,可改进级数的收敛性.

1.28　如图 1.27 所示二维正方离子格子,取中央一个负离子为原点,则虚线所围的区域依次为第一中性区(小晶胞),第二中性区(中晶胞)和第三中性区(大晶胞),试依次计算各电中性区(晶胞)对马德隆常数的贡献.

解　如 1.27 题推导,马德隆常数表达式为

$$M=\sum_{i(i\neq j)}^{N}\left(\pm\frac{1}{\alpha_i}\right)$$

取中央负离子为参考离子 r_j,则它到其他离子的距离为

$$r_{ij}=r(n_1^2+n_2^2)^{\frac{1}{2}}=r\alpha_i$$

n_1,n_2 为整数,r 是最近邻离子间的距离,α_i 为

$$\alpha_i=(n_1^2+n_2^2)^{\frac{1}{2}}$$

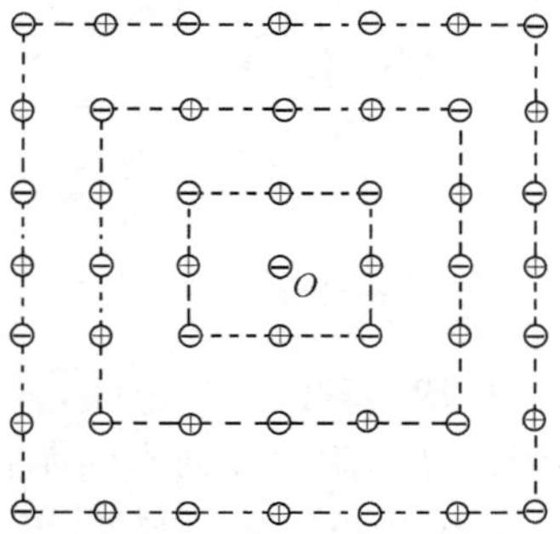

图 1.27

先看第一中性区(小晶胞),位于边棱中点的 4 个离子为正离子,其位置可表示为(±1,0),(0,±1),因而 $\alpha_i=\sqrt{(\pm1)^2+0}=\sqrt{0+(\pm1)^2}=1$,但每个离子只有$\frac{1}{2}$属于本晶胞,而 4 个角顶为负离子,其位置可用(±1,±1)表示,因而 $\alpha_i=-\sqrt{2}$,但每个离子只有$\frac{1}{4}$属于本晶胞,于是

$$M=\frac{1}{2}\times\frac{1}{1}\times 4-\frac{1}{4}\times\frac{1}{\sqrt{2}}\times 4=1.293$$

对第二中性区(中晶胞),参考离子 O 最近邻 4 个正离子和次近邻 4 个正离子均属该晶胞,坐标分别用(1,0)和(1,1)来代表,由式(1),α_i 分别为 $1,-\sqrt{2}$,它们对马德隆常数贡献为

$$\frac{1}{1}\times 4-\frac{1}{\sqrt{2}}\times 4$$

而棱中央为 4 个负离子，坐标用(2,0)代表，$\alpha_i=-2$，但每个离子只有$\frac{1}{2}$属本晶胞，边棱还有 8 个正离子，坐标用(1,2)代表，$\alpha_i=\sqrt{1^2+2^2}=\sqrt{5}$，每个离子也只有$\frac{1}{2}$属本晶胞，它们对马德隆常数的贡献为

$$-\frac{1}{2}\times\frac{1}{2}\times 4+\frac{1}{2}\times\frac{1}{\sqrt{5}}\times 8$$

顶角上 4 个负离子，坐标用(2,2)代表，$\alpha_i=\sqrt{2^2+2^2}=\sqrt{8}$，但每个离子只有$\frac{1}{4}$属本晶胞，它们对马德隆常数的贡献为

$$-\frac{1}{4}\times\frac{1}{\sqrt{8}}\times 4$$

因此，第二中性区(中晶胞)的马德隆常数为

$$\begin{aligned}M&=\left(\frac{1}{1}\times 4-\frac{1}{\sqrt{2}}\times 4\right)+\left(-\frac{1}{2}\times\frac{1}{2}\times 4+\frac{1}{2}\times\frac{1}{\sqrt{5}}\times 8\right)-\frac{1}{4}\times\frac{1}{\sqrt{8}}\times 4\\&=1.1716+0.7889-0.3536\\&=1.607\end{aligned}$$

同理，对第三电中性区(大晶胞)进行计算，求得马德隆常数

$$\begin{aligned}M=&\left(\frac{1}{1}\times 4-\frac{1}{\sqrt{2}}\times 4\right)+\left(-\frac{1}{2}\times 4+\frac{1}{\sqrt{5}}\times 8-\frac{1}{\sqrt{8}}\times 4\right)\\&+\left(\frac{1}{2}\times\frac{1}{3}\times 4-\frac{1}{2}\times\frac{1}{\sqrt{10}}\times 8+\frac{1}{2}\times\frac{1}{\sqrt{13}}\times 8-\frac{1}{4}\times\frac{1}{\sqrt{18}}\times 4\right)\\=&1.611\end{aligned}$$

1.29　考虑一条直线，其上载有电荷$\pm q$交错排列的 $2N$ 个离子，最近邻之间的排斥势为 A/R^n，附加在通常的库仑势上.

(1) 找出平衡间距 R_0 并求平衡能 $U(R_0)$；

(2) 使晶体压缩至 $R_0\to R_0(1-\delta)$，计算晶体压缩一个单位长度所做的功，精确到δ^2.

解　(1) 按题意，此系统的晶格能为

$$U(R)=N\left(-\frac{Mq^2}{R}+\frac{A}{R^n}\right)$$

其中，M 为马德隆常数. 对于所给系统，$M=2\ln 2$. 由平衡条件

$$\left.\frac{\mathrm{d}U(R)}{\mathrm{d}R}\right|_{R_0}=0$$

得

$$R_0=\left(\frac{nA}{Mq^2}\right)^{\frac{1}{n-1}}=\left(\frac{nA}{2q^2\ln 2}\right)^{\frac{1}{n-1}}$$

由此得

$$U(R_0)=N\left(-\frac{2q^2\ln 2}{R_0}+\frac{A}{R_0}\cdot\frac{2q^2\ln 2}{nA}\right)$$

$$=-\frac{2Nq^2\ln 2}{R_0}\left(1-\frac{1}{n}\right) \tag{1}$$

(2) 外力所做的功等于系统内能的改变. 设 W 为晶体受压一个长度所做的功,则

$$W=U(R_0)-U[R_0(1-\delta)] \tag{2}$$

由(1)问的计算知

$$U(R)=2Nq^2\ln 2\left(\frac{R_0^{n-1}}{nR^n}-\frac{1}{R}\right)$$

令 $R=R_0(1-\delta)$,代入上式可得

$$U[R_0(1-\delta)]=2Nq^2\ln 2\left[\frac{R_0^{n-1}}{n}\cdot\frac{1}{R_0^n(1-\delta)^n}-\frac{1}{R_0(1-\delta)}\right]$$

$$=\frac{2Nq^2\ln 2}{R_0(1-\delta)}\left[\frac{1}{n(1-\delta)^{n-1}}-1\right]$$

因 δ 很小,式中对 δ 展开,只计及 δ^2 项后得

$$U[R_0(1-\delta)]=\frac{2Nq^2\ln 2}{R_0}\left[\frac{(n-1)}{2}\delta^2+\frac{1-n}{n}\right] \tag{3}$$

将(1)、(3)式代入(2)式,则得

$$W=-\frac{2Nq^2\ln 2}{R_0}\cdot\frac{n-1}{2}\delta^2=-2N\cdot\frac{1}{2}c\delta^2$$

其中,$c=\dfrac{(n-1)q^2\ln 2}{R_0}$.

1.30 (1) NaCl 晶体相对于独立离子的内能是多少? 给出近似值,并利用简单模型推导之,点阵常数 $a=5.6\text{Å}$;

(2) 要得到相对于单独的钠金属和氯气的内能,应从上面得到的量中加上或是减去什么实验物理量? 忽略小于 10%的影响.

解 (1) 设 NaCl 晶体上正负离子总数目为 N,则其总相互作用能

$$U(r)=-\frac{N}{2}\left(\frac{Me^2}{4\pi\varepsilon_0 r}-\frac{B}{r^n}\right)$$

式中第一项是离子间的库仑吸引能,第二项是离子间排斥能,因此 $U(r_0)$ 也表示了 NaCl 晶体相对于独立离子的内能,r_0 是热平衡时最近邻离子间距,由

$$\left.\frac{\mathrm{d}U(r)}{\mathrm{d}r}\right|_{r_0}=-\frac{N}{2}\left.\left(-\frac{Me^2}{4\pi\varepsilon_0 r^2}+\frac{nB}{r^{n+1}}\right)\right|_{r_0}=0$$

求得

$$r_0=\left(\frac{4\pi\varepsilon_0 nB}{Me^2}\right)^{\frac{1}{n-1}}$$

把平衡间距 r_0 代入式,推导出 NaCl 晶体内能

$$U(r_0)=-\frac{N}{2}\left(\frac{Me^2}{4\pi\varepsilon_0 r_0}-\frac{B}{r_0\cdot r_0^{n-1}}\right)=-\frac{NMe^2}{8\pi\varepsilon_0 r_0}\left(1-\frac{1}{n}\right)$$

由于对 NaCl 晶体,$n=7.8$,忽略了 10%的影响,则

$$U(r_0) \approx -\frac{NMe^2}{8\pi\varepsilon_0 r_0}$$

对 NaCl 晶体，$M=1.747$，$r_0=\frac{a}{2}=2.8Å=2.8\times10^{-10}$m. 故 1mol NaCl 晶体相对于独立离子的内能

$$U(r_0) \approx -\frac{2N_0Me^2}{8\pi\varepsilon_0 r_0}$$

注意 $N=2N_0$，N_0 是阿伏伽德罗常量

$$U(r_0) = -\frac{2\times6.02\times10^{23}\times1.747\times(1.602\times10^{19})^2}{8\times3.1416\times8.85\times10^{-12}\times2.8\times10^{-10}}$$
$$= -8.667\times10^5(\text{J/mol}) = -2.07(\text{kcal/mol})$$

(2) 在实验上常采用玻恩-哈伯(Born-Haber)循环过程来研究离子晶体的结合能及负离子的亲合能，对 NaCl 晶体，玻恩-哈伯循环过程的是下面 4 个过程(如图 1.28)：

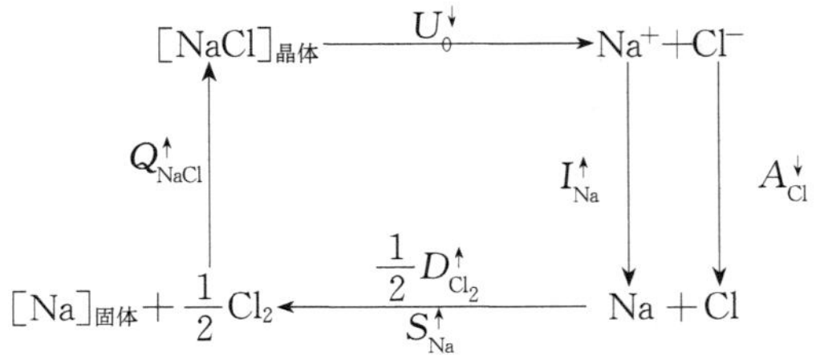

图 1.28　玻恩-哈伯循环

(a) 使 NaCl 晶体分解成它的组成单元(Na^+ 和 Cl^- 离子)，晶体吸收能量，这等于晶体结合能 U_0；

(b) Na^+ 过渡到气体状态，放出电离能 $I_{Na}^{\uparrow}$，Cl^- 吸收能量 $A_{Cl}^{\downarrow}$，等于 Cl 的电子的亲和能，而形成原子状态的 Cl；

(c) 气态 Na 放出升华热 $S_{Na}^{\uparrow}$ 而升华，形成固态的金属 Na，Cl 原子放出离解能$\frac{1}{2}D_{Cl_2}^{\uparrow}$，而过渡到分子态$\frac{1}{2}Cl_2$；

(d) 固体 Na 同气态$\frac{1}{2}Cl_2$ 相结合，放出生成热 $Q_{Na}^{\uparrow}$ 而形成 NaCl 晶体.

所以，相对于单独的钠金属和氯气的内能，应等于从上面的得出的结合能表达式 U_0 加上钠升华热，钠电离能和氯原子离解能，而减去氯的电子亲和能.

1.31　实验上测得 NaCl 晶体的比重为 2.16g/cm^3，弹性模量为 2.41×10^{12}N/m^2，试求其结合能.(已知 NaCl 晶体结构的马德隆常数 $M=1.7476$，Na 和 Cl 原子量分别为 23 和 35.45.)

解　由 N 个 Na^+，Cl^- 离子组成的 NaCl 晶体的相互作用能

$$U(r) = -\frac{N}{2}\left(\frac{Me^2}{4\pi\varepsilon_0 r} - \frac{B}{r^n}\right) \tag{1}$$

在热平衡条件下

$$\left.\frac{\mathrm{d}U(r)}{\mathrm{d}r}\right|_{r_0}=-\frac{N}{2}\left.\left(-\frac{Me^2}{4\pi\varepsilon_0 r^2}+\frac{nB}{r^{n+1}}\right)\right|_{r_0}=0$$

得

$$r_0=\left(\frac{4\pi\varepsilon_0 nB}{Me^2}\right)^{\frac{1}{n-1}}$$

r_0 是平衡下最近邻离子间距，代入(1)式，NaCl 晶体结合能

$$U_0=U(r_0)=-\frac{N}{2}\left(\frac{Me^2}{4\pi\varepsilon_0 r_0}-\frac{B}{r_0\cdot r_0^{n-1}}\right)=-\frac{NMe^2}{8\pi\varepsilon_0 r_0}\left(1-\frac{1}{n}\right) \tag{2}$$

由上式得知，只需知道 r_0 和 n 值，就可求出 NaCl 晶体结合能.

首先由 NaCl 晶体比重求 r_0 值. NaCl 晶体是由 Na^+ 与 Cl^- 离子各自构成的面心立方结构的子晶体各沿坐标轴移动 $\frac{a}{2}$(a 是晶格常数)套构而成的，$a=2r$，而 NaCl 晶体一个晶胞内含有 8 个离子(Na^+ 和 Cl^- 各 4 个)，故其体积

$$V=\frac{N}{8}\cdot 8r^3=Nr^3 \tag{3}$$

每摩尔 NaCl 晶体中含有 N_0(阿伏伽德罗常量)个 NaCl 分子，每个分子质量应为

$$\frac{23+35.45}{N_0}(\mathrm{g})$$

NaCl 晶体每一晶胞中有 4 个 NaCl 分子，故一个晶胞质量为

$$4\times\frac{23+35.45}{N_0}(\mathrm{g})$$

NaCl 晶体比重

$$D=\frac{4\times\dfrac{23+35.45}{N_0}}{8r_0^3}=\frac{58.45}{2N_0 r_0^3}=\frac{29.225}{N_0 r_0^3}$$

所以

$$r_0=\sqrt[3]{\frac{29.225}{N_0 D}}=\sqrt[3]{\frac{29.225}{6.02\times10^{23}\times2.16}}=2.82\times10^{-8}(\mathrm{cm})=2.82\times10^{-10}(\mathrm{m})$$

n 则能由实验测得的弹性模量 K 和晶体结构算出. NaCl 晶体弹性模量 K(参考题解 1.24)：

$$K=\left(\frac{\partial^2 U}{\partial V^2}\right)_{V_0}\cdot V_0=\left(\frac{\mathrm{d}r}{\mathrm{d}V}\right)_{r_0}^2\cdot\left(\frac{\partial^2 U}{\partial r^2}\right)_{r_0}\cdot V_0 \tag{4}$$

由(3)式，则

$$\left(\frac{\mathrm{d}V}{\mathrm{d}r}\right)_{r_0}=3Nr_0^2 \tag{5}$$

在 $r=r_0$ 处，对(1)式求出二次偏导

$$\left(\frac{\partial^2 U}{\partial r^2}\right)_{r_0}=-\frac{N}{2}\left(\frac{2Me^2}{4\pi\varepsilon_0 r_0^3}-\frac{n(n+1)B}{r_0^{n+2}}\right)=-\frac{N}{2}\left(\frac{2Me^2}{4\pi\varepsilon_0 r_0^3}-\frac{n(n+1)B}{r_0^3\cdot r_0^{n-1}}\right)$$

把 $r_0=\left(\frac{4\pi\varepsilon_0 nB}{Me^2}\right)^{\frac{1}{n-1}}$ 代入

$$\left(\frac{\partial^2 U}{\partial r^2}\right)_{r_0} = -\frac{N}{2}\left(\frac{2Me^2}{4\pi\varepsilon_0 r_0^3} - \frac{n(n+1)B}{r_0^3}\cdot\frac{Me^2}{4\pi\varepsilon_0 nB}\right) = -\frac{N}{2}\frac{Me^2}{4\pi\varepsilon_0 r_0^3}[2-(n+1)]$$

$$= \frac{N}{2}\frac{Me^2}{4\pi\varepsilon_0 r_0^3}(n-1) \tag{6}$$

把(5)、(6)式和 $V_0 = Nr_0^3$ 代入(4)式得出

$$K = \left(\frac{1}{3Nr_0^2}\right)^2 \cdot \frac{N}{2}\cdot\frac{Me^2}{4\pi\varepsilon_0 r_0^3}\cdot(n-1)r_0^3 N = \frac{1}{9r_0^4}\cdot\frac{Me^2}{8\pi\varepsilon_0}(n-1)$$

所以

$$n = 1 + \frac{72\pi\varepsilon_0 r_0^4}{Me^2}K$$

$$= 1 + \frac{72\times 3.1416\times 8.85\times 10^{-12}\times(2.82\times 10^{-10})^4\times 2.41\times 10^{10}}{1.7476\times(1.602\times 10^{-19})^2}$$

$$= 1 + 6.8 = 7.8 \tag{7}$$

故由(2)式得到 1mol NaCl 晶体结合能应为(注意,$N=2N_0$)

$$U_0 = -\frac{2N_0}{2}\cdot\frac{Me^2}{4\pi\varepsilon_0 r_0}\left(1-\frac{1}{n}\right) = -\frac{N_0 Me^2}{4\pi\varepsilon_0 r_0}\left(1-\frac{1}{n}\right)$$

$$= -\frac{6.02\times 10^{23}\times 1.7476\times(1.6\times 10^{-19})^2}{4\times 3.1416\times 8.85\times 10^{-12}\times 2.82\times 10^{-10}}\times\left(1-\frac{1}{7.8}\right)$$

$$= -7.51\times 10^5(\text{J/mol}) = -179.3(\text{kcal/mol})$$

同时也计算出每离子对间相互作用能

$$E_b = -\frac{Me^2}{4\pi\varepsilon_0 r_0}\left(1-\frac{1}{n}\right)$$

$$= -\frac{1.7476\times(1.6\times 10^{-19})^2}{4\times 3.1416\times 8.85\times 10^{-12}\times 2.82\times 10^{-10}}\times\left(1-\frac{1}{7.8}\right)$$

$$= -1.24\times 10^{-18}(\text{J})$$

与实验值-1.27×10^{-18}J 相当接近.

1.32 若把离子晶体相互作用势能中泡利排斥项$\frac{B}{r^n}$改用玻恩-迈耶表示式

$$\lambda e^{-\frac{r}{\rho}}$$

试计算 KBr 晶体常数 λ 和 ρ. 已知 KBr 晶格常数 $a=6.58$Å,结合能 $U_0=-156$kcal/mol,马德隆常数 $M=1.7476$.

解 1mol KBr 晶体中 K^+,Br^- 正负离子总数目为 $2N_0$(N_0 是阿伏伽德罗常量),其总相互作用势为

$$U(r) = -N_0\left(\frac{Me^2}{4\pi\varepsilon_0 r} - \lambda e^{-\frac{r}{\rho}}\right)$$

平衡时最近邻两离子间距离 $r_0 = \frac{a}{2} = \frac{6.58}{2} = 3.29$Å,则其结合能

$$U_0 = -N_0\left(\frac{Me^2}{4\pi\varepsilon_0 r_0} - \lambda e^{-\frac{r_0}{\rho}}\right) \tag{1}$$

平衡时有

$$\left.\frac{\mathrm{d}U}{\mathrm{d}r}\right|_{r_0} = N_0\left(\frac{Me^2}{4\pi\varepsilon_0 r_0^2} - \frac{\lambda}{\rho}\mathrm{e}^{-\frac{r_0}{\rho}}\right) = 0$$

得

$$\frac{Me^2}{4\pi\varepsilon_0 r_0^2} = \frac{\lambda}{\rho}\mathrm{e}^{-\frac{r_0}{\rho}}$$

移项得

$$\lambda\mathrm{e}^{-\frac{r_0}{\rho}} = \frac{Me^2}{4\pi\varepsilon_0 r_0}\cdot\frac{\rho}{r_0} \tag{2}$$

把(2)式代入(1)式,

$$U_0 = -N_0\left(\frac{Me^2}{4\pi\varepsilon_0 r_0} - \frac{\rho}{r_0}\cdot\frac{Me^2}{4\pi\varepsilon_0 r_0}\right) = -N_0\frac{Me^2}{4\pi\varepsilon_0 r_0}\left(1-\frac{\rho}{r_0}\right)$$

于是

$$\begin{aligned}\left(1-\frac{\rho}{r_0}\right) &= -\frac{4\pi\varepsilon_0 r_0 U_0}{N_0 Me^2}\\ &= \frac{4\times 3.1416\times 8.85\times 10^{-12}\times 3.29\times 10^{-10}\times 156\times 10^3\times 4.186}{6.02\times 10^{23}\times 1.7476\times(1.602\times 10^{-19})^2}\\ &= 0.8849\end{aligned}$$

故

$$\begin{aligned}\rho &= r_0(1-0.8849) = 3.29\times 10^{-10}\times 0.1151\\ &= 3.79\times 10^{-11}(\mathrm{m}) = 0.379(\text{Å})\end{aligned}$$

把 $\rho=3.79\times 10^{-11}\mathrm{m}$ 代入(2)式,

$$\begin{aligned}\lambda &= \frac{\rho Me^2}{4\pi\varepsilon_0 r_0^2}\mathrm{e}^{\frac{r_0}{\rho}}\\ &= \frac{3.79\times 10^{-11}\times 1.7476\times(1.60210^{-19})^2}{4\times 3.1416\times 8.85\times 10^{-12}\times(3.29\times 10^{-10})^2}\mathrm{e}^{\frac{3.29}{0.379}}\\ &= 8.315\times 10^{-16}(\mathrm{J})\end{aligned}$$

1.33 假设离子晶体中离子的总相互作用势能为

$$U(r) = -N\left[\frac{Me^2}{4\pi\varepsilon_0 r} - Z\lambda\mathrm{e}^{-\frac{r}{\rho}}\right]$$

求晶体的压缩系数,其中 λ,ρ 为常数,Z 为配位数.

解 压缩系数 B 等于晶体体积弹性模量 K 的倒数,即

$$B = \frac{1}{K}$$

由本章题解(1.24),计算弹性模量 K 的表达式为

$$K = \left(\frac{\mathrm{d}r}{\mathrm{d}V}\right)_{r_0}^2\left(\frac{\partial^2 U}{\partial r^2}\right)_{r_0}\cdot V_0 \tag{1}$$

因为晶体相邻离子间距离为 r,所以晶体体积

$$V = N\alpha r^3$$

这里 α 是与晶体的原子几何结构有关的系数,例如 NaCl 晶体结构是由正负离子各自构

成的面心立方格子沿晶轴平移$\frac{1}{2}$晶格常数套构而成，$a=2r$，而每小胞含有 8 个离子，所以晶体体积，$\frac{N}{8}\times(2r^3)=Nr^3$，$\alpha=1$；对于 CsCl 型晶体结构是由两个简立方格子沿立方空间对角线方向位移$\frac{1}{2}$的长度套构而成，$a=\frac{2}{\sqrt{3}}r$，而每晶胞含有 2 个离子，晶体体积为$\frac{N}{2}\left(\frac{2}{\sqrt{3}}r\right)^3=\frac{4}{3\sqrt{3}}Nr^3$，$\alpha=\frac{4}{3\sqrt{3}}=\frac{4}{9}\sqrt{3}$. 平衡情况下

$$V_0=N\alpha r_0^3 \tag{2}$$

显然

$$\left(\frac{\mathrm{d}V}{\mathrm{d}r}\right)_{r_0}=3N\alpha r_0^2$$

所以

$$\left(\frac{\mathrm{d}r}{\mathrm{d}V}\right)_{r_0}=\frac{1}{3N\alpha r_0^2} \tag{3}$$

由平衡条件

$$\left.\frac{\partial U(r)}{\partial r}\right|_{r_0}=N\left[\frac{Me^2}{4\pi\varepsilon_0 r_0^2}-\frac{Z\lambda}{\rho}\mathrm{e}^{-\frac{r_0}{\rho}}\right]=0$$

即

$$\mathrm{e}^{-\frac{r_0}{\rho}}=\frac{M\rho e^2}{4\pi\varepsilon_0 Z\lambda r_0^2}$$

而

$$\left.\frac{\partial^2 U}{\partial r^2}\right|_{r_0}=N\left[\frac{2M\rho e^2}{4\pi\varepsilon_0 r_0^3}-\frac{Z\lambda}{\rho}\mathrm{e}^{-\frac{r_0}{\rho}}\right]=\frac{Me^2}{2\pi\varepsilon_0 r_0^2}\left(\frac{1}{r_0}-\frac{1}{2\rho}\right) \tag{4}$$

其中应用$\mathrm{e}^{-\frac{r_0}{\rho}}=\frac{M\rho e^2}{4\pi\varepsilon_0 Z\lambda r_0^2}$，把(2)、(3)和(4)式代入(1)式得

$$\begin{aligned}K&=-\frac{1}{(3N\alpha r_0^2)^2}\cdot\frac{Me^2}{2\pi\varepsilon_0 r_0^2}\left(\frac{1}{r_0}-\frac{1}{2\rho}\right)\cdot N\alpha r_0^3=\frac{-Me^2}{18\alpha Nr_0^3}\cdot\frac{1}{\pi\varepsilon_0}\cdot\left(\frac{1}{r_0}-\frac{1}{2\rho}\right)\\&=\frac{-Me^2}{18V_0\pi\varepsilon_0}\left(\frac{1}{r_0}-\frac{1}{2\rho}\right)=\frac{Me^2}{18V_0\pi\varepsilon_0}\left(\frac{1}{2\rho}-\frac{1}{r_0}\right)\end{aligned}$$

所以离子晶体的压缩系数

$$B=\frac{1}{K}=\frac{18\pi\varepsilon_0 V_0}{Me^2\left(\frac{1}{2\rho}-\frac{1}{r_0}\right)}$$

1.34　实验测量知 LiF 晶体的结合能为 $U_0=1017.7\mathrm{kJ/mol}$，最近邻离子间距 $r_0=2.014\times10^{-10}\mathrm{m}$，试计算 LiF 的体弹性模量.

解　LiF 晶体结构属 NaCl 型晶体结构，马德隆常数 $M=1.7476$，由题解 1.31 中的(2)式知其结合能公式

$$U_0=-\frac{NMe^2}{4\pi\varepsilon_0 r_0}\left(1-\frac{1}{n}\right)$$

同时在该题解(7)式子给出的表达式

$$n = 1 + \frac{72\pi\varepsilon_0 r_0^4}{Me^2}K$$

即

$$n - 1 = \frac{72\pi\varepsilon_0 r_0^4}{Me^2}K$$

取 $N=N_0$（N_0 是阿伏伽德罗常量），

$$\frac{|U_0|}{N_0} = -\frac{Me^2}{4\pi\varepsilon_0 r_0^2}\frac{n-1}{n}$$

代入 $n, n-1$ 表达式，整理推得 LiF 晶体体积弹性模量

$$K = \frac{1}{18r_0^3\left(\dfrac{N_0}{|U_0|} - \dfrac{4\pi\varepsilon_0 r_0^2}{Me^2}\right)}$$

$$= \frac{1}{18\times(2.014\times10^{-13})^3\left(\dfrac{6.02\times10^{23}}{1017.7\times10^3} - \dfrac{4\times3.1416\times8.85\times10^{-12}\times(2.014\times10^{-10})^2}{1.7476\times(1.602\times10^{-19})^2}\right)}$$

$$= 7.3813\times10^{10}(\mathrm{N/m^2})$$

1.35　估计将一固体压缩到它的正常密度 α 倍时所需的压强.

解　由晶体弹性模量

$$K = -V\left(\frac{\partial p}{\partial V}\right)_T$$

有

$$\mathrm{d}p = -K\frac{\mathrm{d}V}{V}$$

两边积分

$$\int_{p_0}^{p}\mathrm{d}p = -\int_{V_0}^{V}K\frac{\mathrm{d}V}{V}$$

得

$$p - p_0 = -K\ln\frac{V}{V_0}$$

V_0 是平衡时晶体体积，在自然平衡时，晶体受到大气压强的作用，但一个大气压强对晶体体积的变化量是非常小的，故可近似认为 $p_0=0$，所以

$$p = -K\ln\frac{V}{V_0}$$

若将一固体压缩到其正常密度的 α 倍，则其体积将是原来体积 V_0 的 $\frac{1}{\alpha}$，即

$$\frac{V}{V_0} = \frac{1}{\alpha}$$

则

$$p = -K\ln\frac{V}{V_0} = -K\ln\frac{1}{\alpha} = K\ln\alpha$$

通常固体体积弹性模量 $K=10^{10}\,\mathrm{Pa}$，若 $\alpha=10$，则

$$p = 1 \times 10^{10} \ln 10 = 2.3 \times 10^{10}\,\text{Pa} = 2.3 \times 10^{5}\,\text{atm}$$

1.36 已知 NaCl 晶体的体弹性模量为 2.4×10^{10} Pa，在 2 万大气压的压力作用下，晶体中相邻两离子间的距离将缩小百分之几？ $1\text{atm} = 10^5$ Pa.

解 由题解 1.35 得知，在压强 p 作用下 NaCl 晶体体积将改变为 V，它与原来平衡时体积 V_0 的关系式

$$p = -K \ln \frac{V}{V_0}$$

K 是 NaCl 晶体的弹性模量

$$\frac{V}{V_0} = \left(\frac{r}{r_0}\right)^3$$

r 是相邻两离子间距，r_0 是平衡时间距，有

$$p = -K \ln \frac{V}{V_0} = -K \ln \left(\frac{r}{r_0}\right)^3$$

故

$$\frac{r}{r_0} = e^{-\frac{p}{3K}} = e^{-\frac{2 \times 10^4 \times 10^5}{3 \times 2.4 \times 10^{10}}} = 0.9726$$

所以

$$\frac{r_0 - r}{r_0} = 1 - \frac{r}{r_0} = 1 - 0.9726 = 0.0274 = 2.74\%$$

1.37 KCl 晶体的周围受挤压，若使它的晶格常数缩小 1%，它应受多大的压强？该晶体密度 $\rho = 2.0\,\text{g/cm}^3$，马德隆常数 $M = 1.75$，$n = 9$.（KCl 分子量为74.54.）

解 设在压强 p 的作用下，晶体体积增加为 ΔV，则晶体对外做功

$$p\Delta V = -\Delta U$$

式中，ΔU 是晶体体系总能量的增加，故压强

$$p = -\frac{\partial U}{\partial V}$$

总离子数为 N 的 KCl 晶体总相互作用势能

$$U(r) = -\frac{N}{2}\left(\frac{Me^2}{4\pi\varepsilon_0 r} - \frac{B}{r^n}\right)$$

故

$$p = -\frac{\partial U}{\partial V} = -\frac{\partial U}{\partial r}\frac{\mathrm{d}r}{\mathrm{d}V}$$

在导出$\frac{\partial U}{\partial r}$，$\frac{\mathrm{d}r}{\mathrm{d}V}$之前，先由 KCl 晶体密度求出其晶格常数 a，一个 KCl 晶胞体积为 a^3，该晶胞内一共有 4 个 KCl 分子（K^+ 和 Cl^- 离子各 4 个），1mol KCl 晶体 74.54g，一个 KCl 分子质量为

$$\frac{74.54}{N_0}$$

N_0 是阿伏伽德罗常量，故晶体密度 ρ 为

$$\rho = \frac{4 \times \dfrac{74.54}{N_0}}{a^3}$$

所以

$$a = \left(\frac{4 \times 74.54}{N_0 \rho}\right)^{\frac{1}{3}} = \left(\frac{4 \times 74.54}{6.02 \times 10^{23} \times 2}\right)^{\frac{1}{3}} = 6.28 \times 10^{-8}(\text{cm}) = 6.28(\text{Å})$$

平衡时 KCl 晶体最近邻离子间距 $r_0 = \frac{a}{2} = \frac{6.28}{2} = 3.14\text{Å}$. KCl 晶体具有 NaCl 晶体结构,见题解 1.33 推导知,若其最近邻两离子之间的距离为 r,则晶体体积

$$V = N\frac{a^3}{8} = N\frac{(2r)^3}{8} = Nr^3$$

故

$$\frac{\mathrm{d}V}{\mathrm{d}r} = 3Nr^2$$

由平衡时

$$\left.\frac{\mathrm{d}U}{\mathrm{d}r}\right|_{r_0} = -\frac{N}{2}\left(-\frac{Me^2}{4\pi\varepsilon_0 r^2} + \frac{nB}{r^{n+1}}\right)\bigg|_{r_0} = 0$$

得

$$\frac{nB}{r_0^{n+1}} = \frac{Me^2}{4\pi\varepsilon_0 r_0^2}$$

即

$$\frac{nB}{r_0^{n-1}} = \frac{Me^2}{4\pi\varepsilon_0}$$

所以

$$\begin{aligned}
p &= -\frac{\mathrm{d}U}{\mathrm{d}V} = -\frac{\mathrm{d}U}{\mathrm{d}r}\frac{\mathrm{d}r}{\mathrm{d}V} = \frac{N}{2}\left(-\frac{Me^2}{4\pi\varepsilon_0 r^2} + \frac{nB}{r^{n+1}}\right) \cdot \frac{1}{3Nr^2} \\
&= \frac{1}{6r^4}\left(-\frac{Me^2}{4\pi\varepsilon_0} + \frac{nB}{r^{n-1}}\right) = \frac{1}{6r^4}\left(-\frac{Me^2}{4\pi\varepsilon_0} + \frac{Me^2}{4\pi\varepsilon_0} \cdot r_0^{n-1} \cdot \frac{1}{r^{n-1}}\right) \\
&= \frac{1}{6r^4}\frac{Me^2}{4\pi\varepsilon_0}\left[-1 + \left(\frac{r_0}{r}\right)^{n-1}\right] \\
&= \frac{1}{6r_0^4}\frac{Me^2}{4\pi\varepsilon_0}\left(\frac{r_0}{r}\right)^4\left[\left(\frac{r_0}{r}\right)^{n-1} - 1\right]
\end{aligned}$$

由题意

$$\frac{a}{a_0} = \frac{r}{r_0} = \frac{99}{100}$$

故

$$\begin{aligned}
p &= \frac{1}{6r_0^4} \cdot \frac{Me^2}{4\pi\varepsilon_0} \cdot \left(\frac{r_0}{r}\right)^4\left[\left(\frac{r_0}{r}\right)^{n-1} - 1\right] \\
&= \frac{1}{6 \times (3.14 \times 10^{-10})^4} \times \frac{1.75 \times (1.602 \times 10^{-19})^2}{4 \times 3.1416 \times 8.85 \times 10^{-12}} \times \left(\frac{100}{99}\right)^4 \times \left[\left(\frac{100}{99}\right)^8 - 1\right] \\
&= 6.033 \times 10^8(\text{N/m}^2) = 6.033 \times 10^3(\text{atm})
\end{aligned}$$

1.38　若 NaCl 离子晶体的马德隆常数 $M=1.75$，晶格常数 $a=5.64\text{Å}$，玻恩指数 $n=9$，这时晶体四周受到引张而达稳定状态，问：

(1) 离子间距增加多少？

(2) 负压强的理论值是多大？

解　(1) 由 N 个正负离子组成的 NaCl 晶体总相互作用势能

$$U(r)=-\frac{N}{2}\left(\frac{Me^2}{4\pi\varepsilon_0 r}+\frac{B}{r^n}\right) \tag{1}$$

r 是最近邻两离子间距，NaCl 晶体晶胞的三个轴边长为 $2r$，晶胞中一共有 4 个 Na^+ 和 4 个 Cl^- 离子，故晶体体积

$$V=\frac{N}{8}\times(2r)^3=Nr^3 \tag{2}$$

r_0 是平衡时最近邻两离子间距，

$$r_0=\frac{a}{2}=\frac{5.64}{2}=2.82(\text{Å})$$

由平衡时

$$\left.\frac{\mathrm{d}U}{\mathrm{d}r}\right|_{r_0}=\frac{N}{2}\left(\frac{Me^2}{4\pi\varepsilon_0 r_0^2}-\frac{nB}{r_0^{n+1}}\right)=0$$

得到

$$r_0=\left(\frac{4\pi\varepsilon_0 nB}{Me^2}\right)^{\frac{1}{n-1}}$$

在负压强 p 作用下，晶体体积增大了 ΔV，则晶体对外做功而使内能增加了 ΔU，有

$$p\Delta V=-\Delta U$$

于是

$$p=-\frac{\partial U}{\partial V}=-\frac{\partial U}{\partial r}\frac{\mathrm{d}r}{\mathrm{d}V}$$

代入(1)，(2)式，得

$$p=\frac{N}{2}\left(-\frac{Me^2}{4\pi\varepsilon_0 r^2}+\frac{nB}{r^{n+1}}\right)\cdot\frac{1}{3Nr^2}=\frac{1}{6}\left(-\frac{Me^2}{4\pi\varepsilon_0 r^4}+\frac{nB}{r^{n+3}}\right) \tag{3}$$

设晶体由于负压强作用而伸张，达到稳定时最近邻两离子间距增大到 r_m，由

$$\left.\frac{\partial p}{\partial V}\right|_{r_m}=\left.\frac{\mathrm{d}p}{\mathrm{d}r}\frac{\mathrm{d}r}{\mathrm{d}V}\right|_{r_m}=\frac{1}{6}\left(\frac{4Me^2}{4\pi\varepsilon_0 r_m^5}-\frac{n(n+3)B}{r_m^{n+4}}\right)\cdot\frac{1}{3Nr_m^2}=0$$

得

$$r_m=\left(\frac{4\pi\varepsilon_0 n(n+3)B}{4Me^2}\right)^{\frac{1}{n-1}}$$

(2) 晶体四周受到引张而达到稳定时，离子间距增加的比值

$$\frac{r_m-r_0}{r_0}=\frac{\left(\frac{n+3}{4}\right)^{\frac{1}{n-1}}\left(\frac{4\pi\varepsilon_0 nB}{Me^2}\right)^{\frac{1}{n-1}}-\left(\frac{4\pi\varepsilon_0 nB}{Me^2}\right)^{\frac{1}{n-1}}}{\left(\frac{4\pi\varepsilon_0 nB}{Me^2}\right)^{\frac{1}{n-1}}}$$

$$= \left(\frac{n+3}{4}\right)^{\frac{1}{n-1}} - 1 = 3^{\frac{1}{8}} - 1 = 14.7\% \tag{4}$$

把 r_m 代入(3)式,求得压强理论值为

$$p_m = \frac{1}{6}\left(-\frac{Me^2}{4\pi\varepsilon_0 r_m^4} + \frac{nB}{r_m^{n+3}}\right) = \frac{1}{6r_m^4}\left(-\frac{Me^2}{4\pi\varepsilon_0} + \frac{nB}{r_m^{n-1}}\right)$$

把 $r_m = \left(\frac{4\pi\varepsilon_0 n(n+3)B}{4Me^2}\right)^{\frac{1}{n-1}}$ 代入上式得

$$p_m = \frac{1}{6r_m^4}\left(-\frac{Me^2}{4\pi\varepsilon_0} + \frac{4Me^2 nB}{4\pi\varepsilon_0 n(n+3)B}\right)$$

$$= \frac{1}{6r_m^4} \cdot \frac{Me^2}{4\pi\varepsilon_0}\left(\frac{4}{n+3} - 1\right)\left(\frac{r_0}{r_m}\right)^4$$

$$= \frac{Me^2}{6 \times 4\pi\varepsilon_0 r_0^4}\left(\frac{r_0}{r_m}\right)^4\left(\frac{4}{n+3} - 1\right)$$

由(4)式,

$$\frac{r_m - r_0}{r_0} = \frac{r_m}{r_0} - 1 = 3^{\frac{1}{8}} - 1$$

即

$$\frac{r_m}{r_0} = 3^{\frac{1}{8}}$$

又代入 $n=9$ 和 $a=2.82$Å,故负压强的理论值

$$p_m = \frac{Me^2}{6 \times 4\pi\varepsilon_0 r_0^4}\left(\frac{r_0}{r_m}\right)^4\left(\frac{4}{n+3} - 1\right) = \frac{Me^2}{6 \times 4\pi\varepsilon_0 r_0^4}\left(\frac{1}{3}\right)^{\frac{4}{8}}\left(\frac{4}{9+3} - 1\right)$$

$$= \frac{1.75 \times (1.602 \times 10^{-19})^2}{6 \times 4 \times 3.1416 \times 8.85 \times 10^{-12} \times (2.82 \times 10^{-10})^4} \times \left(\frac{1}{3}\right)^{\frac{1}{2}} \times \left(\frac{1}{3} - 1\right)$$

$$= 4.1 \times 10^9 (\mathrm{N/m^2}) = 4.1 \times 10^4 (\mathrm{atm})$$

第三节　晶格振动与晶体的热力学性质

1.39　讨论双原子分子晶体如固态 H_2 的简正振动模式. 晶体可以简单的用一维复式格子来模拟(如图 1.29 所示),格点上的原子相同,质量为 m,相邻原子间距都一样,等于 $\frac{a}{2}$,但最近邻原子相互作用恢复力系数却不一样,交错的等于 $\beta_1=10c$ 和 $\beta_2=1c$. 试求 $q=0$ 及布里渊区边界处 $\omega(q)$,并定性画出其色散关系.

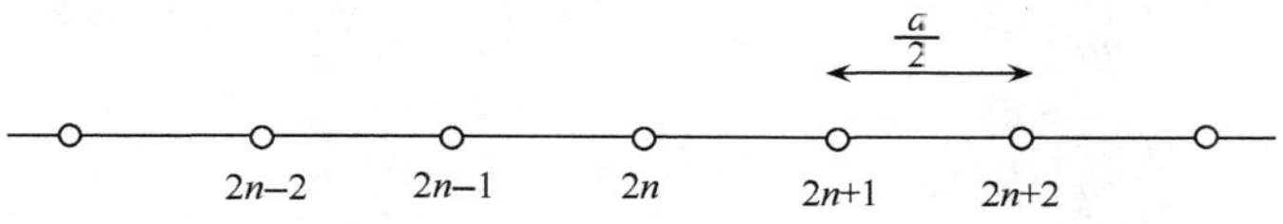

图 1.29

解　x_{2n}表示第 $2n$ 个原子的位移，其运动方程

$$m\frac{\mathrm{d}^2x_{2n}}{\mathrm{d}t^2}=\beta_2(x_{2n+1}-x_{2n})-\beta_1(x_{2n}-x_{2n-1})$$

同理，第$(2n+1)$个原子运动方程

$$m\frac{\mathrm{d}^2x_{2n+1}}{\mathrm{d}t^2}=\beta_1(x_{2n+2}-x_{2n+1})-\beta_2(x_{2n+1}-x_{2n})$$

设试探解

$$x_{2n}=A\mathrm{e}^{\mathrm{i}(qna-\omega t)}$$

$$x_{2n+1}=B\mathrm{e}^{\mathrm{i}\left[q\left(n+\frac{1}{2}\right)a-\omega t\right]}$$

代入上面两个运动方程，得

$$-m\omega^2A\mathrm{e}^{\mathrm{i}(qna-\omega t)}=\beta_2\left\{B\mathrm{e}^{\mathrm{i}\left[q\left(n+\frac{1}{2}\right)a-\omega t\right]}-A\mathrm{e}^{\mathrm{i}(qna-\omega t)}\right\}$$
$$-\beta_1\left\{A\mathrm{e}^{\mathrm{i}(qna-\omega t)}-B\mathrm{e}^{\mathrm{i}\left[q\left(n+\frac{1}{2}\right)a-\omega t\right]}\right\}$$

$$-m\omega^2B\mathrm{e}^{\mathrm{i}\left[q\left(n+\frac{1}{2}\right)a-\omega t\right]}=\beta_1\left\{A\mathrm{e}^{\mathrm{i}[q(n+1)a-\omega t]}-B\mathrm{e}^{\mathrm{i}\left[q\left(n+\frac{1}{2}\right)a-\omega t\right]}\right\}$$
$$-\beta_2\left\{B\mathrm{e}^{\mathrm{i}\left[q\left(n+\frac{1}{2}\right)a-\omega t\right]}-A\mathrm{e}^{\mathrm{i}(qna-\omega t)}\right\}$$

即

$$[(\beta_1+\beta_2)-m\omega^2]A-(\beta_1\mathrm{e}^{-\mathrm{i}q\frac{a}{2}}+\beta_2\mathrm{e}^{\mathrm{i}q\frac{a}{2}})B=0$$

$$-(\beta_1\mathrm{e}^{\mathrm{i}q\frac{a}{2}}+\beta_2\mathrm{e}^{-\mathrm{i}q\frac{a}{2}})A+[(\beta_1+\beta_2)-m\omega^2]B=0$$

要使线性齐次方程解不为零，其系数行列式应等于零.

$$\begin{vmatrix}(\beta_1+\beta_2)-m\omega^2 & -(\beta_1\mathrm{e}^{-\mathrm{i}q\frac{a}{2}}+\beta_2\mathrm{e}^{\mathrm{i}q\frac{a}{2}})\\ -(\beta_1\mathrm{e}^{\mathrm{i}q\frac{a}{2}}+\beta_2\mathrm{e}^{-\mathrm{i}q\frac{a}{2}}) & (\beta_1+\beta_2)-m\omega^2\end{vmatrix}=0$$

解得

$$\omega_{\pm}^2(q)=\frac{1}{m}\left\{(\beta_1+\beta_2)\pm[\beta_1^2+\beta_2^2+2\beta_1\beta_2\cos qa]^{\frac{1}{2}}\right\}\tag{1}$$

(1) 当 $q\to0$，由(1)式，

$$\omega_-^2(q)=\frac{1}{m}\left\{(\beta_1+\beta_2)-[\beta_1^2+\beta_2^2+2\beta_1\beta_2-\beta_1\beta_2(qa)^2]^{\frac{1}{2}}\right\}$$
$$=\frac{1}{m}\left\{(\beta_1+\beta_2)-(\beta_1+\beta_2)\left[1-\frac{\beta_1\beta_2}{(\beta_1+\beta_2)^2}(qa)^2\right]^{\frac{1}{2}}\right\}$$
$$=\frac{1}{m}\left\{(\beta_1+\beta_2)-(\beta_1+\beta_2)\left[1-\frac{1}{2}\frac{\beta_1\beta_2}{(\beta_1+\beta_2)^2}(qa)^2\right]\right\}$$
$$=\frac{1}{m}\left[\frac{1}{2}\frac{\beta_1\beta_2}{(\beta_1+\beta_2)}(qa)^2\right]$$
$$=\frac{a^2}{2m}\frac{\beta_1\beta_2}{\beta_1+\beta_2}q^2$$

即 $q\to0$ 时，$\omega_-(q)\propto q$，是弹性波色散关系，$\omega_-(q)$相应于声学波，另外

$$\omega_+^2(q)=\frac{1}{m}\left\{(\beta_1+\beta_2)+[\beta_1^2+\beta_2^2+2\beta_1\beta_2-\beta_1\beta_2(qa)^2]^{\frac{1}{2}}\right\}$$

$$=\frac{1}{m}\left\{(\beta_1+\beta_2)+(\beta_1+\beta_2)\left[1-\frac{1}{2}\frac{\beta_1\beta_2}{(\beta_1+\beta_2)^2}(qa)^2\right]\right\}$$

$$=\frac{2(\beta_1+\beta_2)}{m}-\left(\frac{a^2}{2m}\frac{\beta_1\beta_2}{\beta_1+\beta_2}\right)q^2$$

$\omega_+(q)$相应于光学支格波，代入 $\beta_1=10c$，$\beta_2=1c$，则

$$\omega_-(q=0)=0$$

$$\omega_+(q=0)=\sqrt{\frac{2(\beta_1+\beta_2)}{m}}=\sqrt{\frac{22c}{m}}$$

(2) 布里渊区边界，$q=\pm\frac{\pi}{a}$，由(1)式

$$\omega_\pm^2(q)=\frac{1}{m}[(\beta_1+\beta_2)\pm(\beta_1-\beta_2)]$$

所以

$$\omega_-^2\left(q=\pm\frac{\pi}{a}\right)=\frac{2\beta_2}{m}$$

$$\omega_+^2\left(q=\pm\frac{\pi}{a}\right)=\frac{2\beta_1}{m}$$

代入 $\beta_1=10c$，$\beta_2=1c$，得

$$\omega_-\left(q=\pm\frac{\pi}{a}\right)=\sqrt{\frac{2\beta_2}{m}}=\sqrt{\frac{2c}{m}}$$

$$\omega_+\left(q=\pm\frac{\pi}{a}\right)=\sqrt{\frac{2\beta_1}{m}}=\sqrt{\frac{20c}{m}}$$

应用上面推导结果，定性画出图 1.30 双原子分子晶体简正振动的色散关系.

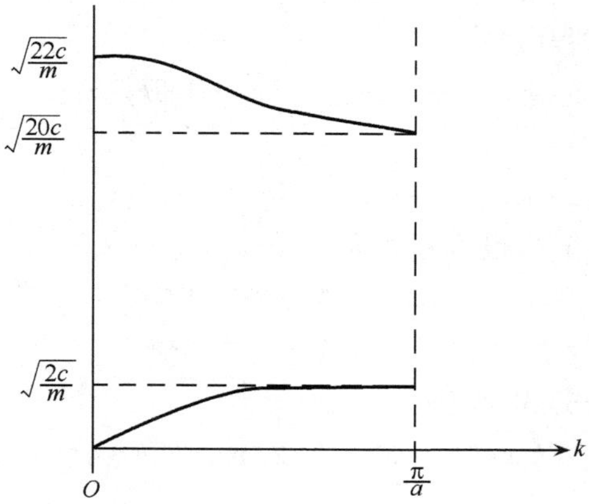

图 1.30

注意，上面用等间距格点一维复式格子模拟双原子分子晶体，更合理模拟应当是一个原子与左右相邻两原子间距不一样，但从定性色散关系看到，色散关系与原子左右间距并

没有直接的联系，这是因为简正模式格波仅与原子相互作用有关，而原子间距已经被恢复力系数所概括，还可证明，原子振动振幅也与原子离左右原子的距离差异无关.

1.40　一理想二维晶体由质量为 m 的同种原子组成，各原子在晶格中的平衡位置为 $\boldsymbol{R}=(ra,sa)$，这里 $r,s=1,2,3,\cdots,N$. 原子偏离平衡位置的位移由 (x_{rs},y_{rs}) 表示，即

$$\boldsymbol{R}_{rs}=(ra+x_{rs},sa+y_{rs})$$

在简谐近似下，势能表示为

$$V=\sum_{rs}\{k_1[(x_{(r+1)s}-x_{rs})^2+(y_{r(s+1)}-y_{rs})^2]$$
$$+k_2[(x_{r(s+1)}-x_{rs})^2+(y_{(r+1)s}-y_{rs})^2]\}$$

在 $k_2=0.1k_1$ 情况下：

(1) 定出整个布里渊区的声子的普遍色散关系 $\omega_{q\lambda}$；

(2) 对于 $q=(\xi,0)$，$0\leqslant\xi\leqslant\pi/a$，画出 $\omega_{q\lambda}$ 作为 q 的函数关系.

解　(1) 牛顿定律给出格点 $\boldsymbol{R}_{rs}=(ra,sa)$ 上原子的运动方程

$$m\ddot{\boldsymbol{R}}_{rs}=-\nabla_{rs}V \tag{1}$$

其中

$$\nabla_{rs}\equiv\frac{\partial}{\partial x_{rs}}\boldsymbol{i}+\frac{\partial}{\partial y_{rs}}\boldsymbol{j}$$

取行波解

$$\boldsymbol{R}_{rs}=\boldsymbol{A}e^{i(\boldsymbol{q}\cdot\boldsymbol{R}-\omega t)}$$

式中 $\boldsymbol{A}$ 是振幅，有

$$\ddot{\boldsymbol{R}}_{rs}=-\omega^2\boldsymbol{R}_{rs} \tag{2}$$

同时，在势能叠加式中取出仅含 x_{rs} 项，如

$$\begin{cases}k_1[(x_{(r+1)s}-x_{rs})^2+(x_{rs}-x_{(r-1)s})^2]\\ k_2[(x_{(r+1)s}-x_{rs})^2+(x_{rs}-x_{(r-1)s})^2]\end{cases} \tag{3}$$

把(2)、(3)式代入振动方程(1)式得

$$-m\omega^2x_{rs}=2k_1(x_{(r+1)s}+x_{(r-1)s}-2x_{rs})+2k_2(x_{r(s+1)}+x_{r(s-1)}-2x_{rs}) \tag{4}$$

类似有

$$-m\omega^2y_{rs}=2k_1(y_{(r+1)s}+y_{(r-1)s}-2y_{rs})+2k_2(y_{r(s+1)}+y_{r(s-1)}-2y_{rs}) \tag{5}$$

令 $\boldsymbol{q}=(q_x,q_y)$，$\boldsymbol{A}=(A_x,A_y)$，设方程解为

$$\begin{cases}x_{rs}=A_xe^{i[(q_xr+q_ys)a-\omega t]}\\ y_{rs}=A_ye^{i[(q_xr+q_ys)a-\omega t]}\end{cases} \tag{6}$$

把(6)式分别代入(4)和(5)式，得到

$$-m\omega^2x_{rs}=2k_1(e^{iq_xa}+e^{-iq_xa}-2)x_{rs}+2k_2(e^{iq_ya}+e^{-iq_ya}-2)x_{rs}$$

即

$$\omega^2=\frac{4k_1}{m}[1-\cos(q_xa)]+\frac{4k_2}{m}[1-\cos(q_ya)]$$
$$=\omega_0^2\left[\sin^2\left(\frac{q_xa}{2}\right)+\left(\frac{k_2}{k_1}\right)\sin^2\left(\frac{q_ya}{2}\right)\right]$$

式中，$\omega_0=\sqrt{\frac{8k_1}{m}}$. 事实上，在 x_{rs}，y_{rs} 求解中，q_x，q_y 能相互替换，因此 $k_2=0.1k_1$ 时，得到两个声子色散关系

$$\omega_{q_1}=\omega_0\left[\sin^2\left(\frac{q_x a}{2}\right)+0.1\sin^2\left(\frac{q_y a}{2}\right)\right]^{\frac{1}{2}}$$

$$\omega_{q_2}=\omega_0\left[\sin^2\left(\frac{q_y a}{2}\right)+0.1\sin^2\left(\frac{q_x a}{2}\right)\right]^{\frac{1}{2}}$$

(2) 由题设 $q_x=\xi$，$q_y=0$，则

$$\omega_{q_1}=\omega_0\left|\sin\left(\frac{\xi a}{2}\right)\right|$$

$$\omega_{q_2}=\omega_0\sqrt{0.1}\left|\sin\left(\frac{\xi a}{2}\right)\right|=0.32\omega_0\left|\sin\left(\frac{\xi a}{2}\right)\right|$$

ξ 取 0 到 $\frac{\pi}{a}$，画出 $\omega_{q\lambda}$-ξ 函数图如图 1.31 所示.

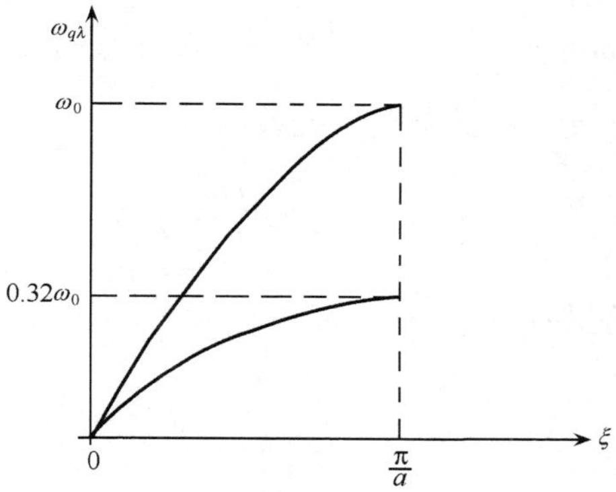

图 1.31

1.41 考虑原子的二维正方形排列，晶格常数为 a，原子之间有相互作用，当位于 (x_0, y_0) 的原子移至 $(x_0+\Delta x, y_0)$ 时，它受到位于 $(x_0\pm a, y_0)$ 的两个相邻原子的恢复力 $-c_1\Delta x$ 和位于 $(x_0, y_0, \pm a)$ 的两个相邻原子的恢复力 $-c_2\Delta x$，假定 $c_2<c_1$.

(1) 求沿 x 方向传播的声波的色散关系，并画出色散图；

(2) 在这二维晶体中声速是什么？

如果晶格中的一些原子被移走，产生空位，那么，对于平面声波平均恢复力减小，减小量正比于空位浓度. 此外，每个空位将对入射声波产生散射，散射幅为 A/λ（当 $\lambda\gg a$），其中 λ 是波长，A 是常数.

(3) 当空位浓度为 n 时，求声波的衰减长度作为波长的函数的表达式（可保留一个常系数），假设各空位独立散射；

(4) 假设晶体中移走一个原子形成一个空位所需的能量为 ε，声波衰减长度如何依赖于温度？

(5) 在与(4)相同的假设下，声速如何依赖于温度？

解 (1) 取 (x_0, y_0) 为原点，格点坐标 $(x_n, x_m)=(na, ma)$，设格点 (x_n, x_m) 原子的 x

方向位移为 x_{nm}，则这个位移相对于 x 轴上最近邻原子的相对位移是

$$-(x_{n+1,m}-x_{n,m})+(x_{n,m}-x_{n-1,m})=2x_{n,m}-x_{n+1,m}-x_{n-1,m}$$

相应，相对于 y 轴上最近邻原子的相对位移是

$$2x_{n,m}-x_{n,m+1}-x_{n,m-1}$$

故位于坐标(x_n, x_m)上的原子的运动方程

$$m\frac{\mathrm{d}^2x_{n,m}}{\mathrm{d}t^2}=-c_1(2x_{n,m}-x_{n+1,m}-x_{n-1,m})-c_2(2x_{n,m}-x_{n,m+1}-x_{n,m-1})$$

试探解

$$x_{n,m}=A\mathrm{e}^{\mathrm{i}(q_1na+q_2ma-\omega t)}$$

代入原子运动方程

$$\begin{aligned}m\omega^2&=c_1(2-\mathrm{e}^{\mathrm{i}q_1a}-\mathrm{e}^{-\mathrm{i}q_1a})+c_2(2-\mathrm{e}^{\mathrm{i}q_2a}-\mathrm{e}^{-\mathrm{i}q_2a})\\&=2c_1[1-\cos(q_1a)]+2c_2[1-\cos(q_2a)]\end{aligned}\tag{1}$$

故

$$\omega=\left[\frac{4c_1}{m}\sin^2\left(\frac{q_1a}{2}\right)+\frac{4c_2}{m}\sin^2\left(\frac{q_2a}{2}\right)\right]^{\frac{1}{2}}$$

对于 x 方向上传播的声波，$q_2=0$，故其色散关系为

$$\omega=\sqrt{\frac{4c_1}{m}}\sin\left(\frac{q_1a}{2}\right)$$

色散图如图 1.32，所以，这里 $\omega_m=\sqrt{\frac{4c_1}{m}}$

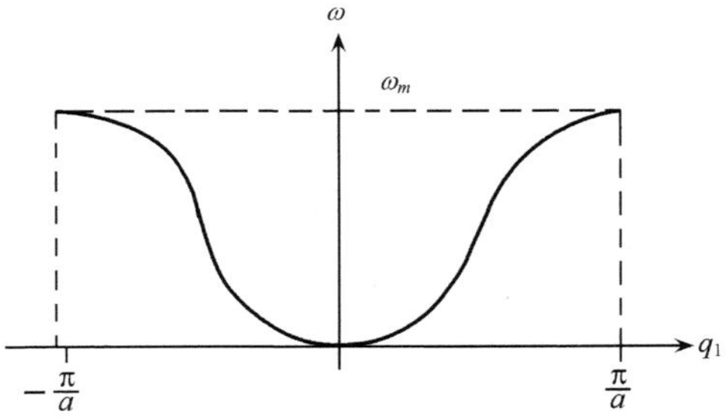

图 1.32

(2) 晶体中声速为

$$\boldsymbol{v}_g=\nabla_q\omega=\frac{\partial\omega}{\partial q_1}\boldsymbol{i}+\frac{\partial\omega}{\partial q_2}\boldsymbol{j}$$

式中，$\boldsymbol{i}$，$\boldsymbol{j}$ 分别为 x，y 方向单位矢量，代入色散关系，得

$$\boldsymbol{v}g=\nabla_q\omega=\frac{2}{a}\frac{c_1\sin(q_1a)\boldsymbol{i}+c_2\sin(q_2a)\boldsymbol{j}}{\sqrt{mc_1[1-\cos(q_1a)]+mc_2[1-\cos(q_2a)]}}$$

所以

$$v_g = |v_g| = \frac{a}{2}\sqrt{\frac{c_1^2\sin^2(q_1a)+c_2^2\sin^2(q_2a)}{mc_1[1-\cos(q_1a)]+mc_2[1-\cos(q_2a)]}}$$

$$= \frac{a}{m\omega}\sqrt{c_1^2\sin^2(q_1a)+c_2^2\sin^2(q_2a)} \tag{2}$$

推导中利用(1)式结果，$m\omega^2=2c_1[1-\cos(q_1a)]+2c_2[1-\cos(q_2a)]$.

(3) 设声波强度为 I，在它传播方向上的横截面积为 S，于是声波在它传播过一小段距离 dx 上遇到的空穴数应为 $nSdx$，n 是晶体中空位浓度. 每一空位能散射任意方向的入射声波，所引起声波能量损失正比于 $\left(\frac{A}{\lambda}\right)^2$，空位散射造成声波能量损失为$(-dI)$，

$$(-dI)S = cI\left(\frac{A}{\lambda}\right)^2 nSdx$$

其中，c 是比例常数，故

$$I = I_0\exp\left[\left(-\frac{cnA^2}{\lambda^2}\right)\cdot x\right]$$

声波衰减长度定义为声波强度衰减了(e^{-1})因子所经过的距离，故

$$l = \frac{\lambda^2}{cnA^2} \tag{3}$$

(4) 空位浓度与绝对温度 T 的关系

$$n \propto e^{-\frac{u}{k_BT}}$$

u 是空位激活能，k_B 是玻尔兹曼因子，代入(3)式，得

$$l \propto \frac{1}{n} \propto e^{\frac{u}{k_BT}}$$

(5) 由于恢复力减少正比于空位浓度，故晶体中存在 n 浓度空位时，其恢复力系数

$$c_1 = c_1^0(1-Bn)$$

$$c_2 = c_2^0(1-Bn)$$

c_1^0，c_2^0 分别为完整晶体时恢复力常数，B 是比例常数，代入(2)式，声速

$$v_g = \frac{a}{2}\sqrt{\frac{(c_1^0)^2(1-Bn)^2\sin^2(q_1a)+(c_2^0)^2(1-Bn)^2\sin^2(q_2a)}{mc_1^0(1-Bn)[1-\cos(q_1a)]+mc_2^0(1-Bn)[1-\cos(q_2a)]}}$$

$$\propto \sqrt{1-Bn} \propto \sqrt{1-B'\exp\left(-\frac{\varepsilon}{k_BT}\right)}$$

上式推导应用 $n\propto e^{-\frac{u}{k_BT}}$.

1.42 考虑一个纵波

$$x_n = A\cos(\omega t - qna)$$

它在原子质量为 m，间距为 a 的单原子线型点阵中传播，若只考虑最近邻原子相互作用，其恢复力为 β.

(1) 求每个原子的时间平均总能量；

(2) 设一维晶体在熔点 T_m 时的原子振动振幅是平衡状态原子间距的 10%，证明熔点附近原子的振动频率

$$\omega = \frac{10}{a}\left(\frac{2k_BT_m}{m}\right)^{\frac{1}{2}}$$

解 （1）第 n 个原子的动能为

$$\frac{1}{2}m\left(\frac{\partial x_n}{\partial t}\right)^{\frac{1}{2}}$$

它与其右方一个原子之间的相互作用势能为

$$\frac{1}{2}\beta(x_n - x_{n+1})^2$$

只考虑最近邻原子相互作用，故该波的总能量为

$$E = \frac{1}{2}m\sum_n\left(\frac{\mathrm{d}x_n}{\mathrm{d}t}\right)^2 + \frac{1}{2}\beta\sum_n(x_n - x_{n+1})^2$$

其中一个原子的时间平均动能为

$$\begin{aligned}\overline{K} &= \frac{1}{T}\int_0^T \frac{1}{2}m\left(\frac{\mathrm{d}x_n}{\mathrm{d}t}\right)^2\mathrm{d}t \\ &= \frac{m}{2}\,\frac{1}{T}\int_0^T \omega^2 A^2 \sin^2(\omega t - qna)\mathrm{d}t\end{aligned}$$

式中，T 是纵波传播周期，$T=\frac{2\pi}{\omega}$. 利用

$$\frac{1}{T}\int_0^T \sin^2(\omega t - \varphi)\mathrm{d}t = \frac{1}{2}$$

得

$$\langle K\rangle = \frac{1}{4}mA^2\omega^2$$

而一个原子的时间平均势能为

$$\begin{aligned}\overline{U} &= \frac{1}{T}\int_0^T \frac{1}{2}\beta(x_n - x_{n+1})^2\mathrm{d}t \\ &= \frac{\beta A^2}{2}\,\frac{1}{T}\int_0^T[\cos(\omega t - qan) - \cos(\omega t - qna - qa)]^2\mathrm{d}t \\ &= \frac{\beta A^2}{2}\,\frac{1}{T}\int_0^T 4\sin^2\left(\omega t - qna - \frac{qa}{2}\right)\sin^2\frac{qa}{2}\mathrm{d}t \\ &= 2\beta A^2\sin^2\frac{qa}{2}\,\frac{1}{T}\int_0^T \sin^2\left(\omega t - qna - \frac{qa}{2}\right)\mathrm{d}t \\ &= 2\beta A^2\sin^2\frac{qa}{2}\cdot\frac{1}{2} = \beta A^2\sin^2\frac{qa}{2}\end{aligned}$$

利用一维单原子线型点阵的色散关系，

$$\omega^2 = \frac{2\beta}{m}(1-\cos qa) = \frac{4\beta}{m}\sin^2\frac{qa}{2}$$

得

$$\overline{U} = \frac{1}{4}mA^2\omega^2$$

$\overline{K}=\overline{U}$，表明原子振动时，其时间平均动能等于时间平均势能. 于是每个原子的时间平均总能量为

$$\overline{E}=\overline{K}+\overline{U}=\frac{1}{4}mA^2\omega^2+\frac{1}{4}mA^2\omega^2=\frac{1}{2}mA^2\omega^2$$

(2) 熔点时，原子的总能量

$$\overline{E}=\frac{1}{2}mA^2\omega^2=\frac{1}{2}m\omega^2\left(\frac{a}{10}\right)^2$$

而按能量均分定理，熔点时一维原子的平均能量为 $k_B T_m$，故

$$\frac{1}{2}m\omega_m^2\left(\frac{a}{10}\right)^2=k_B T_m$$

得到

$$\omega_m=\frac{10}{a}\left(\frac{2k_B T_m}{m}\right)^{\frac{1}{2}}$$

设原子质量 $m=4.66\times10^{-23}$g，$a=5.43$Å，$T_m=1420$℃，计算熔点时原子振动频率

$$\begin{aligned}\omega_m&=\frac{10}{a}\left(\frac{2k_B T_m}{m}\right)^{\frac{1}{2}}\\&=\frac{10}{5.43\times10^{-10}}\cdot\left(\frac{2\times1.381\times10^{-23}\times(1420+273)}{4.66\times10^{-23}\times10^{-3}}\right)^{\frac{1}{2}}\\&=1.85\times10^{13}(\text{Hz})\end{aligned}$$

室温下，晶体原子热振动频率数量级约 10^{12} Hz.

1.43　一种密度为 ρ 的材料具有面心立方晶格结构，立方边长为 a，爱因斯坦温度为 Θ_E，对高温极限，即 $T>\Theta_E$，用 ρ，a 和 Θ_E 以及其他必要物理常数表示出在 x 方向上的原子平均平方位移 $\overline{\boldsymbol{r}_x^2}$.

解　对于面心立方晶格，原胞(只含一个原子)的体积为$\frac{a^3}{4}$，所以晶格的密度

$$\rho=\frac{m}{\frac{a^3}{4}}=\frac{4m}{a^3}$$

式中，m 为一个原子质量，即

$$m=\frac{a^3}{4}\rho \tag{1}$$

在爱因斯坦模型中，晶体中各原子的振动可以看做是相互独立做简谐振动，而且角频率 ω_E 都一样爱因斯坦温度 Θ_E 定义为

$$\hbar\omega_E=k_B\Theta_E \tag{2}$$

由题解 1.42 可知，做 ω_E 的简谐振动原子的平均能量为

$$\frac{1}{2}m\omega_E^2\,\overline{\boldsymbol{r}_x^2}$$

它等于其总平均能量的一半，而根据量子力学的结果，角频率为 ω_E 谐振子的能量

$$\left(n+\frac{1}{2}\right)\hbar\omega_E$$

所以

$$\overline{r_x^2}=\frac{\left(n+\frac{1}{2}\right)\hbar\omega_E}{m\omega_E^2}=\left(n+\frac{1}{2}\right)\frac{\hbar}{m\omega_E}$$

在温度 T,谐振子根据玻尔兹曼分布律 $e^{-\left(n+\frac{1}{2}\right)\frac{\hbar\omega_E}{k_BT}}$ 分布在各本征态上,故

$$\overline{r_x^2}=\frac{\sum\limits_{n=0}^{\infty}\left(n+\frac{1}{2}\right)\frac{\hbar}{m\omega_E}e^{-\left(n+\frac{1}{2}\right)\frac{\hbar\omega_E}{k_BT}}}{\sum\limits_{n=0}^{\infty}e^{-\left(n+\frac{1}{2}\right)\frac{\hbar\omega_E}{k_BT}}}=\frac{\hbar}{m\omega_E}\left(\frac{\sum\limits_{n=0}^{\infty}ne^{-\left(n+\frac{1}{2}\right)\frac{\hbar\omega_E}{k_BT}}}{\sum\limits_{n=0}^{\infty}e^{-\left(n+\frac{1}{2}\right)\frac{\hbar\omega_E}{k_BT}}}+\frac{1}{2}\right) \tag{3}$$

括号中第一项可以写成

$$\frac{\sum ne^{n\chi}}{\sum e^{n\chi}}=\frac{\sum\frac{d}{d\chi}e^{n\chi}}{\sum e^{n\chi}}=\frac{\frac{d}{d\chi}\sum e^{n\chi}}{\sum e^{n\chi}}=\frac{d}{d\chi}\ln\sum e^{n\chi}$$

$$=\frac{d}{d\chi}\ln\left(\frac{1}{1-e^{\chi}}\right)=\frac{e^{\chi}}{1-e^{\chi}}=\frac{1}{e^{-\chi}-1}$$

注意 $\chi=-\frac{\hbar\omega_E}{k_BT}$,所以代入(3)式得

$$\overline{r_x^2}=\frac{\hbar}{m\omega_E}\left(\frac{1}{e^{\frac{\hbar\omega_E}{k_BT}}-1}+\frac{1}{2}\right)$$

把(1)和(2)式代入上式,得

$$\overline{r_x^2}=\frac{\hbar}{\frac{a^3}{4}\rho\frac{k_B\Theta_E}{\hbar}}\left(\frac{1}{e^{\frac{\hbar\omega_E}{k_BT}}-1}+\frac{1}{2}\right)$$

$$=\frac{4\hbar^2}{k_B\Theta_Ea^3\rho}\left(\frac{1}{e^{\frac{\hbar\omega_E}{k_BT}}-1}+\frac{1}{2}\right)$$

$$=\frac{4\hbar^2}{k_B\Theta_Ea^3\rho}\left(\frac{1}{e^{\frac{\Theta_E}{T}}-1}+\frac{1}{2}\right)$$

在高温极限下,$\frac{\Theta_E}{T}\ll 1$,又忽略零点能贡献,则

$$\overline{r_x^2}\approx\frac{4\hbar^2}{k_B\Theta_Ea^3\rho}\cdot\frac{T}{\Theta_E}=\frac{4\hbar^2T}{k_B\Theta_E^2a^3\rho}$$

1.44　已知金刚石的爱因斯坦温度 $\Theta_E=1320\text{K}$,碳原子质量 $m=19.92\times10^{-27}\text{kg}$,晶格常数为 3.57Å.

(1) 估算室温(300K)时,碳原子的方均根位移与原子间距比值;

(2) 计算绝对温度下金刚石的单位体积零点振动能.

解　爱因斯坦模型对晶格振动做了很简单的假设,认为晶格振动中各原子的振动都是相互独立的,所有原子都以相同的频率围绕平衡位置作简谐振动. 若第 j 个原子位移 $\boldsymbol{r}_j$

$$\boldsymbol{r}_j=\boldsymbol{r}_j^0\cos\omega_Et$$

则其平方平均位移为

$$\overline{r_j^2} = \frac{1}{T}\int_0^T |\boldsymbol{r}_j^0|^2 \cos^2 \omega_E t \mathrm{d}t$$

式中，T 为原子振动周期，$T=\frac{2\pi}{\omega_E}$，利用$\frac{1}{T}\int_0^T \cos^2 \omega_E t \mathrm{d}t=\frac{1}{2}$，则

$$\overline{r_j^2} = \frac{1}{2} |\boldsymbol{r}_j^0|^2 \tag{1}$$

它的时间平均动能

$$\overline{K}_j = \frac{1}{T}\int_0^T \frac{1}{2}m\left(\frac{\mathrm{d}\boldsymbol{r}_j}{\mathrm{d}t}\right)^2 \mathrm{d}t = \frac{1}{T}\int_0^T \frac{1}{2}m |\boldsymbol{r}_j^0|^2 \omega_E^2 \sin^2 \omega_E t \mathrm{d}t$$

利用$\frac{1}{T}\int_0^T \sin^2 \omega_E t \mathrm{d}t=\frac{1}{2}$，则

$$\overline{K}_j = \frac{1}{4} |\boldsymbol{r}_j^0|^2 m\omega_E^2 \tag{2}$$

把(1)式代入上式

$$\overline{K}_j = \frac{1}{2} \overline{r_j^2} m\omega_E^2$$

假设晶体中含有 N 个碳原子，根据爱因斯坦模型，晶体总动能

$$\overline{K} = N\overline{K}_j = \frac{1}{2}Nm\omega_E^2 \overline{r_j^2}$$

晶体的晶格振动总能量

$$\overline{E} = 2K = Nm\omega_E^2 \overline{r_j^2}$$

故

$$\overline{r_j^2} = \frac{\overline{E}}{Nm\omega_E^2} \tag{3}$$

(1) 含有 N 个原子的晶体有 $3N$ 个自由度，一共有 $3N$ 个格波，由爱因斯坦模型，每个格波频率都为 ω_E，其平均声子数为

$$\overline{n} = \frac{1}{e^{\frac{\hbar\omega_E}{k_B T}} - 1}$$

故室温下晶体晶格振动总能量

$$\overline{E} = 3N\overline{n}\hbar\omega_E = 3N \frac{\hbar\omega_E}{e^{\frac{\hbar\omega_E}{k_B T}} - 1}$$

把上式代入(3)式

$$\overline{r_j^2} = \frac{3\hbar}{m\omega_E} \cdot \frac{1}{e^{\frac{\hbar\omega_E}{k_B T}} - 1} = \frac{3\hbar^2}{m\hbar\omega_E} \cdot \frac{1}{e^{\frac{\hbar\omega_E}{k_B T}} - 1}$$

由爱因斯坦温度 Θ_E 定义，$k_B\Theta_E=\hbar\omega_E$，上式转变为

$$\begin{aligned}\overline{r_j^2} &= \frac{3\hbar^2}{mk_B\Theta_E} \cdot \frac{1}{e^{\frac{\Theta_E}{T}} - 1} \\ &= \frac{3\times(1.0546\times10^{-34})^2}{19.92\times10^{-27}\times1.3807\times10^{-23}\times1320} \times \frac{1}{e^{\frac{1320}{300}} - 1}\end{aligned}$$

$$= 1.13 \times 10^{-24}(\text{m}^2) = 1.13 \times 10^{-4}(\text{Å}^2)$$

因为金刚石是由两个面心立方格子沿对角线方向位移$\frac{1}{4}$对角线长度后套构而成的，所以两个最近邻碳原子距离 d 是对角线长度的$\frac{1}{4}$，已知金刚石晶格常数为 $a=3.57\text{Å}$，所以

$$d = \frac{\sqrt{3}}{4}a \approx 1.55\text{Å}$$

所以，室温下碳原子的均方根位移与最近邻原子间距之比

$$\frac{\sqrt{\overline{\boldsymbol{r}_j^2}}}{d} = \frac{\sqrt{1.33 \times 10^{-4}}}{1.55} = 0.69 \times 10^{-2}$$

（2）在绝对温度下，频率为 ω_E 的格波的零点振动能为$\frac{1}{2}\hbar\omega_E$，晶体总共有 $3N$ 个格波，故晶体总的零点振动能应为

$$\overline{E} = 3N \cdot \frac{1}{2}\hbar\omega_E = \frac{3}{2}Nk_B\Theta_E$$

其单位体积零点振动能

$$\overline{E}_0 = \frac{E}{V} = \frac{3}{2}\frac{N}{V}k_B\Theta_E$$

金刚石一个晶胞体积为 a^3，其中包含 8 个碳原子

$$\frac{V}{N} = \frac{a^3}{8}$$

则

$$\overline{E}_0 = \frac{E}{V} = \frac{3}{2}\frac{N}{V}k_B\Theta_E = \frac{12}{a^3}k_B\Theta_E = \frac{12}{(3.57 \times 10^{-10})^3} \times 1.3807 \times 10^{-23} \times 1320$$
$$= 4.81 \times 10^9(\text{J/m}^3) = 1.15 \times 10^9(\text{cal/m}^3)$$

1.45　证明在长波近似下，一维单原子链的运动方程可化成弹性波运动方程，即

$$\frac{\partial^2 u}{\partial t^2} = v^2\frac{\partial^2 u}{\partial x^2}$$

解　考虑晶格常数为 a 的一维单原子链. 设原子间只存在恢复力相互作用，则第 n 个原子的运动方程为

$$m\frac{\text{d}^2 u_n}{\text{d}t^2} = \sum_{p,n}\beta_p(u_{n+p} - u_n)$$

式中，β_p 是第 p 个原子与第 n 个原子恢复力常数，$p=\pm1,\pm2,\pm3,\cdots$. 又设试探解

$$u_n = u_0\text{e}^{\text{i}(\omega t - nqa)},\quad u_{n+p} = u_0\text{e}^{\text{i}[\omega t-(n+p)qa]}$$

把试探解代入上述原子运动方程，得

$$-mu_0\omega^2\text{e}^{\text{i}(\omega t-nqa)} = \sum\beta_p u_0\{\text{e}^{\text{i}[\omega t-(n+p)qa]} - \text{e}^{\text{i}(\omega t-nqa)}\}$$

$$-m\omega^2 = \sum_p\beta_p(\text{e}^{-\text{i}pqa} - 1) = \sum_{p>0}[\beta_p(\text{e}^{-\text{i}pqa} - 1) + \beta_p(\text{e}^{\text{i}pqa} - 1)]$$
$$= \sum_{p>0}\beta_p(\text{e}^{-\text{i}\beta qa} + \text{e}^{\text{i}pqa} - 2)$$

$$= 2\sum_{p>0}\beta_p[\cos(pqa) - 1]$$

得到一维单原子链色散关系

$$\omega^2 = \frac{2}{m}\sum_{p>0}\beta_p[1 - \cos(pqa)] = \frac{2}{m}\sum_{p>0}\beta_p 2\sin^2 \frac{pa}{2}q$$

对于长波，$q\to 0$，则

$$\omega^2 = \frac{4}{m}\sum_{p>0}\beta_p\left(\frac{pa}{2}q\right)^2$$

$\omega\propto q$，是弹性波色散关系，$\left(\frac{a^2}{m}\sum_{p>0}\beta_p p^2\right)$具有$(\mathrm{L/T})^2$ 量纲，令

$$v^2 = \frac{a^2}{m}\sum_{p>0}\beta_p p^2 = \text{常量}$$

式中，v 是波速. 所以长波近似下，一维单原子链色散关系是

$$w^2 = v^2 q^2$$

固体弹性理论所说的宏观的质点运动，正是由晶体原子的整体运动所构成. 从宏观上看，原子的位置可视为准连续，原子的分离坐标 na，可视为连续坐标 x，而把试探解

$$u_n = u_0\,\mathrm{e}^{\mathrm{i}(\omega t - nqa)}$$

改写成为

$$u = u_0\,\mathrm{e}^{\mathrm{i}(\omega t - qx)} \tag{1}$$

上式对 t 二次偏导得

$$\frac{\partial^2 u}{\partial t^2} = -\omega^2 u_0\,\mathrm{e}^{\mathrm{i}(\omega t - qx)} = -\omega^2 u$$

代入上面一维单原子链色散关系 $w^2 = v^2q^2$，有

$$\frac{\partial^2 u}{\partial t^2} = -v^2q^2 u \tag{2}$$

试探解(1)对 x 二次偏导，得

$$\frac{\partial^2 u}{\partial x^2} = -u_0 q^2\,\mathrm{e}^{\mathrm{i}(\omega t - qx)} = -q^2 u$$

把上式代入(2)式，得到

$$\frac{\partial^2 u}{\partial t^2} = v^2\frac{\partial^2 u}{\partial x^2} \tag{3}$$

这就是连续介质弹性波运动方程. 它意味着这时晶体内的格波具有在连续介质内传播的弹性波的性质. 其原因在于：这时格波的波长与格点的时距相比要大的多，使得由离散的原子组成的晶体相当于连续介质.

$$u(x) = A\cos(qx - \omega t)$$

是波动方程(3)的一个简谐波解.

1.46　考虑绝对零度下的 d 维振动晶格，原子的数密度为 n，质量是 m，利用德拜近似并假定所有声波具有相同速度 v.

(1) 对于 $d=3$，计算平均平方位移$\overline{R^2}$；

(2) 对于 $d=1$，计算$\overline{R^2}$，并讨论它与实验的关联；

(3) 对于 $d=1$,计算平均应变$\overline{\left(\frac{\partial R}{\partial x}\right)^2}$.

解　德拜近似是把晶体看作各向同性的弹性介质,在假设所有声波(纵波与横波)具有相同速度 v 下,由波动方程,晶体中第 j 个原子偏离平衡位置的位移 r_j 表示(参见题解1.45和1.42)为

$$r_j = r_{0j}\cos(q_jx-\omega_jt) \tag{1}$$

式中,ω_j 是原子振动角频率,r_{0j}是振幅,q_j 是波矢,其平方平均位移

$$\overline{r_j^2} = \frac{1}{T}\int_0^T r_{0j}^2\cos^2(q_jx-\omega_jt)\mathrm{d}t$$

其中 T 是原子振动周期,$T=\frac{2\pi}{\omega_j}$,利用$\frac{1}{T}\int_0^T\cos^2(q_jx-\omega_jt)\mathrm{d}t=\frac{1}{2}$,得

$$\overline{r_j^2} = \frac{1}{2}r_{0j}^2 \tag{2}$$

它的时间平均动能

$$\overline{K_j} = \frac{1}{T}\int_0^T\frac{1}{2}m\left(\frac{\mathrm{d}r_j}{\mathrm{d}t}\right)^2\mathrm{d}t = \frac{1}{T}\int_0^T\frac{1}{2}m\omega_j^2r_{0j}^2\sin^2(q_jx-\omega_jt)\mathrm{d}t$$

同样,利用$\frac{1}{T}\int_0^T\sin^2(q_jx-\omega_jt)\mathrm{d}t=\frac{1}{2}$,上式变为

$$\overline{K_j} = \frac{1}{4}m\omega_j^2r_{0j}^2$$

把(2)式代入上式,则

$$\overline{K_j} = \frac{1}{2}\overline{r_j^2}m\omega_j^2$$

原子振动等于频率相同的量子谐振子,其总能量为$\left(n+\frac{1}{2}\right)\hbar\omega_j$,而振子的平均动能等于总能量的一半,即

$$\frac{1}{2}m\omega_j^2\overline{r_j^2} = \frac{1}{2}\left(n+\frac{1}{2}\right)\hbar\omega_j$$

$$\overline{r_j^2} = \frac{\left(n+\frac{1}{2}\right)\hbar\omega_j}{m\omega_j^2} = \frac{\left(n+\frac{1}{2}\right)\hbar}{m\omega_j} \tag{3}$$

考虑绝对零度时,$n=0$,故

$$\overline{r_j^2} = \frac{\hbar}{2m\omega_j}$$

$$\overline{R^2} = \frac{1}{N}\sum_j^N\overline{r_j^2} = \frac{\hbar}{2mN}\sum\omega_j^{-1} \tag{4}$$

式中,N 是晶体中原子数目.

(1) $d=3$,由(4)式,

$$\overline{R^2} = \frac{\hbar}{2mN}\int_0^{\omega_\mathrm{D}}\frac{1}{\omega}D(\omega)\mathrm{d}\omega$$

三维情况下晶体模式密度(参见题解1.52中(1)式)

$$D(\omega) = \frac{3V}{2\pi^2}\cdot\frac{\omega^2}{v^3}$$

式中，v 是弹性波声速性，V 是晶体体积，$nV=N$，n 是晶体中原子密度，代入上面$\overline{R^2}$表达式

$$\overline{R^2}=\frac{\hbar}{2mnV}\int_0^{\omega_D}\frac{1}{\omega}\frac{3V}{2\pi^2}\cdot\frac{\omega^2}{v^3}d\omega=\frac{3\hbar V}{4mnV\pi^2 v^3}\int_0^{\omega_D}\omega d\omega$$

$$=\frac{3\hbar}{8mn\pi^2 v^3}\cdot\omega_D^2=\frac{3\hbar\omega_D^2}{8\pi^2 mnv^3}$$

(2) $d=1$，由(4)式

$$\overline{R^2}=\frac{\hbar}{2mN}\int_0^{\omega_D}\frac{1}{\omega}D(\omega)d\omega \tag{5}$$

一维情况下

$$D(\omega)d\omega=\frac{L}{2\pi}\cdot 2\cdot dq$$

即

$$D(\omega)=\frac{L}{2\pi}\cdot 2\frac{dq}{d\omega}$$

弹性波色散关系 $\omega=vq$，故

$$D(\omega)=\frac{L}{\pi}\cdot\frac{1}{v}$$

把上式代入(5)式，注意 $nL=N$

$$\overline{R^2}=\frac{\hbar}{2mnL}\int_0^{\omega_D}\frac{1}{\omega}\frac{L}{\pi v}d\omega=\frac{\hbar}{2\pi mnv}\ln\omega\Big|_0^{\omega_D}=\infty$$

一维平方平均位移$\overline{R^2}$计算结果发散，看似是积分下限 $\omega=0$ 引起的，在物理上 $\omega=0$ 相应于晶体原子集合成一刚体，(2)式中$\overline{r_j^2}=0$，而不是与 ω^{-1} 成正比，因此，从实验上测定一维晶体$\overline{R^2}$并不会无穷大，而是一个有限值.

(3) 由(1)式

$$\left(\frac{\partial r_j}{\partial x}\right)^2=q_j^2 r_{0j}^2\sin^2(q_j x-\omega_j t)$$

则第 j 个原子对时间平方平均值

$$\overline{\left(\frac{\partial r_j}{\partial x}\right)^2}=\frac{1}{T}\int_0^T q_j^2 r_{0j}^2\sin^2(q_j x-\omega_j t)dt$$

利用$\frac{1}{T}\int_0^T\sin^2(q_j x-\omega_j t)dt=\frac{1}{2}$，故

$$\overline{\left(\frac{\partial r_j}{\partial x}\right)^2}=\frac{1}{2}q_j^2 r_{0j}^2 \tag{6}$$

根据原子振动平均动能等于其总能量的一半，参见题解 1.42 中(2)式，有

$$\frac{1}{2}m\omega_j^2 r_{0j}^2=\frac{1}{2}\left(n+\frac{1}{2}\right)\hbar\omega_j$$

在绝对零度时，$n=0$，故

$$r_{0j}^2=\frac{\hbar}{2m\omega_j}$$

代入(6)式

$$\overline{\left(\frac{\partial r_j}{\partial x}\right)^2}=\frac{1}{2}q_j^0r_{0j}^2=\frac{1}{2}\left(\frac{\omega_j}{v}\right)^2\cdot\frac{\hbar}{2m\omega_j}=\frac{\hbar\omega_j}{4mv^2}$$

对一维晶格所有原子求平均

$$\overline{\left(\frac{\partial R}{\partial x}\right)^2}=\frac{1}{N}\sum_j\frac{\hbar\omega_j}{4mv^2}=\frac{\hbar}{4Nmv^2}\int_0^{\omega_D}D(\omega)\mathrm{d}\omega\cdot\omega$$

应用 $D(\omega)=\frac{L}{\pi}\cdot\frac{1}{v}$，又 $N=nL$，代入上式，则

$$\overline{\left(\frac{\partial R}{\partial x}\right)^2}=\frac{\hbar}{4nLmv^2}\int_0^{\omega_D}\frac{L}{\pi}\cdot\frac{1}{v}\cdot\omega\mathrm{d}\omega=\frac{\hbar\omega_D^2}{8nmv^3}$$

1.47　考虑每格点具有一个质量为 m 的原子的二维正方晶格，仅计及最近邻原子之间的相互作用，力常数为 β，设声子色散关系曲线是

$$\omega_q=\sqrt{\frac{4\beta}{m}}\left(\sin\left(\frac{qa}{2}\right)\right)$$

(1) 在长波极限下，求声子态密度 $D(\omega)$，即单位频率间隔 $\mathrm{d}\omega$ 中的点阵振动的模式数；

(2) 在高温极限下($k_BT\gg\hbar\omega$)，求一个原子偏离其平衡位置的平均平方位移.

解　(1) 在长波极限下，$q\to0$，有

$$\omega=\sqrt{\frac{4\beta}{m}}\left(\sin\left(\frac{qa}{2}\right)\right)\approx\sqrt{\frac{\beta}{m}}aq \tag{1}$$

式中，$\omega\propto q$，是弹性波色散关系. 设二维晶格面积为 S，则声子态密度 $D(\omega)$ 为

$$D(\omega)\mathrm{d}\omega=\frac{S}{(2\pi)^2}2\pi q\mathrm{d}q$$

即

$$D(\omega)=\frac{S}{2\pi}q\frac{\mathrm{d}q}{\mathrm{d}\omega}$$

由(1)式

$$q=\frac{\omega}{\sqrt{\frac{\beta}{m}}\cdot a}$$

即

$$\frac{\mathrm{d}\omega}{\mathrm{d}q}=\sqrt{\frac{\beta}{m}}\cdot a$$

故模式密度

$$D(\omega)=\frac{S}{2\pi}q\cdot\frac{\mathrm{d}q}{\mathrm{d}\omega}=\frac{S}{2\pi}\frac{\omega}{\sqrt{\frac{\beta}{m}}\cdot a}\cdot\frac{1}{\sqrt{\frac{\beta}{m}}\cdot a}=\frac{Sm\omega}{2\pi a^2\beta}$$

(2) 设二维晶格子原子偏离平衡位置的平方平均位移为$\overline{r^2}$，则其平均势能为$\frac{1}{2}\beta\overline{r^2}$，若原子数目为 N，则总的平均势能等于

$$\overline{U} = N \cdot \frac{1}{2}\beta\overline{r^2}$$

它应当等于晶格总能量的一半.

在高温极限下,$k_B T \gg \hbar\omega$,二维原子晶体总能量

$$\overline{E} = \int_0^{\omega_D} \hbar\omega\overline{n}(\omega)D(\omega)d\omega$$

代入 $D(\omega)=\frac{Sm\omega}{2\pi a^2\beta}$ 以及角频率为 ω 的平均声子数

$$\overline{n}(\omega) = \frac{1}{e^{\frac{\hbar\omega}{k_B T}} - 1}$$

则

$$\overline{E}= \int_0^{\omega_D} \hbar\omega \frac{1}{e^{\frac{\hbar\omega}{k_B T}} - 1} \frac{Sm\omega}{2\pi a^2\beta}d\omega = \int_0^{\omega_D} \frac{\hbar\omega}{\frac{\hbar\omega}{k_B T}} \frac{Sm\omega}{2\pi a^2\beta}d\omega$$

$$= \frac{Smk_B T}{2\pi a^2\beta}\int_0^{\omega_D} \omega d\omega = \frac{Smk_B T\omega_D^2}{4\pi a^2\beta} \tag{2}$$

德拜频率可由下式求得

$$\int_0^{\omega_D} D(\omega)d\omega = 2N$$

代入 $D(\omega)$ 表达式,即

$$\int_0^{\omega_D} \frac{Sm\omega}{2\pi a^2\beta}d\omega = 2N$$

求式子左边积分

$$\int_0^{\omega_D} \frac{Sm\omega}{2\pi a^2\beta}d\omega = \frac{Sm}{2\pi a^2\beta}\int_0^{\omega_D} \omega d\omega = \frac{Sm\omega_D^2}{4\pi a^2\beta}$$

由

$$\frac{Sm\omega_D^2}{4\pi a^2\beta} = 2N$$

即 $\omega_D^2=\frac{2N}{\frac{Sm}{4\pi a^2\beta}}$,把 ω_D^2 代入(2)式

$$\overline{E} = \frac{Smk_B T}{4\pi a^2\beta} \cdot \frac{2N}{\frac{Sm}{4\pi a^2\beta}} = 2Nk_B T$$

由 $\overline{U}=\frac{1}{2}\overline{E}$,有

$$N \cdot \frac{1}{2}\beta\overline{r^2} = Nk_B T$$

则二维晶格原子的平方平均位移

$$\overline{r^2} = \frac{2k_B T}{\beta}$$

1.48 一维单原子链晶格振动的总能量,讨论声子准动量 $\hbar\boldsymbol{q}$ 和它的不同含义.

解 设由 N 个相同原子组成的一维晶格，其晶格常数为 a，在相邻原子简谐作用下，第 n 个原子的运动方程

$$m\frac{\mathrm{d}^2 x_n}{\mathrm{d}t^2} = \beta(x_{n+1} + x_{n-1} - 2x_n) \qquad (n = 1,2,\cdots,N)$$

式中，β 称恢复力常数.

在简谐力作用下，原子围绕平衡位置做振幅为 A，角频率为 ω 的简谐振动

$$x_n = A\mathrm{e}^{\mathrm{i}(qna-\omega t)}$$

式中，qna 表示第 n 个原子振动的位相因子，则第 n 个原子动量

$$m\dot{x}_n = -\mathrm{i}\omega m A\mathrm{e}^{-\mathrm{i}\omega t}\mathrm{e}^{\mathrm{i}qna}$$

一维晶格原子振动的总动量

$$P = -\mathrm{i}\omega m A\mathrm{e}^{-\mathrm{i}\omega t}\sum_{n=0}^{N-1}\mathrm{e}^{\mathrm{i}qna} \tag{1}$$

利用周期性边界条件

$$q = \frac{2\pi}{Na}l, \qquad l = 0, \pm 1, \pm 2, \cdots$$

由等比级数求和公式，(1)式中累加项

$$\sum_{n=0}^{N-1}\mathrm{e}^{\mathrm{i}qna} = \frac{1-\mathrm{e}^{\mathrm{i}qNa}}{1-\mathrm{e}^{\mathrm{i}qa}} = \frac{1-\mathrm{e}^{\mathrm{i}2\pi l}}{1-\mathrm{e}^{\mathrm{i}2\pi\frac{l}{N}}} \tag{2}$$

从上式看出，当 $l\neq 0$(即 $q\neq 0$)，分子为零，则 $\sum\limits_{n=1}^{N}\mathrm{e}^{\mathrm{i}qna}=0$，由(1)式给出的晶格振动总能量 $P=0$.

而 $l=0$，即当 $q=0$ 时，(2)式分子与分母趋于零，故需利用 $\mathrm{e}^{\mathrm{i}y}$ 幂级数展开式

$$\mathrm{e}^{\mathrm{i}y} = 1 + \frac{\mathrm{i}y}{1!} + \frac{\mathrm{i}^2 y^2}{2!} + \frac{\mathrm{i}^3 y^3}{3!}$$

并只取一级，则

$$\sum_{n=1}^{N}\mathrm{e}^{\mathrm{i}qna} = \frac{1-\mathrm{e}^{\mathrm{i}2\pi l}}{1-\mathrm{e}^{\mathrm{i}2\pi\frac{l}{N}}} = \frac{1-(1+\mathrm{i}2\pi l)}{1-\left(1+\mathrm{i}2\pi\dfrac{l}{N}\right)} = N$$

于是由(1)式给出的一维晶格振动总能量

$$P = -\mathrm{i}\omega m A\mathrm{e}^{-\mathrm{i}\omega t}N = -\mathrm{i}\omega(Nm)A\mathrm{e}^{-\mathrm{i}\omega t} \tag{3}$$

式中(Nm)是一维晶格原子的总质量，因此上式给出的动量，正是整个一维原子链所作的由下式给出的振动的动量

$$x(t) = A\mathrm{e}^{-\mathrm{i}\omega t}$$

这里 $x(t)$表示整个一维原子链的位移，其动量

$$P = (Nm)\dot{x}(t) = -\mathrm{i}\omega(Nm)A\mathrm{e}^{-\mathrm{i}\omega t}$$

上式即由(3)式给出的动量. 所以 $q=0$ 表明原子链所有原子的运动位相完全一致，具有相同的位移，总动量 $P=(Nm)\dfrac{\mathrm{d}x}{\mathrm{d}t}$，这种模式代表晶体作为整体的均匀平移，而这种平移带有物理动量.

而 $l\neq 0$ 也即当 $q\neq 0$ 时，由(1)式给出的一维原子链晶格振动总动量 $P=0$，表明晶格

振动不会引起晶体动量的改变，它不存在物理学量. 不过在讨论声子与电子、光子相互作用时，我们往往给声子引入动量 $\hbar\boldsymbol{q}$，来表达相互作用动量守恒. $\hbar\boldsymbol{q}$ 不是物理动量，常称 $\hbar\boldsymbol{q}$ 为声子准动量. 之所以它不是物理动量，是因为声子并不携带物理动量.

1.49 中子衍射可用于测量晶体中某种激发的 ω 和 $\boldsymbol{k}$ 的关系，为了描述这种方法，假设晶体的对称性是已知的，写出衍射的能量、动量守恒式. 指出必须测量什么参数以确定 ω 和 $\boldsymbol{k}$ 的关系.

解 设中子质量为 M，入射中子束的动量为 $\boldsymbol{p}=\hbar\boldsymbol{k}$，散射后的动量为 $\boldsymbol{p}'=\hbar\boldsymbol{k}'$. 则能量守恒式为

$$\frac{\hbar^2k^2}{2M}=\frac{\hbar^2k'^2}{2M}\pm\hbar\omega(q) \tag{1}$$

动量守恒式为

$$\hbar\boldsymbol{k}=\hbar\boldsymbol{k}'\pm\hbar\boldsymbol{q}-\hbar\boldsymbol{G} \tag{2}$$

式中，$\boldsymbol{G}$ 为任一倒格矢，$\boldsymbol{q}$ 为此过程中产生(+)的或被吸收(−)的声子波矢.

在实验中必须测出在各个方向上散射中子与入射中子的能量差，作为散射方向 $\boldsymbol{k}-\boldsymbol{k}'$的函数，从而利用(1)式和(2)式来确定 ω 和 $\boldsymbol{k}$ 的关系.

1.50 具有简立方结构的晶体，原子间距为 2Å，由于晶体中非简谐作用的存在，一个沿[1,0,0]方向传播的波矢为 $1.3\times10^{10}\text{m}^{-1}$的声子同另一个波矢大小相等但沿[1,1,0]方向传播的声子相互作用，合并成第三个声子，试求新形成的第三个声子的波矢.

解 简立方晶体的原胞基矢

$$\begin{cases}\boldsymbol{a}_1=2\times10^{-10}\boldsymbol{i}\text{m}\\ \boldsymbol{a}_2=2\times10^{-10}\boldsymbol{j}\text{m}\\ \boldsymbol{a}_3=2\times10^{-10}\boldsymbol{k}\text{m}\end{cases}$$

这里 $\boldsymbol{i},\boldsymbol{j},\boldsymbol{k}$ 分别是三个坐标轴 x,y,z 方向上的单位向量. 相应的倒格子基矢分别为

$$\boldsymbol{b}_1=\pi\times10^{10}\boldsymbol{i}=3.14\times10^{10}\boldsymbol{i}\text{m}^{-1}$$
$$\boldsymbol{b}_2=\pi\times10^{10}\boldsymbol{j}=3.14\times10^{10}\boldsymbol{j}\text{m}^{-1}$$
$$\boldsymbol{b}_3=\pi\times10^{10}\boldsymbol{k}=3.14\times10^{10}\boldsymbol{k}\text{m}^{-1}$$

倒格子点阵亦是简立方，倒格常数等于 $3.14\times10^{-10}\text{m}^{-1}$，倒格子基矢 b_1,b_2,b_3 方向分别是三个坐标轴方向.

沿[1,0,0]方向传播的声子波矢

$$\boldsymbol{q}_1=1.3\times10^{10}\boldsymbol{i}\text{m}^{-1}$$

而沿[1,1,0]方向传播的声子波矢

$$\boldsymbol{q}_2=\frac{\sqrt{2}}{2}\times1.3\times10^{10}(\boldsymbol{i}+\boldsymbol{j})\text{m}^{-1}$$

当两个声子相互作用而形成第三个声子时，不仅要服从能量守恒，还要求满足波矢守恒，即相互作用前后声子总波矢相等，所以第三个声子波矢

$$\begin{aligned}\boldsymbol{q}_3&=\boldsymbol{q}_1+\boldsymbol{q}_2\\&=1.3\times10^{10}\boldsymbol{i}+0.92\times10^{10}\boldsymbol{i}+0.92\times10^{10}\boldsymbol{j}\\&=2.22\times10^{10}\boldsymbol{i}+0.92\times10^{10}\boldsymbol{j}\end{aligned}$$

合并而成的第三个声子 $\boldsymbol{q}_3$，在 xy 平面上. 但倒格子空间原点在沿 x 方向至第一布里渊边界距离为

$$\frac{1}{2}\frac{2\pi}{a}=1.57\times10^{10}\,\mathrm{m}^{-1}<2.22\times10^{10}\,\mathrm{m}^{-1}$$

因此，$\boldsymbol{q}_3$ 落在第一布里渊区之外，由于晶格振动的波矢 $\boldsymbol{q}$ 具有周期性，波矢 $\boldsymbol{q}+\boldsymbol{G}_h$（$\boldsymbol{G}_h$ 是倒格矢量）的晶格振动状态与波矢 $\boldsymbol{q}$ 的振动状态完全一样，取 $\boldsymbol{G}_h=-\boldsymbol{b}_1=-3.14\times10^{10}\boldsymbol{i}\,\mathrm{m}^{-1}$，则

$$\begin{aligned}\boldsymbol{q}_3&=\boldsymbol{q}_1+\boldsymbol{q}_2+\boldsymbol{G}_h=2.22\times10^{10}\boldsymbol{i}+0.92\times10^{10}\boldsymbol{j}-3.14\times10^{10}\boldsymbol{i}\\&=-0.92\times10^{10}\boldsymbol{i}+0.92\times10^{10}\boldsymbol{j}\\&=-\frac{\sqrt{2}}{2}\times1.3\times10^{10}\boldsymbol{i}+\frac{\sqrt{2}}{2}\times1.3\times10^{10}\boldsymbol{j}(\mathrm{m}^{-1})\end{aligned}$$

所以三声子过程产生的第三个声子波矢方向是在$[\bar{1},1,0]$，其大小仍为 $1.3\times10^{10}\,\mathrm{m}^{-1}$，处于第一布里渊区内.

用准动量守恒来表示声子间的这种相互作用，一般式子是

$$\hbar\boldsymbol{q}_1+\hbar\boldsymbol{q}_2=\hbar\boldsymbol{q}_3+\hbar\boldsymbol{G}_h$$

对于 $\boldsymbol{G}_h=0$，表明在碰撞过程中声子动量没有发生变化，但却改变了动量的分布，称正规过程或 N 过程，对于 $\boldsymbol{G}_h\neq0$ 的情况，称为翻转过程或 U 过程，如本题结果，在翻转过程中，声子的动量发生很大的变化，从而破坏了热流方向，所以 U 过程是晶体产生热阻的原因.

1.51 光受透明固体的散射可以看成是光量子与声子相互作用过程的结果. 试利用能量和动量守恒定律证明，由于散射而偏转了 θ 角的光束必定包含这样的成分，其波长相对于入射光移动了

$$\Delta\lambda=\pm\frac{2nv}{c}v\sin\frac{\theta}{2}$$

式中，n 为物质的折射率，v 为固体中的声速，c 为真空中的光速.

解 设入射光波矢为 $\boldsymbol{k}_0$，经与波矢为 $\boldsymbol{q}$ 的声子碰撞后，发生散射，散射光波矢为 $\boldsymbol{k}$，由如图 1.33，声子与光子相互作用的动量守恒定律，得声子波矢

$$|\boldsymbol{q}|=2|\boldsymbol{k}_0|\sin\frac{\theta}{2}$$

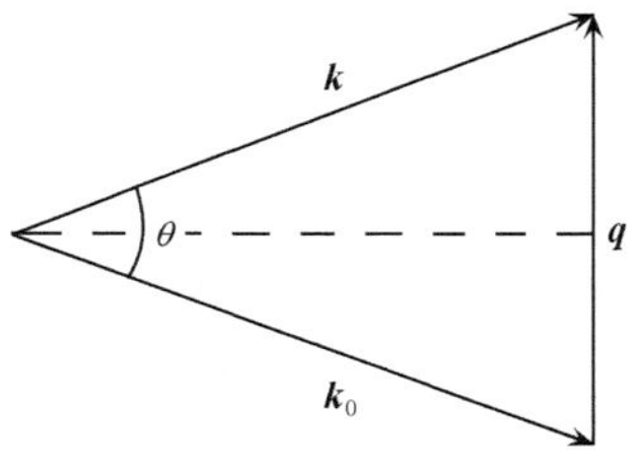

图 1.33

设声子波长为 λ'，

$$\frac{1}{\lambda'}=|\boldsymbol{q}|=2|\boldsymbol{k}_0|\sin\frac{\theta}{2}=2\frac{1}{\lambda_0}\sin\frac{\theta}{2}$$

式中，λ_0 是入射光波长，相应声子角频率 ω' 为

$$\omega' = 2\pi f' = \frac{2\pi}{\lambda'}v = 4\pi v \sin\frac{\theta}{2}\frac{1}{\lambda_0} \tag{1}$$

同理,波矢为 $\boldsymbol{k}_0$ 和 $\boldsymbol{k}$ 的光子分别相应以下的角频率

$$\omega_0 = 2\pi f_0 = \frac{2\pi}{\lambda_0}\frac{c}{n} \tag{2}$$

$$\omega = 2\pi f = \frac{2\pi}{\lambda}\frac{c}{n} \tag{3}$$

光子与声子相互作用遵循能量守恒定律

$$\hbar\omega - \hbar\omega_0 = \pm\hbar\omega'$$

把(1)、(2)和(3)式代入上式

$$\hbar\frac{2\pi}{\lambda}\frac{c}{n} - \hbar\frac{2\pi}{\lambda_0}\frac{c}{n} = \pm\hbar\cdot 4\pi v\sin\frac{\theta}{2}\frac{1}{\lambda_0}$$

$$\frac{1}{\lambda} - \frac{1}{\lambda_0} = \pm\frac{2nv}{c}\frac{1}{\lambda_0}\sin\frac{\theta}{2}$$

得出

$$\lambda - \lambda_0 = \pm\frac{2nv}{c}\lambda\sin\frac{\theta}{2}$$

1.52 在三维晶体中,利用德拜模型:

(1) 证明高温时,$0\sim\omega_D$ 范围内声子总数目与温度 T 成正比;

(2) 证明甚低温下,$0\sim\omega_D$ 范围内声子总数目与温度 T^3 成正比;

(3) 若已知一面心立方单原子晶体的晶格常数 $a=5\text{Å}$,横向弹性波速 $v_t=3.54\times10^5\,\text{cm/s}$,纵向弹性波速度 $v_l=4.92\times10^5\,\text{cm/s}$,试计算其德拜温度.

解 德拜模型是把晶体视为一连续介质,晶格振动的所有格波都是弹性波,在三维晶体中只存在三支弹性波,即一支纵波,两支横波,它们的色散关系为

$$\omega(q) = v_i q$$

$i=1$,纵向弹性波,$i=2,3$,横向弹性波,由色散关系知道

$$\frac{\mathrm{d}\omega(q)}{\mathrm{d}q} = v_i$$

晶格振动理论表明,波矢空间一个 $\boldsymbol{q}$ 点,总有一个 ω 与之对应,而给定一组$(\omega,\boldsymbol{q})$就代表原子的一种振动形式,称之为振动模式. 由于边界条件,波矢并不任意,根据周期性边界条件,允许的 $\boldsymbol{q}$ 值在波矢空间形成均匀分布的点子. 在三维情况下,其分布密度,或模式密度为

$$\frac{V}{(2\pi)^3}$$

V 是晶体体积. 一维和二维情况下,$\boldsymbol{q}$ 空间的模式密度分别为$\frac{L}{2\pi}$,$\frac{S}{(2\pi)^2}$,L 和 S 分别为一维,二维晶体的长度和面积. 设 $D(\omega)$为模式密度,则三维情况下,在 $\omega(\boldsymbol{q})\to\omega(\boldsymbol{q})+\mathrm{d}\omega(\boldsymbol{q})$ 两个等频面之间的振动模式数为

$$D(\omega)\mathrm{d}\omega = \frac{V}{(2\pi)^3}\mathrm{d}v_{\boldsymbol{q}}$$

式中 $\mathrm{d}v_{\boldsymbol{q}}$ 为两等频面之间在波矢 $\boldsymbol{q}$ 空间所占的体积，由于波的传播速度与波的传播方向 $\boldsymbol{q}$ 无关，在 $\boldsymbol{q}$ 空间等频面是球面，选用球坐标，则

$$\mathrm{d}v_{\boldsymbol{q}} = \int_0^{2\pi}\int_0^{\pi}\sin\theta\mathrm{d}\theta\mathrm{d}\varphi q^2\mathrm{d}q = 4\pi q^2\mathrm{d}q$$

故

$$D_i(\omega) = \frac{V}{(2\pi)^3}4\pi q^2\frac{1}{\dfrac{\mathrm{d}\omega_i(q)}{\mathrm{d}q}} = \frac{V}{(2\pi)^3}\frac{4\pi q^2}{v_i} = \frac{V}{2\pi^2}\frac{\omega_i^2}{v_i^3}$$

因此，在德拜模型中，三维晶体的振动模式密度

$$D(\omega) = \sum_i^3 D_i(\omega) = \frac{V}{2\pi^2}\omega^2\left(\frac{1}{v_\mathrm{l}^3}+\frac{2}{v_\mathrm{t}^3}\right)$$

令 $\dfrac{1}{v_\mathrm{p}^3}=\dfrac{1}{3}\left(\dfrac{1}{v_\mathrm{l}^3}+\dfrac{2}{v_\mathrm{t}^3}\right)$，则

$$D(\omega) = \frac{3V}{2\pi^2}\frac{\omega^2}{v_\mathrm{p}^3} \tag{1}$$

声子服从玻尔兹曼分布，频率为 ω 格波的声子数

$$n(\omega) = \frac{1}{\mathrm{e}^{\frac{\hbar\omega}{k_\mathrm{B}T}}-1} \tag{2}$$

故声子总数目 N 为

$$N = \int_0^{\omega_\mathrm{D}} n(\omega)D(\omega)\mathrm{d}\omega$$

把(1)和(2)式代入上式，得

$$\begin{aligned}N &= \frac{3V}{2\pi^2 v_\mathrm{p}^3}\int_0^{\omega_\mathrm{D}}\frac{\omega^2}{\mathrm{e}^{\frac{\hbar\omega}{k_\mathrm{B}T}}-1}\mathrm{d}\omega\\ &= \frac{3V}{2\pi^2 v_\mathrm{p}^3}\int_0^{\frac{\hbar\omega_\mathrm{D}}{k_\mathrm{B}T}}\frac{\dfrac{\hbar^2}{k_\mathrm{B}T^2}\cdot\omega^2}{\dfrac{\hbar^2}{k_\mathrm{B}T^2}\left(\mathrm{e}^{\frac{\hbar\omega}{k_\mathrm{B}T}}-1\right)}\cdot\frac{\mathrm{d}\left(\dfrac{\hbar\omega}{k_\mathrm{B}T}\right)}{\dfrac{\hbar}{k_\mathrm{B}T}}\\ &= \frac{3Vk_\mathrm{B}^3T^3}{2\pi^2\hbar^3v_\mathrm{p}^3}\int_0^{\frac{\hbar\omega_\mathrm{D}}{k_\mathrm{B}T}}\frac{\left(\dfrac{\hbar\omega}{k_\mathrm{B}T}\right)^2}{\mathrm{e}^{\frac{\hbar\omega}{k_\mathrm{B}T}}-1}\mathrm{d}\left(\frac{\hbar\omega}{k_\mathrm{B}T}\right)\end{aligned}$$

令 $x=\dfrac{\hbar\omega}{k_\mathrm{B}T}$，且 $k_\mathrm{B}\Theta_\mathrm{D}=\hbar\omega_\mathrm{D}$，$\Theta_\mathrm{D}$ 称德拜温度，有

$$\frac{\hbar\omega_\mathrm{D}}{k_\mathrm{B}T} = \frac{\Theta_\mathrm{D}}{T}$$

三维晶体的声子总数目为

$$N = \frac{3Vk_\mathrm{B}^3T^3}{2\pi^2\hbar^3v_\mathrm{p}^3}\int_0^{\frac{\Theta_\mathrm{D}}{T}}\frac{x^2}{\mathrm{e}^x-1}\mathrm{d}x \tag{3}$$

(1) 高温时，$\dfrac{\Theta_\mathrm{D}}{T}\to 0$，$\mathrm{e}^x\approx 1+x$，故(3)式变为

$$N = \frac{3Vk_\mathrm{B}^3T^3}{2\pi^2\hbar^3v_\mathrm{p}^3}\int_0^{\frac{\Theta_\mathrm{D}}{T}}x\mathrm{d}x = \frac{3Vk_\mathrm{B}^3T^3}{2\pi^2\hbar^3v_\mathrm{p}^3}\frac{\Theta_\mathrm{D}^2}{2T^2} = \frac{3Vk_\mathrm{B}^3\Theta_\mathrm{D}^2}{4\pi^2\hbar^3v_\mathrm{p}^3}\cdot T$$

所以高温时，晶体声子数与温度 T 成正比.

(2) 甚低温下，$\frac{\Theta_D}{T}\to\infty$，于是由(3)式

$$N=\frac{3Vk_B^3T^3}{2\pi^2\hbar^3v_p^3}\int_0^\infty\frac{x^2}{e^x-1}dx=\frac{3Vk_B^3T^3}{2\pi^2\hbar^3v_p^3}\left(\sum_{n=1}^\infty\int_0^\infty x^2e^{-nx}dx\right)=\frac{3Vk_B^3}{2\pi^2\hbar^3v_p^3}\left(\sum_{n=1}^\infty\frac{2}{n^3}\right)\cdot T^3$$

因此在甚低温下，晶体中声子数与 T^3 成正比.

(3) 由德拜温度定义，德拜温度 Θ_D 应为

$$\Theta_D=\frac{\hbar\omega_D}{k_B}$$

因此先求德拜频率 ω_D. 在德拜模型中规定

$$\int_0^{\omega_D}D(\omega)d\omega=3N$$

N 是面心立方单原子晶体原子数目，$(3N)$是它的自由度，把模式密度公式(1)式代入上式，

$$\int_0^{\omega_D}\frac{3V}{2\pi^2}\frac{\omega^2}{v_p^3}d\omega=3N$$

有

$$\frac{1}{3}\frac{3V}{2\pi^2}\frac{\omega_D^3}{v_p^3}=3N$$

则

$$\omega_D=\left(\frac{6\pi^2N}{V}\right)^{\frac{1}{3}}v_p$$

对面心立方晶体，一个晶胞有 4 个原子，故

$$\frac{N}{V}=\frac{4}{a^3}$$

把$\frac{1}{v_p}=\frac{1}{3}\left(\frac{1}{v_l}+\frac{2}{v_t}\right)$与上式一起代入 ω_D 表达式，则

$$\begin{aligned}\omega_D&=\left(\frac{6\pi^2N}{V}\right)^{\frac{1}{3}}\left[\frac{1}{3}\left(\frac{1}{v_l}+\frac{2}{v_t^2}\right)\right]^{-\frac{1}{3}}=\frac{2}{a}(9\pi^2)^{\frac{1}{3}}\left(\frac{1}{v_l}+\frac{2}{v_t^2}\right)^{-\frac{1}{3}}\\&=\frac{2}{5\times10^{-8}}\times(9\pi^2)^{\frac{1}{3}}\times\left(\frac{1}{4.92^3\times10^{15}}+\frac{2}{3.54^3\times10^{15}}\right)^{-\frac{1}{3}}\\&=4.737\times10^{13}(\text{Hz})\end{aligned}$$

所以

$$\Theta_D=\frac{\hbar\omega_D}{k_B}=\frac{1.055\times10^{-34}}{1.38\times10^{-23}}\times4.737\times10^{13}=362(\text{K})$$

1.53 非金属结晶固体的热传导需要一种使声子分布趋于热平衡的机制.

(1) 说明：$\boldsymbol{q}_1+\boldsymbol{q}_2=\boldsymbol{q}_3$ 型的三声子碰撞过程不能建立热平衡；

(2) 描述建立热平衡过程的形式.

解 设波矢为 $\boldsymbol{q}_1$，$\boldsymbol{q}_2$ 的两个声子发生碰撞而转变成波矢为 $\boldsymbol{q}_3$ 的声子，三声子过程为准动量守恒关系为

$$\boldsymbol{q}_1+\boldsymbol{q}_2=\begin{cases}\boldsymbol{q}_3\\ \boldsymbol{q}_3+\boldsymbol{G}\end{cases}$$

$\boldsymbol{G}$ 为倒格矢. 这两种三声子碰撞过程如图 1.34(a)、(b)所示.

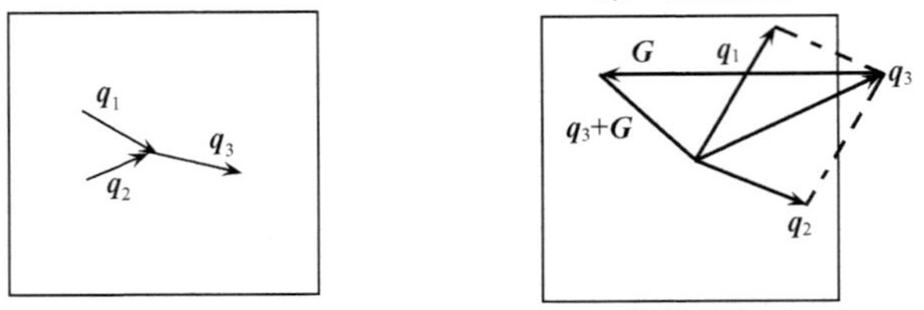

正常过程　　　　倒逆过程

(a)　　　　(b)

图 1.34

前一过程称为正常过程,而后一过程表明 $\boldsymbol{q}_1$,$\boldsymbol{q}_2$ 碰撞过程中所产生的任何更长的波矢必须加一倒格矢 $\boldsymbol{G}$ 折回到第一布里渊区(因为所有有物理意义的波矢都在第一布里渊区). 这一过程称为倒逆过程.

(1) 对于 $\boldsymbol{q}_1+\boldsymbol{q}_2=\boldsymbol{q}_3$ 型三声子碰撞过程,表明在碰撞前后声子系统的总动量不变,这意味着热流密度不受碰撞影响,因此不能建立热平衡,即不会有热阻,热导率为无穷大.

(2) 对于 $\boldsymbol{q}_1+\boldsymbol{q}_2=\boldsymbol{q}_3+\boldsymbol{G}$ 型三声子碰撞过程,由于 $\boldsymbol{G}$ 的引入,将改变声子系统的总动量,并在经过一定的驰豫时间后,达到热平衡状态,正是这种过程,才能建立热阻.

1.54　考虑由两种不同原子(质量分别为 M 和 m)所构成的一维复式格子,相邻同种原子间距离为 $2a$,相互作用恢复力常数为 β,设 $M\gg m$,求晶格热容量,并讨论高低温极限情况.

解　一维复式格子如图 1.35 所示.

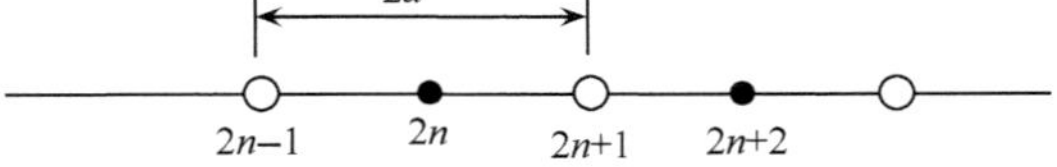

图 1.35

列出原子运动方程

$$\begin{cases}m\dfrac{\mathrm{d}^2x_{2n+1}}{\mathrm{d}t^2}=\beta(x_{2n+2}+x_{2n}-2x_{2n+1})\\ M\dfrac{\mathrm{d}^2x_{2n+2}}{\mathrm{d}t^2}=\beta(x_{2n+3}+x_{2n+1}-2x_{2n+2})\end{cases}$$

试探解

$$x_{2n+1}=A\mathrm{e}^{[q(2n+1)a-\omega t]}$$
$$x_{2n+2}=B\mathrm{e}^{[q(2n+2)a-\omega t]}$$

把试探解代入运动方程,得

$$-m\omega^2A=\beta(\mathrm{e}^{\mathrm{i}qa}+\mathrm{e}^{-\mathrm{i}qa})B-2\beta A$$
$$-M\omega^2B=\beta(\mathrm{e}^{\mathrm{i}qa}+\mathrm{e}^{-\mathrm{i}qa})A-2\beta B$$

即

$$(2\beta - m\omega^2)A - (2\beta\cos qa)B = 0$$
$$-(2\beta\cos qa)A + (2\beta - M\omega^2)B = 0$$

若 A,B 有异于零的解，则其系数行列式必须等于零，即

$$\begin{vmatrix} 2\beta - m\omega^2 & -2\beta\cos qa \\ -2\beta\cos qa & 2\beta - M\omega^2 \end{vmatrix} = 0$$

由此解得

$$\omega^2 = \frac{\beta}{mM}\{(m+M) \pm [m^2 + M^2 + 2mM\cos(2qa)]^{\frac{1}{2}}\}$$

故

$$\begin{aligned}\omega_+^2 &= \frac{\beta}{mM}\{(m+M) + [m^2 + M^2 + 2mM(1 - 2\sin^2 qa)]^{\frac{1}{2}}\} \\ &= \frac{\beta}{mM}\left\{(m+M) + (m+M)\left[1 - \frac{4mM}{(m+M)^2}\sin^2 qa\right]^{\frac{1}{2}}\right\}\end{aligned}$$

由题设，$M \gg m$，则

$$\begin{aligned}\omega_+^2 &= \frac{\beta}{mM}\{(m+M) + [m^2 + M^2 + 2mM(1 - 2\sin^2 qa)]^{\frac{1}{2}}\} \\ &= \frac{\beta}{mM}(m+M)\left\{1 + \left[1 - \frac{4mM}{(m+M)^2}\sin^2 qa\right]^{\frac{1}{2}}\right\} \\ &= \frac{\beta}{mM}(m+M)\left[1 + 1 - \frac{1}{2}\frac{4mM}{(m+M)^2}\sin^2 qa\right] \\ &= \frac{2\beta}{mM}(m+M)\left[1 - \frac{mM}{(m+M)^2}\sin^2 qa\right] \\ &= \frac{2\beta}{mM}M\left(1 - \frac{m}{M}\sin^2 qa\right) \\ &= \frac{2\beta}{m} \qquad (1)\end{aligned}$$

同理

$$\begin{aligned}\omega_-^2 &= \frac{\beta}{mM}\{(m+M) - [m^2 + M^2 + 2mM(1 - 2\sin^2 qa)]^{\frac{1}{2}}\} \\ &= \frac{\beta}{mM}(m+M)\left[1 - 1 + \frac{1}{2}\frac{4mM}{(m+M)^2}\sin^2 qa\right] \\ &= \frac{\beta}{mM}(m+M)\frac{2mM}{(m+M)^2}\sin^2 qa \\ &= \frac{2\beta}{M}\sin^2 qa \qquad (2)\end{aligned}$$

（1）ω_+ 光学支的色散关系，由(1)式

$$\omega_+^2 = \frac{2\beta}{m}$$

表明所有光学支的振动频率皆为

$$\omega_0=\sqrt{\frac{2\beta}{m}}$$

正中爱因斯坦假设,可应用爱因斯坦模型计算光学支对晶格热容量的贡献. 频率为 ω 的格波声子数目为

$$\frac{1}{e^{\frac{\hbar\omega}{k_B T}}-1}$$

设一维复式格子原胞数目为 N,光学支相应有 N 个频率为 ω_0 的格波,故整个一维晶格的热振动能

$$E=\frac{N\hbar\omega_0}{e^{\frac{\hbar\omega_0}{k_B T}}-1}$$

则比热等于

$$c_V^+=\frac{\partial E}{\partial T}=N\hbar\omega_0\frac{\frac{\hbar\omega_0}{k_B}\frac{1}{T^2}e^{\frac{\hbar\omega_0}{k_B T}}}{(e^{\frac{\hbar\omega_0}{k_B T}}-1)^2}=Nk_B\left(\frac{\hbar\omega_0}{k_B T}\right)^2\frac{e^{\frac{\hbar\omega_0}{k_B T}}}{(e^{\frac{\hbar\omega_0}{k_B T}}-1)^2}$$

令 $\hbar\omega_0=k_B\Theta_E$,则

$$c_V^+=Nk_B\left(\frac{\Theta_E}{T}\right)^2\frac{e^{\frac{\Theta_E}{T}}}{(e^{\frac{\Theta_E}{T}}-1)^2}$$

(2) 声学支的色散关系为

$$\omega_-^2=\frac{2\beta}{M}\sin^2 qa$$

声学支则过渡为一维单原子链的振动,ω_-^2 为 q 的偶函数,其最高频率是布里渊区边界 $q=\frac{2\pi}{a}$处格波频率,令

$$\omega_0'=\sqrt{\frac{2\beta}{M}}$$

则声学支色散关系为

$$\omega_-=\omega_0'|\sin qa| \tag{3}$$

声学支最小格波频率是 $q=0$ 处,$\omega=0$. 用 $D(\omega_-)$表示声学支模式密度,有

$$D(\omega_-)d\omega_-=\frac{L}{2\pi}\cdot 2dq=\frac{N2a}{2\pi}\cdot 2dq=\frac{2Na}{\pi}dq$$

根据声学支色散关系(3)式

$$\frac{d\omega_-}{dq}=\omega_0'a|\cos qa|=\omega_0'a(1-\sin^2 qa)^{\frac{1}{2}}=\omega_0'a\left(1-\frac{\omega_-^2}{\frac{2\beta}{M}}\right)^{\frac{1}{2}}$$

把 $\omega_0'=\sqrt{\frac{2\beta}{M}}$代入上式,

$$\frac{d\omega_-}{dq}=\omega_0'a\left(1-\frac{\omega_-^2}{\omega_0'^2}\right)^{\frac{1}{2}}=\omega_0'a\cdot\frac{1}{\omega_0'}(\omega_0'^2-\omega_-^2)^{\frac{1}{2}}=a(\omega_0'^2-\omega_-^2)^{\frac{1}{2}}$$

令 $\omega_-=\omega$，则声学支频率模式密度

$$D(\omega)=\frac{2Na}{\pi}\frac{dq}{d\omega}=\frac{2Na}{\pi}\frac{1}{a(\omega_0'^2-\omega_-^2)^{\frac{1}{2}}}$$

$$=\frac{2N}{\pi}\frac{1}{(\omega_0'^2-\omega_-^2)^{\frac{1}{2}}}$$

频率为 ω 的格波声子数目为

$$\frac{1}{e^{\frac{\hbar\omega}{k_BT}}-1}$$

故整个一维晶格声学支格波振动的热振动能

$$E'=\int_0^{\omega_0'}\frac{\hbar\omega D(\omega)d\omega}{e^{\frac{\hbar\omega}{k_BT}}-1}=\int_0^{\omega_0'}\frac{2N}{\pi}\frac{\hbar\omega}{(\omega_0'^2-\omega^2)^{\frac{1}{2}}}\frac{d\omega}{e^{\frac{\hbar\omega}{k_BT}}-1}$$

其对一维晶格热容量的贡献

$$c_V^-=\frac{\partial E'}{\partial T}=\int_0^{\omega_0'}\frac{2N}{\pi}\frac{\hbar\omega}{(\omega_0'^2-\omega^2)^{\frac{1}{2}}}\frac{\frac{\hbar\omega}{k_BT^2}e^{\frac{\hbar\omega}{k_BT}}d\omega}{(e^{\frac{\hbar\omega}{k_BT}}-1)^2}$$

$$=\int_0^{\omega_0'}\frac{2N}{\pi}\left(\frac{\hbar\omega}{k_BT}\right)^2k_B\frac{1}{\omega_0'\left[1-\left(\frac{\omega}{\omega_0'}\right)^2\right]^{\frac{1}{2}}}\frac{e^{\frac{\hbar\omega}{k_BT}}}{(e^{\frac{\hbar\omega}{k_BT}}-1)^2}\cdot d\omega$$

$$=\frac{2Nk_B}{\pi\omega_0'}\int_0^{\omega_0'}\frac{\left(\frac{\hbar\omega}{k_BT}\right)^2}{\left[1-\left(\frac{\omega}{\omega_0'}\right)^2\right]^{\frac{1}{2}}}\frac{e^{\frac{\hbar\omega}{k_BT}}}{(e^{\frac{\hbar\omega}{k_BT}}-1)^2}\cdot d\omega$$

所以，一维晶格热容量为

$$c_V=c_V^++c_V^-=Nk_B\left(\frac{\Theta_E}{T}\right)^2\frac{e^{\frac{\Theta_E}{T}}}{(e^{\frac{\Theta_E}{T}}-1)^2}+\frac{2Nk_B}{\pi\omega_0'}\int_0^{\omega_0'}\frac{\left(\frac{\hbar\omega}{k_BT}\right)^2}{\left[1-\left(\frac{\omega}{\omega_0'}\right)^2\right]^{\frac{1}{2}}}\frac{e^{\frac{\hbar\omega}{k_BT}}}{(e^{\frac{\hbar\omega}{k_BT}}-1)^2}d\omega$$

(3) 高温极限情况下

$$c_V^+=Nk_B\left(\frac{\Theta_E}{T}\right)^2\frac{1}{(e^{\frac{\Theta_E}{T}}-1)^2}=Nk_B\left(\frac{\Theta_E}{T}\right)^2\frac{1}{\left(1+\frac{\Theta_E}{T}-1\right)^2}=Nk_B$$

$$c_V^-=\frac{2Nk_B}{\pi\omega_0'}\int_0^{\omega_0'}\frac{\left(\frac{\hbar\omega}{k_BT}\right)^2}{\left[1-\left(\frac{\omega}{\omega_0'}\right)^2\right]^{\frac{1}{2}}}\frac{e^{\frac{\hbar\omega}{k_BT}}}{(e^{\frac{\hbar\omega}{k_BT}}-1)^2}d\omega$$

$$=\frac{2Nk_B}{\pi}\int_0^{\frac{\omega_0'}{\omega_0'}=1}\frac{1}{\left[1-\left(\frac{\omega}{\omega_0'}\right)^2\right]^{\frac{1}{2}}}d\left(\frac{\omega}{\omega_0'}\right)$$

$$= \frac{2Nk_B}{\pi}\int_0^1 \frac{1}{(1-x^2)^{\frac{1}{2}}}dx$$

令 $x=\frac{\omega}{\omega_0}$，利用 $\int_0^1 \frac{1}{(1-x^2)^{\frac{1}{2}}}dx=\frac{\pi}{2}$，则

$$c_V^- = \frac{2Nk_B}{\pi}\frac{\pi}{2} = Nk_B$$

所以在高温极限下，一维复式格子热容量

$$c_V = c_V^+ + c_V^- = 2Nk_B$$

（4）低温极限情形下

$$c_V^+ = Nk_B\left(\frac{\Theta_E}{T}\right)^2 \frac{e^{\frac{\Theta_E}{T}}}{(e^{\frac{\Theta_E}{T}}-1)^2} = Nk_B\left(\frac{\Theta_E}{T}\right)^2 \frac{e^{\frac{\Theta_E}{T}}}{e^{\frac{2\Theta_E}{T}}(1-e^{-\frac{\Theta_E}{T}})^2} = Nk_B e^{-\frac{\Theta_E}{T}}$$

而

$$c_V^- = \frac{2Nk_B}{\pi\omega_0'}\int_0^{\omega_0'} \frac{\left(\frac{\hbar\omega}{k_B T}\right)^2}{\left[1-\left(\frac{\omega}{\omega_0'}\right)^2\right]^{\frac{1}{2}}} \frac{e^{\frac{\hbar\omega}{k_B T}}}{(e^{\frac{\hbar\omega}{k_B T}}-1)^2}d\omega$$

$$= \frac{2Nk_B}{\pi\omega'}\int_0^{\frac{\hbar\omega_0'}{k_B T}\to\infty} \left(\frac{\hbar\omega}{k_B T^2}\right)^2 e^{-\frac{\hbar\omega}{k_B T}} \frac{k_B T}{\hbar} d\left(\frac{\hbar\omega}{k_B T}\right)$$

令 $y=\frac{\hbar\omega}{k_B T}$，有

$$c_V^- = \frac{2Nk_B}{\pi}\frac{k_B T}{\hbar\omega'}\int_0^\infty y^2 e^{-y}dy = Nk_B\frac{4}{\pi}\frac{k_B T}{\hbar\omega_0'}$$

推导中，$\int_0^\infty y^2 e^{-y}dy=2$. 所以低温极限下，一维复式格子热容量

$$c_V = c_V^+ + c_V^- = Nk_B e^{-\frac{\Theta_E}{T}} + Nk_B\frac{4}{\pi}\frac{k_B T}{\hbar\omega_0'} = Nk_B\left(e^{-\frac{\Theta_E}{T}} + \frac{4}{\pi}\frac{k_B T}{\hbar\omega_0'}\right)$$

1.55　石墨具有层状晶体结构，不同层的碳原子之间的相互作用比同层碳原子之间的相互作用弱得多，实验上发现，低温下其比热正比于 T^2，如何用德拜理论给予解释？

解　德拜理论给出二维晶格的模式密度 $D(\omega)$ 与 ω 成正比（参见题解 1.47），如果层状结构晶体中层间相互作用很弱，则 $D(\omega)$ 可近似的看作由各原子层的态密度的叠加，因此层状晶体的 $D(\omega)$ 仍可认为是与 ω 成正比，即

$$D(\omega) = A\omega$$

不过 $D(\omega)$ 应满足条件

$$\int_0^{\omega_D} D(\omega)d\omega = 3N$$

由此求得

$$A = \frac{6N}{\omega_D^2}$$

因此总能量 E 为

$$E=\int_0^{\omega_D}\frac{\hbar\omega}{e^{\frac{\hbar\omega}{k_BT}}-1}D(\omega)d\omega=A\int_0^{\omega_D}\frac{\hbar\omega^2}{e^{\frac{\hbar\omega}{k_BT}}-1}d\omega$$

故比热 c_V 为

$$c_V=\left(\frac{\partial E}{\partial T}\right)_V=Ak_B\left(\frac{k_BT}{\hbar}\right)^2\int_0^{\frac{\Theta_D}{T}}\frac{x^3e^x}{(e^x-1)^2}dx$$

其中 $\Theta_D=\hbar\omega_D/k_B$，$x=\frac{\hbar\omega}{k_BT}$. 当 $T\ll\Theta_D$ 时，有

$$\int_0^{\frac{\Theta_D}{T}}\frac{x^3e^x}{(e^x-1)^2}dx=\int_0^{\infty}\frac{x^3e^x}{(e^x-1)^2}dx\to\text{常数}$$

故

$$c_V\propto T^2$$

由此可见，对于层间相互作用很弱的三维晶体，其低温比热是与 T^2 成正比，而不是与 T^3 成正比.

1.56 低温下，固体比热和温度 T^3 成正比，称德拜定律

$$c_V=\frac{12\pi^4Nk_B}{5}\left(\frac{T}{\Theta_D}\right)^3$$

现已知温度 $T=100\text{K}$ 时金刚石的热容 $c_V=7.2\times10^{-2}\,\text{cal/mol}\cdot\text{K}$，求金刚石的零点振动能.

解 令 $N=N_0$(阿伏伽德罗常量)，由德拜定律

$$\Theta_D=\left(\frac{12\pi^4R}{5c_V}\right)^{\frac{1}{3}}T=\left(\frac{12\times3.1416^4\times8.314}{4.186\times5\times7.2\times10^{-2}}\right)^{\frac{1}{3}}\cdot100=1861\text{K}$$

因为 $T=100\text{K}\ll\Theta_D=1816\text{K}$，所以可以利用 100K 下金刚石热容量数据来求其零点振动能. 金刚石零点振动能为

$$E_0=\int_0^{\omega_D}\frac{1}{2}\hbar\omega\cdot D(\omega)d\omega \tag{1}$$

ω_D 是德拜模型中最高角频率，$D(\omega)$是模式密度，对三维晶体

$$D(\omega)d\omega=3\times\frac{V}{(2\pi)^3}\times4\pi q^2dq$$

式中，V 是晶体体积，在各向同性介质中弹性波色散关系

$$\omega=qv_p$$

v_p 是弹性波波速，故

$$D(\omega)d\omega=3\times\frac{V}{(2\pi)^3}\times4\pi\frac{\omega^2}{v_p^2}\frac{d\omega}{v_p}=\frac{3V\omega^2}{2\pi^2v_p^3}d\omega \tag{2}$$

设晶体中有 N 个原子，每个原子有 3 个自由度，因此晶体有($3N$)个正则频率，故

$$\int_0^{\omega_D}D(\omega)d\omega=\int_0^{\omega_D}\frac{3V\omega^2}{2\pi^2v_p^3}d\omega=\frac{V\omega_D^3}{2\pi^2v_p^3}=3N$$

有

$$\omega_D^3=\frac{6\pi^2N}{V}v_p^3 \tag{3}$$

令德拜温度 Θ_D 为

$$k_B\Theta_D = \hbar\omega_D \tag{4}$$

把(2)式代入(1)式，金刚石零点振动能

$$E_0 = \int_0^{\omega_D} \frac{1}{2}\hbar\omega \frac{3V\omega^2}{2\pi^2 v_p^3} d\omega = \frac{3\hbar V}{4\pi^2 v_p^3}\int_0^{\omega_D} \omega^3 d\omega$$

$$= \frac{3\hbar V}{4\pi^2 v_p^3} \cdot \frac{1}{4} \cdot \omega_D^4 = \frac{3\hbar V}{4\pi^2 v_p^3} \cdot \frac{1}{4} \cdot \omega_D^3 \cdot \omega_D$$

利用(3)式和(4)式

$$E_0 = \frac{3V}{4\pi^2 v_p^3} \cdot \frac{1}{4} \cdot \frac{6\pi^2 N}{V} \cdot v_p^3 \cdot \hbar\omega_D = \frac{9}{8}Nk_B\Theta_D$$

1 摩尔金刚石的零点振动能

$$E_0 = \frac{9}{8}N_0 k_B\Theta_D = \frac{9}{8}R\Theta_D = \frac{9}{8} \times 8.314 \times 1861 = 17419.74\text{J/mol} = 4.2\text{kcal/mol}$$

1.57　用德拜模型计算一个一维单原子点阵在温度小于德拜温度 $\Theta_D = \hbar\pi v/k_B a$ 时的热容，其中 v 是声速，a 是晶格常数，k_B 是玻尔兹曼常量.

解　对一维单原子点阵，模式密度为

$$D(\omega) = \frac{L}{\pi v}$$

点阵内能

$$E = \int_0^{\omega_D} \frac{L}{\pi v} \frac{\hbar\omega}{e^{\frac{\hbar\omega}{k_B T}} - 1} d\omega$$

其中，ω_D 由下式确定：

$$\int_0^{\omega_D} \frac{L}{\pi v} d\omega = N$$

可得

$$\omega_D = \frac{\pi N v}{L} = \frac{\pi v}{a} = \frac{k_B\Theta_D}{\hbar}$$

由此得

$$c_V = \frac{\partial E}{\partial T} = Nk_B \frac{T}{\Theta_D}\int_0^{\frac{\Theta_D}{T}} \frac{x^2 e^x}{(e^x - 1)^2} dx$$

当 $T \ll \Theta_D$ 时，$\frac{\Theta_D}{T} \to \infty$. 由此得

$$\int_0^{\frac{\Theta_D}{T}} \frac{x^2 e^x}{(e^x - 1)^2} dx = \int_0^{\infty} \frac{x^2 e^x}{(e^x - 1)^2} dx = \frac{\pi^2}{3}$$

$$c_V = \frac{\pi^2}{3} Nk_B \frac{T}{\Theta_D} = \frac{\pi k_B^2 Na}{3\hbar v} T$$

推导中代入 $\Theta_D = \hbar\pi v/k_B a$.

1.58　(1) 体积一定时，单原子分子气体每摩尔比热是什么？

(2) 双原子分子气体每摩尔比热是什么？

(3) 单原子结晶固体的比热是什么?

解 若将气体看成是理想气体,在温度为 T 时,每摩尔气体的内能为

$$E=\frac{i}{2}Nk_{\mathrm{B}}T=\frac{i}{2}RT$$

式中,i 为分子的自由度;$R=Nk_{\mathrm{B}}=2\mathrm{cal/mol\cdot K}$,为普适气体常数. 故每摩尔定容比热为

$$c_V=\left(\frac{\partial E}{\partial T}\right)_V=\frac{i}{2}R$$

(1) 对单原子分子气体 $i=3$,所以

$$c_V=\frac{3}{2}R$$

(2) 对双原子分子气体 $i=5$,所以

$$c_V=\frac{5}{2}R$$

故若把单原子和双原子分子气体,近似视为理想气体,则它们的摩尔比热均与温度无关.

(3) 应用德拜模型. 考虑一摩尔单原子晶体,它具有体积 V 并包含有常数 N(阿伏伽德罗常量)个原子. 由于有 $3N$ 个正则振动模,故在角频率 $\omega\to\omega+\mathrm{d}\omega$ 范围内的模式数为

$$D(\omega)\mathrm{d}\omega=\frac{3V\omega^2\mathrm{d}\omega}{2\pi^2v^3}$$

其中,v 是晶体声速,其德拜频率(最大频率)

$$\omega_{\mathrm{m}}=\left(\frac{6\pi^2N}{V}\right)^{\frac{1}{3}}v \tag{1}$$

固体中振动频率为 ω 的平均能量为

$$\frac{\hbar\omega}{\mathrm{e}^{\frac{\hbar\omega}{k_{\mathrm{B}}T}}-1}$$

所以 1mol 单原子晶体的平均能量为

$$\overline{E}=\int_0^{\omega_{\mathrm{m}}}\frac{\hbar\omega}{\mathrm{e}^{\frac{\hbar\omega}{k_{\mathrm{B}}T}}-1}D(\omega)\mathrm{d}\omega=\frac{3V\hbar}{2\pi^2v^3}\int_0^{\omega_{\mathrm{m}}}\frac{\omega^3}{\mathrm{e}^{\frac{\hbar\omega}{k_{\mathrm{B}}T}}-1}\mathrm{d}\omega \tag{2}$$

令 $x=\frac{\hbar\omega}{k_{\mathrm{B}}T}$,则单位摩尔固体比热

$$\begin{aligned}c_V&=\left(\frac{\partial U}{\partial T}\right)_V=\frac{3V\hbar}{2\pi^2v^3}\int_0^{\omega_{\mathrm{m}}}\omega^3\cdot\frac{\frac{\hbar\omega}{k_{\mathrm{B}}}\cdot\frac{1}{T^2}\mathrm{e}^{\frac{\hbar\omega}{k_{\mathrm{B}}T}}}{(\mathrm{e}^{\frac{\hbar\omega}{k_{\mathrm{B}}T}}-1)^2}\mathrm{d}\omega\\&=\frac{3V}{2\pi^2v^3}\cdot\frac{1}{\hbar^3}\cdot k_{\mathrm{B}}^4T^3\int_0^{\frac{\hbar\omega_{\mathrm{m}}}{k_{\mathrm{B}}T}}\left(\frac{\hbar\omega}{k_{\mathrm{B}}T}\right)^4\cdot\frac{\mathrm{e}^{\frac{\hbar\omega}{k_{\mathrm{B}}T}}}{(\mathrm{e}^{\frac{\hbar\omega}{k_{\mathrm{B}}T}}-1)^2}\mathrm{d}\left(\frac{\hbar\omega}{k_{\mathrm{B}}T}\right)\\&=\frac{3Vk_{\mathrm{B}}}{2\pi^2}\left(\frac{k_{\mathrm{B}}T}{\hbar v}\right)^3\int_0^{\frac{\hbar\omega_{\mathrm{m}}}{k_{\mathrm{B}}T}}\frac{x^4\mathrm{e}^x}{(\mathrm{e}^x-1)^2}\mathrm{d}x\end{aligned} \tag{3}$$

引入德拜温度

$$\Theta_{\mathrm{D}}=\frac{\hbar\omega_{\mathrm{m}}}{k_{\mathrm{B}}}$$

并利用(1)式得出　$v^3=\frac{V}{6\pi^2 N}\cdot\omega_m^3$，代入(3)式，则晶体比热

$$c_V = 9Nk_B\left(\frac{T}{\Theta_D}\right)^3\int_0^{\frac{\Theta_D}{T}} \frac{x^4 e^x}{(e^x-1)^2}dx$$

在高温时，$T\gg\Theta_D$，$x\ll\frac{T}{\Theta_D}$，在整个积分范围内 x 为小量，因此 c_V 表达式中被积函数可化简为

$$\frac{e^x x^4}{(e^x-1)^2}=\frac{x^4}{(e^{\frac{x}{2}}-e^{-\frac{x}{2}})^2}\approx\frac{x^4}{\left(x+\frac{x^3}{24}\right)^2}\approx\frac{x^2}{1+\frac{x^2}{12}}=x^2\left(1-\frac{x^2}{12}\right)$$

故 c_V 表达式中积分项

$$\begin{aligned}&\int_0^{\frac{\Theta_D}{T}} \frac{x^4 e^x}{(e^x-1)^2}dx\\ &=\int_0^{\frac{\Theta_D}{T}} x^2\left(1-\frac{x^2}{12}\right)dx\\ &=\frac{1}{3}\left(\frac{\Theta_D}{T}\right)^3\left[1-\frac{1}{20}\left(\frac{\Theta_D}{T}\right)^2\right]\end{aligned}$$

所以，高温下三维晶体比热

$$c_V = 9Nk_B\left(\frac{T}{\Theta_D}\right)^3\cdot\frac{1}{3}\left(\frac{\Theta_D}{T}\right)^3\left[1-\frac{1}{20}\left(\frac{\Theta_D}{T}\right)^2\right]=3Nk_B\left[1-\frac{1}{20}\left(\frac{\Theta_D}{T}\right)^2\right]$$

忽略小量$\left(\frac{\Theta_D}{T}\right)^2$，则

$$c_V = 3Nk_B$$

即在高温下三维固体比热与温度无关.

在低温时，$T\ll\Theta_D$，$\frac{\Theta_D}{T}$很大，取为∞，则 1mol 单原子晶体的平均能量表示式(2)为

$$\begin{aligned}\overline{E}&=\frac{3V\hbar}{2\pi^2 v^3}\int_0^{\omega_m}\frac{\omega^3}{e^{\frac{\hbar\omega}{k_B T}}-1}d\omega\\ &=\frac{3V\hbar}{2\pi^2 v^3}\int_0^{\frac{\hbar\omega_m}{k_B T}}\frac{\left(\frac{\hbar}{k_B T}\right)^3\omega^3}{\left(\frac{\hbar}{k_B T}\right)^3(e^{\frac{\hbar\omega}{k_B T}}-1)}\frac{d\left(\frac{\hbar\omega}{k_B T}\right)}{\left(\frac{\hbar}{k_B T}\right)}\\ &=\frac{3Vk_B^4 T^4}{2\pi^2 v^3\hbar^3}\int_0^\infty\frac{x^3 dx}{e^x-1}\end{aligned}$$

由德拜频率 ω_m 表示式(1)得到

$$V=\frac{6\pi^2 N v^3}{\omega_m^3}$$

把上式代入晶体内能表达式

$$\overline{E}=9Nk_B\cdot\frac{k_B^3 T^4}{(\hbar\omega_m)^3}\cdot\int_0^\infty\frac{x^3 dx}{e^x-1}=9Nk_B\frac{T^4}{\Theta_D}\cdot\frac{\pi^4}{15}$$

推导中利用$\int_0^{\infty}\frac{x^3\mathrm{d}x}{\mathrm{e}^x-1}=6\sum_{n=1}^{\infty}\frac{1}{n^4}=\frac{\pi^4}{15}$. 所以低温下单位摩尔

$$c_V=\left(\frac{\partial\overline{E}}{\partial T}\right)_V=qNk_{\mathrm{B}}\times 4\times\frac{T^3}{\Theta_{\mathrm{D}}^3}\times\frac{\pi^4}{15}$$
$$=\frac{12}{5}\pi^4 Nk_{\mathrm{B}}\left(\frac{T}{\Theta_{\mathrm{D}}}\right)^3=234Nk_{\mathrm{B}}\left(\frac{T}{\Theta_{\mathrm{D}}}\right)^3\propto T^3$$

得知低温下固体比热与温度 T^3 成正比.

1.59　电介质固体的声学性质支配着其热力学性质及其他性质,如光电导. 金刚石是由碳组成的单原子电介质固体,具有 10^{21}个原子/cm^2.

(1) 在图 1.36 中粗略的画出它的热容量/每原子与温度的关系;

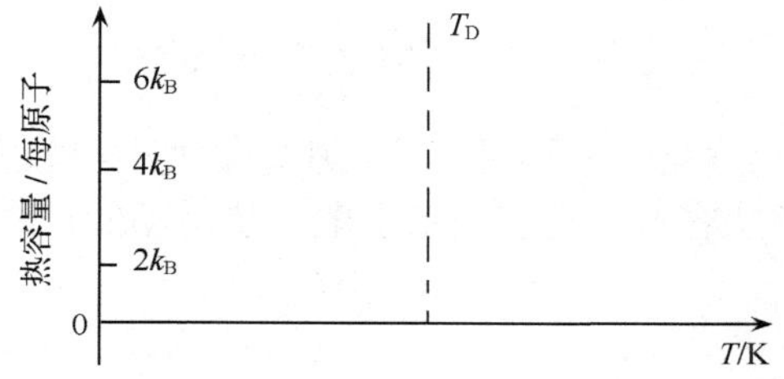

图 1.36

(2) 德拜温度 T_{D} 与德拜频 ω_{D} 率的关系;

(3) 如果低频下声速为 $5\times10^5\mathrm{cm/s}$,求 ω_{D} 的近似值.

解　(1) 参见 1.58 题解中在德拜近似下三维固体比热的求解结果,高温下 $c_V=3k_{\mathrm{B}}$,低温下 $c_V=234k_{\mathrm{B}}\left(\frac{T}{\Theta_{\mathrm{D}}}\right)^3$,画出如图 1.37 所示的三维固体热容量/每原子与温度的关系.

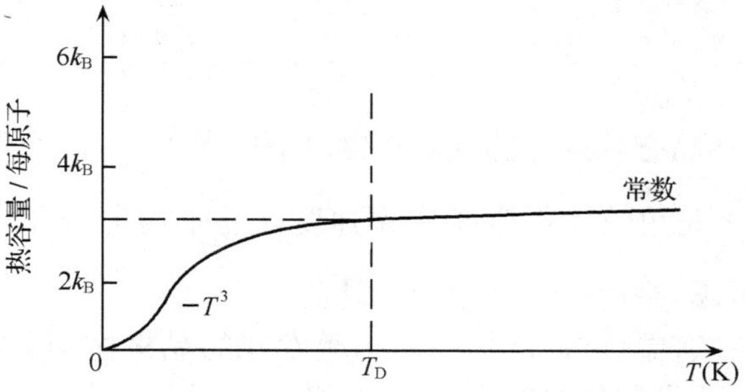

图 1.37

(2) 由 $k_{\mathrm{B}}T_{\mathrm{D}}=\hbar\omega_{\mathrm{D}}$ 得

$$T_{\mathrm{D}}=\frac{\hbar}{k_{\mathrm{B}}}\omega_{\mathrm{D}}$$

(3) 三维情况下模式密度为

$$D(\omega)=\frac{3V}{2\pi^2}\frac{\omega^2}{v^3}$$

由

$$\int_0^{\omega_D} D(\omega)\mathrm{d}\omega = 3N$$

可得

$$\omega_D = \left(6\pi^2 \frac{N}{V}\right)^{\frac{1}{3}} v = (6\pi^2 n)^{\frac{1}{3}} v$$

将 $n=10^{27}\mathrm{m}^{-3}$，$v=5\times10^3\mathrm{m/s}$ 代入后，得

$$\omega_D = 1.95\times10^{13}\mathrm{s}^{-1}$$

1.60　实验测得铁在 $T_1=20\mathrm{K}$ 时，热容 $c_V^{(1)}=0.054$ 卡/(mol·K)，在 $T_2=30\mathrm{K}$ 时，$c_V^{(2)}=0.18(\mathrm{cal/mol\cdot K})$，求铁的德拜温度.

解　根据德拜晶格热容量理论，低温下晶体比热

$$c_V = \frac{12\pi^4 Nk_B}{5}\left(\frac{T}{\Theta_D}\right)^3 = bT^3 \tag{1}$$

但在低温下，晶体电子对热容量贡献不可忽视，其贡献大小与温度成正比，所以实验测得的晶体热容量除晶体原子热容量外还应当加上电子热运动的贡献，即

$$c_V = aT + bT^3$$

由题意

$$\begin{cases} c_V^{(1)} = aT_1 + bT_1^3 & (2)\\ c_V^{(2)} = aT_2 + bT_2^3 & (3)\end{cases}$$

$[(3)\times T_1]-[(2)\times T_2]$得

$$b = \frac{c_V^{(2)}T_1 - c_V^{(1)}T_2}{T_2^3T_1 - T_1^3T_2} = \frac{0.18\times20 - 0.054\times30}{30^3\times20 - 20^3\times30} = \frac{1.98}{30\times10^4}$$

令 $N=N_0$(阿伏伽德罗常量)，由(1)式得

$$\Theta_D = \left(\frac{12\pi^4 R}{5b}\right)^{\frac{1}{3}} = \left(\frac{12\times3.1416^4\times8.134}{\frac{5\times1.98}{3\times10^5}\times4.186}\right)^{\frac{1}{3}} = 413(\mathrm{K})$$

1.61　简短地描述晶态绝缘体的热导机制. 固体、绝缘体(以及气体等)的热导率可以写成：$k=\frac{1}{3}cvl$，其中，c 是单位体积热容，v 是速度，l 是平均自由程. 对一室温下典型的晶体，从物理合理性上考虑，给出这些参数的估计值.

解　当固体中存在有温度梯度时，高温端激发起的晶格振动具有较多的振动模式和较大的振动幅度，亦即激发起较多的声子，当这些格波传至晶体的另一端，将使那里的晶格振动趋于同样多的振动模式和幅度，即声子在晶格中传播而把热量从固体的一端传至另一端. 由于晶格振动的非线性，声子间存在着相互作用，当它们从一端移向另一端时，相互间会发生碰撞，也会与晶格中的缺陷发生碰撞，而声子间的碰撞过程可以是三声子碰撞正常过程，也可以是三声子碰撞倒逆过程，但对热导起主要作用的则是倒逆过程，正是这种过程才使声子分布趋于热平衡. 因此热导率公式中的平均自由程应是声子间倒逆碰撞过程的平均自由程.

对室温下 NaCl 晶体，典型值为 $c_V\approx25\mathrm{J/(mol\cdot K)}$，$v=6\times10^4\mathrm{m/s}$，$l=2.3\times10^{-9}\mathrm{m}$，

摩尔体积 $V=27\times10^{-6}\mathrm{m}^3$，代入热导率公式可得 $k=35\mathrm{W/(m\cdot K)}$.

1.62　(1) 写出固体热导率的定义和公式；

(2) 指出传导热流的元激发；

(3) 指出在低温和高温情况下热导率对温度的依赖关系，并描述在这两个区间的主要物理过程. 画出金属热导率与温度关系的曲线.

解　(1) 固体热导率的定义为单位温度梯度所引起的能流密度 Q，即 $Q=-k\dfrac{\mathrm{d}T}{\mathrm{d}x}$中的系数 k，非金属固体中，热量是由声子传送的，热导率的表示式为

$$k=\frac{1}{3}c\bar{v}l$$

其中，c 为固体的热容，$\bar{v}$ 为声子的平均速度，l 为声子的平均自由程；

(2) 对于非金属传导热流的元激发为声子；

(3) 对于金属，其热导率通常由晶格热导率 k_a(由声子贡献)及电子热导率 k_e(由自由电子贡献)两部分所组成，即

$$k=k_\mathrm{a}+k_\mathrm{e}$$

其中

$$k_\mathrm{a}=\frac{1}{3}c_\mathrm{a}\bar{v}_\mathrm{a}l_\mathrm{a}$$

$$k_\mathrm{e}=\frac{1}{3}c_\mathrm{e}\bar{v}_\mathrm{e}l_\mathrm{e}$$

$$\frac{k_\mathrm{a}}{k_\mathrm{e}}=\frac{c_\mathrm{a}\bar{v}_\mathrm{a}l_\mathrm{a}}{c_\mathrm{e}\bar{v}_\mathrm{e}l_\mathrm{e}}$$

以典型值代入后得

$$\frac{k_\mathrm{a}}{k_\mathrm{e}}\approx10^{-2}$$

因此，对典型金属热导率主要是由自由电子贡献，即

$$k\approx k_\mathrm{e}=\frac{1}{3}c_\mathrm{e}\bar{v}_\mathrm{e}l_\mathrm{e}=\frac{\pi^2Nk_\mathrm{B}^2}{3m\bar{v}_\mathrm{e}}l_\mathrm{e}T$$

这里已应用了费米-狄拉克统计结果

$$c_\mathrm{e}=\frac{\pi^2Nk_\mathrm{B}^2T}{m\bar{v}_\mathrm{e}^2}$$

而 l_e 依赖于电子-声子散射过程，所以

$$l_\mathrm{e}\sim\frac{1}{n_\mathrm{ph}}$$

式中，n_ph为温度为 T 时的单位体积平均声子数.

(a) 在高温区(参见题解 1.50)

$$n_\mathrm{ph}\propto T\text{，则 }l_\mathrm{e}\propto T^{-1}\text{，}$$

所以 $k=$常数，与温度无关.

(b) 在低温区(参见题解 1.50)

$$n_{\mathrm{ph}} \propto T^3, \quad l_{\mathrm{e}} \propto T^{-3},$$

所以 $k \propto T^{-2}$.

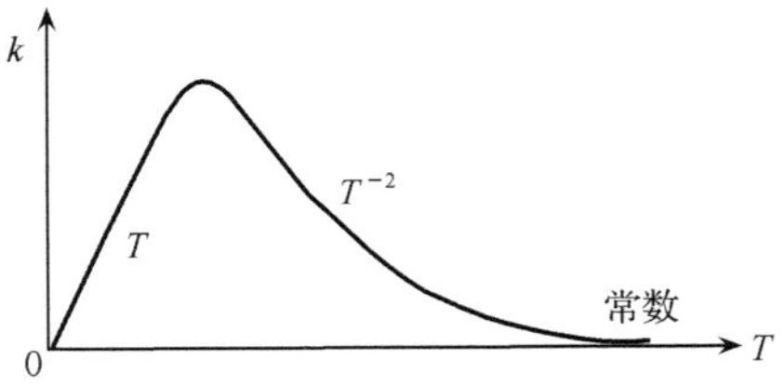

图 1.38

(c) 在极低温区，声子数很少，主要是杂质对自由电子的散射，$l_{\mathrm{e}} \propto \frac{1}{N_I}$ 与 T 无关，N_I 是晶体中杂质浓度. l_{e} 与 T 无关，所以 $k \propto T$. 由此可画出金属热导率与温度的关系曲线如图 1.38 所示.

1.63 试讨论绝缘晶体的热传导系数与温度的关系.

解 表示绝缘固体热导率系数 k 的公式为

$$k = \frac{1}{3} c_V \bar{v} \bar{l}$$

式中，c_V 是晶体的晶格热运动比热容，$\bar{v}$ 是声子平均速度，$\bar{l}$ 是声子的平均自由程. 但声子的平均速度与温度没有明显关系，所以与温度间的变化关系主要取决于 c_V 与 $\bar{l}$ 随温度的变化.

(1) c_V 与温度变化的关系.

高温下

$$c_V = 3Nk$$

c_V 与温度无关，1mol 固体 $c_V = 3R$，即杜隆-珀蒂定律. 低温下

$$c_V = \frac{12}{5} \pi^4 N k_{\mathrm{B}} \left(\frac{T}{\Theta_{\mathrm{D}}} \right)^3 \propto T^3$$

即著名的德拜 T^3 规律.

(2) 声子平均自由程 $\bar{l}$ 与温度关系

声子平均自由程 $\bar{l}$ 大小决定于声子间的碰撞次数，所以 $\bar{l}$ 应与平均声子数 $\bar{n}$ 成正比，参见题解 1.52. 高温下

$$\bar{n} \propto T$$

低温下

$$\bar{n} \propto T^{-3}$$

于是绝缘体热导率与温度关系.

(a) 高温下

$$k \propto c_V \bar{l} \propto T$$

热导率与温度 T 成正比.

(b) 低温下

$$k \propto c_V \bar{l} \propto T^3 T^{-3} \propto T^0$$

热导率与温度无关. 事实上到极低温度，声子数极少，谈不上声子间碰撞，理论上声子平均自由程 l 无限大，k 也应无限大，但实际晶体中存在杂质缺陷而引起声子散射，但这与温度无关. 所以随着温度的下降，声子平均自由程有一个最大值后就不再随温度变化，这时热导率与温度间关系就主要取决于 c_V 随温度的关系，即随 T^3 趋于零，图 1.39 示出 k

与 T 间的变化关系曲线，即从高温起随着温度的下降，热导率先以 $\frac{1}{T}$ 增大，到达一平坦区后，随着温度继续下降，以 T^3 关系减小至零．图 1.40 是在 LiF 晶体上测量得到的 k 与 T 间的实验曲线．

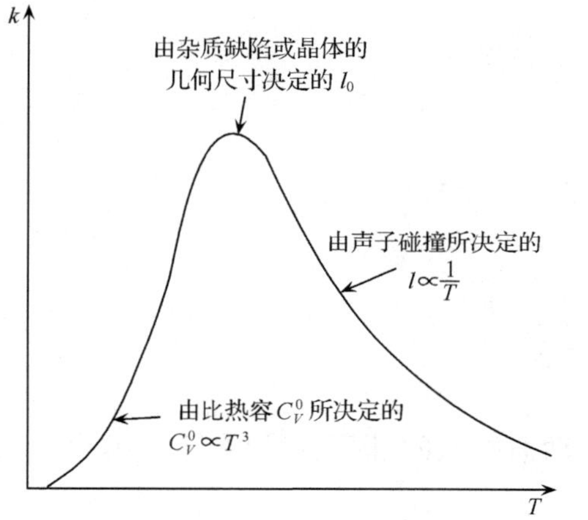

图 1.39

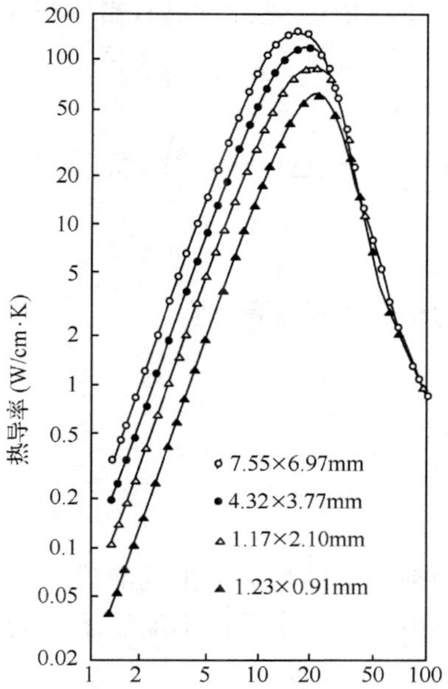

图 1.40

1.64　考虑一个内部原子振动的固体．

(1) 计算温度为 T 时频率为 ω 的声子模的自由能 F；

(2) 假设此固体是简谐的，体积弹性模量为 K，相对体积变化为 Δ，忽略声子模的色散关系，即认为 $\omega_q=\omega$，写出晶体的自由能；

(3) 如果 ω 与体积关系为 $\frac{\partial\omega}{\omega}=-\gamma\Delta$，其中 γ 称为格林艾森常量，那么温度为 T 时收缩为多少？

(4) 讨论格林艾森常量的物理意义．

解　(1) 对于频率为 ω 的声子模，配分函数为

$$Z=\sum_{n=0}^{\infty}\mathrm{e}^{-(n+1/2)\hbar\omega/k_BT}=\frac{\mathrm{e}^{-\hbar\omega/2k_BT}}{1-\mathrm{e}^{-\hbar\omega/k_BT}}$$

故自由能

$$F_1=-k_BT\ln Z=k_BT\left[\frac{1}{2}\frac{\hbar\omega}{k_BT}+\ln(1-\mathrm{e}^{-\hbar\omega/k_BT})\right]$$

(2) 晶体的自由能为

$$F(V,T)=U(V)+k_BT\sum_q\left[\frac{\hbar\omega_q}{2k_BT}+\ln(1-\mathrm{e}^{-\hbar\omega_q/k_BT})\right]$$

若认为 $\omega_q=\omega$，并令 N 为晶体的自由度，V 为晶体体积，则

$$F(V,T)=U(V)+Nk_BT\left[\frac{\hbar\omega}{2k_BT}+\ln(1-e^{-\hbar\omega/k_BT})\right]$$

其中，$U(V)$ 是 $T=0$K 时晶体的内能.

(3) 由于非线性振动，当体积改变时，ω 也随着改变，因此晶体的状态方程为

$$P=-\left(\frac{\partial F}{\partial V}\right)_T=-\left(\frac{\partial U}{\partial V}\right)_T-N\left(\frac{1}{2}\hbar+\frac{\hbar e^{-\hbar\omega/k_BT}}{1-e^{-\hbar\omega/k_BT}}\right)\frac{\partial\omega}{\partial V}$$

由于 $\frac{\partial\omega}{\omega}=-\gamma\Delta=-\gamma\frac{\Delta V}{V}$，所以 $\frac{\partial\omega}{\partial V}=-\gamma\frac{\omega}{V}$，式中

$$\gamma=-\frac{\partial\ \ln\omega}{\partial\ \ln V}$$

称为格林艾森常量，则

$$P=-\left(\frac{\partial U}{\partial V}\right)_T+\gamma\frac{\overline{E}}{V}\tag{1}$$

其中

$$\overline{E}=N\left(\frac{1}{2}\hbar+\frac{\hbar\omega}{e^{\hbar\omega/k_BT}-1}\right)$$

是频率为 ω 的格波的振动能量.

由于热膨胀是在不加压下，由晶格热振动而引起的，因此可以令 $P=0$，由(1)式可得到

$$\frac{\partial U}{\partial V}=\gamma\frac{\overline{E}}{V}$$

将 $\frac{\partial U}{\partial V}$ 在静止晶格体积 V_0 附近作泰勒展开，保留至 ΔV 项，

$$\frac{\partial U}{\partial V}=\left(\frac{\partial U}{\partial V}\right)_{V_0}+\left(\frac{\partial^2U}{\partial V^2}\right)_{V_0}\Delta V\approx\left(\frac{\partial^2U}{\partial V^2}\right)_{V_0}\Delta V$$

由于静止晶格的体弹性模量为

$$K=V_0\left(\frac{\partial^2U}{\partial V^2}\right)_{V_0}$$

所以

$$\frac{\partial U}{\partial V}=K\frac{\Delta V}{V_0}=\gamma\frac{\overline{E}}{V}$$

即

$$\frac{\Delta V}{V_0}=\gamma\frac{\overline{E}}{KV}\tag{2}$$

(4) 将(2)式两端对 T 求微商，并考虑到 $\overline{E}$ 对 T 的变化远大于 V 对 T 的变化，即 $\frac{\partial\overline{E}}{\partial T}\gg\frac{\partial V}{\partial T}$，得到

$$\frac{1}{V_0}\frac{\partial(\Delta V)}{\partial T}=\frac{\gamma}{KV}\frac{\partial\overline{E}}{\partial T}=\frac{\gamma}{KV}c_V$$

由体膨胀系数的定义

$$\alpha = \frac{1}{V_0}\left(\frac{\partial V}{\partial T}\right)_P$$

所以

$$\alpha = \gamma \frac{c_V}{KV}$$

由上式可看出，如果晶体作严格的线性振动，$\gamma=0$，则 $\alpha=0$，即不会有热膨胀现象发生，由于 γ 表示了热膨胀的大小，也就是反映了晶格振动的非线性.

1.65　质量为 M_+ 和 M_- 的正负离子等间距(距离为 a)排列成一维晶格，近邻两离子间的相互作用势为

$$u(r) = -\frac{e^2}{r} + \frac{e^2 b^{n-1}}{nr^n}$$

式中，e 为电子电荷，n 及 b 为常数，求：

(1) 采用德拜模型，求晶格德拜温度；

(2) 计算晶格的格林艾森常量数.

解　先求一维晶格振动的色散关系，在简谐近似下，计算得相邻原子间相互作用的恢复力常数为

$$\beta = \left(\frac{\mathrm{d}^2 u(r)}{\mathrm{d}r^2}\right)_{r=a} = -\frac{2e^2}{a^3} + \frac{e^2(n+1)b^{n-1}}{a^{n+2}} \tag{1}$$

而在平衡位置 $r=a$，$u(r)$ 应取极小值

$$\left(\frac{\mathrm{d}u(r)}{\mathrm{d}r}\right)_{r=a} = \frac{e^2}{a^2} - \frac{e^2 b^{n-1}}{a^{n+1}} = 0$$

所以 $a=b$，代入(1)式，得恢复力常数为

$$\beta = (n-1)e^2 b^{-3}$$

在近邻离子恢复力作用下，离子作围绕平衡位置振动，如图 1.41，写出正负离子的运动方程

$$\begin{aligned} M_- \frac{\mathrm{d}^2 x_{2n+1}}{\mathrm{d}x^2} &= \beta(x_{2n+2} + x_{2n} - 2x_{2n+1}) \\ M_+ \frac{\mathrm{d}^2 x_{2n+2}}{\mathrm{d}x^2} &= \beta(x_{2n+3} + x_{2n+1} - 2x_{2n+2}) \end{aligned} \tag{2}$$

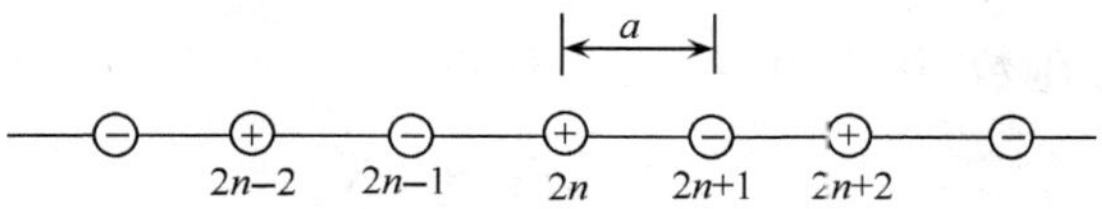

图 1.41

这里用 x_{2n}，x_{2n+2}，…表示正离子位移，而用 x_{2n+1}，x_{2n+3}，…，表示负离子位移，如 1.54 题的运动方程求解，令 $M_-=m$，$M_+=M$，得方程(2)解为

$$\omega_-^2 = \frac{\beta}{M_+ M_-}\{(M_+ + M_-) - [M_+^2 + M_-^2 + 2M_+ M_- \cos(2qa)]^{\frac{1}{2}}\}$$

$$= \frac{(n-1)e^2b^{-3}}{\mu}\left[1-\left(1-\frac{4\mu}{M}\sin^2 qb\right)^{\frac{1}{2}}\right] \tag{3}$$

$$\omega_+^2 = \frac{(n-1)e^2b^{-3}}{\mu}\left[1+\left(1+\frac{4\mu}{M}\sin^2 qb\right)^{\frac{1}{2}}\right]$$

式中应用 $a=b$,及

$$M = M_+ + M_-$$

$$\frac{1}{\mu} = \frac{1}{M_+} + \frac{1}{M_-}$$

(1) 在德拜模型中,一维晶格中传播的是弹性波,而且只有一支. 在长波近似下,即 $q\to 0$,由方程(3)得

$$\omega_-^2(q) = \frac{(n-1)e^2b^{-3}}{\mu}\left[1-\left(1-\frac{4\mu}{M}\sin^2 qb\right)^{\frac{1}{2}}\right] = \frac{(n-1)e^2b^{-3}}{\mu}\left[1-\left(1-\frac{4\mu}{M}(qb)^2\right)^{\frac{1}{2}}\right]$$

$$= \frac{(n-1)e^2b^{-3}}{\mu}\left[1-1+\frac{1}{2}\frac{4\mu}{M}(qb)^2\right] = \frac{2(n-1)e^2}{Mb}q^2$$

所以

$$\omega_-(q) = \sqrt{\frac{2(n-1)e^2}{Mb}}q$$

即 $\omega_-(q)\propto q$ 是弹性波,令

$$v_p = \sqrt{\frac{2(n-1)e^2}{Mb}}$$

v_p 是弹性波波速,则一维晶格声学支色散关系为

$$\omega_-(q) = v_p q \tag{4}$$

设一维晶格模式密度为 $D(\omega)$

$$D(\omega)d\omega = \frac{2Na}{2\pi}\cdot 2dq$$

由(4)式

$$\frac{d\omega}{dq} = v_p$$

所以模式密度

$$D(\omega) = \frac{2Na}{2\pi}\cdot 2\cdot\frac{1}{v_p} = \frac{2Na}{\pi v_p} \tag{5}$$

式中,N 为一维格子原胞数目,应用德拜模型假设

$$\int_0^{\omega_m} D(\omega)d\omega = 2N$$

$2N$ 是一维格子总自由度,代入(5)式

$$\int_0^{\omega_m}\frac{2Na}{\pi v_p}d\omega = \frac{2Na}{\pi v_p}\omega_m = 2N$$

所以

$$\omega_m = \frac{\pi v_p}{b} = \frac{\pi}{b}\sqrt{\frac{2(n-1)e^2}{Mb}}$$

(2) 根据格林艾森常量的定义,对一维格子

$$\gamma=-\frac{\mathrm{d}\ln\omega_i}{\mathrm{d}\ln L}$$

L 是一维格子长度,$L=2Na$,$i=1$ 是声学波 ω_-,$i=2$ 是光学波 ω_+.

$$\begin{aligned}\gamma&=-\frac{\mathrm{d}\ln\omega_i}{\mathrm{d}\ln L}=-\frac{\mathrm{d}\ln\omega_i}{\mathrm{d}\ln(2Na)}\\&=-(2Na)\frac{\mathrm{d}\ln\omega_i}{\mathrm{d}(2Na)}=-a\frac{\mathrm{d}\ln\omega_i}{\mathrm{d}a}\end{aligned}\tag{6}$$

根据周期性边界条件,q 取离散值

$$q=\frac{2\pi}{L}l=\frac{2\pi}{2Na}l,\quad l=0,\pm1,\pm2,\cdots$$

把 q 值代入 ω_-,ω_+ 表示式(3),有

$$\begin{aligned}\omega_-^2&=\frac{\beta}{M_+M_-}\left\{(M_++M_-)-\left[M_+^2+M_-^2+2M_+M_-\cos\frac{2\pi l}{N}\right]^{\frac{1}{2}}\right\}\\\omega_+^2&=\frac{\beta}{M_+M_-}\left\{(M_++M_-)+\left[M_+^2+M_-^2+2M_+M_-\cos\frac{2\pi l}{N}\right]^{\frac{1}{2}}\right\}\end{aligned}\tag{7}$$

对方程(7)两边取对数,求微分得

$$2\ln\omega_-=2\ln\omega_+=\ln\beta$$

代入(6)式,格林艾森常量

$$\gamma=-a\frac{\mathrm{d}\ln\omega}{\mathrm{d}a}=-\frac{a}{2\beta}\frac{\mathrm{d}\beta}{\mathrm{d}a}$$

应用(1)得

$$\begin{aligned}\gamma&=-\frac{a}{2}\left(\frac{\mathrm{d}^3u(r)}{\mathrm{d}r^3}\right)\Bigg|_{r=a}\Bigg/\left(\frac{\mathrm{d}^2u(r)}{\mathrm{d}r^2}\right)\Bigg|_{r=a}\\&=-\frac{b}{2}\frac{\frac{e^2}{b^4}(4-3n-n^2)}{(n-1)e^2b^{-3}}=\frac{n+4}{2}\end{aligned}$$

显然,由于$\left(\frac{\mathrm{d}^3u(r)}{\mathrm{d}r^3}\right)\Big|_{r=a}\neq0$,即离子间相互作用存在非简谐项,才有格林艾森常量.

第四节　晶体缺陷及其运动

1.66　(1) 证明热平衡时,晶体中弗仑克尔缺陷的数目 n 的表达式

$$n=\sqrt{NN'}\,\mathrm{e}^{-\frac{u}{2k_\mathrm{B}T}}$$

其中,N 为晶体中原子的总数,N'为晶体中的间隙位置总数,u 代表将一个原子从正常格点位移到一个间隙位置而产生的一个弗仑克尔缺陷所需的能量;

(2) 在简单晶格中可以假设间隙位置总数与晶体原子总数(格点总数)近似相等,又一个弗仑克尔缺陷形成能 $u=1\mathrm{eV}$,那么要使晶体中有千分之一的原子变成间隙原子需要多高的温度?

解　(1) 由于 $n \ll N, n \ll N'$，所以可以认为填隙原子和空位彼此相距了足够大的距离，因此从 N 个原子取出 n 个 $(1 \ll n \ll N)$ 原子而形成 n 个空位的可能有的方式数为

$$W' = \frac{N!}{(N-n)!n!}$$

这 n 个原子排列到 N' 个间隙位置上形成填隙原子时可能有的方式数为

$$W'' = \frac{N'!}{(N'-n)!n!}$$

故晶体中形成 n 个弗仑克尔缺陷带来的微观状态总数为

$$W(n) = W'W'' = \frac{N!N'!}{(N-n)!(N'-n)!n!n!}$$

与此同时，可以认为存在有弗仑克尔缺陷的晶体的能量比理想晶格高出

$$\Delta U(n) = nu$$

所以晶体中由弗仑克尔缺陷而产生的配分函数为

$$Z = \sum W(n) \mathrm{e}^{-\frac{\Delta U(n)}{k_B T}}$$

注意上式中 $\mathrm{e}^{-\frac{\Delta U(n)}{k_B T}}$ 随 n 增加迅速减小，但是 $W(n)$ 随 n 增加却迅速增大，因此 $\left(W(n)\mathrm{e}^{-\frac{\Delta U(n)}{k_B T}}\right)$ 函数必然有一个很尖锐的极大值，相应于这个 n 的极值的分布是最概然分布，表明这时体系处于平衡状态，由斯特林公式，$\ln x! = x\ln x - x$（当 x 是大数时）

$$\begin{aligned}\ln\left\{W(n)\mathrm{e}^{-\frac{\Delta U(n)}{k_B T}}\right\} &= \ln W(n) - n\frac{u}{k_B T} \\ &= N\ln N + N'\ln N' - 2n\ln n - (N-n)\ln(N-n) \\ &\quad - (N'-n)\ln(N'-n) - n\frac{u}{k_B T}\end{aligned}$$

由极值条件

$$0 = \frac{\partial}{\partial n}\ln\left\{W(n)\mathrm{e}^{-\frac{\Delta U(n)}{k_B T}}\right\} = -2\ln n + \ln(N-n) + \ln(N'-n) - \frac{u}{k_B T}$$

得

$$\frac{n^2}{(N-n)(N'-n)} = \mathrm{e}^{-\frac{u}{k_B T}}$$

$$n = \sqrt{(N-n)(N'-n)}\,\mathrm{e}^{-\frac{u}{2k_B T}}$$

缺陷浓度不太高时，$n \ll N, n \ll N'$，则

$$n = \sqrt{NN'}\,\mathrm{e}^{-\frac{u}{2k_B T}}$$

得证.

(2) $N = N'$，填隙原子浓度

$$n = N\mathrm{e}^{-\frac{u}{2k_B T}}$$

则

$$T = \frac{u}{2k_B}\frac{1}{\ln(N/n)} = \frac{1.602 \times 10^{-19}}{2 \times 1.381 \times 10^{-23}} \cdot \frac{1}{\ln 10^{-3}} = 840(\mathrm{K})$$

1.67　(1) 在离子晶体中，由于电中性的要求，肖特基缺陷都是成对地产生，令 n 代

表正负离子空位的对数，E 是产生一对肖特基缺陷所需要的能量，N 为整个离子晶体中正负离子对的数目，试证明

$$n = N\mathrm{e}^{-\frac{u}{2k_B T}}$$

(2) 肖特基缺陷是晶体内部的原子(离子)跑到晶体表面上，而使原来的位置变为空位缺陷，因此肖特基缺陷将引起晶体体积增大，试由上述结论估计离子晶体中有肖特基缺陷时其体积相对变化 $\Delta V/V$；

(3) 设 NaCl 只有肖特基缺陷，在 800℃时用 X 射线衍射测定 NaCl 的离子间隙，由此确定的质量密度计算得的分子量为 58.430，而用化学方法测定得分子量为 58.454，试计算在 800℃时缺陷的相对浓度以及正负离子空位对的形成能.

解　(1) 肖特基缺陷是一种热缺陷，它们是由于晶体中的热涨落现象自然产生的，其平衡浓度的数值可以由热力学统计物理方法的研究其平衡过程得到. 在较低的压力 P 和一定的温度下，热力学过程态函数自由能

$$F = U - TS$$

式中的 U 是内能，S 是熵，因此肖特基缺陷在形成过程中晶体自由能 F 发生变化

$$\Delta F = \Delta U - T\Delta S$$

其过程的热平衡条件为

$$\frac{\partial\, \Delta F}{\partial\, n} = 0 \tag{1}$$

首先，计算产生 n 个正负离子空位对引起晶体内能改变

$$\Delta U = nu$$

同时，体系的微观状态数目也发生变化

$$W = W'W''$$

W'是在 N 个离子格点中形成 n 个负离子空位的可能方式数

$$W' = \frac{N!}{(N-n)!n!}$$

而 W''是从 N 个正离子中取出 n 个正离子形成 n 个正离子空位的可能方式数

$$W'' = \frac{N!}{(N-n)!n!}$$

所以肖特基缺陷出现引起的晶体体系熵的改变

$$\Delta S = k_B \ln W = 2k_B \ln \frac{N!}{(N-n)!n!}$$

故晶体自由能的改变为

$$\Delta F = nu - 2k_B T \ln \frac{N!}{(N-n)!n!}$$

代入热平衡条件(1)式，并利用斯特令公式(当是个很大的数时)

$$\frac{\mathrm{d}\ln(x!)}{\mathrm{d}x} = \ln x$$

得出

$$u = 2k_B T \ln \frac{N-n}{n}$$

即

$$n=(N-n)\mathrm{e}^{-\frac{u}{2k_BT}}$$

因为 $n\ll N$，所以

$$n=N\mathrm{e}^{-\frac{u}{2k_BT}}$$

(2) 设 NaCl 晶体中一个 NaCl 分子所占体积为 v，则当产生 n 对正负离子空位时，由于 n 对正负离子对跑到了晶体表面，晶体体积的增加量为

$$\Delta V=nv$$

而无肖特基缺陷时，晶体体积

$$V=Nv$$

故

$$\frac{\Delta V}{V}=\frac{nv}{Nv}=\frac{n}{N}$$

代入上面结果 $n=N\mathrm{e}^{-\frac{E}{2k_BT}}$，得

$$\frac{\Delta V}{V}=\frac{n}{N}=\mathrm{e}^{-\frac{E}{2k_BT}} \tag{2}$$

(3) 用 X 射线测量得的原子间距是 NaCl 晶体实际的原子间距，设 X 射线测得 NaCl 离子间距为 b，则其晶体的晶格常数为 $2b$，NaCl 晶体一个晶胞包含 4 个 NaCl 分子，一个 NaCl 分子所占体积为

$$\frac{(2b)^3}{4}=2b^3$$

这时，如果又在 800℃下测得晶体总质量为 M，体积(是含有肖特基缺陷时候的体积)为 V，由此，确定的 NaCl 晶体密度 ρ 与 NaCl 分子量 m' 有如下关系：

$$\rho=\frac{M}{V}=\frac{\frac{m'}{N_0}}{2b^3}$$

即

$$m'=\frac{M}{V}N_0\cdot 2b^3=\frac{2b^3MN_0}{V}$$

式中 N_0 是阿佛伽德罗常量，而用化学方法测得的分子量 m 是 NaCl 的真实分子量，那么相应于用 NaCl 晶体密度来换算时，NaCl 晶体总质量为 M，但是其所占体积应该是无肖特基缺陷时候的体积 V_0，即 NaCl 分子真实分子量应该有以下表达式：

$$m=\frac{2b^3MN_0}{V_0}$$

由题设，

$$\frac{m}{m'}=\frac{\frac{2b^3MN_0}{V_0}}{\frac{2b^3MN_0}{V}}=\frac{58.454}{58.430}$$

即

$$\frac{V}{V_0}=\frac{58.454}{58.430}$$

得到

$$1+\frac{\Delta V}{V_0}=\frac{58.454}{58.430}$$

利用上面(2)式结果

$$\frac{\Delta V}{V_0}=\frac{n}{N}=\frac{58.454}{58.430}-1=4.1\times10^{-4}$$

所以在 800℃时，NaCl 晶体中肖特基缺陷的相对浓度

$$\frac{n}{N}=4.1\times10^{-4}$$

同样，根据上面(2)式的结果，求得 NaCl 晶体正负离子空位形成能

$$\begin{aligned} u&=2k_BT\cdot\left(\ln\frac{N}{n}\right)\\ &=2\times8.615\times10^{-5}\times(800+273)\times\ln\left(\frac{1}{0.00041}\right)\\ &=1.17(\mathrm{eV}) \end{aligned}$$

1.68 单晶硅晶格常数 $a=5.4295$Å，密度 $\rho=2.3306\times10^3\mathrm{kg\cdot m^{-3}}$，当掺入0.314%硼后，晶格常数减少了 0.0046Å，密度却增加了 1.54kg·m^{-3}，掺杂硼前后均在$T=293$K下进行，试用这些数据判断掺入的硼在硅中是间隙式或替位式杂质.（硼原子量 10.811，硅原子量28.086.）

解 设掺杂在硅单晶中的硼杂质均匀分布，因此可以选取(1×10^5 个晶胞)大小的晶体部分来分别简化计算——硼取间隙式或替位式所引起晶体密度的变化(晶胞的大小可以任意，不会影响结果)，取更接近测量值的计算结果来判断硼在硅中是间隙式还是替位式杂质.

根据测量，掺硼后，硅的密度和晶格常数分别是

$$\rho'=(2.3306+0.00154)\times10^3\mathrm{kg\cdot m^{-3}}=2.33214\times10^3\mathrm{kg\cdot m^{-3}}$$

$$a'=(5.4295-0.0046)\text{Å}=5.4249\text{Å}$$

硅是金刚石结构，一个晶胞包含有 8 个硅原子，1×10^5 个晶胞一共有 8×10^5 个硅原子，现在掺入 0.314%硼，该晶胞中有硼原子

$$8\times10^5\times0.314\%=2512\text{ 个}$$

先假设硼原子在硅中取间隙式位置，晶胞团的密度为

$$\begin{aligned} \rho_i''&=\frac{M}{V}\\ &=\frac{8\times10^5\times\dfrac{28.086\times10^{-3}}{6.022\times10^{23}}+2.512\times10^3\times\dfrac{10.811\times10^{-3}}{6.022\times10^{23}}}{1\times10^5\times(5.4249\times10^{-10})^3}\\ &=\frac{8\times10^5\times28.086\times10^{-3}+2.512\times10^3\times10.811\times10^{-3}}{10^5\times(5.4249\times10^{-10})^3\times6.022\times10^{23}}\\ &=\frac{22468.8+27.157}{159.6523116\times6.022\times10^{-2}} \end{aligned}$$

$$= \frac{22495.957}{961.4262205 \times 10^{-2}}$$
$$= 2339.852661$$
$$= 2.33985 \times 10^{3} (\mathrm{kg \cdot m^{-3}})$$

而当硼原子是替位式杂质时，则晶胞团中有 2512 个硼原子，有 $8 \times 10^5 - 2512 = 7.97488 \times 10^5$ 个硅原子，晶胞团密度是

$$\rho_s'' = \frac{797488 \times \dfrac{28.086 \times 10^{-3}}{6.022 \times 10^{23}} + 2512 \times \dfrac{10.811 \times 10^{-3}}{6.022 \times 10^{23}}}{1 \times 10^5 \times (5.4249 \times 10^{-10})^3}$$
$$= \frac{797488 \times 28.086 \times 10^{-3} + 2512 \times 10.811 \times 10^{-3}}{1 \times 10^5 \times (5.4249 \times 10^{-10})^3 \times 6.022 \times 10^{23}}$$
$$= \frac{22398.24797 + 27.157}{159.6523116 \times 6.022} = 2.33251 (\mathrm{kg \cdot m^{-3}})$$

可以看出 $\rho_s'' = 2.33251 \times 10^3 \mathrm{kg \cdot m^{-3}}$ 比 $\rho_i'' = 2.33985 \times 10^3 \mathrm{kg \cdot m^{-3}}$ 更加接近实际测量值 $\rho' = 2.33214 \times 10^3 \mathrm{kg \cdot m^{-3}}$，所以硼在硅中是替位式杂质.

1.69 在由 N 个原子组成的单原子简单立方晶体中，考虑处于热平衡的空位形成的点缺陷.

(1) 若晶体的温度为 T，产生一个空位所需要的能量为 u，写出热平衡时这种缺陷的数目 $n(n \ll N)$；

(2) 现在考虑晶格振动(即声子)对结果的影响，即把每个原子看作是独立的振子，对于一个给定的原子，视其周围有无一个空位来选择不同的频率 ω' 和 ω，此时，缺陷的数目 n 应做何修正?

(3) 两个频率中哪一个大?

解 (1) 从 N 个原子中取出 n 个原子而形成 n 个空位的可能方式数为

$$W = \frac{N!}{(N-n)!n!}$$

这是由于晶体中产生缺陷所引起的微观状态数的增加，故位形熵的改变为

$$\Delta S = k_B \ln W$$

而产生 n 个空位使得晶体内能增加为

$$\Delta U = nu$$

故产生 n 个空位使得晶体体系自由能改变是

$$\Delta F = nu - k_B T \ln W = nu - k_B T \ln \frac{N!}{(N-n)!n!}$$

热平衡时，空位点缺陷数由下列条件决定：

$$\frac{\partial \Delta F}{\partial n} = 0$$

利用斯特令公式，$\ln x! = x\ln x - x$（x 是很大的数），并且注意 N, n 都是很大的数，但 $n \ll N$，可以得到

$$u - k_{\mathrm{B}}T\ln\frac{N}{n} = 0$$

所以热平衡时空位点缺陷数目是

$$n = N\mathrm{e}^{-u/k_{\mathrm{B}}T}$$

(2) 下面考虑声子对结果的影响.

由 1.64 题解,频率为 ω 的声子对晶体自由能的贡献

$$k_{\mathrm{B}}T\left[\frac{\hbar\omega}{2k_{\mathrm{B}}T} + \ln\left(1 - \mathrm{e}^{-\frac{\hbar\omega}{k_{\mathrm{B}}T}}\right)\right] = k_{\mathrm{B}}T\ln\frac{\hbar\omega}{k_{\mathrm{B}}T}$$

其中,$\hbar\omega \ll k_{\mathrm{B}}T$,所以,在没有空位缺陷,共有 N 个原子的晶体中,由于晶格振动状态总数目为 $3N$,而每个原子又独立以频率 ω 振动,故晶体原子振动对晶体自由能贡献为

$$3Nk_{\mathrm{B}}T\ln\frac{\hbar\omega}{k_{\mathrm{B}}T}$$

而在单原子简单立方晶体中,当晶体存在 n 个空位时,每一个空位附近有 6 个原子振动频率为 ω',它们对体系自由能的贡献

$$3\times 6\times nk_{\mathrm{B}}T\ln\frac{\hbar\omega'}{k_{\mathrm{B}}T} = 18nk_{\mathrm{B}}T\ln\frac{\hbar\omega'}{k_{\mathrm{B}}T}$$

但晶体中仍然有 $3(N-6n)$原子振动频率为 ω,它们对晶体自由能的贡献

$$3\times(N-6n)k_{\mathrm{B}}T\ln\frac{\hbar\omega}{k_{\mathrm{B}}T}$$

故晶体中出现 n 个空位缺陷以后,晶体原子振动引起晶体自由能的变化为

$$3(N-6n)k_{\mathrm{B}}T\ln\frac{\hbar\omega}{k_{\mathrm{B}}T} + 18nk_{\mathrm{B}}T\ln\frac{\hbar\omega'}{k_{\mathrm{B}}T} - 3Nk_{\mathrm{B}}T\ln\frac{\hbar\omega}{k_{\mathrm{B}}T} = 18nk_{\mathrm{B}}T\ln\frac{\omega'}{\omega}$$

所以考虑到空位附近原子振动频率改变为 ω'后,晶体自由能改变是

$$\Delta F = nu - k_{\mathrm{B}}T\ln W + 18nk_{\mathrm{B}}T\ln\frac{\omega'}{\omega}$$

式中,$-k_{\mathrm{B}}T\ln W$ 是形成 n 个空位所引起位形熵的改变,见本题(1)解

$$-k_BT\ln W = -k_BT\ln\frac{N!}{(N-n)!n!}$$

代入上式,晶体自由能的改变

$$\Delta F = -nu - k_{\mathrm{B}}T\ln\frac{N!}{(N-n)!n!} + 18nk_{\mathrm{B}}T\ln\frac{w'}{w}$$

由热平衡条件,并利用斯特令公式 $\ln x! = x\ln x - x$,得到

$$u - k_{\mathrm{B}}T\ln\frac{N}{n} + 18k_{\mathrm{B}}T\ln\frac{\omega'}{\omega} = 0$$

所以

$$n = N\left(\frac{\omega}{\omega'}\right)^{18}\mathrm{e}^{-\frac{u}{k_{\mathrm{B}}T}}$$

(3) 当原子周围有空位时,由于它偏离平衡位置,所受的恢复力较小,故 ω'较 ω 为小.

1.70　晶体中产生的肖特基缺陷将给晶体性质带来了影响.

(1) 产生肖特基缺陷时,于格点上脱落的原子在晶体内部不断迁移,最后定位于晶体

表面，形成了新的一层，这使得晶体体积增大；

(2) 肖特基缺陷的形成能 u 是温度的函数，$u=u_0-\beta T$，u_0 为 0K 时候的形成能，β 是常数；

(3) 晶体中空位缺陷附近的原子振动频率发生改变，考虑了这些影响，试证明肖特基缺陷浓度 n

$$n = N\left(\frac{\omega_E}{\omega'}\right)^{3m} e^{\frac{\beta}{k_B}} e^{-pV_0/k_BT} e^{-u_0/k_BT}$$

式中，ω_E 是晶体中未产生肖特基缺陷前，原子振动频率(爱因斯坦模型)，ω' 是在肖特基缺陷形成后，空位缺陷附近 m 个原子的振动频率，p 是空气压强，V_0 是晶体中平均每个原子占据的体积.

解 晶体中产生肖特基缺陷可以看作是一个等温等压热力学过程，表征这一过程态函数是吉布斯函数

$$G = U - TS + pV$$

肖特基缺陷的形成，使晶体体系吉布斯自由能发生改变，改变量 ΔG 为

$$\Delta G = \Delta U - T\Delta S + p\Delta V \tag{1}$$

(1) 形成了 n 个肖特基缺陷，使得体系内能增加

$$\Delta U = nu = n(u_0 - \beta T) \tag{2}$$

(2) n 个肖特基缺陷使晶体体积增大，其增加量为

$$\Delta V = (N+n)V_0 - NV_0 = nV_0$$

式中，N 是晶体原子总数，故体积变化使吉布斯自有能增加了

$$p\Delta V = pnV_0 \tag{3}$$

(3) 在统计物理上，体系熵可以分别通过热力学概率 W(肖特基缺陷在晶体中占据方式所产生的微观状态数目)，配分函数 Z 等给出，即

$$S' = k_B \ln W$$

和

$$S'' = k_B \ln Z$$

现在先考虑未形成肖特基缺陷前晶体中 N 个原子振动的配分函数. 采用爱因斯坦模型，每个原子都以 ω_E 独立振动，其能量本征值

$$\varepsilon_l = \left(l + \frac{1}{2}\right)\hbar\omega_E \qquad (l = 0,1,2,\cdots)$$

各能级都是非简并，单个原子热振动的配分函数为

$$Z_1 = \sum e^{-\frac{\varepsilon_l}{kT}} = \sum e^{-\frac{\left(l+\frac{1}{2}\right)\hbar\omega_E}{k_BT}} = e^{-\frac{\hbar\omega_E}{2k_BT}}\left(1 - e^{-\frac{\hbar\omega_E}{k_BT}}\right)^{-1}$$

N 个原子组成的晶体其晶格振动的状态数为 $3N$，故该晶体体系的配分函数

$$Z_0 = (Z_1)^{3N} = e^{-\frac{3N}{2}\cdot\frac{1}{k_BT}\cdot\hbar\omega_E} \cdot \left[\frac{1}{1 - e^{-\frac{\hbar\omega_E}{k_BT}}}\right]^{3N}$$

$$S_0 = k_B \ln Z_0 = -k_B \cdot \frac{3N}{2} \cdot \frac{\hbar\omega_E}{k_BT} - k_B \cdot 3N \cdot \ln\left(1 - e^{-\frac{\hbar\omega_E}{k_BT}}\right)$$

但当晶体中出现 n 个肖特基缺陷时，在空位缺陷附近 m 个原子振动频率改变成为 ω'，这就是说在 $3N$ 个振动状态中有 $3nm$ 个振动状态为 ω'，有 $(3N-3nm)$ 个振动状态的频率仍然是 ω_E，所以在肖特基缺陷形成后，体系的配分函数

$$Z = e^{-\frac{3(N-nm)\hbar\omega_E}{2k_BT}} \cdot e^{-\frac{3nm\hbar\omega'}{2k_BT}} \cdot \left(\frac{1}{1-e^{-\frac{\hbar\omega_E}{k_BT}}}\right)^{3(N-nm)} \cdot \left(\frac{1}{1-e^{-\frac{\hbar\omega'}{k_BT}}}\right)^{3nm}$$

$$\begin{aligned} S &= k_B\ln Z \\ &= -k_B\frac{3(N-nm)\hbar\omega_E}{2k_BT} - k_B\frac{3nm\hbar\omega'}{2k_BT} - k_B3(N-nm)\ln(1-e^{-\frac{\hbar\omega_E}{k_BT}}) \\ &\quad - k_B3nm\ln(1-e^{-\frac{\hbar\omega'}{k_BT}}) \\ &= -\frac{3N}{2T}\hbar\omega_E + \frac{3nm}{2T}\hbar(\omega_E-\omega') - k_B\cdot 3(N-nm)\ln(1-e^{-\frac{\hbar\omega_E}{k_BT}}) \\ &\quad - k_B\cdot 3nm\ln(1-e^{-\frac{\hbar\omega'}{k_BT}}) \end{aligned}$$

于是 n 个肖特基缺陷形成后，晶体原子振动引起的体系熵的改变

$$\begin{aligned} \Delta S_1 &= S - S_0 \\ &= -\frac{3N}{2T}\hbar\omega_E + \frac{3nm}{2T}\hbar(\omega_E-\omega') - k_B\cdot 3(N-nm)\ln(1-e^{-\frac{\hbar\omega_E}{k_BT}}) \\ &\quad - k_B\cdot 3nm\ln(1-e^{-\frac{\hbar\omega'}{k_BT}}) - \left[-k_B\frac{3N}{2k_BT}\hbar\omega_E - k_B\cdot 3N\ln(1-e^{-\frac{\hbar\omega_E}{k_BT}})\right] \\ &= -\frac{3nm}{2T}\hbar(\omega'-\omega_E) + k_B\cdot 3nm\ln\frac{1-e^{-\frac{\hbar\omega_E}{k_BT}}}{1-e^{-\frac{\hbar\omega'}{k_BT}}} \end{aligned}$$

与此同时缺陷形成带来热力学概率 W 也对体系熵有贡献，注意这个时候有 n 个原子从晶体内部跑到表面的晶格位置上，形成了肖特基缺陷，就有 n 个空位和 N 个原子处在 $(N+n)$ 个位置上，其所有的可能方式数目为

$$W = \frac{(N+n)!}{n!N!}$$

利用斯特令公式

$$\ln x! = x\ln x - x \qquad (x\text{ 是很大的数})$$

其熵值可以写为

$$\Delta S_2 = k_B\ln W = k_B[(N+n)\ln(n+N) - n\ln n - N\ln N]$$

所以，晶体中产生肖特基缺陷后，体系熵的改变

$$\begin{aligned} \Delta S &= \Delta S_1 + \Delta S_2 \\ &= -\frac{3nm}{2T}\hbar(\omega'-\omega_E) + k_B\cdot 3nm\ln\frac{1-e^{-\frac{\hbar\omega_E}{k_BT}}}{1-e^{-\frac{\hbar\omega'}{k_BT}}} \\ &\quad + k_B[(N+n)\ln(n+N) - n\ln n - N\ln N] \end{aligned} \tag{4}$$

综合上面的三种因素，把(2)，(3)，(4)式代入(1)式，得吉布斯自由能的改变表达式

$$\Delta G(n)=n(u_0-\beta T)+pnV_0+\frac{3nm}{2}\hbar(\omega'-\omega_E)-3nmk_BT\ln\frac{1-e^{-\frac{\hbar\omega_E}{k_BT}}}{1-e^{-\frac{\hbar\omega'}{k_BT}}}$$

$$-k_BT[(N+n)\ln(n+N)-n\ln n-N\ln N]$$

由晶体体系状态稳定条件

$$\frac{\partial\Delta G(n)}{\partial n}=0$$

有

$$(u_0-\beta T)+pV_0+\frac{3m}{2}\hbar(\omega'-\omega_E)-3mk_BT\ln\frac{1-e^{-\frac{\hbar\omega_E}{k_BT}}}{1-e^{-\frac{\hbar\omega'}{k_BT}}}-k_BT\ln\frac{N+n}{n}=0$$

因为 $k_BT\gg\hbar\omega_E,\hbar\omega'$，故

$$\ln\frac{1-e^{-\frac{\hbar\omega_E}{k_BT}}}{1-e^{-\frac{\hbar\omega'}{k_BT}}}=\ln\frac{\frac{\hbar\omega_E}{k_BT}}{\frac{\hbar\omega'}{k_BT}}=\ln\frac{\omega_E}{\omega'}$$

代入上式得

$$(u_0-\beta T)+pV_0+\frac{3m}{2}\hbar(\omega'-\omega_E)-k_BT\ln\left(\frac{\omega_E}{\omega'}\right)^{3m}-k_BT\ln\frac{N+n}{n}=0$$

上式中，$\frac{\hbar(\omega'-\omega_E)}{k_BT}\ll1$，两边同时除以 k_BT，忽略$\frac{3m\hbar(\omega'-\omega_E)}{2k_BT}$，得

$$\ln\frac{N+n}{n}+\ln\left(\frac{\omega_E}{\omega'}\right)^{3m}=\frac{u_0-\beta T}{k_BT}+\frac{pV_0}{k_BT}$$

即

$$\ln\left[\left(\frac{N+n}{n}\right)\cdot\left(\frac{\omega_E}{\omega'}\right)^{3m}\right]^{-1}=-\frac{u_0-\beta T}{k_BT}-\frac{pV_0}{k_BT}$$

则

$$\frac{n}{n+N}=\left(\frac{\omega_E}{\omega'}\right)^{3m}\cdot e^{\frac{\beta}{k_B}}\cdot e^{-\frac{pV_0}{k_BT}}\cdot e^{-\frac{u_0}{k_BT}}$$

因为 $N\gg n$，故

$$n=N\cdot\left(\frac{\omega_E}{\omega'}\right)^{3m}e^{\frac{\beta}{k_B}}e^{-\frac{pV_0}{k_BT}}e^{-\frac{u_0}{k_BT}}$$

得证.

1.71　设由于热膨胀使晶体的扩散激活能变为 $Q'=Q-AT$，T 为常数. 证明此时晶体扩散数中的频率因子 D_0 改变为 $D_0'=D_0\exp(A/R)$，如要求 $D_0'/D\approx10^4$，试计算常数 A 的值.

解　扩散系数与温度的经验关系一般表示为

$$D(T)=D_0\cdot e^{-\frac{Q}{RT}}$$

其中 Q 是扩散激活能，D_0 是一个常数，称为频率因子，而 R 是气体常数. 晶体热膨胀，使扩散激活能与浓度也有关系，$Q'=Q-AT$，代入经验表达式

$$D = D_0 \cdot e^{-\frac{Q'}{RT}} = D_0 \cdot e^{-\frac{Q-AT}{RT}} = D_0 \cdot e^{\frac{A}{R}} \cdot e^{-\frac{Q}{RT}} = D'_0 e^{-\frac{Q}{RT}}$$

有 $D'_0 = D_0 \cdot e^{\frac{A}{R}}$，得证.

由题设，$\dfrac{D'_0}{D_0} = 10^4$，则

$$A = R\ln 10^4 = 9.21R$$

1.72 渗碳钢是将铁放在富碳气氛中，让碳原子长时间扩散进入铁所得到的. 已知在 γ 铁中，碳的扩散激活能 $Q = 3.38 \times 10^4\,\mathrm{cal/mol}$，频率因子 $D_0 = 0.21\,\mathrm{cm^2/s}$.

(1) 现在欲在 1200℃，10 小时渗碳，使离铁表面 3mm 深处碳浓度达 1%（重量），试计算在铁表面上必须保持的碳浓度的重量百分比；

(2) 在 $T = 1100$℃下，要想在离表面 1mm 处的碳浓度为表面处的一半，需要扩散多长时间？

解 (1)

$$Q = 3.38 \times 10^4\,\mathrm{cal/mol} = \frac{3.38 \times 10^4}{6.022 \times 10^{23}} \cdot 4.186 \cdot \frac{1}{1.602 \times 10^{-19}} \approx 1.5(\mathrm{eV})$$

1200℃时，碳在 γ 铁中的扩散系数

$$D = D_0 e^{-\frac{Q}{k_B T}} = 0.21 \times e^{-\frac{1.5}{8.615 \times 10^{-5} \times (1200+273)}} = 1.5 \times 10^{-6}(\mathrm{cm^2/s})$$

按题设，碳在 γ 铁中扩散的边界条件应该是恒定表面浓度，因此，碳在 γ 铁中的浓度分布是余误差分布，设表面碳浓度为 C_0，从表面深入到体内 x 处的碳浓度为 $C(x,t)$

$$C(x,t) = C_0\left[1 - \mathrm{erf}\left(\frac{x}{2\sqrt{Dt}}\right)\right]$$

已知 $x = 0.3\mathrm{cm}$，$t = 3600 \times 10 = 36000\mathrm{s}$，则

$$\frac{x}{2\sqrt{Dt}} = \frac{0.3}{2\sqrt{1.5 \times 10^{-6} \times 36000}} = \frac{0.3}{2 \times 0.2324} = 0.6454$$

查表得

$$\mathrm{erf}\left(\frac{x}{2\sqrt{Dt}}\right) = \mathrm{erf}(0.6454) = 0.65$$

故

$$C_0 = \frac{C(x,t)}{1 - 0.65} = \frac{1}{0.35} = 2.86\%(\text{重量比})$$

(2) 先求 $T = 1100$℃时，碳在 γ 铁中得扩散系数

$$\begin{aligned} D &= D_0 e^{-\frac{Q}{k_B T}} = 0.21 \times e^{-\frac{1.5}{8.615 \times 10^{-5} \times (1100+273)}} \\ &= 0.21 \times e^{-12.681} = 0.21 \times 3.1086 \times 10^{-6} = 6.53 \times 10^{-7}(\mathrm{cm^2/s}) \end{aligned}$$

按题设，在 $x = 0.1\mathrm{cm}$ 处碳浓度是表面的一半，即

$$\frac{C(x,t)}{C_0} = \frac{1}{2} = 1 - \mathrm{erf}\left(\frac{0.1}{2\sqrt{Dt}}\right)$$

$$\mathrm{erf}\left(\frac{0.1}{2\sqrt{Dt}}\right) = 1 - \frac{1}{2} = 0.5$$

查表得

$$\frac{0.1}{2\sqrt{Dt}} = 0.477$$

代入 $D=6.53\times10^{-7}$，得出

$$t = \frac{(0.1)^2}{4\times(0.477)^2\times6.53\times10^{-7}} = 1.68\times10^4\,\mathrm{s}\approx4.67\mathrm{h}$$

1.73 (1) 说明(0,0,1)晶面是晶格常数为 a 简立方晶体中一组滑移面；

(2) 在外力作用下，简立方晶体(0,0,1)晶面沿[1,0,0]方向发生相对滑移，当滑移量为 x 时，势能函数为

$$U = U_0 - A\cos\frac{2\pi x}{a}$$

试用弹性理论证明临界切应力

$$\tau_m = \frac{G}{2\pi}$$

式中，G 时晶体的切变模量.

解 (1) 图 1.10 已画出简立方晶体一个晶胞，亦是固体物理学原胞，因为这个布喇菲原胞只包含一个原子，设三个晶轴 $\boldsymbol{a}_1,\boldsymbol{a}_2,\boldsymbol{a}_3$ 的单位矢量分别是 $\boldsymbol{i},\boldsymbol{j},\boldsymbol{k}$，则简立方结构的正格子基矢为

$$\boldsymbol{a}_1 = a\boldsymbol{i},\quad \boldsymbol{a}_2 = a\boldsymbol{j},\quad \boldsymbol{a}_3 = a\boldsymbol{k}$$

倒格子基矢则为

$$\boldsymbol{b}_1 = \frac{2\pi}{a}\boldsymbol{i},\quad \boldsymbol{b}_2 = \frac{2\pi}{a}\boldsymbol{j},\quad \boldsymbol{b}_3 = \frac{2\pi}{a}\boldsymbol{k}$$

而与晶面族(h_1,h_2,h_3)正交的倒格矢为

$$\boldsymbol{G}_{h_1,h_2,h_3} = h_1\boldsymbol{b}_1 + h_2\boldsymbol{b}_2 + h_3\boldsymbol{b}_3$$

则晶面间距 d_{h_1,h_2,h_3} 应该是

$$d_{h_1,h_2,h_3} = \frac{2\pi}{|\boldsymbol{G}_{h_1,h_2,h_3}|} = \frac{a}{\sqrt{h_1^2+h_2^2+h_3^2}}$$

从面间距表达式看出，最大面间距的晶面族应该是(0,0,1)，该晶面间的结合力小，所以(0,0,1)晶面是滑移面.

(2) 从图 1.10 看到，(0,0,1)晶面上最密原子排列的晶列方向是[1,0,0]，取[1,0,0]为 x 轴，当(0,0,1)晶面沿 x 方向发生相对滑移(最小滑移间距为 a)，其恢复力应为

$$F = \frac{\partial U}{\partial x} = -\frac{2\pi}{a}A\sin\frac{2\pi x}{a}$$

假设滑移面积为 S，则外加的切应力

$$\tau = -\frac{F}{S} = \frac{2\pi}{aS}A\sin\frac{2\pi x}{a} = \tau_{\mathrm{m}}\sin\frac{2\pi x}{a}$$

τ_{m} 是最大切应力，$\tau_{\mathrm{m}}=\frac{2\pi}{aS}A$，当 $x\ll a$ 时

$$\tau = \tau_{\mathrm{m}}\sin\frac{2\pi x}{a} \approx \tau_{\mathrm{m}}\cdot2\pi\cdot\frac{x}{a}$$

$\tau\propto\frac{x}{a}$，应力与应变成正比，晶体做弹性形变，遵循胡克定律，由弹性理论，其比例系数是切

变模量 G

$$G = \tau_m 2\pi$$

故

$$\tau_m = \frac{G}{2\pi}$$

最大切应力即临界切应力，当外加切应力超过此值时，晶体将发生永久滑移——范性形变.

顺便提及，由上面理论结果，$\frac{\tau_m}{G}=\frac{1}{2\pi}\approx\frac{1}{6}$，但是实验测得$\frac{\tau_m}{G}$列于表 1.3 中，即实验值比晶面刚性滑移理论预期值小 3～4 个数量级，这表明要使晶体中晶面相对滑移所需的切应力并不像理论预期的那么大，因此泰勒等提出滑移机构新假设，认为滑移过程中并非是整体的相对运动，而是借助位错在滑移面上的运动来实现的，与整个晶面相比，位错线只涉及数目很少的原子，这些原子由于晶格畸变而处于较高的能量状态，容易发生相对运动. 位错在滑移面上的运动等价与滑移面上原子的相继运动，按照这个模型计算出来的临界切应力与实际晶体的实验值一致.

表 1.3

金属	$\frac{\tau_m}{G}$
Sn	$\frac{1}{1500}$
Ag	$\frac{1}{45000}$
Al	$\frac{1}{6000}$

1.74 (1) 指出面心立方晶体原子最密排列的晶列方向，并求出最小滑移间距；

(2) 一个刃位错扫过一个滑移面后产生一个等于原子间距的滑移量，现在要把长 1cm，横截面积 1mm^2 的铝丝拉长产生 5% 范性形变时，估算(1,1,1)面上的位错密度(铝是面心立方结构，晶格常数为 0.4nm).

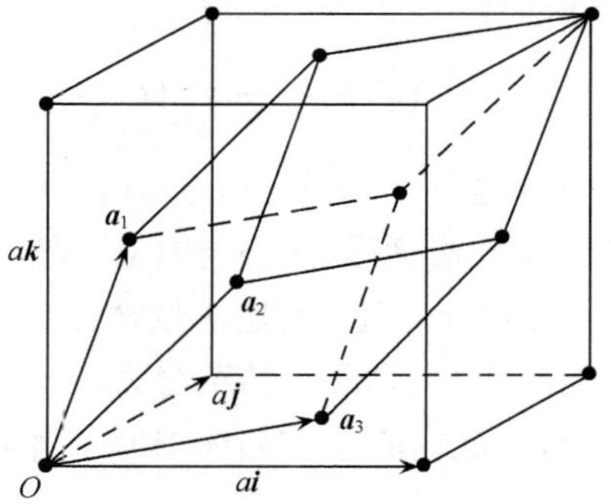

图 1.42

解 (1) 如图 1.42 所示，选取基矢 $\boldsymbol{a}_1$，$\boldsymbol{a}_2$ 和 $\boldsymbol{a}_3$ 构成的原胞为面心立方固体物理学原胞

$$\boldsymbol{a}_1=\frac{a}{2}(\boldsymbol{j}+\boldsymbol{k}),\quad \boldsymbol{a}_2=\frac{a}{2}(\boldsymbol{k}+\boldsymbol{i}),$$

$$\boldsymbol{a}_3=\frac{a}{2}(\boldsymbol{i}+\boldsymbol{j})$$

a 为面心立方结构晶格常数，$a=0.4$nm，面心立方倒格子基矢

$$\begin{cases}\boldsymbol{b}_1=\dfrac{2\pi(\boldsymbol{a}_2\times\boldsymbol{a}_3)}{\Omega}=\dfrac{2\pi}{a}(-\boldsymbol{i}+\boldsymbol{j}+\boldsymbol{k})\\ \boldsymbol{b}_2=\dfrac{2\pi(\boldsymbol{a}_1\times\boldsymbol{a}_3)}{\Omega}=\dfrac{2\pi}{a}(\boldsymbol{i}-\boldsymbol{j}+\boldsymbol{k})\\ \boldsymbol{b}_3=\dfrac{2\pi(\boldsymbol{a}_2\times\boldsymbol{a}_1)}{\Omega}=\dfrac{2\pi}{a}(\boldsymbol{i}+\boldsymbol{j}-\boldsymbol{k})\end{cases}$$

而倒格矢量 $\boldsymbol{G}_h = h_1\boldsymbol{b}_1 + h_2\boldsymbol{b}_2 + h_3\boldsymbol{b}_3$ 与面心立方晶体晶面族(h_1, h_2, h_3)正交，(h_1, h_2, h_3)晶面族的面间距

$$d_{h_1,h_2,h_3} = \frac{2\pi}{|\boldsymbol{G}_h|} = \frac{a}{\sqrt{(-h_1+h_2+h_3)^2+(h_1-h_2+h_3)^2+(h_1+h_2-h_3)^2}}$$

所以最大面间距的晶面族是(1,1,1). 可以证明面指数(1,1,1)晶面族亦是米勒指数(1,1,1)晶面族. 写出原胞倒格子基矢与晶胞倒格子基矢关系，面心立方晶胞倒格子基矢

$$\boldsymbol{a}^* = \frac{2\pi}{a}\boldsymbol{i},\quad \boldsymbol{b}^* = \frac{2\pi}{a}\boldsymbol{j},\quad \boldsymbol{c}^* = \frac{2\pi}{a}\boldsymbol{k}$$

则

$$\begin{cases} \boldsymbol{b}_1 = \dfrac{2\pi}{a}(-\boldsymbol{i}+\boldsymbol{j}+\boldsymbol{k}) = (-\boldsymbol{a}^*+\boldsymbol{b}^*+\boldsymbol{c}^*) \\ \boldsymbol{b}_2 = \dfrac{2\pi}{a}(\boldsymbol{i}-\boldsymbol{j}+\boldsymbol{k}) = (\boldsymbol{a}^*-\boldsymbol{b}^*+\boldsymbol{c}^*) \\ \boldsymbol{b}_3 = \dfrac{2\pi}{a}(\boldsymbol{i}+\boldsymbol{j}-\boldsymbol{k}) = (\boldsymbol{a}^*+\boldsymbol{b}^*-\boldsymbol{c}^*) \end{cases}$$

所以

$$\begin{aligned} \boldsymbol{G}_{h_1,h_2,h_3} &= h_1\boldsymbol{b}_1 + h_2\boldsymbol{b}_2 + h_3\boldsymbol{b}_3 \\ &= (-h_1+h_2+h_3)\boldsymbol{a}^* + (h_1-h_2+h_3)\boldsymbol{b}^* + (h_1+h_2-h_3)\boldsymbol{c}^* \\ &= p\boldsymbol{G}_{hkl} = p(h\boldsymbol{a}^* + k\boldsymbol{b}^* + l\boldsymbol{c}^*) \end{aligned}$$

$\boldsymbol{G}_{h_1,h_2,h_3}$ 与晶面族(h,k,l)正交，因此若已知晶面族的面指数(h_1,h_2,h_3)，则晶胞坐标系中的面指数

$$\{h,k,l\} = \frac{1}{p}\{(-h_1+h_2+h_3),(h_1-h_2+h_3),(h_1+h_2-h_3)\}$$

其中 p 是$(-h_1+h_2+h_3)$，$(h_1-h_2+h_3)$，$(h_1+h_2-h_3)$的公约数，显然将晶面指数(1,1,1)代入上式，得到面心立方晶面族对应的米勒指数也是(1,1,1). 图 1.43 是面心立方晶体一个结晶学原胞，晶胞，则米勒指数为(1,1,1)的晶面将如图中虚线所示. 由于(1,1,1)晶面面间距大，晶面间的结合力小，所以(1,1,1)是滑移面，同时它也是原子排列密度最大的晶面，因此面心立方晶体中原子排列最密的线也在(1,1,1)晶面上，如图虚线所标出的(1,1,1)面的原子分布容易算出，最密的线上晶格的周期为$\frac{\sqrt{2}}{2}a$，这也是刃位错在(1,1,1)晶面上移动的最小滑移间距.

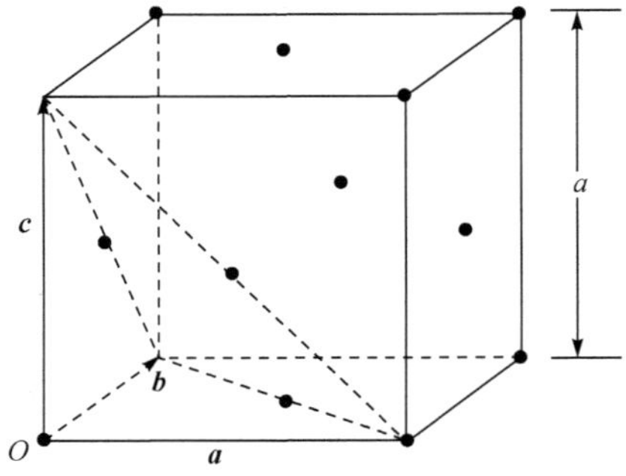

图 1.43

(2) 1cm 长的铝丝发生拉长 5%的范性形变，即要求 Al 的(1,1,1)晶面整体相对滑移了

$$1\times10^{-2}\times0.05 = 5\times10^{-4}(\mathrm{m})$$

这个总的滑移量是通过一个个刃位错在外力作用下扫过(1,1,1)晶面来实现的，一个刃位错扫过(1,1,1)面后产生一个原子间距滑移量，等于$\frac{\sqrt{2}}{2}a$，

故所需刃位错数目

$$\frac{5\times10^{-4}}{\frac{\sqrt{2}}{2}\times0.4\times10^{-9}}=\frac{5}{2\sqrt{2}}\times10^{6}=1.8\times10^{6}$$

位错密度指的是，晶体内单位面积中截交的位错线数目，现在铝丝仅发生 5%范性形变，故可假设铝丝侧面积≈1mm^2，则晶体中刃位错密度

$$\frac{1.8\times10^{6}}{1\times10^{-2}}=1.8\times10^{8}(\text{位错}/\text{cm}^2)$$

通常退了火的金属位错密度仅为 10^6 位错/cm^2，比上述估算的低了两个数量级，所以能产生的形变很小. 另外应该注意的是，一个刃位错运动完全扫过其滑移面后可使上下晶面错开 1 个 b(本题 $b=\frac{\sqrt{2}}{2}a=2.9\text{Å}$)，实际观察的错开间距常达 100～1000$b$，可见，形变过程中产生了大量的位错，即位错增殖.

1.75 (1) 设有某种简立方晶体，熔点为 800℃. 由熔点结晶后，晶粒大小为 $L=1\mu\text{m}$ 的立方体，晶格常数 $a=4\text{Å}$. 求结晶后每个晶粒中的空位数，已知空位的形成能为 1eV；

(2) 若晶体在高温形成的空位，降温到室温时，聚集在一个晶面上，形成一个空位圆片，以致引起晶体内部的崩塌，结果将转变为何种形式的晶格缺陷；

(3) 求此时每个晶粒中的位错密度.

解 (1) 简立方晶体的晶胞是边长为 a 的立方体，一个晶胞只含一个原子，故 L^3 体积晶粒内共有原子数

$$N=\frac{L^3}{a^3}=\left(\frac{1\times10^{-6}}{4\times10^{-10}}\right)^3=1.56\times10^{10}$$

空位形成能 $u=1\text{eV}$，故 L^3 体积晶粒中空位数

$$n=Ne^{-\frac{u}{k_BT}}=1.56\times10^{10}\times e^{-\frac{1.60\times10^{-19}}{1.38\times10^{-23}\times(800+273)}}=3.2\times10^{5}$$

(2) 由题设，当温度降到室温时，1μm 见方的晶体在熔点 800℃时，所产生的 3.2×10^5 空位将聚集在一个晶面上形成空位圆片. 一个空位占据 a^2 面积，设空位圆片半径为 R，其面积

$$\pi R^2=na^2=3.2\times10^{5}\times(4\times10^{-4})^2=5.12\times10^{-2}(\mu\text{m}^2)$$

估计此圆片面积占空位所聚集的晶面面积 5%左右. 事实上空位凝集成空洞是减少晶体中空位的有效途径，因为在内应力或外力作用下，空洞会引起晶体内部的崩塌. 图 1.44 示出垂直该晶面的横截面上的原子在崩塌前后的排列，由图看出，空位崩塌后形成一个正位错和一个负位错. 现在一般认为铸造材料中的位错还是起源于空位的凝聚.

(3) 如图 1.44 所示，在一个横截面内有两条位错线与之相交. 晶体内一个单位面积相截交的位错数目即位错密度，横截面积为 1μm^2，所以 1μm 见方晶粒的位错密度

$$\frac{2}{(1\times10^{-4})^2}=2\times10^{8}(\text{cm}^{-2})$$

1.76 向铜中掺锌，一些铜原子被锌原子所取代. 采用自由电子模型，求锌原子与铜原子之比为什么值时，费米球与第一布里渊区边界相接触?（铜是面心立方晶格，单价，锌

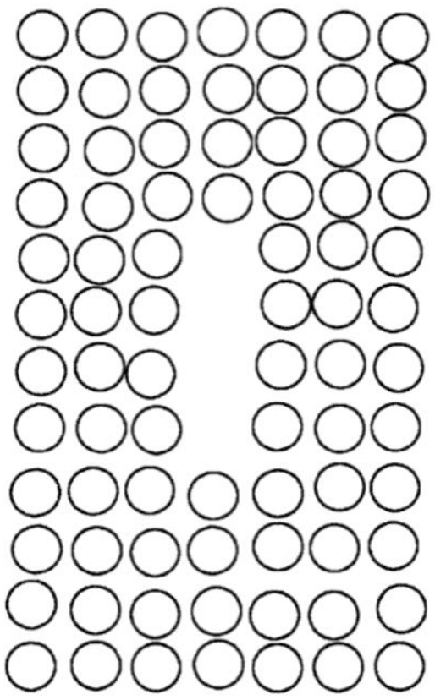
(a) 空位团

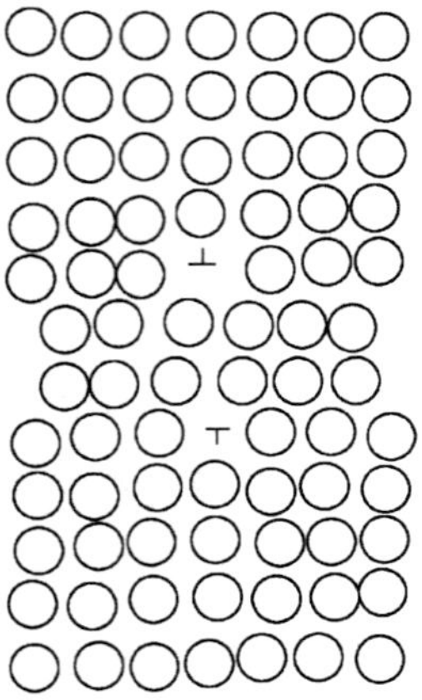
(b) 空位团形成的位错

图 1.44

是二价.)

解　假设面心立方晶格的晶格常数为 a,格点数目共为 M,晶格中 Zn 原子百分比为 x,Cu 原子为 $(1-x)$.故晶格中电子总数一共有

$$N = 2Mx + 1(1-x)M = (1+x)M$$

面心立方晶格 1 个格点占据的体积为$\frac{a^3}{4}$,晶格体积等于 $M \cdot \frac{a^3}{4}$,晶体中电子浓度应为

$$n = \frac{N}{M \cdot \frac{a^3}{4}} = \frac{(1+x)M}{M\frac{a^3}{4}} = \frac{4(1+x)}{a^3}$$

按自由电子填充,其费米球半径应为

$$k_{\mathrm{F}} = 2\pi\left(\frac{3}{8\pi}\right)^{\frac{1}{3}} n^{\frac{1}{3}}$$

面心晶格的倒格子是体心,格常数为$\frac{4\pi}{a}$,费米球要与第一布里渊区边界相接触,费米球半径应等于倒格子原胞体心至任意一个倒格顶点距离的一半,即对角线的 1/4.

$$\frac{1}{4}\sqrt{3\left(\frac{4\pi}{a}\right)^2} = \frac{\sqrt{3}\pi}{a}$$

代入上面费米半径表达式,

$$k_{\mathrm{F}} = 2\pi\left(\frac{3}{8\pi}\right)^{\frac{1}{3}} n^{\frac{1}{3}} = \frac{\sqrt{3}\pi}{a}$$

则

$$n = \frac{\sqrt{3}\pi}{a^3}$$

代入上面电子浓度表示式

$$\frac{4(1+x)}{a^3} = \frac{\sqrt{3}\pi}{a^3}$$

故

$$x=\frac{\sqrt{3}\pi}{4}-1=0.36$$

$$1-x=1-0.36=0.64$$

故应掺入的锌与铜的比例是

$$\frac{x}{1-x}=\frac{0.36}{0.64}=\frac{9}{16}$$

1.77　一种二元合金由 N_A 个金属原子 A 和 N_B 个金属原子 B 组成，这些原子组成一简单的立方晶格，其中每个原子只和六个最近邻原子有相互作用，对应于 A-A 或B-B结合和 A-B 结合情况，相互作用能分别是$-J(J>0)$和$+J$.

(1) 计算合金的位形熵，假定 $N=N_A+N_B\gg1$；

(2) 计算总的相互作用能，假设原子是随机无规的分布在各个位置上的；

(3) 计算系统的自由能F(作为 x 的函数)，其中 $N_A=N(1+x)/2$，$N_B=N(1-x)/2$，展开 $F(x)$到 x 的 4 次方，证明存在一临界温度 T_c，在此温度以上和以下，曲线 $F(x)$具有特征不同的形状，确定 T_c，并对 $T>T_c$ 和 $T<T_c$，画出 F 作为 x 的函数曲线；

(4) 对 $T<T_c$，具有成分$|x|<x_p(T)$的系统不稳定，并且分裂成具有不同成分的两个相. 根据(3)解答的结果，求出 $x_P(T)$和两个分开相的成分.

解　(1) 按题设，用极小量 x 表示 AB 二元合金中金属原子 A 和原子 B 数量对等量 A，B 原子的偏离，即 $x=0$，$N_A=N_B=\frac{N}{2}$，故

$$N_A=\frac{N}{2}(1+x),\quad N_B=\frac{N}{2}(1-x)$$

有

$$N_A+N_B=\frac{N}{2}(1+x)+\frac{N}{2}(1-x)=N$$

$$\frac{N_A}{N_B}=\frac{1+x}{1-x}$$

二元合金位形熵

$$S=k_B\ln W$$

其中

$$W=\frac{N!}{N_A!N_B!}$$

利用斯特林公式(当 M 很大时)

$$\ln M!\approx M\ln M$$

得到

$$\ln W=N_A\ln\left(1+\frac{N_B}{N_A}\right)+N_B\ln\left(1+\frac{N_A}{N_B}\right)$$

代入 N_A，N_B 表达式，体系位形熵

$$S=Nk_B\ln2-\frac{N}{2}k_B[(1+x)\ln(1+x)+(1-x)\ln(1-x)]$$

$$= Nk_B\ln 2 - \frac{N}{2}k_B\left[\ln(1-x^2) + x\ln\frac{1+x}{1-x}\right]$$

(2) 先求出一个原子与周围最近邻 6 个原子的平均相互作用能 u. 由于假设金属原子 A,B 是随机无规的分布在各个位置上,所以平均来说,二元合金每一格点上都有$\frac{N_A}{N}$比率的 A 原子和$\frac{N_B}{N}$比率的 B 原子作为它的最近邻,而原子 A 和 B 本身在某一格点上出现比率也分别是$\frac{N_A}{N}$和$\frac{N_B}{N}$. 故原子与最近邻原子平均相互作用能

$$\begin{aligned} u &= 6\left[(-J)\frac{N_A}{N} + J\frac{N_B}{N}\right]\frac{N_A}{N} + 6\left[(-J)\frac{N_B}{N} + J\frac{N_A}{N}\right]\frac{N_B}{N} \\ &= 6\left[(-J)\frac{N_A^2 + N_B^2}{N^2} + J\frac{2N_AN_B}{N^2}\right] = -\frac{6J}{N^2}(N_A - N_B)^2 \end{aligned}$$

这样,由 N_A 个金属原子 A 和 N_B 个金属原子 B 组成的二元合金总的相互作用能为

$$U = \frac{N}{2}u = -\frac{3J}{N}(N_A - N_B)^2 = -3NJx^2$$

(3) 二元系统(体系)自由能

$$\begin{aligned} F &= U - TS \\ &= -3NTx^2 - Nk_BT\ln 2 + \frac{Nk_BT}{2}x\ln\frac{1+x}{1-x} + \frac{Nk_BT}{2}\ln(1-x^2) \\ &= -Nk_BT\ln 2 + \left(\frac{1}{2}Nk_BT - 3NJ\right)x^2 + \frac{1}{12}Nk_BTx^4 + \cdots \end{aligned}$$

推导中应用下列展开式:

$$\ln(1+x) = x - \frac{1}{2}x^2 + \frac{1}{3}x^3 - \frac{1}{4}x^4 + \cdots$$

$$\ln\frac{1+x}{1-x} = 2\left(x + \frac{x^3}{3} + \frac{x^5}{5} + \cdots\right)$$

为了找出在临界温度 T_c,系统自由能的变化性状. 考虑 $x=0$ 时$\frac{\partial F}{\partial x}$和$\frac{\partial^2 F}{\partial x^2}$,由$\left.\frac{\partial^2 F}{\partial x^2}\right|_{x=0}=0$,得出

$$2\left(\frac{1}{2}Nk_BT - 3NJ\right) = 0$$

即

$$T_c = \frac{6J}{k_B}$$

故

$$\left(\frac{\partial^2 F}{\partial x^2}\right)_{x=0}\begin{cases} = 0, & T = T_c \\ > 0, & T > T_c,\ F(0) = F_{\min} \\ < 0, & T < T_c,\ F(0) = F_{\max} \end{cases}$$

可见 T_c 即为临界转变温度,图 1.45 分别画出 $T>T_c$ 和 $T<T_c$ 情况下 $F(x)$曲线.

(4) 如图 1.45 所示,在 $T<T_c$ 时,$x=x_p(T)$时的自由能 F 具有极小值. 而当$|x|<$

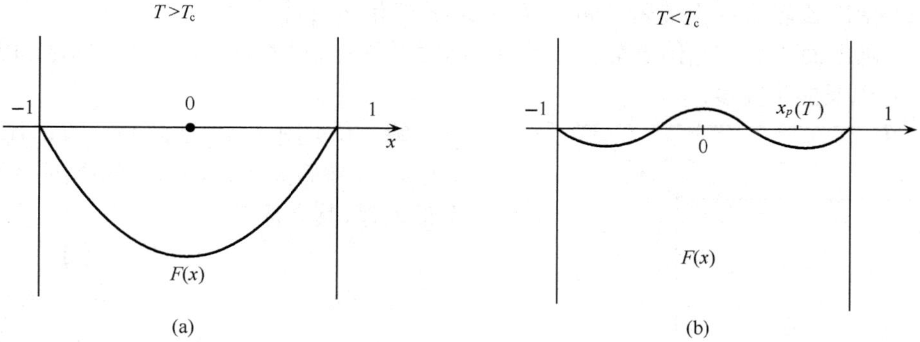

图 1.45

$x_p(T)$时系统自由能大于此极小值. 因此系统不稳定,为求 $x_p(T)$,令$\frac{\partial F}{\partial x}=0$,则

$$Nk_BT-6NJ+\frac{1}{3}Nk_BTx^2=0$$

用 $T_c=\frac{6J}{k_B}$来置换,上式为

$$Nk_BT-Nk_BT_c+\frac{1}{3}Nk_BTx^2=0$$

由此得

$$x_p(T)=\pm\sqrt{\frac{3(T_c-T)}{T}}$$

则两个分开相的成分分别为

$$x_1(T)=+\sqrt{\frac{3(T_c-T)}{T}}$$

和

$$x_2(T)=-\sqrt{\frac{3(T_c-T)}{T}}$$

第五节 固体能带理论

1.78 紧束缚近似中,晶体中电子状态可以用 s 态原子波函数组成的布洛赫波来表示:

$$\boldsymbol{\Psi}_{\boldsymbol{k}}^s(\boldsymbol{r})=c\sum_n \mathrm{e}^{\mathrm{i}\boldsymbol{k}\cdot\boldsymbol{R}_n}\varphi_s(\boldsymbol{r}-\boldsymbol{R}_n)$$

相应晶体电子能量

$$E^s(\boldsymbol{k})=E_s+J_{0,0}^s+\sum_l \mathrm{e}^{\mathrm{i}\boldsymbol{k}\cdot\boldsymbol{R}_l}J_{0,l}^s$$

式中,E_s 是自由原子 s 态电子能量本征值,J 为交换积分,$J_{0,l}^s\leqslant 0$,$\boldsymbol{R}_l$ 是最近邻格矢.

(1) 设面心立方晶体的晶格常数为 $2a$,试推导出 ΓX 轴(也称 Δ 轴)上的 E-k 关系;

(2) 指出 Δ 轴方向上能带的带底及带顶，其能带宽度等于多少？

(3) 画出面心立方晶体 Δ 轴上能带图，标明对称点，对称轴，波函数对称性和能量简并度符号以及能带宽度.

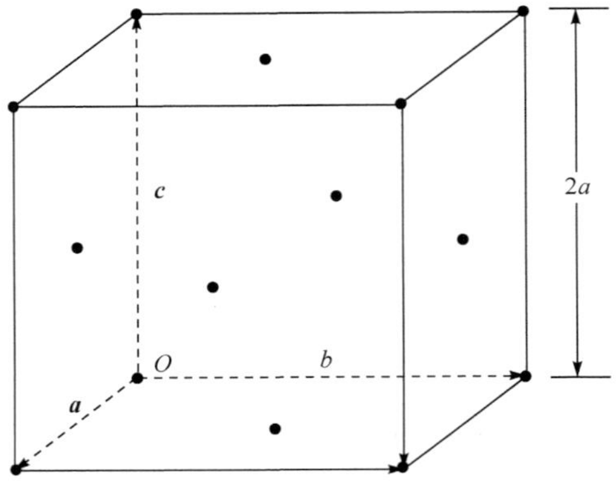

图 1.46

解 (1) 图 1.46 是面心立方晶胞，取参考原点 O 坐标为(0,0,0)，它的周围一共有 12 个最近邻，其坐标为

$$(l_1, l_2, l_3) = \begin{cases} (\pm 1, & \pm 1, & 0) \\ (\pm 1, & 0, & \pm 1) \\ (0, & \pm 1, & \pm 1) \end{cases}$$

其最近邻格矢

$$\boldsymbol{R}_l = l_1 a\boldsymbol{i} + l_2 a\boldsymbol{j} + l_3 a\boldsymbol{k}$$

原子 s 态波函数是球对称的，在各方向上交换积分相等，令

$$J^s_{0,l} = J^s$$

故面心立方晶体电子能量

$$E^s(\boldsymbol{k}) = E_s + J^s_{0,0} + J^s \sum_{l_1, l_2, l_3} e^{ia(l_1 k_x + l_2 k_y + l_3 k_z)}$$

其中

$$\begin{aligned} &\sum_{l_1, l_2, l_3} e^{ia(l_1 k_x + l_2 k_y + l_3 k_z)} \\ &= e^{ia(k_x + k_y)} + e^{-ia(k_x + k_y)} + e^{ia(k_x - k_y)} + e^{-ia(k_x - k_y)} \\ &\quad + e^{ia(k_x + k_z)} + e^{-ia(k_x + k_z)} + e^{ia(k_x - k_z)} + e^{-ia(k_x - k_z)} \\ &\quad + e^{ia(k_y + k_z)} + e^{-ia(k_y + k_z)} + e^{ia(k_y - k_z)} + e^{-ia(k_y - k_z)} \\ &= 2[\cos a(k_x + k_y) + \cos a(k_x - k_y) + \cos a(k_x + k_z) \\ &\quad + \cos a(k_x - k_z) + \cos a(k_y + k_z) + \cos a(k_y - k_z)] \\ &= 4(\cos ak_x \cos ak_y + \cos ak_x \cos ak_z + \cos ak_y \cos ak_z) \end{aligned}$$

所以

$$E^s(\boldsymbol{k}) = E_s + J^s_{0,0} + 4J^s(\cos ak_x \cos ak_y + \cos ak_x \cos ak_z + \cos ak_y \cos ak_z)$$

(2) 对于 ΓX 轴，$k_x = k_x, k_y = k_z = 0, 0 \leqslant k_x \leqslant \dfrac{\pi}{a}$. 故 ΓX 轴方向上 E-k 关系为

$$E^s(\Delta) = E_s + J^s_{0,0} + 4J^s(1 + 2\cos ak_x)$$

Δ 轴上有两个极值点

$$\frac{dE^s(\Delta)}{dk_x} = -8J^s a \sin ak_x = 0$$

$$\begin{cases} ak_x = 0, \\ ak_x = \pi \end{cases}$$

对 $k_x = 0, k_y = k_z = 0$，即 Γ 点(0,0,0)，相应能量

$$E(\Gamma) = E_s + J_{0,0}^s + 12J^s$$

对 $k_x = \frac{\pi}{a}, k_y = k_z = 0$，是 X 点(注意题设中面心立方晶体的晶格常数为 $2a$，若取晶格常数为 a，极值点 $k_x = \frac{\pi}{\frac{a}{2}} = \frac{2\pi}{a}, k_y = k_z = 0$，即 X 点)，X 点对应的能量

$$E(X) = E_s + J_{0,0}^s - 4J^s$$

由于 $J^s < 0$，故 Γ 点相应能带底，X 点则相应能带顶，Δ 轴方向能带宽度为

$$E(X) - E(\Gamma) = 16 \mid J^s \mid$$

(3) 图 1.47 画出面心立方晶体 Δ 轴上能带图

对称点 Γ, X

对称轴 Δ 轴

能带宽度 $16 \mid J^s \mid$

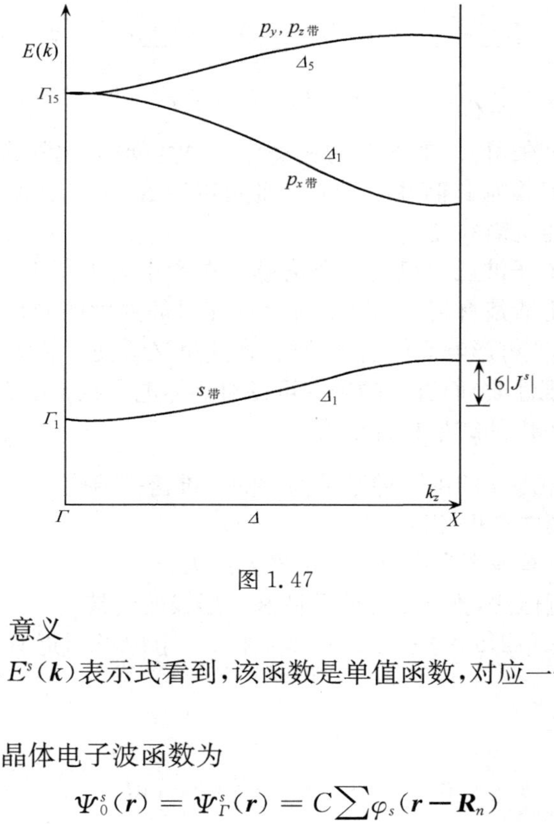

图 1.47

下面讨论 Γ_1、Δ_1 意义

(a) 从上面推导 $E^s(\boldsymbol{k})$ 表示式看到，该函数是单值函数，对应一个 $\boldsymbol{k}$ 值，只有一个电子能量.

(b) Γ 点相应的晶体电子波函数为

$$\boldsymbol{\Psi}_0^s(\boldsymbol{r}) = \boldsymbol{\Psi}_\Gamma^s(\boldsymbol{r}) = C\sum_n \varphi_s(\boldsymbol{r} - \boldsymbol{R}_n)$$

考虑 $\boldsymbol{\Psi}_\Gamma^s(\boldsymbol{r})$ 在 O_h 点群操作下的变换，设 α 是其 48 个对称操作的一个，

$$\boldsymbol{P}(\alpha)\boldsymbol{\Psi}_\Gamma^s(\boldsymbol{r}) = \sum_n \varphi_s(\alpha^{-1}\boldsymbol{r} - \boldsymbol{R}_n)$$

$\boldsymbol{P}$ 是对称操作下波函数变换算符，注意到上式求和包含了所有格点，由于 $\varphi_s(\boldsymbol{r} - \boldsymbol{R}_n)$ 球对称性，故

$$\sum_n \varphi_s(\alpha^{-1}\boldsymbol{r}-\boldsymbol{R}_{\mathrm{n}}) = \sum_n \varphi_s[\alpha^{-1}(\boldsymbol{r}-\boldsymbol{R}_{\mathrm{n}})] = \sum_n \varphi_s(\boldsymbol{r}-\boldsymbol{R}_n)$$

所以

$$\boldsymbol{P}(\alpha)\Psi_\Gamma^s(\boldsymbol{r}) = \Psi_\Gamma^s(\boldsymbol{r})$$

这表明在 O_h 点群所有对称操作下，$\Psi_\Gamma^s(\boldsymbol{r})$变化到自身. 对照 O_h 群的对称表，其 Γ_1 表象基函数为 1，即在任何 O_h 群对称操作下也不变；Γ_1 表象简并度为 1，而晶体电子波函数 $\Psi_\Gamma^s(\boldsymbol{r})$只相应一个能量本征值，因此可以用 Γ_1 表示 Γ 点所表示的晶体电子波函数对称性及能量简并度.

(c) Δ 轴上面心立方晶体电子波函数

$$\Psi_{k_x}^\Gamma(\boldsymbol{r}) = \Psi_\Delta^\Gamma(\boldsymbol{r}) = C\sum_n \mathrm{e}^{\mathrm{i}k_x n_1\cdot 2a}\varphi_s(\boldsymbol{r}-\boldsymbol{R}_n)$$

要提到的是，布里渊区中的对称点或对称轴上的点，存在波矢群 β，$\beta\boldsymbol{k}=\boldsymbol{k}$(或 $\boldsymbol{k}+\boldsymbol{G}_{\mathrm{n}}$)，即波矢群的对称操作保持波矢 $\boldsymbol{k}$ 不变. 对于面心立方晶体，保持 Δ 轴不变的对称操作有 O_h 群中的 8 个操作，$1C_1$，$1C_2$，$2C_4$，$2iC_2$ 和 $2iC_2'$，组成所谓 C_{4v}群，于是

$$\begin{aligned}\boldsymbol{P}(\beta)\Psi_\Delta^\Gamma(\boldsymbol{r}) &= C\sum_n \mathrm{e}^{\mathrm{i}k_x n_1\cdot 2a}\varphi_s(\beta^{-1}\boldsymbol{r}-\boldsymbol{R}_n) = C\sum_n \mathrm{e}^{\mathrm{i}k_x n_1\cdot 2a}\varphi_s[\beta^{-1}(\boldsymbol{r}-\boldsymbol{R}_n)]\\ &= C\sum_n \mathrm{e}^{\mathrm{i}k_x n_1\cdot 2a}\varphi_s(\boldsymbol{r}-\boldsymbol{R}_n) = \Psi_\Delta^\Gamma(\boldsymbol{r})\end{aligned}$$

说明波函数 $\Psi_\Delta^\Gamma(\boldsymbol{r})$在波矢群 C_{4v}的 8 个对称操作下，$\Psi_\Delta^\Gamma(\boldsymbol{r})$变化到自身. 查 C_{4v}群的对称表，其中 Δ_1 表象的基函数为 1，简并度为 1，因此可以用 Δ_1 来表示 Δ 轴上点所表示晶体电子波函数的对称性及能量简并度.

如果我们用 p 态原子波函数组成的布洛赫和在紧束缚近似下求晶体 p 带电子波函数和能量简并度将会更清楚看到波函数对称性和能量简并度的规律性. 第一章题解 1.8 曾提过，晶体宏观对称性将影响晶体宏观性质，在这里又看到了晶体宏观对称还会影响晶体电子微观状态和微观性质，而群论的研究可以对晶体电子状态的大概特性做出预言，检验各种能带计算方法得出的结果是否正确.

1.79　对原子间距为 a 的由同种原子构成的二维密排结构.

(1) 画出第一和第二布里渊区；

(2) 求出每个原子有一个自由电子时的费米波矢；

(3) 利用紧束缚近似法，推导 s 态原子波函数形成的能带.

解　(1) 二维正三角形结构是二维密排结构，一个原子附近有 6 个最近邻原子，如图 1.48 所示.

正格子原胞基矢

$$\boldsymbol{a}_1 = a\boldsymbol{i},\quad \boldsymbol{a}_2 = \frac{a}{2}\boldsymbol{i}+\frac{\sqrt{3}}{2}a\boldsymbol{j}$$

二维正三角形的倒格矢 $\boldsymbol{b}_1$，$\boldsymbol{b}_2$ 必须满足

$$\boldsymbol{a}_i\cdot\boldsymbol{b}_j = \begin{cases}2\pi, & i=j\\ 0, & i\neq j\end{cases}$$

有

$$\boldsymbol{b}_1\cdot\boldsymbol{a}_1 = 2\pi,\quad \boldsymbol{b}_1\cdot\boldsymbol{a}_2 = 0$$

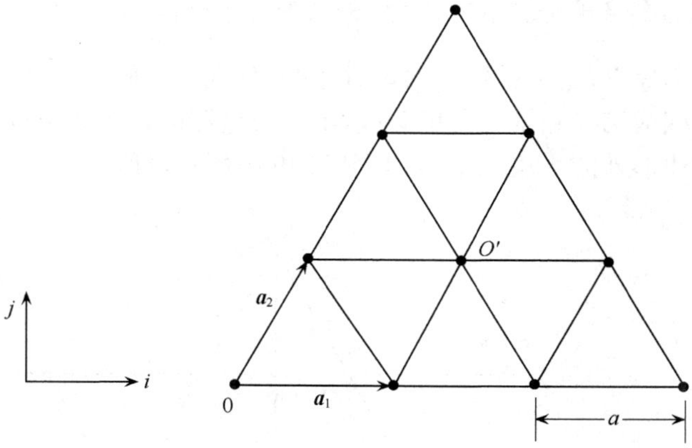

图 1.48

和

$$b_2 \cdot a_1 = 0, \quad b_2 \cdot a_2 = 2\pi$$

取

$$b_1 = m\frac{\sqrt{3}}{2}i - m\frac{1}{2}j$$

则 b_1 将与 a_2 互相垂直，由

$$b_1 \cdot a_1 = 2\pi$$

即

$$m\frac{\sqrt{3}}{2} \cdot a = 2\pi$$

得

$$m = \frac{4\pi}{\sqrt{3}}\frac{1}{a}$$

故

$$b_1 = \frac{4\pi}{\sqrt{3}}\frac{1}{a} \cdot \frac{\sqrt{3}}{2}i - \frac{4\pi}{\sqrt{3}}\frac{1}{a} \cdot \frac{1}{2}j = \frac{4\pi}{\sqrt{3}a}\left(\frac{\sqrt{3}}{2}i - \frac{1}{2}j\right)$$

同理，取 $b_2 = nj$，b_2 必与 a_1 垂直，由

$$b_2 \cdot a_2 = 2\pi$$

即

$$n \cdot \frac{\sqrt{3}}{2}a = 2\pi$$

得

$$n = \frac{4\pi}{\sqrt{3}}\frac{1}{a}$$

故

$$b_2 = \frac{4\pi}{\sqrt{3}a}j$$

显然，$\boldsymbol{b}_1$ 与 $\boldsymbol{b}_2$ 组成的倒格子是倒格常数为$\frac{4\pi}{\sqrt{3}a}$二维密排结构.

选取一倒格点为原点，其最近得到格点有 6 个，分别是$\pm\boldsymbol{b}_1$，$\pm\boldsymbol{b}_2$，$\pm(\boldsymbol{b}_1+\boldsymbol{b}_2)$，作这 6 个倒格矢的中垂线围成第一和第二布里渊区，第一布里渊区是围绕原点的正六边形，第二布里渊区则是正六边形外的 6 块三角形，即图 1.49 中所示区间.

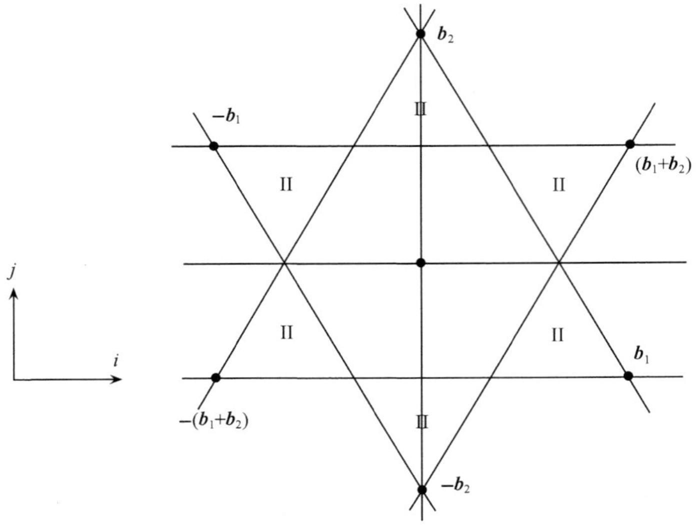

图 1.49

(2) 设二维密排结构面积为 S，原子数为 N，每个原子贡献一个自由电子，有

$$2\cdot\frac{S}{(2\pi)^2}\cdot\pi k_F^2=N$$

$$k_F^2=2\pi\frac{N}{S}$$

$\frac{N}{S}$为单位面积的原子数，可以计算如下，取某一正三角，其边长为 a，三个夹角均等于 60°，故它的面积为

$$\frac{1}{2}\times a\times a\times\sin 60^\circ=\frac{\sqrt{3}}{4}a^2$$

但正三角形 3 个角顶的每一个原子只有$\frac{1}{6}$原子属于该正三角形，故一个正三角形仅含$\frac{1}{2}$个原子

$$\frac{N}{S}=\frac{\frac{1}{2}}{\frac{\sqrt{3}}{4}a^2}=\frac{2}{\sqrt{3}a^2}$$

故费米波矢 $k_F^2=2\pi\cdot\frac{2}{\sqrt{3}a^2}$，即

$$k_F=\frac{2}{a}\left(\frac{\pi}{\sqrt{3}}\right)^{\frac{1}{2}}$$

(3) 考虑最近邻相互作用,取图 1.48 中 O' 为原点,它与 6 个最近邻原子的距离相等,等于 a,6 个原子坐标分别是

$$(1,0),\quad (\bar{1},0),\quad \left(\frac{1}{2},\frac{\sqrt{3}}{2}\right),\quad \left(-\frac{1}{2},-\frac{\sqrt{3}}{2}\right),\quad \left(\frac{1}{2},-\frac{\sqrt{3}}{2}\right)\text{和}\left(-\frac{1}{2},\frac{\sqrt{3}}{2}\right)$$

s 态波函数球对称,在 6 个方向上的交叠积分相同为 J^s,故二维密排结构 s 带晶体的电子能量

$$\begin{aligned}E(\boldsymbol{k}) &= E_s + J^s_{0,0} + J^s\Big[\mathrm{e}^{\mathrm{i}k_x a} + \mathrm{e}^{-\mathrm{i}k_x a} + \mathrm{e}^{i\left(\frac{a}{2}k_x+\frac{\sqrt{3}}{2}ak_y\right)} - \mathrm{e}^{-i\left(\frac{a}{2}k_x-\frac{\sqrt{3}}{2}ak_y\right)} \\ &\quad + \mathrm{e}^{i\left(\frac{a}{2}k_x-\frac{\sqrt{3}}{2}ak_y\right)} + \mathrm{e}^{-i\left(\frac{a}{2}k_x-\frac{\sqrt{3}}{2}ak_y\right)}\Big] \\ &= E_s + J^s_{0,0} + 2J^s\left[\cos k_x a + \cos\left(\frac{a}{2}k_x + \frac{\sqrt{3}}{2}ak_y\right) + \cos\left(\frac{a}{2}k_x - \frac{\sqrt{3}}{2}ak_y\right)\right] \\ &= E_s + J^s_{0,0} + 2J^s\left[\cos k_x a + 2\cos\frac{a}{2}k_x \cos\frac{\sqrt{3}}{2}ak_y\right]\end{aligned}$$

1.80　考虑一个二维正方晶体.

(1) 位于其第一布里渊区顶角的自由电子的能量是位于区边界中点处自由电子的能量的 b 倍,求 b 值;

(2) 相应材料的晶体势场为

$$V(x,y) = -2V_0\left(\cos\frac{2\pi}{a}x + \cos\frac{2\pi}{b}y\right)$$

其中,V_0 为常数,a 为晶格常数,近似求解第一布里渊区边界面中点的能隙;

(3) 设(2)中的结果是严格的,且材料是二价的,写出系统呈金属性的条件.

解　(1) 自由电子的能量为

$$E = \frac{\hbar^2 k^2}{2m}$$

二维正方晶格的第一布里渊区如图 1.50 所示,为 $\boldsymbol{k}$ 空间中边长为 $\frac{2\pi}{a}$ 的正方形.

$$\Gamma M = \sqrt{2}\Gamma X$$

所以

$$b = \frac{E_M}{E_\Gamma} = \frac{\Gamma M^2}{\Gamma X^2} = 2$$

(2)

$$\begin{aligned}V(x,y) &= -2V_0\left(\cos\frac{2\pi}{a}x + \cos\frac{2\pi}{b}y\right) \\ &= -V_0\left(\mathrm{e}^{\mathrm{i}\frac{2\pi}{a}x} + \mathrm{e}^{-\mathrm{i}\frac{2\pi}{a}x} + \mathrm{e}^{\mathrm{i}\frac{2\pi}{a}y} + \mathrm{e}^{-\mathrm{i}\frac{2\pi}{a}y}\right)\end{aligned}$$

区边界中点对应于倒格矢 $\boldsymbol{G} = \frac{2\pi}{a}\boldsymbol{b}_1$,可见 $V(x,y)$ 中相应的傅里叶系数为 $-V_0$,所以能隙为

$$\Delta_x = 2\mid V_x \mid = 2\mid V_0 \mid$$

(3) 因材料是二价,其呈金属性的条件为能

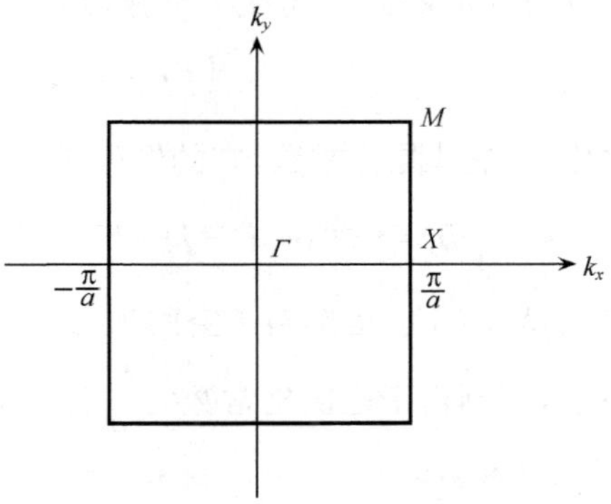

图 1.50

带交叠,即

$$E_x+\Delta_x\leqslant E_M$$

也即

$$\frac{1}{2m}\hbar^2\left(\frac{\pi}{a}\right)^2+2\mid V_0\mid\leqslant\frac{\hbar^2}{2m}\left(\frac{\pi}{a}\right)^2\times 2$$

所以

$$\mid V_0\mid\leqslant\frac{\pi^2\hbar^2}{4ma^2}$$

1.81　金刚石结构的第一布里渊如图 1.51 所示的截角八面体.

(1) 说明其是如何构成?其体积是否等于其原胞体积的倒数?(乘上$(2\pi)^3$ 因子.)

(2) 标出对称点,对称轴符号.

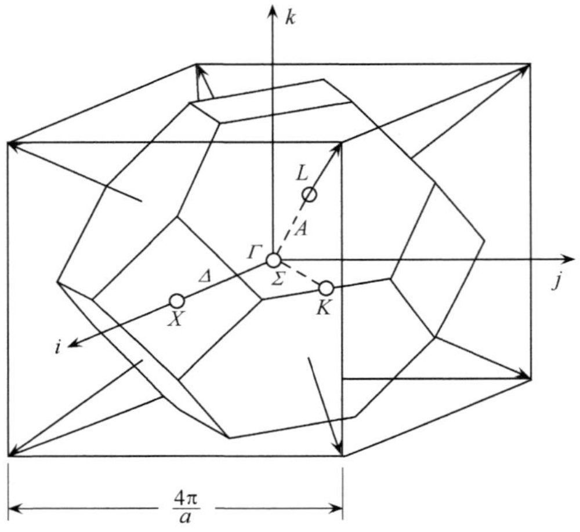

图 1.51

解　金刚石结构是一复式格子,即由两个面心立方的布拉维原胞沿其空间对角线位移$\frac{1}{4}$的长度套构而成.因此金刚石结构固体物理学原胞的取法与面心立方的布拉维原胞的取法相同,只不过这时格点代表的是两个不等同的碳原子。见本章图 1.42 所选取的面心立方晶体的固体物理学原胞,其基矢是

$$\boldsymbol{a}_1=\frac{a}{2}(\boldsymbol{j}+\boldsymbol{k}),\quad \boldsymbol{a}_2=\frac{a}{2}(\boldsymbol{i}+\boldsymbol{k}),\quad \boldsymbol{a}_3=\frac{a}{2}(\boldsymbol{i}+\boldsymbol{j})$$

式中,a 是其晶格常数,它的倒格子基矢是

$$\boldsymbol{b}_1=\frac{2\pi}{a}(-\boldsymbol{i}+\boldsymbol{j}+\boldsymbol{k}),\quad \boldsymbol{b}_2=\frac{2\pi}{a}(\boldsymbol{i}-\boldsymbol{j}+\boldsymbol{k}),\quad \boldsymbol{b}_3=\frac{2\pi}{a}(\boldsymbol{i}+\boldsymbol{j}-\boldsymbol{k})$$

显然,$\boldsymbol{b}_1,\boldsymbol{b}_2,\boldsymbol{b}_3$ 是倒格子空间体心立方结构的原胞基矢,因此晶格常数为 a 的面心立方正格子,其倒格子是倒格常数为$\frac{4\pi}{a}$体心立方.

倒格矢量

$$\boldsymbol{G}_{\mathrm{n}}=n_1\boldsymbol{b}_1+n_2\boldsymbol{b}_2+n_3\boldsymbol{b}_3$$

$$= \frac{2\pi}{a}[(-n_1+n_2+n_3)\boldsymbol{i}+(n_1-n_2+n_3)\boldsymbol{j}+(n_1+n_2-n_3)\boldsymbol{k}]$$

布里渊区界面方程 $\boldsymbol{G}_n \cdot \left(\boldsymbol{k}+\frac{\boldsymbol{G}_n}{2}\right)=0$，得

$$(-n_1+n_2+n_3)k_x+(n_1-n_2+n_3)k_y+(n_1+n_2-n_3)k_z$$
$$=\frac{1}{2}\cdot\left(\frac{2\pi}{a}\right)\cdot[(-n_1+n_2+n_3)^2+(n_1-n_2+n_3)^2+(n_1+n_2-n_3)^2]$$

如上所述面心立方的倒格子是体心立方，离原点最近邻倒格点有 8 个

$$\frac{2\pi}{a}(1,1,1),\quad \frac{2\pi}{a}(1,1,\bar{1})$$
$$\frac{2\pi}{a}(1,\bar{1},1),\quad \frac{2\pi}{a}(\bar{1},1,1)$$
$$\frac{2\pi}{a}(1,\bar{1},\bar{1}),\quad \frac{2\pi}{a}(\bar{1},\bar{1},1)$$
$$\frac{2\pi}{a}(\bar{1},1,\bar{1}),\quad \frac{2\pi}{a}(\bar{1},\bar{1},\bar{1})$$

按照布里渊区的做法，首先对上述 8 个倒格点连起来倒格矢作中垂线，这 8 个中垂面将围成一个正八面体，显然，三个互相垂直的坐标轴把空间分为 8 个封相，只需算出它在第一封相的体积就得到正八面体体积，以第一封相为例，这个体积将是由三个坐标面与

$$k_x+k_y+k_z=\frac{3}{2}\times\frac{2\pi}{a}$$

所决定的平面围成的，这个面在三个坐标轴的截距分别是

$$k_x=\frac{3}{2}\times\left(\frac{2\pi}{a}\right)\quad(k_y=k_z=0)$$
$$k_y=\frac{3}{2}\times\left(\frac{2\pi}{a}\right)\quad(k_z=k_x=0)$$
$$k_z=\frac{3}{2}\times\left(\frac{2\pi}{a}\right)\quad(k_x=k_y=0)$$

这是一个三角棱锥，其底是该面与三个坐标轴面交成的，是一个等边三角形，边长为

$$\sqrt{2\left[\frac{3}{2}\times\left(\frac{2\pi}{a}\right)\right]^2}=\frac{3\sqrt{2}}{2}\times\frac{2\pi}{a}$$

其面积为

$$\frac{1}{2}\times\frac{3\sqrt{2}}{2}\times\frac{2\pi}{a}\times\frac{3\sqrt{2}}{2}\times\frac{2\pi}{a}\sin 60^\circ=\frac{9\sqrt{3}}{8}\left(\frac{2\pi}{a}\right)^2$$

三角棱锥的高

$$\frac{1}{4}\sqrt{3\times\left(\frac{4\pi}{a}\right)^2}=\frac{\sqrt{3}\pi}{a}$$

于是三角棱锥体积

$$\frac{1}{3}\cdot\frac{9\sqrt{3}}{8}\left(\frac{2\pi}{a}\right)^2\cdot\frac{\sqrt{3}\pi}{a}=\frac{9}{16}\left(\frac{2\pi}{a}\right)^3$$

正八面体体积

$$8\times\frac{9}{16}\left(\frac{2\pi}{a}\right)^3=\frac{9}{2}\left(\frac{2\pi}{a}\right)^3$$

而倒格子原胞体积

$$\frac{\boldsymbol{b}_1\cdot(\boldsymbol{b}_2\times\boldsymbol{b}_3)}{\Omega}=4\frac{(2\pi)^3}{a^3}=4\left(\frac{2\pi}{a}\right)^3$$

$$\frac{9}{2}\left(\frac{2\pi}{a}\right)^3>4\left(\frac{2\pi}{a}\right)^3$$

所以必须再切一刀，考虑次近邻六个倒格点

$$\frac{2\pi}{a}(\pm 2,0,0),\quad \frac{2\pi}{a}(0,\pm 2,0),\quad \frac{2\pi}{a}(0,0,\pm 2)$$

相应倒格矢的垂直平分面，将截去正八面体的六个顶锥，形成截角八面体（它是一个十四面体），可以证明这个十四面体的体积正好等于该倒格子原胞的体积.

证明如下，第二刀切出的 6 个面是原来倒格立方体的六个底面，因此连续二刀切去真正的体积实际上是第一刀切去的立方体体积，即作体对线的垂直平分面把边长为$\frac{4\pi}{a}$立方体切成两半，如图 1.52 所示，故布里渊区的体积应等于边长为$\left(\frac{4\pi}{a}\right)$立方体体积的一半，即

$$\frac{1}{2}\cdot\left(\frac{4\pi}{a}\right)^3$$

面心立方晶体原胞体积为$\frac{a^3}{4}$，显然

$$(2\pi)^3\times\frac{1}{\frac{a^3}{4}}=\frac{1}{2}\left(\frac{4\pi}{a}\right)^3$$

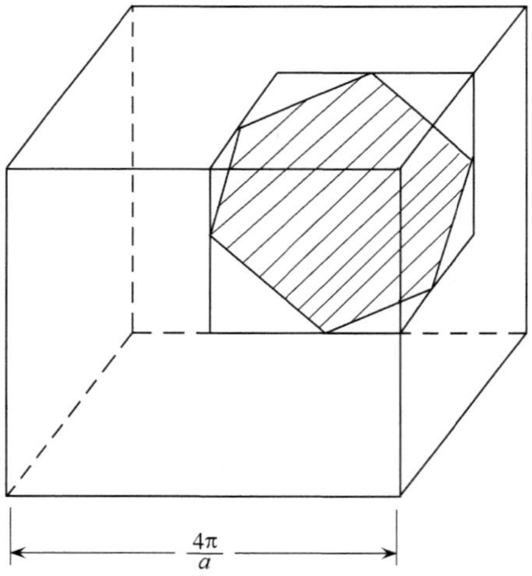

图 1.52

1.82 铜是单价金属，其密度为 8000kg/m^3，原子量为 64.

(1) 计算绝对温度时电子的费米能；

(2) 估算导带的宽度.

解　(1) 铜是面心立方晶体,设晶格常数为 a,一个晶胞中有 4 个铜原子,故铜密度

$$\rho = \frac{4 \times \frac{64}{N_0}}{a^3}$$

N_0 是阿伏伽德罗常量,则晶格常数 a

$$a = \left(\frac{4 \times 64 \times 10^{-3}}{N_0 \rho}\right)^{\frac{1}{3}} = \left(\frac{4 \times 64 \times 10^{-3}}{8000 \times 6.02 \times 10^{23}}\right)^{\frac{1}{3}} = 3.76 \times 10^{-10}(\text{m}) = 3.76(\text{Å})$$

设铜晶体体积为 V,包含有 N 个铜原子,每一个铜原子贡献一个电子,则共有 N 个传导电子,设费米球半径为 k_F,有

$$2 \times \frac{V}{(2\pi)^3} \cdot \frac{4}{3}\pi k_F^3 = N$$

即

$$k_F = \left(3\pi^2 \frac{N}{V}\right)^{\frac{1}{3}} = (3\pi^2 n)^{\frac{1}{3}}$$

电子浓度 $n = \frac{N}{V}$,对于面心立方晶体

$$n = \frac{N}{V} = \left(\frac{4}{a^3}\right)$$

故

$$k_F = \left(3\pi^2 \frac{4}{a^3}\right)^{\frac{1}{3}} = \frac{(12\pi^2)^{\frac{1}{3}}}{a}$$

绝对零度下的费米能

$$E_F = \frac{\hbar^2 k_F^2}{2m} = \frac{(1.055 \times 10^{-34})^2 \times (12\pi^2)^{\frac{2}{3}}}{2 \times 9.11 \times 10^{-31} \times (3.76 \times 10^{-10})^2} = 1.042 \times 10^{-18}(\text{J}) = 6.5(\text{eV})$$

(2) 下面估算铜导带宽度.采用自由电子模型,假定铜自由电子从 $k=0$ 能级起向上填满整个布里渊区,显然第一布里渊中最大波矢相应的电子能量应是铜导带宽度,其最长波矢是原点至正方形与二个正六边形相交的棱角顶距离 OB,如图 1.53,$AB = \frac{1}{4} \times \frac{4\pi}{a} =$

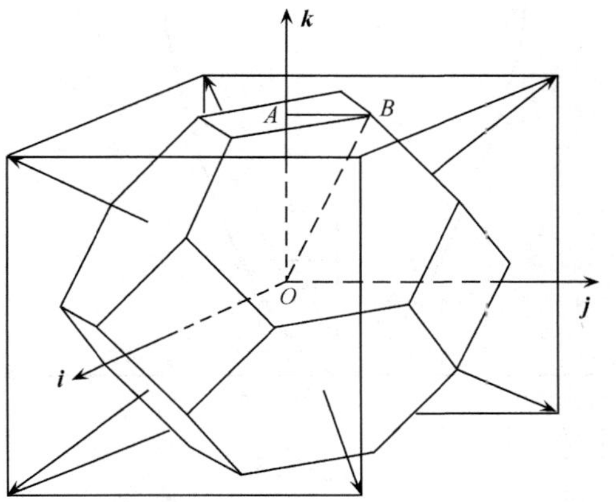

图 1.53

$\frac{\pi}{a}$，$OA=\frac{1}{2}\times\frac{4\pi}{a}=\frac{2\pi}{a}$.

$$|OB|=\sqrt{|AB|^2+|OA|^2}=\sqrt{\left(\frac{\pi}{a}\right)^2+\left(\frac{2\pi}{a}\right)^2}=\sqrt{5}\,\frac{\pi}{a}$$

所以铜晶体导带宽度

$$E=\frac{\hbar^2|OB|^2}{2m}=\frac{\hbar^2\cdot\left(\sqrt{5}\,\frac{\pi}{a}\right)^2}{2m}=\frac{(1.055\times10^{-34})^2\times5\pi^2}{2\times9.11\times10^{-31}\times(3.76\times10^{-10})^2}$$
$$=2.13\times10^{-18}(\mathrm{J})=13.3(\mathrm{eV})$$

所以，与本题解(1)绝对零度下费米能计算比较，表明固体能带理论预期电子只填满半个铜导带是正确的.

1.83　分别导出一维，二维和三维金属中自由电子的能态密度.

解　金属自由电子 E-$\boldsymbol{k}$ 关系为

$$E(\boldsymbol{k})=\frac{\hbar^2k^2}{2m}$$

一维下 E-$\boldsymbol{k}$ 是抛物线，二维等能线是圆，而三维等能面则是球.

(1) 一维情况.

$E\sim E+\mathrm{d}E$ 电子数目相应于一维 k 轴在 $\pm k$ 方向($2\mathrm{d}k$)范围内的状态数(见图 1.54)，计入电子自旋，一维金属长度为 L，

$$g(E)\mathrm{d}E=2\times\frac{L}{2\pi}\cdot2\mathrm{d}k$$

由自由电子色散关系

$$\mathrm{d}k=\frac{m}{\hbar}\times(2mE)^{-\frac{1}{2}}\mathrm{d}E$$

代入得

$$g(E)=\frac{2L}{2\pi}\frac{2m}{\hbar}\times(2mE)^{-\frac{1}{2}}=\frac{L}{\pi}\left(\frac{2m}{\hbar^2}\right)^{\frac{1}{2}}E^{-\frac{1}{2}}\propto E^{-\frac{1}{2}}$$

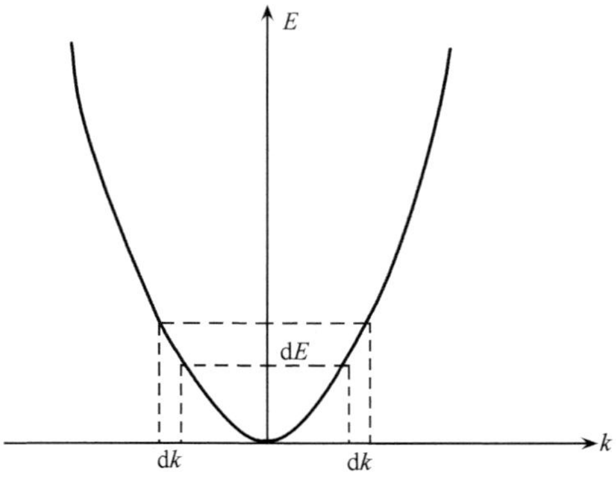

图 1.54

(2) 二维情况.

$E \sim E+\mathrm{d}E$ 电子数目相应于如图 1.55 二维 $\boldsymbol{k}$ 平面上半径为 k，宽度为 $\mathrm{d}k$ 的圆环内的状态数目，设二维金属面积为 S

$$g(E)\mathrm{d}E = 2 \cdot \frac{S}{(2\pi)^2} \cdot 2\pi k \cdot \mathrm{d}k$$

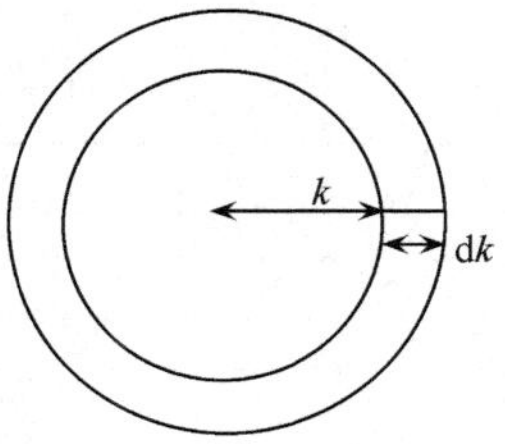

图 1.55

由自由电子色散关系

$$\mathrm{d}E = \frac{\hbar^2}{2m} \cdot 2k\mathrm{d}k = \frac{\hbar^2}{2m\pi} \cdot 2\pi k\mathrm{d}k$$

代入得

$$g(E) = \frac{2S}{(2\pi)^2} \cdot \frac{2m\pi}{\hbar^2} = \frac{Sm}{\pi\hbar^2} = 常数$$

(3) 三维情况.

$E \sim E+\mathrm{d}E$ 电子数目相应于如图 1.56 三维 $\boldsymbol{k}$ 空间半径为 k，宽度为 $\mathrm{d}k$ 的球壳内的状态数目，考虑电子自旋，对体积为 V 三维金属

$$g(E)\mathrm{d}E = 2 \cdot \frac{V}{(2\pi)^3} \cdot 4\pi k^2 \cdot \mathrm{d}k$$

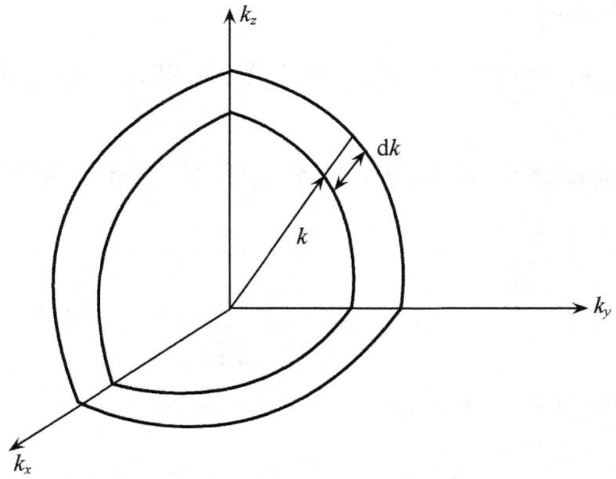

图 1.56

由色散关系

$$\mathrm{d}k = \frac{m}{\hbar} \times (2mE)^{-\frac{1}{2}}\mathrm{d}E$$

与色散关系一起代入上式

$$g(E) = 2\frac{V}{(2\pi)^3} \cdot 4\pi \cdot \frac{2mE}{\hbar^2} \cdot \frac{m}{\hbar}(2mE)^{-\frac{1}{2}} = 4\pi V \cdot \left(\frac{2m}{h^2}\right)^{\frac{3}{2}} E^{\frac{1}{2}} \propto E^{\frac{1}{2}}$$

1.84 考虑一个由 N 个双原子分子组成的长度为 $L=Na$ 的一维固体. 分子中的原子间距是 $b\left(b<\frac{a}{2}\right)$，相邻分子的中心相距 a(见图 1.57). 我们把势能表达为中心在每个原子上的 δ 函数之和

$$V = -A\sum_{n=0}^{N-1}\delta(x-na+b/2)+\delta(x-na-b/2)$$

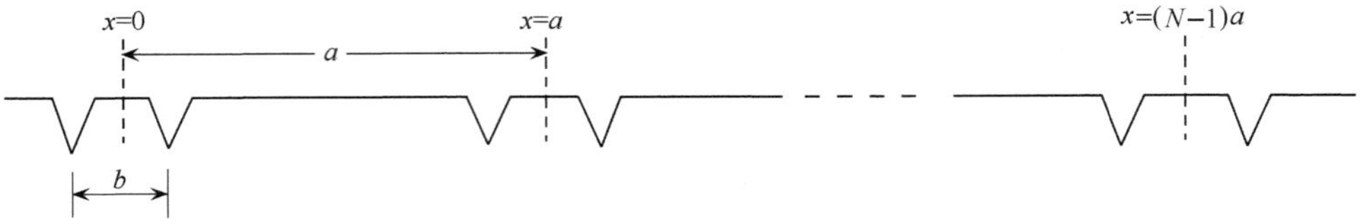

图 1.57

其中 A 是一个正的量.

(1) 考虑固体中的自由电子和周期边界条件,推导出电子波矢的允许值和归一化的波函数.

(2) 把势能表示为一个傅里叶级数

$$U=\sum_q V_q e^{iqx}$$

求出 q 的允许值和系数 V_q.

(3) 假定 A 很小,证明对 k 的一些值存在能隙,导出能隙的一般公式并证明第一布里渊区顶部的能隙正比于 $\cos\left(\frac{\pi b}{a}\right)$.

(4) 导出第一布里渊区中的状态数的表达式,如果每个原子有一个电子,这种物质是导体还是绝缘体?

(5) 假设 $b=a/2$,前面各结果出现了什么新情况,并给予简要的解释.

解　(1) $V=0, H=-\frac{\hbar^2}{2m}\nabla^2$,由 $H\Psi=E\Psi$ 得

$$\Psi=c e^{ikx}=\frac{1}{\sqrt{L}}e^{ikx}$$

周期性边界条件要求 $\Psi(0)=\Psi(L)$,故

$$e^{ikL}=1 \text{ 即 } \quad k=\frac{2n\pi}{L},\quad n=0,1,2,\cdots$$

(2) 根据数学上的定理,当 $V(x)$的周期为 a 时,$V(x)$可以表示为

$$V(x)=\sum_q V_q e^{iqx}$$

其中,$q=n\frac{2\pi}{a}, n=0,\pm1,\pm2,\cdots$

$$V_q=\frac{1}{a}\int_0^a V(x)e^{-iqx}dx$$

所以,$V_0=-\frac{2A}{a}$;$V_n=-\frac{2A}{a}\cos n\frac{\pi b}{a}, n\neq0$.

(3) 为求解晶体中的薛定谔方程

$$\left[-\frac{\hbar^2}{2m}\frac{d^2}{dx^2}+V(x)\right]\Psi=E\Psi$$

令

$$\Psi=\sum_k C_k\varphi_k,\quad \varphi_k=\frac{1}{\sqrt{L}}e^{ikx},\quad k=\frac{2\pi}{L}n$$

有

$$C_{k'}E_{k'}^0+\sum_q U_q c_{k'-q}=EC_{k'}$$

其中

$$E_{k'}^0=\frac{\hbar^2k'^2}{2m},\quad k'=\frac{2\pi}{L}n$$

所以，组成 $\Psi(x)$ 的各个 $\varphi_k(x)$ 的波矢相互差一个倒格矢 q，重新令

$$\Psi(x)=\sum_K C_{k-K}\varphi_{k-K}$$

这时

$$\varphi_{k-K}(x)=\mathrm{e}^{\mathrm{i}(k-K)x}$$

故有

$$\left[\frac{\hbar^2(k-K)^2}{2m}-E_k\right]C_{k-K}+\sum_{K'}V_{K'-K}C_{k-K'}=0$$

K 是任意一个倒格矢.

当 $V(x)=0$，即对自由电子，

$$E_k=E_{k-K}^0,\quad \Psi\propto \mathrm{e}^{\mathrm{i}(k-K)x}$$

如 $E_{k-K_1}^0=E_{k-K_2}^0=\cdots=E_{k-K_m}^0$，那么当 E_k 等于这些值时就有 m 个独立的简并解. 所以当存在微弱周期势时，分简并微扰和非简并微扰两种情况. 对本题一维情况，简并态只能由两个波函数组成，如 $E_k^0=E_{k-K_n}^0$，则有

$$(E_k-E_k^0)C_k=V_0C_k+V_{K_n}C_{k-K_n}$$

$$(E_k-E_k^0-K_n)C_{k-K_n}=V_0C_{k-K_n}+V_{-K_n}C_k$$

由 $V(x)$ 的实数性，易知 $V_{-K_n}=V_{K_n}^*$，为了使 C_k,C_{k-K_n} 不为零，必须

$$E_k=V_0+\frac{1}{2}(E_k^0+E_{k-K_n}^0)\pm\left[\left(\frac{E_k^0-E_{k-K_n}^0}{2}\right)^2+|V_{K_n}|^2\right]^{1/2}$$

由 $E_k=E_{k-K_n}^0$ 得

$$E_k=V_0+E_k^0\pm|V_{K_n}|$$

即出现能隙

$$E_g=2|V_{K_n}|$$

所以，当 $k=\frac{K_n}{2}$ 时就出现能隙.

第一布里渊区边上

$$k=\frac{K_1}{2}=\frac{\pi}{a},\quad |V_{K_1}|=\frac{2A}{a}\cos\frac{\pi b}{a}$$

即

$$E_g(K_1)\propto\cos\frac{\pi b}{a}$$

(4) 第一布里渊区 $-\frac{\pi}{a}<k\leqslant\frac{\pi}{a}$

$K=\frac{2\pi}{L}n$，$L=Na$，所以有 N 个 k，考虑自旋后第一布里渊区共有 $2N$ 个状态.

因有 N 个分子，而每个分子有两个原子，每个原子又有 2 个电子，所以共有 $2N$ 个电子，这 $2N$ 个电子正好填满第一布里渊区，因此这种材料是绝缘体.

(5) 当 $b=\frac{a}{2}$，即势场的周期性变为 $a/2$，布里渊区扩大，对前面(1)、(2)、(3)、(4)的结果将产生如下的影响：

1) 不变.

2) $q=\frac{4\pi}{a}$，$V_0=-\frac{2A}{a}$，$V_n=(-1)^{n+1}\frac{2A}{a}$.

3) $E_g\propto|V_n|$.

4) 第一布里渊区有 $2N$ 个 K 状态，考虑自旋后有 $4N$ 个状态，共有 $2N$ 个电子，不能填满第一布里渊区，故它是导体.

1.85 由相同原子组成的一维原子链，每个原胞中有两个原子，原胞长度为 a，原胞内两个原子相对距离为 b.

(1) 根据紧束缚近似，只计入近邻相互作用，写出原子 s 态相对应的晶体波函数的形式；

(2) 求出相应能带的 $E(k)$ 函数.

解 这是由相同原子组成的一维复式格子. 设第一套原子格点位置为 X_n，则第二套原子格点位置为(X_n+b).

第一套原子的布洛赫波

$$\Psi_{k,1}^{s}(x)=C\sum_{n}\mathrm{e}^{\mathrm{i}kX_n}\varphi(x-X_n)$$

第二套原子的布洛赫波

$$\Psi_{k,2}^{s}(x)=C\sum_{n}\mathrm{e}^{\mathrm{i}k(X_n+b)}\varphi_s[x-(X_n+b)]=C\sum_{n}\mathrm{e}^{\mathrm{i}k(X_n+b)}\varphi(x-X_n-b)$$

(1) 晶体电子波函数

$$\Psi_{k}^{s}(x)=A\Psi_{k,1}^{s}(x)+B\Psi_{k,2}^{s}(x)$$

(2) 晶体电子薛定谔方程

$$\left[-\frac{\hbar^2}{2m}\frac{\mathrm{d}^2}{\mathrm{d}x^2}+V(x)\right]\Psi_{k}^{s}(x)=E\Psi_{k}^{s}(x)$$

方程两边分别乘以 $\Psi_{k,1}^{s*}(x)$和 $\Psi_{k,2}^{s*}(x)$并在全空间积分得

$$(\langle Sk1\mid H\mid Sk1\rangle-E\langle Sk1\mid Sk1\rangle)A+(\langle Sk1\mid H\mid Sk2\rangle-E\langle Sk1\mid Sk2\rangle)B=0$$

$$(\langle Sk2\mid H\mid Sk1\rangle-E\langle Sk2\mid Sk1\rangle)A+(\langle Sk2\mid H\mid Sk2\rangle-E\langle Sk2\mid Sk2\rangle)B=0$$

于是有久期方程

$$\begin{vmatrix}\langle Sk1\mid H\mid Sk1\rangle-E\langle Sk1\mid Sk1\rangle & \langle Sk1\mid H\mid Sk2\rangle-E\langle Sk1\mid Sk2\rangle\\ \langle Sk2\mid H\mid Sk1\rangle-E\langle Sk2\mid Sk2\rangle & \langle Sk2\mid H\mid Sk2\rangle-E\langle Sk2\mid Sk2\rangle\end{vmatrix}=0$$

根据紧束缚近似，认为相邻原子波函数交叠很小

$$\langle\varphi_s(x-X_n)\mid\varphi_s(x-X_n-b)\rangle=0$$

但各个原子波函数各自归一化

$$\langle\varphi_s(x-X_n)\mid\varphi_s(x-X_n)\rangle=\langle\varphi_s(x-X_n-b)\mid\varphi_s(x-X_n-b)\rangle=1$$

这样

$$\langle Sk1 \mid H \mid Sk2\rangle = \langle Sk2 \mid H \mid Sk1\rangle = 0$$
$$\langle Sk1 \mid H \mid Sk1\rangle = \langle Sk2 \mid H \mid Sk2\rangle = c^* c$$

所以上述久期行列式变为

$$\begin{vmatrix} \langle Sk1 \mid H \mid Sk1\rangle - Ec^* c & \langle Sk1 \mid H \mid Sk2\rangle \\ \langle Sk2 \mid H \mid Sk1\rangle & \langle Sk2 \mid H \mid Sk2\rangle - Ec^* c \end{vmatrix} = 0$$

现在计算矩阵元

$$\langle Sk1 \mid H \mid Sk2\rangle = c^* c\int \sum_n \mathrm{e}^{-\mathrm{i}kX_\mathrm{n}} \varphi_s^* (x - X_n) H \sum_{n'} \mathrm{e}^{\mathrm{i}kX_{n'} + \mathrm{i}kb} \varphi_s (x - X_{n'} - b)\mathrm{d}x$$
$$= c^* c \sum_{n,n'} \mathrm{e}^{\mathrm{i}k(X_{n'} - X_\mathrm{n} + b)} \int \varphi_s^* (x - X_n) H\varphi_s (x - X_{n'} - b)\mathrm{d}x$$

令 $R_m = X_{n'} - X_n, X_n = 0$，则

$$\langle Sk1 \mid H \mid Sk2\rangle = c^* c \sum_m \mathrm{e}^{\mathrm{i}k(X_m + b)} \int \varphi_s^* (x) H\varphi_s (x - X_m - b)\mathrm{d}x$$

把 $\int \varphi_s^* (x) H\varphi_s (x - X_m - b)\mathrm{d}x = \alpha$ 代入，并只考虑近邻相互作用，$X_m = 0$，有

$$\langle Sk1 \mid H \mid Sk2\rangle = c^* c\mathrm{e}^{\mathrm{i}kb}\alpha$$

由于 H 是厄米算符

$$\langle Sk2 \mid H \mid Sk1\rangle = c^* c\mathrm{e}^{-\mathrm{i}kb}\alpha^*$$

另外，在考虑最近邻原子相互作用情况下，

$$\langle Sk1 \mid H \mid Sk1\rangle = c^* c \sum_{n'} \int \varphi_s^* (x - X_\mathrm{n}) H\varphi_s (x - X_{n'} - b)\mathrm{d}x = c^* c\beta$$

同理

$$\langle Sk2 \mid H \mid Sk2\rangle = c^* c\gamma$$

上述久期行列式消去 $c^* c$ 以后变为

$$\begin{vmatrix} \beta - E & \mathrm{e}^{\mathrm{i}kb}\alpha \\ \mathrm{e}^{-\mathrm{i}kb}\alpha^* & \gamma - E \end{vmatrix} = 0$$

得

$$E^2 - (\beta + \gamma)E + (\beta\gamma - \alpha^2) = 0$$

则

$$E = \frac{\beta + \gamma}{2} \pm \frac{\sqrt{(\beta - \gamma)^2 + 4\alpha^2}}{2}$$

1.86 (1) 六角密排结构，其周期势场 $V(\boldsymbol{r}) = \sum_{\boldsymbol{G}} V_G \mathrm{e}^{\mathrm{i}\boldsymbol{G}\cdot\boldsymbol{r}}$ ($\boldsymbol{G}$ 为倒格矢). 证明对应于 c 方向的，第一布里渊区边界面(即面的法线在(0,0,1) 方向) 的 $\boldsymbol{G}, V_{\boldsymbol{G}} = 0$. 据此，对于经此面的一价能隙，能得出什么结论?

(2) 解释为什么在六角密排结构中，不能由单价原子组成绝缘体;

(3) 钠金属为体心立方结构，且每个原子有一个价电子. 求出钠金属中带间跃迁(从最低能带倒次高能带)阈波长的表达式，并估算其值(以 Å 为单位). 注意：费米波矢 $\boldsymbol{k}_\mathrm{F}$ 比布里渊区边界上离原点最近的波矢 $\boldsymbol{k}_{\mathrm{ZB}}$ 小很多. 钠的立方晶格边长为 4.23Å.

解 （1）解法一　六角密排结构周期势场的傅里叶展开式

$$V(\boldsymbol{r}) = \sum_{\boldsymbol{G}} V_G \mathrm{e}^{\mathrm{i}\boldsymbol{G}\cdot\boldsymbol{r}}$$

其中展开系数

$$V_{\boldsymbol{G}} = \frac{1}{v}\int_{\text{原胞}} V(\boldsymbol{r})\mathrm{e}^{-\mathrm{i}\boldsymbol{G}\cdot\boldsymbol{r}}\mathrm{d}\boldsymbol{r}$$

v 为原胞体积. 令原胞中含 n 个同种原子，其位置为 $\boldsymbol{d}_1,\boldsymbol{d}_2,\cdots,\boldsymbol{d}_j,\cdots,\boldsymbol{d}_n$，则周期场可表示为

$$V(\boldsymbol{r}) = \sum_{\boldsymbol{R}}\sum_{j=1}^{N}\varphi(\boldsymbol{r}-\boldsymbol{R}-\boldsymbol{d}_j)$$

其中，$\boldsymbol{R}$ 为格点位置. 所以

$$\begin{aligned}
V_{\boldsymbol{G}} &= \frac{1}{v}\int_{\text{原胞}} \mathrm{e}^{-\mathrm{i}\boldsymbol{G}\cdot\boldsymbol{r}}\sum_{\boldsymbol{R}}\sum_{j=1}^{N}\varphi(\boldsymbol{r}-\boldsymbol{R}-\boldsymbol{d}_j)\mathrm{d}\boldsymbol{r}\\
&= \frac{1}{v}\sum_{j=1}^{N}\sum_{\boldsymbol{R}}\int_{\text{原胞}} \mathrm{e}^{-\mathrm{i}\boldsymbol{G}\cdot\boldsymbol{r}}\varphi(\boldsymbol{r}-\boldsymbol{R}-\boldsymbol{d}_j)\mathrm{d}\boldsymbol{r}\\
&= \frac{1}{v}\sum_{j=1}^{N}\int_{\text{全空间}} \mathrm{e}^{-\mathrm{i}\boldsymbol{G}\cdot\boldsymbol{r}}\varphi(\boldsymbol{r}-\boldsymbol{d}_j)\mathrm{d}\boldsymbol{r}\\
&= \frac{1}{v}\int_{\text{全空间}} \mathrm{e}^{-\mathrm{i}\boldsymbol{G}\cdot\boldsymbol{r}}\varphi(\boldsymbol{r})\Big(\sum_{j=1}^{N}\mathrm{e}^{\mathrm{i}\boldsymbol{G}\cdot\boldsymbol{d}_j}\Big)\mathrm{d}\boldsymbol{r}
\end{aligned}$$

实际上，$\sum\limits_{j=1}^{N}\mathrm{e}^{\mathrm{i}\boldsymbol{G}\cdot\boldsymbol{d}_j}$ 正是几何结构因子.

六角密排结构中含两个原子：A 原子和 H 原子，见本章第一节晶体结构及其性质题解 1.7 中图 1.15 及图 1.14. 取 A 原子为坐标原点，其位置矢量 $\boldsymbol{d}_A=0$，则 H 原子位置矢量

$$\begin{aligned}
\boldsymbol{d}_H &= \overline{AO'}\boldsymbol{i} + \overline{O'O}\boldsymbol{j} + \overline{OH}\boldsymbol{k}\\
&= \overline{AO'}\boldsymbol{i} + (\overline{DO'}-\overline{DO})\boldsymbol{j} + \overline{OH}\boldsymbol{k}\\
&= \frac{a}{2}\boldsymbol{i} + \left(\frac{\sqrt{3}}{2}a - \frac{1}{\sqrt{3}}a\right)\boldsymbol{j} + \frac{1}{2}c\boldsymbol{k}\\
&= \frac{a}{2}\boldsymbol{i} + \frac{\sqrt{3}}{6}a\boldsymbol{j} + \frac{c}{2}\boldsymbol{k}
\end{aligned}$$

于是对于题中所给 $\boldsymbol{G}=\frac{2\pi}{c}\boldsymbol{b}_3$，

$$\sum_{j=1}^{N}\mathrm{e}^{\mathrm{i}\boldsymbol{G}\cdot\boldsymbol{d}_j} = 1+\mathrm{e}^{\mathrm{i}2\pi/c\times c/2} = 0$$

所以

$$V_G = 0$$

因此，此面的一阶能隙为 $2|V_G|=0$.

解法二　可以证明，六角密堆积晶体结构的晶体势场的傅里叶分量

$$U(\boldsymbol{G}=\boldsymbol{b}_3) = 0$$

六角密积晶体是由两个六角子晶格套构而成的，两个子晶格间的相对位置可用矢量 $\boldsymbol{\tau}_0$ 来表示，由题解 1.7 中图 1.14 看出

$$\boldsymbol{\tau}_0=\frac{a}{2}\boldsymbol{i}+\frac{\sqrt{3}}{6}a\boldsymbol{j}+\frac{c}{2}\boldsymbol{k}$$

六角密积晶体结构的晶体势场 $U(\boldsymbol{r})$ 是由这两套六角简单晶体的晶体势叠加而成的，即

$$\begin{aligned}U(\boldsymbol{r})&=U_1(\boldsymbol{r})+U_2(\boldsymbol{r}-\boldsymbol{\tau}_0)\\&=\sum_{\boldsymbol{G}_n}U_0(\boldsymbol{G}_n)\mathrm{e}^{\mathrm{i}\boldsymbol{G}_n\cdot\boldsymbol{r}}+\sum_{\boldsymbol{G}_n}U_0(\boldsymbol{G}_n)\mathrm{e}^{\mathrm{i}\boldsymbol{G}_n\cdot\boldsymbol{r}}\cdot\mathrm{e}^{-\mathrm{i}\boldsymbol{G}_n\cdot\ _0}\\&=\sum_{\boldsymbol{G}_n}U_0(\boldsymbol{G}_n)\mathrm{e}^{\mathrm{i}\boldsymbol{G}_n\cdot\boldsymbol{r}}(1+\mathrm{e}^{-\mathrm{i}\boldsymbol{G}_n\cdot\ _0})=\sum_{\boldsymbol{G}_n}U(\boldsymbol{G}_n)\mathrm{e}^{\mathrm{i}\boldsymbol{G}_n\cdot\boldsymbol{r}}\end{aligned}$$

$U(\boldsymbol{r})$ 的傅里叶分量

$$U(\boldsymbol{G}_n)=U_0(\boldsymbol{G}_n)(1+\mathrm{e}^{-\mathrm{i}\boldsymbol{G}_n\cdot\ _0})$$

当 $\boldsymbol{G}_n=\boldsymbol{b}_3=\frac{2\pi}{c}\boldsymbol{k}$ 时，

$$U(\boldsymbol{b}_3)=U_0(\boldsymbol{b}_3)\left(1+\mathrm{e}^{-\mathrm{i}\frac{2\pi}{c}\cdot\frac{c}{2}}\right)=U_0(\boldsymbol{b}_3)(1+\mathrm{e}^{-\mathrm{i}\pi})=0$$

$\boldsymbol{G}_n=\boldsymbol{b}_3=\frac{2\pi}{c}\boldsymbol{k}$ 是平行于晶体点阵的 $\boldsymbol{c}$ 轴的最短倒格矢. 由自由电子近似知，$U(\boldsymbol{G}=\boldsymbol{b}_3)=0$，则 c 轴方向上没有能隙.

(2) 六角密排结构中，每条能带含有 N 个状态，N 是晶体原胞数目，电子可以自旋朝上朝下，所以一个能带可容纳 $2N$ 个电子，对于单原子组成的六角密集结构，由于一个原胞有 2 个原子，N 个原胞就有 $2N$ 个电子，正好填满一条能带，理应是绝缘体，但 c 轴方向上带隙为零，至少呈半金属性质，而不再是绝缘体了.

(3) 根据晶格动量守恒

$$\boldsymbol{k}'=\boldsymbol{k}+\boldsymbol{k}_{\mathrm{ph}}+\boldsymbol{G}$$

可见光波长在 5000Å 左右，$\boldsymbol{k}_{\mathrm{ph}}$ 为 $10^5\,\mathrm{cm}^{-1}$ 量级，而布里渊区的大小为 $10^8\,\mathrm{cm}^{-1}$ 量级，故上式中 $\boldsymbol{k}_{\mathrm{ph}}$ 只能引起很小的波矢变化. 而由于平移对称性，波矢 $\boldsymbol{G}$ 移动并不产生任何影响，所以带间跃迁可以认为是两能带中等波矢的态间跃迁. 如图 1.58 所示.

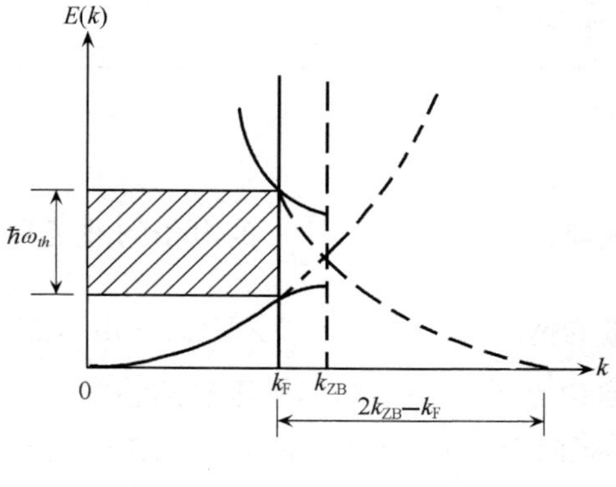

图 1.58

由于 k_F 比 k_{ZB} 小很多，可用自由电子近似来估计，由图 1.58 可知

$$\hbar\omega_{th} = \hbar\frac{2\pi c}{\lambda_{th}} = \frac{\hbar^2}{2m}(2k_{ZB} - k_F)^2 - \frac{\hbar^2}{2m}k_F^2$$

由此，阈波长

$$\lambda_{th} = \frac{\pi mc}{\hbar}\cdot\frac{1}{k_{ZB}^2 - k_{ZB}\cdot k_F}$$

因为

$$k_F = (3\pi^2 n)^{1/3} = \left(3\pi^2\frac{2}{a^3}\right)^{1/3} = (6\pi^2)^{1/3}\frac{1}{a}$$

而边长为 a 的体心立方格子，其倒格子边长为$\frac{4\pi}{a}$的面心立方格子，则 k_{ZB} 为面心立方的面对角线的 1/4，即

$$k_{ZB} = \frac{1}{4}\sqrt{2}\frac{4\pi}{a} = \frac{\sqrt{2}\pi}{a}$$

所以

$$\lambda_{th} = \frac{mc}{\hbar}\frac{a^2}{2\pi - \sqrt{2}(6\pi^2)^{\frac{1}{3}}} = \frac{mc^2}{\hbar c}\frac{a^2}{2\pi - \sqrt{2}(6\pi^2)^{\frac{1}{3}}}$$

将 $\hbar c = 1.97\times10^3\,\mathrm{eV}\cdot\mathrm{\AA}$，$mc^2 = 0.511\,\mathrm{MeV}$，$a = 4.253\,\mathrm{\AA}$ 代入，可得

$$\lambda_{th} = 6034\,\mathrm{\AA}$$

1.87　考虑一个一维周期势场 $u(x)$，可看作是宽度为 a，中心位于 $x=na$（n 是整数）的全同势场 $V(n)$ 的组合. 图 1.59 所画的势垒 $V(x)$ 可用入射电子的透射系数 $t(k)$ 和反射系数 $r(k)$ 来表征，入射电子的能量为 $E=\frac{\hbar^2k^2}{2m}$.

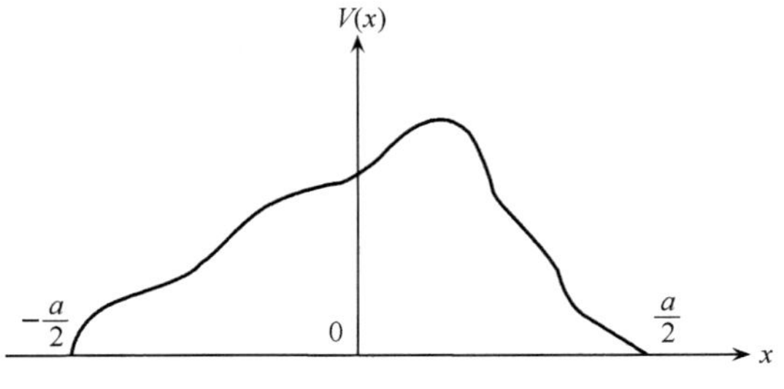

图 1.59

（1）对单势垒的情况，写出能量为 $E=\frac{\hbar^2k^2}{2m}$ 的电子的波函数的最一般解；

（2）对晶体哈密顿量的情况，即 $u(x)=\sum\limits_{n=-\infty}^{+\infty}V(x+na)$，布洛赫电子的能量与波矢 k 的关系如何？证明这对自由电子（$V=0$）给出了正确的答案；

（3）回想 r 和 t 的一些简单性质，证明布洛赫波只在一些能带中才能发生；

（4）假定势场很弱，即 $|t|=1$，$|r|=0$，求出能隙宽度的一个简单表达式.

解　（1）从单势垒左边射入的能量为 E 的电子波函数表示为

$$\Psi_l(x)=\begin{cases} e^{ikx}+r_l e^{-ikx}, & x\leqslant -\dfrac{a}{2} \\ t_l e^{ikx}, & x\geqslant \dfrac{a}{2} \end{cases}$$

式中，k 由 $E=\dfrac{\hbar^2k^2}{2m}$确定. 对于从右边入射电子波函数则为

$$\Psi_r(x)=\begin{cases} e^{-ikx}+r_r e^{ikx}, & x\geqslant \dfrac{a}{2} \\ t_r e^{-ikx}, & x\leqslant -\dfrac{a}{2} \end{cases}$$

如果 $V(x)$不对称，左右入射电子的反射系数和透射系数就各不相同了，一般解为 $\Psi_l(x)$和 $\Psi_r(x)$的线性叠加

$$\Psi(x)=A\Psi_l(x)+B\Psi_r(x)$$

A,B 是实常数.

在势垒区里，$-\dfrac{a}{2}\leqslant x\leqslant\dfrac{a}{2}$，波函数满足一维薛定谔方程

$$\left[-\frac{\hbar^2}{2m}\frac{d^2}{dx^2}+V(x)\right]\Psi=E\Psi$$

(2) 对于晶格周期势场

$$U(x)=\sum_{n=-\infty}^{+\infty}V(x+na)$$

在$-\dfrac{a}{2}\leqslant x\leqslant\dfrac{a}{2}$这个区域里，晶体哈密顿量与单个势垒情形是一样的，可以用上面的$\Psi(x)$表示这个区域里晶体薛定谔方程的解.

$$\Psi(x)=A\Psi_l(x)+B\Psi_r(x),\quad -\frac{a}{2}\leqslant x\leqslant\frac{a}{2}$$

由布洛赫定理

$$\Psi(x+a)=e^{iKa}\Psi(x)$$

这里 K 是正实常数，上式微分后的形式

$$\Psi'(x+a)=e^{iKa}\Psi'(x)$$

考虑上面式子在 $x=-\dfrac{a}{2}$时，得出

$$A\Psi_l\left(\frac{a}{2}\right)+B\Psi_r\left(\frac{a}{2}\right)=e^{iKa}\left[A\Psi_l\left(-\frac{a}{2}\right)+B\Psi_r\left(-\frac{a}{2}\right)\right]$$

$$A\Psi'_l\left(\frac{a}{2}\right)+B\Psi'_r\left(\frac{a}{2}\right)=e^{iKa}\left[A\Psi'_l\left(-\frac{a}{2}\right)+B\Psi'_r\left(-\frac{a}{2}\right)\right]$$

或

$$A[t_l\beta-\alpha(1+r_l\beta)]+B[1+r_r\beta-t_r\alpha\beta]=0$$
$$A[t_l\beta-\alpha(1-r_l\beta)]+B[-1+r_r\beta+t_r\alpha\beta]=0$$

其中

$$\alpha=e^{iKa},\quad \beta=e^{ika}$$

相加与相减上面两个式子，得到

$$(t_l\beta-\alpha)A+r_r\alpha\beta B=0$$
$$-r_l\alpha\beta A+(1-t_r\alpha\beta)B=0$$

为使 A,B 有解,系数行列式应为零,得

$$(t_lt_r-r_lr_r)\mathrm{e}^{\mathrm{i}ka}+\mathrm{e}^{-\mathrm{i}ka}=t_l\mathrm{e}^{-\mathrm{i}Ka}+t_r\mathrm{e}^{\mathrm{i}Ka}$$

这就是电子能量 $E=\dfrac{\hbar^2k^2}{2m}$ 与电子波矢 k 的关系.

对晶体来说,通常存在对称性,$V(x)=V(-x)$,如果是这样,$r_l=r_r=r,t_l=t_r=t$,上述关系变为

$$(t^2-r^2)\mathrm{e}^{\mathrm{i}ka}+\mathrm{e}^{-\mathrm{i}ka}=2t\cos(Ka)$$

对自由电子来说,$r=0,t=1$,故

$$\cos Ka=\cos ka$$

即

$$K=k$$

这是正确的,因为自由粒子的波矢就是能量表达式中的 k.

(3) r 和 t 最简单的性质就是

$$|r|^2+|t|^2=1 \tag{1}$$

可设

$$t=|t|\mathrm{e}^{\mathrm{i}\delta} \tag{2}$$

对一维薛定谔方程存在下列定理:

若 φ_1,φ_2 是方程的两个解,那么

$$W(\varphi_1,\varphi_2)=\varphi_1'(x)\varphi_2(x)-\varphi_1(x)\varphi_2'(x)$$

和 x 无关.

因为势场 $V(x)$ 是实的,所以 $\Psi_l^*(x)$ 也是方程的一个解,对 $x\leqslant\dfrac{a}{2}$ 和 $x\geqslant\dfrac{a}{2}$ 计算 $W(\Psi_l,\Psi_l^*)$ 就可以证明(1)式的正确性. 如计算 $W(\Psi_l,\Psi_r^*)$,则有

$$rt^*+tr^*=0$$

即 rt^* 是纯虚数,所以

$$r=\pm\mathrm{i}|r|\mathrm{e}^{\mathrm{i}\delta} \tag{3}$$

把(1)、(2)、(3)式代入 $\cos Ka=\dfrac{t^2-r^2}{2t}\mathrm{e}^{\mathrm{i}ka}+\dfrac{1}{2t}\mathrm{e}^{-\mathrm{i}ka}$ 中,得到

$$\frac{\cos(ka+\delta)}{|t|}=\cos Ka \tag{4}$$

$|t|<1$,随 k 增大,$|t|\to1$,所以把(4)式的左边画出按 k 的变化(如图 1.60(b)).

由于 $\cos Ka$ 必须在 -1 到 $+1$ 之间变化,所以有些 k 值(图 1.60(b)中阴影部分)不能取,也即这样的 k 值对应的能量是禁带,可能存在的能量只是以能带出现.

(4) 当势垒很弱时 $|r|\to0,|t|\to1,\delta\to0$,能隙中央位置为 $ka+\delta=n\pi$,设偏离此位置 E 时达到能带边,即

$$\cos(n\pi+E)=\pm|t|,E\text{ 很小}$$

由小角近似得

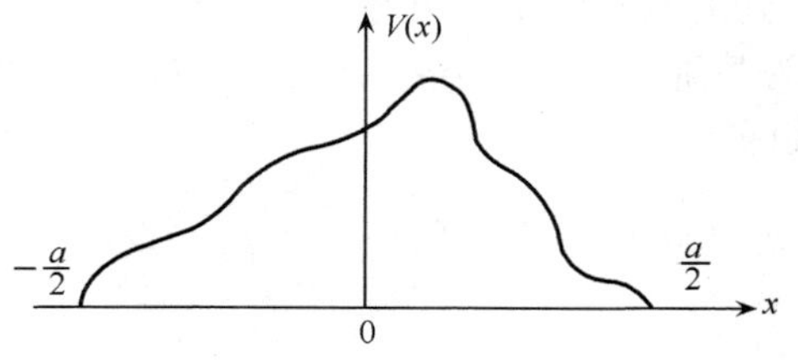

(a)

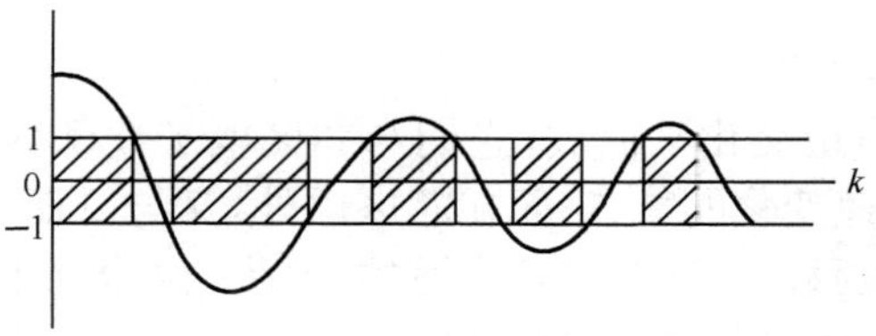

(b)

图 1.60

$$E \approx |r|$$

所以能隙内相位差为

$$(k_2 - k_1)a \approx 2|r|$$

$$E_{\text{gap}} = E_2 - E_1 = \frac{\hbar^2}{2m}(k_2^2 - k_1^2) = \frac{\hbar^2}{2m}(k_2 - k_1)(k_2 + k_1)$$

其中，$k_2 + k_1 = 2k_0$，k_0 是禁带中央值，因 $\delta \to 0$，故 $k_0 \approx \frac{n\pi}{a}$，则能隙为 E_{gap}

$$E_{\text{gap}} \approx 2n\pi \frac{\hbar^2 |r|}{ma^2}$$

1.88 正交化平面波法(与赝势法紧密相联系)，经常用于计算金属中电子态的能带结构. 它成功地解释了：虽然作用于电子上的晶格势并不弱，但近自由电子近似仍可适用.

讨论此方法的基本物理思想和数学步骤，其中包括简述：

(1) 芯态以外的布洛赫函数的构成及其性质；

(2) 正交化平面波的构成及其性质；

(3) 赝势的构成及其非唯一性；

(4) 赝势可以当作小量处理的物理解释.

解 在金属中价电子是近似自由的，但在芯区附近有较大的变化. 芯区以外的电子态用平面波来描述.

$$|\boldsymbol{k}\rangle = \frac{1}{\sqrt{N\Omega}} e^{i\boldsymbol{k}\cdot\boldsymbol{r}}$$

$$|\boldsymbol{k} + \boldsymbol{K}_i\rangle = \frac{1}{\sqrt{N\Omega}} e^{i(\boldsymbol{k}+\boldsymbol{K}_i)\cdot\boldsymbol{r}}$$

式中，N 是晶体原胞数，Ω 是原胞体积，$\boldsymbol{K}_i$ 是倒格矢.

但芯区电子是紧束缚的，采用紧束缚近似，其波函数为

$$|\Phi_{ij}\rangle = \frac{1}{\sqrt{N}} \sum_l e^{i\boldsymbol{k}\cdot\boldsymbol{R}_l} \varphi_j^{at}(\boldsymbol{r} - \boldsymbol{R}_l)$$

其中，$\varphi_j^{at}(\boldsymbol{r}-\boldsymbol{R}_l)$为位于 $\boldsymbol{R}_l$ 处的原子的第 j 个态.

以波矢为 $\boldsymbol{k}$ 的平面波为基础，构成一函数 $x_i(\boldsymbol{k},\boldsymbol{r})$，要求它与波矢为 $\boldsymbol{k}$ 的所有芯区电子波函数都正交. 这样的波函数为

$$x_i(\boldsymbol{k},\boldsymbol{r}) = |\,\boldsymbol{k}+\boldsymbol{K}_i\rangle - \sum_{j=1}^{M}\mu_{ij}\,|\,\Phi_{jk}\rangle$$

系数 μ_{ij} 由正交化条件

$$\int \Phi_{jK}^{*} x_i(\boldsymbol{k},\boldsymbol{r})\mathrm{d}\tau = 0$$

确定.

波函数 $x_i(\boldsymbol{k},\boldsymbol{r})$称为正交化平面波，它们与芯区电子波函数是正交的，在芯区附近，它们具有原子波函数迅速变化的特点；而在芯区以外，又与平面波相似. 用这样的波函数来组成晶体中价电子波函数，显然是非常合适的. 因此只需将数目不多的正交化平面波线性组合起来，便可构成晶体中价电子波函数.

$$\Psi_k = \sum_i c_i x_i$$

因为

$$x_i = |\,\boldsymbol{k}+\boldsymbol{K}_i\rangle - \sum_j |\,\Phi_{jk}\rangle\langle\Phi_{jk}\,|\,|\,\boldsymbol{k}+\boldsymbol{K}_i\rangle$$

记

$$\hat{P} = \sum_j |\,\Phi_{jk}\rangle\langle\Phi_{jk}\,|$$

所以

$$\Psi_k = (1-\hat{P})\,|\,\boldsymbol{k}+\boldsymbol{K}_i\rangle$$

引入赝波函数

$$\varphi = \sum_i c_i\,|\,\boldsymbol{k}+\boldsymbol{K}_i\rangle$$

将 Ψ_k 代入薛定谔方程后得

$$-\frac{\hbar^2}{2m}\nabla^2\varphi + W\varphi = E\varphi$$

其中

$$\begin{aligned} W &= V(\boldsymbol{r}) - \left[-\frac{\hbar^2}{2m}\nabla^2 + V(\boldsymbol{r})\right]\hat{P} + E\hat{P} \\ &= V(\boldsymbol{r}) + \sum_j (E-E_j)\,|\,\Phi_{jk}\rangle\langle\Phi_{jk}\,| \end{aligned}$$

称为赝势，赝势不是唯一的. 因为若设

$$W' = V(\boldsymbol{r}) + \sum_j f(E,E_j)\,|\,\Phi_{jk}\rangle\langle\Phi_{jk}\,|$$

$f(E,E_j)$是任意函数. 代入薛定谔方程

$$-\frac{\hbar^2}{2m}\nabla^2\varphi + W'\varphi = E'\varphi$$

两边与 Ψ_K^* 取内积后，容易证明 $E'=E$，故 W'也是一赝势.

由于赝势

$$W = V(\boldsymbol{r}) + \sum_j (E-E_j)\,|\,\Phi_{jk}\rangle\langle\Phi_{jk}\,|$$

$$= V(\boldsymbol{r}) + V_B$$

其中，$V(\boldsymbol{r})$是晶体中电子的实际势能，是吸引势.

$$V_B = \sum_j (E - E_j) \mid \Phi_{jk}\rangle\langle\Phi_{jk} \mid$$

由于晶体中价电子能量要比内层电子能量 E_j 高，所以 V_B 具有排斥电子的性质，称为排斥势.

由于在赝势 W 中，$V(\boldsymbol{r})$与 V_B 有相互抵消作用，从而使赝势 W 变得非常平坦.

1.89　在坐标变换 $x'=y, y'=-x, z'=z$ 操作下，波矢量 $\boldsymbol{k}=(k_0,0,0)$的面心立方晶体的布洛赫波和 $\Psi_{\boldsymbol{k}}^x(\boldsymbol{r})=c\sum\limits_n \mathrm{e}^{\mathrm{i}\boldsymbol{k}\cdot\boldsymbol{R}_n}\varphi_{px}(\boldsymbol{r}-\boldsymbol{R}_n)$变成怎样一个函数，它的波矢量是否与原来相同？能量本征值(如果它是电子波函数的话)是否与原来相同？$\Psi_{\boldsymbol{k}}^x(\boldsymbol{r})$与 $\Psi_{\boldsymbol{k}}^y(\boldsymbol{r})$有什么关系没有？$\boldsymbol{k}\to 0$ 时情况又如何？

解

$$\begin{aligned}
P_R\Psi_{\boldsymbol{k}}^x(\boldsymbol{r}) &= \Psi_{\boldsymbol{k}}^x(\boldsymbol{r}') \\
&= c\sum_n \mathrm{e}^{\mathrm{i}k_0X_n}\varphi_{px}(x'-X_n, y'-Y_n, z'-Z_n) \\
&= c\sum_n \mathrm{e}^{\mathrm{i}k_0X_n}\varphi_{px}(y-X_n, -x-Y_n, z-Z_n) \\
&= c\sum_n \mathrm{e}^{\mathrm{i}k_0X_n}(y-X_n)f\left(\sqrt{(y-X_n)^2+(-x-Y_n)^2+(z-Z_n)^2}\right) \\
&= c\sum_n \mathrm{e}^{\mathrm{i}k_0X_n}(y-X_n)f\left(\sqrt{(x+Y_n)^2+(y-X_n)^2+(z-Z_n)^2}\right) \\
&= c\sum_n \mathrm{e}_0^{\mathrm{i}k_0X_n}\varphi_{py}(x+Y_n, y-X_n, Z-Z_n) \\
&= c\sum_{n'} \mathrm{e}^{\mathrm{i}\boldsymbol{k}'\cdot\boldsymbol{R}_{n'}}\varphi_{py}(\boldsymbol{r}-\boldsymbol{R}_{n'}) \\
&= \Psi_{\boldsymbol{k}'}^y(\boldsymbol{r})
\end{aligned}$$

式中

$$\boldsymbol{k}' = (0, k_0, 0)$$

$$\boldsymbol{R}_{n'} = (-Y_n)\boldsymbol{i} + X_n\boldsymbol{j} + Z_n\boldsymbol{k}$$

所以变换结果仍是一个布洛赫波，但波矢变为 $\boldsymbol{k}'=(0,k_0,0)$，即是 y 方向的布洛赫波.

显然，这两个布洛赫波 $\Psi_{\boldsymbol{k}}^x(\boldsymbol{r})$和 $\Psi_{\boldsymbol{k}'}^y(\boldsymbol{r})$将相应同一能量本征值. 这是由于晶格势场具有宏观对称性，故晶体电子的哈密顿量具有对称操作不变性，造成了薛定谔方程解简并性.

$\Psi_{\boldsymbol{k}}^x(\boldsymbol{r})$与 $\Psi_{\boldsymbol{k}'}^y(\boldsymbol{r})$之间没有什么关系，是一对简并态，但是 $\boldsymbol{k}\to 0$ 时，由于在所有对称操作下，$\boldsymbol{k}=0$ 不变，则由

$$\Psi_{\boldsymbol{k}}^x(\boldsymbol{r}) \to \Psi_{\boldsymbol{k}'}^y(\boldsymbol{r}) \qquad (\text{注意 } \boldsymbol{k}\to\boldsymbol{k}')$$

知在坐标变换 $x'=y, y'=-x, z'=z$ 操作下

$$\Psi_0^x(\boldsymbol{r}) \to \Psi_0^y(\boldsymbol{r})$$

反映了 $\Psi_0^x(\boldsymbol{r})$的对称性.

1.90　证明$\{i|\ _0\}$是金刚石的对称操作，但结果是第一、二面心晶格互换.

解 在这里我们要强调的是函数的变换性质,我们说在坐标变换下,原函数 $\psi(\boldsymbol{r})$要发生变化,变成一个新的函数形式 $\psi(\boldsymbol{r}')$. 这个新函数形式可以简单的在原函数中用$(\alpha^{-1}\boldsymbol{r})$代替变量 $\boldsymbol{r}$ 而得到,在上题解 1.89 中

$$P_R\psi_{\boldsymbol{k}}^x(\boldsymbol{r}) = \psi_{\boldsymbol{k}}^x(\boldsymbol{r}') = c\sum_n \mathrm{e}^{\mathrm{i}k_0X_n}\varphi_{px}(x'-X_n, y'-Y_n, z'-Z_n)$$

这表明,我们代换的仅仅是变量 $\boldsymbol{r}$,而 $\boldsymbol{R}_n = X_n\boldsymbol{i}+Y_n\boldsymbol{j}+Z_n\boldsymbol{k}$ 是不变化的. 但本题讨论的是格点坐标的变换,而不是函数的坐标变换性质.

前已提及,金刚石结构是复式格子,它是由两套面心立方晶格套构而成的. 如果原点取在第一套面心立方晶格的格点上,立方晶格三条边方向为 $\boldsymbol{i},\boldsymbol{j},\boldsymbol{k}$,并设立方体的边长为 $2a$,则第一套面心立方晶格格点的位置 $\boldsymbol{R}_n$ 写为

$$\begin{aligned}\boldsymbol{R}_n &= n_1a\boldsymbol{i}+n_2a\boldsymbol{j}+n_3a\boldsymbol{k}\\ &= X_n\boldsymbol{i}+Y_n\boldsymbol{j}+Z_n\boldsymbol{k}\end{aligned}$$

n_1,n_2,n_3 为整数,$n_1+n_2+n_3=$偶数.

第二套面心立方晶格是由第一套格点沿体对角线方向位移$\frac{1}{4}$对角线长度而得到的,则这个位移矢量 $\boldsymbol{\tau}_0$ 为

$$\boldsymbol{\tau}_0 = \frac{a}{2}\boldsymbol{i}+\frac{a}{2}\boldsymbol{j}+\frac{a}{2}\boldsymbol{k}$$

于是第二套晶格的格点表示为

$$\begin{aligned}\boldsymbol{R}_{n'} &= \boldsymbol{R}_n+\boldsymbol{\tau}_0\\ &= n_1a\boldsymbol{i}+n_2a\boldsymbol{j}+n_3a\boldsymbol{k}+\frac{a}{2}\boldsymbol{i}+\frac{a}{2}\boldsymbol{j}+\frac{a}{2}\boldsymbol{k}\\ &= \left(n_1+\frac{1}{2}\right)a\boldsymbol{i}+\left(n_2+\frac{1}{2}\right)a\boldsymbol{j}+\left(n_3+\frac{1}{2}\right)a\boldsymbol{k}\end{aligned}$$

下面讨论在$\{i\boldsymbol{\tau}_0\}$操作下金刚石结构格点坐标的变换.

$\{i|\ \ _0\}$操作下坐标变换为

$$x' = -x+\frac{a}{2},\quad y' = -y+\frac{a}{2},\quad z' = -z+\frac{a}{2}$$

第一套面心格点

$$\boldsymbol{R}_n = X_n\boldsymbol{i}+Y_n\boldsymbol{j}+Z_n\boldsymbol{k} = n_1a\boldsymbol{i}+n_2a\boldsymbol{j}+n_3a\boldsymbol{k}$$

在$\{i/\ \ _0\}$操作后

$$\begin{aligned}(\boldsymbol{R}_n)' &= \left(-X_n+\frac{a}{2}\right)\boldsymbol{i}+\left(-Y_n+\frac{a}{2}\right)\boldsymbol{j}+\left(-Z_n+\frac{a}{2}\right)\boldsymbol{k}\\ &= \left(-n_1a+\frac{a}{2}\right)\boldsymbol{i}+\left(-n_2a+\frac{a}{2}\right)\boldsymbol{j}+\left(-n_3a+\frac{a}{2}\right)\boldsymbol{k}\\ &= -n_1a\boldsymbol{i}-n_2a\boldsymbol{j}-n_3a\boldsymbol{k}+\ \ _0\\ &= \boldsymbol{R}_{n'}+\ \ _0\end{aligned}$$

$\boldsymbol{R}_{n'} = -n_1a\boldsymbol{i}-n_2a\boldsymbol{j}+n_3a\boldsymbol{k}$ 是第一套面心格点位置,而 $\boldsymbol{R}_{n'}+\ \ _0$ 则是第二套面心格点位置,所以在$\{i|\boldsymbol{\tau}_0\}$对称操作下,第一套面心格点换为第二套面心格点.

同样,第二套面心格点经$\{i/\ \ _0\}$操作后

$$(\boldsymbol{R}_{n'})'=\left(-n_1a-\frac{a}{2}+\frac{a}{2}\right)\boldsymbol{i}+\left(-n_2a-\frac{a}{2}+\frac{a}{2}\right)\boldsymbol{j}+\left(-n_3a-\frac{a}{2}+\frac{a}{2}\right)\boldsymbol{k}$$
$$=-n_1a\boldsymbol{i}-n_2a\boldsymbol{j}-n_3a\boldsymbol{k}$$

这正是第一套面心格点位置.所以,第二套面心格点在$\{i|\boldsymbol{\tau}_0\}$对称操作下变换为第一套面心格点.

第六节 固体电子在电场和磁场中的运动

1.91 电子在周期势能中的势能函数

$$V(x)=\begin{cases}0, & xa<x\leqslant(n+1)a-d\\ V_0, & (n+1)a-d<x\leqslant(n+1)a\end{cases}$$

其中,$a=2d$.

(1) 画出此势能曲线,并其平均值;

(2) 用自由电子近似模型,求出晶体的第一个以及第二个禁带的宽度;

(3) 当每个原胞有 2 个或 4 个电子时,分别对应的是导体还是非导体,为什么?

解 (1) 势能函数的周期为$(n+1)a-na=a$,取第一个周期,令$n=0$,有

$$V(x)=\begin{cases}0, & 0\leqslant x\leqslant a-d=d\\ V_0, & d\leqslant x\leqslant 2d\end{cases}$$

画出第一个周期势能曲线为图 1.61,依照周期特性,在x轴上平移第一个周期势能曲线,可得到x轴上电子势能曲线.

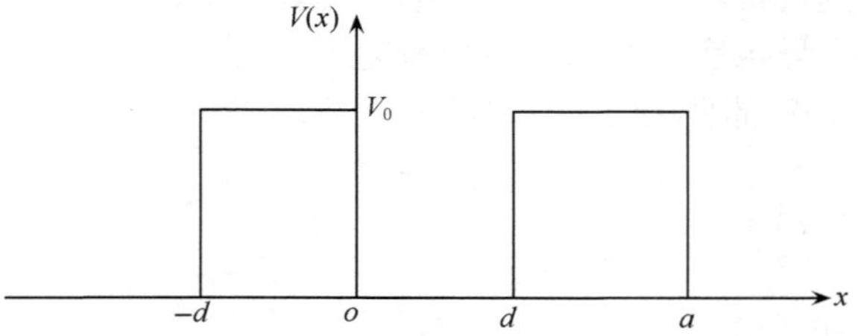

图 1.61

由于势能函数的周期性,可在一个周期内求出其平均值.

$$\boldsymbol{V}=\frac{1}{a}\int_0^a V(x)\mathrm{d}x=\frac{1}{a}\int_d^{2d}V_0\mathrm{d}x=\frac{1}{a}V_0\int_d^{2d}\mathrm{d}x=\frac{1}{a}V_0\cdot(2d-d)=\frac{1}{2d}V_0\cdot d=\frac{1}{2}V_0$$

(2) 根据近自由电子近似模型,禁带宽度$E_g=2|V_n|$,V_n是势能函数$V(x)$的傅里叶展开系数.

$$|V_n|=\left|\frac{1}{a}\int_d^a V_0\mathrm{e}^{-\mathrm{i}\frac{2\pi n}{a}x}\mathrm{d}x\right|=\left|\frac{V_0}{a}\cdot\frac{-1}{\mathrm{i}\frac{2\pi n}{a}}\mathrm{e}^{-\mathrm{i}\frac{2\pi n}{a}x}\Bigg|_d^a\right|$$

$$= \left| \frac{-V_0}{\mathrm{i}2\pi n}[1+(-1)^{n+1}] \right| = \frac{V_0}{2\pi n}[1+(-1)^{n+1}]$$

当 $n=1$，

$$E_{g1} = 2 \mid V_1 \mid = \frac{2V_0}{\pi}$$

当 $n=2$，

$$E_{g2} = 0$$

(3) $E_{g1}=\frac{2V_0}{\pi}$，表明第一与第二能带有能隙，$E_{g2}=0$，表明第二与第三能带连在一起.

一条能带的状态数等于晶体原胞数目，而一个状态可以有自旋朝上与朝下两个电子占据，这样当每一个原胞有两个电子时，第一条能带装满，并与第二条能带隔开，所以是非导体.

当每个原胞有 4 个电子时，两条能带均装满电子，但第二条与第三条是连在一起，低温下即有导电性，是半金属.

1.92 电子周期场的势能函数为

$$V(x) = \begin{cases} \frac{1}{2}m\omega^2[b^2-(x-na)^2], & na-b \leqslant x \leqslant na+b \\ 0, & (n-1)a+b \leqslant x \leqslant na-b \end{cases}$$

其中，$a=4b$，ω 为常数.

(1) 试画出此势能曲线，并求其平均值；

(2) 用近自由电子近似模型，求出晶体的第一及第二个禁带的宽度；

(3) 如果每个原胞中含有 4 个电子，该晶体是金属还是非金属；

(4) 求出该晶体的价带项及导带底处的电子有效质量；

(5) 求出价带项及导带底处的电子平均速度.

解 (1) 先看第 1 个周期，令 $n=0$，则

$$V(x) = \begin{cases} \frac{1}{2}m\omega^2[b^2-x^2], & -b \leqslant x \leqslant b \\ 0, & -a-b \leqslant x \leqslant -b \end{cases}$$

对 $V(x)$ 求极值，$\frac{\mathrm{d}V(x)}{\mathrm{d}x}=0=-m\omega^2 x$，所以在 $x=0$ 有一个极值. 因 $\left.\frac{\mathrm{d}^2V(x)}{\mathrm{d}x^2}\right|_{x=0}<0$，是极大值，且 $V_{\max}=V(0)=\frac{1}{2}m\omega^2b^2$，而 $x=\pm b$，$V(\pm b)=0$，这样做出第一个周期的图形. 而势能函数的周期，$na+b-[(n-1)a+b]=a$，于是把在第一个周期内的图形按周期 a 做平移，就可得到整个周期性势能图，如图 1.62.

为了计算势能的平均值，可以利用势能的周期性，只要在一个周期（即原胞）内对势能做平均，作为一个周期，可取 $-2b\leqslant x\leqslant 2b$，因此

$$V_0 = \frac{1}{L}\int_{-\frac{L}{2}}^{\frac{L}{2}} V(x)\mathrm{d}x = \frac{1}{4b}\int_{-2b}^{2b} V(x)\mathrm{d}x = \frac{1}{4b}\int_{-b}^{b} \frac{1}{2}m\omega^2[b^2-x^2]\mathrm{d}x$$

$$= \frac{m\omega^2}{8b}\left[b^2x-\frac{1}{3}x^3\right]\Big|_{-b}^{b} = \frac{m\omega^2}{6}b^2$$

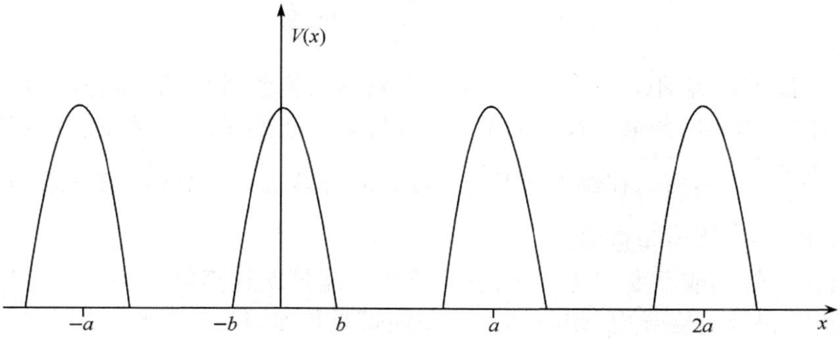

图 1.62 一维周期势场

式中 L 是原胞长度.

(2) 电子周期势场 $V(x)$ 可写成 $V(x)=V_0+\Delta V(x)$. 周期势场 $V(x)$ 傅里叶展开系数 V_n 为

$$V_n=\frac{1}{a}\int_{-b}^{b}\frac{1}{2}m\omega^2(b^2-x^2)\mathrm{e}^{-\mathrm{i}n\frac{2\pi}{a}x}\mathrm{d}x$$

$$=\frac{m\omega^2}{2a}\int_{-b}^{b}b^2\mathrm{e}^{-\mathrm{i}\frac{2\pi n}{a}x}\mathrm{d}x-\frac{m\omega^2}{2a}\int_{-b}^{b}x^2\mathrm{e}^{-\mathrm{i}\frac{2\pi n}{a}x}\mathrm{d}x$$

$$=\frac{m\omega^2}{8b}\int_{-b}^{b}b^2\mathrm{e}^{-\mathrm{i}\frac{n\pi}{2b}x}\mathrm{d}x-\frac{m\omega^2}{8b}\int_{-b}^{b}x^2\mathrm{e}^{-\mathrm{i}\frac{n\pi}{2b}x}\mathrm{d}x$$

$$=\frac{m\omega^2 b}{8}\cdot\frac{2b}{-\mathrm{i}n\pi}\mathrm{e}^{-\mathrm{i}\frac{n\pi}{2b}x}\Big|_{-b}^{b}-\frac{m\omega^2}{8b}\cdot\frac{1}{-\mathrm{i}\frac{n\pi}{2b}}\cdot x^2\mathrm{e}^{-\mathrm{i}\frac{n\pi}{2b}x}\Bigg|_{-b}^{b}+\frac{m\omega^2}{4b}\cdot\frac{1}{-\mathrm{i}\frac{n\pi}{2b}}\int_{-b}^{b}x\mathrm{e}^{-\mathrm{i}\frac{n\pi}{2b}x}\mathrm{d}x$$

$$=-\frac{m\omega^2b^2}{4n\pi\mathrm{i}}\left[\mathrm{e}^{-\mathrm{i}\frac{n\pi}{2}}-\mathrm{e}^{\mathrm{i}\frac{n\pi}{2}}\right]+\frac{m\omega^2b^2}{4n\pi\mathrm{i}}\left[\mathrm{e}^{-\mathrm{i}\frac{n\pi}{2}}-\mathrm{e}^{\mathrm{i}\frac{n\pi}{2}}\right]-\frac{m\omega^2}{2n\pi\mathrm{i}}\int_{-b}^{b}x\mathrm{e}^{-\mathrm{i}\frac{n\pi}{2b}x}\mathrm{d}x$$

所以

$$V_n=-\frac{m\omega^2}{2n\pi\mathrm{i}}\int_{-b}^{b}x\mathrm{e}^{-\mathrm{i}\frac{n\pi}{2b}x}\mathrm{d}x$$

$$=-\frac{m\omega^2}{2n\pi\mathrm{i}}\left\{\left[\frac{2b}{-\mathrm{i}n\pi}x\cdot\mathrm{e}^{-\mathrm{i}\frac{n\pi}{2b}x}\right]\Big|_{-b}^{b}+\frac{2b}{\mathrm{i}n\pi}\int_{-b}^{b}\mathrm{e}^{-\mathrm{i}\frac{n\pi}{2b}x}\mathrm{d}x\right\}$$

$$=-\frac{m\omega^2b}{n^2\pi^2}\left[b\mathrm{e}^{-\mathrm{i}\frac{n\pi}{2}}+b\mathrm{e}^{\mathrm{i}\frac{n\pi}{2}}\right]+\frac{m\omega^2b}{n^2\pi^2}\cdot\frac{2b}{-\mathrm{i}n\pi}\mathrm{e}^{-\mathrm{i}\frac{n\pi}{2b}x}\Big|_{-b}^{b}$$

$$=-\frac{2m\omega^2b^2}{n^2\pi^2}\cos\frac{n\pi}{2}+\frac{4m\omega^2b^2}{n^3\pi^3}\sin\frac{n\pi}{2}$$

故 $n=1$,第一禁带宽度为

$$E_{g1}=2\mid V_1\mid=\frac{8m\omega^2b^2}{\pi^3}$$

$n=2$,第二禁带宽度为

$$E_{g2} = 2 \mid V_2 \mid = \frac{m\omega^2 b^2}{\pi^2}$$

(3) 一条能带能容纳$(2\times N)$个电子(N 为晶体原胞数目),现在晶体中共有 $4\times N=4N$ 个电子,恰好填满两条最低能带,而第二条与第三条能带之间存在能隙,其禁带宽度为 $2|V_2|=\frac{m\omega^2 b^2}{\pi^2}\neq 0$,所以在绝对零度下,第一条与第二条是满带,第三条是空带,空带满带均不导电,此晶体为非金属.

(4) 当$|V_2|$较小或温度较高,有电子从第二条能带跃迁至第三条能带使这两个能带电子都不满,该晶体将会导电,则晶体第二条能带是价带,第三条能带是导带. 须知价带顶和导带底的 E-k 关系,方可求出其电子有效质量及平均速度.

图 1.63 表示出近自由电子近似下晶体能带的形成,其中第二条能带顶和第三条能带底均在 $k=0$,而 $\psi_{\frac{2\pi}{a}}(x)$和 $\psi_{-\frac{2\pi}{a}}(x)$是一对简并态,因此第二条能带顶与第三条能带底附近的电子状态应是下列两个自由电子波函数的线性组合:

$$K = -\frac{2\pi}{a} + k, \quad \psi_K^0(x) = \frac{1}{\sqrt{L}} e^{iKx} \tag{1}$$

$$K' = \frac{2\pi}{a} + k, \quad \psi_{K'}^0(x) = \frac{1}{\sqrt{L}} e^{iK'x} \tag{2}$$

式中 k 是很小量,晶体导带底价带顶附近电子状态波函数

$$\psi_k(x) = A\psi_K^0(x) + B\psi_{K'}^0(x)$$

相应的能量本征值由薛定谔方程确定

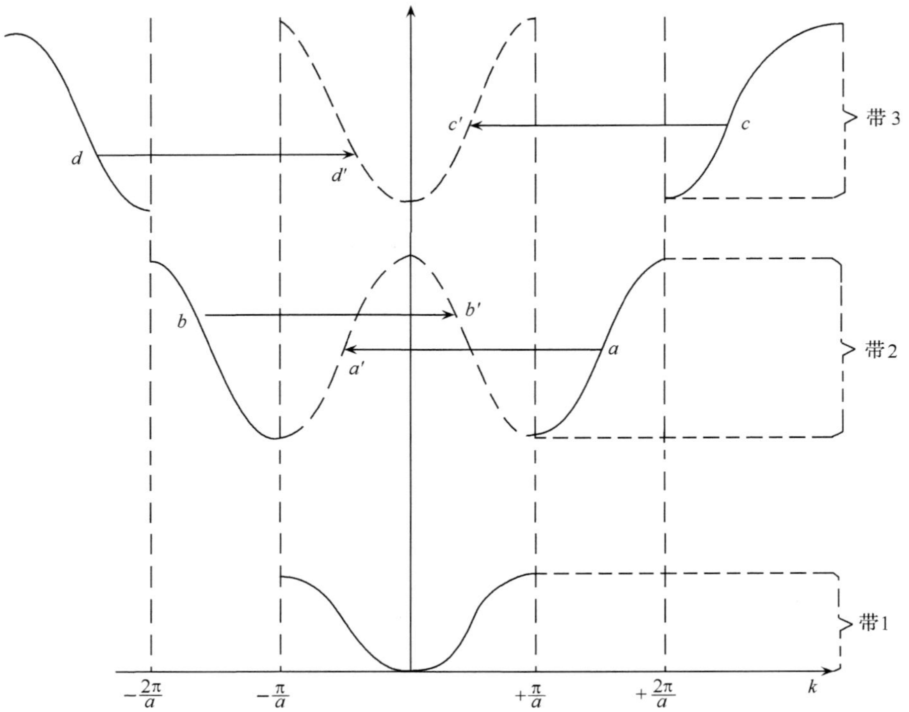

图 1.63

$$\left[-\frac{\hbar^2}{2m}\frac{\mathrm{d}^2}{\mathrm{d}x^2}+V(x)\right]\psi_k(x)=E\psi_k(x) \tag{3}$$

考虑到

$$\left[-\frac{\hbar^2}{2m}\frac{\mathrm{d}^2}{\mathrm{d}x^2}+V_0\right]\psi_K^0(x)=E_K^0\psi_K^0(x)$$

$$\left[-\frac{\hbar^2}{2m}\frac{\mathrm{d}^2}{\mathrm{d}x^2}+V_0\right]\psi_{K'}^0(x)=E_{K'}^0\psi_{K'}^0(x)$$

得

$$A(E_K^0-E+\Delta V)\psi_K^0(x)+B(E_{K'}^0-E+\Delta V)\psi_{K'}^0(x)=0$$

上式分别乘以 $\psi_K^{0*}(x)$ 和 $\psi_{K'}^{0*}(x)$ 并积分，得到 A,B 必须满足的关系

$$\begin{cases}(E_K^0-E)A+V_2^*B=0\\ V_2A+(E_{K'}^0-E)B=0\end{cases}$$

其中 $\Delta V=V(x)-V_0$，上式推导中利用 $\langle K|\Delta V|K\rangle=\langle K'|\Delta V|K'\rangle=0$ 以及

$$\langle K\mid\Delta V\mid K'\rangle=\langle K'\mid\Delta V\mid K\rangle^*=V_2^*$$

方程(3)有解条件为

$$\begin{vmatrix}E_K^0-E & V_2^*\\ V_2 & E_{K'}^0-E\end{vmatrix}=0$$

即

$$(E_K^0-E)(E_{K'}^0-E)-|V_2|^2=0$$

则

$$E_\pm=\frac{1}{2}\{(E_K^0+E_{K'}^0)\pm[(E_K^0-E_{K'}^0)^2+4|V_2|^2]^{\frac{1}{2}}\}$$

由于 k 为很小量，$|E_K^0-E_{K'}^0|\ll|V_2|$，则上式变为

$$E_\pm=\frac{1}{2}\left\{(E_K^0+E_{K'}^0)\pm\left[2|V_2|+\frac{(E_{K'}^0-E_K^0)^2}{4|V_2|}\right]\right\} \tag{4}$$

根据(1)和(2)式，有

$$E_K^0=V_0+\frac{\hbar^2}{2m}\left(-\frac{2\pi}{a}+k\right)^2=V_0+\frac{\hbar^2}{2m}\left(-\frac{2\pi}{a}\right)^2+\frac{\hbar^2}{2m}k^2+2\times\frac{\hbar^2}{2m}\left(-\frac{2\pi}{a}k\right)$$

$$E_{K'}^0=V_0+\frac{\hbar^2}{2m}\left(\frac{2\pi}{a}+k\right)^2=V_0+\frac{\hbar^2}{2m}\left(\frac{2\pi}{a}\right)^2+\frac{\hbar^2}{2m}k^2+2\times\frac{\hbar^2}{2m}\left(\frac{2\pi}{a}k\right)$$

代入(4)式，第三条能带底附近电子能量本征值

$$E_c(k)=E_+=\frac{1}{2}\left\{2V_0+2\times\frac{\hbar^2}{2m}\left(\frac{2\pi}{a}\right)^2+2\times\frac{\hbar^2}{2m}k^2+\left[2|V_2|+\frac{\left(4\times\frac{\hbar^2}{2m}\left(\frac{2\pi}{a}k\right)\right)^2}{4|V_2|}\right]\right\}$$

$$=V_0+\frac{\hbar^2}{2m}\left(\frac{2\pi}{a}\right)^2+\frac{\hbar^2}{2m}k^2+|V_2|+\frac{\left(\frac{\hbar^2}{2m}\frac{4\pi}{a}\right)^2k^2}{2|V_2|}$$

$$=V_0+\frac{\hbar^2}{2m}\left(\frac{2\pi}{a}\right)^2+|V_2|+\frac{\hbar^2}{2m}\left[\frac{\frac{\hbar^2}{2m}\left(\frac{4\pi}{a}\right)^2}{2|V_2|}+1\right]k^2\propto k^2$$

同样,第二条能带顶附近电子能量和本征值

$$E_{\mathrm{v}}(k)=V_0+\frac{\hbar^2}{2m}\left(\frac{2\pi}{a}\right)^2-|V_2|-\frac{\hbar^2}{2m}\left[\frac{\frac{\hbar^2}{2m}\left(\frac{4\pi}{a}\right)^2}{2|V_2|}+1\right]k^2\propto k^2$$

根据有效质量定义,导带底电子有效质量

$$m_{\mathrm{c}}^*=\left[\frac{1}{\hbar^2}\frac{\mathrm{d}^2E_c(k)}{\mathrm{d}k^2}\right]^{-1}=\left\{\frac{1}{m}\left[\frac{\frac{\hbar^2}{2m}\left(\frac{4\pi}{a}\right)^2}{2|V_2|}+1\right]\right\}^{-1}=m\left[\frac{\frac{\hbar^2}{2m}\left(\frac{4\pi}{a^2}\right)^2}{2|V_2|}+1\right]^{-1}$$

$$=m\left(\frac{2m^2\omega^2b^4}{\pi^4\hbar^2+2m^2\omega^2b^4}\right)$$

推导中代入$|V_2|=\frac{m\omega^2b^2}{2\pi^2}$. 同理,价带顶附近电子有效质量

$$m_{\mathrm{v}}^*=-m\left(\frac{2m^2\omega^2b^4}{\pi^4\hbar^2-2m^2\omega^2b^4}\right)$$

(5) 导带底与价带顶均位于 $k=0$,故其平均速度

$$v_{\mathrm{c}}(k=0)=\frac{1}{\hbar}\frac{\mathrm{d}E_{\mathrm{c}}(k)}{\mathrm{d}k}=0$$

$$v_{\mathrm{c}}(k=0)=\frac{1}{\hbar}\frac{\mathrm{d}E_{\mathrm{v}}(k)}{\mathrm{d}k}=0$$

从这里可以清楚看到,晶格周期势场对电子状态的影响,主要表现在布里渊区边界附近. 第一条能带底 $k=0$,远离布里渊区边界,所以在近自由电子近似情况下,其附近电子的有效质量是一个标量,即电子的静止质量 m. 而第二条能带顶和第三条能带底,它们附近电子的有效质量不是电子静止质量 m,分别修正$\frac{2m^2\omega^2b^4}{\pi^4\hbar^4+2m^2\omega^2b^4}$和$\frac{2m^2\omega^2b^4}{\pi^4\hbar^4-2m^2\omega^2b^4}$.

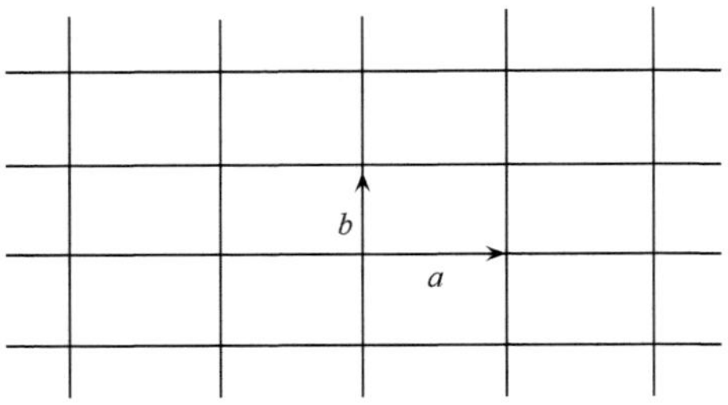

图 1.64

1.93 设有二维矩形晶体,其 x 方向格常数为 a,y 方向格常数为 $b(a\neq b)$. 如图 1.64 所示.

(1) 在最近邻近似下,由紧束缚方法求出晶体 s 态电子能量表达式;

(2) 求晶体 s 态电子的能带宽度;

(3) 求能带底电子与能带顶空穴的有效质量张量.

解 (1) 由题解 1.78,二维矩形晶体 s 态电子能量

$$E(\boldsymbol{k})=E_0-J\sum_{\boldsymbol{R}_n}\mathrm{e}^{\mathrm{i}\boldsymbol{k}\cdot\boldsymbol{R}_n}$$

$$=E_0-J[\mathrm{e}^{-\mathrm{i}k_xa}+\mathrm{e}^{\mathrm{i}k_xa}+\mathrm{e}^{-\mathrm{i}k_yb}+\mathrm{e}^{\mathrm{i}k_yb}]$$

$$=E_0-2J(\cos k_xa+\cos k_yb)$$

假设式中 4 个最近邻交换积分相等,而且 $J>0$.

(2) $E_{\min}=E_0-4J$,　$k_x=0$,　$k_y=0$

$$E_{\max}=E_0+4J,\qquad k_x=\frac{\pi}{a},\qquad k_y=\frac{\pi}{b}$$

带顶位于 $k_x=\dfrac{\pi}{a}$,$k_y=\dfrac{\pi}{b}$,能底 $\boldsymbol{k}=0$. 故能带宽度$=E_{\max}-E_{\min}=8J$

(3)

$$\frac{1}{m^*}=\frac{1}{\hbar^2}\nabla_{\boldsymbol{k}}\nabla_{\boldsymbol{k}}E=\begin{pmatrix}\dfrac{1}{\hbar^2}\dfrac{\partial^2 E}{\partial k_x^2} & \dfrac{1}{\hbar^2}\dfrac{\partial^2 E}{\partial k_x\partial k_y}\\ \dfrac{1}{\hbar^2}\dfrac{\partial^2 E}{\partial k_y\partial k_x} & \dfrac{1}{\hbar^2}\dfrac{\partial^2 E}{\partial k_y^2}\end{pmatrix}=\frac{2J}{\hbar^2}\begin{pmatrix}a^2\cos k_x a & 0\\ 0 & b^2\cos k_y b\end{pmatrix}$$

带底电子有效质量,代入 $k_x=0$,$k_y=0$

$$\frac{1}{m^*}=\frac{2J}{\hbar^2}\begin{pmatrix}a^2 & 0\\ 0 & b^2\end{pmatrix}$$

带顶电子有效质量,代入 $k_x=\dfrac{\pi}{a}$,$k_y=\dfrac{\pi}{b}$

$$\frac{1}{m^*}=\frac{2J}{\hbar^2}\begin{pmatrix}-a^2 & 0\\ 0 & -b^2\end{pmatrix}$$

则能带顶空穴有效质量

$$\frac{1}{m_h^*}=\frac{2J}{\hbar^2}\begin{pmatrix}a^2 & 0\\ 0 & b^2\end{pmatrix}$$

1.94　若已知 $E(\boldsymbol{k})=Ak^2+C(k_xk_y+k_yk_z+k_zk_x)$,导出 $k=0$ 点的有效质量张量,并找出主轴方向.

解　先求倒逆有效质量张量如下

$$P=\begin{pmatrix}2A & C & C\\ C & 2A & C\\ C & C & 2A\end{pmatrix}$$

利用正交矩阵把上述矩阵对角化,先求特征值.

$$\det(P-\lambda I)=0$$

$$\begin{vmatrix}2A-\lambda & C & C\\ C & 2A-\lambda & C\\ C & C & 2A-\lambda\end{vmatrix}=0$$

于是

$$(2A-\lambda)[(2A-\lambda)^2-C^2]-C[C(2A-\lambda)-C^2]+C[C^2-C(2A-\lambda)]=0$$
$$(2A-\lambda)[(2A-\lambda+C)(2A-\lambda-C)]-2C^2[(2A-\lambda-C)]=0$$
$$(2A-\lambda-C)[(2A-\lambda)(2A-\lambda+C)-2C^2]=0$$

得

$$2A-\lambda-C=0\tag{1}$$
$$(2A-\lambda)(2A-\lambda+C)-2C^2=0\tag{2}$$

所以由(1)式

$$\lambda_1=2A-C$$

变换(2)为

$$(2A-\lambda)^2+C(2A-\lambda)-2C^2=0$$

解方程

$$2A-\lambda=\frac{-C\pm\sqrt{C^2+8C^2}}{2}=\frac{-C\pm 3C}{2}$$

有

$$\lambda_2=2A-C,\quad \lambda_3=2A+2C$$

于是对角化的倒逆有效质量张量为

$$\begin{pmatrix}2A-C & 0 & 0\\ 0 & 2A-C & 0\\ 0 & 0 & 2A+2C\end{pmatrix}$$

则 $k=0$ 的有效质量张量为

$$\begin{pmatrix}\frac{1}{2A-C} & 0 & 0\\ 0 & \frac{1}{2A-C} & 0\\ 0 & 0 & \frac{1}{2A+2C}\end{pmatrix}$$

现在我们来求出主轴方向,即解

$$(P-\lambda I)(X)=0$$

当 $\lambda_1=2A-C$ 和 $\lambda_2=2A-C$ 时

$$\begin{pmatrix}C & C & C\\ C & C & C\\ C & C & C\end{pmatrix}\begin{pmatrix}x\\ y\\ z\end{pmatrix}=0$$

$$\begin{pmatrix}1 & 1 & 1\\ 1 & 1 & 1\\ 1 & 1 & 1\end{pmatrix}\begin{pmatrix}x\\ y\\ z\end{pmatrix}=0$$

可得两个矢量

$$\begin{pmatrix}1\\ 0\\ -1\end{pmatrix},\qquad \begin{pmatrix}1\\ -1\\ 0\end{pmatrix}$$

当 $\lambda_3=2A+2C$ 时

$$\begin{pmatrix}-2C & C & C\\ C & -2C & C\\ C & C & -2C\end{pmatrix}\begin{pmatrix}x\\ y\\ z\end{pmatrix}=0$$

$$\begin{pmatrix}-2 & 1 & 1\\ 1 & -2 & 1\\ 1 & 1 & -2\end{pmatrix}\begin{pmatrix}x\\ y\\ z\end{pmatrix}=0$$

可得矢量

$$\begin{pmatrix}1\\ 1\\ 1\end{pmatrix}$$

因此有三个矢量

$$\begin{pmatrix}1\\0\\-1\end{pmatrix},\quad \begin{pmatrix}1\\-1\\0\end{pmatrix},\quad \begin{pmatrix}1\\1\\1\end{pmatrix}$$

但是前两个不正交. 让我们进行组合

$$(1\quad 0\quad -1)\cdot\left[a\begin{pmatrix}1\\0\\-1\end{pmatrix}+\begin{pmatrix}1\\-1\\0\end{pmatrix}\right]=0$$

$$(1\quad 0\quad -1)\cdot\begin{pmatrix}a+1\\-1\\-a\end{pmatrix}=0$$

$$a+1+a=0,\qquad a=-\frac{1}{2}$$

因此组合的矢量

$$-\frac{1}{2}\begin{pmatrix}1\\0\\-1\end{pmatrix}+\begin{pmatrix}1\\-1\\0\end{pmatrix}$$

即

$$\begin{pmatrix}1\\0\\-1\end{pmatrix}-2\begin{pmatrix}1\\-1\\0\end{pmatrix}=\begin{pmatrix}-1\\2\\-1\end{pmatrix}$$

因此得到三个主轴方向

$$\begin{pmatrix}1\\0\\-1\end{pmatrix},\quad \begin{pmatrix}-1\\2\\-1\end{pmatrix},\quad \begin{pmatrix}1\\1\\1\end{pmatrix}$$

其单位矢量为

$$\frac{1}{\sqrt{2}}\begin{pmatrix}1\\0\\-1\end{pmatrix},\quad \frac{1}{\sqrt{5}}\begin{pmatrix}-1\\2\\-1\end{pmatrix},\quad \frac{1}{\sqrt{3}}\begin{pmatrix}1\\1\\1\end{pmatrix}$$

所以变换矩阵为

$$T=\begin{pmatrix}\frac{1}{\sqrt{2}} & \frac{-1}{\sqrt{5}} & \frac{1}{\sqrt{3}}\\ 0 & \frac{2}{\sqrt{5}} & \frac{1}{\sqrt{3}}\\ \frac{-1}{\sqrt{2}} & \frac{-1}{\sqrt{5}} & \frac{1}{\sqrt{3}}\end{pmatrix}$$

自然

$$T \cdot \begin{pmatrix} 2A & C & C \\ C & 2A & C \\ C & C & 2A \end{pmatrix} T^{-1} = \begin{pmatrix} 2A-C & 0 & 0 \\ 0 & 2A-C & 0 \\ 0 & 0 & 2A+2C \end{pmatrix}$$

1.95　在晶格常数为 a 的简立方晶体中，由原子 s 态波函数形成的能带

$$E(\boldsymbol{k}) = E_s + J_{0,0}^s + 2J^s(\cos k_x a + \cos k_y a + \cos k_z a)$$

其中，$J_{0,0}^s$，J^s 是小于零的交换积分.

(1) 画出 Σ 轴上能带图；

(2) 画出 Σ 轴上电子公有化运动速度图；

(3) 画出 Σ 轴上电子有效质量图；

(4) 画出 Σ 轴有恒定电场时电子加速度曲线.

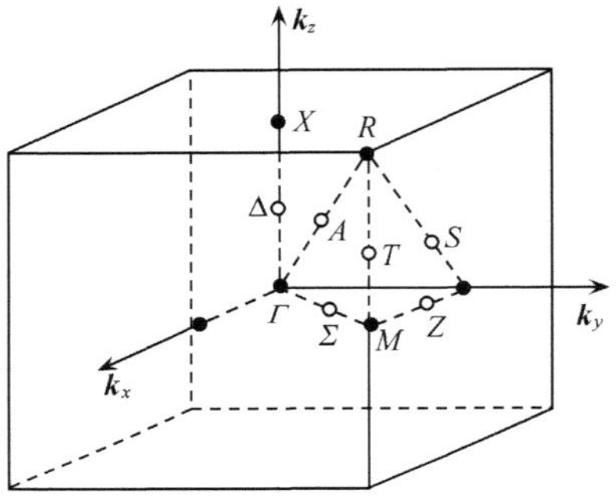

图 1.65

解　见图 1.65，Σ 轴即 ΓM，[1,1,0]方向，而

Γ 点：$\boldsymbol{k} = (0,0,0)$

M 点：$\boldsymbol{k} = \left(\frac{\pi}{a}, \frac{\pi}{a}, 0\right)$

用 k 表示 Σ 轴上波矢，$0<k<\sqrt{2}\frac{\pi}{a}$，下面把[1,1,0]方向上任一点离原点的距离 k 作为变量，有 $k_x = k_y = \frac{\sqrt{2}}{2}k$，$k_z = 0$.

(1) Σ 轴上能带

$$E(k) = E_s + J_{0,0}^s + 2J^s + 2J^s\left(\cos\frac{\sqrt{2}ka}{2} + \cos\frac{\sqrt{2}ka}{2}\right)$$

$$= E_s + J_{0,0}^s + 2J^s + 4J^s\cos\left(\frac{\sqrt{2}ka}{2}\right)$$

令

$$\frac{\mathrm{d}E(k)}{\mathrm{d}k} = 4J^s\sin\left(\frac{\sqrt{2}}{2}ka\right)\cdot\left(\frac{\sqrt{2}a}{2}\right) = 0$$

有两个极值点

$$\frac{\sqrt{2}ka}{2} = 0, \quad k = 0$$

即 Γ 点，和

$$\frac{\sqrt{2}ka}{2} = \pi, \quad k = \sqrt{2}\,\frac{\pi}{a}$$

即 M 点. 所以

$$E(k=0) = E(\Gamma) = E_s + J_{0,0}^s + 2J^s + 4J^s$$

$$E\left(k = \sqrt{2}\,\frac{\pi}{a}\right) = E(M) = E_s + J_{0,0}^s + 2J^s - 4J^s$$

因为 J^s 是小于零的交换积分，$E(M) > E(\Gamma)$，故 Σ 轴上的能带如图 1.66 所示，A 点是一

拐点.

(2) 电子公有化运动速度

$$v=\frac{1}{\hbar}\frac{\partial E}{\partial k}=\frac{2\sqrt{2}J^{s}a}{\hbar}\sin\left(\frac{\sqrt{2}}{2}ka\right)$$

式中,$J^{s}<0$,所以 Σ 轴上电子公有化运动速度是一负值,如图 1.67 所示。

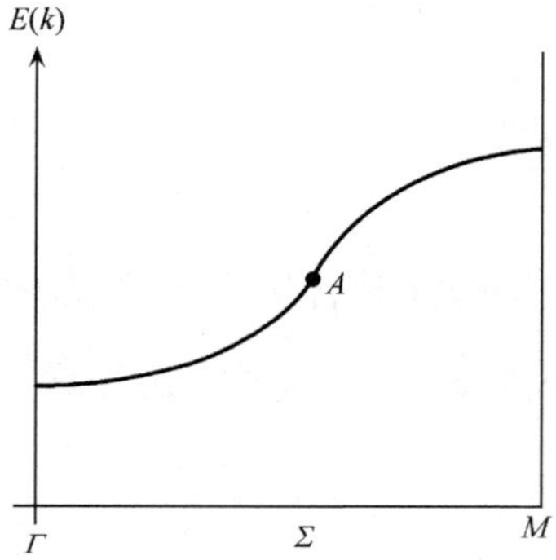

图 1.66

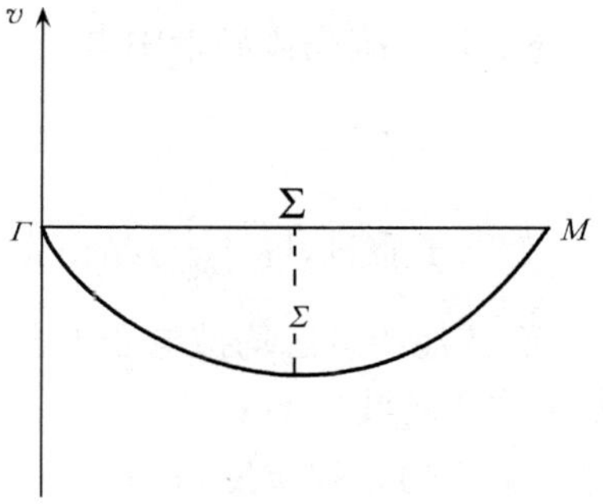

图 1.67

$k=\frac{\sqrt{2}}{2}\frac{\pi}{a}$,即 A 点对应的电子公有化运动速度绝对值最大.

(3) 电子有效质量

$$m^{*}=\frac{\hbar^{2}}{\frac{\mathrm{d}^{2}E}{\mathrm{d}k^{2}}}=\frac{\hbar^{2}}{2J^{s}a^{2}\cos\left(\frac{\sqrt{2}}{2}ka\right)}$$

A 点,$k=\frac{\sqrt{2}}{2}\frac{\pi}{a}$,则 $m^{*}\to\infty$,式中 $J^{s}<0$,故 Σ 轴上电子有效质量如图 1.68 所示,

其中,$m^{*}(\Gamma)=\frac{\hbar^{2}}{2J^{s}a^{2}}$,$m^{*}(M)=-\frac{\hbar^{2}}{2J^{s}a^{2}}$.

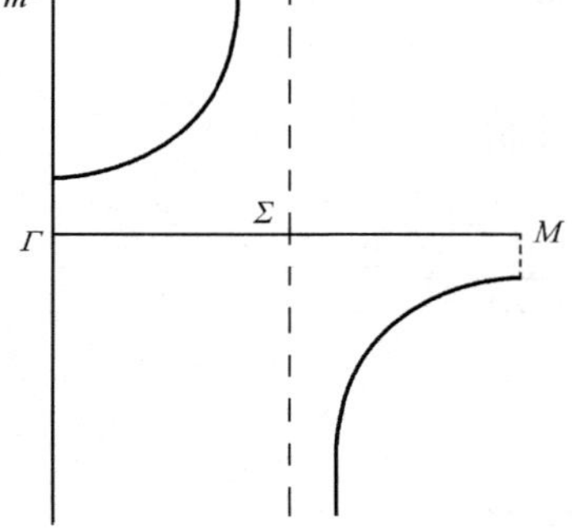

图 1.68

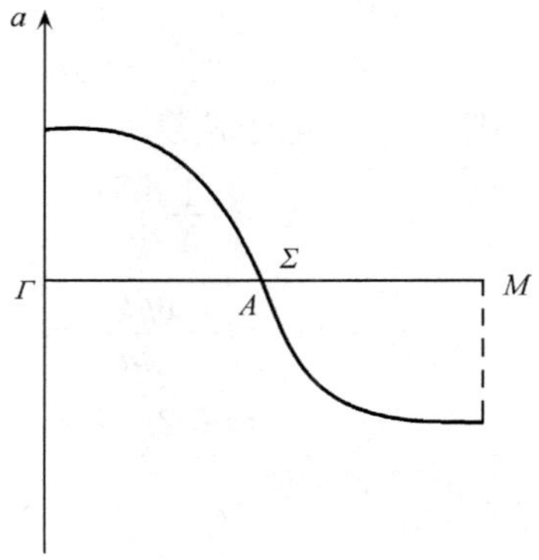

图 1.69

(4) 在 Σ 轴方向上作用一恒定电场 ε,电子受到电场力

$$F=-e\varepsilon$$

电子加速度

$$a = \frac{F}{m^*} = -\frac{e\varepsilon \times 2J^s a^2 \cos\left(\frac{\sqrt{2}}{2}ka\right)}{\hbar^2}$$

A 点，$k=\frac{\sqrt{2}}{2}\frac{\pi}{a}$，其加速度等于零，式中 $J^s<0$. 故 Σ 轴上电子加速度如图 1.69 所示.

1.96　某一维晶体满带中电子能量关系

$$E(k) = \frac{\hbar^2 k_1^2}{6m} - \frac{3\hbar^2 k^2}{m}$$

式中，m 为电子质量，$k_1=\frac{1}{8a}$，晶格常数 $a=3.14\times10^{-10}$ m. 这时若从 k_1 处的态中移去一个电子，而其他所有态均被电子占据，k_1 处出现了一个准粒子——空穴. 试计算

(1) 空穴的波矢 k_h；

(2) 空穴的有效质量 m_h^*；

(3) 空穴的速度 v_h；

(4) 空穴的动量；

(5) 空穴的能量 E_h；

(6) 如果该满带中有相当部分电子被激发走，试画出该空穴带（$E\sim k_h$），并标出 k_1 处所出现的空穴.

注意，每一个答案都必须标明符号或方向.

解　(1) $k_h=-k_1=-\frac{1}{8a}=-\frac{1}{8\times3.14\times10^{-10}}=-3.98\times10^8(\text{m}^{-1})$

(2) 满带中电子的有效质量只有一个

$$m_e^* = \frac{\hbar^2}{\frac{d^2E(k)}{dk^2}} = \frac{\hbar^2}{\left(-\frac{6\hbar^2}{m}\right)} = -\frac{m}{6} = -\frac{9.11\times10^{-31}}{6} = -1.52\times10^{-31}(\text{kg})$$

$$m_h^* = -m_e^* = 1.52\times10^{-31}\,\text{kg} = 0.17m_0$$

(3) 满带 k_1 处电子速度

$$v_e = \frac{1}{\hbar}\frac{dE}{dk}\bigg|_{k=k_1} = \frac{1}{\hbar}(-1)\frac{3\hbar^2}{m}\times2k_1$$

$$= -\frac{6\hbar k_1}{m} = -\frac{6\times1.055\times10^{-34}\times3.98\times10^8}{9.1\times10^{-31}}$$

$$= -2.77\times10^5(\text{m/s})$$

所以 k_1 处空穴的速度

$$v_h = v_e = -2.77\times10^5\,\text{m/s}$$

(4) 空穴动量

$$p_h = \hbar k_h = -1.055\times10^{-34}\times3.98\times10^8 = -4.20\times10^{-26}(\text{Ns})$$

$$p_h = m^* v_h = 1.52\times10^{-31}\times(-2.77)\times10^5 = -4.20\times10^{-26}(\text{Ns})$$

(5) 由极值条件

$$\frac{\mathrm{d}E(k)}{\mathrm{d}k}=-\frac{6\hbar^2}{m}k=0$$

该晶体满带顶在 $k=0$,满带顶电子能量

$$E(k=0)=\frac{\hbar^2k_1^2}{6m}=\frac{(1.055\times10^{-34})^2\times(3.98\times10^8)^2}{6\times9.11\times10^{-31}}$$
$$=3.195\times10^{-22}(\mathrm{J})=1.994\times10^{-3}(\mathrm{eV})$$

现在计算 k_1 处出现空穴的能量

$$E_{\mathrm{h}}=-E(k_1)=-\left(\frac{\hbar^2k_1^2}{6m}-\frac{3\hbar^2k^2}{m}\right)=\frac{17\hbar^2k_1^2}{6m}$$
$$=\frac{17\times(1.055\times10^{-34})^2\times(3.98\times10^8)^2}{6\times9.11\times10^{-31}}$$
$$=5.489\times10^{-21}(\mathrm{J})=0.034(\mathrm{eV})$$

(6) 空穴若出现在满带顶,其能量

$$E(k_{\mathrm{h}}=0)=-E(k=0)=-1.994\times10^{-3}\mathrm{eV}$$

所以晶体空穴带如图 1.70 所示.

$E(k_{\mathrm{h}})=-E(k_{\mathrm{e}})$表明,电子能级越高,电子能量越大,但空穴能量却越小,所以空穴总出现在带顶.

参阅林鸿生,“从经典物理角度看半导体中的电子和空穴”,物理,1982,11(2),119.

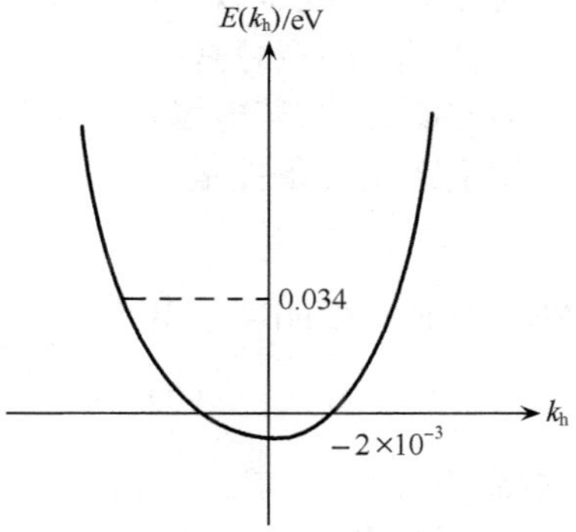

图 1.70

1.97 考虑一电荷为 e 的电子在一维点阵中,其能量为 $E(k)=-2T\cos ka$,a 是晶格常数,有一小的均匀的电场 ε 施加在平行于晶格的方向上,在无散射和有散射情况下,定性的描述电子在 k 空间和真实空间的运动. 电场“小”的意思是什么?当电场不再是小量时,实际晶体(具有多支能带)中会发生什么现象?

解 (1) 无散射情况.

电子(指布洛赫电子组成的波包)在外电场 ε 作用下的运动方程

$$\hbar\frac{\mathrm{d}k}{\mathrm{d}t}=F=e\varepsilon$$

积分后,有

$$k=k(0)-\frac{e\varepsilon t}{\hbar}$$

也即 k 随 t 线性变化,即在 k 空间,所有电子状态随时间以相同的速度反电场方向运动,如图 1.71(a)所示,而当电子运动到布里渊区边界(如 A 处),则它被反射而在布里渊区另一端(A')处出现,A 处的状态与 A'处的状态完全相同,因此电子在 k 空间就是如此周期性运动着.

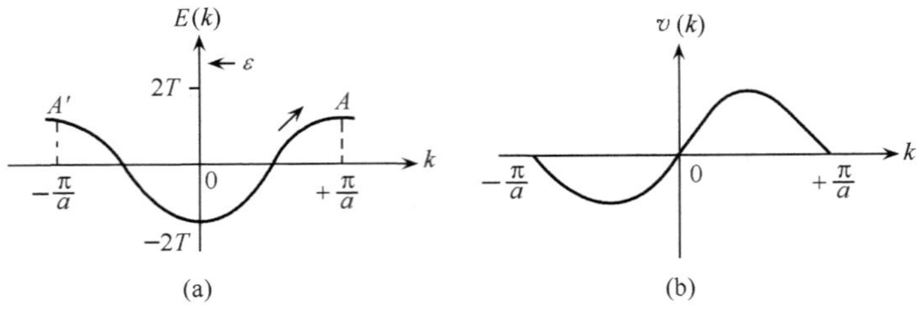

图 1.71

由于在外电场 ε 作用下，电子状态不断变化，因此其速度 $v=\frac{1}{\hbar}\frac{\partial E(k)}{\partial k}$ 也在不断变化，如图 1.71(b)所示，即电子速度一会儿为正，一会儿为负，因此电子在真实空间的运动也时呈周期性的.

(2) 有散射情况.

实际上，并未观察到上述振荡，这是因为晶体中存在各种散射机制，上面的运动方程只是在散射之间成立，而散射之间的平均时间很短，以至于电子波矢只移动了倒格矢中的一小部分就被散射，故难以产生上述振荡.

电场强度“小”的意思是指不使电子获得足够的能量而跃迁到高能支上. 在实际晶体中是具有多支能带的，若电场足够大的话，就会使电子发生跃迁. 根据固体理论中的推导，使电子不发生跃迁的条件是

$$e\varepsilon a \ll [E_{\text{gap}}(k)]^2/E_{\text{F}}$$

1.98　设有一维晶体的电子能带可写成

$$E(k)=\frac{\hbar^2}{ma^2}\left(\frac{7}{8}-\cos ka+\frac{1}{8}\cos 2ka\right)$$

式中，a 式晶格常数. 试求：

(1) 能带的宽度；

(2) 电子在波矢 k 的状态时的速度；

(3) 能带底部和顶部电子的有效质量；

(4) 若晶格常数 $a=2.5\text{Å}$，当外加 $10^2\,\text{V/m}$ 和 $10^7\,\text{V/m}$ 电场时，试分别估计电子自能带底运动到能带顶所需的时间.

解　(1) 由极值条件

$$\frac{dE(k)}{dk}=0$$

得

$$\sin ka-\frac{1}{4}\sin 2ka=\sin ka\cdot\left(1-\frac{1}{2}\cos ka\right)=0.$$

要上式等于 0，只有 $\sin ka=0$，相应两个极值点

$$k=0,\frac{\pi}{a}$$

当 $k=0$，$E(k)$取极小值，为能带底

$$E(k=0)=E_{\min}=0$$

当 $k=\frac{\pi}{a}$，$E(k)$取极大值，对应着能带顶

$$E\left(k=\frac{\pi}{a}\right)=E_{\max}=\frac{2\hbar^2}{ma}$$

故能带宽度等于

$$\Delta E=E_{\max}-E_{\min}=\frac{2\hbar^2}{ma}$$

（2）电子速度

$$v(k)=\frac{1}{\hbar}\frac{\mathrm{d}E(k)}{\mathrm{d}k}=\frac{\hbar}{ma}\left(\sin ka-\frac{1}{4}\sin 2ka\right)$$

（3）带底和带顶电子的有效质量

$$\frac{1}{m^*}=\frac{1}{\hbar^2}\frac{\mathrm{d}^2E(k)}{\mathrm{d}k^2}=\frac{1}{m}\left(\cos ka-\frac{1}{2}\cos 2ka\right)$$

所以带底 $k=0$，

$$m^*=m\left(1-\frac{1}{2}\right)^{-1}=2m$$

带顶 $k=\frac{\pi}{a}$，

$$m^*=m\left(-1-\frac{1}{2}\right)^{-1}=-\frac{2}{3}m$$

（4）对晶体施加电场，则电子在电场力作用下不断改变状态，表现电子在 k 空间的运动. 由晶体中电子准经典运动方程

$$\hbar\frac{\mathrm{d}k}{\mathrm{d}t}=e\varepsilon$$

式中 ε 式电场强度. 则在 k 空间电子状态随时间变化率，即电子在 k 空间移动的速度

$$\frac{\mathrm{d}k}{\mathrm{d}t}=\frac{e\varepsilon}{\hbar}$$

恒定电场下，电子在 k 空间移动速度是一样的.

如上计算，带底与能顶距离为$\frac{\pi}{a}$，故电子自能带底运动到能带顶所需的时间

$$t=\frac{\frac{\pi}{a}}{\frac{e\varepsilon}{\hbar}}=\frac{\pi\hbar}{ae\varepsilon}$$

当 $\varepsilon_1=10^2\,\mathrm{V/m}$

$$t=\frac{3.14\times 1.055\times 10^{-34}}{2.5\times 10^{-10}\times 1.6\times 10^{-19}\times 10^2}=8.32\times 10^{-8}(\mathrm{s})$$

当 $\varepsilon_2=10^7\,\mathrm{V/m}$

$$t=\frac{3.14\times 1.055\times 10^{-34}}{2.5\times 10^{-10}\times 1.6\times 10^{-19}\times 10^7}=8.32\times 10^{-13}(\mathrm{s})$$

1.99　设晶体电子有一统一有效质量 m^*，这时若有一个恒定磁场射入，试证明晶体

电子能带将分裂成许多磁次能带，求出电子回旋共振频率，并给晶体电子在磁场中发生回旋共振现象予以量子解释.

解　在磁场作用下，晶体电子的有效质量方程为

$$\frac{1}{2m^*}(-\mathrm{i}\hbar\nabla+e\boldsymbol{A})^2F(\boldsymbol{r})=EF(\boldsymbol{r})$$

$F(\boldsymbol{r})$是晶体电子波函数的包络波，E表示电子能量本征值与导带底($\boldsymbol{k}=0$)的能量之差.

若设磁场在z方向上，$B_x=B_y=0$，$B_z=B$，可选矢势$\boldsymbol{A}$为$A_y=A_z=0$，$A_x=-yB$(它们满足$\nabla\times\boldsymbol{A}=\boldsymbol{B}$). 则方程为

$$\frac{1}{2m^*}(-\mathrm{i}\hbar\nabla-eBy\boldsymbol{i})^2F(\boldsymbol{r})=EF(\boldsymbol{r})$$

$$\left[-\frac{\hbar^2}{2m^*}\nabla^2-\frac{\mathrm{i}\hbar eB}{m^*}y\frac{\partial}{\partial x}+\frac{e^2B^2y^2}{2m^*}\right]F(\boldsymbol{r})=EF(\boldsymbol{r})$$

设试探解$F(\boldsymbol{r})=\mathrm{e}^{\mathrm{i}(k_xx+k_zz)}\cdot\varphi(y)$，代入方程，消去指数项，

$$-\frac{\hbar^2}{2m^*}\left(-k_x^2-k_y^2+\frac{\mathrm{d}^2}{\mathrm{d}y^2}\right)\varphi(y)+\frac{\hbar k_xeBy}{m^*}\varphi(y)+\frac{e^2B^2y^2}{2m^*}\varphi(y)=E\varphi(y)$$

令$y=y'+y_0$，$y^2=y'^2+2y_0y'+y_0^2$，则

$$\begin{aligned}&\frac{\hbar k_xeBy}{m^*}+\frac{e^2B^2y^2}{2m^*}\\&=\frac{\hbar k_xeBy'}{m^*}+\frac{\hbar k_xeBy_0}{m^*}+\frac{e^2B^2y'^2}{2m^*}+\frac{e^2B^22y_0y'}{2m^*}+\frac{e^2B^2y_0^2}{2m^*}\\&=\frac{e^2B^2}{2m^*}y'^2+\frac{e^2B^2}{2m^*}y_0^2+\frac{eB}{m^*}(\hbar k_x+eBy_0)y'+\frac{\hbar k_xeB}{m^*}y_0\end{aligned}$$

若设$y_0=-\frac{\hbar k_x}{eB}$，上式含$y'$项等于0，而且上式等于

$$\frac{e^2B^2}{2m^*}y'^2+\frac{e^2B^2}{2m^*}\cdot\left(-\frac{\hbar k_x}{eB}\right)^2+\frac{\hbar k_xeB}{m^*}\cdot\left(-\frac{\hbar k_x}{eB}\right)=\frac{e^2B^2}{2m^*}y'^2-\frac{\hbar^2k_x^2}{2m^*}$$

于是上述薛定谔方程

$$-\frac{\hbar^2}{2m^*}\left(-k_x^2-k_z^2+\frac{\mathrm{d}^2}{\mathrm{d}y'^2}\right)\varphi(y')+\left(\frac{e^2B^2}{2m^*}y'^2-\frac{\hbar^2k_x^2}{2m^*}\right)\varphi(y')=E\varphi(y')$$

$$-\frac{\hbar^2}{2m^*}\frac{\mathrm{d}^2\varphi(y')}{\mathrm{d}y'^2}+\frac{e^2B^2}{2m^*}y'^2\varphi(y')=\left(E-\frac{\hbar^2k_z^2}{2m^*}\right)\varphi(y')$$

若$\omega_c=\frac{eB}{m^*}$，则方程变为

$$\frac{\hbar^2}{2m^*}\frac{\mathrm{d}^2\varphi(y')}{\mathrm{d}y'^2}+\frac{m^*\omega_c^2y'^2}{2}\varphi(y')=\left(E-\frac{\hbar^2k_z^2}{2m^*}\right)\varphi(y')=E'\varphi(y')$$

式中，E'与y'坐标无关. 上式就是简谐振子的薛定谔方程，能量本征值

$$E'=E'_n=\hbar\omega_c\left(n+\frac{1}{2}\right),\qquad n=0,1,2,\cdots$$

取极值点能量为0，在磁场中，电子能量表达式

$$E=E_n=\frac{\hbar^2k_z^2}{2m^*}+\hbar\omega_c\left(n+\frac{1}{2}\right)$$

显然这是表示电子离开导带底的能量，从电子能量表示式看出，在磁场中运动的电子由于

它在磁场方向上不受磁场力作用，电子在磁场方向上仍可自由运动，相应能量为$\frac{\hbar^2 k_z^2}{2m^*}$. 但是在垂直磁场的平面上，电子运动收到约束，能量发生量子化，即产生朗道能级，能级间的间隔等于($\hbar\omega_c$).

我们可以把电子能量画出图来，对于 $k_z=0$ 的电子态，是一组等距的直线，但对于 $k_z\neq0$ 电子态，电子能量是一组间距等于 $\hbar\omega_c$ 的抛物线. 这就是说导带将分裂为很多子带. 每个 n 对应一个子带，称朗道次能带，如图 1.72 所示.

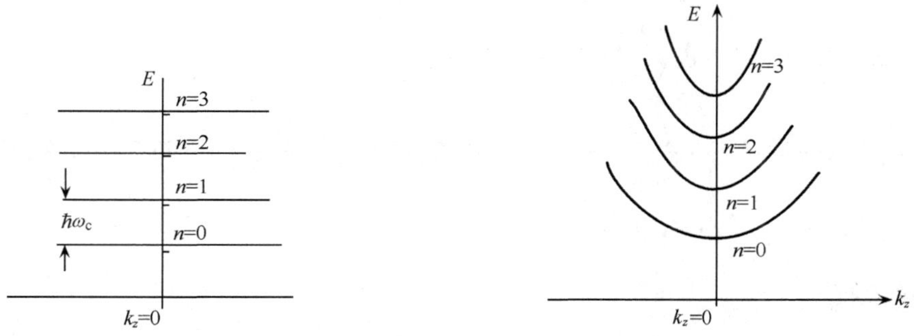

图 1.72

从量子力学来看电子回旋共振的实质是，当磁场交变频率为 ω_c 时，电子将从磁场中吸收($\hbar\omega_c$)能量，而在朗道能级之间跃迁. 显然，从 $\omega_c=\frac{eB}{m^*}$得知，交变磁场强度 B 和交变频率 ω_c，则可得出电子的有效质量，这就是电子回旋共振法测量半导体电子有效质量的原理.

1.100 设电子等能面为椭球

$$E(\boldsymbol{k})=\frac{\hbar^2 k_x^2}{2m_1^*}+\frac{\hbar^2 k_y^2}{2m_2^*}+\frac{\hbar^2 k_z^2}{2m_3^*}$$

式中，k_x,k_y,k_z 是相互垂直主轴，若外加磁场相对于椭球主轴的方向余弦分别为 $\cos\alpha$，$\cos\beta$ 和 $\cos\gamma$. 证明电子绕磁场回旋共振频率为

$$\omega_c=\frac{eB}{m^*}$$

其中

$$\frac{1}{m^*}=\left(\frac{m_1^*\cos^2\alpha+m_2^*\cos^2\beta+m_3^*\cos^2\gamma}{m_1^*m_2^*m_3^*}\right)^{\frac{1}{2}}$$

m^* 称为电子回旋共振频率有效质量.

解 当导带底不在 $\boldsymbol{k}=0$，等能面往往是一椭球. 如题设，可选择适当坐标，把晶体电子在磁场中运动的有效质量方程写为

$$\sum_{i=1}^{3}\frac{1}{2m_i^*}(-\mathrm{i}\hbar\nabla_i+eA_i)^2F(\boldsymbol{r})=EF(\boldsymbol{r})$$

作如下变换：

$$A_i=\sqrt{\frac{m_i^*}{m_0}}A_i',\quad x_i=\sqrt{\frac{m_0}{m_i^*}}x_i'$$

其哈密顿量化为

$$
\begin{aligned}
&\sum_{i=1}^{3}\frac{1}{2m_i^*}(-\mathrm{i}\hbar\nabla_i+eA_i)^2 \\
&=\frac{1}{2m_1^*}(-\mathrm{i}\hbar\nabla_1+eA_1)^2+\frac{1}{2m_2^*}(-\mathrm{i}\hbar\nabla_2+eA_2)^2+\frac{1}{2m_3^*}(-\mathrm{i}\hbar\nabla_3+eA_3)^2 \\
&=\frac{1}{2m_1^*}\frac{m_1^*}{m_0}\left[-\mathrm{i}\hbar\sqrt{\frac{m_0}{m_1^*}}\nabla_1+eA_1'\right]^2+\frac{1}{2m_2^*}\frac{m_2^*}{m_0}\left[-\mathrm{i}\hbar\sqrt{\frac{m_0}{m_2^*}}\nabla_2+eA_2'\right]^2 \\
&\quad+\frac{1}{2m_3^*}\frac{m_3^*}{m_0}\left[-\mathrm{i}\hbar\sqrt{\frac{m_0}{m_3^*}}\nabla_3+eA_3'\right]^2 \\
&=\frac{1}{2m_0}(-\mathrm{i}\hbar\nabla_1'+eA_1')^2+\frac{1}{2m_0}(-\mathrm{i}\hbar\nabla_2'+eA_2')^2+\frac{1}{2m_0}(-\mathrm{i}\hbar\nabla_3'+eA_3')^2 \\
&=\frac{1}{2m_0}(-\mathrm{i}\hbar\nabla'+e\boldsymbol{A}')^2
\end{aligned}
$$

有效质量方程

$$
\frac{1}{2m_0}(-\mathrm{i}\hbar\nabla'+e\boldsymbol{A}')^2F(\boldsymbol{r}')=EF(\boldsymbol{r}')
$$

这正是自由电子在磁场下的运动方程，根据 1.99 题的结果，则回旋共振频率 ω_c 为

$$
\omega_c=\frac{eB'}{m_0}=\frac{e}{m_0}(B_1'^2+B_2'^2+B_3'^2)^{\frac{1}{2}}
$$

我们知道

$$
\nabla\times\boldsymbol{A}=\boldsymbol{B}
$$

$$
\nabla\times\boldsymbol{A}=\begin{vmatrix}\boldsymbol{i} & \boldsymbol{j} & \boldsymbol{j}\\ \dfrac{\partial}{\partial x} & \dfrac{\partial}{\partial y} & \dfrac{\partial}{\partial z}\\ A_1 & A_2 & A_3\end{vmatrix}
$$

故

$$
\begin{aligned}
B_1&=\frac{\partial A_3}{\partial y}-\frac{\partial A_2}{\partial z}=\frac{\partial\left(\sqrt{\dfrac{m_3^*}{m_0}}A_3'\right)}{\partial\sqrt{\dfrac{m_0}{m_2^*}}y'}-\frac{\partial\left(\sqrt{\dfrac{m_2^*}{m_0}}A_2'\right)}{\partial\sqrt{\dfrac{m_0}{m_3^*}}z'}=\frac{\sqrt{m_2^*m_3^*}}{m_0}\left(\frac{\partial A_3'}{\partial y'}-\frac{\partial A_2'}{\partial z'}\right) \\
&=\frac{\sqrt{m_2^*m_3^*}}{m_0}B_1'
\end{aligned}
$$

同理

$$
B_2=\frac{\sqrt{m_1^*m_3^*}}{m_0}B_2'
$$

$$
B_3=\frac{\sqrt{m_1^*m_2^*}}{m_0}B_3'
$$

所以

$$B_1'=\frac{m_0}{\sqrt{m_2^* m_3^*}}B_1,\ B_2'=\frac{m_0}{\sqrt{m_1^* m_3^*}}B_2,\ B_3'=\frac{m_0}{\sqrt{m_1^* m_2^*}}B_3$$

则

$$\begin{aligned}\omega_c&=\frac{eB'}{m_0}=\frac{e}{m_0}(B_1'^2+B_2'^2+B_3'^2)^{\frac{1}{2}}\\&=\frac{e}{m_0}\left[\left(\frac{m_0}{\sqrt{m_2^* m_3^*}}\right)^2B_1^2+\left(\frac{m_0}{\sqrt{m_1^* m_3^*}}\right)^2B_2^2+\left(\frac{m_0}{\sqrt{m_1^* m_2^*}}\right)^2B_3^2\right]^{\frac{1}{2}}\\&=\frac{e}{m_0}\frac{m_0}{\sqrt{m_1^* m_2^* m_3^*}}(m_1^* B_1^2+m_2^* B_2^2+m_3^* B_3^2)^{\frac{1}{2}}\cdot\frac{B}{B}\\&=\frac{eB}{\sqrt{m_1^* m_2^* m_3^*}}(m_1^*\cos^2\alpha+m_2^*\cos^2\beta+m_3^*\cos^2\gamma)^{\frac{1}{2}}\end{aligned}$$

其中，$\cos\alpha=\frac{B_1}{B}$是磁场与k_x轴的夹角余弦，$\cos\beta=\frac{B_2}{B}$是磁场与k_y轴的夹角余弦，$\cos\gamma=\frac{B_3}{B}$是磁场与k_z轴的夹角余弦.

如果引入

$$\frac{1}{m^*}=\left(\frac{m_1^*\cos^2\alpha+m_2^*\cos^2\beta+m_3^*\cos^2\gamma}{m_1^* m_2^* m_3^*}\right)^{\frac{1}{2}}$$

则

$$\omega_c=\frac{eB}{m^*}$$

m^*称为电子回旋共振有效质量. 这表明，当能量极值点不在$\boldsymbol{k}=0$时，有效质量有方向性，但它在磁场下还会发生回旋共振，就像质量为m^*的自由电子回旋共振一样，不过这个m^*取值不仅与m_1^*，m_2^*，m_3^*有关，还与磁场取向有关.

1.101 试推导磁场$\boldsymbol{B}$在[1,0,0]方向上，进行半导体硅电子回旋共振实验来测定硅电子纵向有效质量m_l^*和横向有效质量m_t^*计算式子.

解 如1.100题中m^*公式表明，电子回旋共振质量m^*不仅与m_1^*，m_2^*，m_3^*有关，而且还与磁场取向有关. 由于晶体对称性，相对于同一能量值的极值点可以不止一个，例如半导体带底可有多个，这样对于同一磁场取向，不同极值与它的夹角就会不同，m^*的大小也就不同，于是回旋共振的频率就会有几个. 换句话说，在半导体电子回旋共振实验曲线上，同样一个方向磁场会出现几个共振峰.

半导体硅有6个导带底，分布在[1,0,0]，[$\bar{1}$,0,0]，[0,1,0]，[0,$\bar{1}$,0]，[0,0,1]，[0,0,$\bar{1}$]6个对称轴上，因此导带底附近电子等能面是以这6个对称轴为纵轴的旋转椭球，硅电子有两个有效质量，即纵轴方向的纵向有效质量m_l^*和垂直纵轴的两个夹角为$\frac{\pi}{2}$的方向上的横向有效质量m_t^*.

取k_z为旋转椭球纵轴，有$m_3^*=m_l^*$，$m_1^*=m_2^*=m_t^*$代入1.100题中的电子回旋共振有效质量m^*公式，

$$\begin{aligned}
\frac{1}{m^*} &= \frac{1}{\sqrt{m_1^* m_2^* m_3^*}}(m_1^* \cos^2\alpha_1 + m_2^* \cos^2\alpha_2 + m_3^* \cos^2\alpha_3)^{\frac{1}{2}} \\
&= \frac{1}{m_t \sqrt{m_l}}[m_t(\cos^2\alpha_1 + \cos^2\alpha_2) + m_l\cos^2\alpha_3]^{\frac{1}{2}} \\
&= \frac{1}{m_t \sqrt{m_l}}[m_t(1 - \cos^2\alpha_3) + m_l\cos^2\alpha_3]^{\frac{1}{2}} \\
&= \frac{1}{m_t \sqrt{m_l}}[m_t\sin^2\alpha_3 + m_l\cos^2\alpha_3]^{\frac{1}{2}} \\
&= \frac{1}{m_t}\left[\frac{m_t}{m_l}\sin^2\alpha_3 + \cos^2\alpha_3\right]^{\frac{1}{2}} \qquad (1)
\end{aligned}$$

从公式看出，电子回旋共振频率除与 m_t，m_l 有关外，仅与磁场与旋转对称轴 k_z 夹角有关.

现在来求磁场 $\boldsymbol{B}$ 在[1,0,0]方向上与硅电子导带底所处的 6 个对称轴的夹角余弦.

与[1,0,0]，[$\bar{1}$,0,0]两个导带底

$$\left.\begin{aligned}
\cos\alpha_3 &= \frac{1\times1+0\times0+0\times0}{\sqrt{1^2+0^2+0^2}\ \sqrt{1^2+0^2+0^2}} = 1 \\
\cos\alpha_3 &= \frac{1\times(-1)+0\times0+0\times0}{\sqrt{(-1)^2+0^2+0^2}\ \sqrt{1^2+0^2+0^2}} = 1
\end{aligned}\right\}\cos^2\alpha_3 = 1$$

与[0,1,0]，[0,$\bar{1}$,0]，[0,0,1]，[0,0,$\bar{1}$]

$$\left.\begin{aligned}
\cos\alpha_3 &= \frac{1\times0+0\times1+0\times0}{\sqrt{1^2+0^2+0^2}\ \sqrt{0^2+1^2+0^2}} = 0 \\
\cos\alpha_3 &= \frac{1\times0+0\times(-1)+0\times0}{\sqrt{1^2+0^2+0^2}\ \sqrt{0^2+(-1)^2+0^2}} = 0 \\
\cos\alpha_3 &= \frac{1\times0+0\times0+0\times1}{\sqrt{1^2+0^2+0^2}\ \sqrt{0^2+0^2+1^2}} = 0 \\
\cos\alpha_3 &= \frac{1\times0+0\times0+0\times(-1)}{\sqrt{1^2+0^2+0^2}\ \sqrt{0^2+0^2+(-1)^2}} = 0
\end{aligned}\right\}\cos^2\alpha_3 = 0$$

$\cos^2\alpha_3$ 有两个值，表明磁场在[1,0,0]方向上的电子回旋共振实验将观察到两个共振峰，由回旋共振频率公式

$$\omega_c = \frac{eB}{m^*}$$

分别得到两个电子回旋共振有效质量 m_1^* 和 m_2^* 即

$$m_1^* = \frac{eB_1}{\omega_{c_1}},\quad m_2^* = \frac{eB_2}{\omega_{c_2}}$$

B_1 和 B_2 是各不相等的磁场强度，相应不同的两个电子回旋共振频率，代入(1)公式，得到

(a) 当 $\cos^2\alpha_3=1$，$\sin^2\alpha_3=0$

$$\frac{1}{m_1^*} = \frac{1}{m_t}\cdot 1$$

即

$$m_t = m_1^*$$

(b) 当 $\cos^2\alpha_3=0,\sin^2\alpha_3=1$

$$\frac{1}{m_2^*}=\frac{1}{m_t}\cdot\left(\frac{m_t}{m_l}\right)^{\frac{1}{2}}=\frac{1}{(m_t m_l)^{\frac{1}{2}}}$$

所以

$$m_l=\frac{m_2^{*2}}{m_t}=\frac{m_2^{*2}}{m_1^*}$$

其中,m_1^* 和 m_2^* 是硅电子回旋共振实验值,测得硅电子的纵向和横向有效质量为

$$m_t=m_1^*,\quad m_l=\frac{m_2^{*2}}{m_1^*}$$

1.102　如果 n 型锗导带极值在[1,1,1]轴上及相应的对称方向上,回旋共振的实验结果如何?

解　半导体锗有 4 个导带底,分别在 8 个对称轴布里渊区边界上,各占有半个导带底. 这 8 个对称轴是[1,1,1],[$\bar{1},\bar{1},\bar{1}$],[$1,\bar{1},\bar{1}$],[$\bar{1}$,1,1],[$\bar{1},1,\bar{1}$],[$1,\bar{1},1$],[$\bar{1},\bar{1},1$]和[$1,1,\bar{1}$].

如题解 1.100 所述,电子回旋共振将于磁场取向有关,电子回旋共振有效质量归结于 $\cos\alpha_3$ 的计算,于是电子回旋共振的实验结果如下:

(1) 磁场[1,1,1]

$$\cos\alpha_3=\pm 1,\pm\frac{1}{3},\text{两个吸收峰}$$

(2) 磁场[1,1,0]

$$\cos\alpha_3=0,\pm\frac{2}{3},\text{两个吸收峰}$$

(3) 磁场[0,0,1]

$$\cos\alpha_3=\pm\frac{1}{3},\text{一个吸收峰}$$

(4) 磁场任意取向

$\cos\alpha_3$ 有 4 个值(每一个值相对两个椭球),四个吸收峰

1.103　有磁场存在时,布洛赫电子在 $\boldsymbol{k}$ 空间运动同时还在 $\boldsymbol{r}$ 空间运动,试讨论这个运动. 特别要证明,$\boldsymbol{r}$ 空间的轨道处在一个平行于 $\boldsymbol{k}$ 空间的轨道平面内. 这两个轨道的形状是相同的,只不过 $\boldsymbol{r}$ 空间的轨道相对于另一个轨道转动了一个角度$\left(-\frac{\pi}{2}\right)$,并扩展了一个线性比例因子$\left(\frac{\hbar}{eB}\right)$($B$ 是磁场强度).

解

$$\boldsymbol{F}=-e(\boldsymbol{v}\times\boldsymbol{B})$$

$$\hbar\frac{\mathrm{d}\boldsymbol{k}}{\mathrm{d}t}=-e(\boldsymbol{v}\times\boldsymbol{B})=-e\left(\frac{\mathrm{d}\boldsymbol{r}}{\mathrm{d}t}\times\boldsymbol{B}\right)$$

$\boldsymbol{r}=\boldsymbol{r}_\perp+\boldsymbol{r}_{/\!/}$,$\boldsymbol{r}_\perp$,$\boldsymbol{r}_{/\!/}$ 分别指垂直与平行于 $\boldsymbol{B}$ 的轨道.

$$\hbar \frac{\mathrm{d}\boldsymbol{k}}{\mathrm{d}t} = -e\left(\frac{\mathrm{d}\boldsymbol{r}_{\perp}}{\mathrm{d}t} + \frac{\mathrm{d}\boldsymbol{r}_{/\!/}}{\mathrm{d}t}\right) \times \boldsymbol{B}$$

即

$$\hbar \frac{\mathrm{d}\boldsymbol{k}}{\mathrm{d}t} = -e \frac{\mathrm{d}\boldsymbol{r}_{\perp}}{\mathrm{d}t} \times \boldsymbol{B}$$

这时都在平行于 $\boldsymbol{B}$ 的平面内，所以电子在 $\boldsymbol{r}$ 空间轨道与在 $\boldsymbol{k}$ 空间轨道平面平行. 则

$$\hbar \frac{\Delta k}{\Delta t} = -e \frac{\Delta r_{\perp}}{\Delta t} B$$

$$\Delta r = -\frac{\hbar}{eB} \Delta k \sin \frac{\pi}{2}$$

$$\Delta r = \sin\left(-\frac{\pi}{2}\right) \frac{\hbar}{eB} \Delta k$$

可见，$\boldsymbol{r}$ 空间的轨道相对于 $\boldsymbol{k}$ 空间轨道转动了一个角度 $\left(-\frac{\pi}{2}\right)$，扩展了 $\left(\frac{\hbar}{eB}\right)$ 倍.

1.104 试证在磁场中运动的布洛赫电子，在 $\boldsymbol{k}$ 空间中轨迹面积 S_{n} 和在 $\boldsymbol{r}$ 空间的轨迹面积 A_{n} 之间关系为

$$A_{\mathrm{n}} = \left(\frac{\hbar}{eB}\right)^2 S_{\mathrm{n}}$$

式中，B 是磁场强度.

解 在磁场中电子受到洛仑兹力的作用. 由晶体电子准经典运动方程.

$$\hbar \frac{\mathrm{d}\boldsymbol{k}}{\mathrm{d}t} = -e(\boldsymbol{v} \times \boldsymbol{B}) = -e\left(\frac{\mathrm{d}\boldsymbol{r}}{\mathrm{d}t} \times \boldsymbol{B}\right)$$

两边对时间 t 积分得

$$\hbar \boldsymbol{k} = -e\boldsymbol{r} \times \boldsymbol{B}$$

在垂直 $\boldsymbol{B}$ 的平面内，线元 Δr 与 Δk 的关系为

$$\Delta r = \left(\frac{\hbar}{eB}\right) \Delta k$$

所以电子在 $\boldsymbol{k}$ 空间中的轨道面积和在 $\boldsymbol{r}$ 空间中的轨道面积之间有如下关系：

$$A_{\mathrm{n}} = \left(\frac{\hbar}{eB}\right)^2 S_{\mathrm{n}}$$

1.105 (1) 根据自由电子模型计算钠的德哈斯-范阿尔芬效应的周期 $\Delta\left(\frac{1}{B}\right)$（钠是体心立方结构，晶格常数为 $a=5.22\text{Å}$）；

(2) 对于 $B=1\mathrm{T}$，在其实空间中电子运动轨迹面积有多大？

解 (1) 德哈斯-范阿尔芬效应的振荡周期

$$\Delta\left(\frac{1}{B}\right) = \frac{e\hbar}{mE_{\mathrm{F}}}$$

先求得钠金属费米能 E_{F}，在自由电子模型下

$$E(\boldsymbol{k}) = \frac{\hbar^2 k^2}{2m}$$

设费米球半径为 k_{F}，则有

$$2 \cdot \frac{V}{(2\pi)^3} \cdot \frac{4\pi}{3} k_F^3 = N$$

N 是钠晶体中电子数目，故

$$k_F = 2\pi\left(\frac{3}{8\pi}\right)^{\frac{1}{3}}\left(\frac{N}{V}\right)^{\frac{1}{3}}$$

其中，$n=\frac{N}{V}$为电子浓度，即

$$k_F = (3n\pi^2)^{\frac{1}{3}}$$

Na 金属是体心结构，一个原胞中含有 2 个电子，$n=\frac{2}{a^3}$，故

$$k_F = (3n\pi^2)^{\frac{1}{3}} = \left(3\frac{2}{a^3}\pi^2\right)^{\frac{1}{3}} = \left(\frac{6}{\pi}\right)^{\frac{1}{3}}\frac{\pi}{a} = 1.240\left(\frac{\pi}{a}\right)$$

钠金属费米能

$$E_F = \frac{\hbar^2 k_F^2}{2m} = \frac{\hbar^2 \cdot 1.24^2 \cdot \pi^2}{2ma^2} = \frac{(1.05\times10^{-34})^2\times1.24^2\times3.14^2}{2\times9.11\times10^{-31}\times(5.22\times10^{-10})^2}$$
$$= 3.37\times10^{-19}(\mathrm{J}) = 2.10(\mathrm{eV})$$

由德哈斯-范阿尔芬效应周期公式

$$\Delta\left(\frac{1}{B}\right) = \frac{e\hbar}{mE_F} = \frac{1.6\times10^{-19}\times1.05\times10^{-34}}{9.11\times10^{-31}\times2.1\times1.9\times10^{-19}}$$
$$= 4.62\times10^{-5}\left(\frac{\mathrm{m}^2}{\mathrm{V\cdot s}}\right) = 4.62\times10^{-5}(\mathrm{T})$$

(2) 电子在 $\boldsymbol{k}$ 空间运动轨迹面积

$$S_F = \frac{2\pi e}{\hbar\Delta\left(\frac{1}{B}\right)} = \frac{2\times3.14\times1.6\times10^{-19}}{1.05\times10^{-34}\times4.62\times10^{-5}}$$
$$= 2.08\times10^{20}(\mathrm{m}^{-2}) = 2.08\times10^{16}(\mathrm{cm}^{-2})$$

电子在实空间运动轨迹面积由题解 1.104

$$A = \left(\frac{\hbar}{eB}\right)^2 \cdot S_F = \left(\frac{1.05\times10^{-34}}{1.6\times10^{-19}\times1}\right)\times2.08\times10^{20} = 8.96\times10^{-11}(\mathrm{m}^2)$$

第七节 自由电子论和固体电子输运性质

1.106 (1) 假定每个原子只有一个电子，画出格常数为 a 的二维简单正方格子的费米面(实际上是线)，并分别表示出周期场非常弱及较强情况；

(2) 假定温度降低时，发生结构相变，每个原子移动了一个小距离 ε，移到新的位置×，如图 1.73. 计算低温相(即图 1.73 中×所代表的结构)的几何结构因子；

(3) 对这种结构相变所引起的费米面变化进行讨论.

解 (1) 如图 1.73 所示晶格常数为 a 的二维正方格子中，假设包含有 N 个原子，其面积等于 Na^2，一个原子贡献一个电子，正方格子中一共有 N 个电子，如果是自由电子，

则应填充费米半径为 k_F 的费米圆,

$$N = 2 \times \frac{A}{(2\pi)^2} \cdot \pi k_F^2 = \frac{k_F^2 A}{2\pi}$$

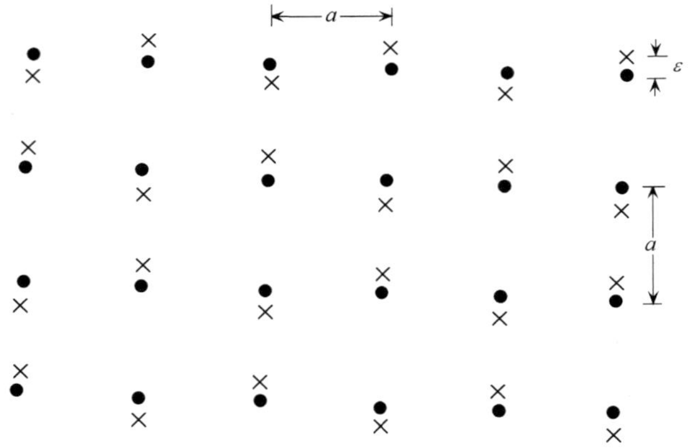

图 1.73

式中,A 是二维格子的面积,则其电子浓度 $n=\dfrac{N}{A}$,代入上式有

$$k_F^2 = 2\pi n$$

所以费米圆半径决定于晶格中电子的浓度. 对正方二维格子 $n=\dfrac{1}{a^2}$,则

$$k_F = \frac{\sqrt{2\pi}}{a}$$

二维正方格子的倒格子仍为正方格子,倒格子基矢长度 $b=\dfrac{2\pi}{a}$,代入上式,费米圆半径

$$k_F = \frac{2\pi}{a} \cdot \frac{\sqrt{2\pi}}{2\pi} = \frac{1}{\sqrt{2\pi}} \cdot b = \sqrt{\frac{2}{\pi}} \cdot \frac{b}{2} = 0.80\left(\frac{b}{2}\right)$$

所以费米面(线)在第一布里渊区之内. 当晶格周期势很弱时,费米面近似为一个圆,如图 1.74(a)所示. 但若周期势场强时,在费米面接近布里渊区边界时发生畸变,向边界突出,见图 1.74(b).

(2) 温度降低,发生结构相变,每个原子移动了一个小的距离 ε,移动到新的位置×,如图 1.75,这时相邻原子的位形不同,简单二维格子转化为复式结构. 图 1.75 画出它的一个原胞取坐标轴如图,原胞基矢

$$\boldsymbol{a}_1 = a(\boldsymbol{i}+\boldsymbol{j}), \quad \boldsymbol{a}_2 = a(-\boldsymbol{i}+\boldsymbol{j})$$

新相原胞边长为$\sqrt{2}a$,4 个角顶原子位形相同,但都与原胞内的原子位形不同. 角顶原子只有 1/4 属于该原胞,所以原胞内包含两个位形不同的原子. 新相是复式二维格子,取其一原子为原点 O,原胞内原子位置

$$\boldsymbol{r}_1 = 0\boldsymbol{i} + 0\boldsymbol{j}, \qquad 即(0,0)$$

$$\boldsymbol{r}_2 = 0\boldsymbol{i} + (a-2\varepsilon)\boldsymbol{j}, \qquad 即(0,a-2\varepsilon)$$

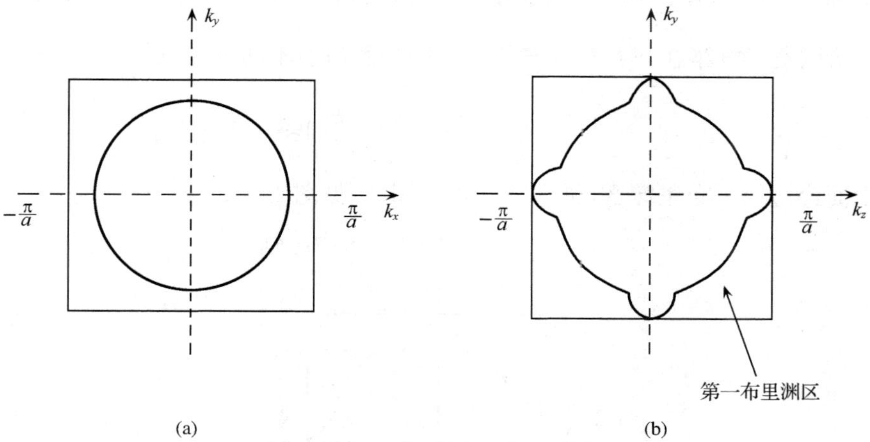

图 1.74

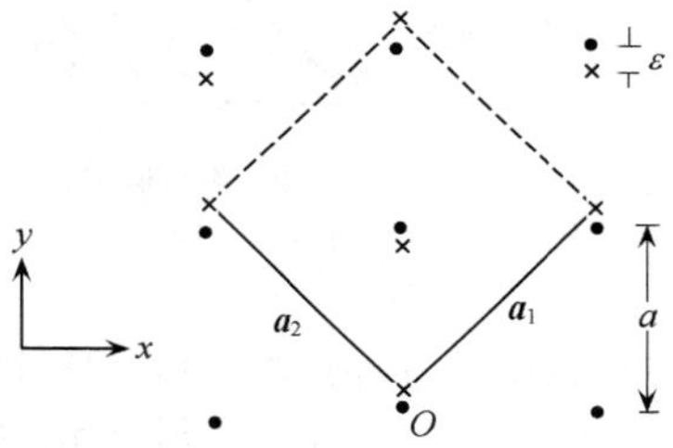

图 1.75

按定义 $\boldsymbol{a}_i \cdot \boldsymbol{b}_j = 2\pi\delta_{ij}$，新相二维格子的倒格矢

$$\boldsymbol{b}_1 = \frac{\pi}{a}(\boldsymbol{i}+\boldsymbol{j}), \quad \boldsymbol{b}_2 = \frac{\pi}{a}(-\boldsymbol{i}+\boldsymbol{j})$$

倒格子仍为正方格子. 倒格矢长度

$$|\boldsymbol{b}_1| = |\boldsymbol{b}_2| = b' = \frac{2\pi}{\sqrt{2}a} = \frac{\sqrt{2}}{a}\pi$$

结构因子

$$F = \sum_i e^{i\boldsymbol{G}_h \cdot \boldsymbol{r}_i}$$

式中，$\boldsymbol{G}_h$ 为新相倒格矢，$\boldsymbol{G}_h = h\boldsymbol{b}_1 + k\boldsymbol{b}_2$，$h,k$ 取整数，故

$$\begin{aligned}F &= \sum_i e^{i\boldsymbol{G}_h \cdot \boldsymbol{r}_i} \\ &= 1 + e^{i\frac{\pi}{a}[h(\boldsymbol{i}+\boldsymbol{j})+k(-\boldsymbol{i}+\boldsymbol{j})]\cdot(a-2\varepsilon)\boldsymbol{j}} \\ &= 1 + e^{i\frac{\pi}{a}(h+k)\cdot(a-2\varepsilon)} \\ &= 1 + (-1)^{h+k} \cdot e^{-i\frac{2\pi}{a}(h+k)\cdot\varepsilon}\end{aligned}$$

(3) 新相原胞面积 $A' = (\sqrt{2}a)^2 = 2a^2$，包含 2 个电子，故其电子浓度 $n' = \frac{2}{2a^2} = \frac{1}{a^2}$，与

相变前二维格子电子浓度相同，故费米圆面积未变，费米半径不变，但新相倒格矢长度为 $b'=\frac{\sqrt{2}\pi}{a}$，所以费米圆半径与新相倒格矢长度的关系与前不同，即

$$k_F=\frac{\sqrt{2\pi}}{a}=\frac{2}{\sqrt{\pi}}\cdot\frac{\sqrt{2}\pi}{2a}=\frac{2}{\sqrt{\pi}}\left(\frac{b'}{2}\right)\approx 1.13\left(\frac{b'}{2}\right)$$

于是费米面穿过第一布里渊区，进入第二布里渊区，见图 1.76.

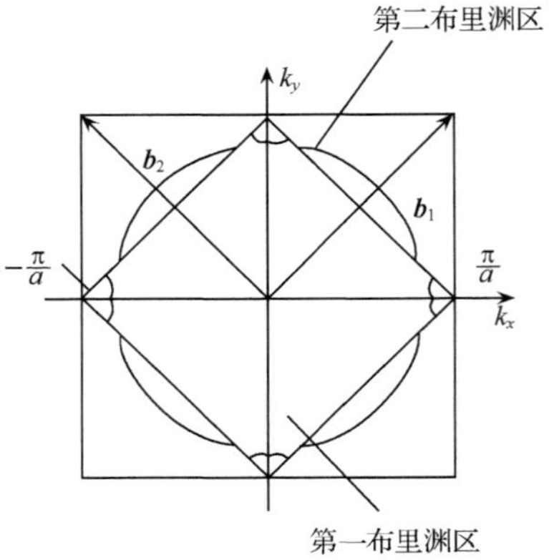

图 1.76

如图 1.76，倒格点(1,0)，(−1,0)，(0,1)，(0,−1)是第一布里渊区边界与第二布里渊区边界的相交点. 取$(h,k)=(\pm1,0)$和$(h,k)=(0,\pm1)$，则结构因子

$$F=1-e^{\pm i\frac{2\pi}{a}\varepsilon}$$

当 ε 很小时，$e^{\pm i\frac{2\pi}{a}\varepsilon}\to1$，所以 $F\to0$，因此在边界处能隙很小.

1.107　金属钠是体心立方结构，晶格常数是 4.25×10^{-8} cm，求传导电子浓度. 假定每一个原子贡献一个传导电子，将用传导电子的自由电子气模型，推导 $T=0$K 时费米能的表示式，由此说明它只与传导电子浓度有关而与晶体体积无关.

解　传导电子浓度为

$$n=\frac{2}{(4.25\times10^{-10})^3}=2.6\times10^{28}(\mathrm{m}^{-3})$$

按自由电子气模型，晶体中能量 $E\to E+\mathrm{d}E$ 之间的电子数为

$$\mathrm{d}N=CE^{1/2}f(E)\mathrm{d}E$$

其中，$C=4\pi V(2m)^{3/2}/h^3$. 在 $T=0$K 时，

$$f(E)=1,\quad E<E_F$$
$$f(E)=0,\quad E>E_F$$

因此在 $E<E_F$ 时，$\mathrm{d}N=CE^{1/2}\mathrm{d}E$. 所以总电子数为

$$N=\int_0^{E_F^0}CE^{1/2}\mathrm{d}E=\frac{2}{3}C(E_F^0)^{3/2}$$

E_F^0即为 $T=0$K 时系统的费米能，考虑到 $C=4\pi(2m)^{3/2}/h^3$，并令 $n=\frac{N}{V}$，则可得到

$$E_F^0 = \frac{h^2}{2m}\left(\frac{3n}{8\pi}\right)^{2/3} = \frac{\hbar^2}{2m}(3\pi^2 n)^{2/3}$$

$$= \frac{(1.05\times10^{-27})^2}{2\times9.1\times10^{-28}}\times\frac{(3\pi^2\times26\times10^{21})^{\frac{2}{3}}}{1.6\times10^{-12}}$$

$$= 3.18(\text{eV})$$

由 E_F^0 的表示式可知,E_F^0 只与传导电子浓度有关,而与晶体的体积无关.

1.108 若把银看成具有球形费米面的单价金属,计算以下各量:

(1) 费米能和费米温度;

(2) 费米球半径;

(3) 费米速度;

(4) 在室温及低温时电子的平均自由程.

银的密度=10.5g/cm^3,原子量=107.87,电阻率=1.61×10^{-6}Ω·cm(在 295K),和电阻率=0.038×10^{-6}Ω·cm(在 20K).

解 银的电子浓度$=\frac{10.5}{107.87}\times6.022\times10^{23}=5.86\times10^{22}/\text{cm}^3$

(1) 费米能 E_F 和费米温度 T_F

$$E_F = \frac{\hbar^2}{2m}(3\pi^2 n)^{\frac{2}{3}} = \frac{(1.05\times10^{-34})^2}{2\times9.1\times10^{-35}}\times(3\times3.14^2\times5.86\times10^{22})^{\frac{2}{3}}$$

$$= 8.747\times10^{-19} = 5.46\text{eV}$$

$$T_F = \frac{E_F}{k_B} = \frac{5.46}{8.617\times10^{-5}} = 6.34\times10^4\text{K}$$

(2) 费米球半径 k_F

$$k_F = 2\pi\left(\frac{3}{8\pi}\cdot n\right)^{\frac{1}{3}} = 2\pi\left(\frac{3}{8\pi}\times5.86\times10^{22}\right)^{\frac{1}{3}} = 1.2\times10^8(\text{cm}^{-1})$$

(3) 费米速度 v_F

$$v_F = \frac{\hbar k}{m} = \frac{1.05\times10^{-34}\times1.2\times10^8}{9.1\times10^{-35}} = 1.38\times10^8(\text{cm/s})$$

(4) 金属自由电子论

$$\sigma = \frac{1}{\rho} = \frac{ne^2\tau}{m}$$

则

$$\tau = \frac{1}{\rho}\cdot\frac{m}{ne^2}$$

在 295K

$$\tau = \frac{1}{1.61\times10^{-6}}\cdot\frac{m}{ne^2} = \frac{1}{1.61\times10^{-6}}\times\frac{9.1\times10^{-35}}{5.86\times10^{22}\times(1.6\times10^{-19})^2}$$

$$= 3.77\times10^{-4}(\text{s})$$

$$\bar{\lambda} = u_F\tau = 1.38\times10^8\times3.77\times10^{-14} = 5.2\times10^{-6}(\text{cm}) = 520(\text{Å})$$

同理 20K 下

$$\tau = 1.596 \times 10^{-12}\,\text{s}$$

$$\bar{\lambda} = 1.38 \times 10^{8} \times 1.596 \times 10^{-12} = 2.20 \times 10^{-4}(\text{cm}) = 2.2 \times 10^{4}(\text{Å})$$

1.109 在低温下金属钾的摩尔电子热容的实验结果为 $c_e = 2.08T\text{mJ/mol}\cdot\text{K}$，由 X 射线衍射实验测得其晶格常数 $a = 5.333\text{Å}$. 试在自由电子气模型下估算钾的费米温度 T_F，钾的导带电子有效质量 m^*，费米速度 v_F 和费米面上的能态密度 $\rho(E_F)$.

解 (1) 费米温度 T_F

在自由电子气模型里，1 摩尔金属电子对比热贡献

$$c_e = \frac{\pi^2}{2} Z N_0 k_B \cdot \frac{T}{T_F}$$

钾一价，$Z=1$，$N_0 k_B = R$，故

$$2.08T = \frac{\pi^2 R}{2T_F} \cdot T$$

所以

$$T_F = \frac{\pi^2 R}{2c_e} = \frac{3.14^2 \times 8.314}{2 \times 2.08 \times 10^{-3}} = 1.97 \times 10^{4}(\text{K})$$

(2) 电子有效质量

自由电子气模型中，费米球大小决定于金属中电子密度，其费米波矢

$$k_F = (3n\pi^2)^{\frac{1}{3}}$$

钾金属为体心立方结构，体积为 a^3，晶胞中含有 2 个电子，$n = \frac{2}{a^3}$，则

$$k_F = (3n\pi^2)^{\frac{1}{3}} = \left(3 \times \frac{2}{a^3}\pi^2\right)^{\frac{1}{3}} = \left(\frac{6}{\pi}\right)^{\frac{1}{3}} \cdot \frac{\pi}{a} = 1.240\left(\frac{\pi}{a}\right)$$

$$= 1.240 \times \frac{3.14}{5.333 \times 10^{-10}} = 7.31 \times 10^{9}(\text{m}^{-1})$$

又

$$E_F^0 = \frac{\hbar^2 k_F^2}{2m^*} = k_B T_F$$

故

$$m^* = \frac{\hbar^2 k_F^2}{2k_B T_F} = \frac{(1.055 \times 10^{-34})^2 \times (7.31 \times 10^{9})^2}{2 \times 1.38 \times 10^{-23} \times 1.97 \times 10^{4}}$$

$$= 1.0939 \times 10^{-30} = 1.2m_0$$

式中 m_0 为电子静止质量.

(3) 费米速度 v_F

$$v_F = \frac{P_F}{m^*} = \frac{\hbar k_F}{m^*} = \frac{1.055 \times 10^{-34} \times 7.31 \times 10^{9}}{1.0939 \times 10^{-30}}$$

$$= 7.05 \times 10^{5}(\text{m/s}) = 0.705 \times 10^{8}(\text{cm/s})$$

(4) 能态密度 $g(E_F)$

由题解 1.83 金属自由电子气能态密度公式

$$g(\boldsymbol{E}_F) = \frac{4\pi(2m^*)^{\frac{3}{2}}}{h^3} E_F^{\frac{1}{2}}$$

$$= \frac{4\pi(2m^*)^{\frac{3}{2}}(k_B T_F)^{\frac{1}{2}}}{h^3}$$

$$= \frac{4 \times 3.14 \times (2 \times 1.0939 \times 10^{-30})^{\frac{3}{2}} \times (1.38 \times 10^{-23} \times 1.97 \times 10^4)^{\frac{1}{2}}}{(6.626 \times 10^{-34})^3}$$

$$= 7.28478 \times 10^{46}(\mathrm{J}^{-1} \cdot \mathrm{m}^{-3}) = 1.17 \times 10^{28}(\mathrm{eV}^{-1} \cdot \mathrm{m}^{-3})$$

$$= 1.17 \times 10^{22}(\mathrm{eV}^{-1} \cdot \mathrm{m}^{-3})$$

1.110 在绝对零度下：

(1) 证明金属自由电子气的压强 $p=\frac{2}{3}\frac{U_0}{V}$，其中 U_0 为电子气的总能量，V 为金属体积；

(2) 证明电子气的体积弹性模量 $K=-V\frac{\partial p}{\partial V}=\frac{10U_0}{V}$；

(3) 钾金属电子浓度为 $1.40\times10^{22}\mathrm{cm}^3$，计算 p 和K.

解 (1) 根据热力学关系式

$$\mathrm{d}U = T\mathrm{d}S - p\mathrm{d}V$$

$T=0$ 时，

$$p =- \frac{\partial U}{\partial V}$$

电子气基态能量

$$U_0 = N\overline{E}$$

式中，$\overline{E}$ 是电子气的电子平均能量，N 是自由电子数目. $T=0$ 时，费米能级 E_F^0 以下能级全被电子占据，$f(E)=1$，E_F^0 以上全空，$f(E)=0$，则

$$\overline{E} = \frac{U}{N} = \frac{\int_0^{E_F^0} E \cdot \rho(E)\mathrm{d}E}{\int_0^{E_F^0} \rho(E)\mathrm{d}E}$$

在金属自由电子气中，电子能量表达式 $E=\frac{\hbar^2 k^2}{2m}$，相应的能态密度 $\rho(E)=\frac{4\pi(2m)^{\frac{3}{2}}E^{\frac{1}{2}}}{h^3}=CE^{\frac{1}{2}}$（参见题解 1.83），故

$$\overline{E} = \frac{U}{N} = \frac{\int_0^{E_F^0} E \cdot CE^{\frac{1}{2}}\mathrm{d}E}{\int_0^{E_F^0} \rho(E)\mathrm{d}E} = \frac{\frac{2}{5}E_F^{0\frac{5}{2}}}{\frac{2}{3}E_F^{0\frac{3}{2}}} = \frac{3}{5}E_F^0$$

应用费米能级公式

$$E_F^0 = \frac{\hbar^2}{2m}(3\pi^2 n)^{\frac{2}{3}} = \frac{\hbar^2}{2m}\left(3\pi^2\frac{N}{V}\right)^{\frac{2}{3}},$$

则电子气总能量

$$U_0 = N \cdot \overline{E} = N \cdot \frac{3}{5}E_F^0 = N \cdot \frac{3}{5} \cdot \frac{\hbar^2}{2m}\left(3\pi^2\frac{N}{V}\right)^{\frac{2}{3}} = \frac{3}{5} \cdot \frac{\hbar^2}{2m}\left(3\pi^2\frac{N^{\frac{5}{2}}}{V}\right)^{\frac{2}{3}}$$

所以电子气压强

$$p=-\frac{\partial U}{\partial V}=-\frac{\partial}{\partial V}\left[\frac{3}{5}\cdot\frac{\hbar^2}{2m}\left(3\pi^2\frac{N^{\frac{5}{2}}}{V}\right)^{\frac{2}{3}}\right]=\frac{3}{5}\cdot\frac{\hbar^2}{2m}\left(3\pi^2\frac{N^{\frac{5}{2}}}{V}\right)^{\frac{2}{3}}\cdot\frac{2}{3V}=\frac{2U_0}{3V}$$

另外

$$p=\frac{3}{5}\cdot\frac{\hbar^2}{2m}\left(3\pi^2\frac{N^{\frac{5}{2}}}{V}\right)^{\frac{2}{3}}\cdot\frac{2}{3V}=\frac{2}{5}\frac{\hbar^2}{2m}(3\pi^2)^{\frac{2}{3}}\frac{N^{\frac{5}{3}}}{V^{\frac{5}{3}}}$$

有

$$p\cdot V^{\frac{5}{3}}=\frac{2}{5}\frac{\hbar^2}{2m}(3\pi^2)^{\frac{2}{3}}\cdot N^{\frac{5}{3}}=\frac{\hbar^2}{5m}(3\pi^2)^{\frac{2}{3}}N^{\frac{5}{3}}$$

这是 $T=0\text{K}$ 时的自由电子气的状态方程，更一般的 p,V,T 间的关系式(状态方程)可以在 $T\neq 0\text{K}$ 时推导出，为

$$p\cdot V^{\frac{5}{3}}=A\cdot\left[1+\frac{5}{12}\left(\frac{T}{T_{\text{F}}}\right)^2\right]$$

其中

$$A=\frac{\hbar^2}{5m}(3\pi^2)^{\frac{2}{3}}N^{\frac{5}{3}}$$

(2) 电子气体积弹性模量

$$\begin{aligned}K&=-V\frac{\partial p}{\partial V}=-V\frac{\partial}{\partial V}\left[\frac{3}{5}\frac{\hbar^2}{2m}\left(3\pi^2\frac{N^{\frac{5}{2}}}{V}\right)^{\frac{2}{3}}\cdot\frac{2}{3V}\right]\\&=\frac{3}{5}\frac{\hbar^2}{2m}(3\pi^2N^{\frac{5}{2}})^{\frac{2}{3}}\cdot\frac{2}{3}\cdot\left(-\frac{5}{3}\right)\cdot V^{-\frac{8}{3}}\times(-V)\\&=\frac{3}{5}\frac{\hbar^2}{2m}\left(3\pi^2\frac{N^{\frac{5}{2}}}{V}\right)^{\frac{2}{3}}\frac{2}{3V}\cdot\frac{5}{3}\\&=\frac{5}{3}p=\frac{10U_0}{V}\end{aligned}$$

(3) 钾金属自由电子气压强和体积弹性模量

$$\begin{aligned}p&=\frac{2U_0}{3V}=\frac{2N\overline{E}}{3V}=\frac{2N}{3V}\cdot\frac{3}{5}E_{\text{F}}^0=\frac{2}{5}nE_{\text{F}}^0=\frac{2}{5}n\cdot\frac{\hbar^2}{2m}(3\pi^2n)^{\frac{2}{3}}=\frac{1}{5}\frac{\hbar^2}{m}(3\pi^2)^{\frac{2}{3}}\cdot n^{\frac{5}{3}}\\&=\frac{(1.055\times10^{-34})^2}{5\times9.11\times10^{-31}}\times(3\times3.14^2)^{\frac{2}{3}}\times(1.4\times10^{28})^{\frac{5}{3}}\\&=1.90\times10^9(\text{N/m}^2)\\&=1.90\times10^4(\text{atm})\end{aligned}$$

$$K=\frac{5}{3}p=\frac{5}{3}\times1.90=3.17\times10^4(\text{atm})$$

绝对零度下电子气体内能

$$U=N\cdot\frac{3}{5}E_{\text{F}}^0=\frac{3}{5}\cdot\frac{\hbar^2}{2m}\left(3\pi^2\frac{N^{\frac{5}{2}}}{V}\right)^{\frac{2}{3}}$$

表明，随着金属体积被压缩，自由电子气总的能量(内能)很快增大(式中 N 不变)，从而表现出自由电子气体具有比较大的压强. 当然在实际金属当中，除了自由电子气对压强有贡献之外，金属原子间的其他结合能也会对压强有贡献，对于一些碱金属晶体，自由

电子气理论给出的体积弹性模量与实验近似相符.

1.111 考虑相距为 b 的原子有规则地组成一维金属，每个原子有一个价电子，使用紧束缚近似，原子波函数具有 $\Psi(r-R_i)$ 的形式，其中 R_i 是第 i 个原子的原子核的位置($R_i=ib$，假定核位置固定)，并进一步假定

$$\int \Psi^*(r-R_i)H\Psi(r-R_i)\mathrm{d}^3r=-E_0$$

$$\int \Psi^*(r-R_i)H\Psi(r-R_{i+1})\mathrm{d}^3r=-V$$

$$\int \Psi^*(r-R_i)H\Psi(r-R_{i+j})\mathrm{d}^3r=0，对\ j\geqslant 2$$

其中，H 是哈密顿量. 计算

(1) 电子能带结构(ε_k 对 k)；

(2) 电子态密度；

(3) 电子对结合能的贡献(相对于 $-E_0$)；

(4) 电子对比热的贡献(假定 $k_BT\ll V$).

解 (1) 紧束缚法是以布洛赫波的和

$$\varphi_k^i=\frac{1}{\sqrt{N}}\sum_{R_l}\mathrm{e}^{\mathrm{i}k\cdot R_l}\Psi_i(x-R_l)$$

作为基函数，

$$\Psi_k(x)=\sum_i c_i\varphi_k^i$$

这里是一维特殊情况，且原子波函数只有一种 $\Psi(r-R_i)$，所以

$$\varphi_k(r)=\frac{1}{\sqrt{N}}\sum_{R_l}\mathrm{e}^{\mathrm{i}kR_l}\Psi(r-R_l)$$

电子波函数为

$$\Psi_k(r)=\sum_i c_i\varphi_k^i=\varphi_k$$

$$\hat{H}\Psi_k=E(k)\Psi_k$$

故

$$\begin{aligned}\overline{E}=E(k)&=\langle\Psi_k\mid\hat{H}\mid\Psi_k\rangle=\langle\varphi_k\mid\hat{H}\mid\varphi_k\rangle\\&=-(E_0+2V\cos kb)\end{aligned}$$

上面的结果利用了题目所给的几个条件.

(2) $\rho(k)\mathrm{d}k=\frac{1}{2\pi}\mathrm{d}k$

k 空间态密度可由周期性边界条件而来，化为能量态密度则为

$$\rho(E)\mathrm{d}E=\frac{1}{\pi}\frac{\mathrm{d}E}{\partial E/\partial k}$$

而

$$\frac{\partial E(k)}{\partial k}=2bV\sin kb$$

故

$$\rho(E) = \frac{1}{2\pi bV\sin kb}$$

考虑到自旋后

$$\rho(E) = \frac{1}{\pi bV\sin kb} = \pi bV\sqrt{1-\left(\frac{E+E_0}{2V}\right)^2}$$

(3) 设总共有 N 个原子

$$N = L\int_{E_{\min}}^{E'}\rho(E)\mathrm{d}E = Nb\cdot\int_0^{k'}\frac{2}{\pi}\mathrm{d}k$$

故

$$k' = \frac{\pi}{2b}$$

$$E_{\text{tot}} = L\cdot\int_0\frac{2}{\pi}E(k)\mathrm{d}k = N\left(-E_0-\frac{4V}{\pi}\right)$$

每个电子对总能的贡献为

$$\varepsilon = -E_0-\frac{4V}{\pi}$$

所以对结合能的贡献为$\frac{4V}{\pi}$.

(4) $E_{\text{tot}} = L\int_{-E_0-2V}^{-E_0+2V}n_\varepsilon\cdot\varepsilon\rho(\varepsilon)\mathrm{d}\varepsilon$

其中

$$n_\varepsilon = \frac{1}{e^{\beta(\varepsilon-\mu)}+1}$$

在(3)中没有使用 n_ε，因假设一般温度下，$n_\varepsilon\approx1$，现在求比热，要考虑此项.

根据费米积分公式(一些固体物理教科书上有推导)，我们有

$$\int_{-\infty}^{\infty}H(\varepsilon)n_\varepsilon\mathrm{d}\varepsilon = \int_{-\infty}^{\mu}H(\varepsilon)\mathrm{d}\varepsilon+\frac{\pi^2}{6}(k_{\mathrm{B}}T)^2H'(\mu)+\frac{7\pi^4}{360}(k_{\mathrm{B}}T)^4H'''(\mu)+\cdots$$

因此

$$E_{\text{tot}}\approx L\cdot\left[\int_{-E_0-2V}^{\mu}\frac{E}{\pi bV\sqrt{1-\left(\frac{E+E_0}{2V}\right)^2}}\mathrm{d}E+\frac{\pi^2}{6}(k_{\mathrm{B}}T)^2\cdot\left(\frac{E}{\pi bV\sqrt{1-\left(\frac{E+E_0}{2V}\right)^2}}\right)'_{E=\mu}\right]$$

可以近似地认为 $\mu=E_{\mathrm{F}}=E(k')=-E_0$. 因为只需求比热，所以只考虑与温度有关的项

$$E_{\text{tot}}\approx L\cdot\frac{\pi^2}{6}(k_{\mathrm{B}}T)^2\frac{1}{\pi bV} = N\cdot\frac{\pi}{6}\frac{(k_{\mathrm{B}}T)^2}{V}$$

平均每个电子的贡献为

$$\varepsilon \approx \frac{\pi}{6} \frac{(k_B T)^2}{V}$$

故比热

$$c_e = \frac{d\varepsilon}{dT} = \frac{\pi}{3} \frac{k_B^2 T}{V}$$

1.112 费米-狄拉克分布律指出,在温度 T 只有 E_F^0附近大致为 $k_B T$ 的能量范围内的电子才受到热激发,现在假定这些电子也服从能量均分定律,另外金属电子能态密度是常数.试计算说明,金属电子对比热贡献极其微小.

解 设 1mol 金属中共有 N_0 个电子,这些电子从 $E=0$ 均匀地填充到 E_F^0,故其能态密度为

$$\frac{N_0}{E_F^0}$$

根据题意仅有

$$\frac{N_0}{E_F^0} \cdot k_B T$$

电子受到热激发,故金属电子能量中随温度变化部分为

$$\frac{N_0}{E_F^0} \cdot k_B T \cdot \frac{3}{2} k_B T$$

于是金属电子比热

$$c_e = \frac{\partial}{\partial T}\left(\frac{N_0}{E_F^0} k_B T \cdot \frac{3}{2} k_B T\right) = 3N_0 k_B \cdot \frac{k_B T}{E_F^0} = 3R \cdot \frac{T}{T_F}$$

高温下固体比热服从杜隆-帕替定律,是个常数,等于 $3R$(R 是气体常数),所以本题得到的电子比热与经典理论值的比值为$\frac{T}{T_F}$,室温 $T=300$K,而费米温度一般在 10^4K,$T_F \gg T$,所以金属电子对比热贡献极其微小.

1.113 应用费米积分公式 $I = -\int_0^\infty g(E) \frac{\partial f(E)}{\partial E} dE = g(E_F) + \frac{\pi^2}{6}(k_B T)^2 g''(E_F)$

证明 $T \neq 0$K 时,

$$E_F = E_F^0\left[1 - \frac{\pi^2}{12}\left(\frac{k_B T}{E_F^0}\right)^2\right]$$

解 金属自由电子气能态密度 $\rho(E) = \frac{V}{(2\pi)^2}\left(\frac{2m}{\hbar^2}\right)^{\frac{3}{2}} E^{\frac{1}{2}} = CE^{\frac{1}{2}}$,对给定的晶体体积 V,C 为常数.则 $T \neq 0$ 时,金属中电子数目为

$$\begin{aligned} N &= \int_0^\infty CE^{\frac{1}{2}} f(E) dE = C \cdot \frac{2}{3} \int_0^\infty f(E) d(E^{\frac{3}{2}}) \\ &= C \cdot \frac{2}{3}\left\{ f(E) E^{\frac{3}{2}} \Big|_0^\infty - \int_0^\infty E^{\frac{3}{2}} \frac{\partial f(E)}{\partial E} dE \right\} \\ &= C \cdot \frac{2}{3} \cdot E_F^{\frac{3}{2}}\left[1 + \frac{\pi^2}{8}\left(\frac{k_B T}{E_F}\right)^2\right] \qquad (1) \end{aligned}$$

在绝对零度($T=0$)时

$$N=\int_0^{E_F^0} CE^{\frac{1}{2}}\mathrm{d}E = C\cdot\frac{2}{3}E_F^{0\frac{3}{2}} \tag{2}$$

N 不变，由(1)和(2)式，得

$$E_F^0 = E_F\left[1+\frac{\pi^2}{8}\left(\frac{k_BT}{E_F}\right)^2\right]^{\frac{2}{3}}$$

在 $k_BT \ll E_F$ 的情况下，

$$E_F = E_F^0\left[1+\frac{\pi^2}{8}\left(\frac{k_BT}{E_F}\right)^2\right]^{-\frac{2}{3}} \approx E_F^0\left[1-\frac{\pi^2}{12}\left(\frac{k_BT}{E_F^0}\right)^2\right]$$

上面推导忽略 $\left(\frac{k_BT}{E_F^0}\right)^4$ 以上多次项. 一般 E_F^0 为几个电子伏，室温时 $\left(\frac{k_BT}{E_F^0}\right)$ 仅仅是 1% 的数量级，二次项已非常微小，E_F 和 E_F^0 十分接近，E_F 随温度改变很小. 虽然如此，电子热容量计算必须考虑这个变化.

1.114　由低温比热实验测得银及铯的电子摩尔热容量分别是 $C_e^{Ag}=0.65T$ (mJ/(mol·K)) 及 $C_e^{Cs}=2.38T$(mJ/(mol·K)). 而室温下利用光电效应测得它们的光电效应阈值分别为 4.8eV 及 1.8eV .

(1) 分别求银与铯的 E_F^0 及功函数；

(2) 若把银与铯两种金属接触在一起，求室温下他们的接触电势差；

(3) 求出接触电势差与温度间的依赖关系；

(4) 求出银-铯接触电势差随温度的变化速率；

(5) 如果用银-铯组成一个电热偶，求 1000℃时的温差电动势.

解　(1) 由低温金属电子比热求得其 E_F^0 值，指标 1 为银，指标 2 为铯. 应用金属自由电子气推得金属电子低温比热为

$$C_V = \frac{\pi^2}{2}R\frac{T}{T_F^0} = \frac{\pi^2}{2}\frac{Rk_B}{E_F^0}\cdot T$$

$$C_V = \left(\frac{\pi^2}{2}Rk_B\right)\times\frac{T}{E_F^0} = \frac{(3.14)^2\times 8.31\times 1.38\times 10^{-23}}{2}\times\frac{T}{E_F^0}$$

$$= 5.65\times 10^{-22}\frac{T}{E_F^0}$$

所以

$$(E_F^0)_{Ag} = E_{F_1}^0 = \frac{5.65\times 10^{-22}}{0.65\times 10^{-3}} = 8.69\times 10^{-19}(\mathrm{J}) = 5.4(\mathrm{eV})$$

$$(E_F^0)_{Cs} = E_{F_2}^0 = \frac{5.65\times 10^{-22}}{2.38\times 10^{-3}} = 2.37\times 10^{-19}(\mathrm{J}) = 1.48(\mathrm{eV})$$

由室温下光电效应实验得知，银和铯的功函数

$$W^{Ag} = 4.8\mathrm{eV}$$

和

$$W^{Cs} = 1.8\mathrm{eV}$$

(2) 室温下，银和铯的接触电势差

$$V_{\text{Cs-Ag}} = \frac{1}{e}(W^{\text{Ag}} - W^{\text{Cs}}) = \frac{1}{e}(4.8 - 1.8) = 3(\text{V})$$

铯金属为正,银金属为负.

(3) 图 1.77 给出了量子统计对金属功函数做出的解释.

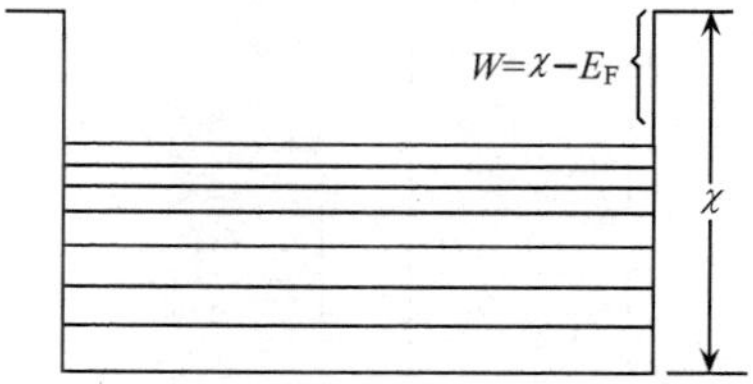

图 1.77

$$W = \chi - E_F$$

χ 是势阱的深度,故其接触电势差

$$V_{21} = \frac{1}{e}(W_1 - W_2) = \frac{1}{e}(E_{F_2} - E_{F_1} + \chi_1 - \chi_2)$$

由题解 1.113 费米能级随温度变化关系得到两块金属接触电势差与温度间的依赖关系

$$V_{21} = \frac{1}{e}\left\{[E_{F_2}^0 - E_{F_1}^0] + \frac{\pi^2}{12}(k_B T)^2\left[\frac{1}{E_{F_1}^0} - \frac{1}{E_{F_2}^0}\right] + (\chi_1 - \chi_2)\right\} \quad (1)$$

其中

$$V_{21}^0 = \frac{1}{e}(E_{F_2}^0 - E_{F_1}^0 + \chi_1 - \chi_2)$$

是绝对零度下的接触电势差,其中 χ_1 和 χ_2 对温度不敏感.

(4) 上面 V_{21} 对 T 求导数,则接触电势差随温度的变化速率为

$$\frac{\mathrm{d}V_{21}}{\mathrm{d}T} = \frac{\pi^2}{6e}\frac{E_{F_2}^0 - E_{F_1}^0}{E_{F_2}^0 E_{F_1}^0} \cdot k_B^2 T$$

代入银与铯的 E_F^0 值,则铯与银接触电势差随温度的变化率

$$\frac{\mathrm{d}V_{\text{Cs-Ag}}}{\mathrm{d}T} = \frac{\pi^2}{6e}\frac{(E_F^0)_{\text{Cs}} - (E_F^0)_{\text{Ag}}}{(E_F^0)_{\text{Cs}} \cdot (E_F^0)_{\text{Ag}}} \cdot k_B^2 \cdot T$$

$$= -\frac{(3.14)^2 \cdot (5.4 - 1.48) \times (8.615 \times 10^{-5})^2}{6 \times 5.4 \times 1.48} T$$

$$= -5.92 \times 10^{-9} \cdot T(\text{V/k}^2)$$

(5) 用银-铯组成的热电偶,其冷端插在冰中 0℃(273K),而热端置于扩散炉样品室热端温度为 1000℃(1273K),依照(1)式,求出冷端的接触电势差

$$V_{\text{Cs-Ag}}(T = 273\text{K}) = V_{\text{Cs-Ag}}^0 + \frac{\pi^2}{12e}\frac{(k_B \times 273)^2}{(E_F^0)_{\text{Ag}}(E_F^0)_{\text{Cs}}}[(E_F^0)_{\text{Cs}} - (E_F^0)_{\text{Ag}}]$$

热端接触电势差

$$V_{\text{Cs-Ag}}(T = 1273\text{K}) = V_{\text{Cs-Ag}}^0 + \frac{\pi^2}{12e}\frac{(k_B \times 1273)^2}{(E_F^0)_{\text{Ag}}(E_F^0)_{\text{Cs}}}[(E_F^0)_{\text{Cs}} - (E_F^0)_{\text{Ag}}]$$

于是银-铯温差电偶温差电动势为

$$\varepsilon = e[V_{\text{Cs-Ag}}(T = 1273\text{K}) - V_{\text{Cs-Ag}}(T = 273\text{K})]$$

$$= \frac{\pi^2}{12e}\frac{k_B^2}{(E_F^0)_{\text{Ag}} \cdot (E_F^0)_{\text{Cs}}} \cdot (1273^2 - 273^2)[(E_F^0)_{\text{Cs}} - (E_F^0)_{\text{Ag}}]$$

$$= \frac{(3.14)^2(1.48 - 5.4) \times (8.615 \times 10^{-5})^2}{12 \times 5.4 \times 1.48} \times (1273^2 - 273^2)$$

$$= -4.63 \times 10^{-3}(\text{V})$$

1.115 证明,热发射电子在离开金属表面后其垂直于金属表面的平均能量为k_BT,平行于金属表面的平均能量也是k_BT.

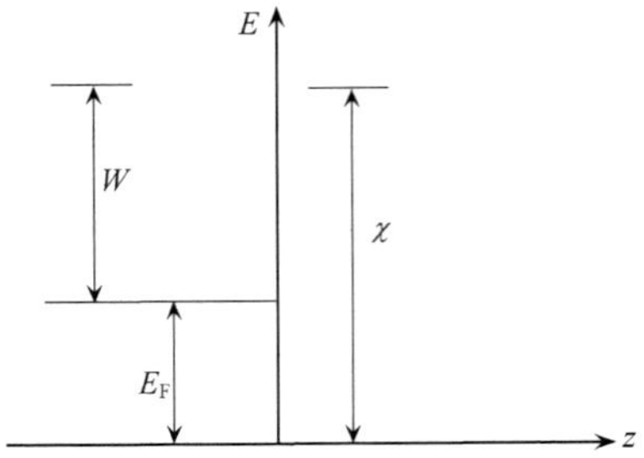

图 1.78

解 (1) 如图1.78,在垂直于金属表面方向(取为z坐标)的电子,其能量$E_\perp \geqslant \chi$才能热发射逸出金属表面(χ是金属电子势阱深度),故其最小动量应为$p_{z0}=\sqrt{2m\chi}$,在z方向上逸出的电子的平均能量

$$\overline{E_\perp}=\frac{\int E_\perp \,\mathrm{d}\nu}{N}$$

其中N为单位面积单位时间蒸发的电子数目$N=\frac{4\pi m(k_BT)^2}{h^3}\mathrm{e}^{-\frac{W}{k_BT}}$,$W$是金属功函数,$\mathrm{d}\nu$是在$v_z$—$v_z+\mathrm{d}v_z$速度区间内的电子,在单位时间逃出金属表面的电子数目

$$\mathrm{d}\nu=v_z\mathrm{d}n=v_z\cdot 2f\mathrm{d}\boldsymbol{k}=v_z\frac{2}{h^3}f\mathrm{d}p_x\mathrm{d}p_y\mathrm{d}p_z=\frac{2}{h^3}\cdot\frac{p_z}{m}\cdot f\mathrm{d}p_x\mathrm{d}p_y\mathrm{d}p_z$$

式中,利用$h\boldsymbol{k}=mv$关系. 又,$E_\perp=E-\frac{p_x^2+p_y^2}{2m}$,$\chi=W+E_F$,故

$$E-\frac{p_x^2+p_y^2}{2m}>W+E_F$$

即

$$E-E_F>W+\frac{p_x^2+p_y^2}{2m}$$

W一般为几个电子伏,室温下$k_BT\approx 0.026\text{eV}$,所以$E-E_F\gg k_BT$,故

$$f=\frac{1}{\mathrm{e}^{\frac{E-E_F}{k_BT}}+1}\approx \mathrm{e}^{-\frac{E-E_F}{k_BT}}$$

因此

$$\mathrm{d}\nu=\frac{2}{mh^3}p_z\mathrm{e}^{-\frac{E-E_F}{k_BT}}\mathrm{d}p_x\mathrm{d}p_y\mathrm{d}p_z$$

又$E_\perp=\frac{p_z^2}{2m}$,故

$$\int E_\perp \,\mathrm{d}\nu=\int\frac{p_z^2}{2m}\cdot\frac{2}{mh^3}p_z\mathrm{e}^{-\frac{E-E_F}{k_BT}}\mathrm{d}p_x\mathrm{d}p_y\mathrm{d}p_z=\frac{1}{m^2h^3}\int p_z^3\mathrm{e}^{\frac{E_F}{k_BT}}\mathrm{e}^{-\frac{E}{k_BT}}\mathrm{d}p_x\mathrm{d}p_y\mathrm{d}p_z$$

$$=\frac{1}{m^2h^3}\mathrm{e}^{\frac{E_F}{k_BT}}\int_{p_{z0}}^{\infty}p_z^3\mathrm{e}^{-\frac{p_z^2}{2mk_BT}}\mathrm{d}p_z\iint_{-\infty}^{\infty}\mathrm{e}^{-\frac{p_x^2+p_y^2}{2mk_BT}}\mathrm{d}p_x\mathrm{d}p_y$$

式中,$p_{z0}=\sqrt{2m\chi}$

$$\text{上式}=\frac{1}{2m^2h^3}\mathrm{e}^{\frac{E_F}{k_BT}}\int_{p_{z0}}^{\infty}p_z^2\mathrm{e}^{-\frac{p_z^2}{2mk_BT}}\mathrm{d}p_z^2\iint_{-\infty}^{\infty}\mathrm{e}^{-\frac{p_x^2+p_y^2}{2mk_BT}}\mathrm{d}p_x\mathrm{d}p_y$$

令

$$A=\int_{p_{z0}}^{\infty}p_z^2\mathrm{e}^{-\frac{p_z^2}{2mk_BT}}\mathrm{d}p_z^2,\quad B=\iint_{-\infty}^{\infty}\mathrm{e}^{-\frac{p_x^2+p_y^2}{2mk_BT}}\mathrm{d}p_x\mathrm{d}p_y$$

计算 A,设 $p_z^2=u$,利用积分公式 $\int u\mathrm{e}^{au}\,\mathrm{d}u=\frac{\mathrm{e}^{au}}{a^2}(au-1)$,其中 $a=-\frac{1}{2mk_\mathrm{B}T}$,则

$$A=(2mk_\mathrm{B}T)^2\mathrm{e}^{-\frac{\chi}{k_\mathrm{B}T}}\left(\frac{\chi}{k_\mathrm{B}T}+1\right)$$

计算 B,

$$B=\int_{-\infty}^{\infty}\mathrm{e}^{-\frac{p_x^2}{2mk_\mathrm{B}T}}\mathrm{d}p_x\int_{-\infty}^{\infty}\mathrm{e}^{-\frac{p_y^2}{2mk_\mathrm{B}T}}\mathrm{d}p_y$$

利用积分公式 $\int_{-\infty}^{\infty}\mathrm{e}^{-au^2}\,\mathrm{d}u=\sqrt{\frac{\pi}{a}}$ 求得

$$B=2m\pi k_\mathrm{B}T$$

故

$$\int E_\perp\,\mathrm{d}\boldsymbol{v}=\frac{1}{m^2h^3}\mathrm{e}^{\frac{E_\mathrm{F}}{k_\mathrm{B}T}}\cdot(2mk_\mathrm{B}T)^2\mathrm{e}^{-\frac{\chi}{k_\mathrm{B}T}}\left(\frac{\chi}{k_\mathrm{B}T}+1\right)\cdot 2m\pi k_\mathrm{B}T$$

$$=\frac{4\pi m(k_\mathrm{B}T)^3}{h^3}\left(1+\frac{\chi}{k_\mathrm{B}T}\right)\mathrm{e}^{-\frac{W}{k_\mathrm{B}T}}$$

于是

$$\overline{E_\perp}=\frac{\int E_\perp\,\mathrm{d}v}{N}=\frac{\frac{4\pi m(k_\mathrm{B}T)^3}{h^3}\left(1+\frac{\chi}{k_\mathrm{B}T}\right)\mathrm{e}^{-\frac{W}{k_\mathrm{B}T}}}{\frac{4\pi m(k_\mathrm{B}T)^2}{h^3}\mathrm{e}^{-\frac{W}{k_\mathrm{B}T}}}$$

$$=k_\mathrm{B}T\left(1+\frac{\chi}{k_\mathrm{B}T}\right)=\chi+k_\mathrm{B}T$$

如图所示,χ 是金属导带底一个电子离开金属必须做的功,因此脱离金属的电子在垂直于金属表面的运动平均动能为

$$\overline{E_\perp}=k_\mathrm{B}T$$

(2) $\overline{E_{/\!/}}=\frac{\int E_{/\!/}\mathrm{d}v}{N}$

其中

$$E_{/\!/}=\frac{p_x^2+p_y^2}{2m},\quad N=\frac{4\pi m(k_\mathrm{B}T)^2}{h^3}\mathrm{e}^{-\frac{W}{k_\mathrm{B}T}}$$

$$\int E_{/\!/}\,\mathrm{d}v=\int\frac{p_x^2+p_y^2}{2m}\cdot\frac{2}{h^3}\cdot\frac{p_z}{m}\,\frac{1}{\mathrm{e}^{\frac{E-E_\mathrm{F}}{k_\mathrm{B}T}}}\mathrm{d}p_x\mathrm{d}p_y\mathrm{d}p_z$$

$$=\frac{1}{m^2h^3}\int p_z(p_x^2+p_y^2)\cdot\frac{1}{\mathrm{e}^{\frac{E-E_\mathrm{F}}{k_\mathrm{B}T}}}\mathrm{d}p_x\mathrm{d}p_y\mathrm{d}p_z$$

$$=\frac{1}{m^2h^3}\int p_z(p_x^2+p_y^2)\cdot\mathrm{e}^{\frac{E_\mathrm{F}}{k_\mathrm{B}T}}\mathrm{e}^{-\frac{E}{k_\mathrm{B}T}}\mathrm{d}p_x\mathrm{d}p_y\mathrm{d}p_z$$

$$=\frac{\mathrm{e}^{\frac{E_\mathrm{F}}{k_\mathrm{B}T}}}{m^2h^3}\,\frac{1}{2}\int_{p_{z0}^2}^{\infty}\mathrm{e}^{-\frac{p_z^2}{2mk_\mathrm{B}T}}\mathrm{d}p_z^2\cdot\left[\iint_{-\infty}^{\infty}p_x^2\mathrm{e}^{-\frac{p_x^2+p_y^2}{2mk_\mathrm{B}T}}\mathrm{d}p_x\mathrm{d}p_y+\iint_{-\infty}^{\infty}p_y^2\mathrm{e}^{-\frac{p_x^2+p_y^2}{2mk_\mathrm{B}T}}\mathrm{d}p_x\mathrm{d}p_y\right]$$

$$=\frac{e^{\frac{E_F}{k_BT}}}{m^2h^3}\frac{1}{2}\int_{p_{z0}^2}^{\infty}e^{-\frac{p_z^2}{2mk_BT}}dp_z^2\cdot(A+B)$$

其中

$$A=\iint_{-\infty}^{\infty}p_x^2e^{-\frac{p_x^2+p_y^2}{2mk_BT}}dp_xdp_y,\quad B=\iint_{-\infty}^{\infty}p_y^2e^{-\frac{p_x^2+p_y^2}{2mk_BT}}dp_xdp_y$$

利用积分公式

$$\int e^{au}du=\frac{e^{au}}{a}$$

求得

$$\int_{p_{z0}^2}^{\infty}e^{-\frac{p_z^2}{2mk_BT}}dp_z^2=2mk_BTe^{-\frac{2m\chi}{2mk_BT}}$$

同时

$$A=\int_{-\infty}^{\infty}p_x^2e^{-\frac{p_x^2}{2mk_BT}}dp_x\cdot\int_{-\infty}^{\infty}e^{-\frac{p_y^2}{2mk_BT}}dp_y$$

利用积分公式

$$\int_{-\infty}^{\infty}u^2e^{-au^2}du=\frac{1}{2a}\sqrt{\frac{\pi}{a}}$$

和

$$\int_{-\infty}^{\infty}e^{-au^2}du=\sqrt{\frac{\pi}{a}}$$

求得

$$A=\frac{1}{2a}\sqrt{\frac{\pi}{a}}\cdot\sqrt{\frac{\pi}{a}}=\frac{\pi}{2a^2}=2\pi(mk_BT)^2$$

同理

$$B=2\pi(mk_BT)^2$$

故

$$\int E_{/\!/}\,dv=\frac{e^{\frac{E_F}{k_BT}}}{m^2h^3}\cdot\frac{1}{2}\cdot2mk_BT\cdot e^{-\frac{2m\chi}{2mk_BT}}4\pi(mk_BT)^2=\frac{4\pi m(k_BT)^3}{h^3}e^{-\frac{W}{k_BT}}$$

于是由

$$\overline{E_{/\!/}}=\frac{\int E_{/\!/}\,d\nu}{N}=k_BT$$

所以热发射电子平行于表面的平均动能为(k_BT).

1.116　在金属的自由电子模型中,假定传导电子可近似的看作是自由电子气,其中最重要的参数是电子数密度 n 及两次碰撞之间的时间τ. 试导出金属电导率的表示式

$$\sigma=\frac{ne^2\tau}{m}$$

估计铜中电子的弛豫时间τ. 铜的电阻率为$1.7\times10^{-6}\,\Omega\cdot\mathrm{cm}$,铜的原子密度为$8.5\times10^{22}\,\mathrm{cm}^{-3}$.

解 对于自由电子,动量$\boldsymbol{p}$和波矢$\boldsymbol{k}$的关系为

$$\boldsymbol{p}=\hbar\boldsymbol{k}$$

在外力$\boldsymbol{F}$作用下的运动方程为

$$\boldsymbol{F}=\frac{\mathrm{d}\boldsymbol{p}}{\mathrm{d}t}=\hbar\frac{\mathrm{d}\boldsymbol{k}}{\mathrm{d}t}$$

即由于外力作用,所有电子的$\boldsymbol{k}$值在平行于力$\boldsymbol{F}$的方向上由所增加. 但是,电子又通过碰撞回复到他们原来的状态而达到平衡态,如果碰撞的弛豫时间为τ,则波矢$\boldsymbol{k}$的平衡位移$\delta\boldsymbol{k}$为

$$\delta\boldsymbol{k}=\frac{\tau}{\hbar}\boldsymbol{F}$$

相应地,速度变化为

$$\delta\boldsymbol{v}=\frac{\delta\boldsymbol{P}}{m}=\frac{\hbar}{m}\delta\boldsymbol{k}=\frac{\tau}{m}\boldsymbol{F}$$

若外加电场为$\boldsymbol{\varepsilon}$,则作用在每个电子上的力为

$$\boldsymbol{F}=-e\boldsymbol{\varepsilon}$$

由此引起的电流密度为

$$\boldsymbol{j}=-ne\delta\boldsymbol{v}=\frac{ne^2\tau}{m}\boldsymbol{\varepsilon}=\sigma\boldsymbol{\varepsilon}$$

由此得电导率σ为

$$\sigma=\frac{ne^2\tau}{m}$$

对于铜,若认为每个原子贡献一个导电电子,因此,

$$n=8.5\times10^{22}\,\mathrm{cm}^{-3}$$

由此得铜电子弛豫时间

$$\tau=\frac{m\sigma}{ne^2}=\frac{m}{ne^2\rho}=\frac{9.11\times10^{-31}}{8.5\times10^{22}\times(1.6\times10^{-19})^2\times1.7\times10^{-8}}=2.5\times10^{-14}(\mathrm{s})$$

1.117 铜的密度为$8.9\times10^3\,\mathrm{kg/m^3}$,电阻率为$1.56\times10^{-8}\,\Omega\cdot\mathrm{m}$,原子量为63.5. 假设一个铜原子放出一个价电子. 求绝对零度下的费米能E_F^0. 若外加1.0伏/cm直流电场,求电子平均漂移速度,迁移率u和平均自由时间.

解 铜中自由电子浓度

$$n=\frac{8.9}{63.5}\times6.02\times10^{23}=8.4\times10^{22}(\mathrm{cm}^{-3})$$

(1) 费米能

$$E_F^0=\frac{\hbar}{2m}(3\pi^2n)^{\frac{2}{3}}=\frac{(1.055\times10^{-34})^2}{2\times9.1\times10^{-35}}\times(3\pi^2\times8.4\times10^{22})^{\frac{2}{3}}$$

$$=1.12\times10^{-18}(\mathrm{J})=\frac{1.12\times10^{-18}}{1.6\times10^{-19}}=7.01(\mathrm{eV})$$

(2) 平均自由时间

$$\sigma = \frac{1}{\rho} = \frac{1}{1.56 \times 10^{-8} \times 10^{2}} = \frac{ne^{2}\tau}{m}$$

所以

$$\tau = \frac{1}{1.56 \times 10^{-8} \times 10^{2}} \times \frac{2 \times 9.1 \times 10^{-35}}{8.4 \times 10^{22} \times (1.6 \times 10^{-19})^{2}} = 5.43 \times 10^{-14}(\mathrm{s})$$

(3) 迁移率. 由电导率公式

$$\sigma = ne\mu$$

所以

$$\mu = \frac{\sigma}{ne} = \frac{1}{1.56 \times 10^{-6}} \times \frac{1}{8.4 \times 10^{22} \times 1.6 \times 10^{-19}} = 47.7(\mathrm{cm^2/s})$$

(4) 平均漂移速度

$$\bar{v}_d = \mu\varepsilon = 47.7 \times 1 = 47.7(\mathrm{cm/s})$$

1.118 设有两块纯金属,它们的价电子能带的色散关系可由下式给出:

$$\text{金属 I}: \quad E(\boldsymbol{k}) = Ak^{2}, \qquad \text{金属 II}: \quad E(\boldsymbol{k}) = Bk^{2}$$

已知 $A>B$,并且它们具有相同的费米能级.

(1) 试问它们的费米速度哪一个大?

(2) 在弛豫时间相等的情况下,试问此两块金属的电导率哪一块比较大?

解 (1) 设相同费米能级为 E_{F},它们的费米球半径

金属 I $\qquad k_{\mathrm{F}}^{2} = \left(\frac{E_{\mathrm{F}}}{A}\right)^{\frac{1}{2}}$

金属 II $\qquad k_{\mathrm{F}}^{2} = \left(\frac{E_{\mathrm{F}}}{B}\right)^{\frac{1}{2}}$

故费米速度

$$v_{\mathrm{F}}^{\mathrm{I}} = \frac{1}{\hbar} \mid \nabla E(k) \mid_{k=k_{\mathrm{F}}} = \frac{2A}{\hbar} k_{\mathrm{F}}^{\mathrm{I}} = \frac{2\sqrt{A}}{\hbar}\sqrt{E_{\mathrm{F}}}$$

$$v_{\mathrm{F}}^{\mathrm{II}} = \frac{2\sqrt{B}}{\hbar}\sqrt{E_{\mathrm{F}}}$$

因 $A>B$,故 $v_{\mathrm{F}}^{\mathrm{I}} > v_{\mathrm{F}}^{\mathrm{II}}$.

(2) 由电子色散关系,可得它们有效质量

金属 I $\qquad m_{\mathrm{I}}^{*} = \left(\frac{1}{\hbar^{2}}\frac{\mathrm{d}^{2}E}{\mathrm{d}k^{2}}\right)^{-1} = \frac{\hbar^{2}}{2A}$

金属 II $\qquad m_{\mathrm{II}}^{*} = \frac{\hbar^{2}}{2B}$

它们的电子浓度即为费米球内的状态数,即

金属 I $\qquad n_{\mathrm{I}} = \frac{2}{(2\pi)^{3}} \cdot \frac{4\pi}{3}(k_{\mathrm{F}}^{\mathrm{I}})^{3} = \frac{1}{3\pi^{2}}\left(\frac{E_{\mathrm{F}}}{A}\right)^{\frac{3}{2}}$

金属 II $\qquad n_{\mathrm{II}} = \frac{1}{3\pi^{2}}\left(\frac{E_{\mathrm{F}}}{B}\right)^{\frac{3}{2}}$

根据金属电导理论，金属电导率 $\sigma=\dfrac{ne^2\tau}{m^*}$，因此它们的电导率

金属 Ⅰ　　$\sigma_{\text{I}} = \dfrac{2e^2\tau}{3\pi^2}\dfrac{E_F^{\frac{3}{2}}}{\hbar^2}\dfrac{1}{\sqrt{A}}$

金属 Ⅱ　　$\sigma_{\text{II}} = \dfrac{2e^2\tau}{3\pi^2}\dfrac{E_F^{\frac{3}{2}}}{\hbar^2}\dfrac{1}{\sqrt{B}}$

因为 $A>B$，所以 $\sigma_{\text{I}}<\sigma_{\text{II}}$.

1.119　一固体（$ErRnB_4$，掺杂，但并未有意损伤）的电阻率与温度的关系如图 1.79 所示.

（1）从图中看，该固体是金属还是绝缘体？

（2）描述产生电阻的主要物理过程，并解释在以下三个区内电阻率与温度的关系.

（a）$T\sim 0\text{K}$；

（b）$T\sim 25\text{K}$；

（c）$T\sim 300\text{K}$；

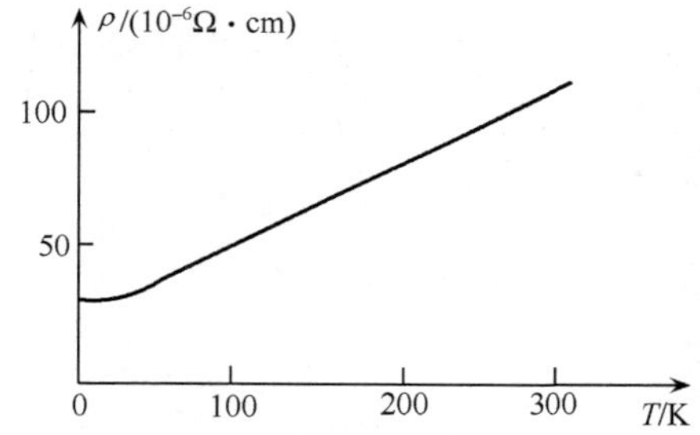

图 1.79

（3）估计 $T=0\text{K}$ 时和 $T=300\text{K}$ 时的电子平均自由程和平均自由时间. 此材料是好金属吗？（已知：$n=10^{23}\text{cm}^{-3}$，$e=5\times10^{-10}$esu（静电单位），$v_F=10^8\text{cm/s}$，$m_e=10^{-27}\text{g}$）

解　（1）由图看出，此种材料的电阻率随温度的增大而增大，而且在 $T=300\text{K}$，电阻率较小（$\rho\approx10^{-4}\Omega\cdot\text{cm}$），因此此材料是金属.

（2）电子在输运过程中，由于晶格振动及晶体中的杂质、缺陷等导致严格周期势场的偏离，使电子遭到散射，因而产生电阻，故金属的电阻率可写为

$$\rho = \rho_{\text{声子}} + \rho_{\text{杂质}}$$

（a）$T=0\text{K}$ 时，金属电阻主要决定于 $\rho_{\text{杂质}}$，即所谓“剩余”电阻，它与温度无关，故此时，$\rho=\rho_{\text{杂质}}=$常数，由图中查出，$\rho\approx27\times10^{-6}\Omega\cdot\text{cm}$.

（b）$T=25\text{K}$ 时，仍存在杂质散射，但主要是格波对电子散射导致的电阻. 由于低温下，只有长波声子可被激发，而长声学波声子的动量和能量都很小，沿电场方向的电子动量改变很小，因而散射角较小，如图 1.80 所示.

沿电场方向电子动量改变为

$$\hbar k_F(1-\cos\theta) \approx \hbar k_F\cdot\frac{\theta^2}{2}$$

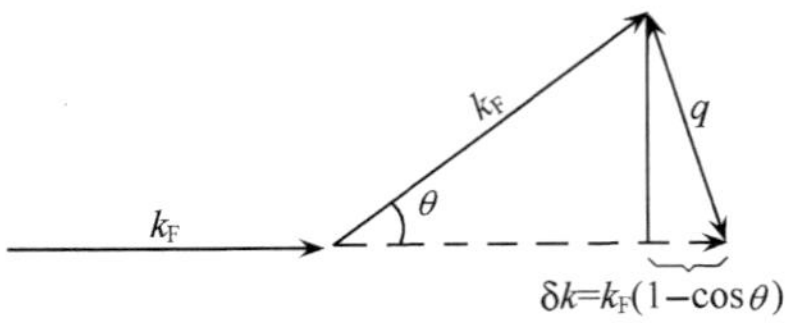

图 1.80

即每碰撞一次动量减少为原来动量的$\frac{\theta^2}{2}$倍，要使沿电场方向的动量消失，需碰撞$\frac{2}{\theta^2}$次，又由图 1.80 可知，$\theta=\frac{q}{k_F}$，因此电子需碰撞$\frac{2k_F^2}{q^2}$次才能算作一次有效散射，有效散射数$p\approx 2\left(\frac{k_F}{q}\right)^2$.

温度 T 时能激发的声子的能量$\hbar\omega\leqslant k_B T$，在德拜模型下，

$$\hbar\omega = \hbar v_p q \leqslant k_B T$$

即

$$q \leqslant \frac{k_B}{\hbar v_p} T$$

因此在低温下，有效散射数

$$p \approx 2\left(\frac{k_F}{q}\right)^2 \propto \frac{1}{T^2}$$

另一方面散射概率的大小还应该取决于声子浓度 n_s，按德拜理论

$$n_s = \int_0^{\omega_D} \frac{B\omega^2}{e^{\hbar\omega/k_B T}-1}d\omega \propto \frac{1}{x^3}\int_0^x \frac{y^2 dy}{e^y - 1}$$

其中，$x=\frac{\Theta_D}{T}$，当 $T\ll\Theta_D$ 时，$x\to\infty$，所以

$$n_s \propto \frac{1}{x^3} \propto T^3$$

电子有效散射概率

$$\frac{1}{\tau} \propto \frac{\text{声子浓度}}{\text{有效碰撞数}} \propto \frac{n_s}{p} \propto T^5$$

因此电阻率

$$\rho \propto \frac{1}{\tau} \propto T^5$$

(c) $T\approx 300\text{K}$，$T\gg\Theta_D$，按德拜理论

$$n_s \propto \frac{1}{x^3}\int_0^x \frac{y^2 dy}{e^y - 1} \propto T$$

高温下，因为散射角 θ 比较大，每次碰撞基本上都使沿电场方向上的电子波矢减为零，所以有效散射数为

$$p \approx 1$$

所以电子散射概率为

$$\frac{1}{\tau} \propto n_s \propto T$$

故

$$\rho \propto \frac{1}{\tau} \propto T$$

(3) 电子遭两次碰撞之间经历时间即平均自由时间，它与电导率关系为

$$\sigma = \frac{ne^2\tau}{m}$$

即

$$\tau = \frac{m}{ne^2\rho}$$

其中 n 是电子浓度，金属电阻率 $\rho=\frac{1}{\sigma}$，相应平均自由程

$$l = v_F\tau$$

(a) $T=0K$ 时，由图 1.79 查得 $\rho\approx27\times10^{-6}\Omega\cdot cm$，将 $n=10^{23}cm^{-3}$，$e=5\times10^{-10}$ esu，$v_F=10^8cm/s$，$m_e=10^{-27}g$ 代入可得

$$\tau = 1.5\times10^{-13}s,\quad l = 1.5\times10^{-5}cm$$

(b) $T=300K$ 时，由图 1.79 查得 $\rho\approx120\times10^{-6}\Omega\cdot cm$，将适当数据代入后，可得

$$\tau\approx4.5\times10^{-16}s,\quad l = 1.5\times10^{-8}cm = 4.5Å$$

由于好的金属室温时平均自由程可达几十埃甚至几百埃，而此种材料的室温平均自由程较小，故它并不是好金属.

1.120 铜(Cu)锗(Ge)和氯化钠(NaCl)的电阻率随温度的变化曲线如图 1.81. 它们描述"实际"的高纯样品，纯度大于 99.99%，但不是 100%. 分别概述每种导电的基本过程并解释图示的温度依赖关系.(注意，三个图的坐标单位是不同的.)

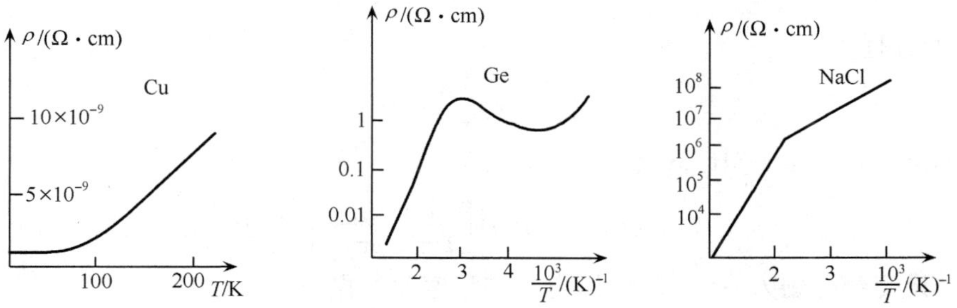

图 1.81

解 (1) Cu 是金属，其电阻率温度—曲线显示为：$T=0K$ 时，有小的恒定电阻值；$T\leqslant\Theta_D$时，$\rho\propto T^5$；$T\gg\Theta_D$ 时 $\rho\propto T$.

这是因为金属的电阻率 ρ 和散射概率 P 之间存在着关系

$$\rho = \frac{m^*}{ne^2}P$$

其中，m 是电子质量，$P=P_{声子}+P_{杂质}$.

(a) $T\approx0K$

由于 $P_{声子}\to0$，所以，ρ 由 $P_{杂质}$决定，故 ρ 与温度无关，是最小的恒定值.

(b) $T\ll\Theta_D$，Θ_D 是铜的德拜温度.

在低温下，ρ 主要由 $P_{声子}$决定，而此时

$$P_{声子}\propto\frac{声子浓度}{有效碰撞数}\propto\frac{T^3}{T^{-2}} = T^5$$

所以，ρ 与 T^5 成正比.

(c) $T>\Theta_D$

ρ 由 $P_{声子}$ 决定，而在高温时

$$P_{声子} \propto 声子浓度 \propto T$$

所以，ρ 与 T 成比例.

(2) Ge 是半导体，曲线显示为：低温段，ρ 随温度升高而减小；中温段，ρ 随温度升高而增大；高温段，ρ 随温度升高而急剧下降. 这是因为：

(a) 低温段，由于低温下杂质激发占主导地位，随着温度的升高杂质激发的载流子数目增加，因而 ρ 随 T 升高而减小；

(b) 中温段，由于在此温度范围，杂质全部电离，载流子数目不变，而此时由于晶格散射随温度升高而增加，导致迁移率下降，故 ρ 随温度的升高而增大；

(c) 高温段，由于高温下本征激发开始，载流子浓度将随温度的升高而急增，故 ρ 随温度的升高而急剧下降.

(3) NaCl 是离子晶体，半对数 ρ-T 曲线显示为在高、低温区为斜率不同的直线.

这是因为在离子晶体中主要是由空位导电，而空位数$\propto e^{-u_0/k_BT}$，式中 u_0 为激活能，而在低温时，主要是杂质空位导电，高温时，则是由热运动所产生的空位导电. 由于两者的激活能不同，因而，曲线显示为斜率不同的直线.

1.121　若金属中电子的碰撞阻力可写成$\left(-\dfrac{mv_d}{\tau}\right)$，$\tau$ 为平均自由时间，则电子漂移速度 v_d 的方程为

$$m\left(\frac{dv_d}{dt}+\frac{v_d}{\tau}\right)=-e\varepsilon$$

证明在外电场 $\varepsilon=\varepsilon_0 e^{-i\omega t}$ 中，金属的电导率为

$$\sigma(\omega)=\sigma(0)\left[\frac{1+i\omega\tau}{1+(\omega\tau)^2}\right]$$

解　设交变电场为 $\varepsilon=\varepsilon_0 e^{-i\omega t}$，则电子漂移速度方程为

$$m\left(\frac{dv_d}{dt}+\frac{v_d}{\tau}\right)=-e\varepsilon_0 e^{-i\omega t}$$

或

$$\frac{dv_d}{dt}+\frac{v_d}{\tau}=-\frac{e\varepsilon_0}{m}e^{-i\omega t} \tag{1}$$

齐次方程$\dfrac{dv_d}{dt}+\dfrac{v_d}{\tau}=0$ 的通解为

$$v_d=Ae^{-\frac{t}{\tau}}$$

设非其次方程的特解为 $v_d=Be^{-i\omega t}$，代入方程(1)，有

$$-i\omega Be^{-i\omega t}+\frac{B}{\tau}e^{-i\omega t}=-\frac{e\varepsilon_0}{m}e^{-i\omega t}$$

得到特解得待定系数 B 为

$$B=-\frac{e\varepsilon_0}{m}\cdot\frac{\tau}{1-i\omega\tau}$$

故方程(1)的通解为

$$v_{\mathrm{d}}=A\mathrm{e}^{-\frac{t}{\tau}}-\frac{e\varepsilon_0\tau}{m}\frac{\mathrm{e}^{-\mathrm{i}\omega t}}{1-\mathrm{i}\omega\tau}$$

上式第一项随时间的增大迅速衰减,稳定时第一项为零,故

$$v_{\mathrm{d}}=-\frac{e\varepsilon_0\tau}{m}\frac{\mathrm{e}^{-\mathrm{i}\omega t}}{1-\mathrm{i}\omega\tau}$$

设金属中电子浓度为 n,在电场作用下,流过金属的电流密度

$$j=-nev_{\mathrm{d}}=ne\cdot\frac{e\tau\varepsilon_0}{m}\cdot\frac{\mathrm{e}^{-\mathrm{i}\omega t}}{1-\mathrm{i}\omega\tau}=\frac{ne^2\tau}{m}\frac{1}{1-\mathrm{i}\omega\tau}\varepsilon\propto\varepsilon$$

所以金属电导率

$$\sigma=\frac{ne^2\tau}{m}\frac{1}{1-\mathrm{i}\omega\tau}=\sigma(0)\frac{1+\mathrm{i}\omega\tau}{1+(\omega\tau)^2}$$

式中,$\sigma(0)=\dfrac{ne^2\tau}{m}$.

1.122 一块 $\mu=1$ 的金属置于均匀静磁场 $\boldsymbol{B}=B_0\boldsymbol{Z}$ 中,导电电子可以看作散射时间为 τ,数密度为 n 的自由电子气.

(1) 导出这块金属电阻率张量的表达式;

(2) 利用(1)的结果,导出沿 $\boldsymbol{Z}$ 方向传播的波的低频色散关系.相对于回旋频率 ω_0,可忽略 $1/\tau$ 和ω.(导出电流密度 $\boldsymbol{j}$ 的波动方程.)

解 (1) 电子的运动方程为

$$m\frac{\mathrm{d}\boldsymbol{v}}{\mathrm{d}t}=-e\boldsymbol{E}-e\boldsymbol{v}\times\boldsymbol{B}-m\frac{\boldsymbol{v}}{\tau}$$

而 $\boldsymbol{j}=-ne\boldsymbol{v}$,故

$$-\frac{m}{ne}\frac{\mathrm{d}\boldsymbol{j}}{\mathrm{d}t}=-e\boldsymbol{E}-\frac{1}{n}\boldsymbol{B}\times\boldsymbol{j}+\frac{m}{\tau}\frac{\boldsymbol{j}}{ne}$$

若$\dfrac{\mathrm{d}\boldsymbol{j}}{\mathrm{d}t}=-\mathrm{i}\omega\boldsymbol{j}$,则

$$\boldsymbol{E}=\left(\frac{m}{ne^2\tau}-\mathrm{i}\frac{m\omega}{ne^2}\right)\boldsymbol{j}-\frac{1}{ne}\boldsymbol{B}\times\boldsymbol{j}$$

令 $\boldsymbol{E}=\overleftrightarrow{\rho}\cdot\boldsymbol{j}$,则 $\overleftrightarrow{\rho}$ 就是电阻率张量,所以

$$\overleftrightarrow{\rho}=\begin{pmatrix}\dfrac{m}{ne^2}\left(\dfrac{1}{\tau}-\mathrm{i}\omega\right) & \dfrac{B_0}{ne} & 0\\ -\dfrac{B_0}{ne} & \dfrac{m}{ne^2}\left(\dfrac{1}{\tau}-\mathrm{i}\omega\right) & 0\\ 0 & 0 & \dfrac{m}{ne^2}\left(\dfrac{1}{\tau}-\mathrm{i}\omega\right)\end{pmatrix}$$

(2) 设有 $\boldsymbol{Z}$ 方向传播的电磁波 $\boldsymbol{E}=\boldsymbol{E}_0\mathrm{e}^{\mathrm{i}(kz-\omega t)}$,则有$\dfrac{\mathrm{d}}{\mathrm{d}t}=-\mathrm{i}\omega$,且回旋频率 $\omega_0=\dfrac{eB_0}{m}$.

由麦克斯韦方程组得到

$$\frac{\partial^2\boldsymbol{D}}{\partial t^2}+\varepsilon_0c^2\nabla\times(\nabla\times\boldsymbol{E})=0$$

其中，$\nabla=\mathrm{i}\boldsymbol{k}$，$\dfrac{\partial}{\partial t}=-\mathrm{i}\omega$，故

$$\omega^2\boldsymbol{D}=\varepsilon_0 c^2k^2\boldsymbol{E}-\varepsilon_0 c^2\boldsymbol{k}(\boldsymbol{k}\cdot\boldsymbol{E}) \tag{1}$$

因为$\nabla\cdot\boldsymbol{D}=0$，所以$\boldsymbol{K}\cdot\boldsymbol{D}=0$. 又

$$\boldsymbol{j}=-ne\boldsymbol{v}=\frac{\partial\boldsymbol{P}}{\partial t}=-\mathrm{i}\omega\boldsymbol{P}$$

$$\boldsymbol{D}=\varepsilon_0\boldsymbol{E}+\boldsymbol{P}$$

把这些关系代入(1)式后

$$\boldsymbol{E}=\frac{1}{\varepsilon_0\chi}\begin{pmatrix}1&0&0\\0&1&0\\0&0&-\chi\end{pmatrix}\begin{pmatrix}P_x\\P_y\\P_z\end{pmatrix}=\overleftrightarrow{S}\cdot\boldsymbol{P}=\overleftrightarrow{T}\cdot\boldsymbol{j}$$

其中，$\overleftrightarrow{T}=\dfrac{\mathrm{i}}{\omega}\overleftrightarrow{S}$，$\chi=\dfrac{c^2k^2}{\omega^2}-1$.

由$\boldsymbol{E}=\overleftrightarrow{\rho}\cdot\boldsymbol{j}$和$\boldsymbol{E}=\overleftrightarrow{T}\cdot\boldsymbol{j}$得

$$(\overleftrightarrow{\rho}-\overleftrightarrow{T})\cdot\boldsymbol{j}=0$$

非零解的条件为

$$|\overleftrightarrow{\rho}-\overleftrightarrow{T}|=0$$

即

$$\left\{\left[\frac{m}{ne^2}\left(\frac{1}{\tau}-\mathrm{i}\omega\right)-\frac{\mathrm{i}}{\varepsilon_0\chi\omega}\right]^2+\left(\frac{B_0}{ne}\right)^2\right\}\cdot\left[\frac{m}{ne}\left(\frac{1}{\tau}-\mathrm{i}\omega\right)+\frac{\mathrm{i}}{\varepsilon_0\omega}\right]=0$$

通常$\dfrac{m}{ne^2}\left(\dfrac{1}{\tau}-\mathrm{i}\omega\right)+\dfrac{\mathrm{i}}{\varepsilon_0\omega}\neq0$，所以沿$z$方向传播的平面波的色散关系分为两支

$$\left[\frac{m}{ne^2}\left(\frac{1}{\tau}-\mathrm{i}\omega\right)-\frac{\mathrm{i}}{\varepsilon_0\chi_\pm\omega}\right]^2+\left(\frac{B_0}{ne}\right)^2=0$$

利用$\omega_{\mathrm{p}}^2=\dfrac{ne^2}{m}$和$\omega_0=\dfrac{eB_0}{m}$，上式变为

$$\left[\frac{1}{\omega_{\mathrm{p}}^2}\left(\frac{1}{\tau}-\mathrm{i}\omega\right)-\frac{\mathrm{i}}{\omega\chi_\pm}\right]^2+\left(\frac{\omega_0}{\omega_{\mathrm{p}}^2}\right)^2=0$$

由题给条件：相对于ω_0，可忽略$\dfrac{1}{\tau}$和ω，则有

$$-\frac{\mathrm{i}}{\omega\chi_\pm}=\pm\frac{\mathrm{i}\omega_0}{\omega_{\mathrm{p}}^2}$$

在低频下色散关系为$\omega\chi_\pm=\pm\dfrac{\omega_{\mathrm{p}}^2}{\omega_0}$，即

$$\frac{c^2k^2}{\omega^2}=1\mp\frac{\omega_{\mathrm{p}}^2}{\omega\omega_0}$$

1.123　固体介电常数的特鲁德-洛伦兹公式为

$$\varepsilon(\omega)=1+\frac{\omega_{\mathrm{p}}^2}{(\omega_0^2-\omega^2)-\mathrm{i}\omega\tau^{-1}}$$

其中，ω_{p}是等离子体频率，ω_0是相应于带间跃迁能隙的频率，τ是电子散射时间.

(1) 室温下,铜中 $\tau=10^{-14}$s,估计 ω_p 和 ω_0 的数量级,你可以利用铜特有的"颜色"决定 ω,画出 $\varepsilon(\omega)$的实部和虚部,将它们看作 ω(以 eV 为单位)的函数;

(2) 在室温下,计算铜的负电导率 $\sigma(\omega)$;

(3) 在绝对零度下,完全纯净无缺陷的铜的负电导率 $\sigma(\omega)$是什么?

解 (1) 铜中自由电子浓度 $n=8.4\times10^{22}\text{cm}^{-3}=8.4\times10^{28}\text{m}^{-3}$,对于自由电子气,$\frac{e^2}{\varepsilon_0 m}=3\times10^3\text{m}^2\cdot\text{s}^{-2}$,故等离子体振荡频率

$$\omega_p=\sqrt{\frac{ne^2}{\varepsilon_0 m}}=\sqrt{3\times10^3\times8.4\times10^{28}}=1.6\times10^{16}(\text{s}^{-1})$$

故

$$\hbar\omega_p=\frac{1.055\times10^{-34}}{1.6\times10^{-19}}\times1.6\times10^{16}\approx10(\text{eV})$$

又根据铜的颜色为紫红色,相应于可见光谱中的能量,3.1eV(紫)>1.8eV(红).铜在 ω_0 处发生吸收

$$\hbar\omega_0\approx2\text{eV}$$

室温下,$\tau=10^{-14}$s,由固体介电常数的特鲁德-洛伦兹公式,推得其实部与虚部分别为

$$\text{Re}(\omega)=1+\frac{\omega_p^2(\omega_0^2-\omega^2)}{(\omega_0^2-\omega^2)^2+\omega^2\tau^{-2}}\approx1+\frac{10^2(4-\omega^2)}{(4-\omega^2)^2+\omega^2\cdot10^{-2}}$$

$$\text{Im}(\omega)=1+\frac{\omega_p^2\omega\tau^{-1}}{(\omega_0^2-\omega^2)^2+\omega^2\tau^{-2}}\approx\frac{20}{(4-\omega^2)^2+\omega^2\cdot10^{-2}}$$

作图如图 1.82.

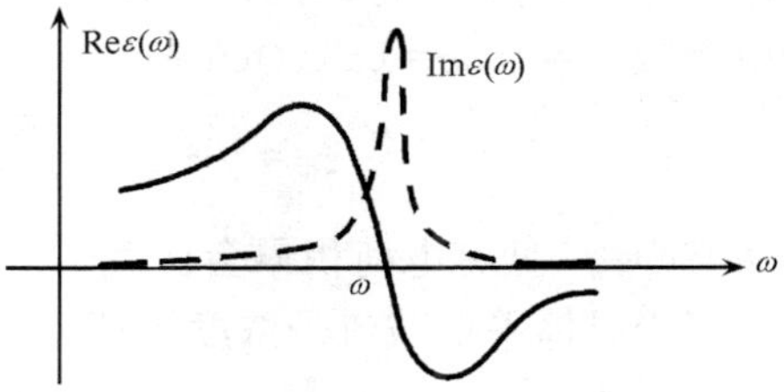

图 1.82

(2) 应用欧姆定律 $\boldsymbol{J}=\sigma\boldsymbol{E}$ 和极化电流密度表达式 $\boldsymbol{J}=\frac{\partial\boldsymbol{P}}{\partial t}=-\text{i}\omega\boldsymbol{P}$,得到极化率

$$\chi=\frac{\boldsymbol{P}}{\varepsilon_0\boldsymbol{E}}=\frac{\text{i}\sigma}{\varepsilon_0\omega}$$

有

$$\boldsymbol{D}=\varepsilon\boldsymbol{E}=\varepsilon_0\boldsymbol{E}+\boldsymbol{P}$$

得出铜的复介电常数

$$\varepsilon(\omega)=1+\chi=1+\frac{\text{i}\sigma(\omega)}{\varepsilon_0\omega}$$

代入特鲁德-洛伦兹公式

$$\frac{\text{i}\sigma(\omega)}{\varepsilon_0\omega}=\frac{\omega_p^2}{(\omega_0^2-\omega^2)^2-\text{i}\omega\tau^{-1}}$$

即

$$\sigma(\omega)=-\frac{\text{i}\omega\varepsilon_0\omega_p^2}{(\omega_0^2-\omega^2)^2-\text{i}\omega\tau^{-1}}=\frac{\varepsilon_0\omega\omega_p^2[\omega\tau^{-1}-\text{i}(\omega_0^2-\omega^2)]}{(\omega_0^2-\omega^2)^2+\omega^2\tau^{-2}}$$

(3) 在绝对零度下,$\tau\to\infty$,则复电导率为

$$\sigma(\omega)=-\frac{\text{i}\varepsilon_0\omega\omega_p^2}{\omega_0^2-\omega^2}$$

1.124　一理想均匀导体,其介电常数 ε 和电导率 σ 均为常数. 在 $t=0$ 时刻,其中有一电荷分布 $\rho(\boldsymbol{r})$,求随后的 $\rho(\boldsymbol{r},t)$.

解　电荷守恒定律如下:

$$\frac{\partial \rho}{\partial t}+\nabla \cdot \boldsymbol{j}=0$$

而由麦克斯韦方程有

$$\nabla \cdot \boldsymbol{D}=\varepsilon \nabla \cdot \boldsymbol{E}=\rho$$

和欧姆定律

$$\boldsymbol{J}=\sigma \boldsymbol{E}$$

变换为

$$\frac{\partial \rho}{\partial t}+\frac{\sigma}{\varepsilon} \rho=0$$

由初始条件 $\rho(\boldsymbol{r},0)=\rho(\boldsymbol{r})$,积分推得

$$\rho(\boldsymbol{r},t)=\rho(\boldsymbol{r}) \mathrm{e}^{-\frac{\sigma}{\varepsilon} t}$$

令 $\tau_{\mathrm{d}}=\dfrac{\varepsilon}{\sigma}$,称介电弛豫时间,则

$$\rho(\boldsymbol{r},t)=\rho(\boldsymbol{r}) \mathrm{e}^{-\frac{t}{\tau_{\mathrm{d}}}}$$

由于电的干扰或热的起伏在导体中会造成净空间电荷分布而破坏电中性. 但上式则描述了空间电荷消散过程,称弛豫过程,用 τ_{d} 来度量弛豫过程的快慢. 在电阻率不很高的半导体中,这种弛豫时间极短,在一般过程中无需加以考虑. 例如半导体材料 Ge,相对介电常数 $\varepsilon_{\mathrm{r}}=15$,$\sigma=0.1(\Omega \mathrm{cm})^{-1}$

$$\tau_{\mathrm{d}}=\frac{15 \times 8.854 \times 10^{-14}}{0.1}=1.3 \times 10^{-11}(\mathrm{s})$$

表明 Ge 中一处有电荷积累会在 10^{-11} s 极短时间内消散,半导体 Ge 内部保持电中性,这常用于半导体平衡载流子浓度计算,即所谓电中性条件.

第二章　半导体物理

第一节　半导体中的电子状态

2.1　直接带隙纯净的半导体 InP 在低温下($T\approx 4\text{K}$)的吸收光谱如图 2.1 所示，其中吸收强度作为光子能量的函数如图 2.1 中实线所示. 在 C 和 A 之间有一些低强度的峰值，为简化计，这些峰没有画出来.

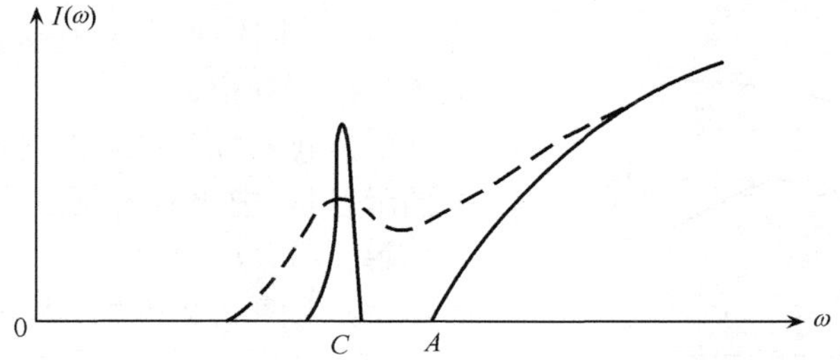

图 2.1　激子吸收峰

(1) 以 A 为阈值的连续吸收谱和 C 处的吸收峰的物理来源是什么?

E_A 和 E_C 分别是 1.400eV，1.386eV. InP 的静态介电常数是 9.6，InP 中的空穴要比电子轻的多($m_h^* \ll m_e^*$). 根据以上情况，计算

(2) InP 中的直接带隙宽度;

(3) 空穴的有效质量 m_h^*;

(4) 在室温下，C 处的峰被展宽看不清楚(虚线所示)，解释这种效应.

解　(1) 以 A 处为阈值的连续吸收谱是由 lnP 的本征吸收造成的，即入射光子把能量给价带电子使其跃迁到导带，只要 $h\gamma \geqslant E_g$ 就可发生吸收，所以存在阈值.

当入射光子 $h\gamma < E_g$ 能量时，光子的能量不足以把电子从价带激发到导带，而形成自由的电子和空穴，但这种光激发所产生的电子与空穴之间的库仑相互作用将导致电子-空穴束缚态的形成，这种过程导致带边附近的附加吸收-激子吸收. 对于松束缚激子，可用类氢模型描述，因此激子能级和类氢原子能级相似. 这样就出现了 C 处的吸收峰.

(2) $E_g = E_A = 1.4\text{eV}$.

(3) 直接激子吸收将在吸收阈值的低能量一边产生一系列的分立吸收线，对应于形成基态激子和各种激发态激子. 对于类氢情形，这些吸收线与基本吸收阈值的距离为

$$E_n = E_g - \frac{m_r^* e^4}{8\varepsilon^2 \varepsilon_0^2 h^2 n^2}$$

其中，m_r^* 是电子——空穴的折合质量. 由于 $m_h^* \ll m_e^*$，故

$$m_r = \frac{m_e^* m_h^*}{m_e^* + m_h^*} \approx m_h^*$$

对于基态，$n=1$，$E_1=E_c=1.386\text{eV}$，则

$$m_h^* = \frac{8\varepsilon^2\varepsilon_0^2 h^2(E_g - E_c)}{e^4} = \frac{8\times 9.6^2 \times (8.854\times 10^{-14})^2 \times (6.26\times 10^{-34})^2 \times 0.014\times 1.6\times 10^{-19}}{(1.6\times 10^{-19})^4}$$

$$= 8.67\times 10^{-36}(\text{kg}) = \frac{8.67\times 10^{-36}}{9.1\times 10^{-35}} = 9.52\times 10^{-2} m_0$$

式中，m_0 为自由电子质量.

（4）室温下，由于晶格振动加剧，激子系统中的电子将与晶格振动的光频支产生相互作用，这种作用使得激子吸收谱线变宽，因而 C 处的峰看不清楚了，光谱线变为光带.

2.2　图 2.2 为一维固体中电子的能谱.

（1）若 n 和 p 分别为电子和空穴的数密度，则 p/n 为何？

（2）此固体每个原胞有偶数个还是奇数个电子？说明理由；

（3）电子与空穴的有效质量，哪一个大？根据图示各量.求出有效质量的近似表示式.

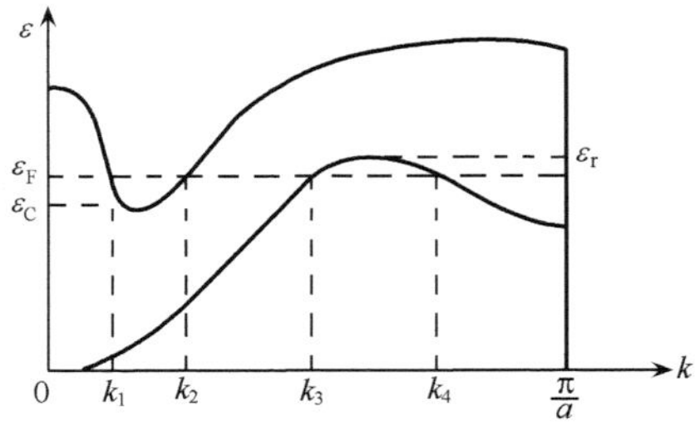

图 2.2

解　（1）$p/n=1$

（2）由图 2.2 可知，当不出现能带交叠时，电子刚好填满一个带，可见组成固体的元素是二价的，故每个原胞含偶数个电子.

（3）由图 2.2 可知，(k_1, k_2)间对应传导电子，(k_3, k_4)间对应空穴，由于能谱曲线在(k_3, k_4)间比(k_1, k_2)间来的平缓，由有效质量表达式

$$m^* = \left| \left(\frac{\partial^2 E}{\hbar^2 \partial^2 k}\right)^{-1} \right|$$

知空穴有效质量 m_h^* 大于电子有效质量 m_e^*

近似取导带底在$\frac{k_1+k_2}{2}$，而价带顶在$\frac{k_3+k_4}{2}$，且(k_1, k_2)，(k_3, k_4)间曲线近似为抛物线，因此导带电子有单一有效质量 m_e^*，价带顶空穴有单一有效质量 m_h^*，则

$$E_F - E_c = \frac{\hbar^2}{2m_e^*}\left(k_2 - \frac{k_1+k_2}{2}\right)^2 = \frac{\hbar^2}{m_e^*}\,\frac{(k_2-k_1)^2}{8}$$

所以电子有效质量 m_e^* 为

$$m_e^* = \frac{\hbar^2(k_2-k_1)^2}{8(E_F - E_c)}$$

同理

$$E_F - E_V = \frac{\hbar^2}{2(-m_h^*)}\left(k_4 - \frac{k_3+k_4}{2}\right)^2$$

故空穴有效质量 m_h^* 为

$$m_h^* = \frac{\hbar^2(k_4-k_3)^2}{8(E_V - E_F)}$$

由于$|k_2-k_1|<|k_4-k_3|$，$E_F-E_C>E_V-E_F>0$，所以$m_e^*<m_h^*$成立.

2.3　设晶格常数为a的一维晶体，导带极小值附近能量$E_C(k)$为

$$E_C(k)=\frac{h^2k^2}{3m_0}+\frac{h^2(k-k_1)^2}{m_0}$$

价带极大值附近能量$E_V(k)$为

$$E_V(k)=\frac{h^2k_1^2}{6m_0}-\frac{3h^2k^2}{m_0}$$

设m_0为电子质量，$k_1=\frac{1}{2a}$，$a=3.14\times10^{-10}$m，试求

(1) 禁带宽度；

(2) 导带底电子有效质量；

(3) 价带顶电子有效质量；

(4) 价带顶电子跃迁到导带底的准动量的变化.

解　(1) 禁带宽度

$$E_g=E_{C\min}(k)-E_{V\max}(k)$$

导带底位于$k=\frac{3}{4}k_1$，则

$$E_{C\min}\left(k=\frac{3}{4}k_1\right)=\frac{h^2\left(\frac{3}{4}k_1\right)^2}{3m_0}+\frac{h^2\left(\frac{1}{4}k_1\right)^2}{m_0}=\frac{1}{4m_0}h^2k_1^2$$

价带顶位于$k=0$，则

$$E_{V\max}(k=0)=\frac{h^2k_1^2}{6m_0}$$

所以禁带宽度

$$\begin{aligned}E_g&=E_{C\min}-E_{V\max}=\frac{1}{4m_0}h^2k_1^2-\frac{h^2k_1^2}{6m_0}=\frac{1}{12m_0}\cdot h^2k_1^2\\&=\frac{(6.63\times10^{-34})^2}{12\times9.1\times10^{-31}}\times\frac{1}{4\times(3.14\times10^{-10})^2}\\&=1.02\times10^{-19}(\text{J})=0.64(\text{eV})\end{aligned}$$

(2) 导带电子有效质量

$$m_n^*=h^2\Big/\frac{d^2E}{dk^2}$$

由题意

$$\frac{d^2E_C}{dk^2}=\frac{2h^2}{3m_0}+\frac{2h^2}{m_0}=\frac{8h^2}{3m_0}$$

$$m_n^*=\frac{3m_0}{8}=\frac{3\times9.1\times10^{-28}}{8}=3.41\times10^{-28}(\text{g})=-0.375m_0$$

(3) 价带顶电子有效质量

$$\frac{d^2E_V}{dk^2}=-\frac{6h^2}{m_0}$$

$$m_n^* = -\frac{m_0}{6} = -1.52\times 10^{-28}\text{g} = -0.167m_0$$

(4) 价带顶电子跃迁到导带底时准动量的变化.

在导带底电子的 $k=\frac{3}{4}k_1$，在价带顶电子的 $k=0$，

$$h\Delta k = h\left(\frac{3}{4}k_1 - 0\right) = \frac{3}{4}hk_1 = \frac{3}{4}\times\frac{6.63\times 10^{-34}}{2\times 3.14\times 10^{-10}} = 7.9\times 10^{-25}(\text{kg}\cdot\text{m}\cdot\text{s}^{-1})$$

2.4　Ge,Si 半导体价带简并，价带顶附近电子能量表达式为

$$E_{1,2}(\boldsymbol{k}) = E_V - \frac{\hbar^2}{2m}\{Ak^2 \pm [B^2k^4 + C^2(k_x^2k_y^2 + k_y^2k_z^2 + k_z^2k_x^2)]^{\frac{1}{2}}\}$$

(1) 用球形等能面近似，求出轻、重空穴的有效质量，在电子能带图上，示意画出并标明轻、重空穴带；

(2) 比较相同波矢轻、重空穴能量，并在空穴能带图上标出轻、重空穴带；

(3) 在一定温度下，重空穴数目多还是轻空穴多，为什么？

解　(1) 假设 $C^2=0$，得到

$$E_1(\boldsymbol{k}) = E_V - \frac{\hbar^2}{2m}(A+B)k^2$$

$$E_2(\boldsymbol{k}) = E_V - \frac{\hbar^2}{2m}(A-B)k^2$$

因为 $E_1(\boldsymbol{k})\propto k^2$，$E_2(\boldsymbol{k})\propto k^2$，故其等能面均为球形.

现在先求 $E_1(\boldsymbol{k})$能带中电子有效质量

$$m_1^* = \frac{\hbar^2}{\frac{d^2E_1(\boldsymbol{k})}{dk^2}} = -\frac{m}{A+B}$$

该能带若有空穴，其有效质量应为

$$m_{h_1}^* = -m_1^* = \frac{m}{A+B}$$

同理，$E_2(\boldsymbol{k})$能带中电子有效质量，应为

$$m_2^* = -\frac{m}{A-B}$$

该能带中空穴的有效质量

$$m_{h_2}^* = -m_2^* = \frac{m}{A-B}$$

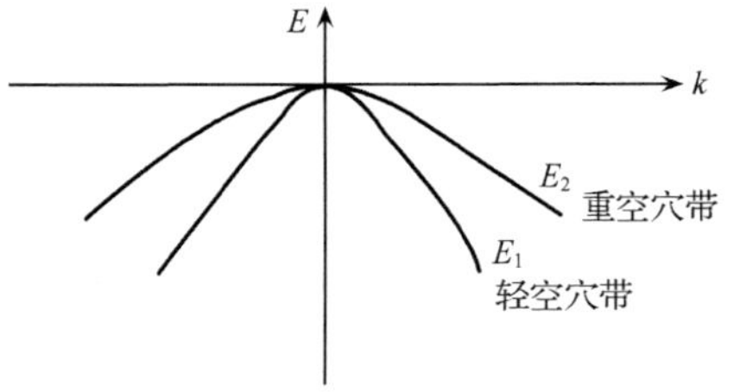

图 2.3

显然，$m_{h_2}^* > m_{h_1}^*$，因此 $E_1(\boldsymbol{k})$代表轻空穴能带，而 $E_2(\boldsymbol{k})$则代表重空穴能带，现在分别标出轻、重空穴带于图 2.3 电子能带图上.

(2) 空穴波矢是电子处在该量子态上波矢的负值

$$\boldsymbol{k}_h = -\boldsymbol{k}_e$$

空穴能量等于电子处在该量子态上电子的能量的负值，所以

$$E_1(\boldsymbol{k}_h) = -E_1(\boldsymbol{k}_e) = -E_V + \frac{\hbar^2}{2m}(A+B)k_h^2$$

$$E_2(\boldsymbol{k}_h) = -E_2(\boldsymbol{k}_e) = -E_V + \frac{\hbar^2}{2m}(A-B)k_h^2$$

若轻重空穴波矢$|\boldsymbol{k}_h|$相等，则有

$$E_1(\boldsymbol{k}_h) > E_2(\boldsymbol{k}_h)$$

图 2.4 是在空穴能带图上画出轻、重空穴能带.

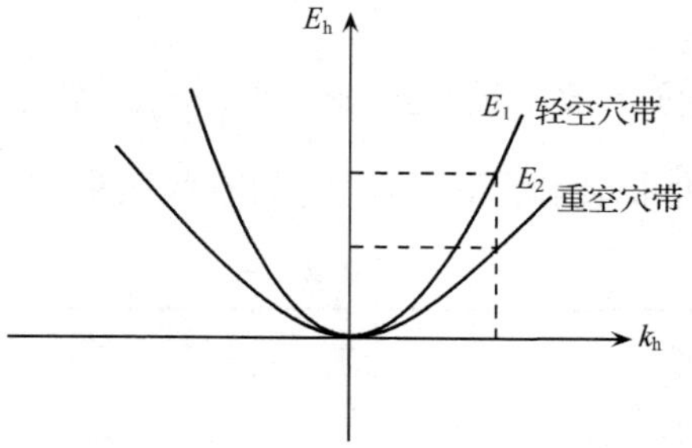

图 2.4

(3) 从空穴能带图上看到，同样大小波矢的重空穴比轻空穴能量小，系统应当趋向能量最小的状态，所以重空穴数目比轻空穴多，正常空穴指的是重空穴.

2.5　Ge，Si 半导体简并，价带顶附近电子能量表达式

$$E_{1,2}(\boldsymbol{k}) = E_V - \frac{\hbar^2}{2m}\{Ak^2 \pm [B^2k^4 + C^2(k_x^2k_y^2 + k_y^2k_z^2 + k_z^2k_x^2)]^{\frac{1}{2}}\}$$

其中常数列于表 2.1.

表 2.1

	A	B	C
Ge	13	8.3	12.5
Si	4.0	1.1	4.1

(1) 试求[1,0,0]，[1,1,1]方向空穴有效质量；

(2) 在电子能带图上，示意并注明轻重空穴带；

(3) 说明有效质量的各向异性，轻空穴带还是重空穴带的各向异性更严重？

解　先来看[1,0,0]方向上的能量关系，$\boldsymbol{k}=(k,0,0)$，代入价带顶附近电子能量表达式

$$E_{1,2}(\boldsymbol{k}) = E_V(0) - \frac{\hbar^2}{2m_0}(A \pm B)k^2$$

这说明，在[1,0,0]方向上，能量 $E(\boldsymbol{k})$-k 关系仍是二次关系，即抛物线关系，如图 2.5 所示.

相应的电子有效质量

$$m_{1,2}^* = -\frac{m}{A \pm B}$$

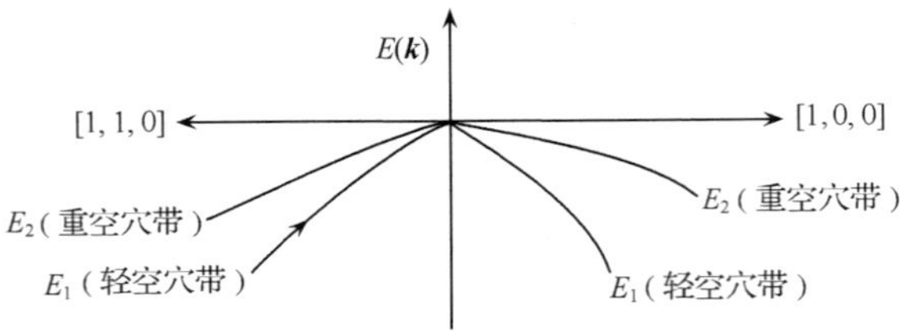

图 2.5

电子有效质量为负,说明空穴有效质量为正. $m_{h_1}^*=\frac{m}{A+B}$是轻空穴,$m_{h_2}^*=\frac{m}{A-B}$是重空穴. 代入 A、B 常数,得 Ge,Si 价带顶附近沿[1,0,0]的有效质量列于表 2.2.

表 2.2

	$m_{h_2}^*$	$m_{h_1}^*$
Ge	$0.21m_0$	$0.045m_0$
Si	$0.34m_0$	$0.20m_0$

再看[1,1,1]方向,$\boldsymbol{k}=\left(\frac{k}{\sqrt{3}},\frac{k}{\sqrt{3}},\frac{k}{\sqrt{3}}\right)$,代入价带顶附近电子能量表达式,得

$$E_{1,2}(k)=E_V(0)-\frac{\hbar^2}{2m_0}\{A\pm\sqrt{B^2+C^2/3}\}k^2$$

显然,在[1,1,1]方向上,能量对 k 关系也是二次,即抛物性关系,如图 2.5 所示,相应的电子有效质量

$$m_{1,2}^*=-\frac{m_0}{A\pm\sqrt{B^2+C^2/3}}$$

显然,$m_{h_1}^*=\frac{m_0}{A+\sqrt{B^2+C^2/3}}<m_{h_2}^*=\frac{m_0}{A-\sqrt{B^2+C^2/3}}$,故 $E_1(k)$是轻空穴带,而 $E_2(k)$是重空穴带. 代入 A、B、C 常数,得 Ge、Si 价带顶附近沿[1,1,1]空穴的有效质量,列于表 2.3.

表 2.3

	$m_{h_2}^*$	$m_{h_1}^*$
Ge	$0.5m_0$	$0.04m_0$
Si	$0.71m_0$	$0.15m_0$

现在我们来比较,这两个方向上的空穴有效质量.

先来看重空穴有效质量,Ge[1,0,0]上,$0.21m_0$,[1,1,1]上,$0.5m_0$;Si[1,0,0]上,$0.34m_0$,[1,1,1],$0.71m_0$,这两个方向上相差非常大,2 倍有余,表明有效质量有明显各向异性,因此相应扭曲很大的球形等能面. 而轻空穴有效质量,Ge[1,0,0]上,$0.045m_0$,[1,1,1]上,$0.04m_0$;Si[1,0,0]上,$0.20m_0$,[1,1,1],$0.15m_0$,两个方向有差异,表明各向

异性,但差异小,说明等能面扭曲小,基本上是个球,如图 2.6 所示.

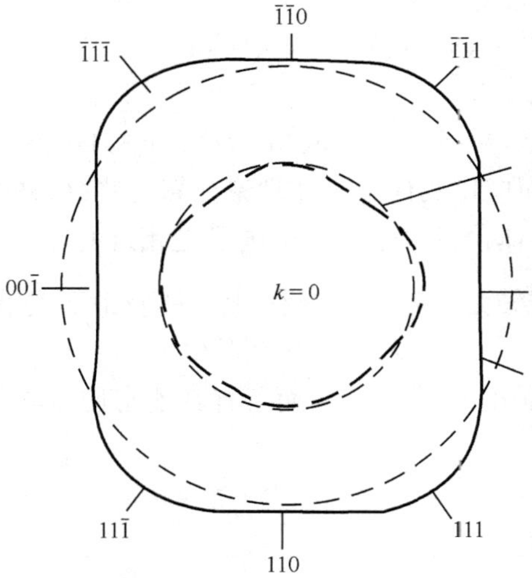

图 2.6

2.6　若把半导体硅材料价带中的电子看作是自由电子,试计算其价带宽度等于多电子伏特?(硅晶体晶格常数 $a=5.4$Å.)

解　硅价带电子作为自由电子,其 E-$\boldsymbol{k}$ 关系为

$$E(\boldsymbol{k})=\frac{\hbar^2k^2}{2m}$$

于是硅价带电子自 $E(\boldsymbol{k})=0$ 能级起按上述关系向高能级填充,在 $\boldsymbol{k}$ 空间将填满半径为 k_{F} 的费米球,而费米面即价带(满带)顶.设硅晶体体积为 V,晶体内电子总数目为 N,则

$$2\cdot\frac{V}{(2\pi)^3}\cdot\frac{4}{3}\pi k_{\mathrm{F}}^3=N$$

$\dfrac{N}{V}=n$ 为硅晶体的电子浓度,即

$$k_{\mathrm{F}}=(2\pi)\cdot n^{\frac{1}{3}}\cdot\left(\frac{3}{8\pi}\right)^{\frac{1}{3}}$$

硅晶体是金刚石结构,a^3 晶胞内含有 8 个硅原子,而一个硅原子有 4 个价电子,晶体电子浓度

$$n=\frac{8\times4}{a^3}$$

代入费米球波矢式子,得

$$k_{\mathrm{F}}=(2\pi)\cdot\left(\frac{12}{\pi}\right)^{\frac{1}{3}}\cdot\frac{1}{a}$$

则费米面电子能量

$$E(k_{\mathrm{F}})=\frac{\hbar^2k_{\mathrm{F}}^2}{2m}=\frac{\hbar^2}{2ma^2}\cdot(2\pi)^2\times\left(\frac{12}{\pi}\right)^{\frac{2}{3}}=\frac{h^2}{2ma^2}\left(\frac{12}{\pi}\right)^{\frac{2}{3}}\qquad(1)$$

$$= \frac{(6.626 \times 10^{-34})^2}{2 \times 9.11 \times 10^{-31} \times (5.4 \times 10^{-10})^2} \times \left(\frac{12}{3.14}\right)^{\frac{2}{3}}$$

$$= 2.02 \times 10^{-18}(\mathrm{J}) = 12.6(\mathrm{eV})$$

所以硅晶体价带宽度约 12.6eV.

上面计算中硅晶格常数 $a=5.4\text{Å}$,若取 Ge 为 5.66Å,GeAs 为 5.46Å,代入(1)式,得到的 $E(k_F)$约为 12.5eV. 而应用其他半导体理论计算这些材料的价带宽度也约为 12eV,因此至少从能量来看,半导体价带电子与自由电子是相近的.

2.7　在价带顶附近波矢为 k 的一个态中,电子能量由下式给出:

$$E = -10^{-37}k^2(\mathrm{J})$$

若把一个电子从 $k_1=1\times10^9\,\mathrm{m}^{-1}$态上除去,而所有其他态均被电子占据. 试计算

(1) 空穴的有效质量;

(2) 空穴的波矢;

(3) 空穴的速度;

(4) 空穴的能量(以价带顶为参考点),并在 E_h-k_h 能带图上示出该空穴.

解　(1) 设价带中电子有效质量为 m_e^*,有

$$E = \frac{\hbar^2 k^2}{2m_e^*} = -10^{-37}k^2$$

则

$$m_e^* = -\frac{\hbar^2}{2\times1\times10^{-37}} = -\frac{(1.055\times10^{-34})^2}{2\times1\times10^{-37}} = -\frac{5.565\times10^{-32}}{9.11\times10^{-31}} = -0.06m_0$$

把电子从 $k_1=1\times10^9\,\mathrm{m}^{-1}$态上除去而出现空穴,这时空穴有效质量恰等于在该状态上电子有效质量的负值

$$m_h^* = -m_e^* = 0.06m_0$$

(2) 空穴波矢

在 $k_1=1\times10^9\,\mathrm{m}^{-1}$状态上的空穴的波矢等于电子在该态上波矢的负值.

$$k_h = -k_1 = -1\times10^9\,\mathrm{m}^{-1}$$

(3) $k_1=1\times10^9\,\mathrm{m}^{-1}$态上电子的速度

$$v_e = \frac{1}{\hbar}\frac{\mathrm{d}E}{\mathrm{d}k}\bigg|_{k=k_1} = \frac{-2\times1\times10^{-37}\times1\times10^9}{1.055\times10^{-34}} = -1.9\times10^6(\mathrm{m/s})$$

$k_1=10^9\,\mathrm{m}^{-1}$态上空穴的速度等于电子在该态上的速度

$$v_h = v_e = -1.9\times10^6(\mathrm{m/s})$$

(4) $k=0$ 是价带顶,其电子能量等于 0,空穴能量亦为 0,$k_h=-1\times10^9\,\mathrm{m}^{-1}$处空穴能量为 $E_h(k_h)$,等于电子在该态上能量的负值

$$E_h(k_h) = -E(k_1) = \frac{1\times10^{-19}}{1.602\times10^{-19}} = 0.62(\mathrm{eV})$$

若价带中有相当部分电子被激发走,则可用空穴带来描述这些空的电子态,现在就在图 2.7,$E_h\sim k_h$ 能带图,上示出 $k_h=1\times10^{-9}\,\mathrm{m}^{-1}$空穴.

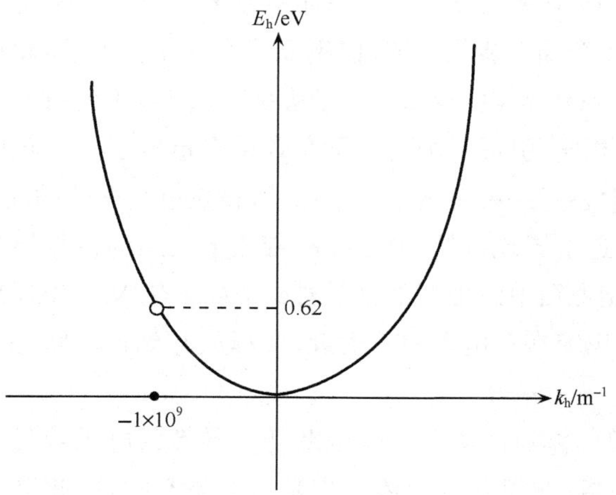

图 2.7

2.8　在半导体物理问题分析中，通常简单的用两条平行线来表示能带图，为什么可以这样做？指的是什么状况？

解　半导体中电子与空穴数目很少，比如电子浓度 $n=1\times10^{16}\,\mathrm{cm}^{-3}$，而一条能带状态数目是晶体原胞数目的量级 $\approx10^{22}\,\mathrm{cm}^{-3}$，电子只占据能带中百万分之一能级数目，可以看作它们处于基本空的导带中，聚集在导带底附近狭小的能量范围. 通常用导带底有效态密度来描述. 同样的，半导体空穴处于基本满的价带中，聚集在价带顶附近，用价带顶有效态密度来描写. 半导体物理所常讨论的问题的分析，也只需要具体分析研究接近能带底或价带顶的状态，因此可以应用由两条平行线组成的能带图，其中一条是导带底电子能量，另一条则是价带顶电子能量.

这种能带图的表示法一般针对非简并半导体中状况，对于重简并，则需较完整的能带图.

2.9　试画出掺有施主杂质 Ge，Si 等半导体带能图，为什么能这样画？施主杂质能级在导带底下面还是上面？如果在下面，杂质能级被电子占据几率较大，又如何解释杂质全电离时杂质原子上的电子几乎全呆在导带底的实验事实呢？

（1）掺有施主杂质的半导体能带图画在图 2.8 中. 例如在锗硅半导体材料中掺入五价元素磷，Ge，Si 晶体是金刚石结构，一个原子附近有四个原子，它们组成了一个正四面体结构，每个原子有四个电子，它们分别与附近四个原子上的价电子配对，而形成共价键，Ge，Si 原子就依靠这个共价键而结合成晶体. 在这样晶体中掺入磷原子，由于磷原子一般取代晶格中某一格点上的原子

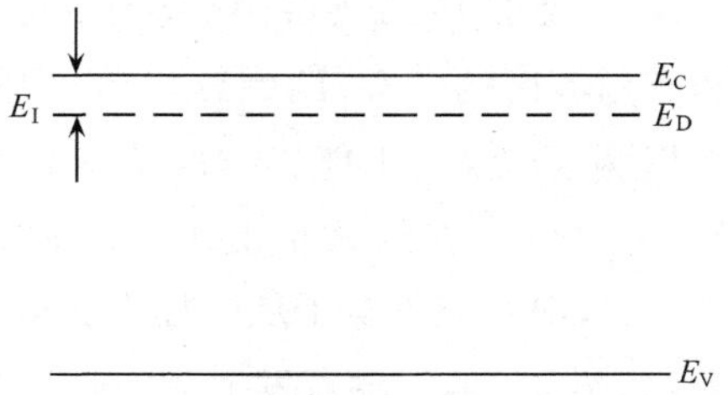

图 2.8

而成为替代式杂质原子，它将受到 Ge，Si 晶体中原子排列的影响，这个磷原子也将被迫形成四面体键，即应有 4 个 sp^3 杂化轨道，但磷原子有 5 个价原子，磷原子与周围硅锗原子形成 4 个键外，还剩下 1 个价电子，而磷原子去掉外层 5 个价电子以后，带 5 个正电荷，这样与周围 Ge，Si 原子相比，引进一个磷原子在效果上造成了一个正电荷中心和一个多余电子，而这个正电子中心正好束缚这个多余电子，显然这个电子的能量应当比晶体中作公有化运动的导带底附近电子能量低，因此在能带图上表示为占据导带底下面禁带中的能级. 显然这是在理想能带图中添加新的杂质能级，如果有 N 个杂质就有 N 个能级，处在这个能级上的电子被束缚在正电子中心附近，要释放它到自由状态，需要给一定能量，我们称为电离能 E_{I}.

(2) 单位时间、单位体积内从杂质能级跃迁上导带的电子数目正比于杂质上电子数目 n_{D}和导带中空的位置. 非简并半导体导带基本上是空的，因此电子跃迁上去能够占据的位置数目等于导带底有效态密度 N_{c}，即

$$n_{\text{杂质}\to\text{导带}} \propto n_{\mathrm{D}} N_{\mathrm{c}}$$

同样从导带返回杂质能级上的电子数目

$$n_{\text{导带}\to\text{杂质}} \propto n(N_{\mathrm{D}} - n_{\mathrm{D}})$$

式中 N_{D} 是掺入半导体中施主杂质浓度，施主杂质电离能很小，约 0.01～0.04eV，可以假设电子从杂质能级跃迁到导带的概率等于导带跃回杂质能级的概率，这样在热平衡下有

$$n_{\mathrm{D}} N_{\mathrm{c}} = n(N_{\mathrm{D}} - n_{\mathrm{D}})$$

或

$$\frac{n}{n_{\mathrm{D}}} = \frac{N_{\mathrm{c}}}{N_{\mathrm{D}} - n_{\mathrm{D}}}$$

N_{c} 在 $10^{19}\,\mathrm{cm}^{-3}$数量级，而 N_{D} 一般取 $10^{14}\sim10^{17}\,\mathrm{cm}^{-3}$，故导带电子浓度比仍滞留在杂质能级上的高出 $10^2\sim10^5$ 倍. 换句话说，导带与杂质能级热平衡表现在滞留于杂质能级上的电子仅占据杂质浓度 1%以下，施主杂质能级上的电子基本上都跃迁到更高的导带，而且“一去不复返”. 这就是半导体中杂质饱和电离.

(3) 应用类似的分析方法可以很好解释发生在 GaAs 晶体中电子转移效应. 著名的 Gunn 效应首先在 GaAs 晶体中发现，它是电子转移效应导致的一种负微分电导现象.

Gunn 效应应归结 GaAs 特有的能带结构如图 2.9. GaAs 导带底与价带顶都在位于简约布里渊区的中心，$E_{\mathrm{g}}=1.43\mathrm{eV}$，但除了[0,0,0]处中心极小(能谷)值外，在[1,0,0]方向布里渊区边缘有上能谷(2)，晶体对称性使得 GaAs 有三个完整的上能谷，比中心能谷(1)高 0.38eV. 在通常情况下 GaAs 中电子聚集在中心能谷(1)内，但当电场大于 $3\times10^3\,\mathrm{V/cm}$，中心能谷电子从电场中获得足够的能量开始向上能谷转移，发生“非等价”谷间散射，如图 2.10，伴随着发射或吸收一个光学声子，电子准动量有较大的改变而进入上能谷(2). 而下面将证明，依靠上能谷较大的态密度，电子继续聚集在那里，不再返回中心能谷.

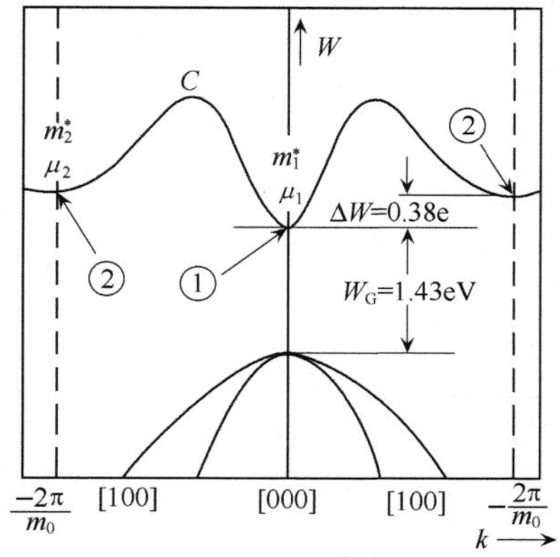

图 2.9

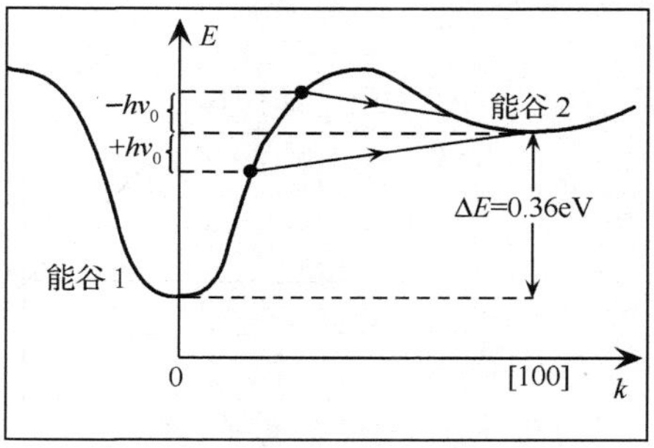

图 2.10

中心能谷电子态密度有效质量 $m_{1d}^*=0.066m_0$，上能谷 $m_{2d}^*=0.85m_0$，有

$$g_2/g_1=(m_{2d}^*/m_{1d}^*)^{\frac{3}{2}}=46$$

所以随着高电场驱使和谷间散射的发生，一旦转移到上能谷去的电子将很少跃迁回中心能谷，电场继续增大，在上能谷就积累越来越多的电子，而这些电子迁移率不到中心能谷的 2%(这也源自上能谷电子有效质量比中心能谷大得多)，于是微分电阻为负，出现高场畴，体内产生了电流的振荡——Gunn 效应.

注意，上面杂质全电离是温度激发发生杂质能级电子的“搬家”，而电子转移效应则是在电场作用下，半导体电子获得能量而“搬家”的.

参阅，林鸿生，能态密度及其在解释半导体物理学中的应用，大学物理，1998，17(4)，8.

2.10　若一金刚石结构晶体，其导带底在[1,1,0]方向上，问还有哪些方向上有导带底呢？

解　由能带对称性，$E(k)=E(\alpha k)$得知，若在[1,1,0]方向上有导带底，对称性将指明在与[1,1,0]对称方向上也有导带底. 金刚石[1,1,0]方向在下述对称转动操作下：

$$C_2, C_3, iC'_2, iC_4$$

变为 6 个面对角线

$$[1,1,0],[1,\bar{1},0],[1,0,1],[1,0,\bar{1}],[0,1,1],[0,1,\bar{1}]$$

加上反演

$$[\bar{1},\bar{1},0,],[\bar{1},1,0],[\bar{1},0,\bar{1}],[\bar{1},0,1],[0,\bar{1},\bar{1}],[0,\bar{1},1]$$

共 12 个方向上有导带底.

图 2.11 示出 k_xk_y 坐标面上 4 个对称方向[1,1]，[$\bar{1}$,$\bar{1}$]，[1,$\bar{1}$]和[$\bar{1}$,1]，一个坐标面上对应 4 个导带底，3 个坐标面共对应 12 个导带底.

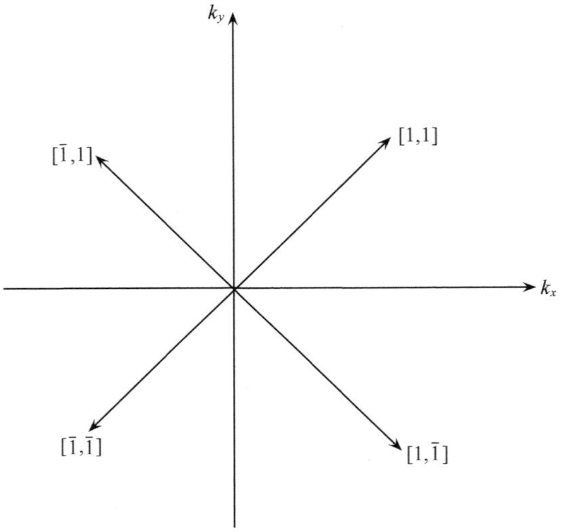

图 2.11

第二节　电子和空穴的统计分布

2.11　半金属交叠的能带为

$$E_1(k) = E_1(0) - \frac{\hbar^2 k^2}{2m_1}, \qquad m_1 = 0.18m$$

$$E_2(k) = E_2(k_0) + \frac{\hbar^2}{2m_2}(k - k_0)^2, \qquad m_2 = 0.06m$$

其中,$E_1(0)$为带 1 的带顶,$E_2(k_0)$为带 2 的带底.交叠部分 $E_1(0)-E_2(k_0)=0.1\text{eV}$.由于能带交叠,能带 1 中的部分电子转移到带 2,而在带 1 中形成空穴.讨论 $T=0\text{K}$ 时的费米能级位置.

解　解法一:由题设,带 1 和带 2 的 $E\sim k$ 关系均是抛物线,带 1 开口向下,带 2 开口向上,如图 2.12,它们的能态密度函数分别为

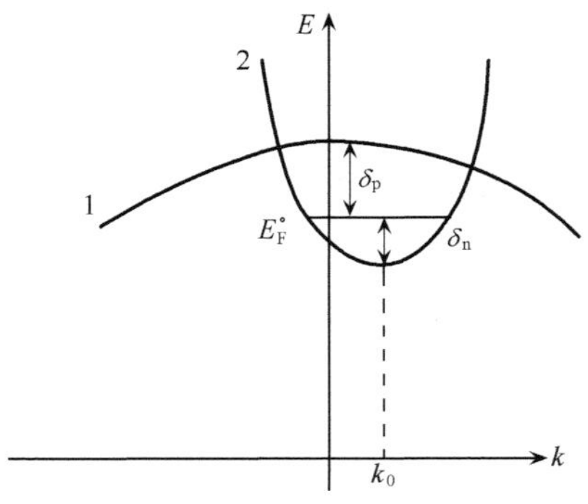

图 2.12

$$g(E) = 4\pi \frac{(2m_1)^{\frac{3}{2}}}{h^3} E^{\frac{1}{2}}$$

m_1 是带 1 中电子有效质量,对带 1 的能态密度函数,取其带顶能量为能量零点,向下为正

$$g(E) = 4\pi \frac{(2m_2)^{\frac{3}{2}}}{h^3} E^{\frac{1}{2}}$$

m_2 是带 2 中电子有效质量,对带 2 的能态密度函数,取其带底为能量零点,向上为正

由题设,带 1 与带 2 交叉,费米能级 E_F 在能量交叠区中.设 δ_n 表示带 1 的带底至费米能级距

离，δ_p 表示带 2 的带顶离费米能级的距离，有

$$\delta_n+\delta_p=\delta=E_1(0)-E_2(k_0)$$

显然，能带 1 中的部分电子转移到带 2，下列等式成立：

$$n=p$$

n 是带 2 电子浓度，p 是带 1 中空穴浓度. 在 $T=0$，带 2 中费米能级以下能级被电子占据的概率等于 1，同样，带 1 中费米能级以上被空穴占据的概率也等于 1，于是

$$n=\int_0^{\delta_n}4\pi\frac{(2m_2)^{\frac{3}{2}}}{h^3}E^{\frac{1}{2}}\,\mathrm{d}E\propto(m_2)^{\frac{3}{2}}\delta_n^{\frac{3}{2}}$$

$$p=\int_0^{\delta_n}4\pi\frac{(2m_1)^{\frac{3}{2}}}{h^3}E^{\frac{1}{2}}\,\mathrm{d}E\propto(m_1)^{\frac{3}{2}}\delta_p^{\frac{3}{2}}$$

由 $n=p$ 得

$$m_2\delta_n=m_1\delta_p$$

与

$$\delta_n+\delta_p=\Delta$$

联立求解(式中 $\Delta=E_1(0)-E_2(k_1)=0.1\text{eV}$)

$$\delta_n=\frac{m_2}{m_1+m_2}\Delta=\frac{0.06}{0.06+0.18}\times0.1=0.025(\text{eV})$$

$$\delta_p=\frac{m_1}{m_1+m_2}\Delta=\frac{0.18}{0.06+0.18}\times0.1=0.075(\text{eV})$$

所以在 $T=0K$ 时，费米能级在带 2 的带底以上 0.025eV 处，在带 1 的带顶以下 0.075eV.

解法二：费米能级在带 1 和带 2 重叠区，深入到带 2 和带 1. 因此带 1 中的空穴浓度与带 2 中电子浓度计算可以应用简并半导体载流子浓度计算方法.

带 2 中电子

$$n=N_\mathrm{C}F_{\frac{1}{2}}\left(\frac{E_\mathrm{F}-E_\mathrm{C}}{k_\mathrm{B}T}\right)=N_\mathrm{C}F_{\frac{1}{2}}\left(\frac{\delta_n}{k_\mathrm{B}T}\right)$$

带 1 中空穴

$$p=N_\mathrm{V}F_{\frac{1}{2}}\left(\frac{E_\mathrm{V}-E_\mathrm{F}}{k_\mathrm{B}T}\right)=N_\mathrm{V}F_{\frac{1}{2}}\left(\frac{\delta_p}{k_\mathrm{B}T}\right)$$

$T=0$，$\Delta\gg kT$，是重简并情况

$$n=N_\mathrm{C}F_{\frac{1}{2}}\left(\frac{\delta_n}{k_\mathrm{B}T}\right)=N_\mathrm{C}\frac{4}{3\sqrt{\pi}}\left(\frac{\delta_n}{k_\mathrm{B}T}\right)^{\frac{3}{2}}=2\frac{(2\pi m_2k_\mathrm{B}T)^{\frac{3}{2}}}{h^3}\frac{4}{3\sqrt{\pi}}\left(\frac{\delta_n}{k_\mathrm{B}T}\right)^{\frac{3}{2}}=\frac{8\pi}{3}\frac{(2m_2)^{\frac{3}{2}}}{h^3}\delta_n^{\frac{3}{2}}$$

$$p=\frac{8\pi}{3}\frac{(2m_1)^{\frac{3}{2}}}{h^3}\delta_p^{\frac{3}{2}}$$

由 $n=p$，得

$$m_2\delta_n=m_1\delta_p$$

而

$$\delta_n+\delta_p=\Delta$$

联立求解得到上解法一的结果.

2.12　考虑一本征半导体，其电子态密度函数 $N(E)$，如图 2.13.

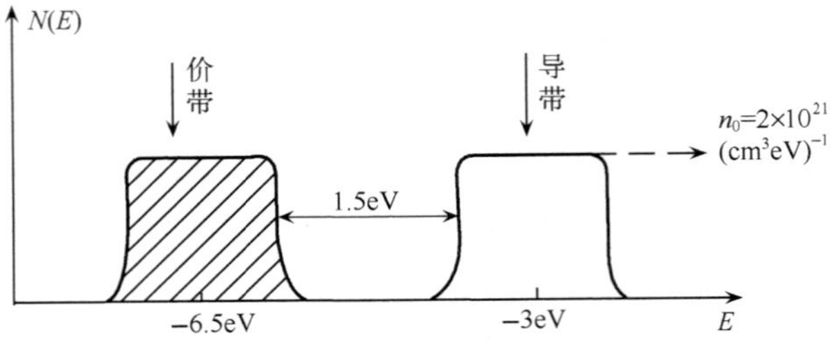

图 2.13

(1) 相对于价带和导带，费米能级的位置在什么地方？

(2) 假设 $N(E)$已经包括自旋简并度因子 2，写出费米分布函数；

(3) 估计室温时导带电子的密度.

解　(1)

$$n=\int_{E_C}^{\infty}N(E)f(E)\mathrm{d}E,\qquad p=\int_{-\infty}^{E_V}N(E)(1-f(E))\mathrm{d}E$$

其中，$f(E)=\dfrac{1}{e^{\beta(E-E_F)}+1}$，对本征半导体有 $n=p$，由此解出 E_F.

当 $E-E_F\gg k_BT$ 时，$f(E)\approx e^{-\beta(E-E_F)}$ 则

$$n\approx\int_{E_C}^{\infty}n_0e^{-\beta(E-E_F)}\mathrm{d}E=n_0k_BTe^{-(E_C-E_F)/k_BT}$$

$$p\approx n_0k_BTe^{-(E_F-E_V)/k_BT}$$

式中，$\beta=\dfrac{1}{k_BT}$. 由 $n=p$ 有

$$E_F=\frac{E_C+E_V}{2}$$

(2) 电子占据一个态的概率由费米分布函数给出

$$f(E)=\frac{1}{e^{\beta(E-E_F)}+1}$$

(3) $E_g=1.5\text{eV}$，所以

$$\frac{E_C-E_V}{2}=\frac{E_g}{2}=0.75\text{eV}$$

又 $n_0=2\times10^{21}(\text{cm}^3\cdot\text{eV})^{-1}$，$k_BT\approx\dfrac{1}{40}\text{eV}$，故

$$n\approx4.68\times10^{6}\text{cm}^{-3}$$

2.13　考虑一本征半导体，让 E 表示一个电子的能量，$g_C(E)$表示导带的态密度，$g_V(E)$表示价带的态密度. 假设 $E_C-E_F\gg k_BT$ 和 $E_F-E_V\gg k_BT$，

$$g_C(E)=c_1(E-E_C)^{\frac{1}{2}},g_V(E)=c_2(E_V-E)^{\frac{1}{2}}$$

其中，E_C 和 E_V 分别表示导带底和价带顶的能量，E_F 是费米能(如图 2.14).

(1) 用 k_B，T，c_1，E_C，E_F 和一个无量纲积分表示导带的电子密度；

(2) 用 k_B, T, c_2, E_V, E_F 和一个无量纲积分表示价带的空穴密度；

(3) 求出 $E_F(T)$ 的明确的表达式；

(4) 如果材料用施主原子掺杂，那么在(1)，(2)，(3)的结果中有哪一个(如果有的话)仍能成立？解释之.

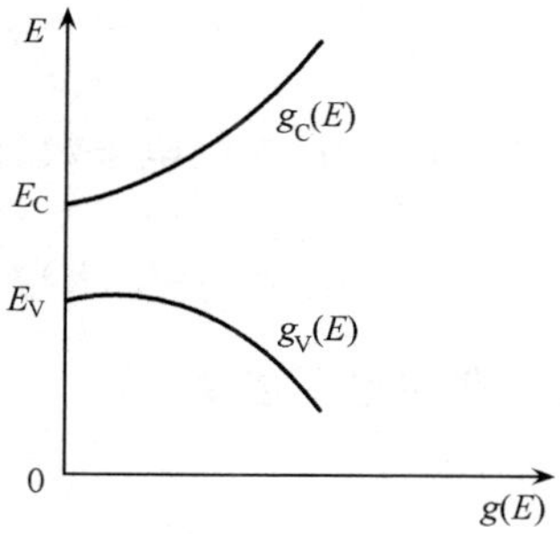

图 2.14

解 (1) 导带中电子浓度 n

$$n=\int_{E_C}^{\infty} f_e(E) g_C(E) \mathrm{d}E$$

式中，$f_e=\frac{1}{e^{\beta(E-E_F)}+1}$，$\beta=\frac{1}{k_B T}$. 因为 $E_C-E_F \gg k_B T$，所以

$$f_e(E) \approx e^{-\beta(E-E_F)}$$

令 $x=\beta(E-E_F)$，则有

$$\begin{aligned} n &= \int_{E_C}^{\infty} g_C(E) e^{-\beta(E-E_F)} \mathrm{d}E = \beta^{-3/2} c_1 e^{-\beta(E_C-E_F)} \int_0^{\infty} x^{1/2} e^{-x} \mathrm{d}x \\ &= c_1 (k_B T)^{3/2} e^{-(E_C-E_F)/k_B T} \int_0^{\infty} x^{1/2} e^{-x} \mathrm{d}x \end{aligned}$$

(2) 能级 E 上空穴占有概率为

$$1-f_e=1-\frac{1}{e^{\beta(E-E_F)}+1}$$

由于 $E_F-E_V \gg k_B T$，所以

$$1-f_e=\frac{e^{\beta(E-E_F)}}{e^{\beta(E-E_F)}+1} \approx e^{\beta(E-E_F)}$$

令 $x=-\beta(E-E_V)$，则

$$p=\beta^{-3/2} c_2 e^{\beta(E_V-E_F)} \int_0^{\infty} x^{1/2} e^{-x} \mathrm{d}x = c_2 (k_B T)^{3/2} e^{-(E_F-E_V)/k_B T} \int_0^{\infty} x^{1/2} e^{-x} \mathrm{d}x$$

(3) 对于本征半导体存在关系 $n=p$，即

$$c_1 e^{-(E_C-E_F)/k_B T} = c_2 e^{-(E_F-E_V)/k_B T}$$

故

$$E_F=\frac{E_C+E_V-k_B T \ln \frac{c_1}{c_2}}{2}$$

(4) (1)，(2)中的结果仍成立，只要是平衡态，上述公式就成立. (3)的结果不再成立，因为加入杂质后不再有 $n=p$ 了，E_F 要移动.

2.14 证明非简并半导体中电子服从能量均分定理，即电子平均动能等于$\frac{3}{2}k_B T$，但电子对半导体比热的贡献可以忽略.

解 在非简并半导体中，$E_C-E_F \gg k_B T$，因此电子的费米-狄拉克统计可以用经典玻尔兹曼统计来代替，设半导体电子态密度有效质量为 m_n^*，则半导体能态密度

$$g(E)=4\pi\cdot\frac{(2m_n^*)^{\frac{3}{2}}}{h^3}(E-E_C)^{\frac{1}{2}}$$

能量 $E\sim E+\mathrm{d}E$ 内的电子数目 $\mathrm{d}n$ 可以表示为

$$\mathrm{d}n=g(E)f(E)\mathrm{d}E=4\pi\frac{(2m_n^*)^{\frac{3}{2}}}{h^3}(E-E_C)^{\frac{1}{2}}\mathrm{e}^{-\frac{E-E_F}{k_BT}}\mathrm{d}E$$

利用导带中电子浓度公式

$$n=2\cdot\frac{(2\pi m_n^*k_BT)^{\frac{3}{2}}}{h^3}\mathrm{e}^{-\frac{E_C-E_F}{k_BT}}$$

则

$$\begin{aligned}\frac{\mathrm{d}n}{\mathrm{d}E}&=\frac{4\pi\left(\frac{2m_n^*}{h^2}\right)^{\frac{3}{2}}}{2\left(\frac{2\pi m_n^*k_BT}{h^2}\right)^{\frac{3}{2}}}\cdot 2\cdot\left(\frac{2\pi m_n^*k_BT}{h^2}\right)^{\frac{3}{2}}\mathrm{e}^{-\frac{E_C-E_F}{k_BT}}(E-E_C)^{\frac{1}{2}}\mathrm{e}^{-\frac{E-E_C}{k_BT}}\\&=\frac{2n}{\sqrt{\pi}(k_BT)^{\frac{3}{2}}}(E-E_C)^{\frac{1}{2}}\mathrm{e}^{-\frac{E-E_C}{k_BT}}\end{aligned}$$

这就是导带中电子按能量分布.这个能量分布主要决定于第二个指数因子,即随着电子能量的增加,电子浓度呈指数下降,这和重力场中气体密度随高度上升指数下降一样,势能最低处浓度最大,这就是经典的玻尔兹曼分布律.

导带中电子的平均能量 $\overline{E}$

$$\begin{aligned}\overline{E}&=\frac{\int_{E_C}^{\infty}E\mathrm{d}n}{n}=\int_{E_C}^{\infty}\frac{2}{\sqrt{\pi}(k_BT)^{\frac{3}{2}}}E(E-E_C)^{\frac{1}{2}}\mathrm{e}^{-\frac{E-E_C}{k_BT}}\mathrm{d}E\\&=\frac{2}{\sqrt{\pi}(k_BT)^{\frac{3}{2}}}\int_{E_C}^{\infty}E(E-E_C)^{\frac{1}{2}}\mathrm{e}^{-\frac{E-E_C}{k_BT}}\mathrm{d}E\end{aligned}$$

式中

$$\begin{aligned}&\int_{E_C}^{\infty}E(E-E_C)^{\frac{1}{2}}\mathrm{e}^{-\frac{E-E_C}{k_BT}}\mathrm{d}E\\&=\int_{E_C}^{\infty}[(E-E_C)+E_C](E-E_C)^{\frac{1}{2}}\mathrm{e}^{-\frac{E-E_C}{k_BT}}\mathrm{d}E\\&=\int_{E_C}^{\infty}(E-E_C)^{\frac{3}{2}}\mathrm{e}^{-\frac{E-E_C}{k_BT}}\mathrm{d}E+E_C\int_{E_C}^{\infty}(E-E_C)^{\frac{1}{2}}\mathrm{e}^{-\frac{E-E_C}{k_BT}}\mathrm{d}E\\&=\int_{\frac{E-E_C}{k_BT}}^{\infty}(k_BT)^{\frac{3}{2}}\left(\frac{E-E_C}{k_BT}\right)^{\frac{3}{2}}\mathrm{e}^{-\frac{E-E_C}{k_BT}}(k_BT)\mathrm{d}\left(\frac{E-E_C}{k_BT}\right)\\&\quad+E_C\int_{\frac{E-E_C}{k_BT}}^{\infty}(k_BT)^{\frac{1}{2}}\left(\frac{E-E_C}{k_BT}\right)^{\frac{1}{2}}\mathrm{e}^{-\frac{E-E_C}{k_BT}}(k_BT)\mathrm{d}\left(\frac{E-E_C}{k_BT}\right)\end{aligned}$$

引入 $x=\dfrac{E-E_C}{k_BT}$

$$\text{上式} = (k_B T)^{\frac{5}{2}} \int_0^{\infty} x^{\frac{3}{2}} e^{-x} dx + E_C (k_B T)^{\frac{3}{2}} \int_0^{\infty} x^{\frac{1}{2}} e^{-x} dx$$

利用 Γ 函数

$$\Gamma(y+1) = \int_0^{\infty} x^y e^{-x} dx$$

则

$$\begin{aligned} \text{上式} &= (k_B T)^{\frac{5}{2}} \Gamma\left(\frac{5}{2}\right) + E_C (k_B T)^{\frac{3}{2}} \Gamma\left(\frac{3}{2}\right) \\ &= (k_B T)^{\frac{5}{2}} \frac{3\sqrt{\pi}}{4} + E_C (k_B T)^{\frac{3}{2}} \frac{\sqrt{\pi}}{2} \end{aligned}$$

电子平均能量

$$\overline{E} = \frac{2}{\sqrt{\pi}(k_B T)^{\frac{3}{2}}} \left[(k_B T)^{\frac{5}{2}} \frac{3\sqrt{\pi}}{4} + E_C (k_B T)^{\frac{3}{2}} \frac{\sqrt{\pi}}{2} \right] = \frac{3}{2} k_B T + E_C$$

这说明导带底附近半导体电子平均动能 $\frac{3}{2}k_B T$，和气体分子一样，服从能量均分定理.

一般说来，固体中电子遵从费米-狄拉克分布律，不服从能量均分定理，那么半导体中电子服从能量均分定理会不会使得我们在解释半导体热容量时遇到困难呢？不会，虽然每一个半导体电子对热容量的贡献是 $\frac{3}{2}k_B$，但由于半导体电子很少，例如常见 n 取 $10^{15} \sim 10^{17}\,\text{cm}^{-3}$，而晶体原子约 $10^{22}\,\text{cm}^{-3}$，所以与晶体原子振动贡献相比，还是微乎其微的. 所以说经典电子理论很适合来分析半导体.

2.15　一块补偿硅材料. 已知掺入受主杂质浓度 $N_A = 1\times 10\text{cm}^{-3}$，室温下测得其费米能级位置恰好与施主能级重合，并测得热平衡时电子浓度 $n = 5\times 10^{15}\,\text{cm}^{-3}$. 已知室温下硅本征载流子浓度 $n_i = 1.5\times 10^{10}\,\text{cm}^{-3}$. 试问

(1) 平衡时少子浓度为多少？

(2) 掺入材料中施主杂质浓度为多少？

(3) 电离杂质及中性杂质散射中心各为多少？

解　(1) 由杂质全电离得知，平衡时少子——空穴浓度

$$p = \frac{n_i^2}{n} = \frac{n_i^2}{N_D} = \frac{(1.5\times 10^{10})^2}{5\times 10^{15}} = 4.5\times 10^4\,(\text{cm}^{-3})$$

(2) 由电中性方程

$$p + N_D + p_A = n + N_A + n_D$$

其中，$p=0$，$p_A=0$，又电子占据施主杂质能级的概率

$$f_D = \frac{1}{1+\frac{1}{2}e^{\frac{E_D - E_F}{k_B T}}}$$

$$n_D = N_D \cdot \frac{1}{1+\frac{1}{2}e^{\frac{E_D E_F}{k_B T}}} = N_D \frac{1}{1+\frac{1}{2}e^0} = \frac{2}{3}N_D$$

代入电中性方程，$N_D = n + N_A + \frac{2}{3}N_D$，即

$$\frac{1}{3}N_D = n + N_A = 5\times10^{15} + 1\times10^{15} = 6\times10^{15}(\text{cm}^{-3})$$

故掺入材料中施主杂质浓度

$$N_D = 1.8\times10^{16}\,\text{cm}^{-3}$$

(3) 受主杂质全电离,故电离受主散射中心

$$N_A^- = 1\times10^{15}$$

费米能级与施主能级重合,施主杂质部分电离,故电离施主散射中心

$$N_D^+ = N_D - n_D = N_D - \frac{2}{3}N_D = \frac{1}{3}N_D = 6\times10^{15}$$

中性散射中心,即未电离的施主杂质浓度

$$\frac{2}{3}N_D = n_D = 1.2\times10^{16}$$

2.16　一块掺磷的n型硅样品,杂质浓度分别为 $N_D=1\times10^{16}, 1\times10^{17}, 1\times10^{19}\,\text{cm}^{-3}$,求温度300K时费米能级,电子与空穴浓度.

解　硅在300K下,本征载流子浓度 $n_i=1.5\times10^{10}\,\text{cm}^{-3}$,远小于样品中掺磷杂质浓度,本征激发可以忽略.题设温度300K落在杂质激发产生载流子区域上,所以考虑只含一种施主杂质的杂质激发情形.

假设半导体中含有施主杂质 N_D,则电中性方程为

$$p + N_D = n + N_D$$

在杂质激发范围内,本征激发忽略,$p\approx0$,上方程是

$$N_D = n + n_D$$

得到

$$n = N_D - n_D$$

把非简并情况下 $n=N_C e^{-\frac{E_C-E_F}{k_BT}}$ 代入上式

$$N_C e^{-\frac{E_C-E_F}{k_BT}} = N_D - \frac{N_D}{1+\frac{1}{2}e^{\frac{E_D-E_F}{k_BT}}} = \frac{N_D}{1+2e^{\frac{E_F-E_D}{k_BT}}}$$

上式改写为

$$\frac{N_C}{N_D}e^{-\frac{E_C-E_D}{k_BT}}e^{\frac{E_F-E_D}{k_BT}} = \frac{1}{1+2e^{\frac{E_F-E_D}{k_BT}}}$$

其中,$E_C-E_D=E_I$,E_I 称杂质电离能,方程写为

$$\frac{N_C}{N_D}e^{-\frac{E_I}{k_BT}}e^{\frac{E_F-E_D}{k_BT}} = \frac{1}{1+2e^{\frac{E_F-E_D}{k_BT}}}$$

方程中只有一个未知量 E_F,作变数替换令 $x=e^{\frac{E_F-E_D}{k_BT}}$ 和 $A=\frac{N_C}{N_D}e^{-\frac{E_I}{k_BT}}$,在杂质浓度和电离能 N_D,E_I 确定时,A 为定值.则方程为

$$Ax = \frac{1}{1+2x}$$

即

$$2Ax^2+Ax-1=0$$

有两个根

$$x=\frac{-A\pm\sqrt{A^2+8A}}{4A}$$

因 $x=e^{\frac{E_F-E_D}{k_BT}}$ 总是大于 0 的数,弃去负根,得到

$$x=\frac{-A+\sqrt{A^2+8A}}{4A}=\frac{1}{4}\left(\sqrt{1+\frac{8}{A}}-1\right)$$

求得 x,可得 E_F 的位置,也一起知道载流子浓度.具体来说,由 $x=e^{\frac{E_F-E_D}{k_BT}}$ 得

$$E_F=E_D+k_BT\ln x$$

变换载流子浓度公式,得

$$n=N_Ce^{-\frac{E_C-E_F}{k_BT}}=N_Ce^{-\frac{E_C-E_D}{k_BT}}e^{\frac{E_F-E_D}{k_BT}}=N_D\frac{N_C}{N_D}e^{-\frac{E_I}{k_BT}}e^{\frac{E_F-E_D}{k_BT}}=N_DAx$$

把 x 值代入,推得

$$\left.\begin{aligned}E_F&=E_D+k_BT\ln x=E_D+k_BT\ln\left[\frac{1}{4}\left(\sqrt{1+\frac{8}{A}}-1\right)\right]\\ n&=N_DAx=N_DA\left[\frac{1}{4}\left(\sqrt{1+\frac{8}{A}}-1\right)\right]\end{aligned}\right\}\tag{1}$$

现先求 $\frac{8}{A}=\frac{8N_D}{N_C}e^{\frac{E_I}{k_BT}}$ 的值.$T=300\text{K}$ 时,硅导带底有效态密度 $N_C=2.8\times10^{19}$,杂质电离能 $E_I=0.044\text{eV}$.于是

$$N_D=1\times10^{16}\text{cm}^{-3},\frac{8N_D}{N_C}e^{\frac{E_I}{k_BT}}=\frac{8\times1\times10^{16}}{2.8\times10^{19}}e^{\frac{0.044}{0.026}}=0.0155\ll1$$

$$N_D=1\times10^{17}\text{cm}^{-3},\frac{8N_D}{N_C}e^{\frac{E_I}{k_BT}}=\frac{8\times1\times10^{17}}{2.8\times10^{19}}e^{\frac{0.044}{0.026}}=0.155$$

$$N_D=1\times10^{19}\text{cm}^{-3},\frac{8N_D}{N_C}e^{\frac{E_I}{k_BT}}=\frac{8\times1\times10^{19}}{2.8\times10^{19}}e^{\frac{0.044}{0.026}}=15.5\gg1$$

下面分别计算 $N_D=1\times10^{16}$,1×10^{17},1×10^{18}时,硅中费米能级和电子与空穴浓度.

(1) $N_D=1\times10^{16}\text{cm}^{-3}$

$\frac{8}{A}=0.0155\ll1$,强电离区

$$E_F=E_C+k_BT\ln\frac{N_D}{N_C}=E_C+0.026\times\ln\frac{1\times10^{16}}{2.8\times10^{19}}=E_C-0.21\text{eV}$$

$E_C-E_F=0.21\text{eV}\gg k_BT$,是非简并情况

$$n=N_D=1\times10^{16}\text{cm}^{-3}$$

$$p=\frac{n_i^2}{N_D}=\frac{(1.5\times10^{10})^2}{1\times10^{16}}=2.3\times10^4(\text{cm}^{-3})$$

(2) $N_D=1\times10^{17}\text{cm}^{-3}$

$\frac{8}{A}=0.155\ll1$,应用杂质激发公式(1)

$$x=\frac{1}{4}\left(\sqrt{1+\frac{8}{A}}-1\right)=\frac{1}{4}(\sqrt{1+0.155}-1)=0.0187$$

$$\begin{aligned}E_F&=E_D+k_BT\ln x=E_D+0.026\times\ln0.0187=E_D-0.103\\&=E_D+E_C-E_C-0.103=E_C-(E_C-E_D)-0.103\\&=E_C-0.044-0.103=E_C-0.147(\text{eV})\end{aligned}$$

$k_BT=0.026\text{eV}$,可以应用杂质激发公式求得 n 及 p 如下

$$n=N_DAx=1\times10^{17}\times\frac{8}{0.155}\times0.0187=9.65\times10^{16}(\text{cm}^{-3})$$

$$p=\frac{n_i^2}{n}=\frac{(1.5\times10^{10})^2}{9.65\times10^{16}}=2.3\times10^3(\text{cm}^{-3})$$

(3) $N_D=1\times10^{19}\text{cm}^{-3}$

$\frac{8}{A}=15.5\gg1$,半导体进入简并,但先仍应用杂质激发公式(1)

$$x=\frac{1}{4}\left(\sqrt{1+\frac{8}{A}}-1\right)=\frac{1}{4}(\sqrt{1+15.5}-1)=0.766$$

则

$$\begin{aligned}E_F&=E_D+k_BT\ln x=E_D+0.026\times\ln0.776=E_D-0.0069\\&=E_D+E_C-E_C-0.0069\\&=E_C-(E_C-E_D)-0.0069\\&=E_C-0.044-0.0069\\&=E_C-0.051(\text{eV})\end{aligned}$$

$E_C-E_F=0.051\text{eV}\approx k_BT$,故不能应用杂质激发公式来求 n,p 浓度.但上面 E_F 估算表明,费米能级并未进入导带,是弱简并,电子浓度 n 可应用下述近似式子来求得:

$$n=N_CF_{\frac{1}{2}}(\xi)\approx N_C\frac{1}{0.25+e^{-\xi}}$$

其中,$\xi=\frac{E_F-E_C}{k_BT}$.现需要求出 ξ,在重掺杂下,本征可忽略,主要是杂质激发,故

$$n=N_D-n_D=N_D^+=\frac{N_D}{1+2e^{\frac{E_F-E_D}{k_BT}}}=\frac{N_D}{1+2e^{\xi}e^{\frac{E_I}{k_BT}}}$$

于是

$$N_C\frac{1}{0.25+e^{-\xi}}=\frac{N_D}{1+2e^{\xi}e^{\frac{E_I}{k_BT}}}$$

移项整理

$$N_C+N_C\cdot2e^{\xi}e^{\frac{E_I}{k_BT}}=0.25N_D+N_De^{-\xi}$$

令 $x=e^{\xi}$

$$2N_C e^{\frac{E_I}{k_B T}} x^2 + (N_C - 0.25N_D)x - N_D = 0$$

则

$$x = \frac{-(N_C - 0.25N_D) + \left[(N_C - 0.25N_D)^2 + 4 \times 2N_C e^{\frac{E_I}{k_B T}} N_D\right]^{\frac{1}{2}}}{2 \times 2N_C e^{\frac{E_I}{k_B T}}} = 0.247$$

式中,代入 $E_I = 0.044\text{eV}$,求得

$$\xi = \ln x = -1.4$$

于是

$$E_F - E_C = \xi k_B T = -1.4k_B T$$

即

$$E_C - E_F = 1.4k_B T = 0.036\text{eV}$$

比估算的 $E_C - E_F = 0.051\text{eV}$ 要小,半导体进入弱简并,故

$$n = N_C F_{\frac{1}{2}}(\xi) = N_C F_{\frac{1}{2}}(-1.4) = 2.8 \times 10^{19} \times 0.228 = 6.4 \times 10^{18}(\text{cm}^{-3})$$

对简并半导体,$np = n_i^2$ 不成立,不能使用 $np = n_i^2$ 来求 p,但是现在,导带中电子是简并,而价带空穴并不简并,因为

$$\begin{aligned} E_F - E_V &= E_F - E_V + E_C - E_C = E_g - (E_C - E_F) \\ &= 1.12 - 1.4k_B T = 1.12 - 0.036 = 1.084(\text{eV}) \gg k_B T \end{aligned}$$

故应用非简并半导体空穴浓度公式求出

$$p = N_V e^{-\frac{E_F - E_V}{k_B T}} = 1.02 \times 10^{19} \times e^{-\frac{1.084}{0.026}} = 8(\text{cm}^{-3})$$

2.17　某种半导体结型器件需要 n 型材料且必须在 100℃下工作. 试问若在硅中掺 $1\times10^{14}\text{cm}^{-3}$磷得到的 n 型材料能否合用? 锗中掺 $1\times10^{14}\text{cm}^{-3}$砷,可以用吗?

$$硅\quad m_n^* = 1.08m_0,\quad m_p^* = 0.59m_0$$

$$锗\quad m_n^* = 0.56m_0,m_p^* = 0.37m_0$$

注意 E_g 随温度而变化,服从 $E_g = E_g(0) - \frac{\alpha T^2}{T+\beta}$,其中锗、硅 α,β 和 $E_g(0)$值列于表 2.4.

表 2.4

	$\alpha(\times10^{-4})$	β	$E_g(0)$
Si	4.73	636	1.17
Ge	4.774	235	0.7437

解　E_g 随温度变化表达式如下:

$$E_g = E_g(0) - \frac{\alpha T^2}{T+\beta}$$

100℃时,

$$\text{Si}\quad E_g = 1.17 - \frac{4.73 \times 10^{-4} \times 373^2}{(373 + 636)} = 1.1(\text{eV})$$

$$\text{Ge}\quad E_g = 0.7437 - \frac{4.774 \times 10^{-4} \times 373^2}{(373 + 235)} = 0.63(\text{eV})$$

这样 100℃下，硅锗本征载流子浓度

$$\text{Si}\quad n_i=2.51\times10^{19}\times\left(\frac{m_n m_p}{m_0^2}\right)^{\frac{3}{4}}\left(\frac{T}{300}\right)^{\frac{3}{2}}e^{-\frac{E_g}{2k_BT}}=9.3\times10^{11}\text{cm}^{-3}$$

$$\text{Ge}\quad n_i=2.51\times10^{19}\times\left(\frac{m_n m_p}{m_0^2}\right)^{\frac{3}{4}}\left(\frac{T}{300}\right)^{\frac{3}{2}}e^{-\frac{E_g}{2k_BT}}=6\times10^{14}\text{cm}^{-3}$$

Si 中 $N_D=1\times10^{14}\text{cm}^{-3}\gg n_i=9.3\times10^{11}\text{cm}^{-3}$，即 Si 中掺 $1\times10^{14}\text{cm}^{-3}$ 杂质，磷在 100℃下全电离，故

$$n\approx N_D=2\times10^{14}/\text{cm}^3$$

而

$$p=\frac{n_i^2}{N_D}=1.6\times10^8/\text{cm}^3$$

显然，$n=2\times10^{14}\text{cm}^{-3}\gg p=1.6\times10^8\text{cm}^{-3}$，是 n 型材料，所以硅中掺 $1\times10^{14}\text{cm}^{-3}$ 磷得到的 n 型材料合用.

现在 Ge 中掺杂不变，但因 $N_D=1\times10^{14}\text{cm}^{-3}<n_i=6\times10^{14}\text{cm}^{-3}$，所以 100℃下 Ge 材料本征激发主导了载流子的产生，即 $n=p\approx6\times10^{14}\text{cm}^{-3}$，这样由于 Ge 材料本征导电而不合用. 因此

$$n_i(T)>N_D$$

指出载流子产生进入本征激发区，此时半导体呈本征导电，所以 $N_D=n_i(T)$ 确定了器件工作温度的最高极限.

2.18 以施主杂质电离 95%作为强电离的标准，试求掺磷硅（磷杂质电离能 $E_I=0.045\text{eV}$）在 300K 时，以杂质电离产生载流子为主的饱和区相应的掺杂杂质浓度.

解 题解 2.16 给出了在低温杂质激发产生载流子情形下，含一种施主杂质半导体中的电中性方程

$$n=N_D-n_D=N_D^+ \tag{1}$$

$\frac{N_D^+}{N_D}$称杂质电离度，当$\frac{N_D^+}{N_D}\to1$，则有

$$n\approx N_D$$

这就是以杂质电离产生载流子为主的饱和区载流子浓度公式.

解 2.16 还给出杂质激发产生载流子的浓度公式为

$$n=N_DAx$$

代入(1)式，得

$$\frac{N_D^+}{N_D}=Ax$$

依题意，当$\frac{N_D^+}{N_D}=95\%$，载流子产生开始进入饱和电离区，代入 $x=\frac{1}{4}\left(\sqrt{1+\frac{8}{A}}-1\right)$，得

$$\frac{N_D^+}{N_D}=\frac{95}{100}=A\times\frac{1}{4}\left(\sqrt{1+\frac{8}{A}}-1\right)$$

这时$\frac{8}{A}\ll 1$,对$\left(\sqrt{1+\frac{8}{A}}\right)$作二项式展开,但保留至二次项,得到

$$A\times\frac{1}{4}\left(\sqrt{1+\frac{8}{A}}-1\right)=\frac{A}{4}\left(1+\frac{4}{A}-\frac{8}{A^2}-1\right)=\left(1-\frac{2}{A}\right)$$

即

$$\frac{95}{100}=1-\frac{2}{A}$$

得到

$$\frac{2}{A}=\frac{1}{20}$$

式中$A=\frac{N_C}{N_D}e^{-\frac{E_I}{k_BT}}$,故

$$\frac{N_D}{N_C}e^{\frac{E_I}{k_BT}}=\frac{1}{40} \tag{2}$$

代入硅导带底有效态密度$N_C=2.8\times10^{19}\text{cm}^{-3}$,$E_I=0.045\text{eV}$得到在$T=300\text{K}$下杂质电离开始进入饱和电离区时的杂质浓度$N_D$公式

$$\begin{aligned}N_D&=N_C\times\frac{1}{40}\times e^{-\frac{E_I}{\kappa_BT}}=2.8\times10^{19}\times\frac{1}{40}\times e^{-\frac{0.045}{0.026}}\\&=1.24\times10^{17}(\text{cm}^{-3})\end{aligned}$$

这是300K时,以杂质电离产生载流子为主的饱和区相应的最大掺杂杂质浓度.因为表达式(2)中温度T是杂质开始进入饱和电离区温度,显然除了电离能外,杂质浓度多寡,对于电离温度T也有显著的影响,下面题解2.19的计算表明,当磷杂质浓度$N_D=1\times10^{17}\text{cm}^{-3}$时,杂质进入饱和电离时温度是281K,而当$N_D=1\times10^{14}\text{cm}^{-3}$时,饱和区开始温度为77K.

2.19　非简并掺杂半导体中载流子产生是随着温度上升从杂质电离逐步过渡到本征激发的,在这一过程中将经历两个转变温度,即杂质弱电离过渡到饱和电离-饱和电离区开始温度和饱和电离过渡到本征激发-本征激发区开始温度.试以硅中掺磷为例(磷杂质在硅中电离能$E_I=0.045\text{eV}$),计算磷杂质浓度分别为10^{17}cm^{-3}和10^{14}cm^{-3}时,饱和电离区开始温度和本征激发区开始温度,从而划分出杂质电离,饱和电离和本征激发三个温区,得到非简并半导体中载流子浓度的分温区计算方法.

解　(1) 饱和电离区开始温度.

题2.18已推导出杂质弱电离过渡到饱和电离-饱和电离区开始激发的公式

$$\frac{N_D}{N_C}e^{\frac{E_I}{k_BT}}=\frac{1}{40} \tag{1}$$

式中硅导带底有效态密度为

$$N_C=2\cdot\left(\frac{2\pi m_dk_BT}{h^2}\right)^{\frac{3}{2}}M_C=2\cdot\frac{(2\pi k_B)^{\frac{3}{2}}}{h^3}\cdot T^{\frac{3}{2}}\cdot m_d^{\frac{3}{2}}\cdot M_C$$

M_C是导带底个数,硅$M_C=6$,m_d为硅电子态密度有效质量

$$m_d=(m_lm_t^2)^{\frac{1}{3}}m_0$$

硅电子纵向有效质量 $m_l=0.98m_0$，横向有效质量 $m_t=0.19m_0$，算得硅电子态密度有效质量

$$m_d=[0.98\times(0.19)^2]^{\frac{1}{3}}m_0=0.328m_0$$

故

$$(m_d)^{\frac{3}{2}}M_C=(0.328m_0)^{\frac{3}{2}}\times 6=(0.328)^{\frac{3}{2}}\times 8.69\times 10^{-52}\times 6$$

$$=9.812\times 10^{-52}\cdot\left[\frac{W\cdot s^3}{cm^2}\right]^{\frac{3}{2}}$$

与硅导带底有效态密度 N_C 表达式一起代入(1)式，得出

$$e^{\frac{E_I}{k_BT}}=\frac{1}{20}\frac{(2\pi k_B)^{\frac{3}{2}}}{h^3}(m_d)^{\frac{3}{2}}\cdot M_C\cdot T^{\frac{3}{2}}\cdot\frac{1}{N_D}$$

$$=1.389\times 10^{65}\times 9.812\times 10^{-52}\times T^{\frac{3}{2}}\times\frac{1}{N_D}$$

$$=1.363\times 10^{14}\times T^{\frac{3}{2}}\times\frac{1}{N_D}$$

方程左边指数因子

$$\frac{E_I}{k_B}=\frac{0.045\times 1.602\times 10^{-19}}{1.381\times 10^{-23}}=522.2$$

所以饱和电离区开始温度方程

$$e^{\frac{5.22\times 10^2}{T}}=1.363\times 10^{14}\times\frac{1}{N_D}\times T^{\frac{3}{2}}$$

两边取对数

$$\frac{5.22\times 10^2}{T}=\ln\frac{1.363\times 10^{14}}{N_D}+\frac{3}{2}\ln T$$

当 $N_D=1\times 10^{17}\text{cm}^{-3}$，推得

$$\frac{3}{2}\ln T-\frac{522.20}{T}-6.598=0 \tag{2}$$

而 $N_D=1\times 10^{14}\text{cm}^{-3}$，推得

$$\frac{3}{2}\ln T-\frac{522.20}{T}+0.309=0 \tag{3}$$

方程(2)和(3)是超越方程，比较复杂，一般常用图解法求解，即使方程两边分别作出关于温度 T 的函数曲线，由这两条曲线得交点可以定出饱和开始温度 T_1 但也可方便应用Neton-Rephson 迭代法，由计算机运算，求得方程(2)的根 $T_1=281\text{K}$，方程(3)的根 $T_1=77\text{K}$.

(2) 本征激发区开始温度.

题 2.17 给出本征激发区开始温度公式

$$n_i(T)=N_D \tag{4}$$

本征激发产生的载流子浓度

$$n_i(T)=(N_CN_v)^{\frac{1}{2}}e^{-\frac{E_g(T)}{2k_BT}}\propto T^{\frac{3}{2}}e^{-\frac{E_g(T)}{2k_BT}}$$

于是

$$\frac{n_i(T)}{n_i(300\text{K})}=\frac{T^{\frac{3}{2}}}{(300)^{\frac{3}{2}}}\cdot e^{\frac{E_g(300\text{K})}{2\times 0.026}}\cdot e^{-\frac{E_g(T)}{2k_BT}} \tag{5}$$

前面题解 2.17 已提到锗硅半导体禁带宽度不是常数,它是温度得函数,随温度升高而缩小,硅材料

$$E_g(T)=1.170-\frac{4.73\times10^{-4}T^2}{T+636}$$

故

$$E_g(300\mathrm{K})=1.170-\frac{4.73\times10^{-4}\times300^2}{636+300}=1.125(\mathrm{eV})$$

(5) 式中指数项

$$e^{\frac{E_g(300)}{2\times0.026}}=e^{\frac{1.125}{0.052}}=2.79\times10^9$$

取 $n_i(300\mathrm{K})=1.5\times10^{10}\mathrm{cm}^{-3}$,则(5)式可写成

$$n_i(T)=n_i(300\mathrm{K})\times\frac{1}{(300)^{\frac{3}{2}}}\times2.79\times10^9\times T^{\frac{3}{2}}\times e^{-\frac{E_g(T)}{2k_BT}}$$

$$=8.054\times10^{15}\times T^{\frac{3}{2}}e^{-\frac{E_g(T)}{2k_BT}}=8.054\times10^{15}\times T^{\frac{3}{2}}e^{-\frac{5802.25E_g(T)}{T}}$$

把上式代入(4)式,得到

$$N_D=8.054\times10^{15}T^{\frac{3}{2}}e^{-\frac{5802.25E_g(T)}{T}}$$

$$1=\frac{8.054\times10^{15}}{N_D}T^{\frac{3}{2}}e^{-\frac{5802.25E_g(T)}{T}}$$

两边取对数

$$0=\ln\frac{8.054\times10^{15}}{N_D}+\frac{3}{2}\ln T-\frac{5802.25E_g(T)}{T}$$

若 $N_D=1\times10^{17}\mathrm{cm}^{-3}$,得本征激发开始温度方程

$$-2.519+\frac{3}{2}\ln T-\frac{5802.25E_g(T)}{T}=0 \tag{6}$$

而 $N_D=1\times10^{14}\mathrm{cm}^{-3}$,得方程

$$4.389+\frac{3}{2}\ln T-\frac{5802.25E_g(T)}{T}=0 \tag{7}$$

由 Newton-Rephson 迭代法求出方程(6)根 $T_1=761\mathrm{K}$,$E_g(761\mathrm{K})=0.974\mathrm{eV}$ 方程(7)根 $T_2=461\mathrm{K}$,$E_g(461\mathrm{K})=1.079\mathrm{eV}$.

(3) 三个温区划分.

把上面计算两个磷杂质浓度下硅中电子热激发产生载流子的两个转变温度 T_1,T_2 列于表 2.5 中.

表 2.5

浓度/cm^{-3}	T_1/K	T_2/K
1×10^{17}	281	761
1×10^{14}	77	461

我们看到,$1\times10^{14}-1\times10^{17}\mathrm{cm}^{-3}$磷掺杂浓度下硅中饱和电离温区有几百 K 宽,例如 $N_D=1\times10^{17}\mathrm{cm}^{-3}$时,$T_2-T_1=761-281=480(\mathrm{K})$,如图 2.15 所示,n 型硅电子浓度 n 随

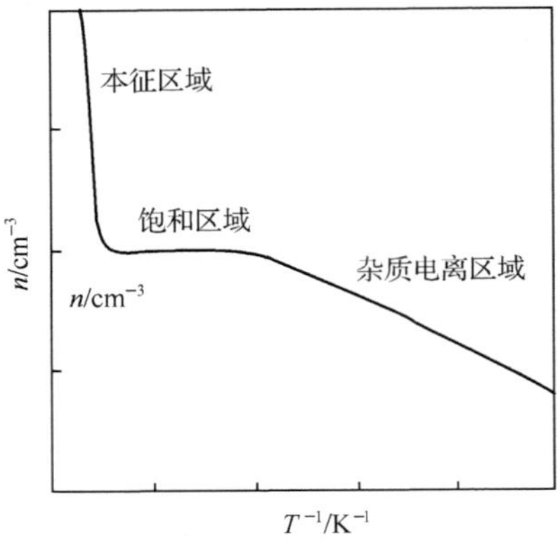

n 型硅中电子浓度 n 附温度变化

图 2.15

温度变化示意图中平坦的一段，而它的两侧则分别是本征激发区和杂质电离区，于是有了明显三个温区的划分. 而如上述，每一温区载流子产生近似地只相应一种机制，对应着各自载流子浓度计算公式，这就是非简并掺杂半导体中载流子浓度的分温区计算方法.

(4) 从表 2.5 还可以看到，在 $1\times10^{14}\sim1\times10^{17}\text{cm}^{-3}$ 磷掺杂浓度下，室温 $T=300\text{K}$ 均落在饱和电离温区上，这表示室温附近相当宽的温度范围里都能应用 $n\approx N_D$ 公式来得到硅中电子浓度，因而在半导体物理问题和半导体器件分析中就能经常地使用饱和电离假设来计算其载流子浓度了.

(5) 从表 2.5 中看到，随着掺杂浓度的增大，两个转变温度 T_1 和 T_2 跟着升高，图 2.15 中的曲线向高温移动. 因此，例如 $N_D=1\times10^{17}\text{cm}^{-3}$ 计算得到的本征激发开始的温度是 281K. 那么，小于 $1\times10^{17}\text{cm}^{-3}$ 掺杂浓度半导体的本征激发温度都将小于 281K，故题 2.18 算出的是在 300K 时，以杂质电离产生载流子为主的饱和区相应的最大的掺杂浓度.

(6) 非简并半导体载流子浓度分温区计算

计算问题的具体半导体材料已知，计算问题中的温度所相应的本征激发载流子 n_i 便按公式求出来了. 这时，把具体掺杂浓度例如施主杂质浓度 N_D 与算出的本征载流子浓度 n_i 相比较，来确定计算问题中的温度落在哪一个温区，从而方便的求得 E_F 位置和 n，p 数值.

(a) n_i 比 N_D 大一个数量级以上，说明温度落在本征激发的温区，于是使用以下公式：

$$n=p=n_i$$

$$E_F=\frac{1}{2}(E_C+E_V)+\frac{k_BT}{2}\ln\frac{N_V}{N_C}$$

(b) n_i 与 N_D 在同一数量级上，计算温度落在本征—全电离过渡区，有联立方程

$$\begin{cases} n\cdot p=n_i^2 \\ p+N_D=n \end{cases}$$

则

$$n=\frac{N_D+(N_D^2+4n_i^2)^{\frac{1}{2}}}{2}$$

$$p=\frac{n_i^2}{n}$$

和

$$E_F=E_i+k_BT\ln\left[\frac{N_D+(N_D^2+4n_i^2)^{\frac{1}{2}}}{2n_i}\right]$$

(c) n_i 比 N_D 小一个数量级或更小，计算温度落在杂质激发区，本征激发可忽略，使

用以下公式

$$n = N_D A x$$

$$E_F = E_D + kT\ln x.$$

式中，$A=\frac{N_C}{N_D}e^{-\frac{E_I}{k_B T}}$，$x=\frac{1}{4}\left(\sqrt{1+\frac{8}{A}}-1\right)$.

① 全电离公式

$$\frac{8}{A} = \frac{8N_D}{N_C}e^{\frac{E_I}{k_B T}} \ll 1\text{，即 } A \gg 1$$

有公式

$$n = N_D$$

$$p = \frac{n_i^2}{N_D}$$

和

$$E_F = E_C + k_B T\ln\frac{N_D}{N_C}$$

② 弱电离公式

$$\frac{8}{A} = \frac{8N_D}{N_C}e^{\frac{E_I}{k_B T}} \gg 1\text{，即 } A \ll 1$$

有公式

$$n = \left(\frac{N_C N_D}{2}\right)^{\frac{1}{2}} e^{-\frac{E_I}{2k_B T}}$$

$$E_F = \frac{E_C + E_D}{2} + \frac{k_B T}{2}\ln\frac{N_D}{2N_C}$$

参阅林鸿生，非简并半导体载流子浓度的分温区计算，云南大学学报(固体物理专辑)，2002，24，(5A)，1

第三节　输 运 现 象

2.20　在晶态硅中，能隙是 1.14eV，空穴有效质量 $m_h \approx 0.3m$，电子有效质量 $m_e = 0.2m$.

(1) 作出合适的近似(并证实). 求出质量作用定律 $np = f(T)$ 中的函数 $f(T)$ 的表达式. 其中 n 和 p 是电子和空穴的浓度，T 是温度. 积分 $\int_0^\infty x^{\frac{1}{2}}e^{-x}dx = \left(\frac{\pi}{4}\right)^{\frac{1}{2}}$.

(2) 要掺入多大浓度的施主杂质砷(As)，才能使室温下非本征电导率比本征电导率高 10^4 倍以上？(忽略受主杂质，静态介电常数为 $\varepsilon = 11.8$)

(3) 半导体的功函数 Φ_s 是指电子在真空中的静止能量与半导体的费米能级之差，如果一个功函数为 Φ_m 的金属与半导体接触，根据材料在结处的能带图证明：依 Φ_m 和 Φ_s 的相对大小，结可以是整流结或欧姆结.

解　(1) 在导带底附近 $E(k)$ 与 k 的关系为

$$E(k)=E_{C}+\frac{\hbar^{2}k^{2}}{2m_{e}}$$

则导带底附近的态密度为

$$g(E)=4\pi\left(\frac{2m_{e}}{\hbar^{2}}\right)^{\frac{3}{2}}(E-E_{C})^{\frac{1}{2}}$$

费米分布函数为

$$f(E)=\frac{1}{1+e^{(E-E_{F})/k_{B}T}}$$

所以,在能量 $E\to E+\mathrm{d}E$ 之间的电子浓度为

$$\mathrm{d}n=f(E)g(E)\mathrm{d}E$$

则热平衡时导带电子浓度为

$$n=\int_{E_{C}}^{\infty}f(E)g(E)\mathrm{d}E$$

若近似认为 $E-E_{F}\gg k_{B}T$,则 $f(E)\approx e^{-(E-E_{F})/k_{B}T}$. 由于在半导体中,最常遇到的情况是费米能级 E_{F} 位于禁带内,而且与导带或价带顶的距离远大于 $k_{B}T$,因此上述近似是合适的.

由此得

$$n=4\pi\left(\frac{2m_{e}}{\hbar^{2}}\right)^{\frac{3}{2}}(k_{B}T)^{\frac{3}{2}}e^{-(E-E_{F})/k_{B}T}\int_{0}^{\infty}x^{\frac{1}{2}}e^{-x}\mathrm{d}x=N_{C}e^{-(E-E_{F})/k_{B}T}$$

式中,$N_{C}=2\left(\frac{2\pi m_{e}k_{B}T}{\hbar^{2}}\right)^{\frac{3}{2}}$. 同理可得热平衡时价带空穴浓度为

$$p=N_{V}e^{-(E-E_{F})/k_{B}T}$$

式中,$N_{V}=2\left(\frac{2\pi m_{h}k_{B}T}{\hbar^{2}}\right)^{\frac{3}{2}}$. 由此得

$$np=N_{C}N_{V}e^{-(E_{C}-E_{V})/k_{B}T}=N_{C}N_{V}e^{-E_{g}/k_{B}T}=f(T)$$

即

$$f(T)=\frac{4(2\pi k_{B}T)^{3}(m_{e}m_{h})^{\frac{3}{2}}}{\hbar^{6}}e^{-E_{g}/k_{B}T}$$

(2) 由于 $np=f(T)$,表明在一定温度下,任何非简并半导体的热平衡载流子的乘积与所含杂质无关,因此,对于本征半导体($n=p=n_{i}$)同样成立,故有 $np=n_{i}^{2}$.

对于本征半导体,其电导率为

$$\sigma_{i}=en_{i}(\mu_{e}+\mu_{h})\approx 2en_{i}\mu_{e}$$

若掺入施主杂质浓度为 N_{D},在常温下,$n\approx N_{D}$,并忽略受主杂质的影响,则材料的电导率为

$$\sigma=e\mu_{e}N_{D}$$

按题意

$$\frac{\sigma}{\sigma_{i}}=\frac{N_{D}}{2n_{i}}=10^{4}$$

式中

$$
\begin{aligned}
n_i &= \frac{2(2\pi k_B T)^{\frac{3}{2}}(m_e m_h)^{\frac{3}{4}}}{\hbar^3} e^{-E_g/2k_B T} \\
&= 2.509 \times 10^{19} \times \left(\frac{m_e m_h}{m_0^2}\right)^{\frac{3}{4}} \left(\frac{T}{300}\right)^{\frac{3}{2}} e^{-E_g/2k_B T} \\
&= 2.509 \times 10^{19} (0.2 \times 0.3)^{\frac{3}{4}} e^{-\frac{1.14}{2\times 0.026}} \\
&= 9.15 \times 10^8 (\text{cm}^{-3})
\end{aligned}
$$

则

$$N_D = 2 \times 10^4 n_i = 1.83 \times 10^{13} \text{cm}^{-3}$$

(3) 当 $\Phi_m < \Phi_s$ 时，金属与 n 型半导体接触前后的能带图如图 2.16(a)和(b)所示.

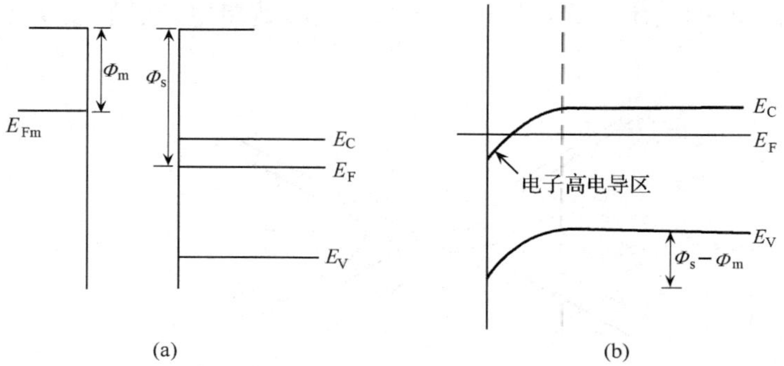

图 2.16

接触后，由于 $\Phi_m < \Phi_s$，所以金属中的电子流入半导体，半导体表面处能带向下弯曲，表面形成高电导的反阻挡层，它对半导体和金属接触电阻的影响很小，故此时所形成的是欧姆结.

当 $\Phi_m > \Phi_s$ 时，金属与 n 型半导体接触前后的能带用如图 2.17(a)和(b)所示.

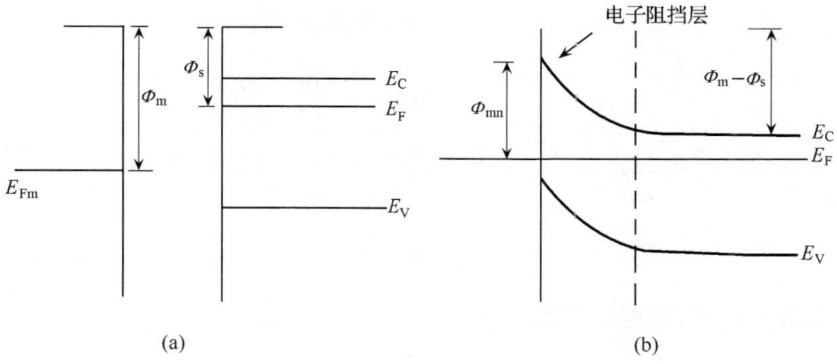

图 2.17

接触后，由于 $\Phi_m > \Phi_s$，所以半导体中的电子流入金属，半导体表面处能带向上弯曲，表面形成高阻的区域—阻挡层(表面势垒)，当加上正向偏压(金属接正，半导体接负)，表面势垒降低，使半导体流向金属的电子流大大增加，即形成大的正向电流；而当加上反向偏压(金属接负,半导体接正),表面势垒增高,使半导体流向金属的电子流大大减小到接近于零,而只有少量电子从金属流向半导体,即形成了小的反向电流,故此时所形成的是整流结.

2.21　求半导体中电导率 $\sigma=\dfrac{ne^2\tau}{m}$ 对温度的依赖关系(其中 τ 为弛豫时间). 该半导体处在使其中自由载流子浓度为常数的温度下,并且散射机制是由于少量而恒定的杂质电荷所引起的卢瑟福散射.

解　对于卢瑟福散射机制,微分散射截面为

$$S(\theta)=\left(\frac{Ze^2}{8\pi\varepsilon_0\varepsilon mv^2}\right)^2\csc^4\left(\frac{\theta}{2}\right)$$

式中,Ze 为散射中心的电荷,ε 为半导体的介电常数,v 为带电粒子的速度,θ 为图 2.18 所示的散射角.

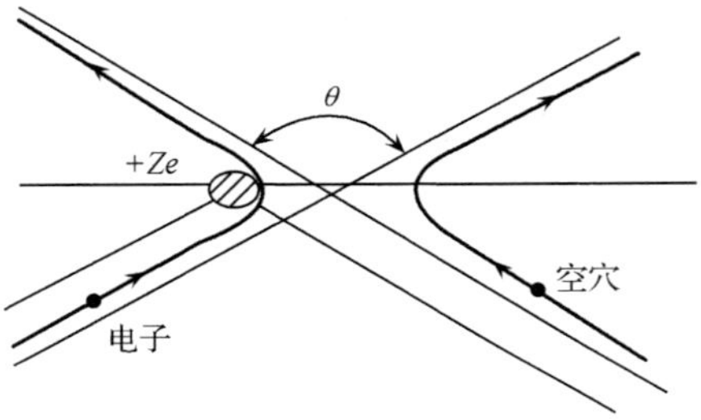

图 2.18

因为散射概率 P 可表示为

$$P=N_{\mathrm{I}}v\int_{\theta\min}^{\pi}S(\theta)(1-\cos\theta)\mathrm{d}\theta$$

式中,N_{I} 是电离杂质浓度. 则电离杂质散射的弛豫时间为

$$\begin{aligned}\frac{1}{\tau}&=N_{\mathrm{I}}v\int_{\theta\min}^{\pi}2\pi(1-\cos\theta)S(\theta)\sin\theta\mathrm{d}\theta\\&=\frac{N_{\mathrm{I}}Z^2e^4}{8\pi^2\varepsilon^2\varepsilon_0^2m^2v^3}\cdot\ln\left[1+\frac{4\pi\varepsilon^2\varepsilon_0^2m^2v^4}{N_{\mathrm{I}}Z^2e^4}\right]\end{aligned}$$

上式的对数函数中虽然也包含有 N_{I}、v,但是对数函数变化比较慢,近似地可作为常数来看待,因此有

$$\frac{1}{\tau}\propto N_{\mathrm{I}}v^{-3}$$

由于在散射概率公式中,速度 v 可表示为

$$v=\sqrt{\frac{3k_{\mathrm{B}}T}{m}}\propto T^{1/2}$$

又按题意,半导体处在 $n\approx N_{\mathrm{I}}=\mathrm{const}$ 的温度下,所以

$$\frac{1}{\tau}\propto T^{-3/2}$$

电导率

$$\sigma = \frac{ne^2\tau}{m} \propto T^{3/2}$$

2.22　求半导体中电导率$\sigma=\frac{ne^2\tau}{m^*}$对温度的依赖关系(其中$\tau$为弛豫时间). 该半导体处在使其中自由载流子浓度为常数的温度下,并且散射机制是由于晶格原子热振动所引起的晶格散射.

解　晶格原子热振动使晶体势场$V(\boldsymbol{r})$偏离严格周期势场,而使晶体电子遭受散射,发生从$\boldsymbol{k}$到$\boldsymbol{k}'$的跃迁,这就是晶格散射,其散射过程可以用电子与声子相互作用来描述. 在散射前后,它们必须满足能量守恒和准动量守恒定律. 如果电子散射之前的波矢和能量分别为$\boldsymbol{k}_{\mathrm{i}}$和$E_{\mathrm{i}}$,称为初态,散射之后波矢与能量分别为$\boldsymbol{k}_{\mathrm{f}}$和$E_{\mathrm{f}}$,称为末态,则

$$\hbar\boldsymbol{k}_{\mathrm{f}} = \hbar\boldsymbol{k}_{\mathrm{i}} \pm \hbar\boldsymbol{q}$$
$$E_{\mathrm{f}} = E_{\mathrm{i}} \pm \hbar\omega\ .$$

$\hbar\omega$为波矢$\boldsymbol{q}$的声子能量,其中"+"号相应于电子在散射后能量与准动量的增加,称为吸收声子的过程,而"−"号则表明电子在散射以后能量与准动量减小了,相应于发射声子的过程.

首先要指出的是,由于准动量守恒的要求,在能带具有单一极值的半导体中,仅有长格波才会对载流子的散射起显著作用. 说明如下,电子准动量

$$\hbar\boldsymbol{k} = m^*\boldsymbol{v}$$

由能量均分定理(见题解2.14).

$$\frac{1}{2}m^*v^2 = \frac{3}{2}k_{\mathrm{B}}T$$

则

$$k = \frac{\sqrt{3m^*k_{\mathrm{B}}T}}{\hbar}$$

例如,假设电子有效质量$m^*=0.3m_0$,有

$$k = \frac{\sqrt{3m^*k_{\mathrm{B}}T}}{\hbar} = \frac{\sqrt{3\times0.3\times9.1\times10^{-35}\times0.026\times1.6\times10^{-19}}}{1.0\times10^{-34}}$$
$$= 5.8\times10^{6}(\mathrm{cm}^{-1})$$

若晶体布里渊区线度为$\frac{2\pi}{a}$,假定晶格常数$a=5.4$Å,有

$$\frac{2\pi}{a} = \frac{2\times3.14}{5.4\times10^{-8}} \approx 1.2\times10^{8}(\mathrm{cm}^{-1})$$

所以,电子波矢$5.8\times10^6\,\mathrm{cm}^{-1}$仅是布里渊区线度的二十分之一. 由准动量守恒,电子波矢也在$10^6\,\mathrm{cm}^{-1}$数量级上,因此对电子进行散射的是小$\boldsymbol{q}$声子,即长格波在散射过程中起主要作用. 下面进一步从能量守恒定律来讨论长格波声学声子所引起的散射.

电子散射概率P与末态的态密度成正比(半导体导带基本上是空的,末态可占用概率为1),取自由电子能态密度公式

$$g(E\pm\hbar\omega) = \frac{1}{4\pi^2}\left(\frac{2m^*}{\hbar^2}\right)^{\frac{3}{2}}(E\pm\hbar\omega)^{\frac{1}{2}}$$

电子吸收声子的散射概率与声子数 $\bar{n}$ 成正比，发射声子散射概率与声子数 $(\bar{n}+1)$ 成正比. 声子服从玻色分布 $\bar{n}=\dfrac{1}{e^{\frac{\hbar\omega}{k_B T}}-1}$，所以电子总的散射概率

$$P \propto \frac{1}{4\pi^2}\left(\frac{2m^*}{\hbar^2}\right)^{\frac{3}{2}}\sum G(\boldsymbol{q})\frac{(E+\hbar\omega)^{\frac{1}{2}}}{e^{\frac{\hbar\omega}{k_B T}}-1}+\frac{1}{4\pi^2}\left(\frac{2m^*}{\hbar^2}\right)^{\frac{3}{2}}\sum_{\boldsymbol{q}} G(\boldsymbol{q})\frac{(E-\hbar\omega)^{\frac{1}{2}}}{e^{\frac{\hbar\omega}{k_B T}}-1}\cdot e^{\frac{\hbar\omega}{k_B T}}$$

第一项代表电子吸收声子而引起的散射概率，第二项代表电子发射声子所引起的散射概率，总的散射概率应该是对所有声子求和. 式中 $G(\boldsymbol{q})$ 反映电子与格波作用强弱的因子，如果 $E<\hbar\omega_{\boldsymbol{q}}$，则第二项等于零，说明电子能量不足以发射比它能量大的声子.

长格波声学声子能量很小，$\hbar\omega_{\boldsymbol{q}} \ll k_B T$，故上述总散射概率式子中的分母指数项可以展开

$$e^{\frac{\hbar\omega_{\boldsymbol{q}}}{k_B T}}-1=\left(1+\frac{\hbar\omega_{\boldsymbol{q}}}{k_B T}\right)-1=\frac{\hbar\omega_{\boldsymbol{q}}}{k_B T}$$

同时长格波声学声子对电子散射实质上是长声学波所引起的晶格畸变势对电子的散射，而畸变势所引起的电子声子耦合

$$G(\boldsymbol{q}) \propto |\boldsymbol{q}|$$

即

$$G(\boldsymbol{q}) = C'|\boldsymbol{q}|$$

而长格波声学支色散关系

$$\omega_{\boldsymbol{q}} = C|\boldsymbol{q}|$$

于是长格波声学声子引起的电子散射总散射概率

$$P \propto \frac{1}{4\pi^2}\left(\frac{2m^*}{\hbar^2}\right)^{\frac{3}{2}}\sum_{\boldsymbol{q}} G(\boldsymbol{q})\left[\frac{E^{\frac{1}{2}}}{\frac{\hbar\omega_{\boldsymbol{q}}}{k_B T}}+\frac{\left(1+\frac{\hbar\omega_{\boldsymbol{q}}}{k_B T}\right)E^{\frac{1}{2}}}{\frac{\hbar\omega_{\boldsymbol{q}}}{k_B T}}\right]$$

$$=\frac{1}{4\pi^2}\left(\frac{2m^*}{\hbar^2}\right)^{\frac{3}{2}}E^{\frac{1}{2}}\sum_{\boldsymbol{q}} G(\boldsymbol{q})\frac{2+\frac{\hbar\omega_{\boldsymbol{q}}}{k_B T}}{\hbar\omega_{\boldsymbol{q}}}k_B T=\frac{1}{4\pi^2}\left(\frac{2m^*}{\hbar^2}\right)^{\frac{3}{2}}E^{\frac{1}{2}}k_B T\sum_{\boldsymbol{q}} C'|\boldsymbol{q}|\frac{2}{C|\boldsymbol{q}|}$$

$$\propto (m^*)^{\frac{3}{2}}E^{\frac{1}{2}}(k_B T)$$

即

$$P = A(m^*)^{\frac{3}{2}}E^{\frac{1}{2}}(k_B T) \propto T$$

式中，A 是比例常数，半导体电子服从能量均分定理

$$E^{\frac{1}{2}}=\left(\frac{3}{2}k_B T\right)^{\frac{1}{2}} \propto T^{\frac{1}{2}}$$

则

$$P \propto T^{\frac{1}{2}}T = T^{\frac{3}{2}}$$

因此弛豫时间 τ

$$\tau=\frac{1}{P} \propto T^{-\frac{3}{2}}$$

则电导率

$$\sigma = \frac{ne^2\tau}{m^*} \propto T^{-\frac{3}{2}}$$

现在可以应用以上结果解释上一章自由电子论与晶体电子输运性质中题解 1.120 图 1.81 Ge 中温段 $\rho \propto T$ 的关系. 因为在这个温度范围里,杂质全部电离,自由载流子浓度,例如电子浓度 n 为常数,半导体 Ge 电阻率将主要取决于晶格散射,$\rho \propto \frac{1}{\tau} \propto P \propto T^{\frac{3}{2}}$,因此随温度升高,Ge 电阻率增大.

参阅林鸿生,近代固体电子输运理论建立的辩证法,云南大学学报 A 辑(固体物理专辑),2002,24(5A),4.

2.23　说明高补偿半导体 Ge,Si,其电阻率比本征 Ge,Si 材料还高.

解　首先来证明当 $\mu_n \neq \mu_p$ 且电子浓度 $n = n_i\sqrt{\frac{\mu_p}{\mu_n}}$,空穴浓度 $p = n_i\sqrt{\frac{\mu_n}{\mu_p}}$ 时,半导体材料的电导率最小,并给出 σ_{min} 的表达式. 半导体材料电导率为

$$\sigma = ne\mu_n + pe\mu_p = ne\mu_n + \frac{n_i^2}{n}e\mu_p$$

上式对 n 求导数,并取零

$$\frac{d\sigma}{dn} = e\mu_n - \frac{n_i^2}{n^2}e\mu_p = 0$$

得出 $n = n_i\sqrt{\frac{\mu_p}{\mu_n}}$ 时,σ 有极值,此时 $p = \frac{n_i^2}{n} = n_i\sqrt{\frac{\mu_n}{\mu_p}}$,而

$$\left.\frac{d^2\sigma}{dn^2}\right|_{n=n_i\sqrt{\frac{\mu_p}{\mu_n}}} = \frac{2n_i^2}{n^3}e\mu_p > 0$$

故当 $n = n_i\sqrt{\frac{\mu_p}{\mu_n}}$,$p = n_i\sqrt{\frac{\mu_n}{\mu_p}}$ 时,σ 取极小值. 于是半导体最小电导率

$$\sigma_{min} = ne\mu_n + pe\mu_p = n_i\sqrt{\mu_p/\mu_n}e\mu_n + n_i\sqrt{\mu_n/\mu_p}e\mu_p = 2n_ie\sqrt{\mu_n\mu_p}$$

现在来求 300K 下,Ge 和 Si 样品的最小电导率最值,并和本征电导率比较.

Ge:$n_i = 2.4\times10^{13}\text{cm}^{-3}$,$\mu_n = 3900\text{cm}^2/(\text{V}\cdot\text{s})$,$\mu_p = 1900\text{cm}^2/(\text{V}\cdot\text{s})$,则

本征电导率

$$\sigma_i = n_ie(\mu_n + \mu_p) = 2.23\times10^{-2}(\Omega\cdot\text{cm})^{-1}$$

最小电导率

$$\sigma_{min} = 2n_ie\sqrt{\mu_n\mu_p} = 2.09\times10^{-2}(\Omega\cdot\text{cm})^{-1}$$

Si:$n_i = 1.5\times10^{10}\text{cm}^{-3}$,$\mu_n = 1350\text{cm}^2/\text{V}\cdot\text{s}$,$\mu_p = 500\text{cm}^2/\text{V}\cdot\text{s}$,则

$$\sigma_i = 4.44\times10^{-4}\text{s/m} = 4.44\times10^{-6}(\Omega\cdot\text{cm})^{-1}$$

$$\sigma_{min} = 3.95\times10^{-4}\text{s/m} = 3.95\times10^{-6}(\Omega\cdot\text{cm})^{-1}$$

固体电导率越小,则电阻率越高. 以 Ge 为例,$\sigma_{min} = 2.09 < \sigma_i = 2.23$,说明 Ge 本征电导率不是最小,掺杂 Ge 反而可能有更高的绝缘性能.

下面来计算 Ge,Si 具有最小电导时,电子和空穴浓度

Ge： $n=n_i\sqrt{\dfrac{\mu_p}{\mu_n}}=n_i\sqrt{\dfrac{1900}{3900}}=0.70n_i=0.70\times2.4\times10^{13}=1.68\times10^{13}(\text{cm}^{-3})$

$$p=n_i\sqrt{\dfrac{\mu_n}{\mu_p}}=n_i\sqrt{\dfrac{3900}{1900}}=1.43n_i=3.44\times10^{13}(\text{cm}^{-3})$$

Si： $n=n_i\sqrt{\dfrac{\mu_p}{\mu_n}}=n_i\sqrt{\dfrac{500}{1350}}=0.61n_i=9.13\times10^{9}(\text{cm}^{-3})$

$$p=n_i\sqrt{\dfrac{1350}{500}}=1.64n_i=2.46\times10^{10}(\text{cm}^{-3})$$

所以 $n\neq p$，半导体有掺杂反而有最小电导率，但 n,p 数值相差很小，而且 n,p 数值也很低，这些在只有高度补偿掺杂情况下，才可能做到.

2.24 InSb 的电子迁移率为 $7.5\text{m}^2/\text{V}\cdot\text{s}$，空穴迁移率为 $0.075\text{m}^2/(\text{V}\cdot\text{s})$，室温时本征载流子浓度为 $1.6\times10^{16}\text{cm}^{-3}$，试分别计算本征电导率，本征电阻率和最小电导率，最大电阻率. 什么导电类型的 InSb 材料电阻率可达最大？

解　对 InSb，应用题解 2.23 计算公式

$$\sigma_i=n_ie(\mu_n+\mu_p)=1.6\times10^{16}\times1.6\times10^{-19}\times(7.5+0.075)\times10^4=194(\Omega\cdot\text{cm})^{-1}$$

$$\rho_i=\frac{1}{\sigma_i}=5.2\times10^{-3}\Omega\cdot\text{cm}$$

$$\sigma_{\min}=2n_ie\sqrt{\mu_n\mu_p}=2\times1.6\times10^{16}\times1.6\times10^{-19}\times\sqrt{7.5\times0.75\times10^8}$$
$$=38.4(\Omega\cdot\text{cm})^{-1}$$

$$\rho_{\max}=\frac{1}{\sigma_{\min}}=0.026\Omega\cdot\text{cm}$$

电阻率最大时，InSb 中电子与空穴浓度

$$n=n_i\sqrt{\mu_p/\mu_n}=1.6\times10^{16}\sqrt{\frac{750}{7500}}=1.6\times10^{15}(\text{cm}^{-3})$$

$$p=n_i\sqrt{\mu_n/\mu_p}=1.6\times10^{16}\sqrt{\frac{7500}{750}}=1.6\times10^{17}(\text{cm}^{-3})$$

$p\gg n$，故 p 型的 InSb 材料电阻率可达最大.

2.25 室温时，$\dfrac{k_BT}{e}=26\text{mV}$，一硫化镉样品的可动载流子密度为 10^{16}cm^{-3}，迁移率为 $\mu=10^2\text{cm}^2/(\text{V}\cdot\text{s})$.

(1) 计算此样品的电导率；

(2) 载流子不断陷入不可移动的地方，然后又被热激发至可移动态，如果可动态的平均自由时间为 $t=10^{-5}\text{s}$，那么载流子在相继两次陷落之间扩散距离的方均根值是多少？

(3) 如果载流子有效质量等于自由电子质量的 0.1 倍，那么相继两次散射之间的平均时间是多少？

解　(1) 电导率 $\sigma=ne\mu=1\times10^{16}\times1.6\times10^{-19}\times10^2=0.16(\Omega\cdot\text{cm})^{-1}=16(\Omega\cdot\text{m})^{-1}$

(2) 根据能量均分定律

$$\frac{1}{2}mv_x^2=\frac{1}{2}mv_y^2=\frac{1}{2}mv_y^2=\frac{1}{2}k_BT$$

所以

$$\frac{1}{2}mv^2=\frac{3}{2}k_BT, v^2=\frac{3k_BT}{m}$$

所以载流子在相继两次陷落之间的扩散距离的方均值

$$l=\sqrt{v^2}t=\sqrt{\frac{3k_BT}{m}}\cdot t=\sqrt{3\left(\frac{k_BT}{e}\right)\frac{e}{m}}\cdot t=\sqrt{3\times 26\times 10^{-3}\times 1.76\times 10^{11}}\times 10^{-5}$$
$$=1.17(\text{m})=117(\text{cm})$$

(3) 由金属的自由电子论知

$$\sigma=\frac{ne^2\langle\tau\rangle}{m^*}$$

其中，m^* 是电子有效质量，所以相继两次散射之间的平均时间

$$\langle\tau\rangle=\frac{m^*\sigma}{ne^2}=\frac{0.1\sigma}{ne}\left(\frac{m}{e}\right)=\frac{0.1\times 0.16\times 10^2}{1\times 10^{22}\times 1.6\times 10^{-19}}\times\left(\frac{1}{1.76\times 10^{11}}\right)$$
$$=5.68\times 10^{-15}(\text{s})$$

2.26　半导体硅材料纵向电子有效质量 $m_l=0.98m_0$，横向有效质量 $m_t=0.19m_0$（m_0 为静止电子质量），若已知硅电子迁移率为 $0.1\text{m}^2/\text{V}\cdot\text{s}$，试求当外加电场强度为 10^4V/m 时，硅电子平均自由时间和漂移的距离.

解　首先求硅电子电导有效质量 m_c

$$\frac{1}{m_c}=\frac{1}{3}\left(\frac{1}{m_l}+\frac{2}{m_t}\right)=\frac{1}{3}\left(\frac{1}{0.98}+\frac{2}{0.19}\right)\frac{1}{m_0}$$

即 $m_c=0.26m_0$，按照洛伦兹经典电子理论，硅电子平均自由时间

$$\tau=\frac{\mu m_c}{e}=\frac{0.1\times 10^4\times 0.26\times 9.1\times 10^{-35}}{1.6\times 10^{-19}}=1.48\times 10^{-13}(\text{s})$$

在电场强度 $\varepsilon=1\times 10^4\text{V/m}$ 下，硅电子平均漂移速度

$$v_d=\mu\varepsilon=0.1\times 1\times 10^4=1\times 10^3(\text{m/s})$$

则硅电子平均漂移距离

$$L_d=v_d\tau=10^3\times 1.48\times 10^{-13}=1.48\times 10^{-10}(\text{m})=1.48(\text{Å})$$

参阅林鸿生，电导有效质量及半导体电子的自由粒子性质，大学物理，1999，18(8)，21.

2.27　0.1kg 的 Ge 单晶，掺有 3.2×10^{-9}kg 的 Sb. 设杂质全部电离. 试求该材料的电阻率.（设 $\mu_n=0.39\text{m}^2/\text{V}\cdot\text{s}$，Ge 单晶密度为 5.32g/cm^3，Sb 的原子量为 121.8.）

解　Ge 单晶体积为 $V=\dfrac{0.1\times 10^3}{5.32}\text{cm}^3$，则单晶中杂质锑浓度 N_D 为

$$N_D=\frac{\dfrac{3.2\times 10^{-9}\times 10^3}{121.8}\times 6.022\times 10^{23}}{\dfrac{0.1\times 10^3}{5.32}}=8.4\times 10^{14}(\text{cm}^{-3})$$

由题设全电离假设，$n=N_D$. 则该材料电阻率

$$\rho=\frac{1}{\sigma}=\frac{1}{ne\mu_n+pe\mu_p}\doteq\frac{1}{ne\mu_n}=\frac{1}{N_De\mu_n}=\frac{1}{8.42\times 10^{14}\times 10^{-19}\times 0.39}$$

$$= 1.9 \times 10^{-2}(\Omega \text{m}) = 1.9(\Omega \text{cm})$$

2.28 早期锗硅等半导体材料常利用测其电阻率的办法来估计纯度. 若测得室温下电阻率为 10Ωcm，试估计 n 型锗的纯度，并讨论其局限性.（锗电子迁移率 $\mu = 3900\text{cm}^2/(\text{V} \cdot \text{s})$，锗原子密度 $d = 4.42 \times 10^{22}\text{cm}^{-3}$，电子电荷量 $e = 1.6 \times 10^{-19}\text{A} \cdot \text{s}$.）

解 室温下 n 型锗电导率

$$\sigma = ne\mu_n = N_D e\mu_n$$

则

$$N_D = \frac{\sigma}{e\mu_n} = \frac{1}{\rho e\mu_n} = \frac{1}{10 \times 1.6 \times 10^{-19} \times 3900} = 1.6 \times 10^{14}(\text{cm}^{-3})$$

$$\text{纯度} = \frac{4.42 \times 10^{22} - 1.6 \times 10^{14}}{4.42 \times 10^{22}} = 99.\underbrace{999999}_{6\text{个}9}64\%$$

常称该材料纯度为 6 个 9. 实际上有杂质补偿，所以估计偏高，尤其若出现高补偿，这个纯度测定就完全不能说明问题了. 现在已不采用这种单晶纯度电导测量方法了，而是广泛应用光谱法分析半导体材料中杂质类型及其含量.

2.29 在液氦温度下，用光激发本征锗产生传导电子，其平均密度为 $1 \times 10^{12}\text{cm}^{-3}$，在此温度下，电子和空穴的迁移率相等，$\mu = 0.5 \times 10^4 \text{cm}^2/(\text{V} \cdot \text{s})$.

(1) 假如将 100V 电压加到边长为 1cm 的立方晶体上，这时，产生的电流约为多少?

(2) 电子和空穴的扩散系数的近似值是多少?（室温下$\frac{k_B T}{e} = 26\text{mV}$.）

解 (1) 电流密度

$$j = \sigma E = (n\mu_n + p\mu_p)eE = 2n\mu_n e \frac{V}{d}$$

将 $n = 1 \times 10^{12}\text{cm}^{-3}$，$\mu_n = 0.5 \times 10^4 \text{cm}^2/\text{V} \cdot \text{s}$，$V = 100\text{V}$，$d = 1\text{cm}$ 等数值代入，得

$$j = 1.6 \times 10^3 \text{A/m}^2$$

所以，电流

$$I = jS = 1.6 \times 10^3 \times 1 \times 10^{-4} = 0.16(\text{A}) = 160(\text{mA})$$

(2) 由爱因斯坦关系

$$\frac{D}{\mu} = \frac{k_B T}{e}$$

在液氦温度下，$T_D = 77\text{K}$，题中设 $\mu_n = \mu_p = \mu$，故

$$D_n = D_p = D$$

由此得电子和空穴的扩散系数

$$D = \frac{k_B T_D}{e}\mu = 26 \times 10^{-3} \frac{T_D}{T}\mu = 26 \times 10^{-3} \times \frac{77}{300} \times 0.5 = 3.34 \times 10^{-3}(\text{m}^2/\text{s})$$

2.30 在一假想的 n 型半导体中，若电子在导带中 E 和 k 的关系可近似表示为 $E = ak^2 + \text{const}$，在 $B = 0.1\text{Wb/m}^2$ 的磁场中，电子的回旋共振频率为 $\omega_0 = 1.8 \times 10^{11}\text{rad/s}$

(1) 求 a 的值;

(2) 假设半导体中掺入五价施主杂质，估计每立方米中杂质的数目. 已知室温时霍尔

系数为 $R_H=-6.25\times10^{-8}\text{m}^3/\text{C}$.

解　(1) $E=ak^2+\text{const}$,所以

$$\frac{1}{m^*}=\frac{1}{\hbar^2}\frac{\partial^2E}{\partial k^2}=\frac{2a}{\hbar^2}$$

又知电子回旋频率

$$\omega_0=\frac{eB}{m^*}$$

由此得

$$a=\frac{\hbar^2}{2}\frac{\omega_0}{eB}=\frac{(1.05\times10^{-34})^2\times1.8\times10^{11}}{2\times1.6\times10^{-19}\times0.1}=6.2\times10^{-38}(\text{J}\cdot\text{m}^2)$$

(2) 对 n 型半导体 $n\gg p$,所以

$$R_H\approx-\frac{1}{ne}$$

在室温下,杂质已基本电离,因此杂质浓度

$$N_I\approx n=-\frac{1}{R_He}=\frac{1}{6.25\times10^{-6}\times1.6\times10^{-19}}=10^{24}(\text{m}^{-3})$$

2.31　对厚为 0.08cm 的 n 型 GaAs,沿 x 方向通以 50mA 的电流,沿 z 方向加 0.5T 的磁场,得到 0.4mV 的霍尔电压,求

(1) 霍尔系数;

(2) 载流子浓度;

(3) 如材料电阻率为 $1.5\times10^{-3}\Omega\text{cm}$,求载流子霍尔迁移率.

解　(1) 霍尔系数

$$R_H=\frac{-\varepsilon_y}{j_xB_z}=-\frac{\dfrac{V_H}{d}}{\dfrac{I}{d^2}\cdot B_z}=-\frac{V_Hd}{IB_z}=-\frac{0.4\times10^{-3}\times0.08\times10^{-2}}{50\times10^{-3}\times0.5}=-1.28(\text{m}^3/\text{C})$$

(2) 载流子浓度

$$R_H=-\frac{1}{ne}$$

$$n=-\frac{1}{R_He}=\frac{1}{1.28\times10^{-5}\times1.6\times10^{-19}}=4.88\times10^{17}(\text{cm}^{-3})=4.88\times10^{23}(\text{m}^{-3})$$

(3) 霍尔迁移率

$$\mu_H=R_H\sigma=R_H\frac{1}{\rho}$$

代入 $\rho=1.5\times10^{-3}\Omega\text{cm}=1.5\times10^{-5}\Omega\text{m}$,得

$$\mu_H=\frac{1.28\times10^{-5}}{1.5\times10^{-5}}=0.853(\text{m}^2/(\text{V}\cdot\text{s}))$$

2.32　推导本征半导体的霍尔系数表示式.

解　如图 2.19 所示,长方形样品垂直于磁场放置,所加电场沿 x 方向,也与磁场垂直.由于洛伦兹力的作用,电子与空穴的轨迹都要向 $-y$ 方向偏转,这就引起了电子和空穴的

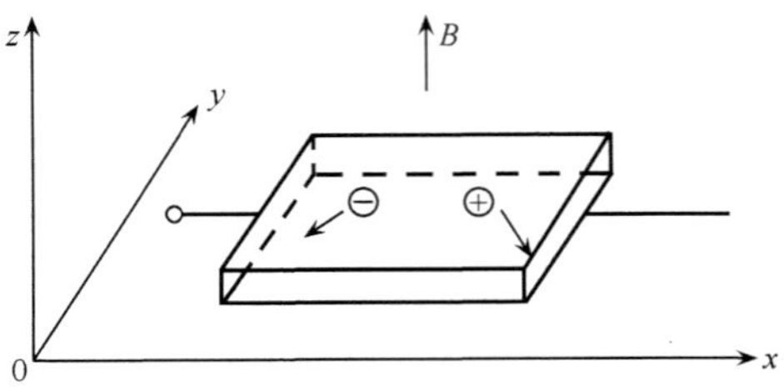

图 2.19

横向电流．当横向处于开路的情况下，磁场引起的横向电流，使得在样品沿 y 轴的两边引起电荷积累，从而在 y 方向建立起横向霍尔电场 ε_y．在稳态时，由于磁场所引起的横向电流与霍尔电场引起的横向电流相互抵消，故此时 y 方向的净电流为零，但电子和空穴电流分别地并不为零．

设 $(J_p)_y$ 和 $(J_n)_y$ 分别表示 y 方向空穴和电子的电流密度，则

$$\begin{aligned}(J_p)_y &= pq\mu_p\varepsilon_y - pq\mu_p(v_p)_z B_z \\ &= pq\mu_p\varepsilon_y - pq\mu_p^2\varepsilon_x B_z\end{aligned}$$

$$(J_n)_y = nq\mu_n\varepsilon_y + nq\mu_n^2\varepsilon_x B_z$$

稳态时

$$J_y = (J_p)_y + (J_n)_y = 0$$

由此得

$$(nq\mu_n + pq\mu_p)\varepsilon_y + (nq\mu_n^2 - pq\mu_p^2)\varepsilon_x B_z = 0$$

所以

$$\varepsilon_y = \frac{p\mu_p^2 - n\mu_n^2}{p\mu_p + n\mu_n}\varepsilon_x B_z$$

又

$$J_x = q(p\mu_p + n\mu_n)$$

所以

$$\varepsilon_y = \frac{1}{q}\frac{p\mu_p^2 - n\mu_n^2}{(p\mu_p + n\mu_n)^2}J_x B_z$$

由霍尔系数 R_H 的定义

$$R_H = \frac{\varepsilon_y}{J_x B_z}$$

可知

$$R_H = \frac{1}{q}\frac{p\mu_p^2 - n\mu_n^2}{(p\mu_p^2 + n\mu_n)^2}$$

对本征半导体

$$n = p = n_i$$

故

$$R_H = \frac{1}{qn_i}\frac{\mu_p^2 - \mu_n^2}{(\mu_p + \mu_n)^2} = \frac{1}{qn_i}\cdot\frac{\mu_p - \mu_n}{\mu_p + \mu_n}$$

2.33　在低温下，当能带中载流子极少时，杂质带中载流子的导电性将表现出来．设杂质带中电子迁移率为 μ_D，半导体导带中电子迁移率 μ_n，可以把它们看作两种不同的载流子，试求磁场作用下的霍尔系数，并由此解释低温反常霍尔效应．

解　首先应用霍尔角的概念来推导两种载流子情况下半导体霍尔系数的公式. 当对通有电流半导体施加磁场时，由于洛伦兹力，在垂直电流方向产生一个横向电场称霍尔电场，可以利用下列便于想像的方式(见图 2.20)获得这个横向电场的大小. 设想没有磁场存在时，由于电场 ε_x 引起的沿导体方向(即 x 轴)的电流密度

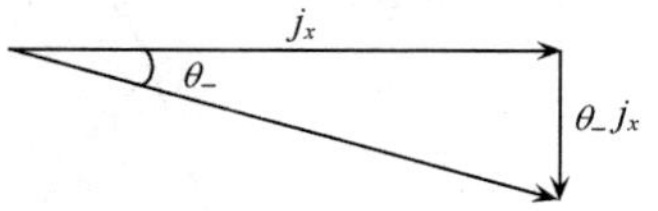

图 2.20

$$j_x=\sigma\varepsilon_x$$

加上 z 方向的磁场，它的唯一作用可以看作是使电流偏转一个角度 θ_-，而基本上不改变电流的大小，在 θ_- 很小的条件下，这个效果可以看成是在横向产生电流

$$j_y=j_x\theta_-$$

电流密度 j_x 由两部分组成，电场 ε_x 引起导带中电子的电流 $(j_{\rm n})_x$ 和杂质带中电子电流 $(j_{\rm D})_x$，即

$$j_x=(j_{\rm n})_x+(j_{n_{\rm D}})_x$$

导带中电子电流 $(j_{\rm n})_x$ 和杂质带中电子电流密度分别为

$$(j_{\rm n})_x=ne\mu_{\rm n}\varepsilon_x$$

和

$$(j_{n_{\rm D}})_x=ne\mu_{\rm D}\varepsilon_x$$

在磁场 B_z 作用下，它们产生的 y 方向偏转电流分别是

$$(j_{\rm n})_x\theta_-$$

和

$$(j_{n_{\rm D}})_x\theta_-$$

于是 y 方向偏转电流

$$\begin{aligned}j_y&=(j_{\rm n})_x\theta_-+(j_{n_{\rm D}})_x\theta_-=ne\mu_{\rm n}\varepsilon_x(-\mu_{\rm n}B_z)+n_{\rm D}e\mu_{\rm D}\varepsilon_x(-\mu_{\rm D}B_z)\\&=-e(n\mu_{\rm n}^2+n_{\rm D}\mu_{\rm D}^2)\varepsilon_xB_z\end{aligned}$$

这个偏转电流引起导体两边上电荷积累，造成横向电场 ε_y 足以抵消上述电流. 电场 ε_y 引起的电流为

$$\sigma\varepsilon_y=(ne\mu_{\rm n}+n_{\rm D}e\mu_{\rm D})\varepsilon_y$$

由 $\sigma\varepsilon_y=j_y$，有

$$(ne\mu_{\rm n}+n_{\rm D}e\mu_{\rm D})\varepsilon_y=-e(n\mu_{\rm n}^2+n_{\rm D}\mu_{\rm D}^2)\varepsilon_xB_z$$

所以

$$\begin{aligned}\varepsilon_y&=-\frac{(n\mu_{\rm n}^2+n_{\rm D}\mu_{\rm D}^2)}{n\mu_{\rm n}+n_{\rm D}\mu_{\rm D}}\varepsilon_xB_z=-\frac{(n\mu_{\rm n}^2+n_{\rm D}\mu_{\rm D}^2)}{n\mu_{\rm n}+n_{\rm D}\mu_{\rm D}}\frac{j_x}{\sigma}B_z\\&=-\frac{(n\mu_{\rm n}^2+n_{\rm D}\mu_{\rm D}^2)}{e(n\mu_{\rm n}+n_{\rm D}\mu_{\rm D})^2}j_xB_z\end{aligned}$$

故

$$R_{\rm H}=-\frac{(n\mu_{\rm n}^2+n_{\rm D}\mu_{\rm D}^2)}{e(n\mu_{\rm n}+n_{\rm D}\mu_{\rm D})^2}$$

现在来解释低温反常霍尔效应，若半导体中不存在杂质带，那么低温下，$n\propto {\rm e}^{-\frac{E_{\rm D}}{2k_{\rm B}T}}$，随着，$T\to0$，$n\to0$，霍尔系数 $|R_{\rm H}|\to\infty$. 但在低温下，由于导带电子 $n\to0$，所以半导体中重掺

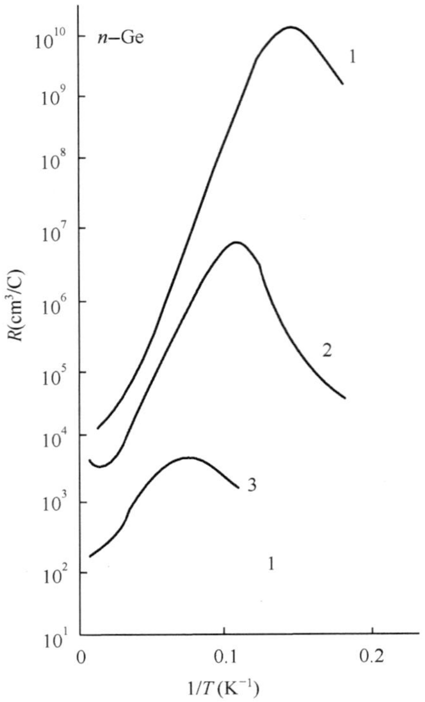

图 2.21

杂所带来的杂质带的导电性将表现出来，以至低温下霍尔效应将主要由杂质带来决定

$$R_H \approx -\frac{1}{n_D e} = -\frac{1}{N_D e}$$

即在其低温度下，霍尔系数大小与饱和区的霍尔系数相近，说明$|R|$随着温度下降经历了一极大值后减至一个饱和值，这就是低温下霍尔系数的反常效应. 图 2.21 示出 n 型 Ge 样品低温下霍尔系数与温度的关系.

第四节　过剩载流子和 pn 结

2.34　一块含有施主杂质浓度为 $N_D = 1\times10^{17}\,\mathrm{cm}^{-3}$的半导体材料硅，在光照射下体内均匀产生 $\Delta n = \Delta p = 1\times10^{10}\,\mathrm{cm}^{-3}$的光生载流子. 试画出此时硅的能带图，并准确标出准费米能级的位置.

解　热平衡时硅中载流子浓度

$$\begin{cases} n_0 = N_D = n_i e^{\frac{E_F^0 - E_i}{k_B T}} = 1\times10^{17}\,\mathrm{cm}^{-3} \\ p_0 = \dfrac{n_i^2}{n} = n_i e^{\frac{E_i - E_F^0}{k_B T}} = 2.25\times10^3\,\mathrm{cm}^{-3} \end{cases} \tag{1}$$

式中 n_i 是硅本征载流子浓度，$n_i = 1.5\times10^{10}\,\mathrm{cm}^{-3}$，$E_i$ 是本征费米能级.

半导体中存在非平衡载流子时，用准费米能级 E_F^n 和 E_F^p 来描述载流子统计分布

$$\begin{cases} n = n_0 + \Delta n = n_i e^{\frac{E_F^n - E_i}{k_B T}} \\ p = p_0 + \Delta p = n_i e^{\frac{E_i - E_F^p}{k_B T}} \end{cases}$$

式中 n, p 是非平衡状态电子与空穴的浓度，$\Delta n = \Delta p$ 为过剩电子与空穴浓度，代入 n_0, p_0 与 $\Delta n, \Delta p$ 值，上面式子改写为

$$\begin{cases} n = 1\times10^{17} + 1\times10^{10} \approx 1\times10^{17}\,\mathrm{cm}^{-3} \approx n_0 \\ p = 2.25\times10^3 + 1\times10^{10} \doteq 1\times10^{10}\,\mathrm{cm}^{-3} \xrightarrow{\text{接近}} n_i \end{cases}$$

与(1)式相比，$n = n_0$，而 $p = 1\times10^{10} \gg p_0 = 2.25\times10^3$，所以 $E_F^n \doteq E_F^0$. 但 E_F^p 则大大偏离 E_F^0，由于 p 大小接近 n_i，故 E_F^p 靠近到硅本征费米能级 E_i，即

$$E_F^n \approx E_F^0, \qquad E_F^p \approx E_i$$

故此时硅的能带图如图 2.22 所示，注意硅本征费米能级 E_i 基本位于禁带中央.

2.35　如图 2.23，用 4880Å Ar^+ 激光来照射一块长度及宽度远大于厚度 t 及样品扩散长度 L 的半导体 Si 材料，入射光在表面层内被完全吸收，样品上下表面复合速度分别为 S_1, S_2，单位面积光生载流子激发率为 g.

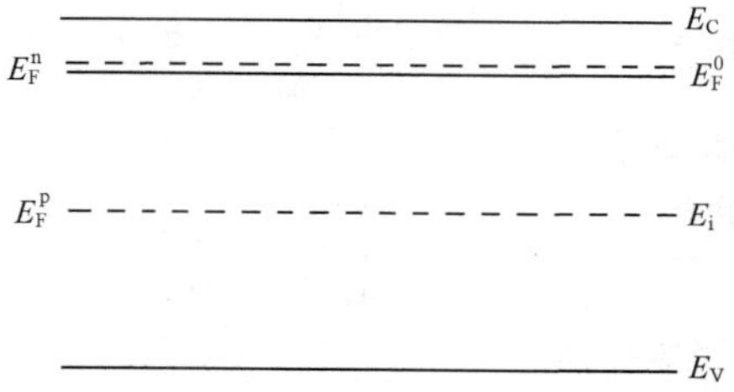

图 2.22

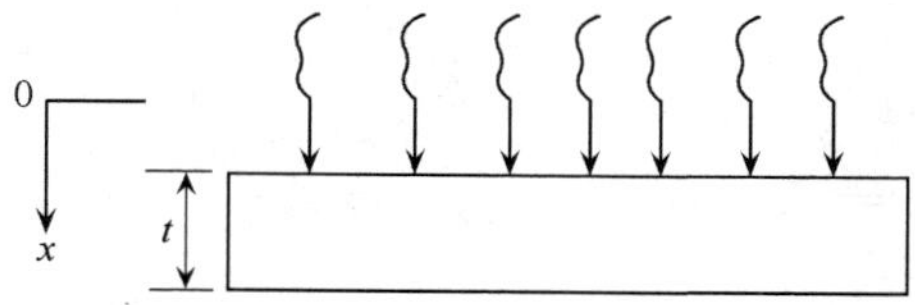

图 2.23

(1) 写出光激发产生过剩载流子运动方程及边界条件;

(2) 试证光生载流子沿厚度 x 的分布为

$$\Delta p(x) = \frac{L}{D} g F_1, \qquad F_1 = \frac{\cosh\left(\frac{t-x}{L}\right) + \alpha_2 \sinh\left(\frac{t-x}{L}\right)}{(\alpha_1 + \alpha_2)\cosh\frac{t}{L} + (1 + \alpha_1\alpha_2)\sinh\frac{t}{L}}$$

其中,L,τ 为过剩载流子的扩散长度及寿命,D 为双极扩散系数,e 为单位电荷量

$$\alpha_1 = \frac{S_1}{\frac{D}{L}}, \quad \alpha_2 = \frac{S_2}{\frac{D}{L}}$$

$$\sinh x = \frac{1}{2}(e^x - e^{-x}), \quad \cosh x = \frac{1}{2}(e^x + e^{-x})$$

(3) 试求单位面积样品光电导

$$\Delta G = eg\tau\mu_p(1+b)F_2$$

$$F_2 = \frac{\sinh\frac{t}{L} + \alpha_2\cosh\frac{t}{L} - \alpha_2}{(\alpha_1 + \alpha_2)\cosh\frac{t}{L} + (1 + \alpha_1\alpha_2)\sinh\frac{t}{L}}$$

$b = \frac{\mu_n}{\mu_p}$,μ_n,μ_p 分别为电子和空穴迁移率.

解 (1) 本题实际上是对 Dember 效应的进一步研究,主要是考虑表面的复合因素,从 Dember 效应讨论看到,由于光照将引起的 Dember 电场调节电子和空穴运动,使它们同步,从而可用双极扩散系数 D 来统一表达它们的运动,故过剩载流子的运动方程

$$D\frac{\partial^2 \Delta p(x)}{\partial x^2} - \frac{\Delta p(x)}{\tau} = 0$$

边界条件

$$\text{上表面} \quad -D_p \frac{\partial \Delta p(x)}{\partial x}\bigg|_{x=0} + S_1 \Delta p(0) = g$$

$$\text{下表面}\quad -D_{\mathrm{p}}\frac{\partial\Delta p(x)}{\partial x}\bigg|_{x=t}+S_2\Delta p(t)=0$$

光仅在表面激发产生过剩载流子.

(2) 令 $L^2=D\tau$,方程通解为

$$\Delta p(x)=A\mathrm{e}^{-\frac{x}{L}}+B\mathrm{e}^{\frac{x}{L}}$$

现在利用两个边界条件来定系数 A 和 B

$$\frac{\mathrm{d}\Delta p}{\Delta x}=-\frac{A}{L}\mathrm{e}^{-\frac{x}{L}}+\frac{B}{L}\mathrm{e}^{\frac{x}{L}}$$

$$\frac{\mathrm{d}\Delta p}{\Delta x}\bigg|_0=-\frac{A}{L}+\frac{B}{L},\quad \frac{\mathrm{d}\Delta p}{\Delta x}\bigg|_t=-\frac{A}{L}\mathrm{e}^{-\frac{x}{L}}+\frac{B}{L}\mathrm{e}^{\frac{x}{L}}$$

$$\Delta p\,|_0=A+B,\quad \Delta p\,|_{x=t}=A\mathrm{e}^{-\frac{x}{L}}+B\mathrm{e}^{\frac{x}{L}}$$

所以代入边界条件可得

$$\begin{cases}-D\left(-\dfrac{A}{L}\mathrm{e}^{-\frac{t}{L}}+\dfrac{B}{L}\mathrm{e}^{\frac{t}{L}}\right)=S_2(A\mathrm{e}^{-\frac{t}{L}}+B\mathrm{e}^{\frac{t}{L}})\\ g=S_1(A+B)-D\left(-\dfrac{A}{L}+\dfrac{B}{L}\right)\end{cases}$$

$$\begin{cases}\left(\dfrac{D}{L}-S_2\right)\mathrm{e}^{-\frac{t}{L}}\quad A=\left(\dfrac{D}{L}+S_2\right)\mathrm{e}^{\frac{t}{L}}B & (1)\\ g=\left(S_1+\dfrac{D}{L}\right)A+\left(S_1-\dfrac{D}{L}\right)B & (2)\end{cases}$$

由(1)式得

$$A=\frac{\dfrac{D}{L}+S_2}{\dfrac{D}{L}-S_2}\mathrm{e}^{\frac{2t}{L}}B$$

代入(2)式

$$g=\left(\frac{D}{L}+S_1\right)\frac{\dfrac{D}{L}+S_2}{\dfrac{D}{L}-S_2}\mathrm{e}^{\frac{2t}{L}}B+\left(S_1-\frac{D}{L}\right)B=\left[\frac{\left(\dfrac{D}{L}+S_1\right)\left(\dfrac{D}{L}+S_2\right)}{\left(\dfrac{D}{L}-S_2\right)}\mathrm{e}^{\frac{2t}{L}}-\left(\frac{D}{L}-S_1\right)\right]B$$

$$=\frac{\left(\dfrac{D}{L}+S_1\right)\left(\dfrac{D}{L}+S_2\right)\mathrm{e}^{\frac{2t}{L}}-\left(\dfrac{D}{L}-S_1\right)\left(\dfrac{D}{L}-S_2\right)}{\left(\dfrac{D}{L}-S_2\right)}B$$

得

$$B=\frac{\left(\dfrac{D}{L}-S_2\right)g}{\left(\dfrac{D}{L}+S_1\right)\left(\dfrac{D}{L}+S_2\right)\mathrm{e}^{\frac{2t}{L}}-\left(\dfrac{D}{L}-S_1\right)\left(\dfrac{D}{L}-S_2\right)}$$

和

$$A=\frac{\dfrac{D}{L}+S_2}{\dfrac{D}{L}-S_2}\mathrm{e}^{\frac{2t}{L}}\cdot B=\frac{\left(\dfrac{D}{L}+S_2\right)g}{\left(\dfrac{D}{L}+S_1\right)\left(\dfrac{D}{L}+S_2\right)\mathrm{e}^{\frac{2t}{L}}-\left(\dfrac{D}{L}-S_1\right)\left(\dfrac{D}{L}-S_2\right)}\cdot\mathrm{e}^{\frac{2t}{L}}$$

$$= \frac{g}{\left(\frac{D}{L}+S_1\right)e^{\frac{t}{L}} - \frac{\left(\frac{D}{L}-S_1\right)\left(\frac{D}{L}-S_2\right)}{\left(\frac{D}{L}+S_2\right)}e^{-\frac{t}{L}}} \cdot e^{\frac{t}{L}}$$

同样,系数 B 的分子与分母同乘$\frac{1}{\frac{D}{L}-S_2}e^{-\frac{t}{L}}$,得

$$B = \frac{g}{\frac{\left(\frac{D}{L}+S_1\right)\left(\frac{D}{L}+S_2\right)}{\frac{D}{L}-S_2}e^{\frac{t}{L}} - \left(\frac{D}{L}-S_1\right)e^{-\frac{t}{L}}}e^{-\frac{t}{L}}$$

我们引入

$$\alpha_1 = \frac{S_1}{\frac{D}{L}}, \quad \alpha_2 = \frac{S_2}{\frac{D}{L}}$$

进一步化简 A,B,得

$$A = \frac{g}{\frac{D}{L}} \frac{1}{(1+\alpha_1)e^{\frac{t}{L}} - \frac{(1-\alpha_1)(1-\alpha_2)}{1+\alpha_2}e^{-\frac{t}{L}}} \cdot e^{\frac{t}{L}}$$

$$B = \frac{g}{\frac{D}{L}} \frac{1}{\frac{(1+\alpha_1)(1+\alpha_2)}{1-\alpha_2}e^{\frac{t}{L}} - (1-\alpha_1)e^{-\frac{t}{L}}} \cdot e^{-\frac{t}{L}}$$

引入

$$\sinh x = \frac{1}{2}(e^x - e^{-x}), \quad \cosh x = \frac{1}{2}(e^x + e^{-x})$$

进一步化简系数 A,B

$$A = \frac{g}{\frac{D}{L}} \frac{(1+\alpha_2)e^{\frac{t}{L}}}{(1+\alpha_1)(1+\alpha_2)e^{\frac{t}{L}} - (1-\alpha_1)(1-\alpha_2)e^{-\frac{t}{L}}}$$

$$= \frac{L}{D}g \frac{(1+\alpha_2)e^{\frac{t}{L}}}{2(1+\alpha_1\alpha_2)\sinh\frac{t}{L} + 2(\alpha_1+\alpha_2)\cosh\frac{t}{L}}$$

$$B = \frac{g}{\frac{D}{L}} \frac{(1-\alpha_2)e^{-\frac{t}{L}}}{(1+\alpha_1)(1+\alpha_2)e^{\frac{t}{L}} - (1-\alpha_1)(1-\alpha_2)e^{-\frac{t}{L}}}$$

$$= \frac{L}{D}g \frac{(1-\alpha_2)e^{-\frac{t}{L}}}{2(1+\alpha_1\alpha_2)\sinh\frac{t}{L} + 2(\alpha_1+\alpha_2)\cosh\frac{t}{L}}$$

于是

$$\Delta p = Ae^{-\frac{x}{L}} + Be^{\frac{x}{L}}$$

$$= \frac{L}{D}g \frac{(1+\alpha_2)e^{\frac{t}{L}} \quad e^{-\frac{x}{L}} + (1-\alpha_2)e^{-\frac{t}{L}} \quad e^{\frac{x}{L}}}{2(1+\alpha_1\alpha_2)\sinh\frac{t}{L} + 2(\alpha_1+\alpha_2)\cosh\frac{t}{L}}$$

化简

$$\begin{aligned}&(1+\alpha_2)e^{-\frac{x-t}{L}}+(1-\alpha_2)e^{\frac{x-t}{L}}\\&=e^{-\frac{x-t}{L}}+e^{\frac{x-t}{L}}+\alpha_2 e^{-\frac{x-t}{L}}-\alpha_2 e^{\frac{x-t}{L}}\\&=2\cosh\left(\frac{t-x}{L}\right)+2\alpha_2\sinh\left(\frac{t-x}{L}\right)\end{aligned}$$

故

$$\Delta p(x)=\frac{L}{D}g\frac{\cosh\left(\frac{t-x}{L}\right)+\alpha_2\sinh\left(\frac{t-x}{L}\right)}{(\alpha_1+\alpha_2)\cosh\frac{t}{L}+(1+\alpha_1\alpha_2)\sinh\frac{t}{L}}=\frac{L}{D}gF_1$$

其中

$$F_1=\frac{\cosh\left(\frac{t-x}{L}\right)+\alpha_2\sinh\left(\frac{t-x}{L}\right)}{(\alpha_1+\alpha_2)\cosh\frac{t}{L}+(1+\alpha_1\alpha_2)\sinh\frac{t}{L}}$$

(3) 欲求单位面积样品光电导. 先求出单位面积上样品内非平衡载流子数目

$$\Delta N=\Delta P=\int_0^t\Delta p(x)\mathrm{d}x=\frac{L}{D}g\frac{\int_0^t\left[\cosh\left(\frac{t-x}{L}\right)+\alpha_2\sinh\left(\frac{t-x}{L}\right)\right]\mathrm{d}x}{(1+\alpha_1\alpha_2)\sinh\frac{t}{L}+(\alpha_1+\alpha_2)\cosh\frac{t}{L}}$$

先计算积分值

$$\begin{aligned}&\int_0^t\left[\cosh\left(\frac{t-x}{L}\right)+\alpha_2\sinh\left(\frac{t-x}{L}\right)\right]\mathrm{d}x\\&=\int_0^t\cosh\left(\frac{t-x}{L}\right)\mathrm{d}x+\alpha_2\int_0^t\sinh\left(\frac{t-x}{L}\right)\mathrm{d}x\\&=\int_{\frac{t}{L}}^0\cosh\left(\frac{t-x}{L}\right)(-L)\mathrm{d}\,\frac{t-x}{L}\mathrm{d}x+\alpha_2\int_{\frac{t}{L}}^0\sinh\left(\frac{t-x}{L}\right)(-L)\mathrm{d}\,\frac{t-x}{L}\mathrm{d}x\\&=-L\sinh\left(\frac{t-x}{L}\right)\Big|_{\frac{t}{L}}^0-\alpha_2L\cosh\left(\frac{t-x}{L}\right)\Big|_{\frac{t}{L}}^0\\&=-L\left(0-\sinh\frac{t}{L}\right)-\alpha_2L\left(1-\cosh\frac{t}{L}\right)\\&=L\left(\sinh\frac{t}{L}+\alpha_2\cosh\frac{t}{L}-\alpha_2\right)\end{aligned}$$

则

$$\Delta N=\Delta P=\frac{L}{D}g\frac{L\left(\sinh\frac{t}{L}+\alpha_2\cosh\frac{t}{L}-\alpha_2\right)}{(\alpha_1+\alpha_2)\cosh\frac{t}{L}+(1+\alpha_1\alpha_2)\sinh\frac{t}{L}}$$

所以

$$\begin{aligned}\Delta\sigma&=e\Delta p\mu_{\mathrm{p}}+e\Delta n\mu_{\mathrm{n}}\\&=e\Delta p\mu_{\mathrm{p}}(1+b)\end{aligned}$$

$$= e\frac{L}{D}g\frac{L\left(\sinh\frac{t}{L}+\alpha_2\cosh\frac{t}{L}-\alpha_2\right)}{(\alpha_1+\alpha_2)\cosh\frac{t}{L}+(1+\alpha_1\alpha_2)\sinh\frac{t}{L}}\mu_p(1+b)$$

$$= e\frac{L^2}{D}gF_2\mu_p(1+b) = e\tau g\mu_p(1+b)F_2$$

推导中利用 $L^2=D\tau$,式中

$$F_2 = \frac{\sinh\frac{t}{L}+\alpha_2\cosh\frac{t}{L}-\alpha_2}{(\alpha_1+\alpha_2)\cosh\frac{t}{L}+(1+\alpha_1\alpha_2)\sinh\frac{t}{L}}$$

得证.

2.36 光照一个 1Ωcm 的 n 型硅样品,均匀地产生非平衡载流子,电子-空穴对的产生率为 $10^{17}\,\text{cm}^{-3}\cdot\text{s}^{-1}$,设样品的寿命为 10μs,表面复合速度为 100cm/s. 试计算

(1) 单位时间单位面积在表面复合的空穴数;

(2) 单位时间单位面积在离表面三个扩散长度中体内复合的空穴数.

解 稳态方程

$$D_p\frac{\partial^2\Delta p(x)}{\partial x^2}-\frac{\Delta p(x)}{\tau_p}+g_p=0$$

方程通解

$$\Delta p(x) = Ae^{-\frac{x}{L_p}}+Be^{\frac{x}{L_p}}+g_p\tau_p$$

边条件

$$\begin{cases}\Delta p(\infty)=\tau_p g_p & (1)\\ D_p\left.\frac{\partial\Delta p(x)}{\partial x}\right|_{x=0}=S_p[p(0)-p_0]=\Delta p(0)S_p & (2)\end{cases}$$

由边条件(1),$B=0$,方程解变为

$$\Delta p(x) = Ae^{-\frac{x}{L_p}}+g_p\tau_p$$

由边条件(2)得

$$A=-\tau_p g_p\frac{S_pL_p}{D_p+S_pL_p}=-\tau_p g_p\frac{S_p\tau_p}{L_p+S_p\tau_p}$$

故

$$\Delta p(x) = \tau_p g_p\left(1-\frac{S_p\tau_p}{L_p+S_p\tau_p}e^{-\frac{x}{L_p}}\right)$$

(1) $R_s=(\Delta p)_0S_p$

$$\Delta p(x)\,|_{x=0} = \tau_p g_p\left(1-\frac{S_p\tau_p}{L_p+S_p\tau_p}\right)=\frac{L_p\tau_p g_p}{L_p+S_p\tau_p}=9.23\times10^{11}(\text{cm}^{-3})$$

代入 $g_p=1\times10^{17}\,\text{cm}^{-3}\cdot\text{s}^{-1}$,$\tau_p=1\times10^{-7}\,\text{s}$,且 $L=\sqrt{D\tau}=1.12\times10^{-2}\,\text{cm}$,故

$$R_s=S_p(\Delta p)_0=100(\Delta p)_0=9.23\times10^{13}(\text{cm}^{-2}\cdot\text{s}^{-1})$$

(2)
$$\Delta P=\int_0^{3L_p}\frac{\Delta p(x)}{\tau_p}dx=\int_0^{3L_p}g_p\left(1-\frac{S_p\tau_p}{L_p+S_p\tau_p}e^{-\frac{x}{L_p}}\right)dx$$

$$= g_p\left(3L_p - \frac{S_p\tau_p}{L_p + S_p\tau_p}L_p e^{-\frac{x}{L_p}}\bigg|_{3L_p}^{0}\right) = g_p L_p\left[3 - \frac{S_p\tau_p}{L_p + S_p\tau_p}(1 - e^{-3})\right]$$

$$= 3.33 \times 10^{15}(\text{cm}^{-2} \cdot \text{s}^{-1})$$

2.37　设在一块足够厚的 n 型硅样品表面上有稳定的空穴注入，$(\Delta p)_0 = 10^{13}\text{cm}^{-3}$，空穴寿命 $\tau_p = 5\mu\text{s}$，迁移率 $\mu_p = 500\text{cm}^2/(\text{V}\cdot\text{s})$.

(1) 求空穴的扩散电流表达式和表面处的注入电流；

(2) 计算过剩载流子空穴浓度降到 10^{12}cm^{-3}时离开表面的距离；

(3) 证明单位时间注入样品的空穴数目等于样品中过剩空穴数目除以空穴寿命，其物理意义是什么？

解　(1) 由于样品足够厚，同时又是恒定表面源条件，解扩散方程得

$$\Delta p(x) = (\Delta p)_0 e^{-\frac{x}{L_p}}$$

表面注入电流 $j_0 = e(\Delta p)_0 \dfrac{D_p}{L_p}$，式中

$$D_p = \frac{k_B T}{e}\mu_p = 0.026 \times 5 \times 10^2 = 13(\text{cm}^2/\text{s})$$

$$L_p = \sqrt{D_p\tau_p} = (13 \times 5 \times 10^{-6})^{\frac{1}{2}} = 8.06 \times 10^{-3}(\text{cm})$$

代入 D_p, L_p 数值，计算

$$j_0 = e(\Delta p)_0 \frac{D_p}{L_p} = 1.6 \times 10^{-19} \times 1 \times 10^{13} \times \frac{13}{8.06 \times 10^{-3}} = 2.58 \times 10^{-3}(\text{A/cm}^2)$$

(2) 由扩散方程解

$$1 \times 10^{12} = 1 \times 10^{13} e^{-\frac{x}{L_p}}$$

得

$$x = \ln 10 L_p = (\ln 10) \times 8.06 \times 10^{-3} = 1.85 \times 10^{-4}(\text{cm})$$

(3) 样品中过剩载流子数目 $= \int_0^{\infty}(\Delta p)_0 e^{-\frac{x}{L_p}}\,\mathrm{d}x = (\Delta p)_0 L_p$，除以空穴寿命，即

单位时间样品内过剩载流子复合数目 $= \dfrac{(\Delta p)_0 L_p}{\tau_p} = \dfrac{L_p^2}{L_p\tau_p}(\Delta p)_0 = \dfrac{D_p}{L_p}(\Delta p)_0$

而单位时间由表面向体内注入样品空穴的数目 $= \dfrac{J_p(0)}{e} = \dfrac{e\left(\dfrac{D_p}{L_p}\right)(\Delta p)_0}{e} = \dfrac{D_p}{L_p}(\Delta p)_0$，上面两个数目相等，所以，由表面注入体内的空穴数目等于体内复合掉的空穴数目，这表明样品在光照下进入稳定的状态.

2.38　把一种复合中心杂质掺入本征硅中，如果它的能级位置在禁带中央，试证明小注入时过剩载流子寿命 $\tau = \tau_n + \tau_p$

解　按照复合中心理论

$$R = \frac{N_t r_n r_p(np - n_i^2)}{r_n(n + n_1) + r_p(p + p_1)}$$

将 $n = n_0 + \Delta n$，$p = p_0 + \Delta p$，$\Delta n = \Delta p$ 代入

$$R = \frac{N_t r_n r_p(n_0\Delta p + p_0\Delta p + \Delta p^2)}{r_n(n_0 + n_1 + \Delta n) + r_p(p_0 + p_1 + \Delta p)}$$

故过剩载流子寿命

$$\tau=\frac{\Delta p}{R}=\frac{r_n(n_0+n_1+\Delta p)+r_p(p_0+p_1+\Delta p)}{N_t r_n r_p(n_0+p_0+\Delta p)}$$

$E_t=E_i$，　$n_1=p_1=n_i$. 本征硅 $n_0=p_0=n_i$，有

$$\tau=\frac{r_n(2n_i+\Delta p)+r_p(2n_i+\Delta p)}{N_t r_n r_p(2n_i+\Delta p)}=\frac{1}{N_t r_p}+\frac{1}{N_t r_n}=\tau_p+\tau_n$$

2.39　一块抛光硅片，体内掺磷 $1\times10^{15}\text{cm}^{-3}$，设有均匀分布的表面态，其密度为 $1\times10^{13}\text{cm}^{-2}\text{eV}^{-1}$，且可以用位于 $E_V+0.3\text{eV}$ 中性能级表示，求室温下，

(1) 体内载流子浓度；

(2) 体内费米能级位置；

(3) 自由硅表面势；

(4) 画出能带图，注明能量关系，并计算说明原因.

（设硅 $E_g=1.12\text{eV}$，$N_C=2.8\times10^{19}\text{cm}^{-3}$，$n_i=1.5\times10^{10}\text{cm}^{-3}$，$\varepsilon=11.8$，$\varepsilon_0=8.85\times10^{-14}\text{F/cm}$，$k=8.62\times10^{-5}\text{eV/K}$，$e=1.6\times10^{-19}\text{C}$）

解　(1) 磷杂质原子全电离，硅中半导电子浓度

$$n=N_D=1\times10^{15}(\text{cm}^{-3})$$

(2) 半导体硅体内费米能级位置由电子浓度公式 $n=N_C e^{-\frac{E_C-E_F}{k_BT}}$，得

$$E_F=E_C-k_BT\ln\frac{N_C}{N_D}=E_C-k_BT\ln\left(\frac{2.8\times10^{19}}{1\times10^{15}}\right)=E_C-0.026\times10.24$$
$$=E_C-0.27$$

(3) 自由硅表面势

若以价带顶为能量零点，体内费米能级 $(E_F)_体$ 表示为

$$(E_F)_体=E_g-0.27=1.12-0.27=0.85(\text{eV})$$

显然，0.85eV>0.3eV，体内费米能级比硅表面中性能级高，于是电子从体内流向表面，从而在靠近硅表面形成一层由荷正电的电离施主所构成的空间电荷层，表面和体内有了电势差 V_s，

$$eV_s=(E_F)_体-(E_F)_s=0.85-0.3=0.55(\text{eV})$$

(4) 所以，硅表面电子态作为一个系统与硅内交换载流子的结果，在靠近硅表面产生一层空间电荷层，其厚度

$$x_b=\left(\frac{e\varepsilon_0\varepsilon_r V_s}{eN_D}\right)^{\frac{1}{2}}=\left(\frac{2\times8.85\times10^{-14}\times11.8\times0.55}{1.6\times10^{-19}\times1\times10^{15}}\right)^{\frac{1}{2}}=8.47\times10^{-5}(\text{cm})$$

而单位面积空间电荷层的正电荷量应为

$$8.47\times10^{-5}\times1\times10^{15}=8.47\times10^{10}(\text{cm}^{-2})$$

体内电子流到表面也使表面中性能级向上移动 ΔE，从而增加了表面负电荷量，这个增加的负电荷量应等于表面空间电荷区的正电荷量，以维持半导体电中性，即

$$1\times10^{13}\times\Delta E=8.47\times10^{10}$$

故

$$\Delta E=\frac{8.47\times10^{10}}{1\times10^{13}}=8.47\times10^{-3}(\text{eV})$$

显然 ΔE 是个很小的数目，表明表面中性能级向上移动很小，离开价带顶仍约为 0.3eV.

这时，由于硅表面荷负电荷，故半导体硅能带随着从体内向表面而抬高，图 2.24 画出其能带图.

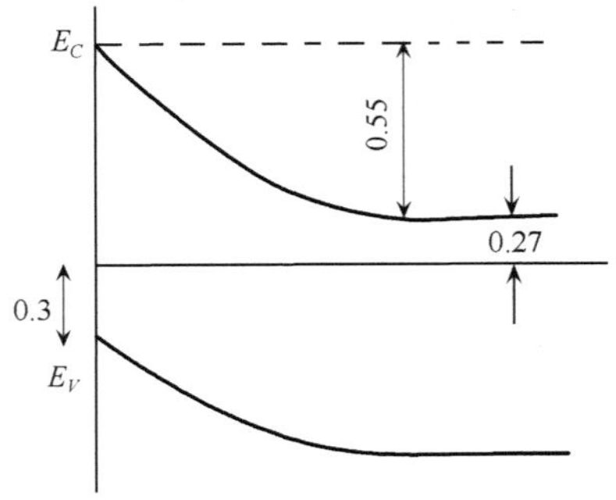

图 2.24

2.40　n 型 Si 材料上制作肖特基二极管，其 $C\sim V$ 特性函数的实验结果如图 2.25 所示（$T=300\text{K}$）. 求

(1) 根据此图计算半导体的掺杂浓度及肖特基势垒高度；

(2) 画出热平衡条件下，能带简图.

$$\varepsilon_0 = 8.854\times10^{-14}\,\text{A}\cdot\text{s}/(\text{V}\cdot\text{cm}),$$

$$\varepsilon = 11.9,\quad e = 1.602\times10^{-19}\,\text{A}\cdot\text{s}$$

导带底有效态密度 $N_C=2.8\times10^{19}\,\text{cm}^{-3}$.

解　由图 2.25

$$V_D = 0.25\text{V}$$

$$\frac{\Delta\left(\frac{1}{C^2}\right)}{\Delta V} = \frac{10}{2+0.25}\times10^{13} = 4.4\times10^{13}(\text{cm}^2/(\text{F}\cdot\text{V}))$$

(1) 均匀掺杂半导体的电容电压关系为 $\frac{1}{C^2}=\frac{2}{\varepsilon\varepsilon_0 eN_D}(V_D-V)$，有

$$\Delta\left(\frac{1}{C^2}\right)=\frac{2}{\varepsilon\varepsilon_0 eN_D}\Delta V$$

即

$$\frac{2}{\varepsilon\varepsilon_0 eN_D} = 4.4\times10^{13}(\text{cm}^2/(\text{F}\cdot\text{V}))$$

故半导体掺杂浓度

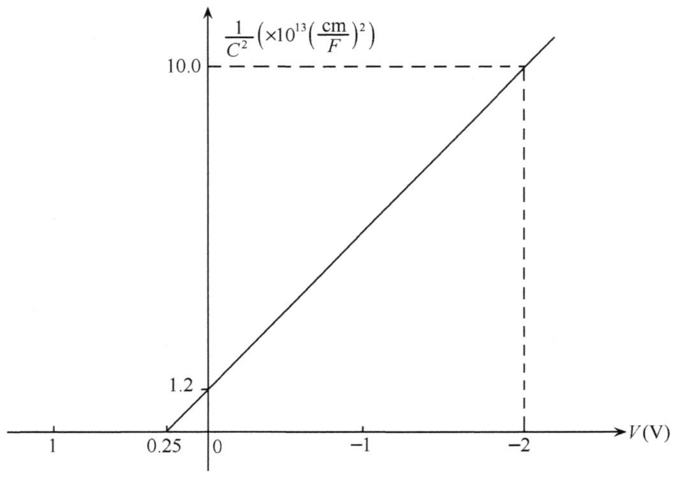

图 2.25

$$N_D = \frac{2}{8.854 \times 10^{-14} \times 11.9 \times 1.6 \times 10^{-19} \times 4.4 \times 10^{13}} = 2.7 \times 10^{17}(\text{cm}^{-3})$$

又

$$(E_C - E_F)_n = k_B T \ln \frac{N_C}{N_D} = 0.026 \times \ln \frac{2.8 \times 10^{19}}{2.7 \times 10^{17}} = 0.12(\text{eV})$$

故肖特基势垒高度

$$\varphi_{BS} = eV_D + (E_C - E_F)_n = 0.25 + 0.12 = 0.37(\text{eV})$$

(2) 画出能带简图如图 2.26.

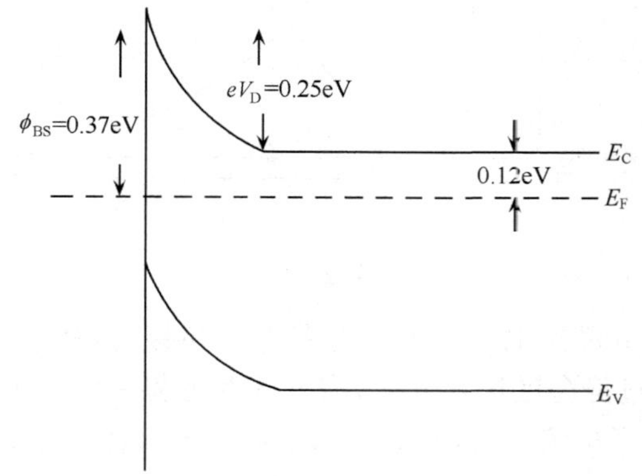

图 2.26

2.41 (1) 试证通过 pn 结界面空穴电流 $j_p(0)$ 与电子电流 $j_n(0)$ 之比 $\frac{j_p(0)}{j_n(0)} = \frac{\sigma_p L_n}{\sigma_n L_p}$，其中 σ_p 和 σ_n 分别为 p 区与 n 区的电导率；

(2) 对 p^+n 结施加正向偏压 V，流过 p^+n 结的电流密度等于多少？说明注入电流的特点并画出 p^+n 结电流转换图.

解 (1) 在偏压 V 作用下，流过 pn 结界面空穴和电子电流密度分别为

$$j_p(0) = -e\left(\frac{D_p}{L_p}\right) p_{n0}\left(e^{\frac{eV}{k_B T}} - 1\right)$$

和

$$j_n(0) = e\left(\frac{D_n}{L_n}\right) n_{p0}\left(e^{\frac{eV}{k_B T}} - 1\right).$$

则

$$\frac{j_p(0)}{j_n(0)} = \frac{L_n p_{n0} D_p}{L_p n_{p0} D_n} = \frac{L_n p_{n0}}{L_p n_{p0}} \frac{\frac{k_B T}{e}\mu_p}{\frac{k_B T}{e}\mu_n} = \frac{L_n}{L_p} \frac{\frac{n_i^2}{n_{p0}}}{\frac{n_i^2}{p_{n0}}} \frac{e\mu_p}{e\mu_n} = \frac{L_n p_{p0} e\mu_p}{L_p n_{p0} e\mu_n} = \frac{L_n \sigma_p}{L_p \sigma_n}$$

(2) 对 p^+n 结，有 $\sigma_p \gg \sigma_n$，故

$$\frac{j_p(0)}{j_n(0)} \gg 1，即 j_p(0) \gg j_n(0)$$

故流过 p^+n 结的电流密度

$$j \approx j_p(0) = \frac{eD_p p_{n0}}{L_p}\left(e^{\frac{eV}{k_B T}} - 1\right)$$

所以注入 p^+n 结电流的特点是单向注入.

此时 p^+n 结电流转换图如图 2.27 所示(忽略势垒区中载流子产生与复合).

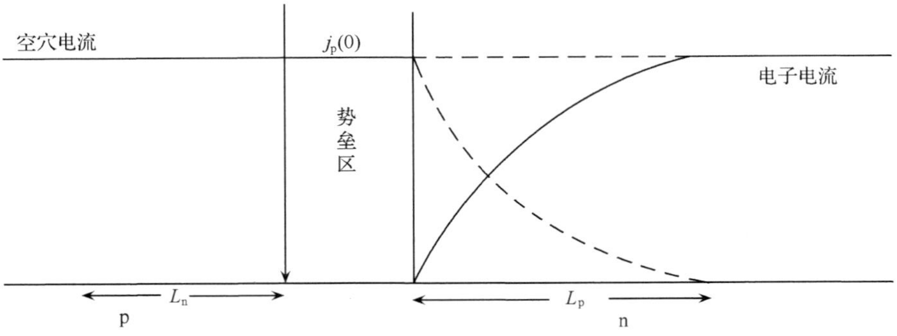

图 2.27

从图 2.27 看到,当 p 区接电源正极,n 区接电源负极时,从 p 区体内有一股空穴电流流向 p^+n 结势垒区,穿过势垒区进入 n 区,在 n 区靠近势垒区一个空穴扩散长度 L_p 内与从 n 区体内流过来的电子电流复合而消失掉,所以在 p 区体内流动的是空穴电流,而在 n 区体内流动的是电子电流,其间是在 p 区靠近势垒区 1 个空穴扩散长度内,通过电子-空穴复合而实现转换的.所以,pn 结中所发生的物理过程最生动地体现了半导体导电特点:两种载流子,电子和空穴,每种载流子都在做两种运动,漂移和扩散运动,而且 pn 结的电流传输也体现了载流子产生与复合的基本特点.

2.42　在半导体器件制造中,常遇到低掺杂半导体引线问题,一般都采用下述结构来解决

金属 -n^+ 型半导体 -n 型半导体

金属 -p^+ 型半导体 -p 型半导体

其中,n^+n,p^+p,称高-低结(H-L junction).试分别画出给 n^+n 结施加极性相反电压时的能带图,从而说明其欧姆导电性能.

解　半导体器件蕊片,例如大规模集成电路芯片需要金属引线把它们与外电路联接起来.这涉及金属与半导体接触,这种接触的质量直接关系到半导体器件的成品率、可靠性和稳定性,因此金属-半导体接触就成为一项重要的实验工艺,人们对其欧姆接触的研究,无论理论上或实验方面都取得很大成绩,积累了很多经验.

低掺杂半导体引线是金属-半导体接触研究最成功例子,并具有重大的实践意义.工艺上它要求在低掺杂半导体上外延一层相同导电类型重掺杂半导体,才能与金属形成良好欧姆接触.首先达到欧姆接触最基本要求——伏安特性对称,如图 2.28 所示.现在低掺杂半导体引线一般都采用"金属-n^+ 型半导体-n 型半导体"或"金属-p^+ 型半导体-p 型半导体"结构.

下面先来分析 n^+n(p^+p 分析一样)H-L 高低结的欧姆导电性能,如图 2.29 所示 n^+-

结,如图 2.29 所示 n^+n 结,n^+ 区费米能级高,电子从 n^+ 区流向 n 区,于交界面附近 n^+ 区形成正空间电荷区,和 n 区的负空间电荷区,n^+ 区重掺杂,所以空间电荷区宽度较小,空间电荷区主要在 n 区. 电荷区电场从 n^+ 区指向 n 区,所以,由于电子的流动,n^+ 区与 n 区有了接触电势差,接触的势垒高度为

$$eV_D = (E_F)_{n^+} - (E_F)_n$$

但这个值一般较小,因为都在禁带上部.

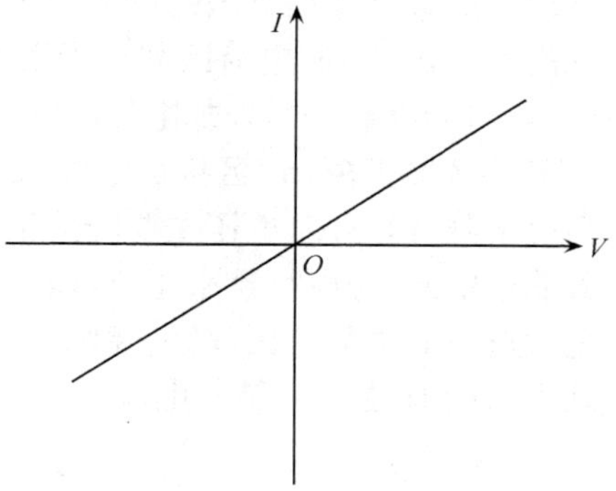

图 2.28

接着把 n^+n 结构能带图画出,能带弯曲发生在空间电荷区,而且主要在 n 区. 这个空间电荷区对于 n^+ 区的电子来说,的确是势垒,但势垒高度是很小的,且 n^+ 区原来的载流子很多,n^+ 的空间电荷区载流子并没有耗尽;对于 n 区电子来说,这个结,这个空间电荷区,则是势阱,最靠近交界面的 n 区电子浓度事实上比 n 区体内部还要多.

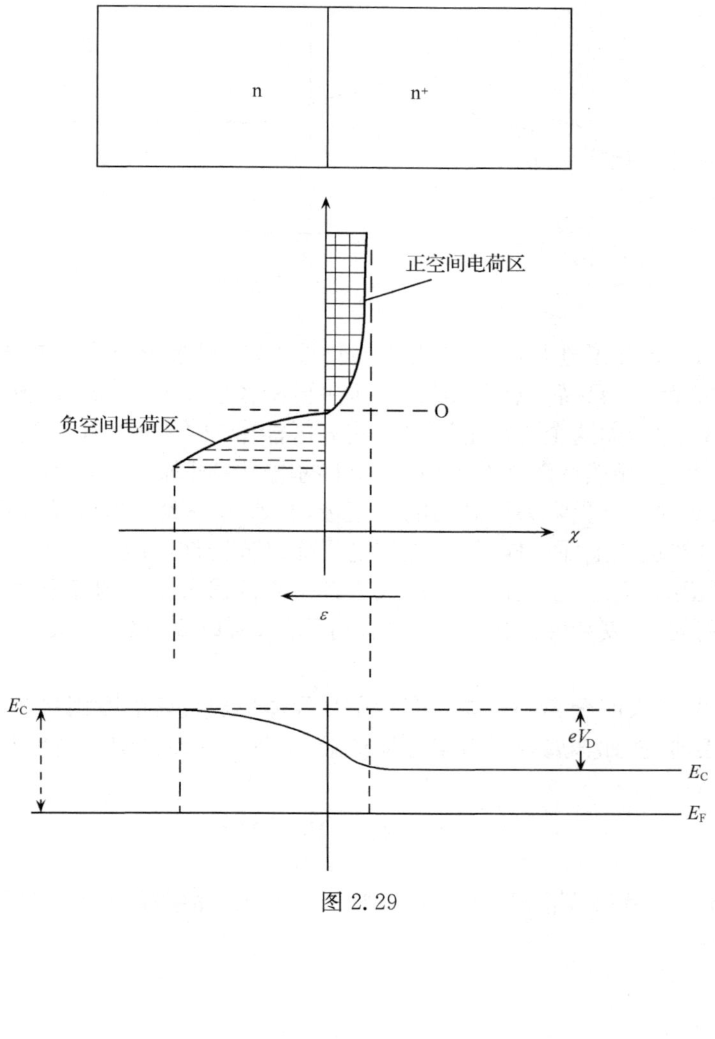

图 2.29

现在讨论有外加电压的情况，显然这时外加电压将主要降落在 n 区体内，原因是 n^+ 区是高电导，n^+ 空间电荷区载流子没耗尽，靠近结的 n 区又是势阱，比 n 区体内电子浓度高，所以与 pn 结不同，外加电压降落在低掺杂 n 区上，而不是 H-L 结上.

若 n 区接正极，n^+ 区接负电极，如图 2.30，外加电场与 H-L 结电场方向相反，H-L 势垒高度下降，但不多，电压主要降落于 n 区上，n^+ 区变化不大. n 区中的能带图发生倾斜，随着靠近电源，静电势越来越负，能带向下倾斜. 这时从 n^+ 区出发的电子只要克服很小的势垒就进入 n 区势阱区（高电导区），然后在外加电场的推动下通过 n 区，而形成从电池正极到负极的通过 n^+n 结的电流，这个电流的大小主要由 n 区体电阻决定.

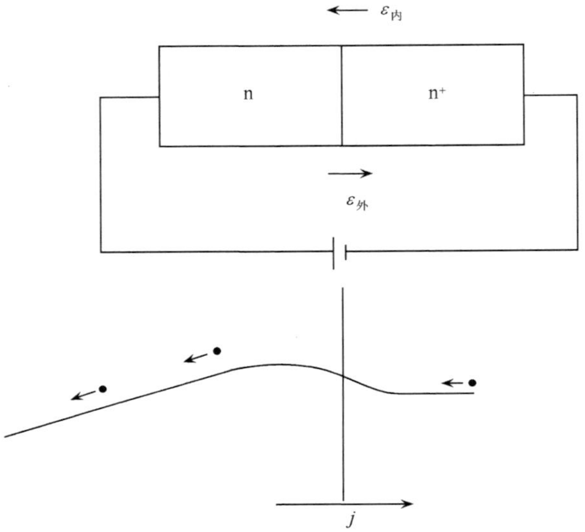

图 2.30

反过来，若 n^+ 区接正电源，n 区接负电源如图 2.31，外加电场方向与势垒区电场方向相同，势垒高度变高，但只高一点点. 因为电压主要降落在 n 区上，n^+ 区没什么变化，n^+n 结势垒高度变高不大，而这个外加电压主要使 n 区能带向上倾斜，越接近负电源，静电势越正，能带越向上翘. 显然从能带图上看，n 区中的电子在外加电压推动下通过 n 区，进入高电导区，滑入 n^+ 区，没受阻力而到达电池正极，构成了一股从电池正极到负极的电流. 这股电流大小显然也与上面一样，等于处加电压除以 n 区体电阻.

这说明，对于高、低结，正反向电流的大小都是由低掺杂 n 区的导电性能所决定，即欧姆定律来起作用的，伏安特性一定是线性的，对称的，所以高低结 n^+n、p^+p，是个欧姆接触的结构.

最后提及，实践表明金属一般能和高掺杂半导体形成良好的欧姆接触，这种接触的主要特点是势垒很薄，例如金属与 n 型半导体接触，半导体一侧的势垒宽度与半导体中掺杂浓度关系

$$x_D = \sqrt{\frac{2\varepsilon_0\varepsilon_r(V_D - V)}{eN_D}}$$

若 $N_D \approx 10^{14}\,\mathrm{cm}^{-3}$，$\varepsilon_r = 12$，$V_D - V = 0.8\mathrm{eV}$，则 $x_D = 100\text{Å}$，根据量子力学计算，一个能量为

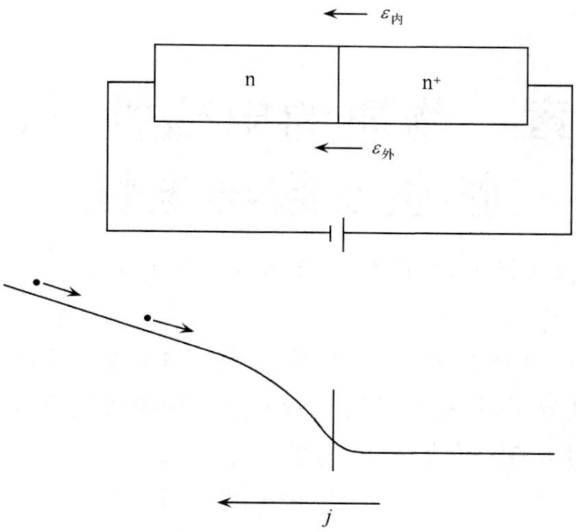

图 2.31

E,朝势垒方向运动的电子穿透概率

$$T \approx \exp\left(-\frac{2}{\hbar}\int_{x_1}^{x_2}(2m)^{\frac{1}{2}}\quad[U(x-E)]^{\frac{1}{2}}\quad dx\right)$$

见图 2.32.

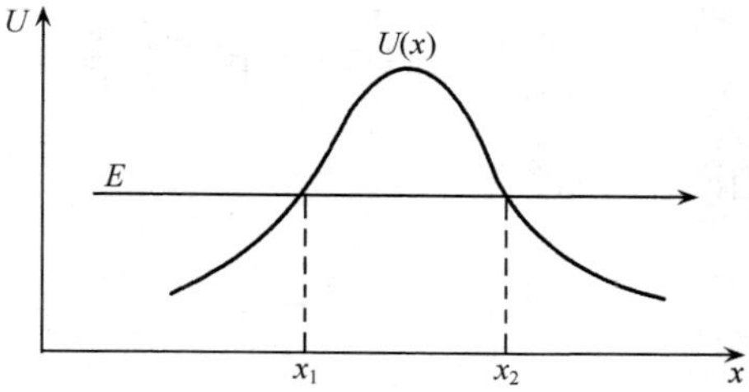

图 2.32

隧穿概率的大小取决于面临的势垒高度和厚度,对于有限的势垒高度,只要势垒足够薄就可以有显著的隧穿概率. 隧道穿透机制成为金属-半导体接触的电流传输的主要机制,正反向电流都很大,没有什么区别. 因此金属同重掺杂半导体的接触可以得到良好的欧姆接触.

所以在半导体器件制造中,一般都采用下面结构来解决低掺杂半导体引线问题.

金属 -n^+ 型半导体 -n 型半导体

金属 -p^+ 型半导体 -p 型半导体.

第三章　物质的电磁性质、光学性质及超导电性

3.1 （1）利用经典统计力学，计算 N 个独立的固有电偶极子（电矩为 $\boldsymbol{p}$）组成的气体的总极化强度；

（2）证明在弱场时，每个电偶极子的取向极化率与温度成反比；

（3）水是一种极性分子，讨论高频及低频时上述现象对其介电常数的影响.

解　（1）固有电矩 $\boldsymbol{p}$ 在外电场 E 中的势能为

$$-\boldsymbol{p}\cdot\boldsymbol{E}=-pE\cos\theta$$

式中，θ 为 $\boldsymbol{p}$ 和 $\boldsymbol{E}$ 之间的夹角.

按玻尔兹曼统计，电矩 $\boldsymbol{p}$ 和电场 E 的夹角介于 $\theta\to\theta+\mathrm{d}\theta$ 之间的概率正比于

$$2\pi\sin\theta\mathrm{d}\theta\cdot\exp\left(\frac{pE\cos\theta}{k_{\mathrm{B}}T}\right)$$

因此得沿电场方向的平均电矩为

$$\overline{p\cos\theta}=\frac{\int_0^{\pi}p\cos\theta\cdot2\pi\sin\theta\mathrm{d}\theta\cdot\exp\left(\frac{pE\cos\theta}{k_{\mathrm{B}}T}\right)}{\int_0^{\pi}2\pi\sin\theta\mathrm{d}\theta\cdot\exp\left(\frac{pE\cos\theta}{k_{\mathrm{B}}T}\right)}$$

令 $\beta=\frac{pE}{k_{\mathrm{B}}T}$，$x=\cos\theta$，并利用积分公式

$$\int_a^b\mathrm{e}^{cx}\mathrm{d}x=\frac{\mathrm{e}^{cx}}{c}\bigg|_a^b$$

和

$$\int_a^b x\mathrm{e}^{cx}\mathrm{d}x=\frac{\mathrm{e}^{cx}}{c^2}(cx-1)\bigg|_a^b$$

则

$$\overline{p\cos\theta}=\frac{p\int_{-1}^{1}x\mathrm{e}^{\beta x}\mathrm{d}x}{\int_{-1}^{1}\mathrm{e}^{\beta x}\mathrm{d}x}=\frac{p}{\beta}\left(\beta\coth\frac{pE}{k_{\mathrm{B}}T}-1\right).$$

故气体的总极化强度

$$P=N\,\overline{p\cos\theta}=\frac{Nk_{\mathrm{B}}T}{E}\left(\frac{pE}{k_{\mathrm{B}}T}\coth\frac{pE}{k_{\mathrm{B}}T}-1\right)$$

（2）弱场时，$\frac{pE}{k_{\mathrm{B}}T}=\beta\ll1$，所以

$$\coth\beta=\frac{1}{\beta}+\frac{\beta}{3}-\frac{\beta^3}{45}+\cdots\approx\frac{k_{\mathrm{B}}T}{pE}+\frac{pE}{3k_{\mathrm{B}}T}$$

由此可得每个偶极子的极化率

$$a=\frac{P/N}{E}=\frac{p^2}{3k_{\mathrm{B}}T}\propto T^{-1}$$

(3) 在交变电场中，介质内的极化也要不断地改变，当电场改变相当迅速时，极性分子的取向就会跟不少电场的变化而滞后，因此取向极化是一种弛豫过程，要经历一弛豫时间 τ，这种弛豫在变动电场中就引起介质损耗，这就使得介电常数含有虚部 $\varepsilon=\varepsilon_1+\mathrm{i}\varepsilon_2$，理论分析表明，介电常数的实部与虚部均是频率 ω 的函数，图 3.1 示出 ε_1 和 ε_2 对 $\log(\omega\tau)$ 的关系曲线.

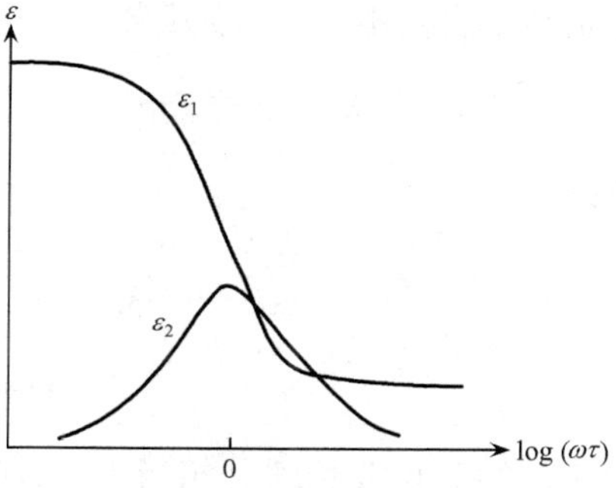

图 3.1

低频（$\omega\tau\ll1$）时，介质损耗很小，$\varepsilon_2\to0$，所以 $\varepsilon=\varepsilon_1=\varepsilon_0$（静电介电常数）. 当频率增高时，取向极化跟不上电场变化而滞后，引起介质损耗，随着频率的增高，介电常数要减小. 当频率足够高（$\omega\tau\gg1$）时，偶极子完全不能响应外场而取向，以至对介质极化不作贡献，此时 $\varepsilon\to\varepsilon_\infty$（高频介电常数）.

3.2　(1) 导出浓度为 n 的自由电子气的介电常数 $\varepsilon(\omega)$ 的表示式

$$\varepsilon(\omega)=1-\frac{\omega_{\mathrm{p}}^2}{\omega^2}$$

其中，$\omega_{\mathrm{p}}^2=\dfrac{ne^2}{\varepsilon_0 m}$；

(2) 明白地指出金属对于 $\omega<\omega_{\mathrm{p}}$ 的光是不透明的；

(3) 计算金属钠的截止波长（钠的原胞体积为 $35\times10^{-30}\,\mathrm{m}^3$）.

解　(1) 一个自由电子在电场 $E=E_0\mathrm{e}^{\mathrm{i}\omega t}$ 中的经典运动方程为

$$m\frac{\mathrm{d}^2x}{\mathrm{d}t^2}=-eE_0\mathrm{e}^{\mathrm{i}\omega t}$$

其解为

$$x=x_0\mathrm{e}^{\mathrm{i}\omega t}$$

其中，$x_0=\dfrac{eE_0}{m\omega^2}$. 由此得 n 个电子的总偶极矩（极化强度）为

$$P=-nex=-\frac{ne^2}{m\omega^2}E_0\mathrm{e}^{\mathrm{i}\omega t}=-\frac{ne^2}{m\omega^2}E$$

因此，极化率

$$\chi=\frac{P}{\varepsilon_0E}=-\frac{ne^2}{\varepsilon_0m\omega^2}$$

由此得介电常数

$$\varepsilon(\omega)=1+\chi=1-\frac{ne^2}{\varepsilon_0m\omega^2}=1-\frac{\omega_{\mathrm{p}}^2}{\omega^2}$$

其中，$\omega_{\mathrm{p}}^2=\dfrac{ne^2}{\varepsilon_0m}$.

(2) 对于 $\omega<\omega_{\mathrm{p}}$ 的频段，$\varepsilon(\omega)$ 为负值，因为 $n^2=\varepsilon(\omega)$. 所以 $n^2<0$，即折射率为纯虚数，

意味着电磁波不能在金属中传播，产生全反射，因此金属对于 $\omega<\omega_p$ 的光是不透明的.

(3) $35\times10^{-30}\text{m}^3$ 体积钠金属单胞中仅含 1 个钠原子，一个钠原子贡献 1 个电子构成金属钠中自由电子气，故其自由电子浓度为

$$n=\frac{1}{35\times10^{-30}}=2.86\times10^{28}(\text{m}^{-3})=2.86\times10^{22}(\text{cm}^2)$$

所以

$$\omega_p^2=\frac{ne^2}{\varepsilon_0 m}=\frac{2.86\times10^{22}\times(1.6\times10^{-19})^2}{8.85\times10^{-14}\times9.1\times10^{-35}}=9.09\times10^{31}(\text{s}^{-2})$$

$$\varepsilon(\omega)=1-\frac{9.09\times10^{31}}{\omega^2}$$

金属钠的截止波长就是相当于 $\varepsilon(\omega)=0$ 的截止频率的波长.

由此得到

$$\lambda=\frac{2\pi c}{\omega}=\frac{2\pi\times3\times10^8}{(9.09\times10^{31})^{1/2}}=1.976\times10^{-7}(\text{m})=1976\text{Å}$$

3.3 一固体由一群全同原子组成，每个原子可以看作是具有电荷为 q 质量为 m 的电子与其耦合，电子被弹性常数为 κ 的弹簧固定在原子位置上，能量的耗散是用作用在每个原子上的阻尼力 $-b\boldsymbol{v}$ 来模拟，$\boldsymbol{v}$ 是电子的速度. 设固体中原子的浓度为 N. 这时有一频率为 ω 的平面偏振电磁波在固体中传播，试用经典的非相对论的方法处理这些振子，(为统一记号，令 $\omega_0^2=\kappa/m,\gamma=b/m,\omega_p^2=4\pi Nq^2/m.$)

(1) 计算折射率 $n(\omega)$;

(2) 画出低密度极限下 $\left(\frac{\omega_p}{\omega_0}\ll1,\frac{\omega_p}{\gamma}\ll1\right)$，$n(\omega)$的实部和虚部;

(3) 共振时(即 $\omega=\omega_0$)，计算低密度极限下固体中的衰减长度;

(4) 在共振附近，群速度 $\left(v_g=\frac{d\omega}{dk}\right)$ 可以超过光速，解释为什么这不违背因果律.

解 (1) 入射波作用下的电子运动方程为

$$m\ddot{\boldsymbol{r}}+b\dot{\boldsymbol{r}}+\kappa\boldsymbol{r}=q\boldsymbol{E}$$

这是一受迫阻尼振动方程，若 $\boldsymbol{r}=\boldsymbol{r}_0e^{i\omega t}$，解为

$$\boldsymbol{r}=\frac{q\boldsymbol{E}}{-m\omega^2+i\omega b+\frac{\kappa}{m}}=\frac{q}{m}\frac{\boldsymbol{E}}{\omega_0^2-\omega^2+i\gamma\omega}$$

式中，$\omega_0^2=\kappa/m,\gamma=b/m.$

若单位体积中有 N 个原子，则单位体积中的平均电偶极矩为

$$\boldsymbol{p}=Nq\boldsymbol{r}=\frac{Nq^2}{m}\frac{\boldsymbol{E}}{\omega_0^2-\omega^2+i\gamma\omega}$$

由此极化率为

$$\chi=\frac{4\pi\boldsymbol{p}}{\boldsymbol{E}}=\frac{4\pi Nq^2}{m}\cdot\frac{1}{\omega_0^2-\omega^2+i\gamma\omega}=\frac{\omega_p^2}{\omega_0^2-\omega^2+i\gamma\omega}$$

式中，$\omega_p^2=\frac{4\pi Nq^2}{m}$，因此得相对介电常数 $\varepsilon(\omega)$ 为

$$\varepsilon(\omega)=1+\chi(\omega)=1+\frac{\omega_p^2}{\omega_0^2-\omega^2+i\gamma\omega}$$

又对非磁性各向同性介质，电磁波方程为

$$\frac{\partial^2 \boldsymbol{D}}{\partial t^2}=c^2\nabla^2\boldsymbol{E}$$

$$\boldsymbol{D}=\varepsilon(\omega,\boldsymbol{k})\varepsilon_0\boldsymbol{E}$$

$$\boldsymbol{E}=\boldsymbol{E}_0 e^{i(\omega t-\boldsymbol{k}\cdot\boldsymbol{r})}$$

由此得

$$\varepsilon(\omega,k)=\frac{c^2k^2}{\omega^2}=n^2(\omega)$$

因为 $\varepsilon(\omega)$ 为复数，所以 $n(\omega)$ 也为复数，记为 $n^*(\omega)$，称为复折射率

$$n^{*2}(\omega)=\varepsilon(\omega)=1+\frac{\omega_p^2}{\omega_0^2-\omega^2+i\gamma\omega}$$

(2) 令 $n^*=n-i\eta$，有

$$n^{*2}=(n-i\eta)^2=1+\frac{\omega_p^2}{\omega_p^2-\omega^2+i\gamma\omega}$$

不难得到

$$n^2-\eta^2=1+\frac{\omega_p^2(\omega_0^2-\omega^2)}{(\omega_0^2-\omega^2)^2+\gamma^2\omega^2}=\mathrm{R}(\omega)\quad（实部）$$

$$2n\eta=\frac{\omega_p^2\gamma\omega}{(\omega_0^2-\omega^2)^2+\gamma^2\omega^2}=\mathrm{I}(\omega)\quad（虚部）$$

在低密度极限下，$n^*(\omega)$ 的实部和虚部曲线如图 3.2 所示. 当 $\omega=\omega_0$ 时，$2n\eta$ 取极大值，称为共振吸收.

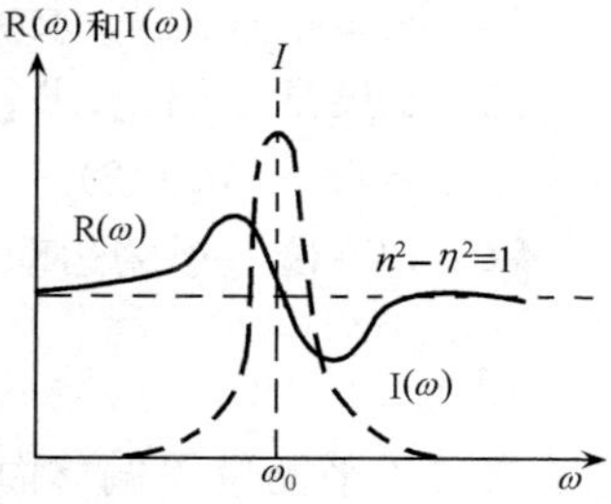

图 3.2

(3) 当 $\omega=\omega_0$ 时，低密度极限下，有

$$\begin{cases} n^2-\eta^2=1 \\ 2n\eta=\dfrac{\omega_p^2}{\gamma\omega_0} \end{cases}$$

由于 $\omega_p\ll\gamma$，上述联立方程解

$$n\approx 1,\quad \eta\approx\frac{\omega_p^2}{2\gamma\omega_0}$$

吸收系数

$$\alpha=\frac{4\pi}{\lambda}\eta=\frac{2\omega_0}{c}\eta=\frac{\omega_p^2}{c\gamma}$$

衰减长度

$$l=\frac{1}{\alpha}=\frac{c\gamma}{\omega_p^2}$$

(4) 由关系式 $n^*(\omega)=\dfrac{ck}{\omega}$ 知群速度为

$$v_g=\frac{d\omega}{dk}=\frac{c}{n^*(\omega)+\omega\dfrac{dn^*(\omega)}{d\omega}}\tag{1}$$

因在 $\omega=\omega_0$ 处，$n\eta=\frac{\omega_p^2}{2\gamma\omega_0}\ll 1$，所以

$$n^{*2}\approx n^2=1+\frac{\omega_p^2(\omega_0^2-\omega^2)}{(\omega_0^2-\omega^2)^2+\gamma^2\omega^2}$$

$$\frac{dn^*}{d\omega}\approx\frac{dn}{d\omega}=-\frac{\omega_p^2}{\gamma^2\omega_0} \tag{2}$$

又

$$n^2=1+\eta^2=1+\left(\frac{\omega_p^2}{2\gamma\omega_0}\right)^2$$

所以

$$n\approx 1+\frac{\omega_p^4}{8\gamma^2\omega_0^2} \tag{3}$$

将(2)、(3)式代入(1)式后可得

$$v_g=\frac{c}{1+\frac{\omega_p^4}{8\gamma^2\omega_0^2}-\frac{\omega_p^2}{\gamma^2}}\approx\frac{c}{1-\frac{\omega_p^2}{\gamma^2}}>c$$

这表明，在共振频率附近，群速可以超过光速，但这并不违背因果律，因为此时色散曲线变化很快，群速度已失去了实际意义，不能再作为能量传播的速度了.

3.4　绝缘体可以看成由价电子和离子所组成，价电子简谐地束缚于离子上，角频率为 ω_0，价电子浓度为 N，此绝缘体被置于沿 z 方向的均匀磁场 B 中，角频率为 ω 的单色光沿 z 轴通过.

(1) 如果是圆偏光，求折射率；

(2) 如果是线偏光，求它传播距离 z 后偏振面的转角(你可以假设 $\Delta n\ll n$，其中 $\Delta n=n_R-n_L$，$n=(n_R+n_L)/2$).

解　(1) 价电子的运动方程为

$$m\frac{d^2\boldsymbol{r}}{dt^2}=-e\boldsymbol{E}-e\boldsymbol{v}\times\boldsymbol{B}-m\omega_0^2\boldsymbol{r}$$

电子相对于平衡位置偏移而产生极化，极化强度为

$$\boldsymbol{P}=-Ne\boldsymbol{r}$$

偏振方程为

$$-\frac{m}{Ne}\frac{d^2\boldsymbol{P}}{dt^2}=-e\boldsymbol{E}-e\left(-\frac{1}{Ne}\frac{d\boldsymbol{P}}{dt}\right)\times\boldsymbol{B}+\frac{m\omega_0^2}{Ne}\boldsymbol{P}$$

因 $\boldsymbol{E}\approx e^{-i\omega t}$，有 $\boldsymbol{P}\approx e^{-i\omega t}$，$\frac{d}{dt}=-i\omega$，故

$$\frac{m\omega^2}{Ne}\boldsymbol{P}=-e\boldsymbol{E}+\frac{i\omega\boldsymbol{B}\times\boldsymbol{P}}{N}+\frac{m\omega_0^2}{Ne}\boldsymbol{P}$$

即

$$\boldsymbol{E}=\frac{\omega_0^2-\omega_p^2}{\varepsilon_0\omega_p^2}\boldsymbol{P}+\frac{i\omega}{Ne}\boldsymbol{B}\times\boldsymbol{P}$$

其中，$\omega_p^2=\frac{Ne^2}{m\varepsilon_0}$. 因为 $\boldsymbol{B}=(0,0,B)$，所以上式写成

$$\boldsymbol{E}=\begin{pmatrix}\dfrac{\omega_0^2-\omega^2}{\varepsilon_0\omega_p^2} & -\dfrac{i\omega}{Ne}B & 0\\ \dfrac{i\omega}{Ne}B & \dfrac{\omega_0^2-\omega^2}{\varepsilon_0\omega_p^2} & 0\\ 0 & 0 & \dfrac{\omega_0^2-\omega^2}{\varepsilon_0\omega_p^2}\end{pmatrix}\begin{pmatrix}P_x\\ P_y\\ P_z\end{pmatrix}=\overleftrightarrow{\tau}\cdot\boldsymbol{P} \tag{1}$$

由麦克斯韦方程，不难推出

$$\frac{\partial^2\boldsymbol{D}}{\partial t^2}+\varepsilon_0c^2\nabla\times(\nabla\times\boldsymbol{E})=0$$

$\nabla=i\boldsymbol{k},\dfrac{\partial}{\partial t}=-i\omega$，所以

$$\omega^2\boldsymbol{D}=\varepsilon_0c^2[k^2\boldsymbol{E}-\boldsymbol{k}(\boldsymbol{k}\cdot\boldsymbol{E})]$$

利用 $\boldsymbol{D}=\varepsilon_0\boldsymbol{E}+\boldsymbol{P}$，$\nabla\cdot\boldsymbol{D}=0$ 即 $\boldsymbol{k}\cdot\boldsymbol{D}=0$，$\boldsymbol{k}=(0,0,k)$，可得

$$\boldsymbol{E}=\frac{1}{\varepsilon_0\chi}\begin{pmatrix}1&0&0\\0&1&0\\0&0&-\chi\end{pmatrix}\begin{pmatrix}P_x\\P_y\\P_z\end{pmatrix}=\overleftrightarrow{A}\cdot\boldsymbol{P} \tag{2}$$

其中，$\chi=\dfrac{c^2k^2}{\omega^2}-1$，由(1)、(2)式得

$$(\overleftrightarrow{\tau}-\overleftrightarrow{A})\cdot\boldsymbol{P}=0$$

即

$$\begin{pmatrix}\dfrac{\omega_0^2-\omega^2}{\varepsilon_0\omega_p^2}-\dfrac{1}{\varepsilon_0\chi} & -\dfrac{i\omega}{Ne}B & 0\\ \dfrac{i\omega}{Ne}B & \dfrac{\omega_0^2-\omega^2}{\varepsilon_0\omega_p^2}-\dfrac{1}{\varepsilon_0\chi} & 0\\ 0 & 0 & \dfrac{\omega_0^2-\omega^2}{\varepsilon_0\omega_p^2}+\dfrac{1}{\varepsilon_0}\end{pmatrix}\begin{pmatrix}P_x\\ P_y\\ P_z\end{pmatrix}=0$$

通常$\dfrac{\omega_0^2-\omega^2}{\varepsilon_0\omega_p^2}+\dfrac{1}{\varepsilon_0}\neq0$，所以 $P_z=0$，从而 $E_z=0$，即平面波入射后仍得到平面波，具有非零解的条件为

$$|\overleftrightarrow{\tau}-\overleftrightarrow{A}|=0$$

则

$$\frac{\omega_0^2-\omega^2}{\varepsilon_0\omega_p^2}-\frac{1}{\varepsilon_0\chi_\pm}=\pm\frac{\omega B}{Ne}$$

$$n_\pm=\frac{ck_\pm}{\omega}=\sqrt{1+\chi_\pm}=\sqrt{1+\frac{Ne\omega_p^2}{Ne(\omega_0^2-\omega^2)\mp\varepsilon_0\omega_p^2\omega B}}$$

相应地

$$\boldsymbol{P}_\pm=c_\pm\begin{pmatrix}1\\ \pm i\\ 0\end{pmatrix},E_\pm=\frac{1}{\varepsilon_0\chi_\pm}\begin{pmatrix}1\\ \pm i\\ 0\end{pmatrix}$$

n_+ 为左旋圆偏光的折射率，n_- 为右旋圆偏光的折射率.

(2) 线偏光可以分解为右旋与左旋圆偏光

$$\begin{aligned}\boldsymbol{E}&=\boldsymbol{E}_{+}+\boldsymbol{E}_{-}\\&=\frac{E_0}{2}\begin{pmatrix}1\\ \mathrm{i}\end{pmatrix}e^{\mathrm{i}(k_+z-\omega t)}+\frac{E_0}{2}\begin{pmatrix}1\\ -\mathrm{i}\end{pmatrix}\mathrm{e}^{\mathrm{i}(k_-z-\omega t)}\\&=E_0\begin{pmatrix}\cos\dfrac{k_+-k_-}{2}z\\ -\sin\dfrac{k_+-k_-}{2}z\end{pmatrix}\mathrm{e}^{\mathrm{i}\left(\frac{k_++k_-}{2}z-\omega t\right)}\end{aligned}$$

迎着光传播方向看去,偏振面顺时针方向的转角为

$$\theta=\frac{k_+-k_-}{2}z=\frac{\omega z}{2c}(n_+-n_-)=\frac{\omega z}{2c}\Delta n$$

若假设 $\Delta n\ll n$,即$\dfrac{\varepsilon_0\omega_{\mathrm{p}}^2\omega B}{Ne(\omega_0^2-\omega^2)}\ll 1$,则

$$\begin{aligned}n_{\pm}&=\sqrt{1+\frac{\omega_{\mathrm{p}}^2}{\omega_0^2-\omega^2}\left(1\pm\frac{\varepsilon_0\omega_{\mathrm{p}}^2\omega B}{Ne(\omega_0^2-\omega^2)}\right)}\\&\approx\sqrt{1+\frac{\omega_{\mathrm{p}}^2}{\omega_0^2-\omega^2}}\pm\frac{1}{2}\frac{\varepsilon_0\omega_{\mathrm{p}}^4\omega B}{Ne(\omega_0^2-\omega^2)^2\sqrt{1+\dfrac{\omega_{\mathrm{p}}^2}{\omega_0^2-\omega^2}}}\end{aligned}$$

上面所作的近似是符合 $\Delta n\ll n$ 这个条件的,故

$$\begin{aligned}\Delta n&=\frac{\varepsilon_0\omega_{\mathrm{p}}^4\omega B}{Ne(\omega_0^2-\omega^2)\sqrt{(\omega_0^2-\omega^2)^2+\omega_{\mathrm{p}}^2(\omega_0^2-\omega^2)}}\\&=\frac{\omega_{\mathrm{p}}^2\omega_0\omega}{(\omega_0^2-\omega^2)\sqrt{(\omega_0^2-\omega^2)^2+\omega_{\mathrm{p}}^2(\omega_0^2-\omega^2)}}\end{aligned}$$

式中,$\omega_0=\dfrac{eB}{m}$.

把 Δn 代入偏转角公式得

$$\begin{aligned}\theta&=\frac{\omega z}{2c}\Delta n\\&=\frac{\omega_{\mathrm{p}}^2\omega^2\omega_0}{2c(\omega_0^2-\omega^2)\sqrt{(\omega_0^2-\omega^2)^2+\omega_{\mathrm{p}}^2(\omega_0^2-\omega^2)}}z\end{aligned}$$

3.5 圆偏振光沿 z 轴通过一完全电离的物质,一静磁场 B 也沿 z 方向通过此物质.角频率为 ω 的右手圆偏振光的折射率为

$$n_{\mathrm{R}}^2=1-\frac{4\pi Ne^2/m}{\omega^2+\dfrac{eB\omega}{\omega_0}}$$

其中,N 是电子密度,e,m 和 c 具有它们通常的意义.

(1) 对左手圆偏振光对应的表达式是什么?

(2) 如 $B=0$,相速度是多少?

(3) 如 $B=0$,群速度是多少?

你可以假定 $\omega \gg \sqrt{\dfrac{4\pi Ne^2}{m}}$，但并不是 $\omega \to \infty$.

解　(1) 电子的运动方程为

$$m\frac{\mathrm{d}^2\boldsymbol{r}}{\mathrm{d}t^2} = -e\left(\boldsymbol{E} + \frac{1}{c}\boldsymbol{v}\times\boldsymbol{B}\right)$$

这里忽略了光场的磁分量，通常是 $\boldsymbol{E}=E_x\boldsymbol{i}+E_y\boldsymbol{j}$，$\boldsymbol{B}=B\boldsymbol{k}$，令 $\boldsymbol{r}=x\boldsymbol{i}+y\boldsymbol{j}$，所以有

$$m\ddot{x} = -eE_x - \frac{e}{c}B\dot{y}$$

$$m\ddot{y} = -eE_y + \frac{e}{c}B\dot{x}$$

对右手圆偏振光，我们有 $E_x=E_0\mathrm{e}^{\mathrm{i}(\omega t-kz)}$，$E_y=\mathrm{i}E_x$，如令 $x=x_0\mathrm{e}^{\mathrm{i}(\omega t-kz)}$，$y=y_0\mathrm{e}^{\mathrm{i}(\omega t-kz)}$，则

$$-m\omega^2 x = -eE_x - \frac{\mathrm{i}\omega eB}{c}y$$

$$-m\omega^2 y = -eE_y + \frac{\mathrm{i}\omega eB}{c}x$$

又，$\boldsymbol{P}=-Ne\boldsymbol{r}$，上二式变为

$$-\frac{m\omega^2}{Ne}P_x = eE_x - \frac{\mathrm{i}\omega B}{Nc}P_y$$

$$-\frac{m\omega^2}{Ne}P_y = eE_y + \frac{\mathrm{i}\omega B}{Nc}P_x$$

根据各向同性介质中的麦克斯韦方程所得

$$\boldsymbol{P} = \frac{1}{4\pi}\left(\frac{c^2k^2}{\omega^2}-1\right)\boldsymbol{E} = \chi\boldsymbol{E}$$

故

$$\left(-\frac{\omega^2}{Ne}-\frac{e}{m\chi}\right)E_x + \frac{\mathrm{i}\omega B}{mNc}E_y = 0$$

$$\left(-\frac{\omega^2}{Ne}-\frac{e}{m\chi}\right)E_y - \frac{\mathrm{i}\omega B}{mNc}E_x = 0$$

E_x，E_y 为非零解的条件为系数行列式为零，即

$$\left(\frac{\omega^2}{Ne}+\frac{e}{m\chi}\right)^2 - \frac{\omega^2B^2}{m^2N^2c^2} = 0$$

有两个解

$$\frac{\omega^2}{Ne}+\frac{e}{m\chi_\pm} = \pm\frac{\omega B}{mNc}$$

当 $\dfrac{\omega^2}{Ne}+\dfrac{e}{m\chi_+}=\dfrac{\omega B}{mNc}$ 时，$E_y=-\mathrm{i}E_x$，此为左手圆偏振光.

当 $\dfrac{\omega^2}{Ne}+\dfrac{e}{m\chi_-}=-\dfrac{\omega B}{mNe}$ 时，$E_y=\mathrm{i}E_x$，此为右手圆偏振光.

$$\varepsilon_{\mathrm{L}} = 1+4\pi\chi_- = 1+4\pi\left(-\frac{\dfrac{e}{m}}{\dfrac{\omega^2}{Ne}-\dfrac{\omega B}{mNc}}\right)$$

$$= 1 - \frac{4\pi Ne^2/m}{\omega^2 - \frac{eB\omega}{mc}} = n_L^2$$

注意:此题 B 沿 $\boldsymbol{k}$ 方向才有 $\boldsymbol{P}=\chi\boldsymbol{E}$,否则在一般条件下,$\boldsymbol{P}=\chi\cdot\boldsymbol{E}$.

(2) $B=0$ 时,

$$n^2 = 1 - \frac{4\pi Ne^2/m}{\omega^2} = 1 - \frac{\omega_p^2}{\omega^2}$$

即

$$\frac{c^2k^2}{\omega^2} = 1 - \frac{\omega_p^2}{\omega^2}$$

$$\omega^2 = \omega_p^2 + c^2k^2$$

其中,$\omega_p^2 = \dfrac{4\pi Ne^2}{m}$,故相速度

$$v_p = \frac{\omega}{k} = \frac{c}{\sqrt{1-\frac{\omega_p^2}{\omega^2}}} = \frac{c}{n}$$

(3) 群速度

$$v_g = \frac{d\omega}{dk} = \sqrt{1-\frac{\omega_p^2}{\omega^2}}\cdot c$$

3.6　室温下 NaCl 的一些性质如下:静电介电常数 $\varepsilon=5.90$,单胞边长 $a=5.6$Å,Na 原子质量为 23amu($1\text{amu}=1.66\times10^{-24}$g),Cl 原子质量 35.5amu.

(1) 电磁耦合场量子(polariton)是离子晶体中声子与光子间耦合的结果. 推导在离子晶体(如 NaCl)中传播的电磁横模的色散关系 $\omega(k)$,并图示之(忽略原子极化);

(2) 在哪一段光子波长带中,NaCl 将反射入射波?(即推导并估算此带最短及最长波长之表达式).

解　(1) 如图 3.3(a)所示为双原子离子晶体中未耦合的晶格振动及光的色散关系. $k=0$ 附近,声学模 $\omega=vk$,而 v 约为光速 c 的 10^{-5},故实际上 $\omega=ck$ 在图中几乎与纵轴重合,所示只有 $k=0$ 的光学模能与光耦合.

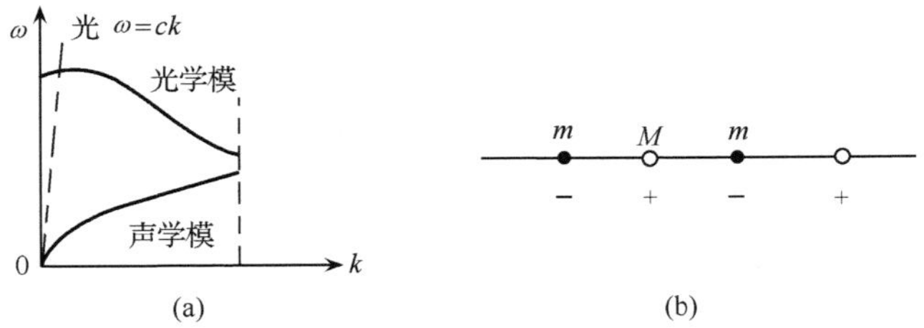

图 3.3

忽略原子极化,则极化完全由离子运动引起. 因 $k_A\approx0$,离子运动可近似地取 $k=0$ 情况,此时,在半波长范围内,正离子所组成的一些布拉伐原胞同向地位移,而负离子所组成的一些布拉伐原胞反向地位移,这样,由正、负离子相对位移就引起了宏观电场 E,这时,

作用在离子上除了弹性恢复力之外，还有电场的作用. 若设正、负离子的相对位移为 $\boldsymbol{W}$，则运动方程为

$$\mu\ddot{\boldsymbol{W}} = -2\kappa\boldsymbol{W} + q\boldsymbol{E} \tag{1}$$

其中，μ 为正、负离子的折合质量 $\mu=\frac{Mm}{M+m}$，κ 为正、负离子间的力常数，q 为离子电荷.

对于静电场，$\ddot{\boldsymbol{W}}=0$，所以

$$\boldsymbol{W} = \frac{q}{2\kappa}\boldsymbol{E}$$

若令 ρ_0 为离子无位移时的电荷密度，则

$$\rho_0 = q/V$$

V 为每对离子的体积. 则极化强度可写为

$$\boldsymbol{P} = \rho_0\boldsymbol{W} = \frac{q^2}{2\kappa V}\boldsymbol{E} = \varepsilon_0\chi\boldsymbol{E}$$

由此求得力常数

$$\kappa = \frac{q^2}{2\chi\varepsilon_0 V} = \frac{q^2}{2(\varepsilon-1)\varepsilon_0 V} \tag{2}$$

若 $\boldsymbol{Q}=\frac{\rho_0}{\varepsilon_0}\boldsymbol{W}$，则

$$\ddot{\boldsymbol{Q}} + \omega_0^2\boldsymbol{Q} - \omega_0^2\chi\boldsymbol{E} = 0 \tag{3}$$

式中，$\omega_0=\sqrt{\frac{2\kappa}{\mu}}=\sqrt{\frac{q^2}{\mu(\varepsilon-1)\varepsilon_0 V}}$，为 $k=0$ 时的光学模频率.

(3) 式即为光学模的特征方程，为了研究光学模与电磁波的相互作用，求出耦合模，必须考虑特征方程(3)与麦克斯韦方程

$$\begin{cases} \nabla\times\boldsymbol{E} = -\dfrac{\partial\boldsymbol{B}}{\partial t} & (4) \\ \nabla\times\boldsymbol{B} = \dfrac{1}{c^2}\dfrac{\partial\boldsymbol{E}}{\partial t} + \mu_0\boldsymbol{j} & (5) \end{cases}$$

联立求解. 式中 $\boldsymbol{j}$ 为电流密度.

由(4)、(5)式消去 $\boldsymbol{B}$，并利用 $\boldsymbol{j}=\rho_0\dot{\boldsymbol{W}}=\frac{\rho_0^2}{\varepsilon_0}\boldsymbol{Q}$ 及横波条件 $\nabla\cdot\boldsymbol{E}=0$，得到方程

$$\nabla^2\cdot\boldsymbol{E} = \frac{1}{c^2}\frac{\partial^2}{\partial t^2}(\boldsymbol{E}+\dot{\boldsymbol{Q}}) \tag{6}$$

若设传播方向为 x 方向，则行波解为

$$\boldsymbol{E} = \boldsymbol{E}_0 e^{i(kx-\omega t)}$$
$$\boldsymbol{Q} = \boldsymbol{Q}_0 e^{i(kx-\omega t)}$$

代入(3)式和(6)式后得

$$\begin{cases} (\omega_0^2-\omega^2)\boldsymbol{Q}_0 = \chi\omega_0^2\boldsymbol{E}_0 \\ k^2c^2\boldsymbol{E}_0 = \omega^2(\boldsymbol{E}_0+\boldsymbol{Q}_0) \end{cases}$$

解之得耦合模的色散关系

$$\frac{c^2k^2}{\omega^2}=\frac{\varepsilon\omega_0^2-\omega^2}{\omega_0^2-\omega^2} \tag{7}$$

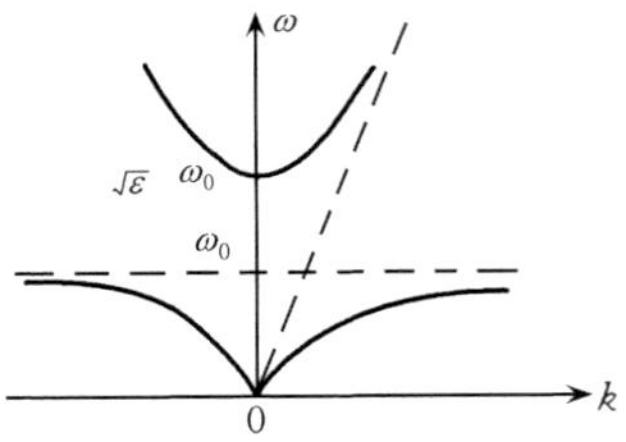

图 3.4

色散曲线如图 3.4 所示.

(2) 从 ω_0 至 $\sqrt{\varepsilon}\omega_0$ 的频谱内,光子无法与声子耦合,入射光将被全反射,所以

$$\omega_{\min}=\frac{2\pi c}{\lambda_{\max}}=\omega_0$$

$$\omega_{\max}=\frac{2\pi c}{\lambda_{\min}}=\sqrt{\varepsilon}\omega_0$$

从而

$$\lambda_{\min}=\frac{2\pi c}{\sqrt{\varepsilon}\omega_0}=\frac{2\pi c}{q}\sqrt{\frac{\mu V(\varepsilon-1)\varepsilon_0}{\varepsilon}}$$

$$\lambda_{\max}=\frac{2\pi c}{\omega_0}=\frac{2\pi c}{q}\sqrt{\mu V(\varepsilon-1)\varepsilon_0}$$

对 NaCl,$V=\frac{1}{4}a^3$,$\mu=\frac{M_{\mathrm{Na}}m_{\mathrm{Cl}}}{M_{\mathrm{Na}}+m_{\mathrm{Cl}}}$,$q=e$,将题中所给数据代入得

$$\begin{aligned}\lambda_{\min}&=\frac{2\pi c}{q}\sqrt{\frac{\mu V(\varepsilon-1)\varepsilon_0}{\varepsilon}}=\frac{2\times3.14\times3\times10^{10}}{1.6\times10^{-19}}\\&\quad\times\left[\frac{23\times35.5\times1.66\times10^{-24}\times1\times10^{-7}}{58.5}\right.\\&\quad\left.\times\frac{1}{4}\times(5.6\times10^{-8})^3\times\frac{(5.9-1)\times8.854\times10^{-14}}{5.9}\right]^{\frac{1}{2}}\\&=3.219\times10^{-3}\,\mathrm{cm}=32.2\mu\mathrm{m}\end{aligned}$$

$$\begin{aligned}\lambda_{\max}&=\frac{2\pi c}{q}\sqrt{\mu V(\varepsilon-1)\varepsilon_0}=\sqrt{\varepsilon}\lambda_{\min}=\sqrt{5.9}\times3.219\times10^{-3}\,\mathrm{cm}\\&=7.818\times10^{-3}\,\mathrm{cm}=78.2\end{aligned}$$

3.7 假设一碱金属卤化物,$\varepsilon(0)=5.9$,$\varepsilon(\infty)=2.25$,在 $\lambda_0=30.6\mu\mathrm{m}$ 处反射率 $R=0$,且 $\varepsilon(\omega)$ 为实数.

(1) 求 ω_L、ω_T,ω_L 是长光学纵波声子的频率,ω_T 是长光学横波声子的频率;

(2) 画出反射率 R 与 ω 的关系曲线.

解 (1) 对离子晶体,如果不考虑离子位移过程中受到的阻尼,即取阻尼项 $r=0$,则 $\varepsilon(\omega)$ 为实数.

$$\varepsilon(\omega)=\varepsilon(\infty)+\frac{[\varepsilon(0)-\varepsilon(\infty)]\omega_T^2}{\omega_T^2-\omega^2}$$

由题设条件,当 $\omega=\omega_0=\frac{2\pi c}{\lambda_0}=\frac{2\pi\times3\times10^8}{30.6\times10^{-6}}=6.15\times10^{13}\,\mathrm{s}^{-1}$ 时,反射率 $R=0$,即 $\varepsilon(\omega)=1$,由此得

$$1=\varepsilon(\infty)+\frac{[\varepsilon(0)-\varepsilon(\infty)]\omega_T^2}{\omega_T^2-\omega_0^2}$$

$$\omega_{\mathrm{T}}=\left[\frac{\varepsilon(\infty)-1}{\varepsilon(0)-1}\right]^{1/2}\omega_0=\sqrt{\frac{2.25-1}{5.9-1}}\times 6.15\times 10^{13}=3.11\times 10^{13}\,\mathrm{s}^{-1}$$

又由 LST 关系

$$\frac{\omega_{\mathrm{L}}^2}{\omega_{\mathrm{T}}^3}=\frac{\varepsilon(0)}{\varepsilon(\infty)}$$

所以

$$\omega_{\mathrm{L}}=\left[\frac{\varepsilon(0)}{\varepsilon(\infty)}\right]^{1/2}\omega_{\mathrm{T}}=\sqrt{\frac{5.9}{2.25}}\times 3.11\times 10^{13}=5.03\times 10^{13}\,\mathrm{s}^{-1}$$

(2) 当光正入射到离子晶体上，当 $\varepsilon(\omega)$ 为实数时，$\varepsilon(\omega)=n^2$，则反射率为

$$R=\frac{(n-1)^2}{(n+1)^2}=\frac{(\sqrt{\varepsilon(\omega)}-1)^2}{(\sqrt{\varepsilon(\omega)}+1)^2}$$

当 $\omega=0$ 时，$\varepsilon(\omega)=\varepsilon(0)=5.9$，$R=\frac{(\sqrt{\varepsilon(0)}-1)^2}{(\sqrt{\varepsilon(0)}+1)^2}=0.17$

当 $\omega\to\infty$ 时，$\varepsilon(\omega)\to\varepsilon(\infty)=2.25$，$R=\frac{(\sqrt{\varepsilon(\infty)}-1)^2}{(\sqrt{\varepsilon(\infty)}+1)^2}=0.04$

当 $\omega=\omega_0=6.15\times 10^{13}\,\mathrm{s}^{-1}$ 时，$\varepsilon(\omega)=1$，$R=0$

当 $\omega=\sqrt{\frac{\varepsilon(0)}{\varepsilon(\infty)}}\omega_{\mathrm{T}}=\omega_{\mathrm{L}}=5.03\times 10^{13}\,\mathrm{s}^{-1}$ 时，$\varepsilon(\omega)=0$，$R=1$

当 $\omega_{\mathrm{T}}<\omega<\omega_{\mathrm{L}}$ 时，即 $3.11\times 10^{13}\,\mathrm{s}^{-1}<\omega<5.03\times 10^{13}\,\mathrm{s}^{-1}$，$\varepsilon(\omega)<0$，$n$ 为虚数，$R=1$.

根据以上分析可作 R-ω 关系曲线如图 3.5 所示.

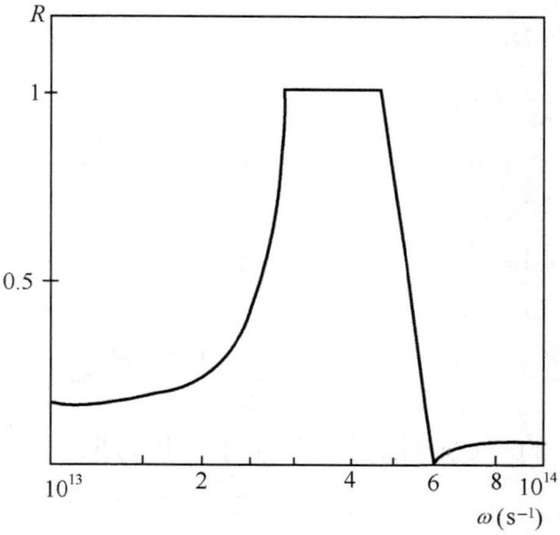

图 3.5

3.8 一无磁纯净固体物质的电磁波吸收系数如图 3.6 所示.

物质在红外波段有一很小的吸收区，然后直到 2.3eV 才吸收光，概要解释产生这种吸收方式的原因，并回答下列问题：

(1) 这种物质是金属还是绝缘体？为什么？

（2）这种物质晶体结构的原胞是否含有一个以上的原子？为什么？

图 3.6

解　这种物质在红外波段的吸收区是由于光子和晶格振动相互作用所引起的，具体说来，这种吸收主要是长光学支振动与光子的相互作用. 长光学支振动，局部地来看，这种振动造成交变的电矩，如同一个振动的电偶极子，正是由于电矩和电磁场的相互作用导致了光的吸收；而在 2.3eV 以上的吸收则是价带电子受激跃迁到导带而产生的.

（1）这种固体是绝缘体（接近半导体，能隙 $\Delta E = 2.3\text{eV}$）.

（2）原胞中含有两个以上的原子，否则就不可能有光学支，也就不会有 0.15eV 处的吸收峰.

3.9　给出一个对磁化率 $\chi = M/B$ 的数值估计（精度 60%），其中 B 是实际磁场.

（1）$N = 4.7\times10^{22}\text{cm}^{-3}$ 的自由电子费米气，在 $T = 300\text{K}$ 和 $T = 350\text{K}$ 时；

（2）在临界温度以下的第一类超导体.

解　（1）$\chi = M/B = \dfrac{3}{2}\dfrac{N\mu_B^2}{E_F}$

在题中所给精度范围内，可认为

$$
\begin{aligned}
E_F \approx E_F^0 &= \frac{\hbar^2}{2m}(3N\pi^2)^{2/3} \\
&= \frac{(1.055\times10^{-34})^2}{2\times9.1\times10^{-35}}\times(3\pi^2\times4.7\times10^{22})^{\frac{2}{3}} \\
&= 7.618\times10^{-19}(\text{J}) = 4.76(\text{eV}) = 4.76\times1.6\times10^{-12}(\text{erg})
\end{aligned}
$$

又，$\mu_B = 9.27\times10^{-21}\text{erg}\cdot\text{G}^{-1}$，代入后得

$$
\chi = \frac{3N\mu_B^2}{2E_F} = \frac{3\times4.7\times10^{22}\times(9.27\times10^{-21})^2}{2\times4.76\times1.6\times10^{-12}} = 8.0\times10^{-7}(\text{CGS 制})
$$

由于自由电子费米气的顺磁磁化率不依赖于温度，所以

$$
\chi_{T=300\text{K}} = \chi_{T=350\text{K}} = 0.80\times10^{-6}(\text{CGS 制})
$$

（2）对于第一类超导体

$$
\chi \leqslant -\frac{1}{4\pi}(\text{CGS 制})
$$

3.10　考虑一包含有顺磁杂质的晶体，杂质在给定的磁场中能级是 $\pm\varepsilon$.

（1）写出磁场存在时，杂质对晶体配分函数的贡献；

（2）写出杂质对比热贡献的相应的表达式，并画出比热作为温度函数的曲线；

(3) 在低温极限，比较上述比热与声子比热(德拜模型)对温度的依赖关系，并对它们的区别给予物理解释；

(4) 在高温极限，做如(3)相同的比较.

解　(1) 杂质对配分函数的贡献为

$$Z = e^{-\varepsilon/k_B T} + e^{\varepsilon/k_B T} = 2\cosh\left(\frac{\varepsilon}{k_B T}\right)$$

(2) 杂质存在时，晶体的平均能量为

$$\overline{E} = -\frac{d\ln z}{d\left(\frac{1}{k_B T}\right)} = -\varepsilon\tanh\left(\frac{\varepsilon}{k_B T}\right)$$

所以

$$c_V = \frac{d\overline{E}}{dT} = k_B\left(\frac{\varepsilon}{k_B T}\right)^2 \text{sech}^2\left(\frac{\varepsilon}{k_B T}\right)$$

(3) 在低温极限，$\text{sech}^2\left(\frac{\varepsilon}{k_B T}\right) \approx 4e^{-\frac{2\varepsilon}{k_B T}}$，所以 $c_V \sim 4k_3\left(\frac{\varepsilon}{k_B T}\right)^2 \cdot \exp\left(\frac{-2\varepsilon}{k_B T}\right) \to 0$. 而德拜模型中，$c_V$是随$T$按$T^3$而趋于零，因为在低温下，只有$\hbar\omega < k_B T$的格波才能被激发，这部分格波对比热的贡献是$T^3$成比例.

(4) 在高温极限，$k_B T \gg \varepsilon$，$\text{sech}^2\left(\frac{\varepsilon}{k_B T}\right) \to 1$，所以$c_V$主要随$T$按$T^{-2}$变化. 而德拜模型中，$c_V$是趋于一常量，这是因为在高温极限下，$T \gg \theta_D$，所有振动模式都被激发，而每一模式能量均等于$k_B T$的缘故.

比热与温度关系曲线如图 3.7 所示.

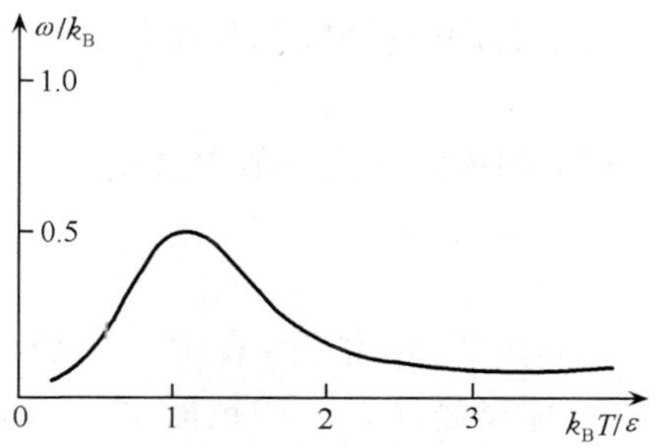

图 3.7

3.11　(1) 证明“独立”电子气在绝对零度时的自旋磁化率为

$$\chi = \mu_B^2 g(E_F^0)$$

其中，μ_B是玻尔磁子，$g(E_F^0)$是费米能级E_F^0处的态密度. “独立”是指电子间相互作用忽略；

(2) 计算自由电子气(其中电子离子间相互作用忽略)的$g(E_F)$；

(3) 自旋磁化率微弱地依赖于温度的形式

$$\chi(T) = \chi(0)(1 + \alpha T^2)$$

你认为α是正的还是负的？(只要定性的论证即可).

解　(1) 先讨论$T \to 0K$的低温极限情况. 我们知道，电子的固有自转磁矩μ_B在磁场B中获得附加能. 平行磁场方向自旋磁矩的取向能为$(-\mu_B B)$，而反平行的为$(+\mu_B B)$. 这将使电子对能级的填充发生变化. 图 3.8(a)是没有磁场时两种自旋的电子能量分布，这是金属电子高度简并泡利原理作用的结果. 图 3.8(b)表示磁场作用下，两种自旋电子的能量图移动，其相应的费米能级差为$2\mu_B B$. 显然，电子填充情况将调整. 如图中箭头所示，使两边费米能级最后相等. 达到图中虚线的位置. 这就是说，原来在虚线以上的电子的磁矩将反转方向，由反平行转为平行于磁场，这部分电子的数目可以在图中所占面积计算得到.

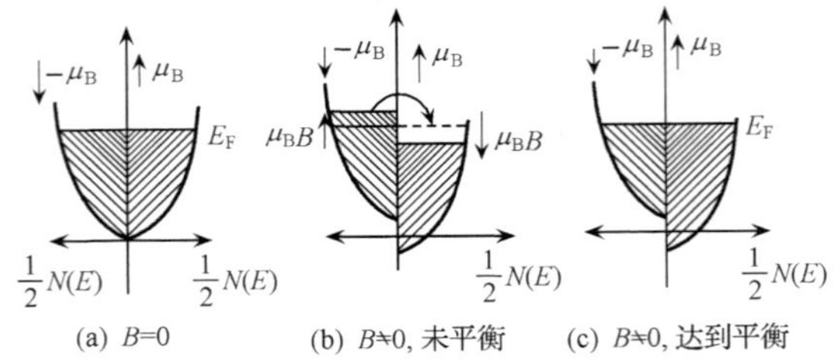

图 3.8

$$n=\frac{1}{2}(\mu_B B)\cdot g(E_F^0)$$

(虚线接近位于原来两个 E_F^0 的中间),而每个电子沿磁场方向的磁矩由($-\mu_B$)变为($+\mu_B$),改变了 $2\mu_B$,所以产生的总磁矩为

$$2\mu_B\times\frac{1}{2}(\mu_B B)g(E_F^0)=\mu_B^2 g(E_F^0)B$$

磁矩的方向与外磁场是一致的,因此是顺磁性,磁化率为

$$\chi=\frac{\mu_0\times\mu_B^2 g(E_F^0)B}{B}=g(E_F^0)\mu_0\mu_B^2$$

称为泡利自旋顺磁性.在高斯制下,$\mu_0=1$,有

$$\chi=\mu_B^2 g(E_F^0)$$

(2) 固体能带论一节中试题 1.84 已推导出自由电子气的能态密度公式如下

$$g(E)=4\pi V\cdot\left(\frac{2m}{h^2}\right)^{\frac{3}{2}}\cdot E^{\frac{1}{2}}$$

(3) 在 $T\neq0$ 情况,表示电子统计分布参量——费米能级 E_F 是温度的函数,$E_F=E_F(T)$,温度越高 $E_F(T)$越低,而且 $E_F(T)<E_F^0$.我们可以定性理解这个物理结果.先设想 E_F 不随温度变化,保持等于 E_F^0.有限温度下的费米-狄拉克分布函数 $f(E)$表示在 E_F^0 以下的概率将减少.E_F^0 以上的概率将增加,而且 E_F^0 上下的增加和减少对 E_F^0 是对称的,如图 3.9 中两个相似的斜线面积所表示,但上面推导的能态密度函数公式指出,$g(E)$随 E 的增加而增大,在 E_F^0 以上的 $g(E)$比 E_F^0 以下稍大.这就意味着电子总数将有所增加,所以实际上 E_F 略为降低以补偿上述效果,而保持金属中电子总数不变.

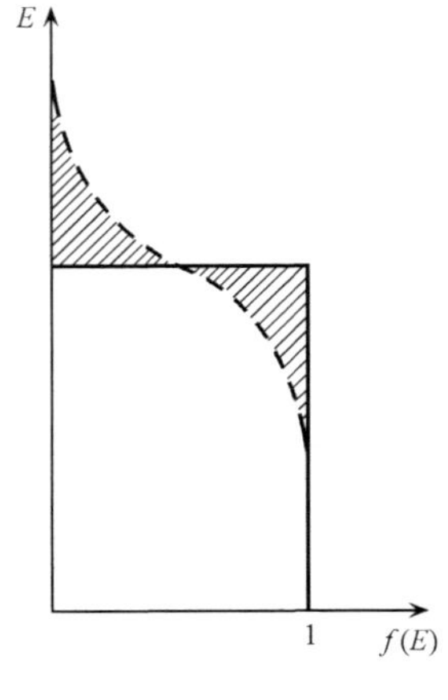

图 3.9

在 $T\neq0$,金属电子磁化率近似用下式描述:

$$\chi\approx\mu_B^2 g(E_F)$$

显然,$E_F<E_F^0$,$g(E_F)<g(E_F^0)$.所以温度上升,电子磁化率 χ 在下降,$\chi=\chi(T)=\chi(0)(1+\alpha T^2)$,式中 α 应是负值.

3.12 考虑一在绝对零度,弱磁场 B 下的传导电子气,自旋向上的电子浓度 N_+ 和自旋向下的电子浓度 N_- 可由参量 x 表示:

$$N_+ = \frac{1}{2}N(1+x), N_- = \frac{1}{2}N(1-x)$$

其中，N 是电子的总的浓度.

(1) 计算气体的总能量和磁化强度；

(2) 如果我们假定只有自旋平行的传导电子之间有相互作用能 $-U$，$U>0$，我们就可以对传导电子之间的交换作用的效应作一近似. 问磁化强度应作怎样的修正？

解　(1) 在磁场 B 作用下传导电子的能量为

$$\varepsilon = \frac{p^2}{2m} \pm \mu_B B$$

其中，$\frac{p^2}{2m}$ 表示电子的动能，$\mu_B B$ 是电子自旋磁矩在磁场 B 中的附加能，($\pm$) 号分别表示自旋向上和向下. 态密度为

$$g(E) = c\sqrt{E}\,\mathrm{d}E$$

式中，c 为常数. 于是自旋朝上与朝下的电子浓度分别为

$$N_+ = c\int_0^{E_+} g(E)\,\mathrm{d}E, N_- = c\int_0^{E_-} g(E)\,\mathrm{d}E$$

在绝对零度时，两种自旋方向的电子在一特定能量 ε_0 以下全部填满各态，有

$$\varepsilon_0 = E_+ - \mu_B B = E_- + \mu_B B$$

即

$$E_+ = \varepsilon_0 + \mu_B B, E_- = \varepsilon_0 - \mu_B B$$

$$N_+ = \frac{1}{2}N(1+x) = c\int_0^{\varepsilon_0+\mu_B B} \sqrt{E}\,\mathrm{d}E = \frac{2}{3}c(\varepsilon_0 + \mu_B B)^{3/2}$$

$$N_- = \frac{1}{2}N(1-x) = c\int_0^{\varepsilon_0-\mu_B B} \sqrt{E}\,\mathrm{d}E = \frac{2}{3}c(\varepsilon_0 - \mu_B B)^{3/2}$$

设 E_F 为不加磁场时的费米能级

$$N = 2\cdot c\int_0^{E_F} \sqrt{E}\,\mathrm{d}E = \frac{4}{3}cE_F^{3/2}$$

即

$$c = \frac{3}{4}NE_F^{-\frac{3}{2}}$$

于是有

$$\varepsilon_0 + \mu_B B = E_F(1+x)^{2/3} \tag{1}$$

$$\varepsilon_0 - \mu_B B = E_F(1-x)^{2/3} \tag{2}$$

两种自旋方向的电子的总能量为

$$E_{+\mathrm{tot}} = c\int_0^{\varepsilon_0+\mu_B} B(E-\mu_B B)\sqrt{E}\,\mathrm{d}E$$

$$= \frac{2}{5}c(\varepsilon_0 + \mu_B B)^{5/2} - \mu_B BN_+ \tag{3}$$

$$E_{-\mathrm{tot}} = c\int_0^{\varepsilon_0-\mu_B} B(E+\mu_B B)\sqrt{E}\,\mathrm{d}E$$

$$= \frac{2}{5}c(\varepsilon_0 - \mu_B B)^{5/2} + \mu_B BN_- \tag{4}$$

把(1)、(2)式代入(3)、(4)式得

$$E_{+tot} = \frac{2}{5}cE_F^{5/3}(1+x)^{5/3} - \frac{1}{2}\mu_B BN(1+x)$$

$$= \frac{3}{10}NE_F(1+x)^{5/3} - \frac{1}{2}\mu_B BN(1+x)$$

$$E_{-tot} = \frac{3}{10}NE_F(1-x)^{5/3} + \frac{1}{2}\mu_B BN(1-x)$$

气体的总能量为

$$E_{tot} = \frac{3}{10}NE_F[(1+x)^{5/3} + (1-x)^{5/3}] - \mu_B BNx$$

由(1)式减去(2)式,并假定 $x \ll 1$,得

$$x = \frac{3\mu_B B}{2E_F}$$

故

$$E_{tot} = \frac{3}{5}NE_F - \frac{3\mu_B^2 B^2}{2E_F}N$$

电子在磁场 B 中因自旋造成的电子气磁化强度 M 为

$$M = (N_+ - N_-)\mu_B = Nx\mu_B = N \cdot \frac{3\mu_B B}{2E_F} \cdot \mu_B = \frac{3N\mu_B^2 B}{E_F} \tag{5}$$

(2) 当自旋相互平行的电子有相互作用 $-U$ 时

$$E_{+tot} = \frac{3}{10}NE_F(1+x)^{5/3} - \frac{1}{2}\mu_B BN(1+x) + \frac{1}{2}N_+^2(-U)$$

$$\approx \frac{3}{10}NE_F(1+x)^{5/3} - \frac{1}{2}\mu_B BN(1+x) - \frac{1}{8}UN^2(1+x)^2$$

类似地

$$E_{-tot} \approx \frac{3}{10}NE_F(1-x)^{5/3} + \frac{1}{2}\mu_B BN(1-x) - \frac{1}{8}UN^2(1-x)^2$$

所以电子气的总能量

$$E_{tot} = E_{+tot} + E_{-tot}$$

$$= \frac{3}{10}NE_F[(1+x)^{5/3} + (1-x)^{5/3}] - \mu_B BNx$$

$$- \frac{1}{8}UN^2 \cdot [(1+x)^2 + (1-x)^2]$$

由 $\frac{\partial E_{tot}}{\partial x} = 0$,得

$$\frac{1}{2}E_F[(1+x)^{\frac{2}{3}} - (1-x)^{\frac{2}{3}}] - \mu_B B - \frac{U}{4}N[(1+x) - (1-x)] = 0$$

又设 $x \ll 1$,则

$$x \approx \frac{6\mu_B B}{4E_F - 3NU}$$

故磁化强度 M 为

$$M=(N_{+}-N_{-})\mu_{\mathrm{B}}=Nx\mu_{\mathrm{B}}=\frac{6N\mu_{\mathrm{B}}^{2}B}{4E_{\mathrm{F}}-3NU}$$

3.13　考虑一稳定的矢性介子(自旋为 1 的重粒子)的理想气体，粒子磁矩为 $\boldsymbol{\mu}$.

(1) 计算弱场下单位体积中的顺磁磁化率；

(2) 对经典偶极子作相应的计算.

解　(1) 对理想气体可只考虑一个粒子的配分函数

$$z_1=\mathrm{e}^{-\beta\varepsilon}+1+\mathrm{e}^{\beta\varepsilon}$$

式中，$\varepsilon=\boldsymbol{\mu}\cdot\boldsymbol{B}$，　$\beta=\dfrac{1}{k_{\mathrm{B}}T}$.

磁矩方向和磁场方向平行，垂直和反平行的概率分别为

$$P_{+}=\frac{\mathrm{e}^{\beta\varepsilon}}{z_1},P_0=\frac{1}{z_1},P_{-}=\frac{\mathrm{e}^{-\beta\varepsilon}}{z_1}$$

每个粒子沿磁场方向的平均磁矩为

$$\bar{\mu}=\mu(P_{+}-P_{-})=\mu\cdot\frac{\mathrm{e}^{\beta\varepsilon}-\mathrm{e}^{-\beta\varepsilon}}{z_1}$$

$$=\mu\cdot\frac{2\mu\sinh(\beta\varepsilon)}{2\cosh(\beta\varepsilon)+1}$$

设 n 是单位体积矢性介子气体内的矢性介子数，则磁化强度为

$$M=n\bar{\mu}=n\mu\cdot\frac{2\mu\sinh(\beta\varepsilon)}{2\cosh(\beta\varepsilon)+1}$$

弱场下，$\mu B\ll k_{\mathrm{B}}T$，或 $\beta\varepsilon\ll1$，有 $\sinh(\beta\varepsilon)\approx\beta\varepsilon$，$\cosh(\beta\varepsilon)\approx1$，则

$$M=n\mu\cdot\frac{2}{3}\beta\varepsilon=\frac{2n\mu^2}{3k_{\mathrm{B}}T}B$$

所以顺磁磁化率

$$\chi=\frac{M}{H}=\frac{\mu_0M}{B}=\frac{2n\mu_0\mu^2}{3k_{\mathrm{B}}T}$$

(2) 经典偶极子在磁场中附加能量

$$\varepsilon=-\boldsymbol{\mu}\cdot\boldsymbol{B}=-\mu B\cos\theta$$

其中，θ 是 $\boldsymbol{\mu}$ 和 $\boldsymbol{B}$ 之间夹角，玻尔兹曼分布函数

$$\mathrm{e}^{-\frac{\varepsilon}{k_{\mathrm{B}}T}}=\mathrm{e}^{\mu B\beta\cos\theta}$$

表示 θ 方向上发现偶极子的概率，所以沿磁场方向上平均磁矩

$$\bar{\mu}=\frac{\int_0^{\pi}\mathrm{e}^{\mu B\beta\cos\theta}\cdot\mu\cos\theta\cdot2\pi\sin\theta\mathrm{d}\theta}{\int_0^{\pi}\mathrm{e}^{\mu B\beta\cos\theta}\cdot2\pi\sin\theta\mathrm{d}\theta}$$

$$=\frac{\int_{\mu B\beta\cos0}^{\mu B\beta\cos\pi}\mathrm{e}^{\mu B\beta\cos\theta}\dfrac{1}{B\beta}\mu B\beta\cos\theta\cdot\mathrm{d}(\mu B\beta\cos\theta)}{\int_{\mu B\beta\cos0}^{\mu B\beta\cos\pi}\mathrm{e}^{\mu B\beta\cos\theta}\cdot\mathrm{d}(\mu B\beta\cos\theta)}$$

令 $\mu B\beta\cos\theta=x$，有

$$\bar{\mu} = \frac{1}{B\beta} \frac{\int_{\mu B\beta}^{-\mu B\beta} e^x \cdot x dx}{\int_{\mu B\beta}^{-\mu B\beta} e^x dx}$$

利用定积分结果

$$\int_a^b e^{cy} dy = \left. \frac{e^{cy}}{c} \right|_a^b$$

$$\int_a^b y e^{cy} dy = \left. \frac{e^{cy}}{c^2}(cy - 1) \right|_a^b$$

则

$$\bar{\mu} = \frac{1}{B\beta}[\mu B\beta \coth(\mu B\beta) - 1]$$

$$= \mu\left[\coth(\mu B\beta) - \frac{1}{\mu B\beta}\right]$$

弱场下

$$\mu B \ll \frac{1}{\beta} = k_B T,\ \mu B\beta \ll 1$$

利用 $\coth y = \frac{1}{y} + \frac{y}{3} + \cdots$，取到第二项，有

$$\coth(\mu B\beta) \approx \frac{1}{\mu B\beta} + \frac{\mu B\beta}{3}$$

则弱场下顺磁磁化强度

$$M = n\bar{\mu} = n\mu\left[\coth(\mu B\beta) - \frac{1}{\mu B\beta}\right] \approx \frac{n\mu^2 B\beta}{3}$$

故顺磁磁化率

$$\chi = \frac{M}{H} = \frac{\mu_0 M}{B} = \frac{n\mu_0\mu^2}{3k_B T}$$

3.14 铁磁体的饱和磁化强度的典型值是什么？根据这个值和其他特殊物理量，以及有关铁磁形成的假说，估计电子的本征自旋磁矩.

解 铁磁体在外场中，其磁化强度随外场而变化，当外场增大到一定值后，磁化强度就不再随磁场的增大而变化，这时磁化强度达到饱和值 M_s，按照铁磁形成假说，这时体内所有电子自旋磁矩与外场取向完全一致. 若铁磁体内电子数密度为 n，电子自旋磁矩为 μ，则

$$M_s = n\mu$$

因此

$$\mu = \frac{M_s}{n}$$

以铁磁体饱和磁化强度典型值 $M_s = 1\times10^6\ \text{A/m}$，$n = 3\times10^{28}\ \text{m}^{-3}$ 代入后可得

$$\mu = \frac{1\times10^6}{3\times10^{28}} = 3.3\times10^{-23}(\text{A}\cdot\text{m}^2)$$

3.15 如果一块铁晶体完全自发极化，估算其磁化强度(对所需参量取合理值).

解　单位体积铁原子数目为

$$\frac{\rho}{A}N_A$$

其中，ρ 为铁的密度，A 为其原子量，N_A 为阿伏伽德罗常量.

每个铁原子的磁矩 $\mu_0 \approx 2.2\mu_B$，所以磁化强度

$$M \approx \frac{\rho}{A} \cdot N_A\mu_0 = \frac{7.9}{56} \times 6.02 \times 10^{23} \times 2.2 \times 9.3 \times 10^{-24} = 1.74 \times 10^6 (\text{Am}^{-1})$$

3.16　图 3.10 显示了从 MnO 晶体散射得到的中子衍射数据，MnO 具有和 NaCl 相同的结构，虽然当温度降低到低于 120K 时中子数据变化很多，X 射线衍射却几乎和温度无关(显示了和 293K 时的中子数据相同的峰)，并表明晶格常数 a=4.43Å.

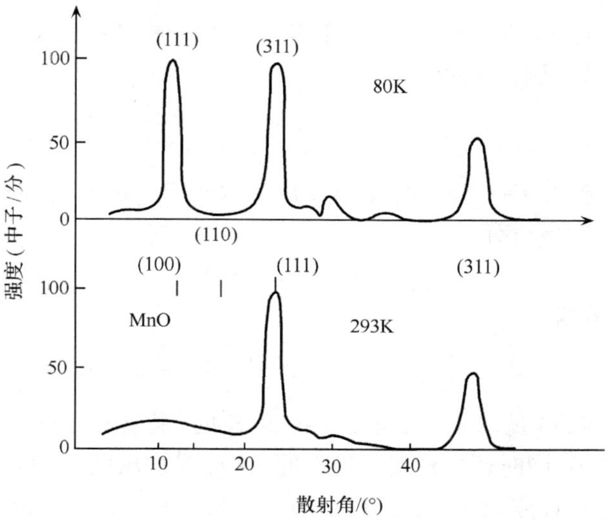

图 3.10

(1) 解释为什么 NaCl 结构的晶体在(100)和(110)方向上没有布拉格峰(对中子或 X 射线)；

(2) 从图上看，80K 时中子数据显示的晶格常数近似为多少？

(3) MnO 晶体在 80K 的状态与其在 293K 时的状态有怎样的不同？

(4) 两种不同材料的磁化率 χ 与温度的关系画于图 3.11，对每个图，简要描述材料在低温范围内的磁本质，哪个图是属于 MnO？

解　(1)MnO 与 NaCl 具有相同的晶体结构，即都是面心立方结构. 题解 1.20 推导了其衍射强度表达式

$$\begin{aligned} I_{hkl} = & f_{\text{Na}^+}^2 \cdot \{[1 + \cos n\pi(h+k) + \cos n\pi(h+l) + \cos n\pi(l+k)] \\ & + \alpha[\cos n\pi h + \cos n\pi k + \cos n\pi l + \cos n\pi(h+k+l)]\}^2 \\ & + f_{\text{Na}^+}^2 \cdot \{[\sin n\pi(h+k) + \sin n\pi(h+l) + \sin n\pi(k+l)] \\ & + \alpha[\sin n\pi h + \sin n\pi k + \sin n\pi l + \sin n\pi(h+k+l)]\}^2 \end{aligned}$$

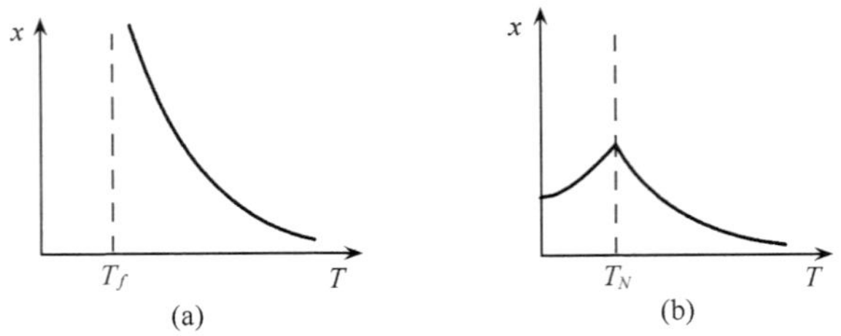

图 3.11

其中，$\alpha=\frac{f_{Cl^-}^2}{f_{Na^+}^2}=\frac{17}{11}$.

分别代入 $h=1,k=0,l=0$ 和 $h=1,k=1,l=0$，$I_{hkl}=0$，故 NaCl 结构晶体在(100)和(110)上没有布拉格峰.

(2) 由图 3.11 上看，$T=293\text{K}$ 时，散射角 $2\theta\approx24°$，和 $T=80\text{K}$ 时散射角 $2\theta'\approx12°$的衍射峰均对应(111)晶面族，其面间距

$$d_{hkl}=\frac{a^0}{\sqrt{h^2+k^2+l^2}}=\frac{a^0}{\sqrt{3}}$$

a^0 是立方元胞晶格常数. $T=293\text{K}$ 时，$a=4.43\text{Å}$，又设 $T=80\text{K}$ 时晶格常数为 a'，则由布拉格反射定律 $2d\sin\theta=n\lambda$，有

$$a\sin\theta=a'\sin\theta'$$

则 $T=80\text{K}$ 时晶格常数

$$a'=\frac{a\sin\theta}{\sin\theta'}=4.43\times\frac{\sin12°}{\sin6°}=8.81\text{Å}$$

(3) 上面表明，MnO 是 NaCl 结构在 $T=293\text{K}$ 时，晶格常数是 4.43Å；而在 $T=80\text{K}$ 时，晶格常数是 8.81Å，同时还出现新的衍射峰，这种附加峰的出现是由于在低温时磁矩的排列有某些有序性. 具体说来，就是在某个(111)面上的 Mn^{2+} 有相同方向的自旋，而在相邻(111)面上的自旋方向却是相反的，见图 3.12 这样一个(111)面内自旋为铁磁性排

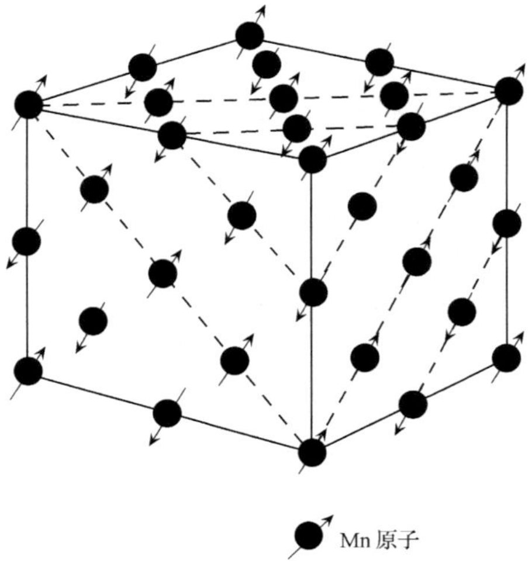

图 3.12

列，相邻的(111)面内自旋为反铁磁性排列，由于这种相反的取向，所以仅当 Mn^{2+} 占据的相邻的(111)晶面间的相位差为 π 时，能够产生一个衍射极大，从而在散射角 $2\theta'=12°$ 处产生反射.

由于根据 X 射线衍射定出的晶格常数是 4.43Å，说明化学晶胞的点阵常数是 4.43Å. 为了得到自旋取向的重复，就必须将化学晶胞每边扩大一倍，形成磁晶胞.

(4) 图 3.11(a)表示铁磁体，在 $T<T_f$(居里温度)时，存在有序的铁磁相，自旋平行排列. 3.11(b)图表示反铁磁体，在有序温度 T_N(尼尔温度)以下，自旋反平行排列，由 MnO 在低温下的磁性质，可知(b)图描述了 MnO 的磁化率 χ 与温度 T 的关系.

3.17　(1) 给定两个外观相同的透明材料，其一为晶体，另一个为玻璃. 描述两个独立的实验来鉴别它们；

(2) 给定四个外观相同的物体：1）永久磁体，2）逆磁材料，3）顺磁材料，4）未磁化的铁磁材料. 不用任何外加电磁场能鉴别所有物体吗？若可能，描述方法，若不行，给出理由.

解　(1) 实验一：加热，晶体在确定的熔点处熔化，此时加热温度不变；而玻璃无确定的熔点.

实验二：观察 X 射线衍射图像. 对晶体，图上将有规则斑点出现；对玻璃，像是弥散的.

(2) 能分辨，步骤如下：

(i) 分别将四物体靠近铁粉末，能大量吸引粉末的是永久磁体；

(ii) 用永久磁体分别靠近另外三物体，能产生强烈吸引力的是未磁化的铁磁材料；

(iii) 将剩下的两个物体放在永久磁体附近的对称位置上，如图 3.13 所示. 用高斯计测两物内侧 A_1，B_1 处的磁场，磁场稍大的点对应的物体为顺磁体，另一为逆磁体.

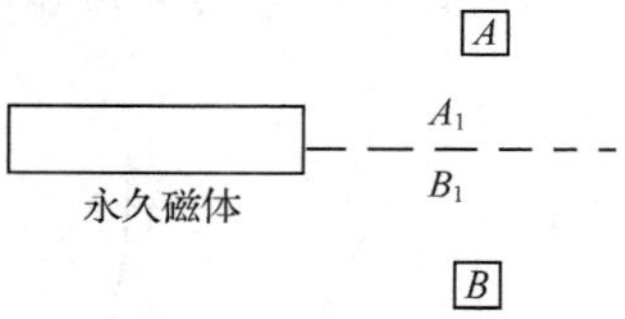

图 3.13

3.18　一均匀细长的硬钢磁针，长 12cm，用一根无扭矩的线悬挂在地磁场的水平面上，且绕中心做自由的小角度振动，振动周期为 3～5 秒. 估算钢的磁化强度. 其示意图如图 3.14 所示.

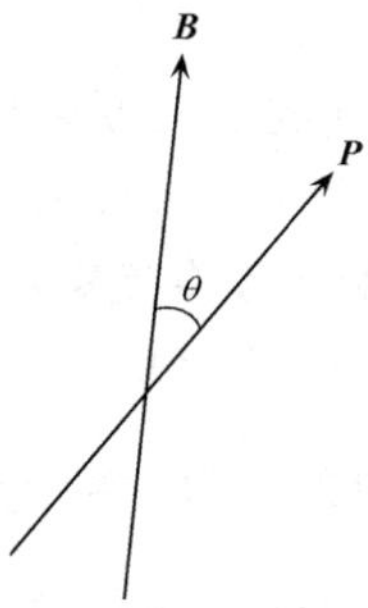

图 3.14

解　由于振动范围小，地磁场可视为均匀磁场 $\boldsymbol{B}$，钢针在地磁场中获得附加能

$$U=-\boldsymbol{P}\cdot\boldsymbol{B}=-PB\cos\theta$$

式中，$\boldsymbol{P}$ 是钢针总磁矩. θ 是 $\boldsymbol{P}$，$\boldsymbol{B}$ 间夹角. 钢针运动方程

$$I\ddot{\theta}=-\frac{\mathrm{d}U}{\mathrm{d}\theta}=-\frac{\mathrm{d}}{\mathrm{d}\theta}(-PB\cos\theta)=-VMB\sin\theta \quad (1)$$

式中，V 为钢针体积，$\boldsymbol{M}$ 为磁化强度，$\boldsymbol{P}=V\boldsymbol{M}$ 为钢针总磁矩，I 是钢针转动惯量，设钢的密度为 ρ，有

$$I=\frac{1}{12}ml^2=\frac{1}{12}\rho Vl^2$$

对小振动，$\sin\theta\approx\theta$，(1)式变为

$$\frac{1}{12}\rho Vl^2\ddot{\theta}+VMB\theta=0$$

所以振动角频率

$$\omega^2=\frac{VMB}{\frac{1}{12}\rho Vl^2}=\frac{12BM}{\rho l^2}$$

从而得磁化强度

$$M=\frac{\pi^2\rho l^2}{3BT^2}=\frac{\pi^2\times 7.8\times 10^3\times 0.12^2}{3\times 5\times 10^{-5}\times 4^2}=4.6\times 10^5(\mathrm{Am^{-1}})$$

式中，T 是振动周期，取 $T=4\mathrm{s}$，$P=7.8\times10^3\mathrm{kgm^{-3}}$，$l=0.12\mathrm{m}$，$B\sim5\times10^{-5}\mathrm{Wm^{-2}}$.

3.19 对不同的材料，在不同温度下，凝聚态物质的磁性一般有四种不同的形式：铁磁性、反铁磁性、逆磁性和顺磁性.

(1) 对于上述每种磁性，作图表示其磁化率与温度的函数关系. 注意图中的相对标度，以表示各种磁现象间的相对强度，对于每一种磁性给出近似满足其理想形式的一种实际材料；

(2) 指出这些磁现象中存在的临界行为；

(3) 解释交换作用及它在上述磁行为中所起的作用，给出交换作用的简要量子解释，它的哈密顿量及其与分子场的关系；

(4) 简要解释钠金属和掺有 0.01% Cr^{2+} 的 Al_2O_3 单晶的磁行为间的区别.

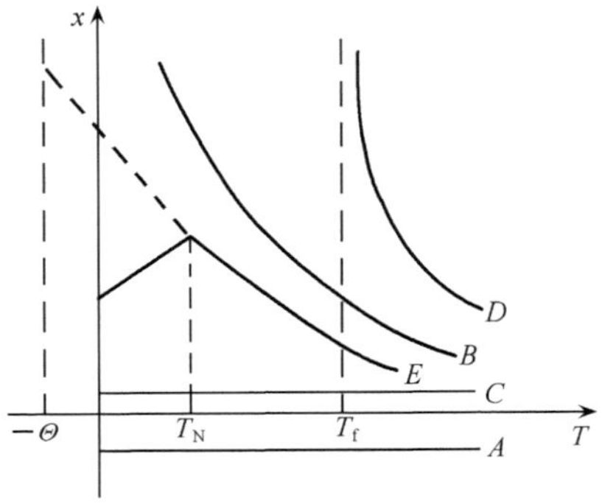

图 3.15

解 (1) 逆磁性是物质在磁场中，物质的原子中出现感生电流，此电流产生的磁场与外磁场方向相反，因此磁化率 $\chi<0$，逆磁体的磁化率 $\approx10^{-5}$，几乎不随温度而变，如图 3.15 曲线 A 所示，对于原子固有磁矩为零的物质必显示逆磁性，如铅.

顺磁体中主要有朗之万顺磁性，即固有磁矩的取向磁性，磁化率 $\chi\propto\frac{1}{T}$，如图中曲线 B 所示；在金属中则还有电子气的泡利顺磁性，磁化率与温度无关，如曲线 C 所示. 总的说来，顺磁体的磁化率比逆磁体的磁化率略大，但量级相同，顺磁物质必定是原子固有磁矩不为零的物质，如钠、铝等，以及过渡元素化合物与稀土元素化合物如含 Cr^{2+} 的 Al_2O_3.

铁磁体的磁化率的典型值为顺磁化的 10^3 倍，磁化率与温度的关系为 $\chi\propto\frac{1}{T-T_f}$，温度 T 在居里温度 T_f 以下，铁磁材料能自发磁化，温度 T 高于居里温度 T_f 时，呈顺磁性，如曲线 D 所示. 铁、钴、镍是其典型例子.

白铁磁体磁化率典型值与顺磁体磁化率具有相同数量级. 磁化率与温度的关系为：在温度 T 高于尼尔温度 T_N 时，磁化率 $\chi\propto\frac{1}{T+\Theta}$，其中 Θ 为一正常数，而温度 T 在尼尔温度

T_N 以下，χ 随温度降低而变小，如图中曲线 E 所示，典型例子是 MnO.

（2）对铁磁体，在居里温度 T_f 处发生铁磁性↔顺磁性的相变；对反铁磁体，在尼尔温度 T_N 处发生反铁磁性↔顺铁磁性的相变.

（3）由量子力学处理氢分子的结果可知，如两原子 i 和 j 的自旋角动量分别用 $\boldsymbol{S}_i\hbar$ 和 $\boldsymbol{S}_j\hbar$ 来表示，则它们之间依赖于自旋取向的那部分能量的哈密顿量可写为

$$-2J_e\boldsymbol{S}_i\cdot\boldsymbol{S}_j$$

式中，J_e 为交换积分. 假定铁磁体每单位体积有 N 个原子，每个原子有一个电子对铁磁性有贡献，则晶体中依赖于自旋取向的那部分能量的哈密顿量可写为

$$H_{ex}=-\sum_{\boldsymbol{R}_i}\sum_{\boldsymbol{R}_j}{}' 2J_e(\boldsymbol{R}_i-\boldsymbol{R}_j)\boldsymbol{S}(\boldsymbol{R}_i)\cdot\boldsymbol{S}(\boldsymbol{R}_j) \tag{1}$$

式中，$\boldsymbol{R}_i$，$\boldsymbol{R}_j$ 是晶体中两个格点位矢，求和时 $\boldsymbol{R}_i\neq\boldsymbol{R}_j$. 若只计相邻原子的电子的交换作用，则 H_{ex} 可写成

$$H_{ex}=-\sum_{\boldsymbol{R}_i}\left[2\sum_{\boldsymbol{R}_j}^{\text{近邻}}J_e(\boldsymbol{R}_i-\boldsymbol{R}_j)\boldsymbol{S}(\boldsymbol{R}_j)\right]\cdot\boldsymbol{S}(\boldsymbol{R}_i) \tag{2}$$

由哈密顿量可看出，当交换积分 $J_e>0$ 时，自旋平行的状态是能量更低的状态，磁畴中自旋磁矩之所以有自发平行排列的趋向，就在于相邻原子间的交换积分是正的.

下面来求交换作用与外斯分子场的关系.

对于立方晶体，如果原子的配位数为 z，则(2)式可写为

$$-2J_e\boldsymbol{S}_0\cdot\sum_{j=1}^{z}\boldsymbol{S}_j \tag{3}$$

式中，$\boldsymbol{S}_0\hbar$ 是所考虑的原子的自旋角动量，$\boldsymbol{S}_j\hbar\,(j=1,2,\cdots,z)$ 表示近邻原子的自旋角动量，$\boldsymbol{S}_0$，$\boldsymbol{S}_j$ 乘以($g_s\mu_B$)就是它们的磁矩 $_0$，$_j$，因此(3)式可写为

$$-\left[\frac{2J_e}{g_s^2\mu_B^2}\sum_{j=1}^{z}\boldsymbol{\mu}_j\right]\cdot\boldsymbol{\mu}_0 \tag{4}$$

其中，g_s 是常数，μ_B 是玻尔磁子.

（4）式表明交换能的作用相当于一个有效场

$$\frac{2J_e}{g_s^2\mu_B^2}\sum_{j}^{z}\boldsymbol{\mu}_j=\frac{2J_e z}{Ng_s^2\mu_B^2}\boldsymbol{M} \tag{5}$$

（5）式正是外斯分子场 $\gamma\boldsymbol{M}$ 的形式，故分子场常数 γ 为

$$\gamma=\frac{2J_e z}{Ng_s^2\mu_B^2}$$

式中，N 是单位体积中原子数，$\boldsymbol{M}$ 是磁化强度. 显然，交换积分 J_e 是愈大的正数，分子场就愈强.

（4）钠金属中，价电子成为自由电子后，钠离子为满壳层结构，因此对磁性的贡献为自由电子的泡利顺磁性及原子的逆磁性等，各项总和产生了一个很弱的顺磁性. 而在掺有 Cr^{2+} 离子的 Al_2O_3 的单晶中，由于 Cr^{2+} 的固有磁矩不为零，存在取向磁性，故有较大的顺磁性.

3.20　当金属进入超导态时，其有序度增加，自由能降低. 新的有序化的本质是什么？考虑一个载有持久环流的超导环，假定某个瞬时的热涨落导致电流减小一个小量，用

上述观点解释为什么系统将回复到起始的电流值？

解释为什么通过光辐照增加超导体能量时有一能隙，而通过加直流电流时则没有能隙？

解　当金属进入超导态时，费米球内部的电子仍是正常电子，而费米面附近的电子则两两结合成库珀对，即成为超导电子，超导电子处于凝聚态，这种状态能量最低，对熵没有贡献，因此是有序度高的状态. 所以，当金属进入超导态时，其有序度增加，自由能降低.

当某个瞬时，由于热涨落将会使部分库柏对拆散，因而超导电子密度降低，导致电流减小一个小量，此时系统的有序度降低，自由能增加，但由于系统的能量守恒，这时必然有部分费米面附近的电子又两两配对，形成超导电子，因而超导电子密度增加，使电流回复到起始值.

由于超导态的基态与最低激发态之间存在一个能隙 Δ，当用光辐照超导体时，只有当光子能量大于或等于 Δ 时，材料对光才有明显的吸收，这就是说，通过光辐照增加能量时有一能隙存在，而当加直流电时，库柏对整体运动，因此，无须克服能隙.

3.21　简要描述约瑟夫森隧道效应.

解　对于两块超导体 S_1 和 S_2 之间夹有一极薄绝缘层(约 10Å)的结构，虽没有外加电压，但有直流电流通过这个结. 这表明超导电子能够穿透两超导体之间的绝缘势垒，导致一个隧道超导电流的存在，这种隧道超导电流依赖于两超导波函数之间的耦合. 简要分析如下：

超导电子(库珀对)的运动可用波函数来描述，产生在 S_1，S_2 区的波函数都分别按指数式衰减进入绝缘层，如图 3.16 所示. φ_1，φ_2 是两部分波的相位，则绝缘层中总的波函数为

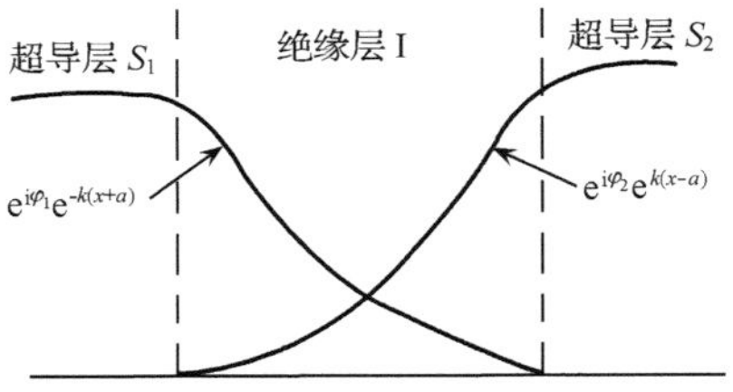

图 3.16

$$\psi = e^{i\varphi_1}e^{-k(x+a)} + e^{i\varphi_2}e^{k(x-a)}$$
$$= e^{-ka}(e^{i\varphi_1 - kx} + e^{i\varphi_2 + kx})$$

由量子力学概率流密度公式

$$\boldsymbol{J} = -\frac{i\hbar}{2m}(\psi^* \nabla\psi - \psi\nabla\psi^*)$$

和电流密度公式

$$\boldsymbol{j} = q\boldsymbol{J}$$

则结中电流可写成

$$\boldsymbol{j} = -\frac{i\hbar q}{2m}(\psi^* \nabla\psi - \psi\nabla\psi^*)$$
$$= \frac{2\hbar q}{m}k\,e^{-2ka}\sin(\varphi_2 - \varphi_1)$$
$$= j_0\sin(\varphi_2 - \varphi_1)$$

式中，$j_0 = \dfrac{2\hbar qk}{m}e^{-2ka}$. 因此，虽没有外加电压，但只要两超导波函数的耦合存在相位差，就会有超导电流存在.

3.22　用仔细挑选的词(不用方程)描述下列内容：

(1) 约瑟夫逊结；

(2) 直流约瑟夫森效应；

(3) 交流约瑟夫森效应.

解 (1) 约瑟夫森结

在两块超导体之间夹一极薄绝缘层(10Å 左右)，由于超导电子的相干长度为 10^{-6}m，因此使得绝缘层两侧的超导电子的超导波函数之间有所耦合，这种耦合导致一个隧道超导电流存在. 这种超导体-绝缘层-超导体的夹心结构称为约瑟夫森结.

(2) 直流约瑟夫森效应

在约瑟夫森结的结构中，不存在任何电场或磁场时，只要绝缘层两侧超导电子的超导波函数存在有相位差，则会有无损耗的超导电流流过约瑟夫森结，这就是直流约瑟夫森效应.

(3) 交流约瑟夫森效应

如果在约瑟夫森结的超导体两端加上一恒定电压 V，就会有频率为 $\nu=2eV/h$ 的交流的超导电流通过结. 这就是交流约瑟夫森效应.

3.23 简明地解释为什么晶格中两个电子可以有吸引作用而形成库柏对.

考虑这样一个电子对，其总动量为零，处于自旋单态，此电子对处于费米能为 ε_F，态密度为 N 的金属中，这样一个电子对的薛定谔方程可以写成为 $(H_0+H_1)\psi(\boldsymbol{r})=E\psi(\boldsymbol{r})$，其中，$H_0$ 是电子对的动能算符，H_1 是两电子的相互作用，$\boldsymbol{r}$ 是相对坐标.

解 电子间通过交换格波声子而产生间接的相互作用，例如波矢为 $\boldsymbol{k}_1$ 的电子发射一个波矢为 $\boldsymbol{q}$ 的声子被散射到波矢为 $\boldsymbol{k}_1-\boldsymbol{q}$ 的状态，第二个电子本来的波矢为 $\boldsymbol{k}_2$，吸收了第一个电子发射的声子进入波矢为 $\boldsymbol{k}_2+\boldsymbol{q}$ 的状态. 另一过程是第一个电子吸收一个由第二个电子发射的波矢为 $-\boldsymbol{q}$ 的声子而由 $\boldsymbol{k}_1$ 散射到 $\boldsymbol{k}_1-\boldsymbol{q}$，第二个电子则从 $\boldsymbol{k}_2$ 散射到 $\boldsymbol{k}_2+\boldsymbol{q}$，按照量子理论，如果能量差 $|E(\boldsymbol{k}_1)-E(\boldsymbol{k}_1-\boldsymbol{q})|<\hbar\omega_{q\mathrm{D}}$，则相互作用能为负，即电子间具有净的吸引作用. 显然只有费米面附近 $\pm\hbar\omega_\mathrm{D}$($\omega_\mathrm{D}$ 是德拜频率)范围内的电子才能满足上述条件.

采用自由电子近似

$$\varphi(\boldsymbol{r}_1\cdot\boldsymbol{r}_2)=\frac{1}{V_\mathrm{c}}\mathrm{e}^{\mathrm{i}(\boldsymbol{k}_1\cdot\boldsymbol{r}_1+\boldsymbol{k}_2\cdot\boldsymbol{r}_2)}=\frac{1}{V_\mathrm{c}}\mathrm{e}^{\mathrm{i}\boldsymbol{k}\cdot\boldsymbol{r}}$$

其中，V_c 为晶体体积，$\boldsymbol{r}=\boldsymbol{r}_1-\boldsymbol{r}_2$，$\boldsymbol{k}=\boldsymbol{k}_1\ -\boldsymbol{k}_2$.

当两个电子之间有相互作用时，电子对波函数应为 $\varphi_{\boldsymbol{k}}$ 的线性组合.

$$(\boldsymbol{r})=\sum_{\boldsymbol{k}}g(\boldsymbol{k})\varphi_{\boldsymbol{k}}(\boldsymbol{r})$$

代入薛定谔方程

$$(H_0+H_1)\quad(\boldsymbol{r})=E\quad(\boldsymbol{r})$$

其中

$$H_0=-\frac{\hbar}{2m}(\nabla_{r_1}^2+\nabla_{r_2}^2)=-\frac{\hbar^2}{2m}\nabla_{\boldsymbol{r}}^2,\quad H_1=V(\boldsymbol{r})$$

得

$$\frac{\hbar^2k^2}{2m}g(\boldsymbol{k})+\sum_{\boldsymbol{k}'}g(\boldsymbol{k}')V_{\boldsymbol{k},\boldsymbol{k}'}=Eg(\boldsymbol{k})\tag{1}$$

其中

$$V_{\boldsymbol{k},\boldsymbol{k}'}=\frac{1}{V_\mathrm{c}}\int V(\boldsymbol{r})\mathrm{e}^{\mathrm{i}(\boldsymbol{k}-\boldsymbol{k}')\cdot\boldsymbol{r}}\mathrm{d}\boldsymbol{r}$$

作近似得

$$V_{\boldsymbol{k},\boldsymbol{k}'} = \begin{cases} -V, \text{当} \mid \varepsilon(\boldsymbol{k}) \mid, \mid \varepsilon(\boldsymbol{k}') \mid \leqslant \hbar\omega_{\mathrm{D}} \\ 0, \quad \text{其他} \end{cases}$$

其中，$\varepsilon(\boldsymbol{k})=\dfrac{\hbar^2 k^2}{2m}-\varepsilon_{\mathrm{F}}$，$V$ 是正常数. 整理(1)式得

$$\left(\frac{\hbar^2 k^2}{m}-E\right)g(\boldsymbol{k}) = -\sum_{\boldsymbol{k}'} g(\boldsymbol{k}')V_{\boldsymbol{k},\boldsymbol{k}'} = V\sum_{\boldsymbol{k}'} g(\boldsymbol{k}')$$

即

$$g(\boldsymbol{k}) = \frac{V\sum_{\boldsymbol{k}'} g(\boldsymbol{k}')}{\dfrac{\hbar^2 k^2}{m}-E}$$

两边对 $\boldsymbol{k}$ 求和，得

$$\sum_{\boldsymbol{k}} g(\boldsymbol{k}) = V\sum_{\boldsymbol{k}'} g(\boldsymbol{k}') \cdot \sum_{\boldsymbol{k}} \frac{1}{\dfrac{\hbar^2 k^2}{m}-E}$$

即

$$1 = V\sum_{\boldsymbol{k}} \frac{1}{\dfrac{\hbar^2 k^2}{m}-E} \approx V\int_0^{k_{\mathrm{D}}} \frac{N(k)\mathrm{d}k}{\dfrac{\hbar^2 k^2}{2m}-E}$$

$$= V\int_0^{\hbar\omega_{\mathrm{D}}} \frac{N(\varepsilon)\mathrm{d}\varepsilon}{2(\varepsilon+\varepsilon_{\mathrm{F}})-E}$$

上面最后一步推导中应用 $\varepsilon(\boldsymbol{k})=\dfrac{\hbar^2 k^2}{2m}-\varepsilon_{\mathrm{F}}$，因 $\hbar\omega_{\mathrm{D}} \ll \varepsilon_{\mathrm{F}}$，可取 $N(\varepsilon)\approx N(0)$，故

$$1 \approx N(0)V\int_0^{\hbar\omega_{\mathrm{D}}} \frac{\mathrm{d}\varepsilon}{2(\varepsilon+\varepsilon_{\mathrm{F}})-E}$$

$$= \frac{N(0)V}{2}\ln\left(\frac{E-2\varepsilon_{\mathrm{F}}-2\hbar\omega_{\mathrm{D}}}{E-2\varepsilon_{\mathrm{F}}}\right)$$

若 $N(0)V$ 是一正值，则

$$E = 2\varepsilon_{\mathrm{F}} - \frac{2\hbar\omega_{\mathrm{D}}}{\exp\left(\dfrac{2}{N(0)V}\right)-1} < 2\varepsilon_{\mathrm{F}}$$

可见，费米面附近的两个电子，只要存在微弱的正净吸引作用(即 $-V$)，就将结合成束缚态而形成库珀对.

3.24　(1) 在超导转变温度 T_{C} 以下，总传导电子数中有$\dfrac{n_0}{n}$部分的电子能参与超导电流，n_{s} 称为超导电子数密度. 简单超导体的伦敦方程将超导电流和磁矢势 $\boldsymbol{A}$ 联系起来

$$\boldsymbol{j}_{\mathrm{s}} = -\frac{n_{\mathrm{s}}e^2}{m_{\mathrm{e}}c}\boldsymbol{A}$$

这里，m_{e} 是电子质量，利用合适的麦克斯韦方程证明如何由方程(1)得出迈斯纳效应. 伦敦穿透深度为何?

(2) 多数超导体的另一典型特征是单电子能级上存在着以费米能级为中心的能隙 Δ，下列实验均可确定 Δ 的存在和大小，请简单讨论其中任意两个.

(a) $T \ll T_C$ 时的比热测量；

(b) 约瑟夫森结的单电子隧道效应；

(c) 薄膜中的微波($\hbar\omega \ll \Delta$)吸收；

(d) 块状样品中的红外($\hbar\omega \leqslant \Delta$)吸收；

(e) $T \ll T_C$ 时的声衰减.

解　(1) 迈斯纳效应是指超导体的完全逆磁性,即当处于超导态时,超导体内磁场总为零.

由伦敦方程

$$\boldsymbol{j}_s = -\frac{n_s e^2}{m_e c}\boldsymbol{A} = -\frac{1}{c\Lambda^2}\boldsymbol{A} \tag{1}$$

式中,$\Lambda^2 = \frac{m_e}{n_s e^2}$. 于是,

$$\nabla \times \boldsymbol{j}_s = -\frac{1}{c\Lambda^2}\nabla \times \boldsymbol{A} = -\frac{1}{c\Lambda^2}\boldsymbol{B}$$

磁感应强度

$$\boldsymbol{B} = -c\Lambda^2 \nabla \times \boldsymbol{j}_s \tag{2}$$

而由麦克斯韦方程

$$\nabla \times \boldsymbol{B} = \frac{4\pi}{c}\boldsymbol{j}_s \tag{3}$$

因此

$$\boldsymbol{B} = -c\Lambda^2 \nabla \times \boldsymbol{j}_s = -\frac{c^2}{4\pi}\Lambda^2 \nabla \times \nabla \times \boldsymbol{B}$$

$$= -\frac{c^2\Lambda^2}{4\pi}[\nabla(\nabla \cdot \boldsymbol{B} - \nabla^2 \boldsymbol{B})]$$

因为磁场是无源场,div$\boldsymbol{B} = \nabla \cdot \boldsymbol{B} = 0$. 因此有

$$\nabla^2 \boldsymbol{B} = \frac{1}{\lambda_L^2}\boldsymbol{B} \tag{4}$$

式中

$$\lambda_L = \left(\frac{c^2}{4\pi}\Lambda^2\right)^{1/2} = \left(\frac{m_e c^2}{4\pi n_s e^2}\right)^{1/2}$$

λ_L 称为伦敦穿透深度,对于大多数具有超导性的金属元素,穿透深度约为 $10^{-8} \sim 10^{-7}$m.

(4) 式的解为

$$\boldsymbol{B} = \boldsymbol{B}_0 \exp\left(-\frac{x}{\lambda_L}\right)$$

是按指数衰减的,当 $x \gg \lambda_L$ 时,$\boldsymbol{B} \to 0$,这表明,磁场仅存在于超导体表面厚度比 λ_L 小的薄层内,即超导体内磁场为零. 此即迈斯纳效应.

(2) 理论指出,超导基态与最低激发态间存在一个以费米能级为中心的能隙 Δ,如图 3.17所示,通过下面两个实验可定出能隙 Δ 的大小.

(a) $T \ll T_C$ 时比热的测量.

在 $T \ll T_C$ 情况下,系统比热为

$$c_s \approx \frac{A}{T}\exp\left(-\frac{\Delta}{k_B T}\right) \tag{5}$$

式中，A 为常数. 在 $T \approx T_C$ 时对超导态比热的测量，得到

$$c_s = a\exp\left(-\frac{b}{t}\right) \quad (6)$$

式中，$t=\frac{T}{T_C}$，a，b 为实验常数. 比较(5)、(6)可得

$$\frac{b}{t} = \frac{\Delta}{k_B T}$$

即

$$\Delta = \frac{b}{t} \cdot k_B T = bk_B T_C$$

将实验常数代入得到

$$\Delta \approx 1.52 k_B T_C$$

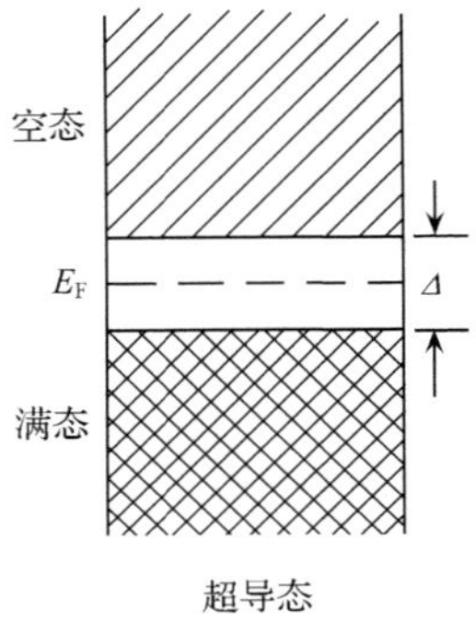

图 3.17

(b) $T \ll T_C$ 时的声衰减.

由于超声波在超导态和正常态的衰减不同，理论上得到

$$\frac{\alpha_s}{\alpha_N} = \frac{2}{\exp\left(\frac{\Delta}{k_B T}\right)+1}$$

式中，α_s，α_N分别表示超导态和正常态的衰减，从实验上测量$\frac{\alpha_s}{\alpha_N}$，则可由上式确定 Δ.

3.25 一个环是由直径为 $d=1\text{mm}$ 的铅丝弯成直径为 $D=10\text{cm}$ 的圆而做成的，如图 3.18. 这个环处于超导态并通有 100A 的电流，经观察电流在一年内没有可探测的变化. 如果检测器对电流小到 $1\mu\text{A}$ 的变化都能检测到的话，计算实验上超导态铅的电阻率的上限.（答案近似因子不超过 3 即可.）

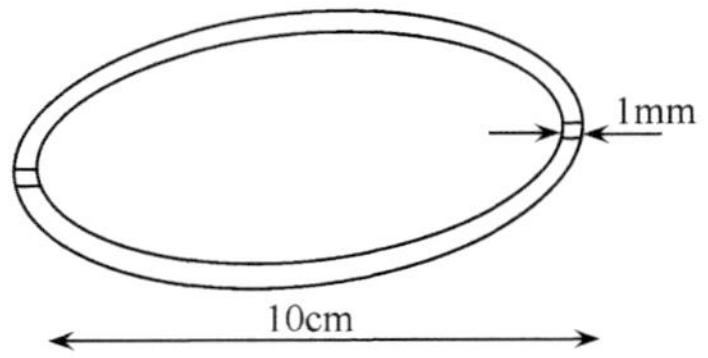

图 3.18

解 设 ρ 为电阻率，则 $R=\rho\frac{l}{s_1}$，$l=2\pi\frac{D}{2}=2\pi r$，把此环看成一个 RL 电路

$$-L\frac{\mathrm{d}I}{\mathrm{d}t} = IR$$

所以

$$I(t) = I(0)\mathrm{e}^{-\frac{Rt}{L}}$$

即

$$R = \frac{L}{t}\ln\frac{I(0)}{I(t)}$$

其中

$$L = \frac{\Phi}{I}, \quad I(0) = 100\text{A}, \quad I(t) = 100 - 1\times 10^{-6}\text{A}$$

环的磁场分布较复杂，近似地认为环内各处都具有环中心的磁场值

$$B = \frac{\mu_0 I}{2r}$$

则

$$\Phi = BS_2 = \frac{\mu_0 I}{2r}\times \pi r^2 = \frac{\pi}{2}\mu_0 Ir$$

即

$$L=\frac{\Phi}{I}=\frac{\pi}{2}\mu_0 r$$

又

$$t=365\times24\times3600=3.1\times10^7\,\mathrm{s}$$

以及

$$\ln\frac{I(0)}{I(t)}=\ln\left[1+\frac{\Delta I}{I(t)}\right]\approx\frac{\Delta I}{I(0)}\approx1\times10^{-8}$$

所以

$$\begin{aligned}R&=\frac{L}{t}\ln\frac{I(0)}{I(t)}=\frac{\frac{\pi}{2}\mu_0 r}{t}\cdot\frac{\Delta I}{I(0)}\\&=\frac{\pi}{2}=\frac{1.2566\times10^{-6}\times5\times10^{-2}}{365\times24\times3600}\times1\times10^{-8}\\&=3.13\times10^{-23}(\Omega)\end{aligned}$$

因此,实验上超导态铅的电阻率上限

$$\begin{aligned}\rho&=\frac{RS_1}{l}\\&=\frac{S_1R}{2\pi r}=\frac{\pi\times(0.5\times10^{-3})^2\times3.13\times10^{-23}}{2\pi\times5\times10^{-2}}\\&=7.8\times10^{-29}(\Omega\cdot\mathrm{m})\end{aligned}$$

第四章 非晶固体及其他

4.1 图 4.1 示为 10nm 厚 Si 膜 50keV 电子衍射的结果. 粗曲线是在非晶态膜上得到的,细曲线是同一膜经 600℃退化部分晶化后得到的. 请指认衍射峰所属晶面,并讨论两曲线的异同.

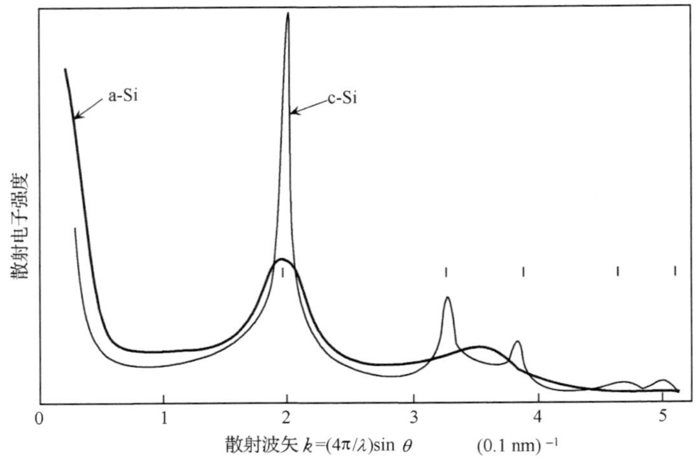

图 4.1

解 从图 4.1 电子衍射结果看到,晶化硅膜有 5 个衍射峰,而非晶 Si 膜较明显的只有一个,并处于晶化 Si 膜第 1 个衍射峰的位置,上述 5 个衍射峰相应的散射波矢为 $k=2$,3.25,3.8,4.6,5.0(单位为 0.1nm=1Å).

晶态硅是金刚石结构,其结晶学原胞(晶胞)是晶格常数为 a 的立方体. 根据布拉格衍射公式

$$2d_{hkl}\sin\theta = n\lambda$$

散射波长 λ 由它与散矢波矢 k 的关系式得到(取衍射级数 $n=1$)

$$\lambda = \frac{4\pi}{k}\sin\theta$$

代入上式,有

$$d_{hkl} = \frac{2\pi}{k}$$

d_{hkl} 是晶面族(h,k,l)的面间距,对立方晶系

$$d_{hkl} = \frac{a}{\sqrt{h^2+k^2+l^2}}$$

故推导出金刚石结构晶格常数 a 的表达式

$$a=\sqrt{h^2+k^2+l^2}\cdot\frac{2\pi}{k} \tag{1}$$

晶体面指数 h,k,l 的取值必须考虑晶体的几何结构因子,因为金刚石结构是复式格子,只有符合一定条件的(h,k,l)才会在衍射实验中出现衍射斑点.

现在来求金刚石结构的几何结构因子.金刚石结构晶体,每个晶胞中有 8 个原子,其坐标(u,v,w)分别为

$$0\ 0\ 0,\quad \frac{1}{2}\ \frac{1}{2}\ 0,\quad \frac{1}{2}\ 0\ \frac{1}{2},\quad 0\ \frac{1}{2}\ \frac{1}{2}$$

$$\frac{1}{4}\ \frac{1}{4}\ \frac{1}{4},\quad \frac{3}{4}\ \frac{3}{4}\ \frac{1}{4},\quad \frac{3}{4}\ \frac{1}{4}\ \frac{3}{4},\quad \frac{1}{4}\ \frac{3}{4}\ \frac{3}{4}.$$

金刚石结构几何因子

$$\begin{aligned}
F_{hkl}&=\sum_j f_j e^{2\pi i(hu_j+kv_j+lw_j)}\\
&=f\sum_j e^{2\pi i(hu_j+kv_j+lw_j)}\\
&=f[1+e^{\pi i(h+k)}+e^{\pi i(k+l)}+e^{\pi i(l+h)}\\
&\quad+e^{\frac{1}{2}\pi i(h+k+l)}+e^{\frac{1}{2}\pi i(3h+3k+l)}\\
&\quad+e^{\frac{1}{2}\pi i(3h+k+3l)}+e^{\frac{1}{2}\pi i(h+3k+3l)}]\\
&=f[(1+e^{\frac{1}{2}\pi i(h+k+l)})\\
&\quad+e^{\pi i(h+k)}\cdot(1+e^{\frac{1}{2}\pi i(h+k+l)})\\
&\quad+e^{\pi i(k+l)}\cdot(1+e^{\frac{1}{2}\pi i(h+k+l)})\\
&\quad+e^{\pi i(l+h)}\cdot(1+e^{\frac{1}{2}\pi i(h+k+l)})]\\
&=f(1+e^{\frac{1}{2}\pi i(h+k+l)})\\
&\quad\cdot[1+e^{\pi i(h+k)}+e^{\pi i(k+l)}+e^{\pi i(l+h)}]
\end{aligned}$$

从几何结构因子表达式不难看出衍射强度 $I_{hkl}\neq0$ 的条件为:

(1) 衍射面指数 nh,nk,nl 都是奇数;或

(2) 衍射面指数 nh,nk,nl 都是偶数(包括零),且$\frac{1}{2}(h+k+l)$也是偶数.

这样我们可以由公式(1)求得各衍射峰相应的晶面:

(1) $k=2(\text{Å})^{-1}$,取 $h=k=l=1$ 则晶格常数 a

$$a=\sqrt{1^2+1^2+1^2}\cdot\frac{2\pi}{2}=5.44\text{Å}$$

硅晶体晶格常数等于 5.43Å,故衍射峰属晶面是(1,1,1).

(2) $k=3.25(\text{Å})^{-1}$,取 $h=k=2,l=0$

$$a=\sqrt{2^2+2^2+0}\cdot\frac{2\pi}{3.25}=5.47\text{Å}$$

散射波矢 $k=3.25(\text{Å})^{-1}$的衍射峰所属晶面是(2,2,0)

(3) $k=3.8(\text{Å})^{-1}$，取 $h=k=1, l=3$

$$a=\sqrt{1^2+1^2+3^2}\cdot\frac{2\pi}{3.8}=5.48\text{Å}$$

散射波矢 $k=3.8(\text{Å})^{-1}$的衍射峰所属晶面是(1,1,3)

(4) $k=4.6(\text{Å})^{-1}$，取 $h=4, k=l=0$

$$a=\sqrt{4^2+0+0}\cdot\frac{2\pi}{4.6}=5.46\text{Å}$$

散射波矢 $k=4.6(\text{Å})^{-1}$的衍射峰所属晶面是(4,0,0)

(5) $k=5.0(\text{Å})^{-1}$，取 $h=1, k=l=3$

$$a=\sqrt{1^2+3^2+3^2}\cdot\frac{2\pi}{5}=5.48\text{Å}$$

散射波矢 $k=5.0(\text{Å})^{-1}$的衍射峰所属晶面是(1,3,3).

从图 4.1 看到，非晶 Si 膜和晶化 Si 膜电子衍射曲线的大体走向是相似的，而且非晶 Si 膜的实验结果中也有衍射峰，虽然只有一个，但出现位置与晶化 Si 膜一样，只是强度小一点，其整条曲线比晶化 Si 膜衍射曲线粗. 非晶 Si 膜与晶化 Si 膜的衍射曲线的异同可以解释如下. 所谓非晶固体是说它的结构完全失去长程序. 但由于近邻原子的相互作用，在几个原子间尺寸范围内仍表现一定的规律性，就非晶 Si 来说，一个原子周围的平均最近邻原子数仍接近于 4，只是近邻原子间的键长与键角相对于晶态有所偏离. 因此非晶硅虽然没有长程有序，但其结构却仍然保持短程有序. 这必反映到其物理性质上，在电子衍射实验中，有衍射结果，其曲线大体走向类似晶态，而且还能在晶态散射波矢位置上看到衍射峰. 但非晶 Si 膜的长程无序致使晶态 Si 的许多衍射峰消失，而且衍射曲线变粗，模糊了.

4.2　在金属中电子平均自由程的下限为原子间距的假定下，算出二维金属的最小电导率.

解　Mott 认为非晶半导体的能带中存在迁移率边，迁移率边处的电导率就是最小金属化电导率 $\sigma_{\min}$，即使在绝对零度时，电导率也不能小于 $\sigma_{\min}$.

下面来计算二维金属的最小电导率. 从玻尔兹曼方程出发，在弱散射情况下

$$\sigma(0)=n\frac{\tau}{m^*}e^2$$

式中，τ 是两次散射之间的平均时间，可用平均自由程 L 及费米速度 v_F 得出，即 $\tau=\dfrac{L}{v_F}$，有效质量可由费米动量 $\hbar k_F=m^*v_F$ 得出，即 $m^*=\dfrac{\hbar k_F}{v_F}$，这样上式变为

$$\sigma(0)=n\cdot\frac{\dfrac{L}{v_F}}{\dfrac{\hbar k_F}{v_F}}e^2=n\frac{L}{k_F}\frac{e^2}{\hbar}$$

对于二维金属，电子浓度 $n=2\pi k_F^2$，故

$$\sigma(0)\propto\frac{L}{k_F}\cdot\frac{e^2}{\hbar}$$

$k_F \propto \frac{1}{a}$，故

$$\sigma(0) \propto \frac{L}{a} \cdot \frac{e^2}{\hbar}$$

在金属中电子平均自由程的下限为原子间距的假定下，$\frac{L}{a}=1$ 时的电导率就是 $\sigma(0)$ 的最小值，即

$$\sigma_{\min} \propto \frac{e^2}{\hbar}$$

式中，$\frac{e^2}{\hbar}$ 是电导的单位，数值上等于 $\frac{1}{4108}\Omega^{-1}$. 显然二维金属中最小电导率 $\sigma_{\min}$ 与电导具有相同的量纲，而且还看到，在迁移率边外，$\sigma_{\min}$ 是一个与材料无关的普适常数. 仔细的理论计算给出二维体系“最大普适金属电阻”的数值为 30kΩ.

4.3　试画出热平衡时氢化非晶硅（a-Si：H）p-i-n 结构太阳能电池能带图，并分析其工作原理.

解　p-i-n 电池的结构如图 4.2. i 层是不掺杂的 a-Si：H，其厚度 0.5μm 左右，p^+ 层和 n^+ 层 a-Si：H 分别与正面和背面电极相邻，厚度为 100Å 到 300Å. 电池的衬底可以用不锈钢、玻璃、特种塑料薄膜等，正面可用二氧化锡、氧化铟锡（ITO）等作减反射膜.

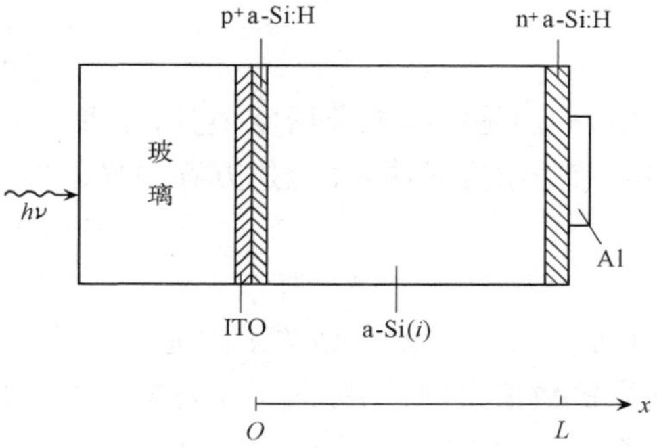

图 4.2

在 p-i-n 结构的电池中，由于 pi 结和 in 结形成的内建场跨越了整个本征层，a-Si：H 电池光注入在该层中的光生载流子完全置于该电场之中（我们数值模拟计算表明，i 层中电场强度可达 2×10^4V/cm 数量级上，而且电场强度分布几乎是一常数），一旦产生即可被收集，从而明显提高电池效率. 所以 p-i-n 结构是 a-Si：H 太阳能电池设计中最重要最基本的一种结构.

现在来画 a-Si：H p-i-n 结构太阳能电池在热平衡情况下的能带图. 由于 p^+ 层，n^+ 层比本征 a-Si：H 层薄很多，取 $x=0$ 点代表 p^+ 层，$x=L$ 点代表 n^+ 层. 由 p^+ 层 n^+ 层和 i 层 a-Si：H 组成的热力学体系在热平衡时应有统一的费米能级 E_F. p^+ 和 n^+-a-Si：H 层分别与高电导（或金属）材料接触，这种接触呈阻挡少数载流子输运性质，其接触势垒高度分别用 φ_{b0} 和 φ_{bL} 表示. 相距 E_g 分别给出 $x=0$ 点和 $x=L$ 点的价带顶 E_V. 如前所述，i（a-Si：H）层中电场强度是一常数. 它给 i 层中电子附加的静电势能随距离分布是线性的. 至此画出 a-Si：H p-i-n 结构太阳能电池能带图如图 4.3.

下面我们继续用数值分析方法来求得热平衡情况下 p-i-n 型非晶硅太阳能电池中载流子浓度分布，空间电荷分布，电场强度分布等来进一步理解电池的工作原理. 用 E_{VL} 来表示电子局部真空能级，它与导带底 E_C 相距一个电子亲和能 x_e. 如图 4.3 所示，然后用 $\psi=\psi(x)$ 表示样品上各点的 E_{VL} 值. 并取边界点 $x=L$ 上的 E_{VL} 值为电子能量零点.

描述处于热平衡状态的 p-i-n 非晶硅太阳能电池的基本方程是 Poisson 方程

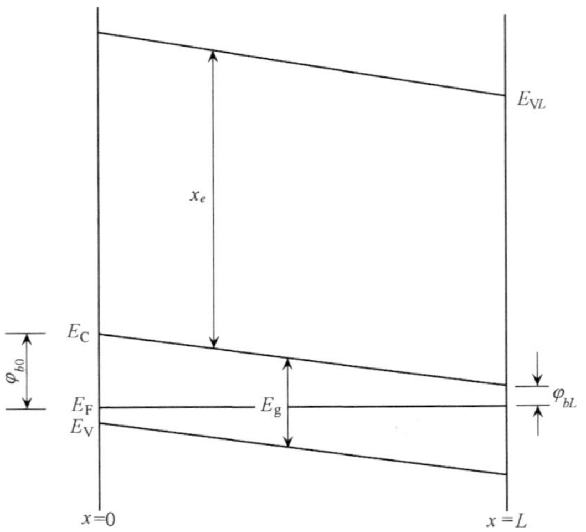

图 4.3

$$\varepsilon \frac{d^2 \psi(x)}{dx^2} = \rho(x)$$

其中，$\rho(x)$是空间电荷密度，它由导带和价带中载流子浓度，非晶硅中连续局域态上俘获的载流子浓度等决定. 上述方程边界条件

$$\begin{cases} \psi(0) = \varphi_{b0} - \varphi_{bL} \\ \psi(L) = 0 \end{cases}$$

然后选定 p-i-n 型非晶硅太阳能电池适当物理参数，应用 Scharfetter-Gummel 方法进行计算机数值模拟计算. 图 4.4 是电池器件长度 $L=0.6\mu$m，a-Si：H 禁带中部常数隙态密度 $G_{mg}=5\times10^{15}\text{cm}^{-3}\cdot\text{eV}^{-1}$的 p-$i$-n 型非晶硅太阳能电池的空间电荷分布. 而图 4.5 则是其电场强度分布.

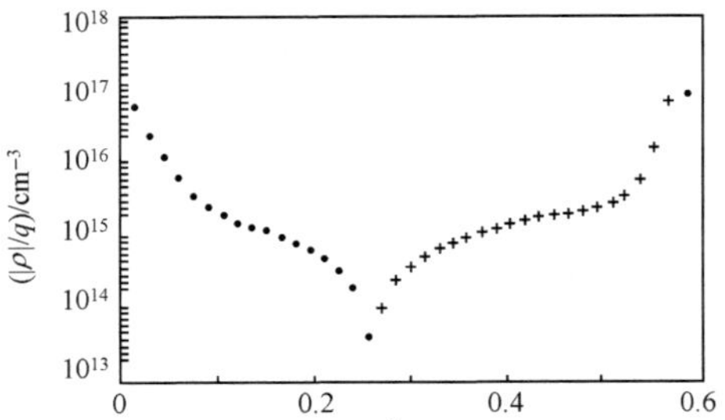

图 4.4

(·)：正电荷，(+)：负电荷

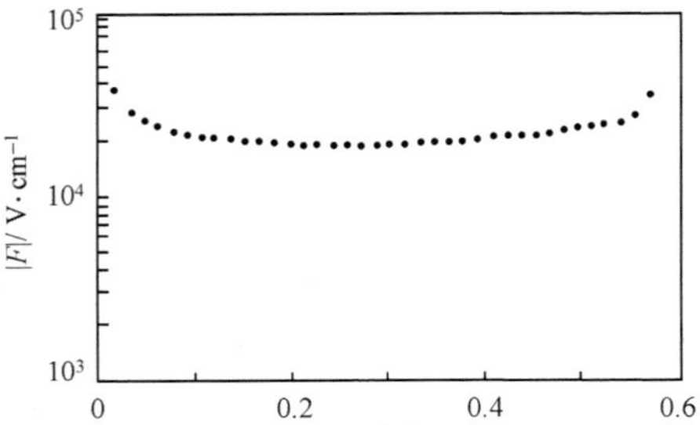

图 4.5

从图 4.4 看出，电池的 i 层中差不多对半分布着正负空间电荷，其平均密度小于 $2\times10^{15}\text{cm}^{-3}$. 显然，$p^+$一侧的正电荷是 p^+ 层空穴扩散注入 i 层中受俘于隙态而形成的；同样，n^+层中电子扩散进 i 层使另一半长度 i 层空间电荷取负值. 这时 i 层中的电场强度几

乎是一常数，强度在 2×10^4 V/cm 数量级上.

对于非晶硅，载流子的迁移率和非平衡载流子的寿命都是非常低的，非晶硅中空穴的扩散长度仅为 0.1μm 左右，太阳光射入非晶硅太阳能电池，光生载流子一旦产生，如果该处或邻近没有电场存在时，则这些光生载流子由于扩散长度的限制将会很快复合而不被收集. 这就要求 a-Si：H 太阳能电池中光注入所及的整个范围内尽量布满电场，而对上面对 p-i-n 型 a-Si：H 太阳能电池模拟计算结果，在 i 层中有强度 2×10^4 V/cm 数量级以上均匀分布的自建场，从而保证光生载流子的有效收集.

a-Si：H 是在低温下（250～350℃）淀积，故可以做在任何廉价的衬底上，例如不锈钢、玻璃以及特种塑料薄膜等. 并可以大面积生产；而 a-Si：H 膜本身具有优良的光电导特性，且在可见光范围内其吸收系数很大，因而提高太阳能电池能量转换效率潜力是很大的，所以 a-Si：H 太阳能电池仍是目前太阳能电池发展中重要成员.

参阅(1) 林鸿生，PIN 型非晶硅太阳能电池中的空间电荷效应——太阳能电池光致性能衰退的计算机模拟，太阳能学报，1994，15(2)，167

(2) 林鸿生等，a-Sic/c-Si 异质结太阳能电池设计分析，半导体学报，2002，23(5)，492

4.4　现在精确地测量多次电离原子态寿命的重要方法就是：用一束调谐于被研究离子共振波长的激光束激发给定的离子束，并测量离子束的辐射强度作为前进距离的函数. 当共振波长为 4885Å 的一特定离子束被波长为 4880Å 的氩离子激光激发时，强度在离激发点 10mm 处下降到原来的二分之一，如果离子束的速度是 $v/c=5\times10^{-3}$，计算达到共振时离子束法线与激光束所夹的角度及离子激发态的寿命.

解　设离子束向左以速度 v 运动，如图 4.6. 在实验室中激光与离子束成 φ 角，在离子束的静止参照系中激光与离子束成 θ 角，这时静止在实验室中的激光光源向右以速度 v 运动，离子束得到的辐射的频率由多普勒公式为

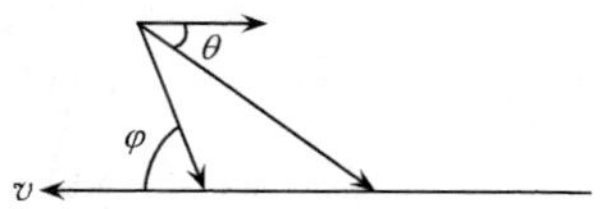

图 4.6

$$\omega=\frac{\omega_0\sqrt{1-\beta^2}}{1-\beta\cos\theta}$$

已知，$\omega_0=\frac{c}{4880}$，$\omega=\frac{c}{4885}$，$\beta=5\times10^{-3}$，故

$$\cos\theta=-0.2024$$

由光行差公式得

$$\tan\varphi=\frac{\sin\theta}{\gamma(\cos\theta-\beta)}$$

式中，$\gamma=(1-\beta^2)^{-\frac{1}{2}}$，得

$$\varphi\approx101.96^\circ$$

由于被激光所激励的离子以 βc 向左运动，需考虑时间延缓，故实验室观察到的离子寿命应为 $\gamma\tau$，τ 是离子的固有寿命，所以受激励的离子束其强度衰减规律为

$$I=I_0\mathrm{e}^{-\frac{t}{\gamma\tau}}$$

按题设，$I(d=10\times10^{-3}\,\mathrm{m})=\frac{1}{2}I_0$，有

$$\frac{I(d=10\times10^{-3}\mathrm{m})}{I_0}=\frac{1}{2}=\mathrm{e}^{-\frac{t}{\gamma\tau}}$$

式中，$t=\dfrac{d}{\beta c}$，即

$$\frac{1}{2}=\mathrm{e}^{-\frac{d}{\beta c}\times\frac{1}{\gamma\tau}}$$

故激发态寿命 τ 为

$$\tau=\frac{d}{\gamma\beta c\ln2}=\frac{\sqrt{1-\beta^2}\times d}{\beta c\ln2}=\frac{\sqrt{1-(5\times10^{-3})^2}\times10\times10^{-3}}{5\times10^{-3}\times3\times10^8\times\ln2}$$
$$\approx9.6\times10^{-9}(\mathrm{s})$$

4.5　由反射性材料制成的小球浮于透明物质的表面上，首先假定它们形成一个晶格常数为 10^4Å 的正方形格子. 一束波长为 5000Å 的相干光垂直向下射到此表面上，如图 4.7.

(1) 从此表面上看，光束将以什么方位角(θ,φ)出射?

(2) 如果入射光束无穷宽且理想平行，格子无限大，那么，出射光束当然也将沿准确方向出射. 如果在此表面上方 10m 处有一个水平屏幕，上面将出现清楚的点状光斑. 可是，如果格子是一个仅含 10 000 个小球的正方形，屏幕上的光斑宽度将是多少?（做数量级估计即可，需给出理由.）

(3) 现在假设每个小球以准弹性力连在格点上，它们独立地在格点附近振动，平均平方根位移是 2 000Å. 小球的这种运动将怎样改变出射光的图样? 比较小球运动时和静止时的衍射图样，我们可以区分小球是做水平运动还是铅垂运动，怎样区分?

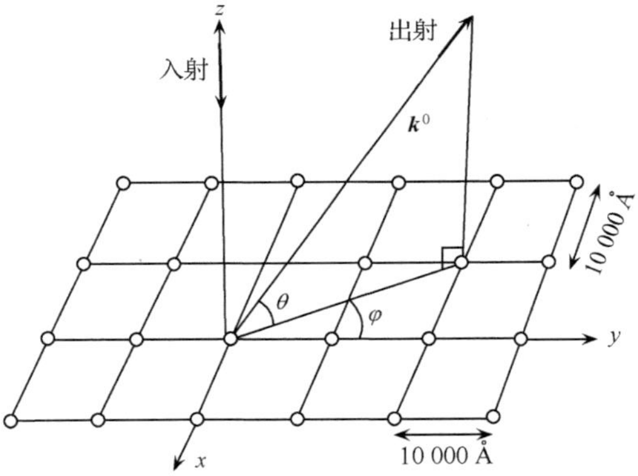

图 4.7

解　(1) 光束的出射方向即反射光的干涉极大方向，设干涉极大方向的单位矢量为

$$\boldsymbol{k}^0=\sin\theta\cos\varphi\boldsymbol{e}_i+\sin\theta\sin\varphi\boldsymbol{e}_j+\cos\theta\boldsymbol{e}_k$$

则通过原点 O 而以 $\boldsymbol{k}^0$ 为法线的平面为

$$\boldsymbol{k}^0\cdot\boldsymbol{x}=0$$

其中，$\boldsymbol{x}$ 为 xOy 平面上格点 A,B,C 到此平面的距离(图 4.8).

$$d_A=|\boldsymbol{k}^0\cdot\boldsymbol{x}_A|=d\sin\theta|\sin\varphi|$$

$$d_B = |\boldsymbol{k}^0 \cdot \boldsymbol{x}_B| = d\sin\theta\,|\cos\varphi + \sin\varphi|$$

$$d_C = |\boldsymbol{k}^0 \cdot \boldsymbol{x}_C| = d\sin\theta\,|\cos\varphi|$$

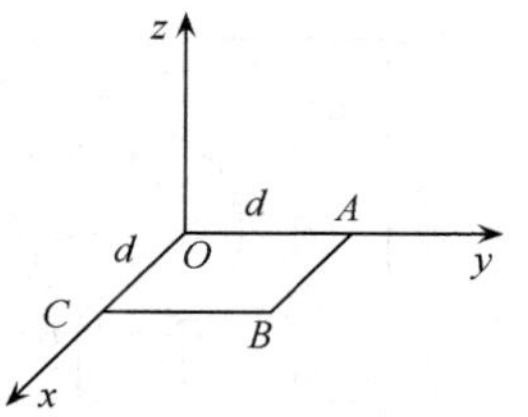

图 4.8

其中 $\boldsymbol{x}_A=(0,d,0)$，$\boldsymbol{x}_B=(d,d,0)$，$\boldsymbol{x}_C=(d,0,0)$. $\boldsymbol{k}^0$ 为干涉极大方向的条件为

$d_A=n_1\lambda_0$，$d_C=n_2\lambda_0$，n_1，n_2 是自然数，这个条件实际上包含了 $d_B=n_3\lambda_0$.

由于格子的平移对称性，其他地方格点到这个平面的距离也是波长的整数倍.

故

$$|\tan\varphi| = \frac{n_1}{n_2},$$

$$d^2\sin^2\theta = (n_1^2+n_2^2)\lambda_0^2$$

得出

$$\theta = \arcsin\left(\sqrt{n_1^2+n_2^2}\,\frac{\lambda_0}{d}\right)，\text{或 } \theta = \pi - \arcsin\left(\sqrt{n_1^2+n_2^2}\,\frac{\lambda_0}{d}\right)$$

$$\varphi = \arctan\frac{n_1}{n_2}，\text{或 } \varphi = \pi + \arctan\frac{n_1}{n_2}$$

(2) 10 000 个小球的正方形边长为 $100d$（$d=1\times10^4$ Å），此时光束相当于通过这个正方形而发生衍射. 屏幕上光的宽度为

$$\Delta x = \Delta y \approx \frac{\lambda}{100d}\times D = \frac{5000}{100\times1\times10^4}\times 10 = 0.05(\text{m})$$

式中，D 是屏幕与正方晶格的距离，$D=10$m.

(3) 小球的这种运动将使原来的光点弥散为光斑，且在原来无光点处产生淡淡的背景.

如果小球做水平运动，则对 z 方向附近光线的位相影响较小，故干涉图样呈现为：中心光点亮而小，背景较暗；边缘光点暗而且大，背景较亮. 如小球做铅垂运动，则对 z 方向附近的光线的相位影响较大，故中心光点较暗而且大，而边缘光点则显得亮而小，背景较暗.

4.6 简明描述热阴极电离真空计（用于测量真空系统的压强）的基本组成部分和原理. 粗略说明真空计的高压和低压极限，以及决定这两个极限的主要原因.

解 热阴极电离真空计主要由阴极 F，加速极 A 和收集极 C 构成. 如图 4.9 所示.

阴极灯丝在通电发热以后发射热电子，向带有正电位的加速极 A 运行，有一部分被 A 吸收，另一部分穿过加速极栅间空隙，继续向收集极 C 前进，但由于 C 带负电位，当电子靠近 C 时又被推斥，而使得电子在 C、A 极间来回振荡，直到被 A 吸收. 在电子从 F 到 A 的这种运行过程中，不断和管内存在的气体分子碰撞，形成正离子和电子，正离子被收集极 C 收集形成离子电流 i_+，而加速极 A 收集的电子则形成电子电流 i_e. 理论给出，所形成的离子电流 i_+ 和管内压强 P 成正比，即

$$P = K\frac{i_+}{i_e}$$

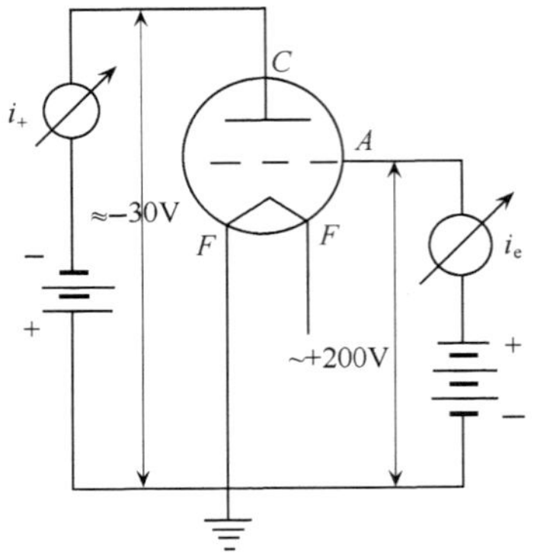

图 4.9

若维持 i_e 不变,则

$$P = K_1 i_+$$

由此可借助于测量离子电流 i_+ 而得到真空系统的压强.

这种电离真空计的高压极限约为 10^{-3} 托,因为当 $P>10^{-3}$ 托时,因灼热灯丝的化学清除作用,使管内表现为"吸气",因此 i_+ 不再随 P 而增加. 其低压限为 10^{-7} 托,因为当 $P<10^{-7}$ 托时,收集极所收集到的电流大部分为光电发射电流,离子电流只占很小部分,因此 P 不再随 i_+ 而线性变化.

4.7 简明地讨论下列各项:

(1) 倒逆(umklapp)过程和它对晶格热导率的关系;

(2) 库柏对以及它对费米面上的扩展和超导 BCS 理论中的基态波函数的关系;

(3) 布洛赫定理以及它和晶格对称性的关系;

(4) 对金属中的电子,费米液体的朗道理论的本质.

解 (1) 设波矢为 $\boldsymbol{q}_1$, $\boldsymbol{q}_2$ 的两个声子发生碰撞而转变成波矢为 $\boldsymbol{q}_3$ 的声子,若三声子过程的准动量守恒律是下式所给:

$$\boldsymbol{q}_1 + \boldsymbol{q}_2 = \boldsymbol{q}_3 + \boldsymbol{G}$$

式中,$\boldsymbol{G}$ 为倒格矢量,这三声子碰撞过程称倒逆过程或 U 过程. 如图 4.10 所示;即因 $\boldsymbol{q}_1$, $\boldsymbol{q}_2$ 的数值较大,$\boldsymbol{q}_1+\boldsymbol{q}_2$ 落在布里渊之外,需找到一定的 $\boldsymbol{G}_n$(而且是唯一的),使($\boldsymbol{q}_1+\boldsymbol{q}_2-\boldsymbol{G}_n$)回到布里渊区之内,这样就确定了满足上面准动量守恒式子中的 $\boldsymbol{q}_3$ 值. 如图 4.10 所示,倒逆过程使声子的动量发生很大变化,$\boldsymbol{q}_1+\boldsymbol{q}_2$ 是向"右"的,而碰撞后 $\boldsymbol{q}_3$ 则是向"左"的,从而破坏了热流的方向. 所以倒逆过程对热阻是有贡献的,给出了有限的热传导率,而不像三声子正常碰撞过程导致热传导无限大.

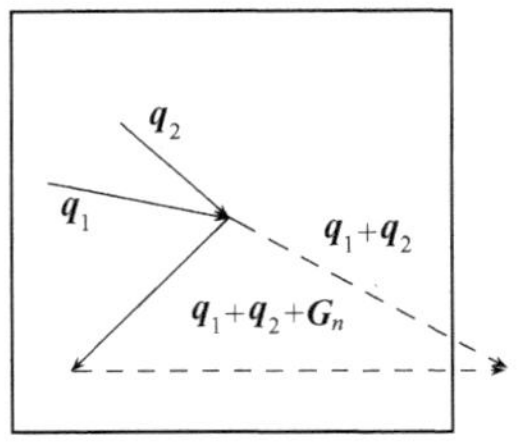

图 4.10

(2) 由于电子间交换声子而产生吸引力可以使费米面附近的两个声子形成束缚的电子对状态,即库柏对. 由于结成库柏对,电子的能量降低,缩小了费米面,最佳库柏对是($\boldsymbol{k}\uparrow$, $-\boldsymbol{k}\downarrow$),即波矢等值反向,自旋方向相反,因此 BCS 基态的特征是若$\boldsymbol{k}\uparrow$态被占据,则$-\boldsymbol{k}\downarrow$态也被占据;$\boldsymbol{k}\uparrow$态是空的,则$-\boldsymbol{k}\downarrow$态也是空的,若($\boldsymbol{k}\uparrow$, $-\boldsymbol{k}\downarrow$)被两个电子占据的状态为 ψ_{1k},概率为 v_k^2,($\boldsymbol{k}\uparrow$, $-\boldsymbol{k}\downarrow$)没有电子占据的状态为 ψ_{2k},其概率为 u_k^2,则 BCS 基态波函数为

$$\psi = u_k\psi_{2k} + v_k\psi_{1k}$$

(3) 布洛赫定理指出,当势场具有晶格周期性时,晶体中电子波动方程

$$\left[-\frac{\hbar}{2m}\nabla^2 + U(\boldsymbol{r})\right]\psi = E\psi \tag{1}$$

的解 ψ 具有如下性质:

$$\psi(\boldsymbol{r}+\boldsymbol{R}_n)=\mathrm{e}^{\mathrm{i}\boldsymbol{k}\cdot\boldsymbol{R}_n}\psi(\boldsymbol{r})$$

其中，$\boldsymbol{k}$ 为一矢量. 上式表明，当平移一个晶格矢量 $\boldsymbol{R}_n$ 时，波函数只增加了相位因子 $\mathrm{e}^{\mathrm{i}\boldsymbol{k}\cdot\boldsymbol{R}_n}$. (1) 式就是布洛赫定理. 根据布洛赫定理可以把电子波函数写成

$$\psi(\boldsymbol{r})=\mathrm{e}^{\mathrm{i}\boldsymbol{k}\cdot\boldsymbol{r}}u(\boldsymbol{r})$$

式中，$u(\boldsymbol{r})$具有与晶格同样的周期性，即

$$u(\boldsymbol{r}+\boldsymbol{R}_n)=u(\boldsymbol{r})$$

上式表达的波函数为布洛赫函数，它是平面波与周期函数的乘积.

布洛赫定理是晶格平移对称性的结果. 我们可以用 T_α 来表示平移对称操作算符，$\alpha=1,2,3$，$\boldsymbol{a}_\alpha$—$\boldsymbol{a}_1,\boldsymbol{a}_2,\boldsymbol{a}_3$ 分别为晶格三个基矢. 函数 $f(\boldsymbol{r})$的坐标平移对称操作性质

$$T_\alpha f(\boldsymbol{r})=f(\boldsymbol{r}+\boldsymbol{a}_\alpha),\quad \alpha=1,2,3$$

显然，T_1,T_2,T_3 是相互对易的，即

$$T_\alpha T_\beta-T_\beta T_\alpha=0$$

这样平移任意晶格矢量 $\boldsymbol{R}_m=m_1\boldsymbol{a}_1+m_2\boldsymbol{a}_2+m_3\boldsymbol{a}_3$ 可以看做是 T_1,T_2,T_3 分别连续平移操作 m_1,m_2,m_3 次的总结果.

现在要指出的是，晶格周期势场中运动的电子哈密顿算符具有平移对称操作的不变性. 证明如下：

$$\begin{aligned}T_\alpha H&=T_\alpha\left[-\frac{\hbar^2}{2m}\nabla_{\boldsymbol{r}}^2+U(\boldsymbol{r})\right]\\&=-\frac{\hbar^2}{2m}\nabla_{\boldsymbol{r}+\boldsymbol{a}_\alpha}^2+U(\boldsymbol{r}+\boldsymbol{a}_\alpha)\\&=-\frac{\hbar^2}{2m}\nabla_{\boldsymbol{r}}^2+U(\boldsymbol{r})\end{aligned}$$

其中，$\nabla_{\boldsymbol{r}+\boldsymbol{a}_\alpha}$只表示相应的$\frac{\partial}{\partial x},\frac{\partial}{\partial y},\frac{\partial}{\partial z}$中变数 x,y,z 改变一常数值，这并不影响微分算符. 故 T_α 和 H 也是对易的

$$T_\alpha H-HT_\alpha=0$$

由于存在以上的对易关系，根据量子力学可以选择哈密顿量的本征态，使它同时为各平移算符的本征态.

$$\begin{cases}H\psi=E\psi\\T_1\psi=\lambda_1\psi,\quad T_2\psi=\lambda_2\psi,\quad T_3\psi=\lambda_3\psi\end{cases}$$

λ_1,λ_2 和 λ_3 是相应的本征值. 它们的确定受到玻恩-卡曼周期性边界条件的严格限制. 例如沿 $\boldsymbol{a}_1$ 方向上晶体原胞数目为 N_1，则周期性边界条件要求满足

$$\psi(\boldsymbol{r})=\psi(\boldsymbol{r}+N_1\boldsymbol{a}_1)$$

而

$$\psi(\boldsymbol{r}+N_1\boldsymbol{a}_1)=T_1^{N_1}\psi(\boldsymbol{r})=\lambda_1^{N_1}\psi(\boldsymbol{r})$$

因此本征值 λ_1 应采取以下形式：

$$\lambda_1=\mathrm{e}^{2\pi\mathrm{i}\frac{l_1}{N_1}}$$

l_1 为整数. 同样若在 $\boldsymbol{a}_2$ 方向上原胞数目为 N_2，$\boldsymbol{a}_3$ 方向为 N_3，玻恩-卡曼边界条件要求平

移算符 T_2 和 T_3 的本征值 λ_2,λ_3 也应为下列形式：

$$\lambda_2 = e^{2\pi i\frac{l_2}{N_2}},\quad \lambda_3 = e^{2\pi i\frac{l_3}{N_3}}$$

l_2,l_3 为整数. 若令矢量 $\boldsymbol{k}$ 为

$$\boldsymbol{k} = \frac{l_1}{N_1}\boldsymbol{b}_1 + \frac{l_2}{N_2}\boldsymbol{b}_2 + \frac{l_3}{N_3}\boldsymbol{b}_3$$

则本征值 $\lambda_1,\lambda_2,\lambda_3$ 可写成以下形式：

$$\lambda_1 = e^{i\boldsymbol{k}\cdot\boldsymbol{a}_1},\quad \lambda_2 = e^{i\boldsymbol{k}\cdot\boldsymbol{a}_2},\quad \lambda_3 = e^{i\boldsymbol{k}\cdot\boldsymbol{a}_3}$$

因有 $\boldsymbol{a}_i\cdot\boldsymbol{b}_j=2\pi\delta_{ij}$，$\boldsymbol{b}_1,\boldsymbol{b}_2,\boldsymbol{b}_3$ 为该晶体正格子的倒格子矢量. 于是

$$\begin{aligned}\psi(\boldsymbol{r}+\boldsymbol{R}_m) &= T_1^{m_1}T_2^{m_2}T_3^{m_3}\psi(\boldsymbol{r}) = \lambda_1^{m_1}\lambda_2^{m_2}\lambda_3^{m_3}\psi(\boldsymbol{r})\\ &= e^{i\boldsymbol{k}}\cdot(m_1\boldsymbol{a}_1+m_2\boldsymbol{a}_2+m_3\boldsymbol{a}_3)\psi(\boldsymbol{r})\\ &= e^{i\boldsymbol{k}\cdot\boldsymbol{R}_m}\psi(\boldsymbol{r})\end{aligned}$$

这就是布洛赫定理.

（4）对于一个传导电子系统，一方面由于传导电子通过它们的静电势发生相互作用；另一方面一个运动的电子在它周围的电子气中产生一个惯性反作用，这将使电子的有效质量增大；当考虑到这种相互作用时，就称为此电子系统费米液体. 朗道理论的实质在于给出关于相互作用效果的一个统一解释.

附录　物理学综合试题及其解答

附录1　综　合　题

附 1.1　(1) 一位观察者重复地称一物体得到如下结果 10.1,10.6,10.2,10.5,10.3,10.5,10.4,10.6g. 试问单次测量的标准差(从一很多次测量的平均)为________. 多次测量的平均值的标准差(从很多次测量的平均)为________. 若我们算后者为$\bar{\sigma}$,则质量真值在所得到的平均值的 2σ 范围内的概率大约为________.(做你认为合理的假设.)

(2) 由观察者 A 所测得物体质量平均结果为 10.7±0.1g;由观察者 B 为 10.1±0.2g. 这些测量的加权平均是____. 基于所引用误差之上的平均值的标准误差为________. 基于两者确定不一致之上的平均值的标准误差为________. 这两个标准误差之间的差别对测量说明了什么?(做你认为合理的假设.)

解　(1) 8 次($N=8$)测量的平均值为

$$\bar{m}=\frac{1}{8}(10.1+10.6+10.2+10.5+10.3+10.5+10.4+10.6)=10.4\text{g}$$

$$\begin{aligned}\sigma^2&=\frac{1}{8}\sum_{i=1}^{8}(m_i-\bar{m})^2\\&=\frac{1}{8}(0.3^2+0.2^2+0.2^2+0.1^2+0.1^2+0.1^2+0.2^2)\\&=0.03\text{g}^2,\end{aligned}$$

则单次测量的标准差

$$\sigma=0.17\text{g}$$

取

$$\sigma=0.2\text{g}$$

于是多次测量平均值的标准差为 $\bar{\sigma}=\sigma/\sqrt{N}=0.2/\sqrt{8}=0.06g$.

我们认为测量误差是随机的,因此我们可设想测得各值满足正态分布,故

$$p(\bar{m})=\frac{1}{(2\pi)^{1/2}\sigma}\mathrm{e}^{-(m-\bar{m})^2/2\sigma^2}$$

真值 m 在 $m-\bar{\sigma}$ 与 $m+\bar{\sigma}$ 之间的概率为

$$\int_{m-\bar{\sigma}}^{m+\bar{\sigma}}p(m)\mathrm{d}m=\frac{1}{(2\pi)^{1/2}\sigma}\int_{m-\bar{\sigma}}^{m+\bar{\sigma}}\mathrm{e}^{-(m-\bar{m})^2/2\sigma^2}\mathrm{d}m$$

因为$\frac{1}{2}\left(\frac{\bar{\sigma}}{\sigma}\right)^2=\frac{1}{2}\left(\frac{1}{N}\right)=\frac{1}{2}\times\frac{1}{8}=\frac{1}{16}$,而$\left(\frac{1}{16}\right)^2=\frac{1}{256}$很小,又

$$\mathrm{e}^{-(m-\bar{m})^2/2\sigma^2}\approx 1-\frac{(m-\bar{m})^2}{2\sigma^2}$$

所以

$$\int_{m-\bar{\sigma}}^{m+\bar{\sigma}} p(m)\mathrm{d}m = \frac{1}{(2\pi)^{1/2}\sigma}\left[2\bar{\sigma} - \frac{\bar{\sigma}^3}{3\sigma^2}\right]$$

$$= \frac{1}{(2\pi)^{1/2}}\left[2\frac{\bar{\sigma}}{\sigma} - \frac{1}{3}\left(\frac{\bar{\sigma}}{\sigma}\right)^3\right]$$

$$\approx \frac{1}{(2\pi)^{1/2}}\cdot\left(\frac{\bar{\sigma}}{\sigma}\right)\cdot 2 = \frac{1}{(2\pi)^{1/2}}\cdot\frac{1}{\sqrt{N}}\cdot 2$$

$$= \frac{1}{(2\pi)^{1/2}}\cdot\frac{1}{\sqrt{8}}\cdot 2 = 0.28 = 28\% \approx 0.28$$

(2) 测量的加权与它的误差平方成反比，故这两个测量的加权平均是

$$\frac{\frac{10.7}{0.1^2}+\frac{10.1}{0.2^2}}{\frac{1}{0.1^2}+\frac{1}{0.2^2}} = \frac{10.7\times\left(\frac{0.2}{0.1}\right)^2+10.1}{\left(\frac{0.2}{0.1}\right)^2+1} = 10.58$$

基于所引用误差之上平均值的标平误差为

$$\bar{\sigma} = \left(\frac{0.1}{0.1^2}+\frac{0.2}{0.2^2}\right)\Big/\left(\frac{1}{0.1^2}+\frac{1}{0.2^2}\right) = (0.1\times 4+0.2)/5 = 0.12$$

基于两者确定不一致之上的平均值的标准误差为

$$\bar{\sigma}'^2 = \frac{1}{2}[(10.7-10.58)^2+(10.1-10.58)^2] = 0.22$$

$$\bar{\sigma}' = 0.35$$

$\bar{\sigma}$ 与 $\bar{\sigma}'$ 不一致说明两个测量者的工作存在系统误差．

附 1.2　在误差为 10 范围内，通过估计、粗略的计算或记忆的方法回答下列问题(说明你是如何得到你的答案的).

(1) 地球的德布罗意波长；

(2) 一个铁核的总束缚能；

(3) 地球的磁偶矩；

(4) 20℃水的蒸汽压；

(5) 一导电电子在一块钠金属样品中的平均速度．

解　(1) 地球的轨道速度为 3×10^4 m/s，而其质量为 6×10^{24} kg，所以其动量为

$$p = mv = 18\times10^{28}\,\mathrm{N\cdot s} = 1.8\times10^{29}\,\mathrm{N\cdot s^{-1}}$$

故

$$\lambda = \frac{h}{p} = \frac{6.63\times10^{-34}}{1.8\times10^{29}} = 3.7\times10^{-63}\,\mathrm{m}$$

(2) 在核子数与平均结合能关系曲线上，应当记住的是 ^{56}Fe 最接近平均结合能最大值约为 8.8MeV，所以 Fe 的结合能≈8.8×56=492.8MeV.

(3) 地球的磁偶矩为 8.0×10^{25} erg/G(记忆).

(4) 将蒸汽看成理想气体，利用克拉珀龙方程

$$\frac{\mathrm{d}p}{\mathrm{d}T} = \frac{L}{T(v_\beta - v_\alpha)} = \frac{L}{Tv}\,(v_\beta \gg v_\alpha)$$

$$pv = RT \Rightarrow \frac{dp}{dT} = \frac{L}{RT^2} \Rightarrow p = p_0 e^{-\frac{L}{RT}}$$

$$\begin{cases} p^0 = p_0 e^{-L/RT^0} \\ p = p_0 e^{-L/RT} \end{cases} \Rightarrow \frac{p}{p_0} = e^{-\frac{L}{R}\left(\frac{1}{T}-\frac{1}{T^0}\right)}$$

这里我们作了假定 L 与 T 无关(近似). 水在三相点的

$p^0 = 4.581\text{mmHg}$, $T^0 = 273.16\text{K}$, $L = 607\text{kcal/kg} = 607 \times 4.186 \times 18\text{J/mol}$, $R = 8.31\text{J/(mol} \cdot \text{K)}$

取 $T=293$,有 $-\frac{L}{R}\left(\frac{1}{T}-\frac{1}{T^0}\right) = -\frac{607\times 4.186\times 18}{8.31}\times\left(\frac{1}{273}-\frac{1}{293}\right) \approx 1.4$,故

$$\begin{aligned} p = p^0 e^{1.4} &= 4.581 \times 2.718 \times \left(1 + 0.4 + \frac{1}{2} \times 0.4^2 + \cdots\right) \\ &= 4.581 \times 2.718 \times 1.4 \\ &= 17.48\text{mmHg}(\text{实际值 } 17.54\text{mmHg}) \end{aligned}$$

(5) 因为金属钠中的电子服从费米统计,而钠中电子的费米能量 $E_F^0 = \frac{\hbar^2}{2m} \times (3\pi^2 n)^{2/3} \sim 10^{-19}\text{J}$,(取 $n \sim 10^{28}/\text{m}^3$). 而 $kT \sim 10^{-21}\text{J}(T=300\text{K})$,有 $E_F^0 \gg kT$,因此我们以 $T=0$ 时的情形来考虑,误差是很小的,利用费米统计算得

$$\bar{p} = \frac{\int_0^{E_F^0} pE^{\frac{1}{2}} dE}{\int_0^{E_F^0} E^{\frac{1}{2}} dE} = \frac{\int_0^{p_F} p^3 dp}{\int_0^{p_F} p^2 dp} = \frac{3}{4} p_F$$

式中,$E = \frac{p^2}{2m}$,即 $p_F = \sqrt{2mE_F^0}$,所以钠金属电子平均速度

$$\begin{aligned} \bar{v} = \frac{\bar{p}}{m} &= \frac{3}{4m}(2mE_F^0)^{\frac{1}{2}} = \frac{3}{2}\left(\frac{E_F^0}{2m}\right)^{\frac{1}{2}} \\ &\approx \frac{3}{2}\left(\frac{1\times 10^{-19}}{2\times 1\times 10^{-34}}\right)^{\frac{1}{2}} = 4.74 \times 10^7 (\text{cm/s}) \\ &\approx 1 \times 10^5 (\text{m/s}) \end{aligned}$$

附 1.3　在长途空间航行中,希望通过转动飞船来模拟引力. 建议转动周期和飞船的大小,使结果模拟了引力而又没有恼人的科里奥利效应.

解　当飞船转动时,它是一个非惯性系,在船中的力学规律为

$$m\boldsymbol{a}' = \boldsymbol{F} - m \quad \times \boldsymbol{r} + m\omega^2 \boldsymbol{r} - 2m\boldsymbol{\omega} \times \boldsymbol{v}'$$

这里,$\boldsymbol{F}=0$(认为远离地球和其他星球), $=0$(飞船转动是匀速的). 这样

$$\boldsymbol{a}' = \omega^2 \boldsymbol{r} - 2\boldsymbol{\omega} \times \boldsymbol{v}'$$

方程右边第一项是离心力,模拟了引力,第二项是科里奥利力,按题意

$$|\omega^2 \boldsymbol{r}| \gg 2| \quad \times \boldsymbol{v}'| \Rightarrow \omega^2 r \gg 2\omega v'$$

同时 $a' = g \approx \omega^2 r$. 若引力加速 $g \approx 10\text{ms}^{-2}$,而取人的速度 $v' = 5\text{m/s}$,则满足上述情况要求 $\omega \approx \sqrt{10/r} \ll 1\text{s}^{-1}$. 则如合理选择飞船大小 $r \approx 250\text{m}$,应有 $\omega \approx \sqrt{10/r} = \sqrt{10/250} = 1/5 = 0.2(\text{s}^{-1})$,相应 $10\pi\text{s}$ 飞船转动周期.

附 1.4　在 Thomson-Lorentz 原子模型中，电子是对力心做简谐振动，即它是一个自然频率为 ω_0 的三维谐振子．简略回答(若你愿意可对之进行扩展).

(1) 经典统计力学(CSM)认为热平衡时每一振子的平均能量(动能加势能)为$3k_BT$；

(2) 量子统计力学(QSM)认为此平均能量为

$$\frac{3\hbar\omega_0}{2}+\frac{3\hbar\omega_0}{e^{\beta\hbar\omega_0}-1}$$

(3) 对一振子系综来说，其比热为$3k_B$(CSM)或$\dfrac{3k_B\left(\dfrac{\hbar\omega_0}{kT}\right)^2e^{\beta\hbar\omega_0}}{(e^{\beta\hbar\omega_0}-1)^2}$(QSM)．$k_BT\gg\hbar\omega_0$，其中 $\beta=\dfrac{1}{k_BT}$；

(4) 当加一静电场 $\boldsymbol{E}$ 时，产生一平均偶极矩 $\boldsymbol{P}=\alpha\boldsymbol{E}$. 经典力学(CM)预言电子极化率 $\alpha=e^2/m\omega_0^2$. 量子力学(QM)预言基态 $\alpha=e^2/m\omega_0^2$，热平衡时 $\alpha=e^2/m\omega_0^2$.

解　(1) 按照能量均分律，振子能量可表示为 $\varepsilon=\dfrac{p^2}{2m}+\dfrac{1}{2}\omega q^2$，总共有 6 个平方项，每一平方项的平均值是$\dfrac{1}{2}k_BT$，所以 $\bar{\varepsilon}=6\times\dfrac{1}{2}k_BT=3k_BT$.

(2) 对此我们原则上可将每一振子看成一个玻色子，从而运用玻色统计来处理本问题．但这样做很复杂，这里我们假定振子的运动是定域的，这不失一般性，因而振子是可分辨的，我们可采用量子的玻尔兹曼统计来处理本问题，对振子的每一维有配分函数

$$Z=\sum_{n=0}^{\infty}e^{-\beta\left(n+\frac{1}{2}\right)\hbar\omega_0}=e^{-\frac{1}{2}\beta\hbar\omega_0}/(1-e^{-\beta\hbar\omega_0})$$

其中，$\beta=\dfrac{1}{k_BT}$. 故平均振子平均能量

$$\begin{aligned}\bar{\varepsilon}&=-3\frac{\partial}{\partial\beta}\ln Z=-3\left(-\frac{\hbar\omega_0}{2}-\frac{\hbar\omega_0}{e^{\beta\hbar\omega_0}-1}\right)\\&=\frac{3\hbar\omega_0}{2}+\frac{3\hbar\omega_0}{e^{\beta\hbar\omega_0}-1}\end{aligned}$$

式中，$\dfrac{3\hbar\omega_0}{2}$是此振子的零点能．

(3) 对于振子系统来说，每一振子的比热为

$$c_{CSM}=\frac{\partial\bar{\varepsilon}}{\partial T}=3k_B$$

$$\begin{aligned}c_{QSM}=\frac{\partial\bar{\varepsilon}}{\partial T}&=\frac{3\hbar\omega_0e^{\beta\hbar\omega_0}\dfrac{\hbar\omega_0}{k_BT}\cdot\dfrac{1}{T}}{(e^{\beta\hbar\omega_0}-1)^2}\\&=\frac{3k_B\left(\dfrac{\hbar\omega_0}{k_BT}\right)^2e^{\beta\hbar\omega_0}}{(e^{\beta\hbar\omega_0}-1)^2}\end{aligned}$$

当 $\beta\hbar\omega_0\ll1\Rightarrow\dfrac{\hbar\omega_0}{k_BT}\ll1\Rightarrow k_BT\gg\hbar\omega_0$ 时，$c_{QSM}\to3k_B=c_{CSM}$，即经典统计有效．

(4) 对于 CM 来说，我们可用两种方法来求 α

1）一个电子在外场 $\boldsymbol{E}$ 作用下，其平衡点移动了 $\boldsymbol{r}$，恢复力为 $(-m\omega_0\boldsymbol{r})$，则

$$\boldsymbol{F}=-m\omega_0^2\boldsymbol{r}=+e\boldsymbol{E},\quad \boldsymbol{r}=-\frac{e}{m\omega_0^2}\boldsymbol{E}$$

而 $\boldsymbol{P}=-e\boldsymbol{r}=\frac{e^2}{m\omega_0^2}\boldsymbol{E}$，故

$$\alpha=\frac{\boldsymbol{P}}{\boldsymbol{E}}=e^2/m\omega_0^2$$

2）我们可从经典统计来处理本问题

$$\begin{aligned}\varepsilon&=\frac{p^2}{2m}+\frac{1}{2}m\omega_0^2z^2+eEz\\&=\frac{p^2}{2m}+\frac{1}{2}m\omega_0^2\left(z+\frac{eE}{m\omega_0^2}\right)^2-\frac{e^2E^2}{2m\omega_0^2}\end{aligned}$$

设 $\boldsymbol{E}$ 沿 z 方向，按定义 $P=-ez$，按照玻尔兹曼统计有

$$\begin{aligned}\overline{P}&=\frac{\int(-ez)\mathrm{e}^{-\frac{\varepsilon}{k_{\mathrm{B}}T}}\mathrm{d}^3\boldsymbol{p}\mathrm{d}^3\boldsymbol{r}}{\int\mathrm{e}^{-\frac{\varepsilon}{k_{\mathrm{B}}T}}\mathrm{d}^3\boldsymbol{p}\mathrm{d}^3\boldsymbol{r}}\\&=\frac{\int_{-\infty}^{\infty}(-ez)\mathrm{e}^{-m\omega_0^2\left(z+\frac{eE}{m\omega_0^2}\right)^2/2k_{\mathrm{B}}T}\mathrm{d}z}{\int_{-\infty}^{\infty}\mathrm{e}^{-m\omega_0{}^2\left(z+\frac{eE}{m\omega_0{}^2}\right)/2k_{\mathrm{B}}T}\mathrm{d}z}\\&=-\frac{\int_{-\infty}^{\infty}\left(-ez'+\frac{e^2E}{m\omega_0^2}\right)\mathrm{e}^{-\frac{m\omega_0{}^2}{2k_{\mathrm{B}}T}z'^2}\mathrm{d}z'}{\int_{-\infty}^{\infty}\mathrm{e}^{-\frac{m\omega_0{}^2}{2k_{\mathrm{B}}T}z'^2}\mathrm{d}z'}=\frac{e^2E}{m\omega_0^2}\end{aligned}$$

推导中假设 $z'=z-\frac{eE}{m\omega_0^2}$

故电子极化率

$$\alpha=\frac{\overline{P}}{E}=\frac{e^2}{m\omega_0^2}$$

对于 QM，当此电子处于基态时，由于基态是非简并的，我们可用非简并微扰来求一级近似波函数为

$$|\Psi=|0\rangle+\sum_k{}'\frac{\langle k|H'|0\rangle}{\varepsilon_0^{(0)}-\varepsilon_k^{(0)}}|k\rangle$$

其中

$$\hat{H}'=ezE$$

$$\hat{H}_0=-\frac{\hbar^2}{2m}\nabla^2+\frac{1}{2}m\omega_0^2z^2,\quad \varepsilon_n^{(0)}=\left(n+\frac{3}{2}\right)\hbar\omega_0$$

$$|n\rangle=|n_x\rangle|n_y\rangle|n_z\rangle,\ |0\rangle=|0\rangle|0\rangle|0\rangle$$

$$\begin{aligned}\hat{H}'|0\rangle&=eE|0\rangle|0\rangle\sqrt{\frac{\hbar}{m\omega_0}}\left(\sqrt{\frac{1}{2}}|1\rangle\right)\\&=eE\sqrt{\frac{\hbar}{2m\omega_0}}|0\rangle|0\rangle|1\rangle\end{aligned}$$

又

$$|\Psi\rangle = |0\rangle + \frac{eE\sqrt{\dfrac{\hbar}{2m\omega_0}}}{\varepsilon_0^{(0)} - \varepsilon_1^{(0)}}|0\rangle|0\rangle|1\rangle$$

$$= |0\rangle - \frac{eE}{\hbar\omega_0}\sqrt{\frac{\hbar}{2m\omega_0}}|0\rangle|0\rangle|1\rangle$$

$$P = \langle\Psi| - ez|\Psi\rangle = 2\frac{e^2E}{\hbar\omega_0}\sqrt{\frac{\hbar}{2m\omega_0}}\cdot\sqrt{\frac{\hbar}{2m\omega_0}}$$

$$= \frac{e^2}{m\omega_0^2}E$$

故 $\alpha = e^2/m\omega_0^2$，与经典力学得到的完全一致.

实际上本题可精确求解，尽管所得波函数与用微扰算出的近似波函数不完全一致，但求得的 α 是一样，按照精确求解所得的能级为

$$\varepsilon_n = \left(n + \frac{3}{2}\right)\hbar\omega_0 - \frac{e^2E^2}{2m\omega_0^2}$$

精确求得的本征态波函数为

$$\psi_n'(\boldsymbol{r}) = \psi_n(\boldsymbol{r}')$$

其中，$\psi_n(\boldsymbol{r})$是未加电场时本征态. 式中 $\boldsymbol{r}' = \boldsymbol{r} + \dfrac{e\boldsymbol{E}}{m\omega_0^2}$.

对于任意态的电子位置平均值

$$\langle\Psi|\boldsymbol{r}|\Psi\rangle = \langle\Psi|\boldsymbol{r}' - \frac{e\boldsymbol{E}}{m\omega_0^2}|\Psi\rangle$$

$$= -\frac{eE}{m\omega_0^2} + \langle\Psi|\boldsymbol{r}'|\Psi\rangle = -\frac{eE}{m\omega_0^2}$$

根据玻尔兹曼统计，对于

$$\bar{z} = \frac{\sum\limits_{n=0}^{\infty} -\dfrac{eE}{m\omega_0^2}\mathrm{e}^{-\varepsilon_n/k_\mathrm{B}T}}{\sum\limits_{n=0}^{\infty}\mathrm{e}^{-\varepsilon_n/k_\mathrm{B}T}} = -\frac{eE}{m\omega_0^2}$$

故

$$P = -e\bar{z} = \frac{e^2}{m\omega_0^2}E, \quad \alpha = e^2/m\omega_0^2$$

四种得到的结果完全一致.

附 1.5 (1) 一束自由电子向距离为 10^4 km 的自由空间发射，若初始波包的横向宽度是 1μm，电子的动能是 13.6 eV，求达到的最小宽度是多少?

(2) 对于浅水中的表面张力波，频率与波长间的关系是 $\nu = \left(\dfrac{2\pi T}{\rho\lambda^3}\right)^{1/2}$. 此处 T 是表面张力，ρ 是密度，求此波的群速度是多少?

(3) 一面积为 A 的高速物体，当其以速度 v 通过一密度为 ρ 的气体时，其受阻力为 $A^r\rho^s v^t$，试估计 r, s, t;

(4) 下列哪一个反应是允许的？若是禁戒的，陈述其原因．

(a) $\pi^- + p \rightarrow K^- + \Sigma^+$；

(b) $d + d \rightarrow He^4 + \pi^0$；

(c) $K^- + p \rightarrow \Xi^- + K^+$.

对同样质能中心 F，反应截面的比率是多少？

$$\frac{\sigma(p + p \rightarrow \pi^+ + d)}{\sigma(n + p \rightarrow \pi^0 + d)}$$

(5) 若从一放射源，每秒计数的平均数目是 4，则一秒记录 8 次的概率是多少？

解　(1) 自由电子初始波函数是一波包，其动量测不准量为 ΔP，根据不确定性关系

$$\Delta P \cdot \Delta x \geqslant \frac{\hbar}{2}$$

取 $\Delta x = 1\mu m$，故此波包的投射角 θ 为

$$\theta = \frac{\Delta P}{P} \geqslant \frac{1}{2\Delta x}\frac{\hbar}{P}$$

式中，P 是动量

$$P = \sqrt{2mT} = \frac{1}{c}\sqrt{2mc^2T} = \frac{1}{c}\sqrt{2 \times 5.1 \times 10^7 \times 13.6} = \frac{3.72 \times 10^3}{c}(\text{eV})$$

式中，c 是光速．故

$$\theta \geqslant \frac{1}{2\Delta x} \cdot \frac{\hbar c}{PC} = \frac{6.6 \times 10^{-16} \times 3 \times 10^8}{2 \times 1 \times 10^{-6} \times 3.72 \times 10^3} = 2.66 \times 10^{-5}(\text{rad})$$

故扩展尺度 $= L\theta_{\min} = 1 \times 10^4 \times 2.66 \times 10^{-5}\text{km} = 266\text{m}$.

(2) 群速　$v_g = \frac{d\omega}{dk} = \frac{d\nu}{d\left(\frac{1}{\lambda}\right)} = \frac{3}{2}\sqrt{\frac{2\pi T}{\rho\lambda}}$.

(3) 我们可通过量纲分析来求得 r, s, t，因

$$[F] = \text{MLT}^{-2}，而[A] = \text{L}^2，[\rho] = \text{ML}^{-3}$$

$$[v] = \text{LT}^{-1}$$

$$[F] = [A]^r[\rho]^s[v]^t$$

即

$$\text{MLT}^{-2} = \text{L}^{2r}\text{M}^s\text{L}^{-3s}\text{L}^t\text{T}^{-t} = \text{L}^{2r+t-3s}\text{M}^s\text{T}^{-t}$$

比较得

$$\begin{cases} 2r + t - 3s = 1 \\ s = 1 \\ t = 2 \end{cases} \Rightarrow \begin{cases} r = 1 \\ s = 1 \\ t = 2 \end{cases}$$

(4) $\pi^- + p \rightarrow K^- + \Sigma^+$　是禁戒的，因 $\Delta I_3 \neq 0$.

$d + d \rightarrow He^4 + \pi^0$　是禁戒的，因 $\Delta I \neq 0$.

$K^- + p \rightarrow \Xi^- + K^+$　是禁戒的，因 $\Delta I_3 \neq 0$.

至于 $\frac{\sigma(p + p \rightarrow \pi^+ + d)}{\sigma(n + p \rightarrow \pi^0 + d)}$，由于两者质心能量同，此比值与能(动)量无关，p 与 n 的自旋

都是$\frac{1}{2}$，此比值与自旋也无关，关键只与同位旋有关．

因 $I_\pi=1, I_d=0$，故态$|\pi^0 d\rangle$，$|\pi^+ d\rangle$仅为 $I=1$ 的态．

因 $I_p=\frac{1}{2}$，而 $I_{3p}=\frac{1}{2}$，故$|pp\rangle$只能是 $I=1$ 的态(因 $I_{3p}+I_{3p}=1$)．

而对 n+p，$I_n=I_p=\frac{1}{2}$，而 $I_{3p}=-I_{3n}$．

这样$|np\rangle$就可能为 $I=1$ 与 $I=0$ 的态．不难根据类似角动量耦合的方式得

$$|\mathrm{np}\rangle=\frac{1}{\sqrt{2}}(|10\rangle+|00\rangle)$$

而 π^0+d 只能是$|10\rangle$态．故

$$\frac{\sigma(\mathrm{p}+\mathrm{p}\rightarrow\pi^++\mathrm{d})}{\sigma(\mathrm{n}+\mathrm{p}\rightarrow\pi^0+\mathrm{d})}=\frac{1}{1/2}=2$$

(5) 合理的统计分布为泊松分布

$$P(n,\lambda)=\frac{\lambda^n \mathrm{e}^{-\lambda}}{n!}$$

它对于放射性衰变规律的描述是有效的．一般说，n 可取很大值，因而求平均值 $\bar{n}$ 为

$$\bar{n}=\sum_n nP(n,\lambda)=\sum_{n=0}^{\infty}\frac{n\lambda^n \mathrm{e}^{-\lambda}}{n!}=\lambda \mathrm{e}^{-\lambda}\sum_{k=0}^{\infty}\frac{\lambda^k}{k!}=\lambda \mathrm{e}^{-\lambda}\mathrm{e}^{\lambda}$$
$$=\lambda=4$$

故

$$P(8,4)=\frac{4^8 \mathrm{e}^{-4}}{8!}\approx 0.03$$

附 1.6　太阳表面的温度可估计如下：

(1) 求温度为 T 的黑体所发射的光子的最概然能量 E，假设这时的强度为 $I(E)\approx E^5 \mathrm{e}^{-E/k_B T}$；

(2) 氢原子的 Balmer 线系(跃迁到 $n=2$ 能级)跨越可见光的频率范围，它们的能量是多少？

(3) 如果人的眼睛已进化得对太阳光最敏感，估计太阳表面的温度．

解　(1) 已知 $I(E)$是辐射的强度，所以能量为 E 的光子数目 n_E 按能量的分布

$$P(n_E)\approx\frac{I(E)}{E}\approx E^4 \mathrm{e}^{-E/k_B T}$$

光子的最概然能量 E_P 满足下面方程：

$$\left.\frac{\mathrm{d}P}{\mathrm{d}E}\right|_{E=E_p}=4E_p^3 \mathrm{e}^{-E_p/k_B T}-\frac{1}{kT}E_p^4\ \mathrm{e}^{-E_p/k_B T}=0$$

即 $E_p=4k_B T$．

(2) 氢原子的 Balmer 线系是电子从 $n\geqslant 3$ 能级跃迁到 $n=2$ 能级时发出的，其光子的最大能量为

$$E_{\max}=E_\infty\left(\frac{1}{2^2}-\frac{1}{\infty}\right)=\frac{13.6}{4}=3.4(\mathrm{eV})$$

最小能量

$$E_{\min} = E_{\infty}\left(\frac{1}{2^2} - \frac{1}{3^3}\right) = 1.9\text{eV}$$

式中，$E_{\infty}=hcR_{\infty}=13.6\text{eV}$，即 Balmer 线光子的能量是在 $E_{\min}$ 和 $E_{\max}$ 之间．

（3）如果认为人眼对太阳光最敏感，即可见光是太阳发光中最概然频段，而可以对应于 Balmer 线系频段，所以太阳的表面温度为

$$E_{\text{p}} = 4k_{\text{B}}T = (1.9 \sim 3.4)\text{eV}$$

即

$$T = (0.5 \sim 1) \times 10^4\text{K}$$

附 1.7 解释为什么增值反应堆可以产生比其消耗更多的燃料？而增值反应堆比普通反应堆危险的物理原因是什么？

解 因为增值反应堆可以自己产生可裂变核燃料．

如 ^{232}Th、^{238}U 本不是核燃料，但在增值反应堆吸收中子分别经双 β 衰变后转变成 ^{238}U 和 ^{239}Pu，而 ^{238}U 和 ^{239}Pu 是核燃料．

$$^{232}\text{Th} + \text{n} \longrightarrow {}^{233}\text{Th} \xrightarrow{\beta^-} {}^{233}\text{Pa} \xrightarrow{\beta^-} {}^{238}\text{U}$$

$$^{238}\text{U} + \text{n} \longrightarrow {}^{239}\text{U} \xrightarrow{\beta^-} {}^{239}\text{Np} \xrightarrow{\beta^-} {}^{239}\text{Pu}$$

因为上述核燃料裂变时，每次裂变产生的中子数是 2～3 个，所以产生的核燃料可以比消耗得更多．

因为在上面的反应中，中子是快中子，反应堆的中子密度难以控制，所以产生的燃料量难以控制，如果核燃料量超过临界质量，那就会引起核爆炸．

附 1.8 确定下列陈述是否正确，并说明理由．

（1）能量为 100eV 的集束电子可用来探测分辨度为 0.1Å(10^{-11}m)的分子结构；

（2）能量差为 10^{-3}eV，寿命均为 10^{-10} 秒的两个态能被清楚地分辨，这两个态不相互衰变；

（3）一种新的窄带脉冲激光系统在 600nm 波长上工作，产生出带宽为 10^{-3}nm，持续时间为 2×10^{-10} 秒的脉冲($\hbar=6.58\times10^{-16}\text{eV}\cdot\text{s}$，$m_e=9.11\times10^{-31}\text{kg}$，$1\text{eV}=1.6\times10^{-19}$)．

解 （1）不行，因为电子的德布罗意波长为

$$\begin{aligned}\lambda &= \frac{2\pi\hbar}{\sqrt{2m_eE}} = \frac{2\times3.14\times6.58\times10^{-16}\times1.6\times10^{-19}}{\sqrt{2\times9.11\times10^{-31}\times100\times1.6\times10^{-19}}}\\ &= 1.23\times10^{-10}(\text{m}) = 1.23\text{Å} > 0.1\text{Å}\end{aligned}$$

所以不能分辨分子结构．

（2）行．因为既然能级的寿命是 10^{-10}s，所以能级就有一定的宽度，当这个宽度大于 10^{-3}eV 则两能级部分重合无法分辨．由测不准关系可知能级的宽度 ΔE.

由

$$\Delta E\cdot\Delta t \approx \frac{\hbar}{2}，得\ \Delta E \approx \frac{\hbar}{2\Delta t},$$

$$\Delta E \approx \frac{6.58\times10^{-16}}{2\times10^{-10}} = 3.29\times10^{-6}(\text{eV}) < 1\times10^{-3}(\text{eV})$$

所以可以分辨．

(3) 行．脉冲的持续时间和宽度需满足测不准关系．

$$\Delta E \cdot \Delta t \geqslant \frac{\hbar}{2}$$

式中 ΔE 是能级宽度

$$\Delta E = \hbar \Delta\gamma \approx \frac{\hbar c \Delta\lambda}{\lambda^2} = \frac{2\pi\hbar c \Delta\lambda}{\lambda^2}$$

$$= \pi\hbar \times \frac{2\times 3\times 10^8 \times 1\times 10^{-3} \times 10^{-9}}{(600\times 10^{-9})^2}$$

$$= \frac{\pi\hbar}{6}\times 10^{10}\,\mathrm{s}^{-1}$$

已知

$$\Delta t \approx 2\times 10^{-10}\,\mathrm{s}$$

故

$$\Delta E \cdot \Delta t = \frac{\pi\hbar}{6}\times 10^{10} \times 2\times 10^{-10} = \frac{\pi}{3}\hbar > \frac{\hbar}{2}$$

所以本题所要求的脉冲是可以产生的．

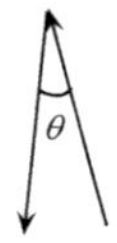

附图 1.1

附 1.9　波光悬浮：一股光束使一个质量为 10^{-3}g 的完全反射小粒子悬浮在空中．反射光与入射光之间的夹角 θ 分布在很大的范围内，可将 $\cos\theta$ 的平均值取为零，如附图 1.1. 试求激光的功率为多少瓦特？

解　因粒子悬浮在空中，所以在竖直方向上，粒子所受的向下的重力与激光对它向上的作用力 f 相抵消

$$f = mg$$

而力 f 等于入射到粒子上的光在单位时间内竖直方向上的动量改变量

$$f = \frac{W}{c} - \left(-\frac{W}{c}\cos\theta\right) = \frac{W}{c}(1+\cos\theta)$$

其中，W 为激光的功率，由题设 $\cos\theta$ 的平均值 $\overline{\cos\theta}=0$，因而 $\frac{W}{c}=mg$.

$$W = mgc = 10^{-6}\times 9.8\times 3\times 10^8 \approx 3\times 10^3\,(\mathrm{W})$$

激光的功率约为 3kW.

附 1.10　将大气原子内的电子视为本征角频率为 ω_0 的束缚谐振子．一束角频率为 ω，波长远大于原子线度的单色平面电磁波投射到原子上，阻尼效应忽略不计．

(1) 当 $\omega \ll \omega_0$，试给出总散射截面对 ω 的依赖关系；

(2) 现将原子电离，使所有电子都成为自由的，试给出自由电子的总散射截面对 ω 的依赖关系．

注意：在(1)和(2)中均不要求导出完全的公式，给出截面对频率的依赖关系即可．

解　(1) 在入射电磁场 $\boldsymbol{E}_0 \mathrm{e}^{-\mathrm{i}\omega t}$ 作用下，设振子位移 $\boldsymbol{r}=\boldsymbol{r}_0\mathrm{e}^{-\mathrm{i}\omega t}$，其稳态运动方程

$$\ddot{\boldsymbol{r}} - \tau\dddot{\boldsymbol{r}} + \omega_0^2\boldsymbol{r} = -\frac{e}{m}\boldsymbol{E}_0\mathrm{e}^{-\mathrm{i}\omega t}$$

其中，$\tau = e^2/6\pi E_0 mc^3 = (1.6\times 10^{-19})^2/6\times 3.14\times 8.85\times 10^{-14}\times 9.1\times 10^{-35}\times (3\times 10^{10})^3 =$

1.87×10^{-23}(s)，于是

$$\boldsymbol{r}=-\frac{e}{m}\cdot\frac{\boldsymbol{E}_0\mathrm{e}^{-\mathrm{i}\omega t}}{\omega_0^2-\omega^2-\mathrm{i}\omega^3\tau}$$

其辐射功率

$$P\propto|\ddot{\boldsymbol{r}}|^2\propto\left(\frac{\omega^2}{\omega_0^2-\omega^2-\mathrm{i}\omega^3\tau}\right)^2$$

式中，$\omega^3\tau\ll\omega^2$，而当 $\omega\ll\omega_0$，$P\propto\left(\frac{\omega}{\omega_0}\right)^4$.

微分散射截面定义为

$$\frac{\mathrm{d}\sigma}{\mathrm{d}\Omega}=\frac{\text{辐射功率 / 单位立体角}}{\text{入射能 / 单位面积 / 单位时间}}$$

因而 $\sigma\propto P\propto\left(\frac{\omega}{\omega_0}\right)^4$.

(2) 自由电子在入射电磁场作用下，其运动方程

$$\ddot{\boldsymbol{r}}-\tau\dddot{\boldsymbol{r}}=-\frac{e\boldsymbol{E}_0}{m}\mathrm{e}^{-\mathrm{i}\omega t}$$

电子运动稳态解

$$\boldsymbol{r}=\frac{e}{m}\frac{\boldsymbol{E}_0\mathrm{e}^{-\mathrm{i}\omega t}}{\omega^2+\mathrm{i}\omega^3\tau}\approx\frac{e}{m\omega^2}\boldsymbol{E}_0\mathrm{e}^{-\mathrm{i}\omega t}$$

显然

$$\ddot{\boldsymbol{r}}=\frac{e\boldsymbol{E}_0}{m}\mathrm{e}^{-\mathrm{i}\omega t}$$

电子单位时间的辐射能 $P\propto|\ddot{\boldsymbol{r}}|$，与 ω 无关．

由(1)中所述散射截面之定义，σ 亦与 ω 无关．

附 1.11　大气层屏蔽掉外层空间射向地球的大部分电磁辐射．试对下列不同范围电磁谱的基本屏蔽过程求出近似的波长或频率或对应的光子能量．

(1) 氮原子 K 层电子的光电吸收；

(2) 电离层中等离子体的反射；

(3) 臭氧的光蜕变；

(4) 康普顿散射；

(5) 正负电子对的产生；

(6) H_2O 的转动激发吸收．

解　(1)光子能量 ε 使得氮原子的一个 K 层电子电离，因而 $\varepsilon\geqslant$结合能$=402$eV.

(2) 电磁波入射到等离子体上，当入射波频率 ω 小于介质的等离子体频率 ω_p 时，发生反射．因而

$$\omega<\omega_\mathrm{p}=\sqrt{\frac{4\pi n}{m_0}}e$$

其中，n 为等离子体的数密度，电离层中最大的等离子体密度为 $10^6\,\mathrm{cm}^{-3}$，相应的

$$\omega_\mathrm{p}=\sqrt{\frac{4\pi\times10^6}{9.1\times10^{-28}}}\times4.8\times10^{-10}\approx10^7(\mathrm{s}^{-1})$$

(3) O_3 吸收一个光子而分解为 O 和 O_2 反应在紫外波段较强

$$\varepsilon = B(^{17}\mathrm{O}) - B(^{16}\mathrm{O}) = 131.76 - 127.6 = 4.16(\mathrm{MeV})$$

（4）当入射光波长的数量级与电子的康普顿波长 λ_c 可以相比较时，康普顿效应显著

$$\lambda_c = \frac{h}{m_0 c} \approx 0.024\text{Å}$$

（5）当光子的能量 ε 大于正负电子对的静止能量时才可能发生电子对产生

$$\varepsilon \geqslant 2m_0c^2 = 1.02\mathrm{MeV}$$

（6）分子的转动谱为

$$E_n = 2nB$$

其中：$n=0,1,2,\cdots,B=h^2/8\pi^2 I$，$I$ 为转动惯量．

H_2O 的主转动惯量数量级为 $10^{-47}\mathrm{J\cdot s^2}$，因而 $B\sim10^{-21}\mathrm{J}$. 光子能量为

$$\varepsilon = \Delta E_{1,0} = 2B \sim 10^{-21}\mathrm{J}$$

附 1.12 当准备在月球光亮一边着陆时，首先要估计一下月球的表面温度．你可认为月球表面是很好的绝缘体，对此作出定量的估计，已知太阳常数是 $1353\mathrm{W/m^2}$. 为了改善你的估计，还需要什么条件？

解 设月球的吸收率为 α，当月球处于稳定状态时它的吸收热量应与其辐射的热量达到平衡，则 $I_{\mathrm{rad}}=\varepsilon\sigma T^4=\alpha I_0$.

这里 I_0 是太阳常数即入射到月球上的能通量，αI_0 是月球的吸收通量，$\varepsilon\sigma T^4$ 是月球的辐射通量(稳定态时)，T 是其温度，ε 是因为非黑体而引入的改正系数，σ 是斯特藩-玻尔兹曼常量 $\sigma=5.67\times10^{-8}\mathrm{W/m^2}$.

为了估计 T，我们首先作近似 $\alpha\approx\varepsilon$，由此

$$T = \sqrt[4]{\frac{I_0}{\sigma}} = \left(\frac{1353}{5.67\times10^{-8}}\right)^{\frac{1}{4}} = 393\mathrm{K} = 120℃$$

为了作出更为准确的估计，我们就必须对 α 与 ε 的知识有一定的了解，实际上只要知道 α/ε，事实上 α/ε 是不等于 1 的．

附 1.13 对下列的量给出其测量方法，并估计数量级：

（1）回旋加速器中的真空度；

（2）基本粒子实验中所用的磁透镜的磁场；

（3）液氢样品的温度；

（4）μ 子的寿命；

（5）Hubble 常量 H；

（6）普朗克常量；

（7）最近恒星的距离；

（8）河外星系的距离；

（9）阿伏伽德罗常量；

（10）原子的线度；

（11）原子核的线度；

（12）兰姆移动；

（13）宇宙背景辐射的温度；

（14）核的 g 因子；

（15）核子或介子共振态的质量．

解　(1)目前测量超高真空所用的仪器为改进型 Bayard-Alpert 规(附图 1.2)．由阴极发射的电子在高压下加速轰击真空中残存的气体分子，使它产生电离，然后由收集极收集正离子．阴极电流 I_0、收集极电流 I_1 和压强之间的关系为

$$\frac{I_1}{I_0} = kP$$

其中，k 为比例系数．测出 I_0，I_1 就可以由上式求得气压 P 约为 $10^{-8} \sim 10^{-9}$ atm.

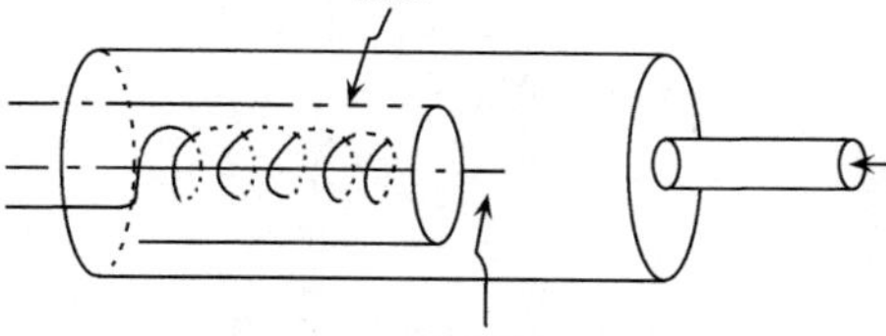

附图 1.2

（2）利用“霍尔元件”测量磁场．测量时由霍尔元件制成的探测棒插入待测磁场中，使强度已知的电流 I 通过霍尔元件，由电子管毫伏计上读出霍尔电势差 $V_{AA'}$(附图 1.3)，就可根据已知的霍尔系数 k 和公式

$$V_{AA'} = k\frac{IB}{d}$$

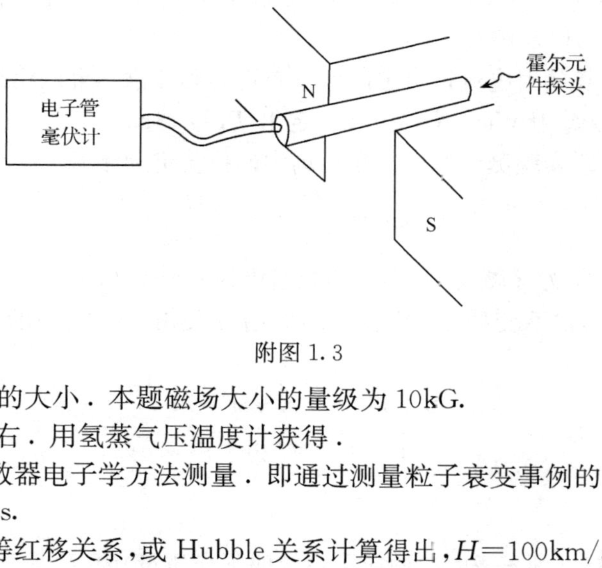

附图 1.3

确定磁感应强度 B 的大小．本题磁场大小的量级为 10kG.

（3）为 20K 左右．用氢蒸气压温度计获得．

（4）可采用计数器电子学方法测量．即通过测量粒子衰变事例的时间分布直接求粒子的寿命：$\tau_\mu \approx 10^{-6}$ s.

（5）利用视星等红移关系，或 Hubble 关系计算得出，$H = 100$km/s/Mpc.

（6）利用康普顿散射实验测出电子康普顿波长 λ，代入公式

$$\lambda_0 = \frac{h}{m_0 c}$$

即可求出 $h\approx 6.626\times 10^{-34}$J · s 式中 m_0 为电子质量，c 是光速．

(7) 三角视差法，由地球在公转中不同点决定恒星位置．

(8) 由星系中变星的变光周期与光度关系决定光度，由观测视星等决定出距离．对远的星系可用红移决定距离．

(9) Millikan 实验：测出电子电荷 e 及 1F 电量，则

$$N_A=\frac{F}{e}=6.023\times 10^{23}\ 个/\mathrm{mol}$$

(10) 取任意一种原子 X 的晶体，设其 A 克 X 原子的 N_A 个原子排列成立方点阵，测出其质量密度 $\rho(\mathrm{g/cm^3})$，那么 A 克 X 原子的总体积为 A/ρ，设一个原子具有体积 $4\pi r^3/3$（r 为原子半径），则

$$\frac{4}{3}\pi r^3\cdot N_A=A/\rho$$

由此得

$$r=\sqrt[3]{\frac{3A}{4\pi\rho N_A}}\sim 10^{-10}\mathrm{m}$$

(11) 利用 α 粒子散射实验，在卢瑟福理论仍然有效的情况下测出 α 粒子的最大散射角 θ，入射速度 v，然后按下列公式推算出 α 粒子达到离原子核最小的距离

$$r_{\min}=\frac{1}{4\pi\varepsilon_0}\frac{2Ze^2}{Mv^2}\left(1+\frac{1}{\sin\dfrac{\theta}{2}}\right)$$

$$r_{\min}\sim 10^{-15}\mathrm{m}$$

(12) 1947 年，Lamb 和 Rutherford 用射频波谱学方法测得 $E_{2,0,1/2}$ 和 $E_{2,1,1/2}$ 态之间的能量间隔 $\Delta E=4.37516\times 10^{-6}\mathrm{eV}$.

(13) 由不同波长的射电流量决定出谱分布再与黑体谱弥合以定出温度，或者由最大强度所相应的波长 $\lambda_{\max}$ 用 Wien 位移公式决定出 T，$T\approx 3\mathrm{K}$.

(14) 利用角关联实验测量原子核在磁场中的拉莫进动频率

$$\omega_H=\frac{\mu H}{I\hbar}=\frac{g\mu_N H}{\hbar}$$

其中，μ_N 为核磁子，H 为外磁场．g 因子的数量级为 $g\sim\pm(0.1\sim 10)$.

(15) 测量方法为“不变质量谱”法．例如用 p 轰击 π^-，它们的终态可由两种过程形成．

$$p+\pi^-\longrightarrow n+\pi^++\pi^-$$

$$p+\pi^-\longrightarrow n+\rho^0$$

$$\rho^0\longrightarrow\pi^+\ \pi^-$$

共振态 ρ^0 的质量（即 π^+ 和 π^- 两粒子系统的不变质量）为

$$m_{12}=\sqrt{(E_1+E_2)^2-(\boldsymbol{p}_1+\boldsymbol{p}_2)^2}$$

其中，下标“1”和“2”分别代表 π^+ 和 π^-．用计数法或泡室分别测出 E_1,E_2,p_1,p_2 等即可

求得共振态 ρ^0 的质量 $m_{\rho^0}\approx776\text{MeV}/c^2$.

附 1.14 简要叙述你怎样尽可能精确地去测量下面的量．解释测量的简单物理道理，并介绍你所用的仪器．

(1) 铜的两个稳定同位素的相对丰度；

(2) 回旋加速器真空室中的气压($\sim10^{-8}$atm)；

(3) 氘核的磁矩；

(4) 太阳表面的温度；

(5) 短寿命核子态的寿命($\sim10^{-22}$s).

解 (1)丰度是同位素在自然界中的含量的百分比．先制备好样品天然 $^{63}_{29}$Cu 和 $^{65}_{29}$Cu 的混合物，然后用质谱仪测出两种同位素的质量分别为 63u 和 65u，所用公式为

$$q/M = E/RB'B$$

再用化学方法测出 1mol 样品的质量 M，从而求出每个原子的平均质量为 $M/N_A=63.54$u. 设 $^{63}_{29}$Cu 的相对丰度为 x，则 $^{65}_{29}$Cu 的相对丰度为 $1-x$，代入公式

$$63x + 65(1-x) = 63.54$$

得 $x=68.94\%$，$1-x=31.06\%$.

(2) 目前测量超高真空所用的仪器为改进型 Bayard-Alpert 规(附图 1.2)．由阴极发射的电子在高压下加速轰击真空中残存的气体分子，使它产生电离，然后由收集极收集正离子．阴极电流 I_0、收集极电流 I_1 和压强之间的关系为

$$\frac{I_1}{I_0} = KP$$

其中，K 为比例等数，测出 I_0，I_1 即可求得气压 $P\sim10^{-8}$至 10^{-9}atm.

(3) 测量原理：核磁共振，即利用共振时原子核倒向所产生的电磁感应．设原子核相邻两能级为 E_m，E_{m+1}，则当该原子核系统的电磁辐射的频率满足

$$\omega_0 = \frac{E_m - E_{m+1}}{\hbar} = \frac{g\mu_n H_0}{\hbar}$$

时就会产生磁偶极辐射．由此可求出氘核的磁矩为 $\mu(^2_1\text{H})=0.85742\mu_n$，其中核磁子 $\mu_n=5.051\times10^{-27}$J/T. 仪器为核磁共振仪，包括磁场，线圈等．

(4) 利用在地球大气层外测得的太阳辐射谱(与黑体辐射谱相近)，从曲线求出极值波长为 $\lambda_m\approx4900$Å，利用 Wein 定律得 $T=2898\times10^{-6}/\lambda_m=5.9\times10^3$K.

(5) 测量粒子质量的自然宽度，再根据不确定性关系 $\Delta t\cdot\Delta E\geqslant\hbar/2$，推算出粒子的寿命

$$\tau = \Delta t \geqslant \frac{\hbar}{\Delta mc^2}$$

如果在原子核中有一个核子发生衰变，将会产生一个可以分辨的剩余核，通过测量剩余核可以推算核子的衰变寿命．

例如：由质子衰变而产生的微量原子核可以在矿物样品中逐年积累起来．通过测量古老矿物样品中很少有可能从其他反应过程产生的这种微量原子核的含量，可以推算质子的寿命．例如^{130}Te(碲)中一个核子发生衰变后将生成^{129}Xe，Evens 等人测量出 3.8g

^{130}Te 的 2.5×10^{9}a 古老矿石中^{129}Xe 的含量，并由此算出质子寿命

$$\tau_p > 1.6 \times 10^{25}\,\text{a}$$

附 1.15　粗略地估计下面的量(精确到数量级)，可以采用包括直觉的任何方法，但必须使人相信．

(1) 1kg^{235}U 完全裂变时释放的能量；

(2) μ 原子的半径；

(3) 10TeV 质子加速器的半径(1 TeV=10^{12}eV)．

解　(1) 设

$${}^{235}_{92}\text{U} + {}^{1}_{0}\text{n} \longrightarrow {}^{236}_{92}\text{U} \longrightarrow \text{X} + \text{Y} + 2{}^{1}_{0}\text{n}$$

即复核分裂为 A=117 的两个核，同时放出两个中子．在 A=236 附近每个核子的平均结合能是 7.7MeV，而在 A=117 附近每一个核子的平均结合能为 8.6MeV．根据这些数据一个^{235}U 原子裂变时一共放出能量为

$$E = 2 \times 117 \times 8.6 - 236 \times 7.7 \approx 2.0 \times 10^2 (\text{MeV})$$

而 1kg^{235}U 完全裂变时放出能量

$$E_{总} = \frac{235 \times 1.67 \times 10^{27}}{1 \times 2.0 \times 10^2} \approx 5 \times 10^{26} (\text{MeV}) = 8 \times 10^7 (\text{J})$$

(2) 由于第一玻尔轨道半径 a_1 与 m 成反比，而 a_1～0.5Å，m_μ=210m_e．所以

$$a_\mu = 0.5 \times \frac{1}{210} \sim 0.0023\text{Å}$$

(3) 根据公式

$$\frac{\gamma m v^2}{R} = qvB$$

$$R \approx \frac{pc}{qBc}$$

p 是质子动量，取 $pc\approx$10TeV=1.6×10^{-6}J，B～5T，则 R～6km．

附 1.16　光电倍增管被用来测定光脉冲，每个脉冲包含少量但一定量的光子数，若平均光电效率是 10%，即每个光子有 10%的概率诱发一个可探测的光电子，又假设光电倍增管的增益是 10^6，并且作为时间函数的输出电流可近似如附图 1.4 所示．

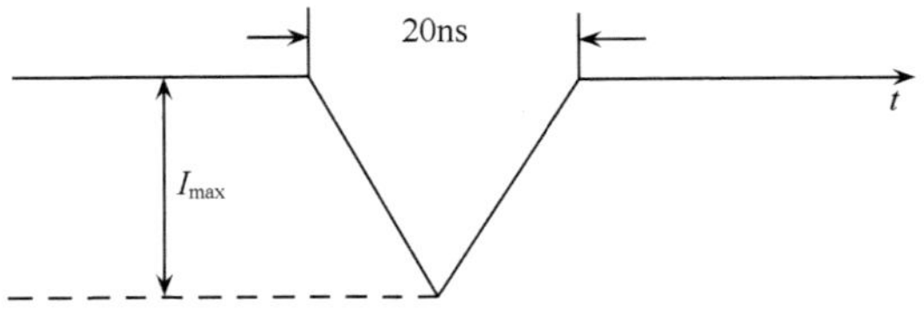

附图 1.4

(1) 当许多脉冲的平均 I_{max} 等于 80μA 时，每个脉冲的平均光子数 N 是多少？

(2) 用 N 表示一个光脉冲不被探测到(即没有光电子产生)的概率是多少？

(3) I_{max} 的涨落与哪些因素有关？

解　(1) 先算出每个电脉冲的电量 Q. 因

$$Q=\int I\mathrm{d}t$$

所以 Q 就是三角形的面积.

$$Q=\frac{1}{2}\times 20\times 10^{-9}\times 80\times 10^{-6}=8\times 10^{-13}\mathrm{C}$$

其每个脉冲中所含电子数

$$n=\frac{Q}{e}=\frac{8\times 10^{-13}}{1.6\times 10^{-19}}=5\times 10^{6}$$

而尚未经过光电倍增管的电子数

$$n'=n/10^{6}=5$$

所以每个脉冲的光子数

$$N=n'/0.1=10\times 5=50$$

(2) 一个脉冲的所有光子均不被测到,其概率是

$$\left(\frac{90}{100}\right)^{N}=(0.9)^{50}=0.5\%$$

(3) 同(2)类似的讨论,容易看出 $I_{\max}$ 的涨落同每个脉冲的光子数有关,光子数越多,涨落越小,反之,涨落越大.

附 1.17　两个平行的导体平板,其面积均为 A,彼此之间(从一个平板的内表面到另外一个平板的内表面)的距离为 L_0,它们被一个弹性系数 k 自由长度为 L_0 的导体弹簧相连,整个系统是中性的,弹簧是自由的(L_0 与平板的横向尺度相比很小),如附图 1.5 所示. 这个系统现在被放入一个方向垂直于平板,大小为 E_0 的均匀电场中,这时两板平衡并相距 L. 求 L,用 E_0,L_0,k 和 A 表示.

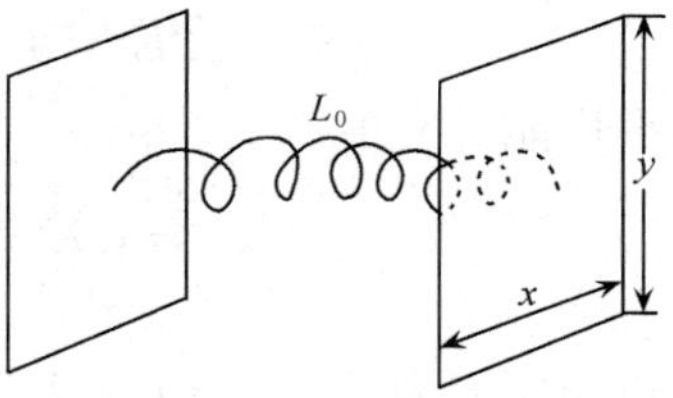

附图 1.5

解　由已知条件 $L_0 \ll x$(或 y). 所以放入电场中其内部的电场为 0,$E_{内}=0$.

利用高斯定理

$$\oint_S \boldsymbol{E}\cdot \mathrm{d}\boldsymbol{S}=\frac{Q}{\varepsilon_0}$$

Q 是每板外表面所带的电量,S 是极靠近每板外表面的高斯面面积,则

$$E_0 A=Q/\varepsilon_0,\text{即 } Q=\varepsilon_0 E_0 A$$

每板所受电场力的大小

$$F=\int E_0\sigma \mathrm{d}S=E_0\sigma A=E_0(Q/A)\cdot A=\varepsilon_0 E_0^2 A$$

设由于电场力弹簧伸张了长度 L',由胡克定律

$$F=kL'\Rightarrow \varepsilon_0 E_0^2 A=kL'$$

$$L'=\varepsilon_0 E_0^2 A/k$$

所以平板平衡距离

$$L=L_0+L'=L_0+\frac{\varepsilon_0 E_0^2 A}{k}$$

附 1.18 Livermore 的 Shiva 激光器波长为 $1\mu m$，在 10^{-9} 秒里放出 10kJ 的能量，打在面积为 $10^{-3}cm^2$ 的焦点上．

(1) 求电磁场的能流密度，电场的峰值和能量密度，并且求其辐射压力(用实用 MKS 单位)；

(2) 如果所有的能量都被吸收并转变成热能，均匀地分布在大小与聚焦点一样、包含 5×10^{18} 氢原子(完全电离)的球上，估计这个材料的压力，并说明虽然激光产生的辐射压强很大．但远不能将这些原子聚合，所以允许它们自由膨胀．

解 (1) 其能流密度

$$\overline{S}=\frac{能量}{A\times t}=\frac{10\times10^{3}}{1\times10^{-3}\times10^{-4}\times1\times10^{-9}}=1\times10^{20}\mathrm{J/(m^2\cdot s)}$$

由电动力学知

$$\overline{S}=\frac{\overline{E}^{2}}{\mu_0 c}$$

所以

$$\begin{aligned}\overline{E}&=\sqrt{\overline{S}\times\mu_0\times c}=\sqrt{10^{20}\times4\pi\times10^{-7}\times3\times10^{8}}\\&=1.941\times10^{11}\mathrm{V/m}\end{aligned}$$

电场强度 E 的峰值

$$E=\sqrt{2}\overline{E}=1.941\times10^{11}\times1.414=2.745\times10^{11}(\mathrm{V/m})$$

而平均能量密度

$$\overline{U}=\varepsilon_0\overline{E}^2=\frac{\overline{S}}{C}=\frac{1\times10^{20}}{3\times10^{8}}=3.33\times10^{11}(\mathrm{J/m^3})$$

其辐射压力为 $P=\dfrac{\overline{U}}{C}\cdot C=3.33\times10^{11}\mathrm{Pa}$.

(2) 吸收的能量全部转变成原子的无规动能，则

$$W=\frac{3}{2}Nk_{\mathrm{B}}T$$

再由理想气体公式有

$$\begin{aligned}P&=\frac{Nk_{\mathrm{B}}T}{V}=\frac{2}{3}\frac{W}{V}\\&=\frac{2}{3}\cdot\frac{1\times10^{4}}{\frac{4}{3}\frac{1}{\sqrt{\pi}}(\pi R^2)^{3/2}}=\frac{\sqrt{\pi}}{2}\times\frac{1\times10^{4}}{(10^{-7})^{3/2}}\\&=\frac{\sqrt{\pi}}{2}\times10^{14.5}(\mathrm{Pa})=2.80\times10^{14}(\mathrm{Pa})\end{aligned}$$

可见这个压力比激光产生的辐射压力大得多，远不能将这些原子聚合，允许它们自由膨胀．

附 1.19 如附图 1.6，用一个偏振片来测定一未知偏振光，对于垂直偏振面情况，此光通过偏振片具有最大透射强度 $I_{\max}=I_0$，对于水平偏振面情况，具有最小透射强度

$I_{\min}=\dfrac{2}{3}I_0$.

(1) 从这些条件,我们能否确定此光透过偏振片,在与垂直方向成任意 θ 角方向上的强度. 如果可以,就用 I_0 和 θ 来表示 $I(\theta)$;

(2) 此光通过一个有水平轴及垂直轴的 1/4 波片. 再通过偏振片,其最大强度与垂直方向成 30°角,试尽可能多地描述入射光的偏振情况(非偏振比例,椭圆偏振长轴和短轴的位置,沿长轴和短轴的相对强度).

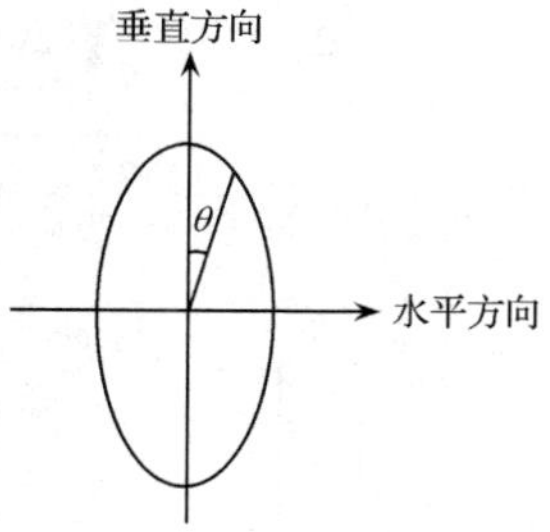

附图 1.6

解　(1) 此光为自然光 I_1 与椭圆偏振光 I_2,I_3 的混合,所以

$$I_1+I_2=I_0,I_1+I_3=\frac{2}{3}I_0$$

所以

$$I(\theta)=I_1+I_2\cos^2\theta+I_3\sin^2\theta=(I_1+I_2)\cos^2\theta+(I_1+I_3)\sin^2\theta=I_0\cos^2\theta+\frac{2}{3}I_0\sin^2\theta$$

(2) 经过 1/4 波片后,椭圆偏振光变为线偏振光. 因为

$$\sqrt{I_2/I_3}=\tan 60^\circ=\sqrt{3}$$

所以

$$I_2=3I_3$$

$$I_3=\frac{1}{6}I_0,\quad I_1=\frac{1}{2}I_0,\quad I_2=\frac{1}{2}I_0$$

所以此光的非偏振部分的比例为$\dfrac{I_1}{I_0}=50\%$,椭圆长轴在垂直方向,短轴在水平方向,沿长轴和短轴的相对强度比是 $I_2/I_3=3$.

附 1.20　实验结果 y 可以用公式 $y=\dfrac{(a-3b)\sqrt{x}}{g}$来计算,公式右边的测量值是

$$a\pm\Delta a,b\pm\Delta b,x\pm\Delta x,g\pm\Delta g$$

这里 $\Delta a,\Delta b,\Delta x$ 和 Δg 分别是 a,b,x 和 g 的互不相关的随机误差的均方根估计值. 用 a,b,x 和 g 以及 $\Delta a,\Delta b,\Delta x$ 和 Δg 求出 $\Delta y/y$ 的表达式,这里 Δy 是 y 的随机误差的方均根值.

解　因为

$$y=\frac{(a-3b)\sqrt{x}}{g}$$

每次测量 a,b,x 和 g 的偏差 $\delta a,\delta b,\delta x,\delta g$ 引起的 y 的偏差为 δy

$$\delta y=\frac{\sqrt{x}}{g}\delta a-\frac{3\sqrt{x}}{g}\delta b-\frac{(a-3b)\sqrt{x}}{g^2}\delta g+\frac{(a-3b)}{2g\sqrt{x}}\delta x$$

由于测量过程中 a,b,x,g 的偏差是不相关的,所以容易由上式求得 y 的均方偏差的表示

$$(\Delta y)^2=\frac{x}{g^2}(\Delta a)^2+\frac{9x}{g^2}(\Delta b)^2+\frac{(a-3b)^2x}{g^4}(\Delta g)^2+\frac{(a-3b)^2}{4g^2x}(\Delta x)^2$$

所以 $\Delta y/y=\sqrt{\frac{(\Delta a)^2}{(a-3b)^2}+\frac{9}{(a-3b)^2}(\Delta b)^2+\frac{(\Delta g)^2}{g^2}+\frac{1}{4x^2}(\Delta x)^2}$

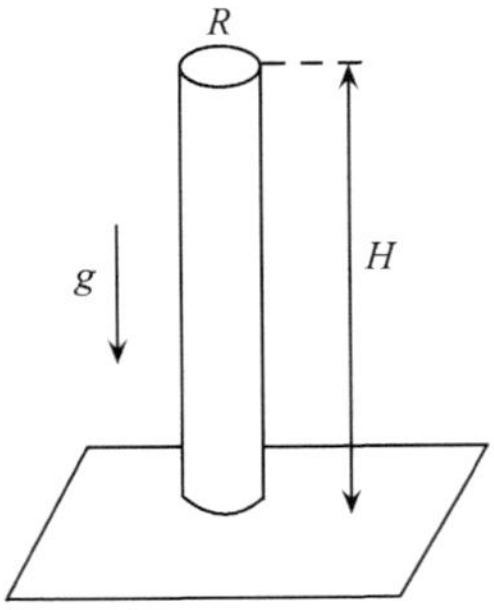

附图 1.7

附 1.21　如附图 1.7 所示，在重力场中有一根细长圆柱立于一水平面上，圆柱密度为 ρ，高度为 H，半径为 R. 当 $\frac{H}{2}>R$ 时，这种状态不是绝对稳定．试对给定的 ρ 和 H，运用测不准原理估计为使此状态维持一段相当长的时间所需的 R 的量级．

解　当圆柱平置于平面上时，为稳定状态，此时其重力势能为 $E_0=mgR=\rho\pi gR^3H$.

当圆柱直立时，其重力势能为

$$E_1=mg\frac{H}{2}=\rho\pi gR^2H^2/2$$

后者与前者之差为

$$\Delta E=E_1-E_0=\rho\pi gR^2H\left(\frac{H}{2}-R\right)$$

当 $\Delta E>0$ 亦即 $\frac{H}{2}>R$ 时，直立状态不稳定．利用能量-时间的测不准关系

$$\Delta E\Delta t\sim\hbar$$

其中，Δt 为圆柱处于直立状态向水平状态过渡的时标，于是 $\rho\pi g(R^2H^2/2-R^3H)\Delta t\approx\hbar$. R 由此式决定，当 Δt 大时，$\Delta E\approx0$，得到 $R\approx\frac{H}{2}$，故

$$R\approx\frac{H}{2}-\frac{\hbar}{\rho\pi gR^2H\Delta t}\approx\frac{H}{2}-\frac{4\hbar}{\rho\pi gH^3\Delta t}$$

附 1.22　假设电离层处于热平衡时温度为 T，而且它是由电子(质量为 m)和单电荷离子(质量为 M)组成．如果外界没有大尺度的电场，电子和离子的标高度就有很大的不同，各自为 kT/mg 和 kT/Mg. 这将产生一个大的电场，从而改变密度随高度的变化关系．

考虑这种静电场以后：

(1) 求密度高度关系；

(2) 求自洽电场的大小(方向)；

(3) 如果离子是质子，E 的数值是多少?

(你可以忽略地球表面的曲率，知道电场最终是均匀的．这有帮助．)

解　有电场后其密度随高度的关系：

$$\rho_{离}=\rho_{10}\mathrm{e}^{-\varepsilon/kT}=\rho_{10}\mathrm{e}^{(-Mgz+eEz)/kT}$$
$$\rho_{电}=\rho_{20}\mathrm{e}^{-\varepsilon'/kT}=\rho_{20}\mathrm{e}^{(-mgz-Eez)/kT}$$

因为在这里是匀强电场，所以

$$\nabla\cdot\boldsymbol{E}=4\pi\rho=0，所以\ \rho_{电}+\rho_{离}=0$$
$$\rho_{10}\mathrm{e}^{(-Mgz+Eez)/kT}=-\rho_{20}\mathrm{e}^{(-mgz-Eez)/kT}$$

ρ_{10}，ρ_{20}是 $z=0$ 的密度，取 $\rho_{10}=-\rho_{20}$处为 $z=0$ 比较上式得

$$+Mgz-Eez=+mgz+Eez$$

$$E=\frac{Mg-mg}{2e}\approx\frac{Mg}{2e}$$

其 E 方向由上向下．如果离子是质子，有

$$m_{\mathrm{p}}=1.672\times10^{-27}\mathrm{kg}$$

$$m_0=9.10\times10^{-31}\mathrm{kg}$$

$$e=1.602\times10^{-19}\mathrm{C}$$

所以

$$E\approx\frac{m_{\mathrm{p}}g}{2e}=\frac{1.672\times10^{-27}\times9.807}{2\times1.602\times10^{-19}}=5.12\times10^{-8}(\mathrm{V/m^2})$$

值得注意的是本题假设电场是均匀的，可进一步讨论．

附 1.23　考虑一种在实验室可以找到的比较普遍的光电倍增管．作为例子这个光电倍增管有 5 级，允许的最高电压为 900V，假设响频与波长的关系如附图 1.8 所示．

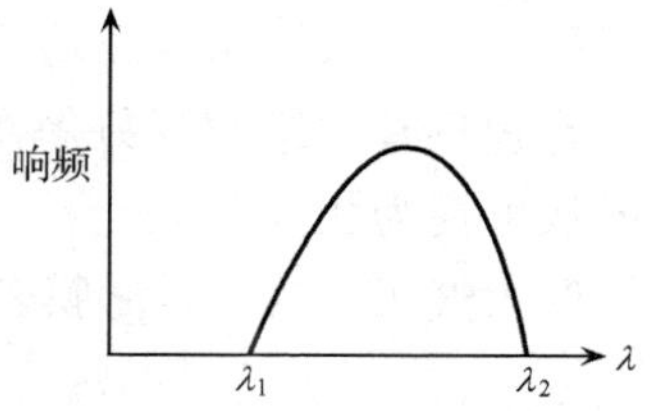

附图 1.8

(1) 为什么光电管对波长小于 λ_1 的光没有响应?

(2) 为什么光电管对波长大于 λ_2 的光没有响应?

(3) 画出用这个管观察持续时间为 20ms 的光脉冲的电路图，你画的图应该包括阳极，阴极，二次发射极以及示波器的电路联系．

解　(1) 当波长短，即频率很高时，由于光电倍增管的阴极电子同光子的作用截面很小，即打出的电子很少，且当小于某一波长时，几乎无电子打出，即无响频效应．

(2) 当波长很长，$h\nu$ 很小，这时光电倍增管的透光窗对光子吸收很严重，更重要的是当频率小于某一值时，因光子能量 $h\nu$ 太小而不能将靶体的电子打出，所以无响频效应．

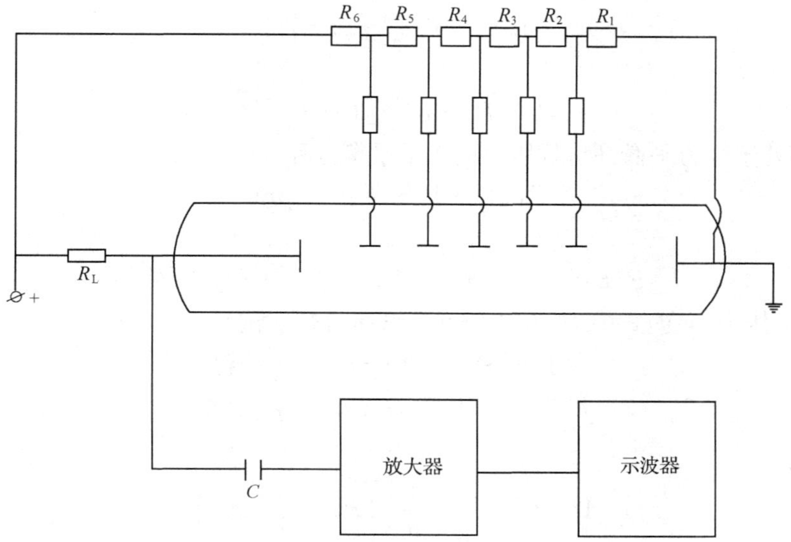

附图 1.9

(3) 其电路图如图附 1.9. 其中

$$R_1C \sim 1-5\tau \qquad (\tau = 20\text{ms})$$

附 1.24 考虑一个由竖直线框所围成的肥皂薄膜，设重力加速度为 g，表面张力为 σ. 试求液压和薄膜宽度与高度的函数关系 .

解 如附图 1.10.

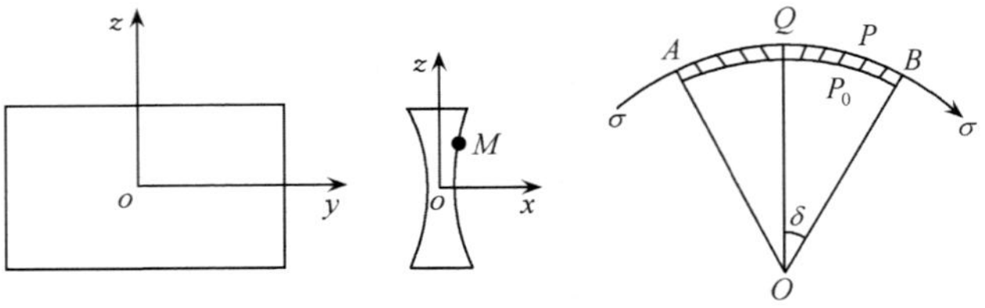

附图 1.10

此题只有二维情形好解决，即取一长方形框线，y 方向很长，这样，任一 xz 平面的薄膜形状可视为相同 .

设大气压力为 P_0，薄膜表面任一点 M 的液体压力为 P，则沿 x 方向的边界条件为

$$P = P_0 - \sigma/R$$

这可简单证明如下：在截面 xz 的液体表面上取一点 Q，以它为中心取一微元弧，y 方向取单位长，取一无限薄层表面，它的两两对边界为一对弧和一对直线，直线段上的表面张力的合力指向 QO 方向，大小为 $2\sigma\sin\delta$，2δ 为圆弧中心角，两圆弧周界上表面张力对消，故薄层面元在其法向的力平衡方程为

$$(P-P_0)R \cdot 2\delta + 2\sigma\sin\delta = 0$$

令 $\delta \to 0$ 有 $P-P_0=-\dfrac{\sigma}{R}$. 将薄膜厚度记为 $t=2f$，其为 z 的函数

$$R^{-1} = f''/[1+f'^2]^{3/2}$$

于是

$$P = P_0 - \sigma f''/[1+f'^2]^{3/2}$$

但竖直薄膜处于静力平衡，所以，压力应满足平衡方程

$$P(z) = P(z=0) - \rho g z$$

令两式相等

$$P(z=0) - \rho g z = P_0 - \sigma f''/[1+f'^2]^{3/2}$$

(在 x 方向上压力不变)式中 P_0 与 $P(z=0)$ 都是常数 . 记

$$\Delta P = P_0 - P(z=0) = \text{常数}$$

$$f''/[1+f'^2]^{3/2} = (\Delta P + \rho g z)/\sigma$$

积分一次有

$$f'/(1+f'^2)^{1/2} = \frac{1}{\sigma}\left(\Delta P z + \frac{1}{2}\rho g z^2\right) + c_1$$

取 $f'=0$ 处为 $z=0$，则有

$$f'/(1+f'^2)^{1/2}=\frac{1}{\sigma}\left(\Delta Pz+\frac{1}{2}\rho g z^2\right)\approx f'$$

因当膜很薄时 $f'\ll 1$，近似有 $f'/(1+f'^2)^{1/2}=f'$，这时

$$f(z)=\frac{1}{\sigma}\left(\frac{\Delta P}{2}z^2+\frac{1}{\sigma}\rho g z^3\right)+c_2$$

假设 $z=0, t=2f_0$，由上式 $c_2=2f_0$，则

$$P(z)=P(z=0)-\rho g z$$

而膜厚

$$t=2f(z)=\frac{2}{\sigma}\left(\frac{\Delta P}{2}+\frac{1}{6}\rho g z\right)z^2+2f_0.$$

附录 2　物理学史及综合选择题

附 2.1　简述下列每个人在物理学上的两个主要贡献：(1)克劳修斯，(2)迈克耳孙，(3) 费米，(4)盖尔曼．

答　(1) (a)提出了“热力学第二定律”；(b)提出了“熵”的概念．

(2) (a)发明了迈克耳孙干涉仪，用以测定微小长度，光波长等；(b)利用这种干涉仪做了著名的迈克耳孙-莫雷实验，否定了“以太”的存在．

(3) (a)根据泡利不相容原理，与狄拉克提出了费米-狄拉克统计；(b)领导建立了世界上第一个原子核反应堆．

(4) (a)提出夸克概念；(b)基本粒子八重态分类．

附 2.2　在下列曾经证实或否定一个特定假设的关键实验中，每一个实验对物理理论在当年都有过直接而重要的影响．对下列各实验简要地说明什么物理概念被查证过．

(1) 迈克耳孙-莫雷实验；

(2) 施特恩-盖拉赫实验；

(3) 戴维森-革末实验；

(4) 安德森正电子的发现；

(5) 吴健雄、安布勒、海沃德、霍普斯和胡德逊的钴 60 的 β 衰变．

答　(1) 证明 “以太”不存在．

(2) 证明电子具有“自旋”.

(3) 证明物质“德布罗意”波的存在．

(4) 证明反物质的存在．

(5) 证明在弱相互作用中“宇称”不守恒．

附 2.3　说出在物理学研究上做出重要贡献的四位妇女的名字．简要地说明每个人的贡献．

答　(1) 玛丽・居里：发现镭．

(2) 玛丽亚・戈佩特・迈耶：给出原子核结构的壳层模型．

(3) 艾琳・约里奥・居里：参与发现中子．

(4) 吴健雄:实验上用核的 β 衰变证明在弱相互作用中宇称不守恒.

附 2.4 至少给出一个实验物理学家和理论物理学家的名字.他们对以下现象的了解做出过贡献,并说出他们工作的大体时间.

(1) 超导体;

(2) 光电效应;

(3) 电子的波动性;

(4) 电子自旋.

答 (1) 1911 年,昂纳斯发现低温下金属的超导现象.1957 年,巴丁、施耐特和库珀提出微观理论.

(2) 1887 年,赫兹发现光电效应.1905 年,爱因斯坦提出光量子论,成功地解释了光电效应.

(3) 1927 年,戴维逊发现电子在晶体中有干涉现象,证明了电子的波动性.1924 年,德布罗意提出物质波,表明电子有波动性.

(4) 1921 年,施特恩-格拉赫证明了角动量的取向是量子化的,发现可能存在半整数角动量.1925 年,乌伦贝和高德斯密特提出了电子的自旋.

附 2.5 对下述每一现象说出二个物理学家(一个实验的,一个理论的),他们对此现象的了解有过重要贡献.并简述(一句话)每一位的贡献,以及做出的时间.

(1) 康普顿散射;

(2) 核裂变;

(3) 物理中的宇称破坏;

(4) 超导体或超流体;

(5) 奇异数或粲数.

答 (1) 1923 年,康普顿首先观测并解释了康普顿效应.1963 年,费尔顿给出了散射公式对天体的应用.

(2) 1938 年,哈恩和史特拉斯曼用中子轰击铀发现产生了钡,发现了轴的裂变.同年梅特纳和弗里什从理论上解释了他们的实验结果.

(3) 1956 年,李政道和杨振宁提出弱相互作用下宇称不守恒(理论).1957 年,吴健雄用实验证实.

(4) 1957 年,巴丁、施耐特和库珀,提出超导微观理论.1911 年,昂纳斯发现低温下金属超导现象.

(5) 1954 年,中野董夫和西岛和彦,同时还有盖尔曼,他们提出粒子除具有质量、自旋、电荷、同位旋等以外,还应具有奇异数这样一个量.

附 2.6 对于下面的任一组物理学家,写一篇短文来指出他们对物理学的贡献及他们的工作之间的联系.

(1) Volta, Oersted, Ampère, Faraday, Maxwell.

(2) Becquerel, Curie, Rutherford, Chadwick, Hahn.

(3) Wien, Planck, Einstein, Bohr, Schrödinger.

答　(1) Volta:(意大利人,1745～1827),1792 年之后,他花了 3 年时间做了许多实验,将许多金属排列成一个序列．其次序如:锌、锡、铅、铜、银、金……这就是著名的伏打序列．他发现只要按这个序列将前面的金属与紧接着的下一种金属搭配起来,接触在一起,则前者带正电,后者带负电．1800 年春,伏打制造了第一个能产生持续电流的化学电池,其装置为一系列按同样顺序叠起来的银片、锌片和用盐水浸泡过的硬纸板组成一根柱体,叫做伏打电堆,把电堆的两端用金属导线连接起来可以获得持续的电流．

伏打电堆的发明,使人们第一次有可能获得稳定而持续的电流．这就为科学家们从研究静电现象跃进到研究动电现象提供了坚实的技术基础,而且更重要的是促使人们对有了电流之后,电流会产生什么新现象,电流对人类有什么用等问题进行兴趣广泛的研究．

Oersted:(丹麦人,1777～1851),他坚信电与磁之间有着某种联系．经过多年的研究,在 1820 年 4 月某一天的晚上,奥斯特在讲课中突然来了"灵感",在讲课快要结束时,奥斯特说:"让我把导线与磁针平行放置来试试看!"于是,他毫不犹豫地在大庭广众面前接上电源,他发现了电流附近的小磁针微微地跳动了一下．奥斯特紧紧抓住了小磁针的这一动,苦苦进行了为时三个月的连续的实验研究,终于在 1820 年 7 月 21 日发表了题为《关于磁针上电流碰撞的实验》的论文,向科学界宣布了"电流的磁效应".电流磁效应的发现,开拓了电学研究的新纪元．

Ampère:(法国人,1775～1836),奥斯特的发现极大地震动了法国学术界．1820 年 9 月 11 日,阿拉果向法国科学院报告了奥斯特的电流磁效应的最新发现,当时在场的在科学上极其敏感的安培从中受到启发．第二天就重复了奥斯特的实验,并发现磁针转动的方向与电流方向的关系服从安培右手定则．9 月 25 日安培在论文中阐述了他的两根平行载流导线相互作用力的实验．以后安培又做了载流螺线管与磁铁等效性的实验．在这些基础上,安培于 12 月 4 日总结得出两电流元之间的作用力与距离平方成反比的公式,即提出了著名的安培定律．于 1821 年 1 月前后,安培又提出了著名的物质磁性的分子电流假说,把磁现象归结为单一的电流作用,这点成为以后正确认识物质磁性的一把钥匙．

Faraday:(英国人,1791～1867),法拉第仔细地分析了电流的磁效应等现象,法拉第认为既然电流对磁有作用,那么反过来,磁对电流也应有作用．1822 年法拉第在日记中写下了他的光辉思想:"磁能转化成电".之后他经过历时十年的失败、试验、再失败、再试验,终于在 1831 年发现了电磁感应现象．对于电磁现象的广泛研究,使法拉第逐渐形成并提出了他特有的场的观念和力线力管的模型．1832 年他写了一封密封的信给英国皇家学会,在这封信中,法拉第预言了磁和电感应的传播．法拉第丰硕的实验研究成果,以及他新颖的场的观念,为电磁现象的统一理论准备了条件．

Maxwell:(英国人,1831～1879),麦克斯韦对法拉第的力线力管进行了深入的研究,导出了电流四周的磁力线与磁力之间的关系．给出描述电流和磁力线的一些物理量之间的定量关系的矢量微分方程,以及电流间作用力和电磁感应定律的定量公式．1862 年麦克斯韦觉得需要建立一种媒质理论来体现法拉第的力线思想．他认为变化的磁场在其周围的空间激发涡旋电场;此外他又引入"位移电流"的概念,变化电场引起媒质电位移的变化,电位移的变化与电流一样在周围的空间激发涡旋磁场．麦克斯韦明确地用数学公式把它们表示出来,从而得到了今天以他的姓氏命名的电磁场的普遍方程组——麦克斯韦方程．这是物理学发展史上一个重要的里程碑．他预言了电磁波的存在，提出了光的电磁理论，大胆预言：光是电磁波．1873 年麦克斯韦公开出版《电磁学通论》一书达到当时电磁理论顶峰．

(2) Becquerel：1896 年贝克勒尔发现放射性．

Curie：居里夫妇发现了钋和镭．

Rutherford：1911 年卢瑟福证实了原子的核式结构．

Chadwick：1932 年查德威克发现了中子并从实验中算得中子质量．

Hahn：1938 年底，哈恩进行了铀被中子撞击的实验，发现了原子核裂变现象．

(3) Wien：维恩发现黑体辐射的位移定律．

Planck：普朗克发现了黑体辐射定律，提出量子假说．

Einstein：1905 年爱因斯坦提出光量子理论，明确了光的量子性，还创立狭义相对论．

Bohr：1913 年玻尔提出氢原子的量子理论，初步奠定了原子物理学的基础．

Schrödinger：他建立了量子力学基础——薛定锷方程．

详述如下：Becguerel：(法国人，1852～1908)，1896 年 1 月 20 日，法国科学院举行了一次重要的学术讨论会，并给与会者展示了伦琴的 X 射线照片，正在致力于磷光现象研究的贝克勒尔在会上提出了在阴极射线的照射下，可能还有其他物质也会发出同 X 射线类似的射线．会后，他选定氧化铀作为主攻对象，于 1896 年发现了铀的放射性，成为在科学实验中认识放射性的鼻祖．

Curie：Pierre Curie(法国人，1859～1906)、Marie Curie(法籍波兰人，1867～1934)，贝克勒尔的发现，立即引起了居里夫妇的极大兴趣和注意．玛丽·居里进一步向自己提出：难道铀是唯一能发出这种射线的化学元素吗？别的元素是否也具有同样的性质？经过反复探索和提炼，他们夫妇于 1898 年 7 月发现了新元素钋和其他一些放射性元素，并于 1898 年 12 月提取了镭．在 1902 年，经过 45 个月辛勤劳动，他们使几百吨矿渣溶解、沉淀和结晶，在几万次提炼后终于成功地在一个木棚里获得了 10 克纯镭．正是由于这些贡献，贝克勒尔和居里夫妇于 1903 年共同获得了诺贝尔物理奖．

Rutherford：(英国人，1871～1937)，1896 年初，由于 X 射线的发现，卢瑟福与汤姆逊合作，开始测量由 X 射线产生的电离，成功解释了关于气体在 X 射线的作用下被活化了的原因．在铀等放射性元素发现后，卢瑟福立即把他的经验用到由铀引起的电离的测量中去．1898 年居里夫妇从沥青矿中发现的新元素——镭，深深吸引了卢瑟福，他也进行了一系列的实验．他用镭来检验 X 射线，并发现铀放出来的射线有三种，他命名为 α 射线、β 射线和 γ 射线．这一研究成果，轰动了整个科学界．提出放射现象是原子自行蜕变现象的理论，1908 年获得诺贝尔化学奖．不过卢瑟福最伟大的发现是 1911 年提出原子核和 α 粒子散射公式，创立了崭新的原子的核式结构的完整理论．1920 年卢瑟福又预言了存在中子的可能性．

Chadwick：(1891～1974)，查德威克是卢瑟福的学生和同事，他在卡文迪许实验室重复做了许多试验，用钋加铍作为源，不仅用氢而且还用氦及氮与入射辐射碰撞，通过比较这些反冲，查德威克终于在 1932 年——卢瑟福预言存在中子的 12 年后，发现了中子，并从实验中算得了中子质量．他的关于中子的发现是尔后全部核物理学发展的基础．

Hahn:(德国人,1879～1968),哈恩是卢瑟福的学生和首批追随者之一.1938 年底哈恩在用中子轰击铀的生成物中发现了放射性的钡,发现了原子核裂变现象.哈恩从发现新的天然放射性物质到发现铀裂变,在整个放射化学领域里都做出了贡献.

Wien:(德国人,1864～1928),1893 年维恩从热力学第二定律出发,首先推导出热辐射的另一重要定律——黑体辐射的维恩位移定律.1896 年他又发表了辐射能量分布定律的理论推导,为发展辐射量子论奠定了基础.由于这两个定律的发现,维恩荣获了 1911 年诺贝尔物理奖.维恩在物理学的很多领域,诸如流体动力学、稀薄气体放电、阴极射线和 X 射线的测定等方面,都做出了不可磨灭的贡献.

Planck:(德国人,1858～1947),1896 年维恩导出了热辐射定律之后,发现了发射定律的普朗克为了寻求适合于整个波段的能量分布公式,在 1900 年指出了普朗克量子假说.他还提出了辐射系统——线性振子——辐射场之间能量不连续的量子交换的概念.1906 年他又证明了普朗克常量作为作用量子的重要意义,从而建立了量子论的基础.普朗克在斯德哥尔摩瑞典皇家学会上作的讲演《量子论的诞生及其发展》论文中,向全世界公布了他的重要发现:"基本量子".这一发现使普朗克获得了 1918 年诺贝尔物理奖.

Einstein:(德国人,1879～1955),在 1901 年左右,爱因斯坦在维恩的指导下,撰写了关于著名黑体问题的论著,1905 年爱因斯坦指示了光的双重性质——波粒二象性.他详尽地阐述了光电效应、光化学研究以及其他一些证实他关于光量子假设的例证.爱因斯坦的光量子理论的进展,大大超过了普朗克的黑体腔的振子能量量子化的概念.爱因斯坦一生还致力于相对论的研究,创立了狭义和广义相对论.

Bohr:(丹麦人,1885～1962),卢瑟福创建的一种可以解释 α 粒子通过物质时偶而所经受的很大偏折的原子模型,受到玻尔极大的认真看待.于是 1913 年玻尔提出氢原子的量子理论初步奠定了原子物理学的基础.玻尔的理论立即得到卢瑟福和爱因斯坦的注意和关注,在共同的科学道路上、玻尔、普朗克和爱因斯坦建立了亲密而又牢固的友谊.

Schrödinger:(奥地利人,1887～1961),1926 年在玻尔的原子模型和爱因斯坦的光的量子性的基础上,薛定谔建立了量子力学基础——薛定谔方程.薛定谔的"作为本征值问题的量子化"研究报告一提出,就受到普朗克、爱因斯坦、玻尔等科学家的普遍注意和赞美.早已高龄的普朗克还邀请薛定谔去柏林对他举办的讨论会发表演讲.

附 2.7　下面列出了三组名字.指出他们分别解决了什么物理问题.并按其工作的先后次序排列下来,并分别讨论他们的工作.

(1) Maxwell, Einstein, Newton, Huygens, Young, Fresnel

(2) Schrödinger, Bohr, Planck, Dirac, Einstein, Heisenberg

(3) Jensen & Mayer, Chadwick, Fermi, Rutherford.

答　(1) 次序为:Huygens→Newton→Young→Fresnel→Maxwell→Einstein.

Huygens	光波动说创议者.
Newton	光微粒说创议者.
Young	光的干涉实验.
Fresnel	光的衍射解释.
Maxwell	光的电磁理论.

Einstein　　光量子假设．

(2) 次序为：Planck→Einstien→Bohr→Heisenberg→Schrödinger→Dirac.

Planck　　光的量子论．

Einstein　　光量子假设．

Bohr　　氢原子的半径及量子理论．

Heisenberg　　矩阵力学．

Schrödinger　　波动力学．

Dirac　　电子的相对论波动方程．

(3) 次序为：Rutherford→Fermi→Chadwick→Jensen & Mayer.

Rutrherford　　原子有核模型．

Chadwick　　中子发现实验．

Fermi　　原子核β衰变初步理论．

Jensen & Mayer　原子核壳层模型．

附 2.8　下列人对物理学做出了哪些贡献？

(1) H. Hertz　(2) T. Young　(3) J. Henry　(4) J. W. Gibbs　(5) J. Chadwick　(6) W. Lamb　(7) M. Gell'Mann　(8) H. A. Kramers　(9) H. Becqurel

答　(1) H. Hertz电磁波检测实验．

(2) T. Young　　光的干涉实验．

(3) J. Henry　　自感现象．

(4) J. W. Gibbs　　系综理论．

(5) J. Chadwick　　中子发现实验．

(6) W. Lamb　　氢原子 $2^2S_{1/2}$ 比 $2^2P_{1/2}$ 的能级高 0.033cm^{-1}，称兰姆移位．

(7) M. Gell'Mann　夸克模型．

(8) H. A. Kramers　W. K. B 方法．

(9) H. Becqurel　放射性发现．

附 2.9　给下列现象以物理解释．

(1) 日出或日落时的红化；

(2) 蓝天；

(3) 虹(主虹及次级红)；

(4) 日晕(22°晕).

答　(1),(2) 晴朗的天空所以呈浅蓝色，是由于空气中不规则的分子运动，在大气中不断发生不均匀的疏密部分，使太阳光散射的结果．根据散射光强和波长的四次方成反比的瑞利定律，波长较短的浅蓝色和蓝色光比波长较长的黄色和红色光散射得厉害，所以晴朗的天空仍是浅蓝色．

日出或日落时，此时太阳光几乎平行于地平面，穿过的大气层最厚，所有波长较短的光如蓝光等几乎都朝侧向散射，仅剩下波长较长的红光到达观察者(接近地面的空气中的薄雾和尘埃，更增强了散射作用．)所以此时看到太阳呈红色．

(3) 雨后，空气中悬浮的许多水滴，相当于在空中有无数多个小的三棱镜，这些水滴把射入它的太阳光折射，而把日光色散，形成虹．又因折射方向相对入射光角度大体相同，故虹的曲率中心与观察者，太阳三者共线，二次虹是水滴内二次反射折射形成的．

(4) 这是由于空气中悬浮的微粒(水、尘埃)衍射而成．22°可提供一微粒尺寸，是在大气中可悬浮的条件．

附 2.10　给出下列现象的物理解释：

(1) 过渡金属及稀土族金属所成的盐大多具有很深的颜色而且具有顺磁性；而碱金属及碱土金属的盐大多无色而且具有抗磁性．

(2) 尽管气灯灯罩的温度并没有达到使其发出白光的地步，汽灯仍然发出耀眼的白光．而且冷的灯罩也是白色的，而不是像良好的辐射体所要求的那样是黑色的．

(3) 在没有外磁场的情况下，蔗糖溶液也能使平面偏振光的偏振面向右旋转．

(4) 在放电激发下，氦-氖混合气体发出激光．

答　(1) 碱金属的盐与碱土金属的盐大多是离子键．在此，由于碱金属及碱土金属在剥去价电子成为离子后，电子恰好构成一个满壳层；酸根离子的总自旋是由构成酸根的原子的自旋和它们之间相对运动的轨道角动量所提供的．但原子核比电子要重得多，构成酸根离子的原子核实际上可看成是不动的，因此酸根离子的总自旋将由各原子的电子壳层的总自旋给出(核自旋贡献很小：因为 $m_{核} \approx 10^3 m_{电子}$；因此核的固有磁矩极小，并不影响我们的讨论．)但酸根离子中各原子的电子壳层也已配满，因此金属离子与酸根离子的自旋均为 0；由此知，此种盐具有抗磁性．由于金属离子与酸根离子是满壳层，因而第一激发态距基态的间隔很大可见光不能使之激发，因此这类盐大体上无色．

过渡元素与稀土元素便不一样．由于这类元素的次外层电子 d^n 或 f^n 不构成满壳层，结合并不十分牢固，因此这些内电子有时也会被激发出来，这就使得这类原子常常具有几个化合价．更重要的一点是，当价电子丢失后，金属离子的电子壳层一般是不满的，因此金属离子具有不为零的自旋．这就决定了此种盐一般是顺磁性的．又由于此时金属离子外层未满，电子比较易于激发，可以存在好几个能量间隔在可见光范围之内的能级，因此在这范围内有吸收峰，使这些盐常具有美丽的颜色．

(2) 汽灯灯罩上涂有稀土盐．当点燃气灯，化学反应放出的能量使金属离子中价电子激发，有很多电子在可见光区，而混合成白光．这是与黑体辐射不同类型的辐射．

(3) 由于蔗糖分子本身就是一个右旋的长链，因此蔗糖溶液中分子取向虽然是无规的，但并不存在左旋分子，因而宏观上仍表现为“右旋性”.

(4) 气体放电形成的等离子体中的高速电子很易碰撞 He 原子，使之激发到亚稳能级 2^3S 和 2^1S(附图 2.1)，而这两能级又和 Ne 的激光能级 2S 和 3S 非常匹配(Ne 的略低一点)，因而激发的 He 的能量可非常有效地转移到 Ne 的激光能级上，使产生粒子数反转，从而发生激光．简言之，He 有效地促进了泵浦过程，从而保证实现粒子数的反转．

附 2.11　给出你能得到的下列各量的最好估计值：

(1) 在空气中产生 5cm 闪电的电压；

(2) 地球的磁场；

(3) 在标准实验室里铁芯电磁铁的最高磁场；

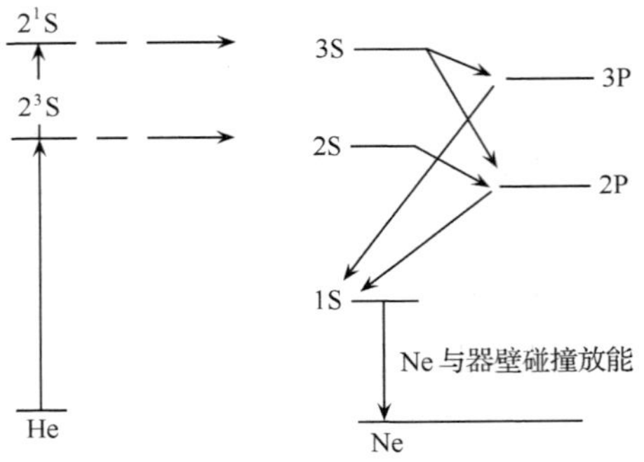

附图 2.1

(4) 在海平面上的宇宙射线通量；

(5) 在一个具有油扩散泵的金属真空系统中的压力；

(6) 直径为 1mm 的绝缘铜导线的安全载流能力；

(7) 液态氮的沸点(1 个大气压).

答　(1)≈150kV.

(2) ≈5.0×10^{-3}Wb/m^2 或 0.50G.

(3) 1714G(室温).

(4) ≈0.5/cm^2·s.

(5) $10^{-8}\sim10^{-6}$Torr.(蒸汽压,25℃).

(6) 12A(600V 橡皮或乙烯绝缘线).

(7) 77.36K.

附 2.12　在近来的一些物理文献中,下列各个术语是常见的:里德伯(Rydberg)原子,同步加速辐射,光学纤维,中性流,碰撞束流,喷注．请十分简洁、精确地概括并描述这些概念,而且要指出它们在科学上和工业上的应用．

答　(1) 里德伯原子．

激发电子的主量子数 n 非常大(等于几十或几百)的高激发态原子．星际介质中已发现 $n>250$ 的氢原子．在实验室里已能制备出 $n=100$ 的氢原子和其他原子．由于高激发态能级非常靠近离解极限．所以这些原子很容易被电离;同时由于原子半径与 n^2 成正比,它们的"尺度"几乎达到了微米量级,但当别的原子穿过它时,可以完全不受干扰;另外这些原子的自然寿命很长．关于它们的碰撞性质,极化性质,多光子电离性质,精细结构和超精细结构等方面都有待于进一步地研究．里道伯原子在研究射电天文学、新型激光器方面都是很重要的．

(2) 同步加速器辐射．

相对论性电子在磁场中运动时发出的电磁辐射,这种辐射是沿电子轨道发射的、一种方向性很强的非热辐射．它可以是由同步加速器(或储存环)提供的强电磁辐射源．同步加速器辐射应用很广,特别是在原子或分子水平上了解物质结构方面,如广延 X 射线,吸收精细结构,光电子能谱技术等都少不了它．在天体物理中亦有极重要应用．

(3) 光学纤维．

光学纤维是用石英玻璃制作的．它有着不同折射率的中心部分和外皮部分，后者折射率小，根据全反射原理，光被限制在光学纤维的芯子部分，并沿着光纤方向以每秒约 20 万公里的速度传向远方．它能作为激光通信的传播媒介，现在已用它制成光缆，成为一种新型的通信传输工具．

(4) 中性流．

GWS 弱电统一模型除了可以解释已知的弱作用和电磁作用基本规律外，还预言了一种当时实验上尚未观测到的中性流弱作用存在．中性流可以理解为始末态粒子具有相同电荷的流．1973 年实验证实中性流弱作用的存在，从而给予 GWS 模型巨大支持．1978 年 9 个独立的实验组对中性流弱作用的强度和性质进行了测量，进一步验证了 GWS 模型的正确性．中性流可以用来精确地确定 Weinberg 角的值．

(5) 碰撞束流．

是在加速器中成束状的用于碰撞实验的粒子流．

(6) 喷注．

高能粒子碰撞时可产生大量粒子．研究表明新产生的大量粒子并不是均匀各向同性分散飞出．而是集中在某些确定的方向喷射出来，这就称为喷注．例如在高能 e^+e^- 湮灭，高能强子碰撞以及轻子对强子的深度非弹散射过程中都可以观察到喷注．按照强子的结构模型，喷注现象应该在比强子更深的一个层次发生的．因而对喷注的研究可以丰富对强子结构及其动力学机制的认识．

附 2.13　讨论太阳能能源．什么控制(或限制)了能量的释放率．在地球上要直接得到太阳内部深处反应的有关信息，应观测什么？

答　太阳的能源是由太阳内部不断地进行聚变热核反应提供的．热核反应的过程有两种，质子-质子反应及碳氮氧循环反应，它们最终都是使四个氢核(质子)聚合成氦核．每个氢核在反应中有 0.7%的质量转变为能量释放出来．由于氢聚变为氦的热核反应必须在几百万度到一千多万度的高温下才能进行．因此这种热核反应仅在太阳中心温度很高的核心区发生．反应释放的能量最初以 X 射线及 γ 射线的形式出现，经过无数次的吸收和散射才到达太阳表面，再以光和热的形式辐射出来．太阳在引力作用下的力学平衡及热平衡将控制着能量的释放率，热核反应产生的能量与其表面逸出的能量达到平衡．在四个氢核聚变为氦核的过程中伴有大量中微子放出，中微子与其他粒子相互作用十分微弱．可毫不费事地穿透太阳物质的重重阻挡到达地球．理论预计在地面附近的流量大约为 $10^{11}/\text{cm}^2\cdot\text{s}$ 量级．这些中微子是唯一能从太阳内部在几分钟内直接到达地球的“使者”，对它的观测将使我们得到太阳核区能量生成过程的信息．

附 2.14　简要写出你所知道的有关脉冲星的情况．什么是周期的范围和什么是它们的已知辐射波长区域？什么是脉冲辐射的可能起因和什么是被假定的能源？

答　脉冲星是一种奇特的天体，它能以极其精确的时间间隔发射出射电脉冲，其中有一些还能发射 γ 射线脉冲，以及 X 射线脉冲，个别还有光学脉冲．射电脉冲星的周期都在 4.3 秒以下，蟹状星云脉冲星的周期只有 0.033 秒，最近还发现有毫秒脉冲的射电脉冲星，另有一种 X 射线脉冲星周期较长，由 0.7 秒到 835 秒不等．现在大家相信，脉冲星是一种快速自转的磁中子星，其磁场很强，电子的螺旋轨道几乎被拉直，在磁极处，电子沿磁力线呈束射状向远处喷射，所产生的同步加速辐射也沿此方向射出，并形成一细射束．由于磁轴一般不与自转轴平行，中子星转动时，细束不时扫过空间，每到达我们望远镜一次就形成一个脉冲，脉冲的周期也就反映了中子星自转周期，这就是脉冲辐射的可能起因．脉冲星的辐射能源可能来自中子星的自转能．自转逐渐减慢放出能量，维持着实际观测到的脉冲星辐射，但是转动能具体如何转化为高能电子能量尚不清楚．

附 2.15　在一计数实验中，有一个 10^3 事件/s 的平均计数率 r，其中的一部分来自随机背景，平均背景计数率 r_B 是 900 事件/s. 问：

(1) "真实"事件计数率 r_T 是多少？

(2) 为取得为 1 的信噪比(信号是在 Δt 内的真实事件计数)，计数时间间隔 Δt 必须多长？

(3) 如果真实事件的计数效率增加 4 倍，而背景计数率不改变，则什么样的 Δt 可取得与(2)一样的信噪比？

答　(1) "真实"事件的计数率 $r_T = r - r_B = 1000 - 900 = 100$(事件/s)

(2) 为取得为 1 的信噪比，需满足 $r_T \Delta T = 900$，则

$$\Delta t = 900/100 = 9(\mathrm{s})$$

(3) 按题设 $r_T = 400$，故 $\Delta t = \frac{900}{400} = 2.25(\mathrm{s})$.

附 2.16　一个光电倍增管被用来测量一个光源的强度，假定光源不变，光电倍增管的电流增益是 10^6，并且所测平均阳极电流为 10^{-8} A，这一测量通过平均 10ms 中的电流而得到，也就是测量的时间常数是 10^{-2}s.

(1) 为产生 10^{-8}A 阳极电流，每秒从光阴极射出多少个光电子？

(2) 假定电子随机打出，所收集的电荷的均方根变化是多大？

(3) 测量的信噪比等于？

答　(1) 如果光电子平均发射率(单位时间内的发射数目)为 r，每个电子的电荷为 e，再乘以放大倍数 ε 就是阳极在单位时间内测得的电流 I，$I = \varepsilon re$，因此

$$r = \frac{I}{\varepsilon e} = \frac{1 \times 10^{-8}}{1 \times 10^6 \times 1.6 \times 10^{-19}} = 6.25 \times 10^4 (\text{个电子}/\mathrm{s})$$

(2) 测量时间常数 $\tau = 10^{-2}$ 秒内光电子数 N 及其起伏 ΔN 分别为

$$N = r\tau = 625, \quad \Delta N = \sqrt{N} = 25$$

阳极上收集到电子数和起伏为

$$N^* = \varepsilon N = 625 \times 10^6$$

$$\Delta N^* = \sqrt{N^*} = 25 \times 10^3$$

则所收集的电荷的方均根变化为

$$\Delta Q = e\Delta N^* = 1.6 \times 10^{-19} \times 25 \times 10^3 = 4 \times 10^{-15} (\mathrm{C})$$

(3) 测量信噪比为

$$N^{*}/\Delta N^{*} = 2.5 \times 10^{4}$$

附 2.17 请用 5 分钟时间,解释下面问题中的 10 个问题.

(1) 核子和介子的夸克结构;

(2) 核磁共振的诱发信号;

(3) 玻色-爱因斯坦凝聚;

(4) 甚长基线干涉计量学;

(5) 准分子激光器;

(6) 正氢分子和仲氢分子;

(7) 正比计数器;

(8) 同位旋;

(9) 奇异数及"联合产生";

(10) 正氦与仲氦谱;

(11) 热力学第三定律;

(12) 中子磁矩的测量;

(13) 脉冲星;

(14) 核裂变中释放出的能量的来源;

(15) 氢云发出的射频辐射的检测.

答 (1) 核子由 3 个夸克组成,而介子则是一对正反夸克的束缚态,且均无色.

(2) 核磁共振的诱发信号.

在脉冲傅里叶变换核磁共振波谱仪中,使用周期性短脉冲诱发样品发射出核磁共振波信号,这发射信号需用傅里叶变换转换为原来的波谱.这方法可按样品实际情况控制脉冲次数,直到累积信号的信噪比足够大为止.

(3) 在温度接近于绝对零度时,全同玻色系统中会发生一种相变(即热力学函数或其导数有奇异性).此时,有大量的玻色子处于单粒子态(或近似的)基态上,这种相变便称为玻色-爱因斯坦凝聚.

(4) 甚长基线干涉计量学.

在射电天文学中,用数个射电望远镜接收同一源的信号,再把不同射电望远镜的信号叠加起来,反推出源的结构.结构角分辨率决定基线的长度和工作波长.如果采用洲际长度的基线,厘米波的角分辨率可达 10^{-3} 至 10^{-4} 角秒.

(5) 准分子激光器.

有些分子是寿命很短的,例如隋性气体与卤族形成的双原子分子(如 XeF),这叫激基分子.由这些分子发射的激光多在真空紫外波段,且都是短脉冲性的.

(6) 氢分子是由两个氢原子构成的.两个氢原子中的电子总自旋可以构成单态(反对称)和三重态(对称态),自旋单态的氢分子为仲氢分子,否则即为正氢.

(7) 这是用于测定带电粒子和 X 光子数目和能量的一种探测器,其输出脉冲高度与入射粒子能量成正比.

(8) 根据核力的电荷无关性导出的一种内部对称性.

(9) 为了解释某些重子或介子的“强产生弱衰变”现象(即通过强作用产生并通过弱作用衰变),引入了一种取整数值的相加性量子数,称为奇异数．强作用中奇异数守恒,而弱作用中奇异数的改变为 0 或±1. 带奇异数的粒子称为奇异粒子．在由非奇异粒子通过强作用产生奇异粒子的过程中,由于奇异数守恒,因此奇异粒子必须成对或更多对的出现,这就是所谓的“联合产生”.

(10) 正氦与仲氦谱．

氦的总自旋有 0 和 1 两种,因而在光谱中有单态和三重态的两组能级体系,这两者之间因选择定则之限而不能互相跃迁,从光谱上看好像是两种不同的原子,各名为正氦和仲氦.

(11) 热力学第三定律又称为“能斯特定律”或“绝对零度不能达到原理”. 它说的是：当温度趋向于绝对零度时,平衡的热力学系统的熵趋向于 0 或绝对零度不可能达到．

(12) 可根据中子在磁化了的铁内的散射与中子磁矩的取向有关的事实来进行测量．

(13) 脉冲星是这样的一种星体,观测者接收到的电磁辐射(主要是射电辐射)是脉冲．一般认为,这种星体是一种快速自转着的倾斜中子星．由于表面磁场甚强,使得辐射只能沿某一立体角的方向发射出来．这就是所谓的“灯塔效应”. 光线随着星体的自转周期地扫过地球,就能使地球上接收到的信号表现为脉冲．

(14) 当核裂变时,出来的碎块的静质量总和小于母核的静质量,这些“质量亏损”根据质能关系转化成为能量释放出来,这便是裂变能的来源．

(15) 用射电天文望远镜．

附 2.18　用 10 分钟时间和一两页纸的篇幅,简要叙述下述中的 10 个问题：

(1)夸克;(2)同位旋;(3)瑞利散射;(4)奇异数;(5)宇称守恒;(6)旋光性或光的偏振平面的旋转;(7)C^{14}断代;(8)绝热去磁致冷;(9)切连科夫辐射;(10)等离子体的磁约束;(11)熵的统计解释;(12)光的相干性;(13)电子的电磁质量;(14)费米-狄拉克统计;(15)引力坍缩;(16)微波黑体辐射背景;(17)气体的黏滞性;(18)中子星;(19)兰姆移动;(20)氢的正态与仲态．

(1) 夸克．

夸克是组成强子和介子的一种部分子,自旋为 1/2,其电荷、奇异数及粲荷等相加性离散量子数均可为分数,且带有颜色．一个重子由 3 个夸克组成,而介子则为夸克-反夸克束缚态．

(2) 同位旋．

根据核力的电荷无关性导出的一种内部对称性．

(3) 瑞利散射．

气体或液体由于热运动产生密度的起伏,从而引起折射率的起伏,光通过时由此造成散射,称为瑞利散射．散射强度与 λ^4 成反比．天空的蓝色就是由这种散射引起的．

(4) 奇异数．

奇异数是一种为了说明某些重子通过强相互作用产生但又通过弱相互作用衰变而引入的离散量子数．强作用下奇异数守恒,但弱作用下奇异数最多可以改变 1. 奇异数不为 0 的粒子称为奇异粒子,如 K 介子,Λ 粒子,Ξ 粒子等．

(5) 宇称守恒.

宇称是一种与空间反演有关的离散量子数,倘若一个物理过程与它在镜子中的虚像过程一样,则称此过程为空间反演不变的,此时宇称即守恒. 在4种相互作用中,只有弱作用破坏宇称守恒.

(6) 旋光性.

在某种透明介质中,倘若其对左旋偏振光及右旋偏振光的折射率有差异,则当一束平面偏振光透过此介质时,其偏振方向便要发生变化(偏振面旋转一个角度),这种现象便称为旋光性.

(7) C^{14}断代.

高空中因宇宙线而产生的C^{14}经地水循环而使空气中C^{14}平衡,植物在光合作用过程中把空气中的CO_2变成有机物而固定,C^{14}的增生停止,便依其固有速率衰变. 这植物的遗骸或其加工品、食用残渣等经放射性测量可以估计其生存年代. 这是考古学中一个重要的断代手段.

(8) 绝热去磁致冷.

在磁场中使顺磁性物质磁化,其相应磁能低于退磁后状态的数值,此时进行绝热退磁,就会使其他自由度的内能减少,使温度降低.

(9) 切连科夫辐射.

当带电粒子在介质中的运动速度超过介质中的光速时,便会产生一种激波式的辐射(与超音速飞机两翼及尾部的激波类似),辐射方向与以粒子为顶点的一个角锥垂直. 这种辐射称为切连科夫辐射. 辐射的频谱与普通的轫致辐射相比有很大的不同.

(10) 等离子体的磁约束.

为受控热核聚变研究制得的等离子体是不稳定的,其内部的强电流产生的磁场使等离子体断裂或扭曲. 为使其保持尽可能长的时间,在外围加以周密设计的磁场,使得等离子体中的荷电粒子被磁力束缚在一定的空间之内,这就是等离子体的磁约束.

(11) 熵的统计解释.

在这种解释下,熵与统计概率的负对数成正比,比例系数为玻尔兹曼常数. 这说明,熵是无序程度的一种量度.

(12) 光的相干性.

一个光源所发的某一频率的光振动,内部不同时刻或不同空间点的振动的相关度由近而远从1变为0,假如规定相关度0.5为限值(这是有任意性的),则同一点上相关度为0.5的时长为相干时间,同一波阵面上相关度为0.5的距离的平方为此波面的相干面积。

(13) 电子的电磁质量.

任何一个带电粒子的周围都有一个由它自己产生的静场,称为自有场. 在带电粒子运动时,自有场也要改变,因此电磁能与粒子运动的机械能之间实际上有所交换. 这种效应等价于在考虑粒子的机械运动时,只需把电-机械能的转化计入,便可当作中性粒子的运动问题来进行处理. 计入的部分只改变粒子的质量项,因此称为粒子的电磁质量.

(14) 费米-狄拉克统计.

是微观全同粒子所满足的一种统计规律,其中两个粒子不能占据同一个状态(泡利不相容原理）. 所有半整数自旋的粒子都满足费米-狄拉克统计 .

（15）引力坍缩 .

在恒星演化的晚期，在核心部分的热核反应已近于停止，由于由热核反应产生的辐射压力减少再也抵抗不了核心对外层的引力，因此核心外层就在引力作用下迅速向中心收缩，甚至可能降落到恒星的 Schwarzchild 半径之内，这种过程便称为引力坍缩 . 此时多余的引力势能便全部释放出来，使恒星的外层大气急剧膨胀，光度猛增，恒星便成为新星或超新星。

（16）微波黑体辐射背景 .

这是一种各向同性的黑体谱型背景辐射，温度约为 3K，所发射的电磁波波长主要在微波段内 . 这种背景辐射的存在表明宇宙空间到处弥漫着均匀各向同性分布的微波光子，是早期宇宙的遗迹，这与目前天体物理中早期宇宙论的研究关系甚大 .

（17）气体的黏滞性 .

气体与固体，气体与液体，以及气体内部不同部分之间存在相对运动时，在界面上有阻滞运动的相互作用力发生，类似于摩擦现象，这反映的就是黏滞性 .

（18）中子星 .

恒星在引力坍缩发生后，倘若其半径缩小到某一个极限半径以下，由于星体内部内压力增大，质子与电子发生逆 β 衰变概率增大，最终全部成为中子，此时由中子的简并压与引力维持力学平衡，此时星体几乎完全由中子构成，故称为中子星 .

（19）兰姆移动 .

在相对论性的狄拉克氢原子理论中，束缚态能级只与总角动量量子数有关，这是一种简并，但是由于电子与虚光子场的相互作用，这种简并就被解除了，而使得轨道角动量较大的态的能量下降了一些 . 这种现象便被称为兰姆移动 .

（20）氢气的正态与仲态 .

由于氢气是由氢分子组成，组成氢分子的两个氢原子中电子的总自旋波函数可以为对称或反对称的 . 当自旋波函数是对称的时候，氢分子为正氢，否则即为仲氢 .

附 2.19　选择题：

（1）方程　$x^5+x^4+x^3+1=0$

a）无根　　　b）有 5 个根　　　c）有 6 个根

（2）十进位 137 的二进制表示为

a）10001001　　　b)1001001　　　c）101001

（3）0 被 0 除得

a）0　　b)无限　　c）未定

（4）将 6 个人安排在 6 个坐位上，有多少种可能方式?

a）602　　b）720　　c）1024

（5）从 7 件东西中逃选 3 件的方式有多少种?

a）35　b）60　c）50

（6）一个连续函数总具有

a）一阶微商　b）二阶微商　c）上面一个都不正确

(7) 若事件 1 发生的概率是 P,事件 2 为 Q,那么两者都发生的概率是

a) $P+Q$　b) PQ　c) 上面一个都不正确

(8) 当给定 $g(x,y,z)$和一个物理边界条件时,泊松方程$\nabla^2 F(x,y,z)=g(x,y,z)$可具有

a) 多于一个解　b) 仅有一个解　c) 偶尔无解

(9) 宇宙的年龄大约为

a) 10^{20}年　b) 10^{10}年　c) 10^8 年

(10) 海洋波接近海岸时破碎的原因是

a) 通常接近海岸多风

b) 水的表面波速取决于水的深度

c) 上面两者一个都不是

(11) 通常所使用的数字计算机所采用的二进位数,其表示的位数为

a) 1000 位　b) 32 位　c) 4 位

(12) 一系列由一数字计算机产生的随机数

a) 为真实随机的　b)最终会自身重复　c) 仅对做游戏有用

(13) 恒星闪烁而行星不,是因为

a) 行星仅仅反射光,而恒星发射光

b) 恒星对我们来说更像点

c) 恒星脉冲

(14) 天文学家认为宇宙现在的年龄是

a) 10^{12}年　b)10^{10}年　c)10^6 年　d) 6000 年

(15) 星际物质的密度为

a) 1 个原子/cm^3　b) 10^5 个原子/cm^3　c)10^{15}个原子/cm^3

(16) 大洋中水的总体积为

a) $10^6(\text{km})^3$　b)$10^7(\text{km})^3$　c) $10^8(\text{km})^3$　d) $10^9(\text{km})^3$　e) $10^{10}(\text{km})^3$

解　(1) 根据高次方程理论知,一个方程次数是多少,它就有多少根,由此知,本方程有 5 个根,因而 b)正确.

(2) $\because 137=2^7+2^3+2^0$

$\therefore (10001001)_2=137$

由此知,a)是正确表示.

(3) c)是正确的,因为 0/0 代表 2 个无穷小的比值,它的具体值要看具体情况. 比如 $\frac{1}{x}$与 e^{-x},当 $x\to\infty$时它们都趋于 0,但$\lim\limits_{x\to\infty}\frac{\frac{1}{x}}{e^{-x}}=\lim\limits_{x\to\infty}\frac{e^x}{x}=\lim\limits_{x\to\infty}\left(\frac{1}{x}+1+\frac{x}{2!}+\frac{x^2}{3!}+\cdots\right)=\infty$.

又比如 x 与 x^2 当 $x\to 0$ 时,它们都趋于 0,但$\lim\limits_{x\to 0}\frac{x^2}{x}=\lim\limits_{x\to 0}x=0$.

(4) 这显然是全排列问题.

6! =720.　　所以 b)是正确的.

(5) 这显然是从 7 选 3 的组合问题.

$$C_7^3 = 7 \times 6 \times 5/3! = 35$$

所以 a)是正确的.

(6) 由于本题中有“总具有”三个字,所以 c)是正确的,这是因为一个连续函数并不一定是可导的.

(7) 如果事件 1,2 是独立的,b) 是正确的. 否则是 c).

(8) 根据唯一性定理,并且物理上认为解下差一常数视为同一的话,那么在上述给定条件下,解是唯一的,所以 b)是正确的.

(9) $t \approx 1.8 \times 10^{10}$年,所以 b)是正确的.

(10) c)是所选的. 实际上原因很多,但主要是因为当波与岸相撞时岸的非平坦,从而反射波位相各不一致,它们与入射波相互叠加,由干相位的不确定性,由干涉相消知波将破碎.

(11) 因为二进位数数字计算机的字节是 8 位,而计算机数字输入是按字节进行的,因为 a),c)都不是 8 的整数倍,只有 b)是,所以 b)是所选的答案.

(12) b)是正确的. 因为计算机所产生的随机数,是按照一定的程序设计而成的,是人为的,当重复的次数很大时,会自身重复.

(13) 星星闪烁主要是光经过大气层时,由于大气的热密度起伏所引起的. 这种闪烁对看上去较小的恒星明显,而对看上去较大的行星不明显,所以 b)是正确的.

(14) $\sim 10^{10}$年,b) 是正确的.

(15) 星际空间中(分子+原子)密度平均约为 1 个原子/cm^3,a) 是正确的.

(16) $10^9 (km)^3$,d) 是正确的.

附 2.20　多项选择:

(1) 一体积为 $10m^3$ 的热(120℃)空气球在海平面上会升起,此时温度为 20℃,则其质量最接近于

a) 300kg　b) 30kg　c) 3kg　d) 300g　e) 30g

(2) 顶夸克所带电荷是$\frac{2}{3}e$. 若发现了自由顶夸克,则它在物质中的电离将是同速度质子的 λ 倍. λ 为

a) $\left(\frac{3}{2}\right)^2$　b) $\frac{2}{3}$　c) $\frac{1}{3}$　d) 1　e) $\left(\frac{2}{3}\right)^2$

(3) 电子偶素基态束缚能是氢原子的 f 倍. f 为

a) 1　b) 1/2　c) 2　d) 1/4　e) 4

(4) 大气的标高(高度变化而引起单位压强变化)为

a) 4km　b) 8km　c) 12km　d) 16km　e) 20km

(5) 一系统含有 4 个非全同自旋为 1/2 的粒子,不考虑其他自由度. 在按总自旋对波函数进行分类时,总自旋为 1 的态的统计权重是多少?

a) 0　b) 3　c) 6　d) 9　e) 12

(6) 真空中 5eV 中子的平均自由程最接近

a) 1km　b) 10km　c) 100km　d) 1000km　e) 10000km

(7) 核电荷为 z 的一个原子的玻尔半径具有量级

a) $\dfrac{\hbar}{z\alpha mc}$　　b) $\dfrac{z\alpha\hbar}{mc}$　　c) $\dfrac{mc}{z\alpha\hbar}$(精细结构常数 $\alpha=e^2/\hbar c$)

(8) 氘核的束缚能具有量级

a) 10^6eV　　b) 10^8eV　　c) 10^{10}eV

(9) 一块有机物每克含有 N_e 个电子,N_e 大约为

a) 3×10^{22}　　b) 3×10^{23}　　c) 3×10^{24}　　d) 3×10^{25}　　e) 3×10^{26}

(10) 能量为 1eV 的中子的波长最接近

a) 1cm　　b) 10^{-2}cm　　c) 10^{-4}cm　　d) 10^{-6}cm　　e) 10^{-8}cm

解　(1) 体积为 $V=1\times10^4$L(L 是单位升)热空气球的浮力等于气球在温度 $T_1=20+273=293$(K)和 $T_2=120+273=393$(K)以及 1 个大气压 $P=1$atm 下的重量差,按照理想气体状态方程

$$\begin{aligned}M_1-M_2&=\frac{PV\mu}{R}\left(\frac{1}{T_1}-\frac{1}{T_2}\right)\\&=\frac{1(\text{atm})\times1\times10^4(\text{L})\times28.9\times10^{-3}(\text{kg}\cdot\text{mol}^{-1})}{8.21\times10^{-2}(\text{atm}\cdot\text{L}\cdot\text{mol}^{-1}\cdot\text{K}^{-1})}\times\left(\frac{1}{293}-\frac{1}{393}\right)(\text{K}^{-1})\\&=3.05\text{kg}\end{aligned}$$

所以正确答案是 c).

(2) 因为质子与顶夸克都是重带电粒子,它们的动能 $T\ll\dfrac{m}{m_e}mc^2$(一般来说,因 $m\gg m_e$),因而它们在物质中的电离能量的损失率为

$$\left(-\frac{\mathrm{d}T}{\mathrm{d}x}\right)_{\text{ion}}=\frac{4\pi z^2e^4}{mev^2}NZ\left(\ln\frac{2m_ev^2}{I}-\ln(1-\beta^2)-\beta^2\right)\propto z^2$$

其中 ze 与 v 是粒子的电荷与速度,其他量只与电离物质有关,由于顶夸克与质子速度相同,所以

$$\lambda=\frac{z_q^2}{z_P^2}=\frac{\left(\frac{2}{3}\right)^2}{1}=\left(\frac{2}{3}\right)^2$$

故选 e).

(3) 电子偶素基态的束缚能为 $E_{\text{pb}}=-\dfrac{\frac{m_e}{2}e^4}{2\hbar^2}$,氢原子基态的束缚能为 $E_{\text{Hb}}=-\dfrac{m_ee^4}{2\hbar^2}$,

所以$\dfrac{E_{\text{pb}}}{E_{\text{Hb}}}=\dfrac{1}{2}$,故 $f=\dfrac{1}{2}$　b)是所求的.

(4) 根据玻尔兹曼统计知道,若认为接近地面的空气层为一等温层,则压强随高度变化公式为 $p=p_0\mathrm{e}^{-mgz/k_BT}$,因此所求的标度高度为 $z=k_BT/mg$

$$z=\frac{k_BT}{mg}=\frac{1.38\times10^{-23}\times300}{\dfrac{29\times10^{-3}}{6.02\times10^{23}}\times9.8}=8.6\times10^3\text{m}=8.6\text{km}$$

由此我们知 b)是最佳选择.

(5) 要求总自旋为 1 的态的统计权重,就是要求出总自旋为 1 有多少态.$S=1$ 时,按

磁量子数来分有 3 个态，但粒子是非全同的，因此我们要求出有几种组态满足 $S=1$.

两个粒子耦合为　S：0，1.

三个粒子耦合为　S：1/2，1/2，3/2.

四个粒子耦合为　S：0，1，0，1，1，2.

所以总自旋为 1 的耦合方式有 3 种，粒子是非全同的，又不考虑其他自由度，所以总自旋为 1 的态的统计权重为 3×3=9 即 d)为所求．

(6) 这里的平均自由程是指中子从产生到衰变这段时间内所通过的路程．中子的衰变时间为 1000 秒，它的能量远小于其静止能量，可用非相对论近似，中子的速度为

$$v=\sqrt{\frac{2E}{m}}=\sqrt{\frac{2\times5\times10^{-6}}{939.6}}\times3\times10^{8}=1\times10^{4}\,\mathrm{m/s}$$

$$s=vt=1\times10^{4}\,\mathrm{km}.$$

由此我们知 e)是所选的答案．

(7) 核电荷为 z，而核外只有一个电子的模型的玻尔半径为 $\hbar/mz\alpha c$，而对于一般原子，与上述模型不同之处就是核外一般是多电子的，但这些电子的相互作用以及与核之间作用对玻尔半径有影响，但量级一般仍与上所得一致，因此所求答案应是 a).

(8) 根据不确定性关系　$pr\approx\frac{\hbar}{2}$，有 $p\approx\hbar/2r$.

$$\text{束缚能}\approx\frac{1}{2}mv^2=\frac{p^2}{2m}=\frac{\hbar^2}{8mr^2}=\frac{\hbar^2c^2}{8r^2mc^2}=\frac{(6.6\times10^{-16})^2\times(3\times10^{10})^2}{8\times(1.4\times10^{-13})^2\times940\times10^6}$$

$$=2.7(\mathrm{MeV})\approx10^6(\mathrm{eV})$$

所以 a)是所选的答案．

(9) 因为 1mol 任何物质含有 6.02×10^{23} 个分子(或原子)，而有机物是由 C，H 原子所组成的分子，而一个原子的核电荷数与质量数，核外电子数是一致的，而一个有机分子的分子量大于 13，即每摩尔有机物质大于 13g，所以每克有机物含有电子数是小于 $(6.02\times10^{23})/13=4.6\times10^{22}$，因而 a)是所选的答案．

(10) 根据

$$\lambda=\frac{h}{p}=\frac{h}{\sqrt{2mE}}$$

$$=\frac{hc}{\sqrt{2mc^2E}}$$

$$=\frac{4.14\times10^{-15}\times3\times10^{10}}{\sqrt{2\times940\times10^6\times1}}$$

$$=2.9\times10^{-9}(\mathrm{cm})$$

所以 e) 是所选的答案．

重要物理常数

物理量	符号		数值
光速	c	$2.99792458\times10^{8}\,\mathrm{m/s}$	$2.99792458\times10^{10}\,\mathrm{cm/s}$
电子(静止)质量	m_0	$9.109534\times10^{-31}\,\mathrm{kg}$	9.109534×10^{-35} $\mathrm{W\cdot s^3/cm^2}$
电子电荷(绝对值)	e,q	$1.6021892\times10^{-19}\,\mathrm{A\cdot s}$	
普朗克常量	h	$6.626176\times10^{-34}\,\mathrm{W\cdot s^2}$	$4.135702\times10^{-15}\,\mathrm{eV\cdot s}$
	$\hbar$	$1.0545887\times10^{-34}\,\mathrm{W\cdot s^2}$	$6.5821731\times10^{-16}\,\mathrm{eV\cdot s}$
真空介电常量	ε_0	$8.854187818\times10^{-12}\,\mathrm{A\cdot s/(V\cdot m)}$	$8.854187818\times10^{-14}$ $\mathrm{A\cdot s/V\cdot cm}$
真空磁导率	μ_0	$1.256637061\times10^{-6}\,\mathrm{V\cdot s/(A\cdot m)}$	1.256637061×10^{-8} $\mathrm{V\cdot s/A\cdot cm}$
玻尔兹曼常量	k_B	$1.380662\times10^{-23}\,\mathrm{W\cdot s/K}$	$8.6173468\times10^{-5}\,\mathrm{eV/K}$
玻尔磁子	μ_B	$9.274078\times10^{-24}\,\mathrm{W\cdot s/T}$	$5.788379\times10^{-6}\,\mathrm{eV/kG}$
磁通量子	φ_0	$2.068\times10^{-15}\,\mathrm{T\cdot m^2}$	$2.068\times10^{-10}\,\mathrm{kG\cdot cm^2}$
阿伏伽德罗常量	N_AV	$6.0247\times10^{23}\,\mathrm{mol^{-1}}$	
电子伏特	eV	$1.60210\times10^{-19}\,\mathrm{J}$	

重要物理常数

物理量	符号	数值	
光速	c	2.99792458×10^{8} m/s	2.99792458×10^{10} cm/s
电子(静止)质量	m_0	9.109534×10^{-31} kg	9.109534×10^{-35} W·s^3/cm^2
电子电荷(绝对值)	e,q	1.6021892×10^{-19} A·s	
普朗克常量	h	6.626176×10^{-34} W·s^2	4.135702×10^{-15} eV·s
	$\hbar$	1.0545887×10^{-34} W·s^2	6.5821731×10^{-16} eV·s
真空介电常量	ε_0	$8.854187818\times10^{-12}$ A·s/(V·m)	$8.854187818\times10^{-14}$ A·s/V·cm
真空磁导率	μ_0	1.256637061×10^{-6} V·s/(A·m)	1.256637061×10^{-8} V·s/A·cm
玻尔兹曼常量	k_B	1.380662×10^{-23} W·s/K	8.6173468×10^{-5} eV/K
玻尔磁子	μ_B	9.274078×10^{-24} W·s/T	5.788379×10^{-6} eV/kG
磁通量子	φ_0	2.068×10^{-15} T·m^2	2.068×10^{-10} kG·cm^2
阿伏伽德罗常量	N_{AV}	6.0247×10^{23} mol^{-1}	
电子伏特	eV	1.60210×10^{-19} J	